중동의 재조명
[역사]

이 도서의 국립중앙도서관 출판시도서목록(CIP)은 e-CIP홈페이지(http://www.nl.go.kr/ecip)와 국가자료공동목록시스템(http://www.nl.go.kr/kolisnet/)에서 이용하실 수 있습니다. (CIP제어번호: 2012001456)

중동의 재조명

MIDDLE EAST REVISITED
History

역사

| 최성권 지음 |

한울
아카데미

*이 저서는 2011년도 전북대학교 저술장려연구비 지원에 의하여 연구되었습니다.

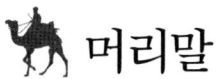# 머리말

나에게 머나먼 중동의 옛이야기는 어린 시절 찌걱거리던 라디오를 통해 자주 들었던 <페르샤 왕자>라는 노래로 시작된다. '별을 보고 점을 치는 페르샤 왕자/눈감으면 찾아드는 검은 그림자/가슴에다 불을 놓고 재를 뿌리는/아라비아 공주는 꿈속의 공주/오늘 밤도 외로운 밤 별빛이 흐른다.' 얼굴도 이름도 전혀 기억나지 않지만 구성진 중년 가수의 그 노래가 지금도 아련한 것은 그 왕자와 공주의 이야기 때문이었으리라. 그 뒤 어떤 문헌을 통해서도 '별을 보고 점을 치는 페르샤 왕자'의 기록은 찾을 수 없었지만 백옥 같은 피부에 샛별 같은 눈을 가진 아름다운 아라비아 공주는 지금도 나에게는 꿈속의 공주로 남아 있다.

그 뒤 국민학교(초등학교) 5학년 때 담임선생님께서 사비를 들여 교실 뒤편에 마련해둔 어린이문고에서 『아라비안나이트』를 발견했다. 그리고 세헤라자데의 끝도 없이 이어지던 이야기 속에서 온갖 진기한 것들과 보물이 넘실거리던 바드다드의 거리와 지혜롭고 모험에 찬 수많은 사람들을 보았다. 그 순간 그 모든 것들은 나의 동경의 대상이 되었다. 그러나 그것이 끝이었다. 그 후 오랫동안 어떤 역사책에서도 그토록 신비스러운 그들의 이야기를 접할 수 없었다. 나에게 중동의 역사는 '숨겨진 역사'였다. 오랜 뒤에 우리 앞에 소개된 아랍인들은 이스라엘 사람들의 영웅적인 '애국심'과 '희생정신'에 대비된 초라하고 보잘것없이 일그러진 모습을 하고 있었다. 그간 그들에겐 어떤 일이 일어났던 것일까?

중동의 정치를 이해하기 위해 그의 배경이 되는 역사를 살펴볼 수밖에 없었던 나는 그 과정에서 놀라운 경험을 하게 되었다. 그것은 우리가 흔히 접할 수 있었던 세계사 또는 세계문화사 서적에서 온전한 중동인들의 역사를 거의 찾아볼 수 없었다는 것이다. 그러한 서적들 속에는 '마호메트에 의한 이슬람 창시'의 간단한 이야기와 그에 대한 의구에 찬 시선 그리고는 한참을 건너뛰어 '십자군 원정' 이야기가 있었다. 그것도 아랍인들의 입장에서 본 '십자군 침입'이 아니라 기독교인들이 주체가 된 역사였고, 그들이 십자군 원정에 나설 수밖에 없었던 것은 성지순례라는 자신들의 정당한 권리를 셀주크 투르크가 가로막고 있었기 때문이라는 이야기가 전부였다. 그 속에는 십자군의 잔인성은 사라진 채 그들의 무용담만이 즐비하다. 역사서, 특히 외교사에 등장하는 그다음 이야기는 '그리스 독립'이었다. 이 경우에도 그리스가 어떤 과정으로, 누구의 지배를, 어떻게 받아왔는가 하는 것보다는 지극히 친그리스(Philhellenism)적인 그리고 민족·민주주의 신화에 부응하는 이야기로 가득 채워져 있었다. 이렇듯 중동의 역사는 서구 역사 기술상 중동이 관련되어 이야기의 전개상 꼭 필요할 경우에 한해 소개되는 정도였다.

더욱 놀라운 것은 많은 사람들, 특히 서구인들에게 중동은 '주체로서의 자신들'의 정책적 대상 또는 자신들의 행동 궤적에 대한 수동적인 객체로 인식되고 있었다는 사실이다. 그것은 서구인들이 가지고 있던 이교도 역사에 대한 거부감과 자신들의 문화적 뿌리가 무슬림들로부터 오랫동안 지대한 영향을 받아왔고 심지어 자신들의 생존이 그들로부터 심각하게 위협을 받았다는 사실에서 오는 자존심 훼손이 원인이었던 것으로 보인다.

물론 이러한 말들이 나중에 내가 접하게 된 많은 전문서적에 해당되는 말은 결코 아니다. 중동의 역사와 정치에 대한 전문서적은 해외에 많이 있다. 다만 일반인이 이 책들에 접근하기 어려울 뿐이다. 그리고 오늘날에는 우리 주변에도 중동에 대한 훌륭한 저서와 많은 번역서가 출간되고 있다. 그러나 그러한 서적들은 대부분 사람들(peoples)과 문화는 있지만 지도자와 영웅은 없는 문화사에 치중해 있고, 정치적 흐름이 계속 이어지는 중동의 온전한 역사를 담아내는 경우는 드물다. 그리고 특정한 주제를 중심으로 한 것이거나 일정기간을 한정해서 서술하는 것이 대부분이었다. 결국 나는 내 나름의 정치적 시각에서 그 사라져버린(?) '중동의 정치사'를 일반인들이 쉽게 이해할 수 있는 방식으로 어떻게든 한 번 '연결시켜보고 싶다는 생각'을 했다.

내가 본 중동의 정치와 역사는 창의적이며 도전적인 중동인들 스스로의 삶이 점철된 것이며, 단지 서구인들의 정책 대상물이거나 서구 정책에 대한 단순한 반응물이 아니다. 이슬람 세계는 인류 역사상 그 어떤 지역보다도 화려한 문명을 꽃피웠으며 그것은 구세계에 도전하여 새롭게 일구어낸 것들이었다. 그러한 문명은 지금도 시간과 공간을 초월하여 지속되고 있다. '유럽'이라는 지역적 개념이 15세기에 되어서야 등장했다면 중동의 지역적 정체성은 그보다 천 년이나 앞선 것이다. 또한 중동에서는 다른 지역에서도 찾아볼 수 없을 만큼 많은 영웅과 성자를 배출하는 화려한 역사를 연출했다. 그래서 나는 중동의 정치와 역사는 중동인들이 주체가 되는 정치와 역사로 새롭게 기술되어야 한다고 생각했다.

그간 서구인들은 10세기 이후의 전근대 시기 중동 역사에 주로 '쇠퇴 패러다임(Decline paradigms)'을 적용해왔다. 그것은 10세기 중반 압바시야조(朝) 할리파들이 권위를 상실한 후 쇠락의 길을 걸어감으로써 이슬람 문화가 일반적으로 '쇠퇴'해왔다는 것이다. 그러나 나는 그러한 설명 방식은 서구인들의 편견의 소산이라고 믿는다. 중동의 역사에서는 할리파 권력이 쇠퇴하고 이슬람권이 분열하면서 오히려 이슬람 문명권이 확대되었으며 이러한 움직임은 여러 이민족의 침입으로 오히려 더욱 강화되었다. 압바시야조의 엄격성과 현상유지를 지향한 정책이 이슬람 세계 외곽에 정치적 공백을 발생시켰고, 이슬람 진영의 최전선에서 기독교도들과 대립하던 무슬림들은 중앙과의 연계가 느슨해지자 자구책을 물색하기 시작했다. 그 결과 지방에서 중앙에 이르기까지 제국적 권위의 새로운 체제가 등장하기 시작했다. 그리고 집단적으로 이주하여 이 지역의 지배자가 된 터키인들은 스스로 동화되어 이슬람으로 개종하고 비잔틴 세력을 일소해 이슬람 문화를 계승하여 더욱 발전·확장시켰다.

그 과정에서 이를 저지하려던 유럽인들의 노력이 십자군 침공으로 나타났는데 이 사건은 절정에 이르렀을 때조차 이라크의 할리파, 이란, 중앙아시아, 중부와 상부 이집트 등에는 별다른 영향을 미치지 못하고 하나의 해프닝으로 끝나고 말았다. 한때 바그다드를 초토화하고 압바시야조를 소멸시켰던 몽골족도 정복이 끝난 후 일 한국(Il kahn)을 세워 이 지역에 정착했지만 그들 스스로가 이슬람으로 개종함으로써 일 한국은 몽골 제국이 아닌 이슬람 국가로서 단순히 몽골인 군주가 통치하는 국가가 되었다.

중동 국제관계에 관련해 작성한 박사학위 논문을 기반으로, 대학에서 전임이 된 후 학과에 '중동·아프리카정치론'을 개설 및 강의하며 모은 글들로 강의노트를 만들면서 자연스럽게 역사를 새롭게 구성하는 작업이 이루어졌다. 그렇다고 처음부터 역사 편을 한 권의 책으로 쓸 생각은 아니었다. 역사를 정치사에 국한해서 설명한다고 해도 그것은 엄두가 나지 않는 일로, 다만 중동의 국제정치를 설명하면서 꼭 필요한 배경 역사를 앞에 서두처럼 붙여놓을 생각이었다. 문제는 그 분량이 한 권의 책에 담아내기에는 너무 많아졌다는 것이었다. 어쩔 수 없이 제1차 세계대전을 기준으로 근대국가 출현 이전의 국제정치적 관점을 적용하기 어려운 앞부분은 '중동 역사서'로, 뒷부분은 '중동 국제정치학서'로 나누어 출간하기로 결정했다. 2011년 5월 출간된 『중동의 재조명: 국제정치』는 '중동 국제정치학서'에 해당하는 부분이다.

역사 편을 꾸며나가면서 수많은 문제에 부딪혔다. 가장 어려웠던 부분은 수천 년의 역사를 일정한 사고의 틀 속에서 한정된 분량으로 온전히 담아내야 한다는 것이었다. 그러기에는 나의 역사적 소양이 턱없이 부족하다는 것을 실감해야 했다. 또 하나의 문제는 거기에 등장하는 수많은 민족과 가문, 인물들이 라틴어, 그리스어, 아랍어, 터키어, 프랑스어, 독일어, 영어로 혼용되어 기술되고 있었다는 것이다. 이를 극복하기 위해 그들 자신들이 스스로 부르는 방식으로 표기한다는 원칙을 세우고 기술적으로는 MESA SYSTEM(1983)에 따라 표기하는 방식을 택했다. 이 글에서도 그러한 혼란은 계속되는데 독자들의 넓은 양해를 바란다.

이 글을 완성하면서 많은 사람들에게 신세를 졌다. 그분들께 진심으로 감사의 말씀을 전하고 싶다. 바라는 것이 있다면 많은 사람들이 이 글을 통해 손쉽게 중동의 역사에 접할 수 있었으면 하는 것이다. 그리고 중동에 대한 왜곡된 시각이 있었다면 이 글이 중동을 새롭게 이해하는 계기가 될 수 있기를 바란다.

마지막으로 많은 시간을 할애해서 이 글을 검토하고 나의 취지에 동의해 준 도서출판 한울의 윤순현 과장을 비롯한 관계자 여러분들과 이 글의 품위를 한 단계 높이기 위해 수고를 아끼지 않은 편집부의 김경아 팀장과 이소현 씨에게 감사의 말씀을 전한다.

온고을 건지벌에서
최성권

 차례

머리말 • 5

제1장 중동과 중동인 ··· 13
    1. 지역 • 15　2. 민족 • 16　3. 종교 • 18　4. 무슬림 아랍인 • 27

제2장 고대 중동 ·· 35
    1. 아시리아 제국과 아케메니드 제국 • 37　2. 로마 지배에 대한 페르시아인과 유대인의 저항 • 40　3. 자힐리야(Jāhiliyya) • 50

제3장 이슬람 제국의 등장 ··· 65
    1. 이슬람(Islam, Saracen)의 태동 • 67　2. 이슬람 공동체와 정교일치 • 86
    3. 정통 할리파(al-Khulafā' al-Rāshidūn) 시대(632~661) • 98

제4장 우마이야 왕조(Umayyah Dynasty: 661~750): 아랍 왕조, (백의)대식국　127
    1. 통치기반의 구축 • 129　2. 제2차 내란과 아브드 알 말리크('Abd al-Malik)의 등장 • 133　3. 정복사업과 행정개혁 • 140　4. 이주 아랍인과 정복지 주민 • 145　5. 제국의 분열 • 151　6. 우마이야조의 멸망 • 157

제5장 압바시야 왕조(Abbasiyya Dynasty: 750~1258): 동할리파, 이슬람 왕조, (흑의)대식국 ·· 163
    1. 지중해 세계에서 아시아 세계로 • 165　2. 이슬람 세계의 재통일과 바그다드 건설 • 169　3. 통치, 행정, 군 조직 • 175

제6장 이슬람 세계의 분열 ·· 185
    1. 이슬람 서부 세계 • 187　2. 이슬람 중·동부 세계 • 192　3. 파티마 왕조(Fāṭimah Dynasty: 909~1171) • 203

제7장 할리파제(制)의 정립과 변모 ·· 211
  1. 이슬람법(샤리아, Sharī'a)과 국가 • 213 2. 할리파제의 변모 • 220

제8장 이민족의 유입 ··· 229
  1. 셀주크 투르크조(朝) • 231 2. 십자군 침입(1096~1270)과 지역 세력들의 대응 • 249 3. 몽골족의 침입과 맘룩조(朝) • 279

제9장 오스만 제국 ·· 305
  1. 제국의 기원 • 307 2. 정복의 시대 • 312 3. 관료조직과 군(軍) 양성제도 • 348 4. 종교조직과 밀레트(Millet) 제도 • 351 5. 제국의 쇠퇴 • 356 6. 서방의 침투와 오스만의 개혁 • 374

제10장 오스만 지배 영역과 관련된 문제들 ··· 385
  1. 아랍 지역 • 387 2. 유럽 지역: 민족주의 운동과 관련된 문제 • 395 3. 무함마드 알리(Muḥammad 'Alī)의 이집트: 1830년대 시리아 위기와 1860년대 레s바논의 새로운 정치체제 정착과 관련된 문제 • 404 4. 크림 전쟁(The Crimean War, 1853년 10월~1856년 2월) • 413 5. 팔레스타인(Palestine)과 시오니즘(Zionism)의 대두 • 419

제11장 동방문제(the Eastern Question): 오스만 제국의 해체와 관련된 문제 ·· 425
  1. 동방문제의 의의와 기원 • 427 2. 개입주체들 • 459 3. 게임의 특성 • 492

참고문헌 • 502
찾아보기 • 506

제1장
중동과 중동인

1. 지역

중동의 지역적 범위에 대한 일반적인 합의는 존재하지 않는다. 이 지역 전문가들도 연구 관점에 따라 다양한 방법으로 이 지역을 정의하고 있다. '중동(中東, The Middle East)'이라는 용어보다 앞서서 제2차 세계대전 이전에 주로 19세기의 유럽과 오스만 제국 간의 관계를 지칭하기 위해 '근동(近東, The Near East)'이라는 용어가 사용되었는데 영국의 '해가 지지 않는 제국(The empire on which the sun never sets)' 시절 영국을 기준점으로 볼 때 그 대척점은 중국(極東, The Far East)이었고 그보다 영국에 가깝다는(nearer) 의미였다.

중동이라는 용어는 1902년 미국의 해군제독 알프레드 마한(Alfred T. Mahan)이 페르시아 만(灣) 주변 지역을 처음으로 '중동'이라 칭한 데서 비롯되었으며, 제2차 세계대전 중 영국이 전시(戰時) 필요상 이 지역에 '중동보급센터(The middle East Supply Center)'를 설치하면서 공식적으로 사용되기 시작했다. 미국 국무성의 경우 '근동 또는 중동'은 모로코로부터 북아프리카, 서부 파키스탄을 통해 인도 국경에 이르는 지역 그리고 터키로부터 흑해 남부, 에티오피아를 지나 수단에 이르는 지역을 지칭하는 데 사용하고 있다.[1]

그러나 여기서는 특정 행정상의 규정에 구애받기보다는 전에 오스만 제국의 정치권역에 속했던 아프리카, 아시아 지역을 연구대상으로 했으며, 체제 기능적 설명이 필요할 경우 이란과 파키스탄과 같은 국가도 고려 대상에 포함했다.

---

[1] Don Peretz, *The Middle East Today*(New York: Holt Rinehart Winston, 1978), p. 3.

2. 민족

중동인의 조상은 어족적(語族的)으로 분류할 때 함족(Hamites)과 셈족(Semites)으로 대별된다. 함족은 동아프리카에 분포하며 3,000년간 이집트를 지배했다. 그러나 고대 말기 페르시아인, 그리스인 등의 아리아인종과 셈족에게 정복되어 사실상 그 정체성을 상실했다.

성서에서 노아(Noah)의 세 아들 중 하나인 셈(Sēm)의 자손을 뜻하는 셈족은 아라비아 반도 남부 고지, 이란 고원 등지에 살았던 아랍족으로 예언자 무함마드(Muḥammad ibn 'Abdullah: 570?~632) 이전에는 아라비아 반도에서만 거주했으나 그의 사후 대서양 연안에서 이란 고원에 이르는 지역으로 확산되어 수단에서 레반트(Levant)에 이르는 지역을 정복했다.

셈족의 일부는 기원전 3500년경 시나이 반도로 북상하여 나일 강에 정착, 함족과 결합해 이집트인이 되었으며 고대 이집트문명의 건설자가 되었다. 멤피스(Memphis)와 테베(Thebes)로부터 지배를 시작한 파라오(Pharaoh)들은 고도로 효율적이며 중앙 집권화한 국가를 관리했다. 기원전 3000년경 아라비아 사막을 횡단해 메소포타미아에 진출한 사람들은 바빌로니아인이 되었다. 이들은 기원전 4000년경 이곳에 정착했던 수메리아인들(Sumerians)과 경쟁하면서 이들과 뒤섞이게 되었고 결국 메소포타미아 최초의 통일국가인 아카드(Akkadian Empire, 고대·신바빌로니아)의 주역이 되었다. 기원전 2500년경, 비옥한 초승달 지역(Fertile Crescent)에 거주하게 된 사람들은 아무르인(Amur, 구약성서의 아모리인[Amorites])이 되었고, 일부는 동부 지중해 연안에 정착해 페니키아인(Phoenicians)이 되었다. 기원전 1400년경에 북부 시리아로 이동했던 무리들은 아람인(Aramaean), 남부 시리아(Syria)와 팔레스타인으로 이동했던 무리는 유대인(Jewish, 히브리어로는 Yehudi)이 되었다. 셈족들의 최종적 이주가 7세기경에 이루어지는데, 이들은 이슬람(Islam)의 기치 아래 서아시아(중앙아시아), 북아프리카 일대를 정복해 이라크에서 모로코(남부 유럽)까지 주민을 이슬람화(化)한다.

　기원전 2000년에서 기원전 1000년 사이, 동부 유럽과 서부 아시아에서 많은 사람이 남쪽으로 이주하면서 중동은 전반적인 인구 증가 압력을 받게 된다. 침입자들은 처음에는 동제 무기로, 그 뒤에는 철제 무기로 무장했고 말과 낙타를 대동하고 있었다. 카사이트인들(Kassites)은 메소포타미아를 지배하기 위해 자그로스(Zagros) 산맥으로부터 이주해 들어왔다. 기원전 1800년경에는 힉소스인들(Hyksos)이 200년 동안에 걸쳐 말이 끄는 수레를 타고 이집트로 들어왔고 그 뒤로 히타이트인(Hittites), 아르메니아인, 그리스인, 필리스틴인(Philistines), 일부 쿠르드인들이 자신의 조상이었다고 믿는 메데스인(Medes) 그리고 페르시아인들의 이주 물결이 이어졌다.

　인도 - 유럽 어족이나 인도 - 게르만 어족과 같은 뜻으로 쓰이는 아리안(Aryan)계에는 이란인(Iranians)과 쿠르드족(kurds)이 있다. 이란인들은 메디아(Median dynasty: B.C. 728~520) 등의 고대국가를 건설했으며, 기원전 600년경에는 '페르시아'라는 통일 정권을 수립했다. 이들은 16세기 사파위 왕조로 부활해 오늘의 이란을 이루었다. 한때 중동을 지배했던 그리스인과 로마인들이 아리안 계열의 인종들이다.

　쿠르드인은 이란계 백인 혈통을 지닌 산악인으로 150개 이상의 작은 부족을 이루며 사는데 99% 이상이 수니(Sunni) 무슬림이다. 쿠르드족의 영토는 '쿠르드족의 땅'이라는 의미의 쿠르디스탄(Kurdistan)으로 알려진 방대한 지역에 걸쳐 있다. 지중해, 흑해, 카스피 해, 페르시아 만의 중앙에 위치한 자그로스 산맥지대가 쿠르드족의 생활 터전이다. 이라크 북부 유전지대인 모술과 키르쿠크(Kirkuk), 이란 북서부에 걸쳐 있는 쿠르디스탄과 마하바드(Mahabad)도 이에 속한다.

　쿠르드인은 중동에서 아랍인, 터키인, 이란인 다음으로 많고, 세계적으로 독자적인 국가를 가지고 있지 않은 민족으로서는 인구가 가장 많다. 이들은 터키에 43%, 이란에 31%, 이라크에 18%, 시리아에 6%, 구소련에

2%가 거주한다. 1990년 통계를 기준으로 2000년의 쿠르드족 분포를 추산한다면 터키 국민의 24%인 1,500만 명, 이란 국민의 12.4%인 800만 명, 이라크 국민의 23.5%인 600만 명, 시리아 국민의 9.2%인 150만 명, 구소련(아르메니아)의 0.34%인 50만 명 정도이다. 이처럼 쿠르드 거주 지역은 5개국에 걸쳐 있어 그들의 저항과 독립투쟁의 역사는 강대국들 간의 세력 다툼과 직결되어 있고 그만큼 험난하고 복잡하다. 해당 국가들은 모두 쿠르드족이 국경분쟁의 완충 역할을 하는 자국 내 산악 부족으로 남아 있기를 바라고 있다. 이 밖에도 1,000만 명가량의 베르베르인이 모로코를 중심으로 마그레브(Maghreb)[2] 지역에 흩어져 살고 있다.

3. 종교

서구와는 달리 중동 국가들은 대부분 정교일치의 전통을 따른다. 오직 터키와 이스라엘만이 정교분리를 원칙으로 할 뿐이다. 문화적이고 도덕적인 가치 체계로서의 이슬람이 인종적으로 다양한 사람들을 하나로 묶어주며, 그들에게 거대한 이슬람 문명에 속해 있다는 소속감을 부여하고 있다. 이로써 중동에서는 한 나라가 겪은 피정복의 수치심을 여러 나라가 문화적으로 공유하는 일이 가능하게 되었다.

이슬람은 이 지역의 주요 종교로서 유대인의 신과 법률, 예언자들을 바탕으로 성립되었다. 이슬람(Islam)이란 아랍어로 '복종' 또는 '순종'이라는

---

[2] 현재 모로코, 알제리, 튀니지, 리비아가 있는 지역. 마그리브(Maghrib)라고도 한다. 아랍어로 동방(Mashrid)에 대해 서방을 지칭하는 말로, '땅의 끝' 또는 '회교의 서쪽 끝'이라는 의미를 담고 있다. 이슬람의 동방세계가 아랍인과 페르시아인 중심으로 이루어졌다면, 서방은 아랍화한 베르베르인이 중심이 되며 문화적으로도 많은 차이가 있다.

의미로 이해된다. 종교로서의 이슬람은 알라(Allâh, 하나님)에 대한 완전한 복종과 순종을 요구하기 때문에 이 종교가 이슬람으로 불린다. 그리고 이슬람의 또 다른 의미는 '평화'다. 이는 알라에게 복종과 순종을 할 때에만 몸과 마음의 진정한 평화를 이룰 수 있다는 뜻이다. 이슬람의 능동분사형인 무슬림(Muslim, 신의 뜻에 순종하는 자)은 '절대자(신)에 귀의한 자', 즉 그 복종행위를 실천하는 사람을 의미한다. 이는 이슬람 이전 자힐리야(Jâhiliyya, 無知의 시기) 아라비아의 다신교도과 대비해서 일신교도들을 지칭하는 말이기도 하다.

무슬림들은 이슬람을 '인간이 신의 뜻대로 현세를 완벽하게 살면서 내세를 준비하게 하는 신의 가르침이며 인간 존재의 모든 분야가 합일된 하나의 생활방식'이라고 정의한다. 이른바 이슬람은 단순한 신앙체계만이 아니라는 것이다. 종교뿐만 아니라 정치·경제·사회·문화 등 인간생활 전반을 포함해 조화를 이루는 전체인 것이다. 따라서 그들은 '이슬람은 종교와 세속을 모두 포괄하는 신앙과 실천의 체계'라고 말한다. 그러므로 '이슬람교(敎)'보다는 '이슬람'이라는 표현이 더 정확하고, 신자들은 이슬람교도(敎徒)라는 말보다 '무슬림'이라고 불리기를 원한다.

이슬람 철학자 쿠르시드 아흐마드(Khurshid Ahmad)는 이슬람의 특성을 다음과 같이 설명한다.

> 이슬람은 인간의 사생활을 제한하는 흔히 왜곡된 의미로 알려진 종교가 아니다. 이슬람은 완벽한 생활양식으로 인간 존재의 모든 분야를 포함하고 있다. 개인적이며 사회적인, 물질적이며 정신적인, 경제적이며 정치적인, 법적이며 문화적인, 국가적이며 국제적인 생활의 모든 영역에 관해 인도하고 있다.[3]

---

3) 쿠르쉬드 아흐만, 「이슬람: 그 기본원리와 특성」, 쿠르쉬드 아흐만 엮음, 이석훈 옮김, 『이슬람: 그 의의와 메시지』(서울: 우리터, 1993), 41~42쪽.

이슬람의 개념에서 볼 때 인간은 근본적으로 단일체이다. 각자는 서로 모이기 위해서만 분리되어 있고 조화를 이루기 위해서만 서로 다를 뿐이며 종국에는 하나로 만나기 위해서 여러 갈래 길을 가고 있는 것이다.

또 다른 이슬람 철학자 무함마드 아사드(Muhammad Asad)는 이슬람을 이렇게 설명한다.

> 우리 모두가 각자 지상에서의 제한적인 삶의 한계 내에서 자신의 존재와 의식 사이에 이상과 행동의 단일체를 어떻게 재생산할 수 있는지 그 실재 방법을 이슬람에서는 또한 제시하고 있다. 그러한 삶의 숭고한 목적을 달성하기 위하여 이슬람에서는 인간에게 세상을 포기하라고 요구하지도 않고, 정신적 정화에 이르는 비밀스런 문을 열기위해 내핍생활을 하도록 하지도 않으며, 구원을 보장받기 위해 이해할 수 없는 교리를 믿도록 강요하지도 않는다. 그런 것들은 이슬람과 전혀 무관하다. 이는 이슬람이 신비로운 교리도 아니요 철학도 아니기 때문이다. 이슬람은 하나님께서 피조물에게 명하신 자연법칙에 따라 살아가도록 하는 생활 계획서일 뿐이며, 이슬람에서 이룰 수 있는 최고의 성취란 인간의 삶 속에 있는 정신적이고 물질적인 양면을 완전히 통합하는 일이다.[4]

이슬람은 정치에 강력한 영향을 미쳐 신정정치를 낳았다. 19세기 말 오스만 투르크 제국이 쇠퇴할 때 이슬람 민족부흥의 수단으로 신앙의 옹호와 '범(汎)이슬람론'이 주장되었으며 민족주의의 요인으로 신앙이 강조되기도 했다.

무슬림은 중동 전 지역에 분포하는데 세계적으로는 140여 개국에서 13~15억 명에 이른다. 이들 중 아랍 무슬림은 1억 8,000만 명 정도이다.

---

4) 무함맏 아사드, 「이슬람 정신」, 같은 책, 54~55쪽.

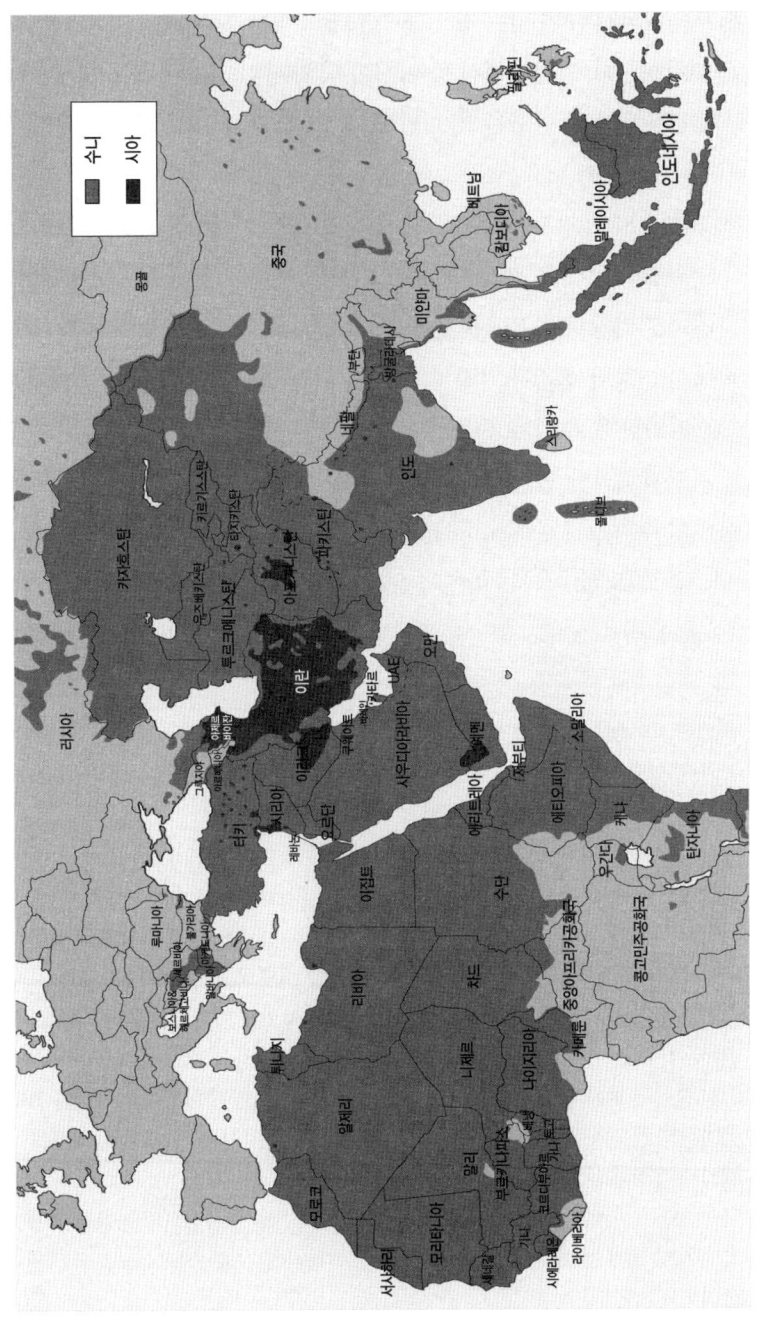

■ 무슬림 분포

제1장_ 중동과 중동인 21

전체 무슬림의 60%가 넘는 인구가 인도네시아(2억 300만 명), 파키스탄, 인도(1억 6,000만 명), 방글라데시 등 아시아 및 태평양 지역에 분포되어 있다. 유럽의 경우 무슬림 인구는 2008년 현재 5,146만 명으로, 유럽 전체 인구의 7%를 차지한다.

무슬림 중 87% 정도가 수니(Sunni)파이며 우마이야(Umayyah) 왕조와 압바시야(Abbasiyya) 왕조 할리파(Khalifa, 영어로는 Caliph)[5]의 계승자를 정당한 할리파로 인정하는 무리를 말한다. 그들은 모든 무슬림들이 평화와 통합 속에서 더불어 살기를 원하며, 그것은 이미 벌어진 현실을 받아들이는 태도를 의미한다. 수니파(派)는 할리파를 단지 공동체의 안녕과 정의를 수호할 지도자로서만 인정한다. 역사적으로 보면 수니들은 무슬림공동체, 즉 움마의 수나(Sunna, Sunnah)[6]를 추종하는 사람들이다. 즉 수니는 '수나를 따르는 사람들'이라는 말에서 유래되었다. 수나는 꾸르안(al-Qur'an, 영어로 Koran), 하디스(Hadith)[7] 및 예언자와 정통 할리파들의 선례에 바탕을

---

5) 할리파(khalifa)는 '뒤따르는 자', 즉 누군가 떠나거나 죽었을 때 그를 대신하는 자라는 뜻의 아랍어로, 무함마드 사후에 움마('umma, ummah, 이슬람 공동체), 이슬람 국가의 지도자, 최고 종교 권위자의 칭호였다.
6) '길' 또는 '관습'이라는 뜻의 아랍어. 고대 아라비아에서 전승이란 조상들의 선례나 규범적인 부족 관습을 의미했다. 그러나 때로는 이슬람에서의 마지막 예언자 무함마드의 행동 및 가르침을 일컫는다. 초기의 이슬람교도들은 수나의 내용에 대해 의견이 일치하지 않았다. 일부에서는 메디나인들을 표본으로 따르고자 했고, 다른 일부는 무함마드 교우들(Ṣaḥabah)의 행동을 따랐다. 한편 이슬람력 2세기(A.D. 8세기)에 이라크, 시리아, 히자즈에서 활동한 지방 법학파들은 그들 각 지역의 전통과 그들 자신이 발전시켜온 선례에 근거한 이상적인 체계를 수나와 동일시하려 했다. 다양한 공동체의 관습을 만들어낸 위와 같은 수나의 여러 근거는 결국 이슬람력 2세기에 법학자 앗 샤피이(767~820)가 정비했다.
7) '소식' 또는 '이야기'라는 뜻의 아랍어. 수나를 포함한 무함마드의 가르침과 행동을 입으로 전한 것. 본문과 '이스나드(isnad, 전달과정)'라는 두 부분으로 구성되어 있다.

둔다. 수니들은 자신들만이 정통 무슬림이라 자처하면서 그들의 꾸르안과 수나 해설 그리고 그들의 종교적 입장과 행위가 이슬람의 주류가 되어왔다고 본다. 따라서 그들은 교리적 문제에 대해 합일점을 찾기보다는 오히려 신도들 간의 통합을 유지하는 것이 더 중요하다고 여긴다.

나머지 20% 미만이 시아(Shi'a)파인데, 4대 할리파이며 무함마드의 사위였던 알리('Alī)의 자손을 정통으로 여긴다. 시아의 의미는 '무리' 또는 '당파'이다. 이는 시아투 알리(shīatu 'Alī, 알리의 무리)에서 생긴 말이다. 대부분 이란에 거주하며 이라크와 시리아에도 분포되어 있다.

시아투 알리의 등장은 알리의 자손을 제거하려는 우마이야조(朝)(661~750)와 압바시야조(朝)(750~1258)의 조직적인 움직임에 대항하려는 운동이었다. 시아파(派) 운동의 핵심은 이러한 정치적 책략의 희생자들을 반(半)신격화된 순교자로 만드는 데 있었다. 말하자면 할리파를 알리의 가문에 되돌려주려는 운동으로 시작된 시아 이슬람은 곧 독특하고 구별되는 종교적 색채를 띠게 되었는데, 알리와 그의 아들 후세인 및 그 자손들이 구심적 인물이 되어야 한다는 믿음이었고 이것이 시아파와 수니파의 근본적인 차이점이 되었다. 시아는 그들을 이맘(Imām)이라고 부르는데 이 칭호는 수니(Sunni)에서 집단예배 인도자를 지칭하는 이맘보다 훨씬 격이 높은 의미로 사용된다.8)

---

8) 수니가 말하는 이맘(Imām)은 꾸르안을 독경하고 예배를 인도하는 정도의 사람을 가리킨다. 이러한 예배 인도권은 무슬림이면 누구에게나 있다. 이맘의 지위를 취득하기 위해서 성직 수임식이나 안수식 같은 특별한 예식은 필요 없다. 그러나 시아의 이맘은 알리와 후세인의 후계자로, 믿는 자들에게 꾸르안의 비교적(秘敎的)인 속의미를 밝혀주어 신도들을 어둠에서 광명으로, 타락에서 은총으로 이끄는 사람으로 격상된다. 10세기 이후 정립되기 시작한 이맘(Imāmate) 사상에 따르면 알라는 이맘을 항상 세상 속에서 자신의 '증표(hujja)'로 세워 왔다고 한다. 이맘은 권위로써 종교의 진리를 전파하고, 정의로써 인류를 다스리는 책무를 맡았다.

이슬람의 분파들은 종교에서 파생된 종파(宗派)라고 부르기보다 정파(政派)라고 부르는 것이 더 타당하다. 그 이유는 초기 이슬람이 중동 사회에서 종교적 기능만을 수행한 것이 아니라 정치적·군사적·사회 통합적 부분까지 담당했기 때문이다. 더구나 분파는 종교적 교리보다 정치적 신념이나 후계자의 문제로 분리된 경우가 대부분이었다. 수니와 시아의 분파도 누구를 할리파로 세우느냐, 즉 정치적 후계자의 문제에서 파생되었고, 시아 이슬람의 대표적 분파들인 '열두 이맘파(派)'와 '자이드파(派)' 그리고 '이스마일파(派)'도 그 같은 맥락에서 발생되었다. 이들은 정치적 노선의 차이뿐 아니라 시아 이슬람의 가장 큰 특징인 선지자 가문인 알리의 가계에서 어느 대까지를 신성한 이맘으로 인정할 것인가에 관심을 가졌다. 이 과정에서 서로 이맘으로 인정하는 가계가 달라지면서 여러 파가 생겨났다.

자이드파(al-Zaidiyyah, 다섯 이맘파)는 713년 제4대 이맘 자인 알 아비딘(Zayn al-Abidin)이 사망하자 큰아들 무함마드 알 바킬(Muḥammad al-Baqir)보다 우마이야 왕조의 할리파 히샴(Hisham)에게 반기를 들었던 작은아들 자이드(Zayd ibn 'Ali)를 이맘으로 선택했고 결국 열두 이맘 중 4대 이맘까지만 인정한다. 900년경 자이드의 추종자들은 산악 지역인 예멘(Yemen, 야만)과 타바리스탄(Tabaristan)에서 독립 왕조를 세웠다.

자이드파는 시아파 가운데 가장 수니파와 가깝다. 자이드파의 교리는 알리 이후 모든 할리파의 합법성을 인정하지 않는다는 점을 제외하고는 수니파와 거의 차이가 없다. 이들은 이맘이 알리와 그의 자손 가운데에서 나와야 한다고 주장하지만 이맘이 완전무결성이나 신과 인간 사이의 중재 역할을 지녔다고는 보지 않는다. 이들은 예멘 인구의 약 40%를 차지한다.

이스마일파(al-Ismaīliyya, 일곱 이맘파)는 시아파 가운데 가장 논쟁의 여지가 많다. 제6대 이맘 자파르 알 사디크(Ja'far aṣ-Ṣādiq, 765년 사망)의 큰아들 이스마일(Ismaīl)은 760년에 아버지보다 먼저 사망했다. 이에 따라 그의 동생 무사 알 카짐(Musa al-Kazim)을 제7대 이맘으로 추대한 것이 문제가 되어 열두 이맘파로부터 분리되었다. 이스마일의 추종자들은 이맘이 단순한 중재자가 아니라 신과 같은 존재이기 때문에 이스마일의 아들인 무함마드 이븐 이스마일(Muḥammad ibn Ismail)이 이맘이 되어야 한다고 주장했다.

이들은 이 계승권 투쟁 과정에서 이슬람에 대한 이해를 발전시켰으며, 역동적인 선교 시스템을 구축해나갔다. 또한 그들은 시아파를 통합적 교의로 이끌었다. 그들은 꾸르안에 대해서도 '문자적 의미(zāhir)'가 아니라 그 속에 숨어 있거나 '내재적인 의미(baṭin)'에 기초해서 해석하려 한다.9) 이들은 또한 조용히 상황에 순응하며 '숨은 이맘'의 재림을 기다리는 열두 이맘파와는 달리 압바시야 왕조에 대항해 격렬한 선전 활동을 벌여 할리파를 타도하려 했다. 이들은 9세기 말경 압바시야조가 점차 쇠약해진 틈을 타 농민과 도시노동자의 불만을 이용해 세력을 확장했다.

그의 한 분파는 함단 카르마트(Hamdan Qarmat)의 지도 아래 카라미타 국(Qarmathian)을 세워서 11세기까지 이라크뿐 아니라 예멘과 바레인에 영향을 끼쳤다. 시리아와 이라크에서는 하사신(Hashashin)파가 강력한 혁명적 운동을 벌였다. 이스마일파의 가장 큰 성공은 909년에 자신이 구세주(al-Mahdi)의 대변인임을 자처하며 튀니지 지역을 장악한 우바이드 알라(Ubayd Allah al-Mahdi Billah)가 이집트에 강력한 독립 왕조인 파티마 왕조를 세운 것이다.

열두 이맘파(Twelve Imām Shiism)는 시아파의 다수파이자 정통파이며 이마미파(Imāmi)라고도 부른다. 열두 이맘파는 이란, 이라크, 시리아, 레바

---

9) 자히르(zāhir)는 눈에 보이며 실제로 존재하고 느낄 수 있는 어떤 것. 일단 그것과 접촉하게 되면 사고를 서서히 점령하여 결국 다른 무엇에도 집중할 수 없게 만드는 사물 또는 사람이다. 이들은 성전(聖典)에 쓰여 있는 문자 상의 의미 뒤에는 비밀스럽게 숨겨진 의미(baṭin)가 있는데, 이러한 의미는 타윌(ta'wīl, 우의적인 해석)에서만 알 수 있다고 믿는다. 또한 모든 말과 인물, 대상도 그것의 진정한 내용을 드러내기 위해서는 이러한 방법을 통해야만 한다고 생각했다.

'시아의 이맘들'

제1대 알리 이븐 아부 탈리브('Alī ibn Abū Tālib)

제2대 하산 이븐 알리(Ḥasan ibn 'Alī)

제3대 후세인 이븐 알리(Husayn ibn 'Alī)

제4대 자인 알 아비딘(Zain al-Abidın)

제5대 무함마드 알 바킬(Muḥammad al-Baqir) → 자이드파(al-Zaidiyyah)

제6대 자파르 알 사디크(Ja'far al-Sadiq)

제7대 무사 알 카짐(Musa al-Kazim) → 이스마일파(al-Ismaıliyya)

제8대 알리 알 리다('Alī al-Riḍa)

제9대 무함마드 알 타키(Muḥammad al-Taqi)

제10대 알리 알 하디('Alī al-Hadi)

제11대 하산 알 아스카리(Ḥasan al-Askari)

제12대 무함마드 알 마흐디(Muḥammad al-Mahdi)

논, 아프가니스탄 및 파키스탄까지 널리 분포되어 있다. 열두 이맘파는 진정한 정의로운 통치는 오로지 이맘만 가능하다고 믿는다. 그러나 시아파에서 이맘은 신앙의 정점이자 많은 논란을 일으키는 존재다. 마지막 제12대 이맘 무함마드 알 마흐디(Muḥammad al-Mahdi)를 제외한 다른 이맘들은 모두 칼에 찔려 숨지거나 독살당했다. 12대 이맘은 869년 이라크의 사말라(Sāmarrā)에서 태어났으며 873년경에 사라졌다.

열두 이맘파 신앙의 핵심은 마지막 이맘의 재림이다. 어린 나이에 사라진 열두 번째 이맘이 숨은 이맘으로 은둔생활을 하다가 언젠가 다시 나타나 이 땅에 진실과 정의를 회복시킨다는 믿음이다. 그동안 세상은 '가이바(ghaybah, '없음' 또는 '숨음'을 뜻하는 아랍어)' 상태에 있게 된다. 열두 이맘파는 이 세상의 마지막 날, 즉 마흐디(al-Mahdi, 신의 인도를 받는 이)의 모습이 나타날 때 마흐디의 가이바는 끝난다고 믿는다. 이날 예수도 함께 나타나 열두 번째 마지막 이맘인 마흐디를 돕는다. 열두 이맘파는 신은 그렇게 은총을 받은 사람의 생명을 여러 세대, 심지어 수백 년까지 연장시켜주는 기적을 베푼다고 믿었다. 또한 이들은 이맘이 비록 보이지는 않지만 아직도 살아 있어서 때때로 인간 세상에 내려와 질서를 유지시켜주고 자신의 추종자들을 올바른 길로 이끈다고 말한다.

열두 이맘파는 현재 시아 무슬림의 85%를 차지한다. 이란에서는 열두 이맘 신앙을 국교로 삼고 있다. 이라크의 사담 후세인(Saddam Hussein: 1979~2003) 정권에서 열두 이맘파는 소외받는 다수였지만 2005년 선거에서 승리하면서 새로운 중심 세력으로 부상하고 있다. 현재 미국은 이란과 이라크 양국의 시아파가 연합할 것을 우려한다. 레바논에서도 30% 이상이 열두 이맘파이다. 하지만 이들은 레바논 빈곤층의 대명사로 분류된다.

이들 외에 기독교는 마로나이트파로서 40%가 레바논에 분포한다. 유대교는 주로 이스라엘에 거주하는데 신도는 터키에 5만 명, 이집트에 6만 명이 있다.

4. 무슬림 아랍인

기독교 성경에는 아브라함이라는 유대민족[10]의 조상이 되는 인물이 등장한다. 그는 본래 이름이 '아브람(Abram)'이었는데 상당히 신실한 믿음을 가진 사람이었다고 한다. 그래서 그는 하나님의 뜻에 따라 이름마저 '열국

---

10) 유대라는 명칭은 아브라함의 손자이며 이삭의 둘째아들인 야곱(Jacob)의 넷째 아들 이름 유다(Judah)에서 유래했다. 라틴어의 유다이우스(Judaeus)와 히브리어의 예후디(Yehd)에서 비롯된 그리스어 이우다이오스(Ioudaios)에서 나온 말이라는 설도 있다.

의 아버지(the father of a multitude)'라는 뜻의 아브라함(Abraham)으로 바꾸게 된다. 흔히 '믿음의 조상(the father of faith)'이라고 불리는 인물이다. 그의 신앙에 대한 보답으로 그 가족과 후손들이 크게 번성하고 은혜 받게 한다는 하나님의 약속이 있었다. 그런데 아브라함은 노인이 될 때까지 자식을 얻지 못했다. 아브라함의 아내 사라(Sarah)는 하나님께서 이 약속을 지키시리라 믿을 수 없었다. 사라는 이미 아이를 낳을 수 있는 나이를 훨씬 넘어섰기 때문이었다. 사라는 아브라함에게 이집트인 하녀 하갈(Hagar)을 부인으로 맞을 것을 권했고 둘 사이에서는 장자 이스마엘(Ishmael)이 태어났다. 그런데 아브라함은 하나님의 약속대로 정실인 사라를 통해서도 아들을 얻게 되는데 100살이 되어 이삭(Issac)을 낳은 것이었다.

하나님은 그렇게 얻은 귀한 아들 이삭을 산 제물로 바치라 했고 아브라함은 그 뜻을 따라 이삭을 제물로 바치기 위해 모리아(Moriah) 산으로 향한다. 하나님은 미리 다른 제물을 준비해두고 있었고 아무 의심 없이 하나님의 뜻에 따랐던 아브라함에게 큰 축복을 내린다.

그 후 유산 상속 문제를 놓고 이스마엘을 경계한 사라는 아브라함에게 하갈과 이스마엘을 집에서 쫓아내라고 강요한다. 집에서 쫓겨나 사막 한가운데 버려진 하갈과 이스마엘에게는 수일간의 방황 끝에 한 방울의 물도 남지 않게 되었다. 이스마엘을 살리기 위해 하갈은 물을 찾아 사파(Safa)와 마르와(Marwa)라는 두 언덕 사이를 일곱 바퀴나 돌았으나 허사였다. 그러나 하나님은 또 다른 기적의 은총을 내려주었는데 이스마엘의 발밑에서 잠잠(Zamzam)이라는 샘이 솟게 한 것이었다(창세기 21: 10~19). 이 쫓겨난 이스마엘이 아랍인의 조상이 된다는 것이 성경의 이야기다.

이슬람의 경전 꾸르안(al-Qur'an)11)에서는 이브라힘(Ibrāhīm, 무슬림들이

---

11) 신(神)이 무함마드에게 내려준 계시를 담고 있는 책. 꾸르안(Qur'an)은 '읽기'(또는 '읽혀야 할 것')라는 뜻을 가진 아랍어 '까라아(qaraa)'의 동명사로 '읽기' 또는

아브라함을 부르는 이름)이 하니프(hanif, 유대인도 아니고 그리스도교도도 아니며 우상 숭배자도 아닌 진정한 유일신론자)라고 말한다(꾸르안 3: 67). 이슬람에서는 신께서 이브라힘의 신앙을 시험하기 위해 그의 아들을 희생물로 바치라고 명령하셨을 때 주저 없이 오직 신께 복종했던 이브라힘의 신앙을 다른 어떤 것보다 중요시한다.12) 꾸르안에서는 또한 이브라힘이 진정으로 사랑한 아들은 이샤끄(Ishag, 기독교 성서의 이삭)가 아닌 큰아들 이스마일(Ismail, 기독교 성서의 이스마엘)이었고 하나님이 제물로 바치라고 한 것도 이스마일로 나온다. 기독교 성서 구약의 창세기 22장 2절은 "여호와께서 가라사대 네 아들 네 사랑하는 독자 이삭을 데리고 모리아 땅으로 가서 내가 너에게

'읽음'이라는 뜻이다. 이슬람 성서는 꾸란(quran)이 아닌 꾸르안(qur'an)이라 불러야 한다. 이 말은 장음(長音)을 내포하며 단음절 '꾸란'에는 '읽다'라는 뜻이 없기 때문이다.

꾸르안은 예언자 무함마드가 종교적 황홀감에 들어가서 한 말, 즉 종교적 직관과 체험을 수록한 책으로 수라(sūrah)라는 길고 짧은 114장 6,211구로 이루어져 있다. 이 내용은 처음엔 신자들에게 기억되었다가 야자 잎, 가죽, 뼛조각 등에 기록되어오던 것을 서기(書記) 자이드 빈 사비 등이 필사했고, 631~634년의 아부 바크르 결집(結集)을 거쳐 다시 제2결집 후에 원형(原型)이 생겨났다고 한다.

꾸르안은 '사즈아'(Saj'a)라는 일종의 각운 산문체로 아름답고 특이한 리듬과 매혹적인 운율로 되어 있다. 그래서 소리 내어 읽거나 암송할 때 청중은 최면에 걸린 것처럼 매혹되어버린다. 이 책이 다른 언어로 번역될 경우 그 운율의 재생은 불가능해진다. 꾸르안은 최근까지도 번역이 허용되지 않았었다.

12) 이슬람 전통에서 차지하는 이브라힘의 위치는 기독교나 유대교 전통에서보다 훨씬 중시되는 아주 남다른 것이다. 이브라힘의 이름은 꾸르안 전체 114장 중 25장에 걸쳐 언급되어 있다. 무슬림은 하나님의 진리가 아담과 노아 때와 마찬가지로 이브라힘 때도 그 원형이 순수하게 내려졌는데 그의 뒤를 이은 후대의 여러 세기를 거치면서 그것이 다시 일부 왜곡되고 변경되자 하나님은 모세와 예수, 무함마드와 같은 예언자들을 이 땅에 보내게 되었으며 마지막 예언자인 무함마드의 사명은 바로 이 원형의 종교인 이슬람을 다시 이브라힘 때와 같이 순수한 것으로 복원하는 것이라고 믿기 때문이다.

가리켜주는 산의 한 곳에서 그를 번제로 바쳐라"라고 되어 있으며, 16절에서도 "……네가 네 아들 네 독자라도 내게 아끼지 아니하였으니……"라는 구절이 나온다. 무슬림들에 따르면 이샤끄가 태어났을 때 형 이스마일이 살아 있었기 때문에 이샤끄는 독자가 될 수 없다. 결국 이 일화는 이샤끄가 태어나기 이전의 일이며 제물로 바친 아들은 이스마일이 될 수밖에 없다는 것이다.

쫓겨난 것도 이스마일이 아니라 오히려 이샤끄 쪽이었다는 것이 이슬람의 해석이다. 이슬람 전통에서는 먼저 하나님과 이브라힘의 약속을 매우 중시한다. 이 약속은 이샤끄가 태어나기 전에 맺어진 것이므로 이스마일은 '약속의 아들'이고 이브라힘의 합법적 상속자다. 그는 장자였고 할례를 했으며 합법적 아들이었기 때문이다. 그리고 "이스마일의 자손이 큰 민족을 이루게 하리라"고 말씀하신 이 위대한 민족이 마침내는 예언자 무함마드를 배출한 아랍 민족이다. 무슬림들은 창세기에서 이샤끄의 이름이 이스마일의 이름을 대신해 쓰인 것은 유대 기독교 전통의 구원의 역사에서 헤브루(Hebrew)의 역할을 강조하기 위해서라고 본다.

유대인들은 성경에서 아브라함이 이삭을 제물로 바치려 했던 장소가 모리아 산으로 기록되어 있고, 이 장소는 나중에 솔로몬 왕이 건축한 예루살렘 성전 터가 되었다고 한다. 그러나 이슬람 전승은 이브라힘이 이스마일을 제물로 바치려던 사건이 일어난 모리아 산은 메카(Mecca, 아랍어로 Makkah: 마카)에 있는 마르와 산이며, 하갈과 이스마일이 버려졌던 파란의 광야(Wilderness of Paran, 성서의 바란의 광야)가 메카 근처의 사막지대였다고 한다. 이브라힘은 그 뒤 하갈과 아들의 생사가 궁금하여 찾아가 보니 모자는 하나님의 보호를 받으며 메카에서 잘 살고 있었다. 이들과 함께 그곳에 정착한 이브라힘은 사막에 떨어진 운석을 운반해서 제단을 쌓고 이스마일과 함께 예배소를 세워 감사의 예배를 드리니 이것이 오늘날의 카바(Ka'ba)다. 검은 천으로 둘러싸인 육면체 모양의 카바는 무슬림 세계에서 가장 신성한 곳이고 이슬람의 가장 친근한 상징 중 하나이다. 결국 성전 터가 된 지명의 해석에 따라 유대교에서는 예루살렘을, 이슬람에서는 메카를 제일의 성지로 여기는 셈이다.

결국 역사적으로 유대인과 아랍인은 하나의 뿌리에서 나온 것이고 민족이 갈라진 계기는 바로 이브라힘의 아들 이스마일과 이삭끼의 상속권 다툼 때문이었다. 유대인들은 적통을 이삭으로 보는 것이고 아랍인들은 적통을 이스마일로 보는 것이다. 결국 유대인과 아랍인은 모두 이브라힘의 자손이라는 역사를 공유하고 있다. 이삭은 어머니가 유대인 출신이고, 이스마일은 어머니가 이집트 출신이라는 것이 다를 뿐이다. 그래서 결국은 유대교와 이슬람과 기독교는 모두 같은 역사를 공유하게 되는 것이다.

이집트를 포함한 비옥한 초승달 지역에 살던 아랍어를 사용하는 주민은 자신들의 언어를 '아랍어(Arabic)'라 불렀지만, '아랍(Arab)'이라는 명사는 원래 종족이나 민족을 가리키는 말이 아니라 주로 아라비아 반도, 시나이 반도, 시리아 - 아라비아 사막에 사는 '사막 거주자'를 지칭하는 셈어(語)였다. 글을 아는 도시 거주자들이 그들 자신을 이러한 민족적인 용어를 사용해서 묘사하기 시작한 것은 유럽의 민족주의 사상이 영향을 끼친 근대에 들어서였다.

이슬람의 성서 꾸르안은 종교이자 예술이며 문학이다. 아랍인들은 그들의 정통성을 꾸르안과 하디스에서 찾으려 한다. 또한 무슬림들은 새벽, 낮, 오후, 일몰, 밤 각각 다섯 차례 메카 방향을 향해 행하는 예배인 살라트(Salāt)와 라마단(Ramaddan, 이슬람력으로 9월) 한 달 동안 모든 성인이 해가 떠서 질 때까지 지키는 금식(Sawm) 등으로 공동의식과 협동정신을 함양한다. 또한 메카 대순례 하즈(Hajj)는 공동체의식을 강화하여 동질성을 갖게 한다. 이러한 점에서 '아랍 민족주의'란 세속사회에서 이상적인 무슬림 공동사회인 움마('umma, ummah)13)를 건설하려는 노력과 방법이 의식적으로 통일되어 정형화한 것이며, 과거의 역사적 영광을 재건하려는 의지의 표현인 것이다. 따라서 아랍인이란 의미는 이슬람 문명권에 거주한다는 의미보다는 아랍 세계에 거주하는 또는 이슬람 세계에 거주하는 시민이라는 새로운 현대적 생활의 의미까지를 포함하게 되었다.

이에 반해 바그다드 출신 비평가이자 소설가인 자브라 I. 자브라(Jabra I. Jabra)는 역사적으로 중동 지역에 나타난 마지막 언어인 아랍어를 강조하여, 자신의 모국어로 아랍어를 사용하고 스스로 아랍인이라고 느끼는 사람은 누구나 아랍인이라고 정의했다. 이는 종교보다도 언어를 강조하여 아랍 세계 내의 소수 기독교 아랍인까지 포함시키는 범(汎)아랍주의 사상이다. 또한 아랍 사상을 연구했던 앨버트 후라니(Albert Hourani)는 아랍 민족을 정의하면서, 아랍인은 공통어인 아랍어를 중시하며 이를 통해 민족적 친화력을 갖는다고 주장했다.

아랍어는 인종적 요인에 따라 '아랍인의 언어', 종교적 요인에 따라 '무슬림의 언어', 지리적 요인에 따라 '아라비아 반도의 언어'라고 각기 정의를 내리기도 한다. 아랍어는 또한 꾸르안어(語)로서 '신성한 언어'라는 의미를 가지고 있다. 이슬람은 아랍어로 기록된 꾸르안을 경전으로 삼기 때문에 '이슬람화(化)한다'는 것과 '아랍어를 사용한다'는 것은 같은 의미이다. 이슬람이 출현한 7세기경부터 시리아, 팔레스타인, 이라크 지역은 아랍인의 정복과 함께 아랍어를 사용했다. 이는 이 지역의 비잔티움 제국(Byzantine Empire, Byzantium, 306~1453)인 시리아와 사산조(朝) 페르시아 제국(Sāsānian Persia, Sāsānian dynasty: 224~651)의 영향권에 있던 이라크가 아랍어를 사용하는 아라비아 반도의 아랍 혈통을 가진 사람들과 싸워서 패배했음을 의미한다. 이슬람에 정복되어 다마스쿠스와 바그다드가 이슬람 제

---

13) '국가, 백성, 세대, 공동체'를 의미하는 아랍어. 꾸르안에서는 기본적으로 이 단어를 사람의 무리를 가리킬 때, 특히 무함마드의 가르침에 충실한 사람들을 뜻하는 말로 사용한다. 이는 지리적·인종적 개념을 초월한 신자들의 보편적 공동체로서 알라가 통치하는 영역이다.

국의 중심이 되자 이 지역을 중심으로 아랍어는 가장 중요하고 우월한 언어로 인정받게 된 것이다.

아랍 세계의 국가에는 시리아, 레바논, 요르단, 팔레스타인, 이라크, 사우디아라비아, 쿠웨이트, 바레인, 카타르, 아랍에미리트, 오만, 예멘, 이집트, 수단, 지부티, 소말리아, 리비아, 튀니지, 알제리, 모로코, 모리타니, 모로코 등이 포함된다.

이와 관련해서 이슬람 세계란 이슬람을 국교로 정한 나라와 무슬림이 다수파를 차지하는 모든 나라의 집합을 의미한다. 이슬람 세계는 중동 세계를 포함해 중앙아시아, 동남아 지역과 동유럽 일부 및 아프리카 지역에 분포되어 있다. 이들 국가는 경제적으로 일부 산유국을 제외하고 거의 대부분 빈국에 속하며, 정치적으로 거의 대부분 제3세계 민족주의 이념을 내세운다.

이슬람 세계에는 아랍인, 페르시아인, 터키인과 같은 종족 중심의 국가가 있었고, 이집트나 오스만의 술탄(Sultān), 그리고 이란의 샤(Shāh)의 영역과 같은 영토 중심의 국가도 있었다. 그러나 전통적인 이슬람 국가에서는 유럽의 정치 및 경제생활에서처럼 그러한 영토적 개념이 중요성을 가진 적은 없었다. 더욱이 영토적 주권자나 국민적 지도자가 종교나 공인된 종교 지도자의 권위를 제한하려고 한 적은 없었으며 지금도 그런 경향은 대체로 유지되고 있다.

제2장
고대 중동

1. 아시리아 제국과 아케메니드 제국

고대 중동문화는 기원전 3500년경 이라크 저지(底地)에서 처음 출현한 도시국가들 속에서 계발되기 시작한 것으로 알려져 있다. 기원전 2400년경에는 몇몇 도시국가가 결합된 지역 제국의 형태로 더 큰 정치적 실체들이 출현하기 시작했고, 수세기가 지나는 동안 농업·군사 기술과 운송수단, 커뮤니케이션에서의 진보로 인해 이들 제국은 더 광범위한 지역을 지배할 수 있었다. 이러한 과정은 파라오의 지배하에 더욱 진보한 면모를 갖춘 이집트 나일 계곡에서 최초의 정점을 이루었다.

중동 주요부를 통제했던 거대 제국 중 하나는 아시리아 제국(성서 이름은 앗수르, The Assyrian empire: B.C. 1200∼612)이었다. 그들은 철제 무기와 잘 훈련된 군대 그리고 조직적 행정 덕택에 기원전 7세기경 시나이(Sinai)로부터 카스피 해 그리고 메소포타미아 남부로부터 중부 아나톨리아 평원에 걸친 광범위한 지역을 지배할 수 있었다. 그들은 신이 자신에게 모든 민족을 지배할 자격을 부여했다고 믿었고 전 주민을 강제적으로 재배치하는 등 잔인한 방법으로 통치했다. 그 후 제국은 과도한 팽창으로 국력이 고갈되고 신민들 사이에 저항을 불러와 수도 니네베(Nineveh)가 신민들에게 점령당하면서 멸망하게 되었다.

중동의 통합은 자그로스 지역의 한 무리의 조로아스터교 집단인 페르시아인들의 이란 남부 파르스(Pāars)에 거점을 둔 아케메니드(The Achaemenids: B.C. 550∼331)에서 성취되었다. 이 제국은 이전의 아시리아 제국의 영역과 함께 그리스의 아나톨리아, 트라키아(Thracia, Thrake, 영어로는 Thrace), 나일 계곡에서 수단까지, 아프가니스탄, 발루치스탄, 펀자브, 오만 연안 그리고 중앙아시아의 여러 부분을 지배함으로써 이집트에서 옥서스 강(Oxus river, 지금의 Amu Darya)에 이르는 모든 중동 땅을 단일 제국의 틀로 묶어놓았다. 이 제국은 초기에는 왕도를 시라즈(Shiraz) 북동쪽 130km 지점의 파사르가

데(Pasargadae, '페르시아인의 본영'이란 뜻)에 두었다가 30여 년 뒤 동쪽으로 75km 떨어진 페르세폴리스(Persepolis)로 옮겼다. 제국의 중심부는 후에 '이란'으로 알려진 페르시아와 근대 이라크가 들어서게 되는 메소포타미아였다. 기원전 6세기에 이러한 페르시아 제국이 들어서면서 셈어민들(semitic speakers)은 1,000년 넘게 중동에 대한 지배력을 상실했다. 그들은 7세기가 되어서야 이슬람을 기치로 내걸고 아랍이 흥기함으로써 비로소 헤게모니를 되찾을 수 있었다.

기원전 490년경 그리스인들에게 견제되기는 했지만 페르시아인들은 지역적 자율성에 중앙집권화한 권위와 책임을 교묘하게 결합시킨 제국적인 정부체제로 중동에서 지배체제를 유지할 수 있었다. 페르시아인들이 만든 이러한 정부형태는 후계 지배자들이 2,000년 넘게 대부분의 핵심지역에 적용했고, 중동 문화의 일부로 받아들여지는 정부 유형을 확립시켰다. 그러는 동안 페르시아 제국의 23개 관구가 종족적 계열에 따라 조직되었다.

페르시아인들의 또 다른 성공비결은 커뮤니케이션과 운송에서 앞선 데 있었다. 변경(邊境)으로부터 제국의 심장부로 통하는 도로들이 지속적인 점검과 보수하에 개설되어 있었다. 페니키아인들이나 함대가 페르시아 만에서 지중해로 직접 항해할 수 있도록 나일 강과 홍해를 잇는 운하들도 보수되었다.

아케메니드 제국이 당면했던 가장 큰 문제는 그리스인의 정복사업이었다. 기원전 334년, 22세의 젊은 알렉산드로스 대왕(Alexander III of Macedon, Alexander the Great: B.C. 336~323)이 약 3만 5,000명의 군대를 이끌고 소아시아 반도의 그리스 도시를 이란인들에게서 되찾기 위한 원정에 나섰다. 그는 목적을 달성한 후에도 북부 시리아로 진군하여 기원전 333년 소아시아에서 시리아로 들어가는 관문인 이소스(Issos)에서 페르시아 왕 다리우스 3세(Dareios III)를 제압함으로써 시리아와 팔레스타인을 거쳐 이집트에 이르는 길을 수중에 넣었다. 인근 도시 이스켄데룬(Iskenderun, 영어명

Alexandretta)은 승자의 이름을 현재까지 기리고 있다.

알렉산드로스는 기원전 323년에 33세의 나이로 바빌론에서 갑자기 죽을 때까지 아나톨리아, 시리아, 팔레스타인, 이집트, 메소포타미아, 페르시아, 인도의 인더스 강까지 정복을 계속했다. 그 결과 그리스 세력이 중동으로 확장되어 이 지역에 그리스 문물이 전파되고, 이것이 페르시아 문화와 혼합되는 결과를 가져왔다. 알렉산드리아(Alexandria, 돕는 자라는 뜻)와 안티오크(Antioch) 등 중동의 여러 대도시들은 그리스 학문 연구 중심지가 되었으며, 이집트에서 아나톨리아까지 도시 엘리트 사이에서 그리스어는 지배적인 언어가 되었다.

알렉산드로스가 죽은 후 그의 정복지는 그의 후계자들이 이란, 시리아, 소아시아, 이집트에 각각 근거를 둔 네 개의 왕국으로 분할했다. 셀레우코스(Seleucos)는 시리아와 소아시아 반도의 대부분 및 인도 변방에 이르는 동부 지역을 차지했고, 소아시아 반도의 나머지는 안티고누스(Antigonus)에게, 마케도니아는 안티파트로스(Antipatros)에게 돌아갔으며, 프톨레마이오스(Ptolemaeos)는 이집트를 차지했다.

이러한 과정을 통해 그리스인들은 신비에 싸여 있던 메소포타미아, 시리아 그리고 이집트 땅에 대해 더 친숙해졌고, 그곳에 정치적인 패권을 확립해 궁극적으로 로마의 정치적 통치를 위한 기반을 마련했으며, 문화적 우월성을 확보해 로마 통치하에서도 이를 유지시켜나갔다. 기원전 63년 로마 장군 폼페이우스(Pompeius: B.C. 106~48)가 셀레우코스 왕조(The Seleucid Empire: B.C. 312~63)[1]의 시리아를 정복하고 곧이어 유대를 멸망시

---

[1] 알렉산드로스 대왕의 영토 가운데 헬레니즘의 계승국이다. 알렉산드로스 대왕 사후 그의 부하인 셀레우코스 1세가 안티오크를 수도로 건국했다. 제국의 최대 영토는 아나톨리아 중부와 레반트, 메소포타미아, 페르시아, 투르크메니스탄, 파미르, 인더스 계곡을 포함한다. 이 통치기 동안 지배계층은 헬레니즘 문화의 우월성을 강조하여 피지배계층의 문화를 무시하고 그리스화(化)만을 강요하다가 피지배민족

켰다. 기원전 31년에는 악티움 해전에서 안토니우스와 클레오파트라가 옥타비아누스에게 패배하면서 이집트의 그리스 - 마케도니아계 프톨레마이오스 왕국(The Ptolemaic Kingdom: B.C. 305~30) 통치자 역시 로마의 지배에 종속되었다. 이로써 티그리스 - 유프라테스, 페르시아 고원, 대부분의 아라비아를 제외한 중동 전역이 로마의 속주(屬州)로 재편되었으며, 콘스탄티누스 대제(Constantinus Ⅰ: 306~337)가 수도를 보스포루스(Bosporus) 해안의 비잔티움(Byzantium)으로 옮길 때까지 로마의 지배를 받게 되었다.

2. 로마 지배에 대한 페르시아인과 유대인의 저항

세계적인 지배력을 확보한 헬레니즘 문화와 로마의 지배에 도전했던 두 민족은 페르시아와 유대 민족이었다. 그러나 그 결과는 매우 달랐다. 기원전 246년 셀레우코스 왕조의 안티오쿠스 2세(Antiochus II: B.C. 261~246) 사망 후, 페르시아인으로 그리스의 통치에 대항해서 성공적인 반란을 이끈 사람은 아르사케스 1세(Arsaces Ⅰ: B.C. 250~211)였다. 전승에 따르면 그는 박트리아(Bactria 또는 Bactriana) 지역[2]의 그리스 왕 디오도투스(Diodotus)가 지배하는 지역의 총독이었는데, 반란을 일으키고 서쪽으로 피신해 자신의 나라를 세웠다. 그 결과 그는 메소포타미아와 페르시아에서 그들의 종족과 연고지 이름을 따서 역사상 파르티아(성서의 바대, Parthia: B.C. 247~224)로 알려진 독립 왕조를 세웠다. 마케도니아의 패권을 회복하려는 로마의 계속된 시도가 있었지만 파르티아는 존속했고 더 나아가 정치적 독립을 확

의 독립운동으로 힘이 약해져 나중에는 로마에게 멸망하게 된다.
2) 중국이 대하(大夏)라고 불렸던 중앙아시아 지역으로, 힌두 쿠시(Hindu Kush)와 옥서스(Oxus) 강 사이에 있다.

대해나갔다. 이 제국은 당시 주요한 정치세력으로 로마의 위험한 경쟁자가 되었다.

미트리다테스 1세(Mithridates Ⅰ: B.C. 171~138)와 아르타바누스 1세(Artabanus Ⅰ: B.C. 127~124)는 유프라테스 동쪽의 전 지역을 파르티아 수중에 넣었다. 파르티아의 힘은 유목민 기병대와 조로아스터(Zoroaster) 신앙 그리고 헬레니즘에 대한 문화적 저항에 있었다. 그들은 셀레우코스왕조가 확립한 사회조직을 잘 이용했고 봉신국들의 발전을 허용했다. 파르티아인들은 창의적인 민족은 아니었지만 아시아와 그리스 - 로마 간의 무역로를 대부분 장악하여 상당한 부(富)를 쌓았다. 파르티아 제국은 유목민의 동북부 국경선 침입과 로마 제국의 위협에 시달렸다. 그러나 기원전 53년에는 카레(Carrhae)에서 로마 군대와 싸워 그 유명한 전승을 거두었다. 비록 후에 로마가 그들의 수도 중 하나인 크테시폰(Ctesiphon)을 점령했지만 파르티아인들은 적어도 로마가 동쪽으로 팽창하는 것을 저지하는 데는 성공했다. 견고한 국내 통치력이 부족했던 파르티아 제국은 224년 남부 이란의 지방 통치자 아르다시르 1세(Ardashir: 224~241)가 일으킨 반란으로 멸망했다. 아르다시르 1세는 그곳에 사산 왕조(Sāsānian Persia, Sāsānian dynasty: 224~651)를 건국했다.

한편, 유대인들은 그리스와 로마에 대한 정치적 저항에서 참혹한 시련을 겪었다. 기원전 1800년 이전 팔레스타인에는 헤브루인(Hebrew)보다 먼저 아랍 가나안인(Canaan)들이 살고 있었다. 오늘날 팔레스타인에 살고 있는 아랍인의 조상은 필리스틴인과 아랍 가나안인들의 후손이다. 구약성서에 의하면 기원전 1800년경 아브라함을 족장으로 하는 헤브루인들이 메소포타미아 지방에서 팔레스타인으로 이주했다. 그 후 기원전 1700년경 이들은 기근을 피해 아브라함의 손자인 야곱을 족장으로 이집트로 이주했는데, 기원전 1290년경 모세(Moses)의 인솔로 이집트를 탈출해 시나이 일대를 방랑한 후 팔레스타인에 귀환했다. 이 지역(가나안 지방)은 구약성서에 나오는 '약속의 땅('이스라엘3) 자손의 땅')'(여호수아 11: 22)이었다.

기원전 1050년경, 하나님이 유대민족에게 선물했다는 이 땅에서 유대인들은 사울 왕(King Saul: B.C. 1079~1007)을 중심으로 독립 국가(the united Kingdom of Israel)를 세워 번영을 누렸다. 초대 왕이 된 사울은 암몬, 블레셋, 모압, 에돔 족속과 전쟁을 치르면서 이스라엘을 방어하려 했다. 그러나 성서에 따르면 그는 제사장만이 수행할 수 있는 제사를 자신이 직접 집전하는 등 교만해져(사무엘상 13: 8~15) 하나님의 버림을 받게 되었다. 그는 블레셋과의 전투에서 비참한 최후를 맞고(사무엘상 31: 3~13) 왕권은 자신의 후손이 아닌 다윗에게 넘어갔다(사무엘하 5: 3~5). 2대 왕 다윗(King David: B.C. 1003~970)은 수도를 예루살렘으로 정했으며 하나님의 법궤를 이곳에 옮겨 예루살렘을 정치와 종교의 중심지로 만들었다(사무엘하 6: 12~15). 다윗은 정복 사업을 활발히 벌여 영지를 확장했으며 통치를 위한 행정조직도 갖추었다(사무엘하 8: 15~18). 3대 솔로몬 왕(King Solomon: B.C. 971~931)은 다윗이 마련한 토대 위에 무역을 진흥시켜 국가 수입을 늘리고 이스라엘의 부흥을 꾀하는 등(열왕기상 4: 20~34, 10: 14~29) '솔로몬의 영화'를 누렸다. 그는 제1신전을 건축하는 등 중요한 업적을 이루기는 했지만 절대군주적인 행동으로 백성들의 원성을 샀다(열왕기상 12: 1~15).

솔로몬 왕 사후 북방 종족은 사마리아(Samaria)를 중심으로 이스라엘 왕국(Kingdom of Israel, Samaria: B.C. 931~722년경)을 건설하여 남방의 유대 왕국(Kingdom of Judea: B.C. 930~586)과 맞섰다. 이들은 자신들이 인구도 많고 영토도 넓지만 왕정으로부터 얻는 이익보다는 불이익이 크다고 판단해 다윗의 통치에서 벗어나는 길을 택했던 것이다(열왕기상 12: 16~24). 남북

---

3) 야곱이 얍복(Jabbok) 강가에서 천사와 씨름하여 이긴 후에 새로 쓰게 된 이름이다(창세기 32: 28). '하나님과 겨루어 이긴 자'라는 뜻으로, 야곱의 후손들로 이루어진 민족을 일컫는 이름이 되었다(출애굽기 12: 37, 민수기 1: 45).

왕조의 분열은 약화되었던 주변 국가들이 다시 세력을 얻어 이스라엘의 정치·경제에 타격을 주는 요인이 되었다. 북방의 이스라엘 왕국은 여로보암 왕조(Jeroboam: B.C. 931~911), 바아사 왕조(Baasha: B.C. 910~887), 오므리 왕조(Omri: B.C. 886~875), 예후 왕조(Jehu: B.C. 841~814) 등을 거치지만 왕조 말기 아시리아 세력이 커지면서 존립에 위협을 받게 되었다. 호세아 왕(Hoshea: B.C. 732~722)은 이집트에 의지해 아시리아에 대항했지만 3년간의 포위 끝에 수도 사마리아가 아시리아에 점령되면서 북왕조는 기원전 722년경 멸망했다.

아시리아는 북이스라엘 유대인들을 오늘날 이란과 이라크 지역으로 강제 이주시켰다. 아시리아는 또한 외부의 지배층에 대한 반발을 무마하려는 의도로 북이스라엘 민족과 타 민족을 혼합시키는 민족 혼합정책을 시도해 북왕조 사마리아에는 아시리아에 점령당한 타 민족들을 정착시켰다. 결국 사마리아는 혼혈민족이 되고 순수한 남왕국 유대인들은 그들을 같은 민족으로 여기지 않게 되었다. 사마리아인들과는 더는 약속받은 땅을 공유할 수도 없었다. 예수 시대에 이르기까지 사마리아 사람들이 유대인들에게 천대받았던 이유도 여기에 있었다.

남왕국 유대는 다윗 왕조를 계속 유지해갔지만 아시리아의 뒤에 일어난 신(新)바빌로니아 제국(칼데아: B.C. 625~539)의 네부카드네자르 2세(Nebuchadnezzar Ⅱ: B.C. 630~562)가 정복하여(B.C. 587) 많은 유대인이 포로로 바빌론에 끌려갔다. 신바빌로니아 제국이 수도 바빌론에 '바벨 탑'을 건립하기 위해 유대인들을 징발했던 것이다. 이 사건이 바로 '바빌론 유수(幽囚, Babylonian Captivity)'다. 징발된 유대인들은 48년 만에 페르시아 아케메니드(The Achaemenids: B.C. 550~331) 왕조의 창시자 키루스 대왕(성서 이름 고레스, Cyrus the great, Cyrus Ⅱ: B.C. 559~530)이 신바빌로니아를 정복하면서 포로생활을 마치고 귀향하게 된다. 페르시아는 약간의 자치를 허용해 이 시대의 유대인들은 예루살렘에서 두 번째 성전을 지을 수 있었다. 일부 유대인은 페르시아 제국의 군인이 되었고 나머지는 농업을 계속했다.

기원전 2세기 내내 유대 예루살렘은 이집트와 시리아라는 두 강대국의 압박하에 놓여 있었다. 이집트는 프톨레마이오스 왕조가, 시리아는 셀레우코스 왕조가 지배하고 있었다. 이 두 국가는 알렉산드로스 대왕이 죽은 뒤 그 제국이 20여 년에 걸쳐 해체되고 남은 국가들이었다. 유대는 원래 헤브루(Hebrew, 히브리) 왕국으로 독립국이었지만 솔로몬 사후에 둘로 분열되어 멸망한 뒤 유대의 주인은 페르시아와 그리스의 알렉산드로스, 이집트 등으로 바뀌었고 마지막으로 기원전 198년 셀레우코스 왕조의 안티오쿠스 3세(Antiochus III Megas: B.C. 223~187)가 유대를 이집트로부터 분리시켜 자신의 영토에 병합시켰다.

이집트의 지배하에서 유대인들은 많은 자유를 누렸다. 이집트는 유대의 자치를 허용했으며 유대인들은 아무런 방해 없이 예루살렘에 있는 성전에서 예배를 드리고 자신들 고유의 전통과 종교 등을 지켜나갔다. 유대를 새로 병합한 안티오쿠스 3세도 이 지방의 전략적 중요성을 감안해 오래전부터 예루살렘에 거주하고 있던 유대인 공동체의 지원을 얻기 위해 이들이 자신들의 율법에 따라 생활할 수 있도록 하는 특권을 부여해 유대인들이 누리던 자유를 그대로 인정해주었다. 그러나 그 아들인 안티오쿠스 4세 에피파네스(Antiochos IV Epiphanes: B.C. 175~164)가 집권하면서 상황이 바뀌었다.

그가 왕위에 오르던 기원전 175년 주변의 상황은 시리아에 불리하게 조성되고 있었다. 메디아와 파르티아가 기세를 떨치며 동쪽 국경을 위협하는 동안 유대 지역을 상실한 프톨레마이오스 5세 에피파네스(Ptolemaios V Epiphanes: B.C. 204~181)가 이 지역을 탈환하기 위해 로마와 동맹을 체결했다. 당시 공화정이던 로마는 카르타고와 지중해의 패권을 놓고 겨루었던 제2차 포에니 전쟁(Poeni war: B.C. 218~201)에서 승리를 거두고 새로운 강자로 부상하고 있었다. 지중해를 제압한 로마는 동방으로 세력을 확장하려 기회를 노리고 있었으므로 프톨레마이오스 5세의 제안을 거부할 이유가 없었다. 이러한 상황에서 더욱 강력한 신민들의 결속력이 필요했던 안티오쿠스 4세는 헬레니즘 문화로 신민들을 하나로 통합시키려 했다. 야심만만한 정복자였던 그는 종교와 문화, 전통이 각기 다른 여러 지역을 헬레니즘으로 통합시키면(Hellenizing) 신민들의 일체성이 강화되어 더욱 강력한 국가로 도약할 수 있다고 믿었다.

당시 시리아인들은 그리스 문화에 열성적이었다. 그리고 안티오쿠스 4세에게 문화란 바로 선(善)의 추구였기 때문에 알렉산드로스 지배(B.C. 334~323)이후 중동 전역에 확산되던 헬레니즘화(化)를 지향하는 문화적 신민화 과정을 강행하려 했다. 끊임없이 묻고 창조하는 그리스의 과학 정신은 바로 '인간이 만물의 척도'라는 가정에 바탕을 두고 있었다.

그러나 유대인들의 세계관은 헬레니즘과는 판이했다. 유대인들은 헬레니즘을 자연숭배의 한 형태 내지 여호수아 시대 이후 오랫동안 이스라엘의 신앙과 대립되었던 가나안 종교의 정신적 연속물로 간주했다. 그들에 의하면 가나안 신들은 변덕스러운 인간 마음속의 분노, 증오, 욕망, 시기, 탐욕 등이 신격화한 것일 뿐이었다. 예언자들은 이스라엘을 초월적인 하느님 야훼가 선택한 백성이라고 주장했다. 야훼는 사람과는 전적으로 다른 거룩한 존재였다. 사람이 신들을 만든 것이 아니라 하느님이 사람을 창조했으며, 이스라엘은 '모든 민족을 밝혀주는 빛'(이사야 49: 6)으로 하느님이 선택한 백성이었다. 야훼와 이스라엘의 특별한 관계가 지니는 의미를 세상에 입증하는 것이 이스라엘의 존재 이유였다. 이스라엘의 임무는 인간의 힘과 욕망이 아니라 하느님의 정의와 사랑이 지배하는 올바른 인간사회를 만들어서 하느님의 계시를 의미 있게 하는 것이었다.

안티오쿠스 4세는 귀찮은데다 그가 보기에는 이상하고 배타적이며 '비타협적인' 유대 민족의 종교를 제거하기로 작정했고 그때까지 이집트 영토였던 유대 지방을 정복하기 시작했다. 이스라엘의 신앙을 말살하기 위해 그들의 종교의식을 탄압했으며, '질투심 많고 편협한 신'이 제정했다는 이유로 안식일과 전통적인 유대교 축제를 금지시키기도 했다. 그 대신 그리스 경기를 치를 대규모 체육시설이 건립되었다. 이러한 여파로 인해 유대인들은 안티오쿠스 4세의 헬레니즘화를 지지하는 파와 전통을 고수하는 파로 갈라졌다. 결국 갈등은 대제사장을 임명하는 문제를 둘러싸고 폭발하였다. 기원전 168년 예루살렘에서는 예루살렘의 헬레니즘화에 반대하는 주민들이 대제사장을 감금하며 봉기했다. 당시 이집트를 침공하여 알렉산드리아를 공격하다가 로마의 개입으로 인해 전쟁을 포기하고 굴욕적인 퇴각을 하고 있던 안티오쿠스 4세는 이를 반란의 징후로 단정하고 아폴로니우스(Apollonius)의 군대를 유대로 파견했다. 이듬해 아폴로니우스가 이끄는 시리아 군대는 예루살렘으로 들어가 많은 사람을 학살하고 성전을 약탈한 뒤 성전을 제우스를 섬기는 신전으로 바꾸어버렸다. 그리고 이 신전 맞은편의 언덕에 아크라(Acra)라는 요새를 건설하고 이곳에 시리아군을 상주시켰다.

이러한 상황에서 당시 많은 유대인은 보편적인 새 조류와 타협하는 쉬운 길을 택했으나, 한편에서는 안티오쿠스 4세의 불경스런 행동으로 저항이 고조되고 있었다. 이러한 저항운동은 '하시딤(Hasidim)'이라는 종교운동의 성격을 띠었다. 하시딤은 히브리어로 '경건'을 의미하는데, 이 운동은 한마디로 말해 '회개운동'이었다. 정통파 유대인들은 안티오쿠스 4세의 잔인한 종교탄압을 하나님의 진노의 표현으로 보게 된 것이다. 그래서 그들은 하나님이 그의 백성을 향한 진노를 풀고 구원의 날을 내려주도록 철저하게 율법을 준수할 것을 결심하게 되었다.

예루살렘을 점령한 안티오쿠스 4세는 나머지 지방에서도 유대인들의 전통을 없애기 위해 군대를 보냈는데 그중 아펠레스(Apelles)가 이끄는 한 부대가 모데인(Modein)이라는 예루살렘 북서쪽의 마을로 파견되었다. 이에 저항한 그 지방의 사제 마타시아스(Mattathias)는 자신을 따르는 사람들을 이끌고 오늘날의 라말라(Ramallah) 북서쪽에 있는 고프나(Gophna) 산으로 피신해 들어갔다. 그의 다섯 아들 요한 가티, 시몬 타시, 유다, 엘르아잘 아바란, 요나단 아푸스도 그와 함께했다. 이 지역은 주로 해안지방에 퍼져 있는 시리아군의 수비대에서 멀리 떨어져 있었고 산악 지형이라 방어와 게릴라전을 하기 유리한 곳이었다. 이들은 이곳에서 게릴라전을 준비하며 유대교의 율법을 따를 것을 맹세하고 지방에 있는 마을 사람들을 규합해나갔다. 안티오쿠스의 강압적인 헬레니즘화 정책에 반대하던 사람들과 하시딤들이 그의 진영에 합류하기 시작했다. 마타시아스는 반란을 일으킨 지 1년 만인 기원전 166년에 죽었다. 그러나 마타시아스는 이스라엘 독립의 영웅이 되었고, 그의 고향 모데인은 저항의 중심지가 되었다. 그가 죽자 군(軍) 조직에 많은 역할을 담당했던 셋째아들 유다(Judas: B.C. ?~B.C. 161)가 지도자가 되었다.

초기 전황은 전력상 소규모 유대 저항군에게 가망이 없었다. 그러나 저항군은 자신들의 민족과 종교를 지키려는 확실한 목적이 있었고 그곳 지리에 밝은 사람들이었다. 주민들의 많은 도움도 있었다. 이들의 활약으로 예루살렘의 시리아군이 거의 고립되다시피 하자 사마리아에 주둔 중이던 아폴로니우스가 이들에 대한 토벌에 나섰다. 이에 대해 기습 포위공격으로 맞섰던 저항군은 고프나 북동쪽에 있는 나할 엘 하라미아(Nahal el-Haramiah) 협곡에서 시리아군을 상대로 의미 있는 첫 번째 승리를 거두었다. 세론(Seron)이 증강된 병력으로 새로운 군사작전을 시도했지만 벳호론(Beth-horon) 고개에서 자신이 전사함으로써 시리아 군대는 와해되고 유다에게 두 번째 승리를 안겨주었다. 그 후 유다는 엠마오(Emmaus), 벳호론 등지에서 벌어진 전투에서 잇달아 승리했다. 그 후 기원전 164년 12월, 그는 시온 산을 되찾아 헬레니즘적 종교의식을 일소하고 토라(Torah)의 규정에 따라 성소를 재건해 이를 야훼(Jehovah)의 경배에 바쳤다. 안티오쿠스 4세가 성전을 함락하여 더럽힌 지 3년 만이었다.

그가 유격전을 감행하여 연전연승을 거두자 많은 유대인들이 그의 깃발 아래로 모여들었다. 그 뒤 혹독한 압박을 당하는 자기 민족을 구출하기 위한 수많은 전투를 승리로 이끌면서 유다의 세력은 유대 지방뿐 아니라 전 팔레스타인 지역으로 확장되었다. 그 과정에서 유다는 유대인들의 민족적인 독립운동의 지도자로서의 입지를 굳혀나갔다. 유다는 전쟁에서 승리의 공로로 '마카베오' 또는 '마카비(Maccabee)'라는 이름을 얻게 되었다. 뒤에 이 이름은 그의 가문, 특히 유다의 아버지 마타시아스와 유다의 4형제 요한, 시몬, 엘르아잘, 요나단에게 주어졌다. 이는 또한 고대 이스라엘의 마지막 독립 왕조의 이름이자 그 지배 일가의 이름이 되었다.

이후 유다는 갈릴리(Galilee)와 트란스요르단 등지에서 전투를 계속했으며, 기원전 164년 안티오쿠스 4세가 죽은 뒤 얼마간의 평화가 있었지만[4] 곧 재개된 전쟁에서 유다는 도움을 얻기 위해 로마로 사절단을 보냈다. 이로써 로마로부터 정치적 승인을 얻는 성과가 있었지만 이는 결국 훗날 로마가 유대를 장악하는 계기가 되었다. 유다 자신은 예루살렘의 나머지 부분에서 시리아군을 몰아내기 위해 아크라(Acra) 요새의 시리아 수비대와 싸웠으나 벳세 즈가리야 전투(the Battle of Beth Zechariah: B.C. 162)에서 패배하고, 이듬해 엘라사(Elasa) 전투에서 사망했다.

마카비 혁명을 성공적으로 이끈 모데인의 제사장 마타시아스의 다섯 아들은 하스몬가(家)(Hasmonean)에 속하는 사람들이었다. 그들은 혁명이 성공하자 하스몬 왕조(Hasmonean Dynasty: B.C. 164~63)로 이름을 바꾸고 군주정치를 실시했다. 이렇게 성립된 왕조는 셀레우코스 왕조가 내분에 휩싸이는 동안 그 영향권에서 벗어나 본격적으로 주변 민족들을 정복해 영토

---

4) 시리아 군대가 권력 투쟁의 문제로 귀국을 해야 했기 때문에 종교적 자유를 허용한다는 조건으로 마카비에게 화해를 제의했으며, 경건한 하시딤은 종교 자유의 획득에 만족하고 전쟁을 중단하기로 결정했다. 정치적인 자유(독립)가 목표였던 마카비는 이에 대해 반대했던 것으로 알려졌다.

를 확장하고 독립국가의 번영을 누렸다. 알렉산더 야나이(Alexander Jannaeus) 집권시절 절정에 달한 하스몬 왕조는 기원전 67년 그를 계승한 부인 살로메 알렉산드라(Salome Alexandra)가 죽자 두 아들의 왕위 다툼을 둘러싼 내분에 빠지게 된다. 외부세력을 끌어들여 왕권을 차지하려는 형제들 간의 전쟁은 기원전 63년 로마의 폼페이우스 장군이 예루살렘에 입성하면서 끝이 났다. 이와 함께 유대인의 독립 국가는 사라지고 이스라엘은 로마의 속국이 되었다.

지중해 세계의 새로운 지배자로 등장한 로마는 이스라엘의 전략적 중요성을 간과하지 않았다. 팔레스타인은 소아시아와 이집트를 연결하는 교량 역할을 하고 있었고 주변에는 로마가 정복하지 못한 나바테아인(Nabataeans)과 파르티아 왕국이 남아 있었다. 폼페이우스는 하스몬 치하에 있던 많은 헬라 도시들을 점령했다. 로마 제국은 팔레스타인 지역을 정복한 후, 처음에 헤롯과 같은 꼭두각시 왕을 세워 팔레스타인을 지배하다가 폰티오르 필라토스(Pontior Pilatos, 한국어 성서 이름은 본디오 빌라도)와 같은 행정관을 두었으며 나중에는 직접 통치했다. 페르시아가 로마보다 유대인들에게 더 나은 대접을 했기 때문에 유대교 열성자들(Zealots)은 로마의 지배에 대항해 66년에 반란을 일으켰는데, 이는 73년까지 계속되었다. 전쟁 중 70년 로마의 총사령관 티투스(Titus Flavius Vespasianus)는 예루살렘을 함락하여 '통곡의 벽'만 남기고 두 번째 성전을 전부 파괴했다. 유대인들은 사해(死海)를 내려다보는 마사다 언덕에서 로마에 대항하여 용감하게 싸웠으나 960명이 자결하는 비극적 종말을 맞았다.

로마의 지배가 그렇게 억압적이었다고 할 수 없었지만 132년 바르 코크바(Bar Kochba)는 20만 명의 군대를 거느리고 제2차 유대인 반란을 일으켜 예루살렘에서 로마를 축출했다. 이후 135년 로마군이 다시 예루살렘을 점령함으로써 바르 코크바의 반란은 종식되었다. 이 반란 이후 로마인들은 이 골칫덩어리 민족의 문제를 일거에 해결하려고 결심을 하게 되었다. 그리하여 이전에 바빌로니아인들이 그랬던 것처럼 대부분의 유대인들을 포로로 잡아서 유배시켰다. 이로써 팔레스타인/유대(Palestine/Judea)는 자율성을 상실하고 시리아 팔레스티나(Syria Palestina)라는 로마 식민지가 되었다. 일부 유대인들은 갈릴리 호반의 도시 티베리아(Tiberias, 헤브라이어로는 Tverya)와 사페드(Safed)로 이주해 살았지만 대다수는 유럽 등지에서 1900년 동안의 이산(離散, the Diaspora)을 겪어야 했다.

로마인들은 유대인의 역사적 명칭마저 말살시켰다. 하드리안 황제(Hadrian, Publius Aelius Hadrianus: 117~138)는 예루살렘을 로마의 식민지로 바꾸고 예루살렘을 아엘리아 카피톨리나(Aelia capitolina)로 개명했다. 그는 성전이 있던 곳에 유피테르(Iuppiter 또는 Iupiter) 신전을 세우고 유대인이 예루살렘으로 들어오는 것을 금지했다. 이전에 유대인들이 가나안(Canaan) 또는 유대 사마리아(Judea and Samaria)로 불렀던 이름은 사라지고, 나라의 이름은 오랫동안 잊혀 있던 필리스틴(Philistines)이라는 이름을 따서 '필리스틴인이 살던 땅'이라는 뜻의 팔레스타인(Palestine)으로 바뀌었다. 이 모든 것은 이 지역을 지배하던 로마가 서기 2세기 후 두 번의 유대인 민족반란을 겪은 후 유대 민족정신을 말살하기 위해 시도된 것이었다. 이러한 억압적인 조치로 인해 유대국가 독립의 희망은 사라지게 되었으나 일부 유대 공동체는 해안평야와 갈릴리를 중심으로 계속 유지되었다. 이때부터 19세기 중엽까지 예루살렘 등지에는 유대인이 거의 살지 않았다.

3. 자힐리야(Jāhiliyya)

이슬람 이전의 시기에 아라비아인들은 군사 민족이 아니었다. 그들은 통상인(通商人)이었으며 남쪽에서는 인도를 아프리카와 연결하는 번성한 해양문명을 이루었다. 북쪽에서는 스스로를 나바투(Nabatu)로, 그리스인들은 나바테아인이라고 불렸던 사람들이 무역로 상의 중요한 두 도시국가 페트라(Petra, 히브리어로 Sela)와 팔미라(Palmyra)를 건설했다.

현 요르단 남서부에 위치했던 페트라는 기원전 2세기 단단한 바위벽을 깎아서 건설된 도시로 잘 짜인 관개 수로망을 갖추고 있었다. 페트라는 오아시스의 대상 무역(caravan trade)의 도시로, 서쪽의 가자(Gaza)와 북쪽의 다마스쿠스를 홍해의 아크바와 루체 컴(Leuce Come) 그리고 사막을 가로질러 페르시아 만과 연결해주는 교통의 요지로서 당시 최고의 번성을 누렸다. 로마 시대에 아라비아 사막에 새로운 상업로가 개척되면서 페트라의 중심적 역할은 점차 쇠퇴했으며, 아랍 무슬림들이 요르단을 점령한 7세기에서 1812년 스위스 탐험가 요한 루트비히 부르크하르트(Johann Ludwig Burckhardt)가 이곳을 새롭게 알리기 전까지 이곳은 잊혀간 도시였다.

다마스쿠스 북동쪽으로 215km 떨어진 오아시스에 자리했던 팔미라는 서로 경쟁하던 로마와 파르티아 사이에 끼어 있었으며, 한때는 제국(Palmyrene Empire: 260~273)으로 확장되어 시리아의 로마 주(州)와 팔레스타인 그리고 이집트와 소아시아의 상당 부분을 점유하기도 했다. 이 단명한 제국은 이집트를 정복했으며 '아라비아의 클레오파트라'라는 아름답고 야심찬 제노비아(Zenobia: 267~271) 여왕의 이야기를 후세에 남겨주었다.

기원전 1세기경부터는 지중해 지역의 강자로 등장한 로마 제국이 중동에 진출해 이 지역을 서서히 지배하게 되었다. 기원전 65년 로마의 폼페이우스가 지금의 요르단의 하심가(家) 왕국에 있었던 고대 페트라의 나바테아(Nabatea)에 진군하여 이곳에 사막정책을 시도했다. 그것은 정복보다는 우호적인 협력관계를 유지하는 것이었다. 페트라는 로마 영토와 사막의 완충국가로서 남부 아라비아와 인도 무역로의 귀중한 보급기지 기능을 하고 있었다. 기원전 25년 아우구스투스 황제(Augustus Caesar: B.C. 27~A.D. 14)는 홍해 남단에 로마의 교두보를 확보해 인도 항로를 직접 지배하기 위해 이 지역에 원정대를 파견했으나 참담하게 실패했고 로마는 이를 다시는 시도하지 않았다. 그 덕택에 아라비아 접경 공국들은 융성기를 맞을 수 있었다.

기독교의 발생으로 서기 역사가 시작되던 때 중동은 두 거대 제국이 양분하고 있었다. 보스포루스 해협을 중심으로 서쪽은 로마제국의 영역으로, 이곳의 고대문명은 쇠퇴했고 고대 도시들은 로마의 총독이나 허수아비 토후들이 통치하고 있었다. 동쪽은 그리스와 로마 사람들이 '페르시아'[5]라 부르고 그곳 주민들은 '이란'이라 부르던 또 하나의 거대제국 사산조 페르시아가 지배하고 있었다.

기독교 시대 초기까지 고대 정체성과 고대 언어가 어느 정도 유지되면서 존속되어왔던 이 지역 고대 문화 중 가장 오래된 것은 이집트 문명이었다. 이집트는 남쪽 계곡과 나일 강 삼각주로 구성되고 동서 양쪽의 사막과 북쪽의 바다로 둘러싸여 있었다. 페르시아, 그리스, 로마 등이 이집트를 연속적으로 정복하지만 그 문명의 뚜렷한 특질은 잘 보존되었다.

중동의 또 다른 강 유역 문명, 즉 티그리스 - 유프라테스 문명은 이집트 문명보다 더 오래된 것 같지만 이집트 국가나 사회가 가졌던 통일성과 지속성을 보여주지는 못했다. 남부와 북부 지역은 수메르와 아카드, 아시리아와 바빌로니아 등 수많은 이름으로 알려진 다른 언어를 사용하는 다양한 종족의 보금자리였다. 그리스 - 로마 세계에 그 지역은 '메소포타미아(Mesopotamia)'라는 이름으로 알려졌는데, 이는 그리스어 'mesos'과 'potamos'의 합성어인 '두 강 사이에 있는 땅'이라는 뜻이었다. 아랍인들은 이곳을 '알 자지라(Al-Zazira)'라고 부르는데 '섬'이라는 뜻이다. 초기 기독교시대 그 중심부와 남부는 페르시아의 확고한 수중에 있었고 제국의 수도는 현재

---

[5] '페르시아'는 오늘날 이란의 영토에 근거한 여러 개의 제국을 서양에서 일반적으로 일컫는 말로, 고대 그리스인들이 이란 남서부 해안 지역에 사는 사람들을 파르스(Fars)라고 부른 데서 비롯되었다.

바그다드 근처의 크테시폰이었다. 북부 메소포타미아는 영토 패권다툼이 치열해 때로는 로마, 때로는 페르시아, 때로는 토착 왕조가 지배했다. 그 지역은 더 보편적인 용어인 '시리아(아랍어로 수리야)'의 일부로 간주되기도 했다. 시리아는 북으로 타우루스 산맥(Taurus Mts.), 남으로 시나이 사막, 동으로 아라비아 사막, 서로는 지중해로 둘러싸인 지역을 지칭한다.

보다 보편적으로 비옥한 초승달 지역(Fertile Crescent)의 서부를 형성하는 나라들은 그곳을 지배했던 수많은 민족의 이름으로 다양하게 불리고 있었다. 그중에서 가장 친근하고 적어도 전거(典據)가 가장 정확한 곳은 남쪽 땅인데, 초기 히브루어 성서와 다른 고대 문헌에서 '가나안'으로 알려진 지역이다. 북쪽과 남쪽의 해안지대는 그곳에 사는 사람들의 이름을 따서 '페니키아'와 '필리스티아'로 불렀다.

현재 터키라고 부르는 나라는 투르크로 알려진 민족이 먼 동쪽에서 진출하기 시작한 중세까지 그 이름이 알려지지 않았다. 초기 기독교 시대에 붙여진 이름은 아시아 또는 소아시아(Asia Minor) 그리고 아나톨리아(Anatolia)였다. 이러한 이름들은 원래 에게 해 동쪽 연안을 지칭했는데 점차 모호하고 다양한 형태로 동쪽으로 확장되었다. 아나톨리아는 '해가 뜨는 곳'이라는 그리스어에서 파생되었다. 라틴어의 '오리엔트(Orient)', 이탈리아어의 '레반트(Levant)'[6]라는 단어와 같은 뜻이다.

100년경 로마는 우호적인 정책을 바꾸어 나바테아 지역에 대한 정복사업을 시작하는데 그것은 중앙아시아에서 일어난 사태와 연관이 있어 보인

---

6) 레반트 지역이란 이집트를 위시한 동부 지중해와 그 섬들과 연안지대를 말한다. 처음에는 소아시아와 시리아의 해안지방만을 가리켰으나 뒤에는 그리스부터 이집트에 이르는 지역까지 포함하게 되었다. '동쪽'의 뜻이 함축되어 있는 '해가 뜨다'라는 뜻의 프랑스어 'lever'에서 유래했다. 이 말은 베네치아 상인을 비롯한 무역상들이 십자군 원정 이후 티레(Tyre, 지금의 Ṣūr), 시돈(Sidon) 같은 도시들과 교역을 하면서 널리 쓰이게 되었다.

다. 로마와 페르시아 제국의 북쪽과 흑해 및 카스피 해의 북부는 중앙아시아를 가로질러 중국으로 통하는 육로가 있었다. 1세기 후반 이 지역에서 중국의 막연한 종주권 요구에 대항한 중앙아시아 부족들의 반란이 있었던 것으로 보인다. 이 반란을 주도한 민족은 '흉노'로서 유럽 역사에 등장하는 훈족(Huns)과 동일한 민족으로 생각된다. 이때 반초(班超)가 중앙아시아 원정을 단행해 반란을 평정하고 흉노를 실크로드 저편으로 몰아냈다. 나아가 중국은 더욱 서쪽으로 진출해 투르키스탄으로 알려진 현재의 우즈베키스탄과 그 서부 지역을 장악했다. 그리하여 반초는 그곳으로부터 내륙 아시아로 향하는 실크로드를 확보해 중국의 통제 아래 두었다. 동시에 그는 감영(甘英)을 사절로 보내 서쪽의 로마 사람들과 접촉하기도 했다.

이러한 분위기 속에서 로마 황제 트라야누스(Traianus: 98~117)는 106년 페트라와의 전통적인 관계를 끊고 이 지역을 정복해버렸다. 그로써 나바테아 지역은 '아라비아 주(州)'라는 로마의 한 주로 전락했다. 그는 또한 운하와 나일 강 지류를 연결하는 수로망을 정비해 로마의 배가 지중해에서 홍해로 항해할 수 있게 했다. 107년에는 로마의 사절이 인도에 파견되었고 시리아 동부 접경에서 홍해에 이르는 도로가 개통되었다. 트라야누스는 114년에 시작된 원정으로 페르시아와 분쟁 중인 아르메니아(Byzantine Armenia)를 정복하고 티그리스 강을 건너 동쪽으로 나아갔다. 116년 여름 그는 페르시아의 대도시 크테시폰을 점령함으로서 마침내 걸프 해(海)에 도달했다.

트라야누스의 정복사업이 시작되기 전, 아라비아 반도의 중앙부는 권력의 공백 상태였고 지방이나 외곽은 공국의 성격을 띠는 군소 국가들이 둘러싸고 있었다. 그들은 동쪽의 파르티아나 서쪽의 로마 제국과 다양한 형태로 관계를 맺고 있었다. 그들은 아라비아를 가로질러 예멘으로 향하는 대상(隊商)무역이나 동아프리카나 인도로 향하는 해상교역을 통해서 생활했다. 이러한 상태에서 로마의 페트라 합병은 당시 유지되던 힘의 균형이

깨지는 결과를 가져왔다.

　기독교 발생에서 이슬람의 발생에 이르는 기원후의 6세기는 사건의 과정이나 문명의 이동이라는 측면에서 일련의 중요한 발전을 이룩한 시기였다. 우선 가장 중요한 것은 기독교의 발생 그 자체는 물론 기독교가 점진적으로 전파·수용된 것, 그 결과 유대교와 페르시아 종교를 제외한 모든 기독교 이전 종교가 소멸되거나 최소한 지하 세계로 숨어들어 갔다는 것이다. 312년 로마의 콘스탄티누스 대제가 크리스트교로 개종하면서 팔레스타인 지역이 정치적으로 중요시되었고, 313년 그는 기독교를 국교로 정했다.

　두 번째 주요한 변화는 로마 제국의 중심부가 서쪽에서 동쪽, 즉 로마에서 비잔티움으로 이동했다는 것이다. 330년 로마가 수도를 비잔티움으로 옮기면서 제국의 동방 정체성(eastern identity)이 확고해졌다. 그 정체성은 헬레니즘 문화의 맥락 속에서 로마의 행정적 관행을 보존했던 비잔티움 제국이 잘 표현하고 있다. 395년, 테오도시우스 황제(Theodosius Ⅰ : 379~395) 사후 로마 제국은 로마의 통치를 받는 서부 제국과 콘스탄티노플7)의 통치를 받는 동부 제국으로 분열되었는데 얼마 지나지 않아 독일, 영국, 프랑스, 스페인, 북이탈리아 등이 속한 서부 제국은 이민족의 침입으로 사라졌고 남이탈리아, 시칠리아, 북아프리카 해안 지대, 이집트, 시리아, 아나톨리아, 그리스 등이 속한 동부 제국만이 1,000년 동안 이어졌다.

　한편, 기독교 시대의 처음 6세기 동안 페르시아 제국의 역사에서는 주요한 두 개의 왕조가 있었다. 첫 번째는 파르티아 왕조이고, 두 번째는 사산

---

7) 기원전 667년 그리스인들이 발견한 이 도시는 Byzantion의 라틴어 이름 비잔티움(Byzantium)으로 처음 알려졌는데, 337년의 콘스탄티누스 대제 사후 '콘스탄티누스의 도시(City of Constantine)'라는 뜻의 콘스탄티노폴리스(Constantinopolis)가 되었다가 그 그리스어 형태인 콘스탄티노플(Constantinople)이 되었다. 그 후 1453년에 오스만 제국이 함락한 뒤에는 오늘날까지 이스탄불(Istanbul)이라는 이름으로 부른다.

왕조다. 사산 왕조는 서부 이란 지역에서 통치기반을 굳힌 파르티아의 지방영주 아르다시르 1세가 세운 고대 이란 왕조로서 중앙집권적이고 군사적인 정권이었다. 사산(Sāsān)이라는 이름은 아르다시르 1세의 조부 이름에서 연유된 것으로 알려져 있다. 아르다시르 1세는 아라비아의 북동쪽 접경에서 시작해 접경지대의 공국들을 합병하고 복속시켜나갔다. 3세기 중엽에는 고대 아라비아의 중심지인 하트라(Hatra)를 정복하고 걸프 해안에 있는 동(東)아라비아 일대를 차지했다. 페르시아 - 로마, 후일의 페르시아 - 비잔티움 간의 패권 싸움은 이슬람 할리파 국가가 등장할 때까지 이 지역 역사의 지배적인 정치적 사건이었다. 두 세력 간의 경쟁은 우선 영토 문제를 중심으로 이루어졌다. 로마는 오랫동안 페르시아가 통치하던 아르메니아와 메소포타미아를 요구했고, 페르시아는 기원전 525년 키루스(Cyrus)의 아들 캄비세스(Cambyses)가 정복한 시리아, 팔레스타인, 이집트를 원하고 있었다.

사산인들은 그들의 주요 거점인 크테시폰으로부터 시리아와 아나톨리아의 비잔티움 속주들을 끊임없이 괴롭혔다. 5세기 후, 기독교가 허용되고 네스토리우스 교회가 사산 제국의 영역, 특히 메소포타미아에 확산되었을 때 콘스탄티노플과의 갈등은 성격상 더욱 제국주의적인 것이 되었다. 사산조의 호스로우 1세(Khosrow Ⅰ 또는 Khosrau Ⅰ : 531~579)가 즉위하면서 532년 비잔티움 황제 유스티니아누스 1세(Justinianus Ⅰ : 527~565)와 '항구적인 평화(Eternal Peace)'에 합의했지만, 아프리카와 시실리의 정복을 원하던 비잔티움 황제가 반달족(the Vandals)과 고스족(Goths)에 대한 공격에서 성공을 거두자 호스로우는 540년 전쟁을 일으켜 알레포(Aleppo, 아랍 이름으로 Halab)와 안티오크를 차지해버렸다. 613년과 614년에는 호스로우 2세(Khosrow Ⅱ : 590~628)의 강력한 사산조 군대가 팔레스타인과 시리아 등 비잔티움 제국 영내로 침투해 들어가 예루살렘의 성묘 교회를 파괴하고 다마스쿠스를 강탈했다. 사산조 페르시아 통치 3년 동안 예루살렘은 유대인의 손에 넘어갔으나 비잔티움 제국이 617년 페르시아를 물리친 후 팔레스타인은 다시 비잔티움 제국 아래에 들어갔다. 그러나 사산인들은 619년 이집트와 리비아를 정복하고 다른 부대는 콘스탄티노플 맞은편 도시들을 빼앗았다.

위기에 처한 비잔티움 제국을 구한 것은 헤라클리우스 황제(Flavius Heraclius Augustus: 610~641)였다. 그는 페르시아의 조로아스터교도에게 승리를 거두어 그리스도의 십자가를 되찾고, 예루살렘을 탈환하기를 바라는 기독교인들의 염원에 부응하여 622년에서 628년 사이 이집트와 시리아에서 마침내 사산인들을 몰아내고 크테시폰을 점령했다.

파괴로 점철된 전쟁들과 내부 정세의 변화로 양국의 국력은 약화되었고, 그 후 수십 년 동안 시리아와 이집트, 메소포타미아는 새로운 무슬림 아랍 군대에게 기회의 땅이 되었다. 그간 두 세력 간의 경쟁은 또한 동서 무역로의 지배에 모아지고 있었다. 두 개의 동방수입품, 중국의 비단과 인도 및 동남아시아의 향료는 당시 지중해 세계에서 매우 중요한 교역품이었다. 지중해와 동방을 연결하는 직접적인 경로는 페르시아 지배영역 내에 있었다. 따라서 이를 우회하는 경로는 경제적으로나 전략적으로 명백한 이점이 있었다. 그 대안은 중국에서 출발하여 유라시아 스텝 지역의 터키족 영토를 관통하여 흑해와 비잔티움 영역으로 향하는 북쪽의 육상로 또는 인도양을 통하는 남쪽의 해상로였다. 남쪽 경로는 육로와 연결되고 이집트와 수에즈 지협을 통해 또는 예멘과 시리아 접경에 이르는 서부 아라비아의 대상로(隊商路)를 통해 걸프 해와 아라비아 또는 홍해에 이른다.

로마와 비잔티움의 관심은 중국과 인도와의 외곽 교역로를 개설해 페르시아의 지배중심부를 우회하는 것이었으나 페르시아 제국은 자국을 통과하는 무역로를 비잔티움 무역을 통제하는 수단으로 이용하고자 했다. 이것은 두 나라가 외곽지대에서 영향력의 확보를 위해 경쟁하게 되었다는 것을 의미했다. 일차적인 대상은 유목이 가능한 스텝 지역과 사막 지역에 머물러 있던 북부의 터키 부족과 공국들 그리고 남쪽의 아랍계 부족과 공국들이었다.

그러나 그 후 페르시아나 로마는 심지어 제국 팽창기에도 스텝이나 사막 부족의 점령에는 별다른 관심을 보이지 않았고 그들과 밀접하게 연루되는 것을 피했다. 이들을 무력으로 점령하는 것은 많은 희생이 따르는 위험한 일이었고 그 결과가 확실하지도 유용하지도 않았다. 두 제국은 여러 방법으로 부족민을 설득하고, 재정적·군사적·기술적 원조와 칭호와 명예 그리고 그와 유사한 것들을 통해서 그들의 우호를 확보하려했다. 이에 대해 주변 부족들은 어느 한편에 또는 양쪽에 의지하거나 어느 편에도 의지하지 않으면서 그들의 입장을 유리하게 이용하는 법을 터득했다. 때로는 대상무역으로 벌어들인 부를 바탕으로 해서 제국의 위성세력으로 심지어는 우방으로 그들 스스로가 정치적인 역할을 하는 독자적인 도시와 왕국을 수립하기도 했다. 로마와 페르시아는 안전하다고 판단했을 때 접경지대의 공국들을 정복해 직접 통치에 복속시키기도 했지만 대부분의 경우 일종의 간접 통치나 피보호국 형태를 더 선호했다.

이 시기에 이러한 지중해 문명의 변방 중심지들은 고대 세계의 일반적인 경제적 퇴조 현상 특히 3세기 이후의 교역 감소에 크게 영향을 받고 있었다. 그리하여 4~5세기에 아라비아는 일종의 암흑시대를 맞았다. 이 시기에는 궁핍화와 베두인화(사막 유목화)가 진행되었고 기존의 경작과 정주(定住)는 쇠락했으며 낙타 유목이 확장되었다. 아라비아 퇴조의 일부 원인은 아마도 최소한 이 지역의 환심을 사려고 경쟁을 하던 로마와 페르시아가 이 지역에 대해 별로 관심을 두지 않았던 데 있었을 것이다. 384년에서 502년에 이르는 긴 세월 동안 양국은 평화 상태에 있었다. 그들은 아라비아에 관심을 둘 필요가 없었고 길고 비용이 많이 들면서도 위험이 도사리고 있는 사막과 오아시스 대상(隊商) 무역로는 매력을 잃었다. 도시들은 버려졌다. 교역의 퇴조와 유목생활로의 전환으로 아라비아는 더욱 더 문명

세계와 고립되었고 일반적으로 생활과 문화의 수준은 저하되었다.

이슬람 발생 전, 무슬림들은 이 시기를 '자힐리야(Jāhiliyya)'라고 부른다. 이 명칭은 아랍인들이 이슬람으로 개종한 이후에 붙인 것으로, '무지(ignorance)' 또는 '야만(barbarism)'이라는 의미를 가지는 아랍어에서 유래했으며 이슬람의 개념에서는 '무지의 시기(Day of Ignorance)' 또는 '신앙의 암흑상태(the state of ignorance of the guidance from God)'라는 의미로 쓰인다. 물론 이 용어는 '여명의 시대'인 이슬람 시대와 대비되는 개념이다. 또 무슬림들은 이 시대의 아랍인을 '아랍 알 야움(Arab al-yawm, 그날의 아랍인)'으로 부른다. '철부지 시절의 아랍 사람'이란 뜻이다. 이 두 명칭은 은연중 이슬람을 광명으로 보는 시각에서 나온 말이다. 구체적으로 보면 이 시대는 이슬람 발생 이전인 200~300년 동안을 지칭한다. 따라서 이 시기는 이슬람의 수임 기간이라 볼 수 있다. 이런 면에서 이슬람의 도래는 일종의 회복, 꾸르안에 명시된 대로라면 '이브라힘 종교의 회복'이라고 할 수 있었다.

당시 기독교로 말하면 그 보편주의 특성으로 인해 아라비아 반도 복음화를 더는 미룰 수 없었다. 비잔티움과 에티오피아는 이미 기독교를 국교로 채택하고 있었고, 항상 남부 아라비아에 대해 획책을 꾸며온 이 두 나라는 그러한 보편성에 정치적 색채를 추가했다. 그러나 아라비아 반도에는 이미 유일신 종교인 유대교가 침투되어 있었다. 아라비아로서는 자연스럽게 유대교 쪽으로 기울었을 것이다. 왜냐하면 기독교는 전통적인 적대국가인 비잔티움과 에티오피아와 관련을 맺고 있었기 때문이다. 두 종교 간의 아라비아를 둘러싼 치열한 경쟁이 벌어졌다. 4세기에는 비잔티움 황제 콘스탄티누스 대제(Constantinus Ⅰ: 306~337)가 파견한 기독교 선교사 데오빌로(Theophilus)가 자파르(Ẓafār)와 아덴(Aden)에 교회를 세우는데 성공했다. 5세기에는 남부 지역의 왕들이 유대교를 신봉함으로써 유대교가 우위를 점했지만 기독교의 침투도 계속되었다.

한편 아라비아 반도의 서남단(지금의 예멘 인근)에서는 또 다른 변화가 일어나고 있었다. 강수량이 많아 비옥한 경작지가 있었으며 왕조 중심의 군주가 통치하는 도시들로 구성된 남(南)아라비아는 반(半)사막의 북부와는 사정이 매우 달랐다. 인도양과 홍해를 경유한 해로(海路) 운송이 시작되면서부터 아라비아 반도 남서부 지역에서는 기원전부터 중계무역을 통해 성장한 세력들이 연이어 등장했다. 그러나 그 후 이 지역에는 이러한 전제군주들이 도태되고 힘야르족에 의한 새 왕국(Kingdom of Ḥimyar, 2nd century B.C.~525)이 수립되었다. 또한 아랍 내 독자세력의 약화를 틈타 얼마 남지 않은 이권을 노리는 외부의 개입도 시작되었다. 새로운 기독교 국가로 등장한 에티오피아의 아비시니아인(Abyssinia)들은 인도양을 통한 직접 무역에 진출해 얼마 남지 않은 해양무역권을 두고 아라비아와 경쟁을 벌였다. 그 가운데 일부는 아라비아 남부 지역에 직접 상륙하여 아라비아의 고유세력인 힘야르와 그리고 아라비아 동해안을 슬금슬금 파고들던 페르시아와 무력 충돌을 일으키기도 했다.

힘야르 왕국은 홍해와 인도양을 이용해 인도와 소말리아로부터 비옥한 초승달 지역까지 연결되는 장거리 무역로 상에 위치했으므로 상인과 여행자들이 상품뿐 아니라 다양한 종교적 신념을 전하는 운송 중심지가 되었다. 6세기 초부터 유대교를 국교로 삼고 있던 국왕 두 누와스(Dhu Nuwas)는 유대교와 기독교의 경쟁적인 선교 전략으로 종교분쟁이 야기되자 기독교를 탄압하기 시작했다. 탄압을 받게 된 기독교인들은 인접해 있는 기독교 국가인 에티오피아의 악슘 왕국(The Kingdom of Aksum) 국왕 갈렙(Kaleb)에게 응원을 요청했고, 그는 비잔티움 황제 유스티누스 1세(Justinus Ⅰ: 518~527)의 도움을 받아 힘야르를 무너뜨리고 자신의 보호국으로 만들어 50년 동안(520~570) 예멘을 지배했다.

비슷한 시기에 아라비아 진출을 시도한 사산조 페르시아 역시 비옥한 페르시아 만 연안을 장악하고 아비시니아인들이 물러간 틈을 타 메카 일대를 지배하는 등 그 나름대로 선전했지만 아라비아에 대한 공고한 지배권을 갖추는 데는 실패했다. 그러나 570년 이들은 결국 예멘을 정복해 630년까지 이 지역을 지배했다.

무함마드가 탄생한 6세기의 아라비아는 모든 것이 다시 한 번 격동하는 시기였다. 이 시기에서 가장 뚜렷한 변화는 1세기 이상의 긴 평화 상태를 깬 페르시아 - 비잔티움의 재격돌과 끊임없는 전쟁의 재개였다. 540년에는 시작된 양국 간의 전쟁은 562년까지 끊임없이 계속되었다. 두 제국 간의 경쟁과 전쟁 속에서 아라비아는 다시 한 번 이들 간의 세력투쟁의 변수로 떠올랐고, 아라비아에 거주하는 주민들은 이들의 관심의 대상이 되었으며, 때때로 양측의 지원을 받는 경험을 만끽하기도 했다.

평화 시기에 지중해 세계에서 동방으로 진출하는 가장 편리한 교역로는 나일 강 계곡을 통해서 걸프 해로 나아가는 경로였다. 이제 비잔티움과 페르시아가 다시 전쟁에 돌입함으로써 상황은 완전히 바뀌었다. 비잔티움 입장에서 메소포타미아와 걸프 해로 이어지는 경로는 공격에 노출되어 있었다. 따라서 페르시아의 군사적 행동이 미치지 않는 다른 길을 확보할 필요가 있었다. 여기에는 두 방향이 있었는데 북쪽의 스텝과 남쪽의 사막과 해로였다. 아시아 육로 횡단의 재개는 비잔티움 황제와 중앙아시아 스텝 한(Khan) 사이에 일련의 흥미로운 협상을 성립시켰다. 남쪽 경로가 더 중요시되었는데 그 통로상의 여러 민족은 당시 상황으로부터 이점을 취하고자 했다.

6세기 중반에 이르자 두 경쟁자 모두 세력이 위축되거나 약화되었다. 비잔티움 제국의 대리자 에티오피아가 아라비아에서 물러났고 그들의 정권은 에티오피아 내에서조차 크게 약화되었다. 유스티니아누스 1세의 통치 시대가 끝난 후 비잔티움 제국은 자체적인 문제에 봉착했다. 비잔티움 기독교를 소용돌이로 몰고 간 동서 교회 논쟁8)이 그것이었다. 페르시아는 일

---

8) 비잔티움 기독교는 처음에는 로마 가톨릭과 하나였다. 하지만 5~6세기 교리 등에

시적 명맥을 유지해갔지만 그들 역시 내부의 권력투쟁과 조로아스터교 내의 갈등으로 야기된 심각한 종교적 문제로 많은 어려움을 겪게 되었다.

이러한 일련의 변화는 아라비아 반도에 상당한 영향을 끼쳤다. 아라비아는 좌우로는 홍해와 페르시아 만, 북으로는 나바테아와 시리아에 닿아 있어 인도양을 통한 해로 무역의 중계지로 적합했으며, 척박한 사막성 환경 덕에 페르시아의 손이 닿지 않아 육로 운송처럼 위협을 받을 일도 없었다. 베두인들의 목축 거점이었던 해안 지역과 오아시스의 마을들도 해로를 통해 운송된 사치품을 실어 나르는 거상이 등장한 뒤에는 교역도시로 탈바꿈했다. 이 가운데 북방으로는 요르단 지방의 페트라와 남쪽으로 사바(Saba) 왕국의 수도였던 마리브(Ma'rib) 사이에 있던 메카와 같은 몇몇 주요 교역도시는 상당한 부를 축적하여 지역 부족사회의 구심점과 같은 역할을 수행했다. 원시적인 샤머니즘의 형태를 띠던 부족별 토속신앙들은 이런 중심도시에서 만신전(萬神殿)의 형태로 집합했는데, 이는 소부족 단위로 멀리 떨어진 채 목축업에 종사하던 기존 유목민들을 거대한 다신관의 세계에 합류시켰다.

아라비아에는 외국인이 몰려들었고 식민지 개척자와 난민, 외부집단들이 정착했다. 그들과 함께 새로운 방법과 물품, 이념 등도 유입되었다. 계속되는 페르시아 - 비잔티움 전쟁의 결과, 아라비아를 관통하는 무역로가

서 일부 다른 인식이 드러나면서 마찰을 겪다가 1054년 로마 교황과 콘스탄티노플 총대주교(patriarch)가 서로 상대방을 파문하면서 결정적으로 분열되었다. 동방교회는 로마(서유럽)를 중심으로 성장한 서방교회, 즉 로마 가톨릭에 대비되는 개념으로 정교회라고도 부른다. 여기서 정교회는 정통교회(正統敎會, Orthodox Church)의 줄임말로 정통교리를 수호하는 진정한 교회라는 자부심에서 나온 말이다. 콘스탄티노플 총대주교를 중심으로 20여 개 교회가 있는데 그리스 정교회가 대표적이다. 전체 신자 수는 약 2억 5,000~3억 명 정도이다. 그리스 정교회 외에도 러시아 정교회, 루마니아 정교회, 불가리아 정교회 등이 있다.

확고히 수립되었고 상인과 교역품의 이동도 크게 증가했다. 이러한 모든 외적 영향은 아랍인 스스로의 반응을 불러일으켰다. 이들은 새로운 군사적 지식을 갖게 되고 선진화한 사회의 모습을 목격할 수 있었다. 나아가 더욱 잘 정비된 이웃에게서 종교와 문화를 접하게 되면서 지적이고 영적인 반응도 나타났다. 외세로부터 새로운 이념이 도입되었다. 아마도 가장 중요한 반응은 그들이 그들의 종교, 즉 그때까지 지켜왔던 원시적인 우상숭배에 만족하지 못하고 더 나은 이념을 추구하기 시작했다는 점일 것이다.

제3장
이슬람 제국의 등장

1. 이슬람(Islam, Saracen)[1]의 태동

동아시아에서 중국 민족이 후삼국을 정립해갈 무렵, 서아시아에서는 조로아스터교(배화교)를 믿는 이란 민족이 파르티아 왕국을 대신해 새로운 사산 왕조의 페르시아를 세웠다. 그 사산조가 멸망한 후 서아시아의 역사 무대는 아라비아로 옮겨진다. 그것은 6세기 말부터 비잔티움 제국과 사산조 페르시아가 만성적인 전쟁상태에 빠져 그때까지 이란으로부터 시리아를 경유하던 동서 무역의 간선(幹線)이 아라비아 반도의 서해안을 통과하게 되어 그 중심에 위치한 메카가 주요 국제무역의 이익을 독점했기 때문이었다. 이슬람은 그러한 환경 속에서 태동되었다.

7세기에 아라비아 반도에서 일어난 놀라운 사건들은 아랍인들의 위상을 완전히 바꾸고 그들에게 새로운 역사적 역할을 부여했다. 그들은 그러한 사건들을 통해 역사적으로 주변적이며 종속적인 역할을 해온 반도인(半島人)에서 강건한 제국의 신민으로 다시 태어났다. 그들이 만든 종교는 이제 15억 세계인의 정신세계를 지배하게 되었다.

아라비아 반도는 면적이 유럽의 4분의 1, 미국 대륙의 3분의 1가량이지만 바위가 많은 시나이 반도의 요르단 지방과 시리아 사막 지방 그리고 아라비아 반도 좌측 홍해 근처의 예멘 지방 등, 셋으로 나눌 수 있다. 아라비아 반도는 불모의 땅이었으며 사라센 부족은 다신교를 숭배하며 분열 상태에 있었다. 그야말로 무질서가 난무했다. 지역이 척박해 희소한 자원을 둘러싼 부족 간 경쟁이 치열했고, 사산조와 비잔티움 제국이 아라비아인을

---

1) 중세 유럽인들은 시리아 부근의 아랍인을 사라센(Saracen, 동방인이란 뜻)이라 불렀으나 중세 이후에는 일반적으로 무슬림을 지칭하는 이름이 되었다. 이들은 또한 무슬림들이 서아시아를 중심으로 건설했던 대제국을 사라센 제국이라고 불렀다. 이슬람 역사에서는 할리파 제도가 있던 이 시대의 나라들을 이슬람 제국이라고 부른다.

끌어들여 서로에게 대항했기 때문에 아라비아의 각 부족은 서로 분열되어 싸움을 그칠 줄 몰랐다. 지리멸렬한 사회를 하나로 묶어 통일한 사람은 무함마드(Muḥammad: 570?~632)로, 정식 이름은 아부 알 카심 무함마드 이븐 아브드 알라 이븐 아브드 알 무탈리브 이븐 하심(Abū al-Qāsim Muḥammad ibn 'Abd Allāh ibn 'Abd al-Muṭṭalib ibn Hāshim)이며, 그가 바로 알라의 사도(使徒)다.

570년경 서부 아라비아의 히자즈(Hijāz)라는 지역2)의 조그마한 오아시스 도시 메카에서 쿠라이시(Quraysh)라는 아랍 부족의 하심(Hāshim) 가문에 사내아이가 태어났다. 아이는 '높이 찬양받다' '찬양받기에 합당한 이'라는 뜻의 '무함마드(Muḥammad)'라는 이름을 받았다. 그가 태어난 시기는 로마와 페르시아 간의 전쟁이 재개된 때로 지중해에서 동방으로 향하는 대상로를 따라 조그마한 도시들이 일시적으로 번영을 누릴 수 있었다. 메카도 그러한 도시 중 하나였다. 그의 직계 가문은 부유하지도 궁핍하지도 않았지만 그가 태어나기도 전에 부친 아브드 알라('Abd Allāh)가 사망했고 6세 즈음에는 어머니 아미나(Amina)도 사망했다. 이후 그는 할아버지 아브드 알 무탈리브('Abd al-Muṭṭalib) 밑에서 자랐으나 할아버지마저 잃고서는 백부 아브 탈리브('Abū Ṭālib)의 보호를 받았다.

소년 무함마드는 메카의 골짜기 주위에서 양떼를 돌보았다. 청년 시절 무함마드는 정직하고 신뢰가 깊은 사람, 즉 '알 아민(al-Amin)'으로 통했다. 백부는 시리아나 예멘으로 가는 교역 길에 무함마드를 자주 데리고 갔다. 그 여행길에서 무함마드는 상인으로 살아가는 방법을 배웠다. 그 후 그는 메카의 부유한 상인 카디자(Khadijah bint Khuwaylid)라는 여성 밑에서 일하게 되었다. 두 번 남편을 잃은 경험이 있는 연상녀인 카디자는 무함마드에게 청혼을 했고, 무함마드는 그 청혼을 받아들였는데 그의 나이 25세 때였

---

2) 메카(Mecca)와 메디나(Medina)가 있는 사우디아라비아 서부의 홍해 연안 지방.

▎ 600년경 비잔티움 제국과 페르시아 제국

다. 강한 개성과 고결한 성품을 가졌던 카디자 역시 쿠라이시 가문의 사람이었는데 무함마드에게는 더없이 좋은 아내였다. 결혼은 그에게 명성과 사회적 지위를 가져다주었다. 나이가 들면서 그는 메카에서 그리 멀지 않은 자발 알 누르(Jabal al-Nur, 빛의 산)의 히라(Hira) 동굴을 자주 찾았다. 바람소리 외에는 아무것도 들리지 않는 그곳에서 그는 깊은 명상에 잠기곤 했다.

그가 살던 시대에 아랍인들은 여러 가지 장점이 많았다. 용감하고 관대하며 충직했다. 그러면서도 사소한 불화로 빚어지는 끝없는 싸움에 자주 휘말렸다. 그들은 힘없는 자와 고아, 과부 들을 존중할 줄 몰랐고 폭음이나 경박한 언행에 빠져 지냈다. 남자아이에게만 중요한 지위가 주어졌기 때문에 대부분 여자아이를 낳고 싶지 않아했고, 여아를 낳으면 땅에 묻어버리는 관행도 있었다. 이 모든 사악한 행동의 근원에는 다신론과 우상숭배 사상이 깔려 있었다. 유일하고 진정한 하나님만 숭배하는 이브라힘의 영원한 종교와 유산은 세월에 묻히고 잊혀갔다. 모세와 예수의 추종자들마저도 이브라힘이 가르친 순수한 유일신 세계관에서 벗어나 서로 다른 길을 가게 되었으며 종파와 파벌들이 생겨났다.

이슬람교의 발상지 메카는 인도양과 홍해 그리고 지중해를 잇는 통상로의 요지였으며 황량한 민둥산으로 둘러싸인 골짜기였다. 그곳엔 옛날부터 아랍 백성(여러 유목민)이 숭배했던 우상신이 여럿 존재했다. 수호신으로 여신(女神)을 모시고 그 외에도 사랑과 미(美)의 여신, 희생의 피를 좋아하는 검은 머리 거인신, 최고의 신이라는 후바르(Khubar) 등 여러 신을 숭배했다. 그러한 신상(神像)들이 메카의 카바에 모셔져 있었으며 이슬람의 유일신인 알라도 그중 하나였다.

610년, 무함마드가 마흔 살이 되었을 즈음 히라 동굴에서 명상에 잠겨 있을 때 그는 환영을 보았다. 그것은 최초의 소명이었다. 그것은 그에게 "이끄라(Iqra')[3]" — "읽어라" — 는 천사의 명령으로 이루어졌다. "이끄라!" 천사는 명령했다. 무함마드는 놀라 더듬거리며 말했다. "저는 읽지 못합니다." 천사는 두 차례 더 명령했다. 세 번째 명령에는 천사의 응답도 있었다. "창조주이신 너의 하나님 이름으로 읽어라. 그분은 응혈로 인간을 만드셨도다. 읽어라. 너의 하나님은 자비로우시다. 그분은 인간이 몰랐던 것을 펜으로 가르치시도다."(꾸르안 96: 1~5) 그리하여 '청결한 자 외에는 아무도 스치지 아니한'(꾸르안 56: 78) 꾸르안이 그에게 계시되었다.[4] 무함마드가 잠시 격한 감정에 빠져 있을 때 두 번째 환영이 다가왔다. 꾸르안은 그때의 상황을 이렇게 적고 있다.

---

3) 'iqra''는 아랍어의 '읽다'(qara'a)라는 동사의 명령형으로 '낭송하라'는 뜻이다. 꾸르안은 결국 '읽다'라는 아랍어 동사 'qara'a'와 같은 어근에서 나와 '읽혀야 할 것'을 뜻하며, 여기에 관사를 붙여 이슬람의 경전 자체를 뜻한다.

4) Akbar S. Ahmed, Discovering Islam: Making Sense of Muslim History and Society(London & New York: Routledge Kegan Paul, 1988), p. 15.

지는 별을 두고 맹세하사 너희 동료는 방황하지도 유혹되지도 아니했으며 그의 욕망을 말하고 있는 것도 아니라. 그것은 그에게 내려진 계시라. 그는 능력이 있으신 분으로부터 배웠노라. 그는 지혜를 가지고 태어났으니 그는 지평선 가장 높은 곳에 있었노라. 그런 후 그는 가까이 다가왔으니, 그 거리는 화살 양쪽 끝 사이의 길이 또는 그보다 더 가까웠더라. 그렇게 하여 하나님은 그의 종에게 전하고자 한 계시를 내렸으매, 그의 마음은 그가 본 것에 대하여 거짓이 없더라.
(꾸르안 53: 1~11)

무함마드는 놀란 마음으로 급히 집으로 달려가 그의 아내에게 자신을 몇 장의 천으로 덮어 씌워달라고 부탁했다. 그 위에는 몇몇 말씀이 적혀 있었다. "강하(descended)", "의복을 걸친 자여! 일어나서 경고하라!"(꾸르안 74: 1) 목소리들은 바뀌었고 때때로 "종소리의 울려 퍼짐(reverberating of bells)"처럼 다가왔다. 그러나 이내 하나의 목소리가 되었는데 그것은 천사 지브릴(Jibril, 영어로는 Gabriel)의 목소리였다.[5]

하늘과 땅이 합쳐져 평화를 이룰 때 인류는 새로운 새벽의 문턱에 있었다. 지브릴은 하나님의 마지막 선지자 무함마드에게 내려진 신앙과 진리의 영혼이었다. 이슬람에서는 이 밤을 '라일라트 알 까드르(Laylat al-Qadr)', 즉 권능의 밤(the Night of Power)이라고 부른다.

무함마드는 글을 읽을 수 없었지만 그렇다고 천사가 문자로 기록된 신의 계시서를 가지고 온 것도 아니었다. 천사는 '읽어라'는 의미를 '암기와 학습을 통해 신을 발견하는 것'이라고 무함마드에게 가르쳐주었다. 꾸르안이라는 성서의 이름도 '읽기'와 '낭송'이라는 뜻이 함께 어우러진 아랍어이다. 꾸르안에 근본을 두고 있는 이슬람 종교에서는 믿음을 통해서 신

---

5) Philip K. Hitti, *The Arabs: A Short History*(Chicago: Henry Regnery Co., 1966), pp. 31~32. 42.

을 발견하기보다는 신이 인간에게 부여한 능력으로 학습을 통해서 신을 발견하는 것이 더 합리적인 신앙관이라고 권고하고 있다. 또한 신의 말씀을 암기하는 것도 신을 발견하는 지름길이며, 어떤 매개체나 중재자가 필요 없이 신과 직접적으로 대화를 나눌 수 있는 유일한 수단이라고 가르친다.

최초의 메시지가 내려진 후, 그가 태어난 곳의 사람들에게 우상숭배의 행위를 포기하고 한 분밖에 없는 신을 숭배하도록 요청하는 많은 메시지가 그에게 전달되었다. 그것은 입으로 전해지는 말을 통해서보다는 대부분 그의 '가슴 속에서 발견된 것들'이었을 것이다.

초기 예언자 시절, 무함마드는 자신의 가족을 포함해 더 넓은 주변에서 개종자를 얻었다. 예언자를 처음으로 추종한 사람은 아내 카디자였고 뒤이어 함께 살던 어린 사촌 알리('Alī)가 그를 따랐다. 쿠라이시 가문을 포함한 거의 모든 사람들이 완강히 반대했으나 기꺼이 마음을 열어 부름을 받아들인 사람도 몇몇 있었다. 바로 무함마드의 가장 친한 친구이자 동료인 아부 바크르(Abū Bakr)와 시종 자이드(Zaid) 등이다. 초기 개종자 중에는 메카의 주도적인 가문이나 씨족의 영향력 있는 인물의 젊은 자제도 있었지만 대부분은 사회적 지위가 대단하지 않은 사람들이었다. 그들 중에는 하층민과 노예들이 많았다.

무함마드에게 소명이 있기 전 메카는 변모하고 있었다. 상업이 급속히 성장하여 가난한 자와 부자, 영향력 있는 사람과 그들에게 의존해서 살아가는 사람 간의 격차가 더욱 벌어졌다. 부를 축적한 상인들의 생활은 가문과 씨족의 결속에 반하는 개인주의를 조장했다. 유목생활의 미덕은 상업사회에서 이미 가치를 잃었다. 관대함, 명예, 가문과 씨족의 도덕적 책임감, 구성원에게 가해진 범죄에 대한 집단적 책무와 같은 과거의 관념들은 사회 내에 개인주의가 정착되면서 심각하게 훼손되었다. 혈연에 기초한 유대가 부에 기초한 유대로 대체되면서 상대적으로 성공하지 못한 계층들은 불만이 쌓여갔다. 돈과 권력이면 모든 것을 얻을 수 있을 것처럼 보였다.

그러나 무함마드와 그의 초기 개종자들은 현실에서 좌절한 나머지 종교에서 위안을 구하는 사람들은 아니었다. 그들은 초기 시절 과거의 덕을 포기하는 것을 비난하는 보수적인 자세를 취했다. 그러나 이슬람은 개인주의가 사회의 어쩔 수 없는 측면임을 인정했다. 최후의 심판은 개인주의와 관련이 있었다. 이슬람은 최후의 심판의 날에는 '어느 누구도 다른 사람을 대신할 수 없다'고 가르친다. 구원은 신의 자비로부터 온다. 그러나 가난한 인척을 돕고 고아를 돌보아야 하며 가난한 자에게 관대해야 한다. 부자에게 새로운 신앙은 가난한 자를 위해 희생하고 그들을 돕는 것을 의미했다.[6] "티끌만 한 선이라도 실천한 자는 그것이 복이 됨을 알 것이며 티끌만 한 악이라도 저지른 자는 그것이 악이 됨을 알리라"(꾸르안 99: 7~8).

당시 그들이 주도한 이러한 새로운 이념과 운동은 메카 지배 가문의 의혹과 반대를 불러일으켰다. 그들이 생각하기에 무함마드는 상업적 운영의 성공적인 관리에 필수적이라고 여겨지는 기업 관행을 비판하고 있었다. 그리고 그들은 일반적으로 그들이 살아가는 가치를 부정하는 꾸르안의 태도에 분개했다. 또 하나의 문제는 그들이 생각하기에 신으로부터 메시지를 받았다는 무함마드의 주장은 무함마드가 뛰어난 지혜를 가지고 있다고 일반인들이 생각하게 만들고, 결국 무함마드는 많은 대중적 지지를 받아 메카의 지도자가 되기를 열망하게 될 것이었다. 결국 그들은 예언자와 그의 가르침을 종교적이고 물질적인 기존 질서와 그들 자신의 특권에 대한 위협으로 보았다. 더구나 메카는 다신을 모신 성소로서 이를 중심으로 상업이 활발히 행해졌는데, 무함마드가 다신교를 공격하면서 이러한 전통이 붕괴될 위험이 있었다. 메카가 평범한 도시가 되면 더는 베두인들을 메카로 끌어들이지 못할 것이다.

---

6) Sydney Neyttleton Fisher & William Ochsenward, *The Middle East: A History*, Vol. 1(N.Y.: The McGraw-Hill Company, Inc, 1996), p. 29.

그들은 무함마드와 모종의 합의를 모색했다. 그가 설교를 포기하면 그를 상인들의 내집단(內集團)으로 받아들일 것을 제의했다. 그리고 그 안에서 그의 지위는 좋은 조건의 결혼으로 확고해질 것이다. 그러나 무함마드는 그 어떤 것도 받아들이지 않았다. 그러자 그들은 이번에는 그가 설교를 그만두도록 하심가 부족에게 압력을 가하게 했다. 그러나 명예와 독점에 대한 반대라는 이해관계 때문에 부족장이었던 그의 백부 아부 탈리브(Abū Ṭālib)는 그를 계속 지원했다. 심지어 하심가에 대한 전면적인 보이콧이 있었지만 그는 무함마드에 대한 지원을 중단하지 않았다.

개종자들에 대한 심한 압력과 박해가 가해지기 시작했다. 모욕적인 언사에서부터 집 앞에 쓰레기 더미를 쌓아놓기, 잡아다 두드려 패기 등 모든 수단이 동원되었다. 일부 개종자들은 이를 피해 고향을 떠나 기독교 지역인 홍해 맞은편의 에티오피아에 피난처를 구하기도 했다. 이슬람교도에 대한 빚 변제 거부, 서비스 거부 등 경제적인 압력도 취해졌다.

유일신 신앙의 가르침보다는 별로 중요하지 않은 인물인 무함마드에게 계시가 내려온다는 것에 대한 반감도 있었던 것으로 보인다. 꾸르안은 그들의 반응을 이렇게 전하고 있다. "왜 두 도시(메카와 타이프)의 뛰어난 사람에게 꾸르안이 계시되지 않는가?"(꾸르안 43: 31) 당시 메카 사회는 왕정이 아니었다. 느슨한 부족연합체 사회였고 유력한 가문의 영향력이 인정되었다. 아무래도 그다지 강한 가문이 아닌 하심가 출신인 무함마드가 계시를 통해 종교적 카리스마를 보인다는 것이 유력 가문 사람들에게 불안한 요소로 작용했던 것으로 보인다. 그가 속한 하심 가문은 메카에서 유력한 집안이 아니었다. 당시에는 마크줌(Makhzum)이나 우마이야(Umayyah)처럼 훨씬 더 우월한 가문들이 있었다.`

마크줌의 족장 아부 잘(Abū Jahl)은 무슬림에 대한 경제 전쟁을 선언하고 무슬림들이 모두 재정적으로 파산하도록 압력을 가했다. 그는 무함마드를 저버리도록 무함마드의 백부이자 하심가의 지도자인 아브 탈리브를 회유하고 협박했다. 그러한 시도가 실패하자 그는 하심가와 그의 가장 가까운 동맹이었던 무탈리브가(家)에 대한 경제적 보이콧을 위해 연합을 형성했다. 하심가와 무탈리브가에 대한 모든 사업적 거래와 통혼이 중지되었다.

619년 충실한 조력자였던 아내 카디자와 백부 아브 탈리브가 죽자 무함마드에게는 더 큰 어려움이 닥쳐왔다. 이제 메카에는 무함마드를 보호해 줄 충분한 능력을 가진 무슬림이 아무도 없었다. 유일한 대안은 그 도시를 떠나는 것이었다. 처음에 무함마드는 거처를 마련할 조그만 가능성이라도 찾으려고 이웃 도시 타이프(al-Ta'if)로 갔다. 그러나 그것은 참담한 결과로 나타났다. 그 도시 사람들은 돌팔매질을 하며 그가 떠날 것을 요구했다. 앞날이 극도로 어두웠던 620년 여름 무함마드와 무슬림들은 하즈(대순례) 도중 야스리브(Yathrib)에서 온 6인을 만나 예언자가 그곳으로 이주할 가능성을 논의하기 시작했다.

야스리브는 비옥한 오아시스의 작은 도시로 메카에서 북쪽으로 351km 떨어진 곳에 있었다. 주민들은 주로 다신교(pagan)의 아랍인들이었으나 유대인들도 많았다. 유대인들은 인종적으로 그리고 문화적으로 이웃 아랍인들과 큰 차이가 없었고, 오직 종교로 구별되었다. 그들은 이곳 오아시스에서 가장 먼저 농업을 시작했던 것으로 보인다.

지난 100년 동안 오아시스 주변에서는 많은 다툼이 있었다. 618년경에는 모든 부족이 연루된 전쟁도 있었다. 이 좁은 영역에서 살아가기 위해서는 어느 정도의 공공질서가 유지되어야 했지만 이를 위해서는 분쟁이 발생했을 때 권위를 가지고 판결해줄 한 사람이 필요했다. 야스리브 아랍인들은 유대인들과 접촉하면서 영감을 받은 종교지도자의 개념에 익숙해지게 되었다. 심지어 메시아에 대한 기대도 생겨났다. 그래서 이들은 무함마드의 주장을 종교적인 차원에서 받아들이고 현지인보다는 외부인인 무함마드가 공평한 중재자로서의 역할에 더 적합하다고 여긴 듯하다.

621년 중요 부족들을 대표하는 12인은 대순례 도중 아까바 계곡

(al-ʿAqaba)에서 무함마드를 만나 그를 예언자로 받아들이고 그에게 복종하며, 절도, 간통, 유아살인 등의 죄를 범하지 않기로 하는 의사를 전달했다. 이른바 '제1 아까바 서약(the first Pledge of al-ʿAqaba)'이 있었다. 무함마드는 야스리브에 대표를 보내 야스리브의 내부 정치 상황을 살피는 등 신중한 태도로 임했다. 이듬해인 622년 6월의 대순례에서는 남자 73명과 여자 2명으로 구성된 그 도시의 대표들의 두 번째 서약이 있었다. 이번에 그들은 무함마드를 위해 싸울 것도 서약했고, 예언자와 그의 추종자들이 자신들의 도시로 이주할 것을 권했다. 첫 계시가 있은 지 13년 만이었다. 그 도시에서는 메시아를 고대하던 유대인들이 이교도(pagan) 동포들에게 그러한 이주를 주선하고 있었던 게 분명했다. 무함마드는 200여 명의 추종자에게 쿠라이시가(家)의 감시를 피해 조용히 메디나로 들어가도록 허락했다. 그 자신은 그들을 뒤따라 622년 9월 24일 어머니의 고향인 야스리브에 도착했다.

예언자와 그 추종자들이 메카에서 야스리브로 이주한 사건을 아랍어로 히즈라(Hijrah) 또는 헤지라(Hegira)라고 하는데 문자 그대로의 의미는 '이주(移住)'이다. 그로부터 17년 후 할리파 우마르(ʿUmar)는 히즈라가 일어났던 그 태음년(7월 16일에 시작하는)을 이슬람 시대의 공식적인 시작 시점으로 지정했다. 야스리브는 어느 때부턴가 단순히 도시를 의미하는 '알 마디나(al-Madīnah)', 즉 마디나(Madīnah) 또는 메디나(Medina)로 불리게 되었다.

무슬림들은 히즈라를 무함마드의 예언자로서의 생애에서 가장 극적인 순간으로 여긴다. 이것은 이슬람이 부족적 성격에서 벗어나 다른 민족과 공동체를 이루어 모든 아랍을 움마(ʿumma, 이슬람 공동체)로 묶는 계기로 삼아 세계종교로 뻗어나갈 수 있는 기반을 마련했던 것이다.

무함마드는 정치적인 견지에서 혈연적 가문의 지배층에 대항해 피지배층과의 갈등해소를 내세웠다. 사회 저변의 하층민에게는 신 앞에서 인간이 평등하다는 종교적 윤리관을 갖고 사회개혁을 요구했다. 예언자 무함마드가 메카에서 이슬람을 처음 전파할 때는 도덕의 타락에 대한 예언자로서 순수 종교적 입장에서 활동했다. 그러나 메카 주민 대다수의 지지를 얻는 데는 실패했다. 메디나로 이주하면서 그는 곧바로 이슬람체계를 확립하고 신의 주권을 대행하는 섭정자로서 메디나 전체를 대표하는 정치지도자가 되었다. 그러나 당면한 문제는 내부적 갈등과 메카를 상대로 한 힘겨운 싸움이었다.

메카에서 무함마드와 함께 메디나로 이주해 간 추종자들(무하지룬, Muhājirūn)은 유일신 신앙에 투철했다. 그들은 그곳에 정착해 살던 동일한 신앙 추종자들(안사르, Ansar)의 도움을 받아 살게 되었다. 무함마드가 이들에게 이슬람 형제애('ummah)를 강조했지만 얼마 되지 않아 그들 사이에 알력이 생겨나기 시작했다. 메카 출신의 이주자들은 자신들이 더 투철한 신앙을 가진 집단이라고 자처했으나, 메디나 출신 추종자들은 이주자들을 받아들인 자신의 공이 더 크다고 생각했다.

설상가상 무함마드의 추종자들과 당시 메디나에 살던 유대인 사이의 갈등은 더욱더 심각한 상태가 되었다. 무함마드는 유대교를 유일신을 신봉하는 형제의 종교로 여기고 유대인의 지원을 기대했으나 유대교인들은 무함마드의 종교를 이단시하여 그들을 외면하고 돕지 않았다. 결국 무함마드와 유대교는 결별하고 서로 원수지간이 된다. 그때까지만 해도 예루살렘을 기도방향(Qiblah)으로 하던 무슬림이 무함마드에게 내려진 계시로 말미암아 메카로 기도방향을 바꾸었던 것(꾸르안 2: 142~144)도 이들이 갈라서게 된 결정적인 계기 중 하나가 되었던 것으로 보인다. 독자적 길을 가게 된 이슬람은 메카에 카바 신전을 건립한 이브라힘 일신교의 부활이었고 따라서 유대교나 그리스도교보다 훨씬 오래된 일신교라는 교의가 확립되었다.

624년 3월, 다행히 메카의 경제력을 약화시키고 전리품 획득으로 이주자의 수입을 도모하기 위해 메카를 상대로 벌인 전투에서 기념비적인 승리가 있었다. 무함마드가 직접 지휘한 300명가량의 무슬림이 메디나에서 남서쪽으로 30km쯤 떨어진 바드르(Badr)에서 강력한 우마이야의 족장 아부 수프얀(Abū Sufyān)이 이끌고 800~900명의 무장 군인이 호위하는 대상(隊商)을 공격하여 예상 밖의 승리를 했던 것이다. 무슬림들은 그것을 기적이었고 새로운 믿음에 대한 신성한 재가라고 해석했다. 이러한 이슬람의 첫 번째 무장 대결에서 표명된 기율의 정신과 죽음에 대한 불사(不辭)는 훗날 더 큰 정복을 통해 이슬람의 특성으로 입증될 것이었다. 이를 통해 메디나에서의 무함마드의 정치적 기반이 더욱 군건해지고 이것은 이웃 베두인 종족들과의 동맹으로 이어졌다. 이것들은 전진을 위한 신호가 되었다. 그러나 바드르의 승리가 무함마드에게 지향하는 목표를 달성하는 손쉬운 길을 보장해주지는 못했다.

바드르 전투(the Battle of Badr)가 정치적으로 갖는 의미는 무함마드가 메카에 심각한 위협이 되었다는 것이다. 훨씬 적은 병력에게 패배한 메카의 정치적 위신은 크게 손상되었다. 그에 따라 이제 메카인들의 상업 활동도 크게 위협을 받게 될 것이라는 우려도 함께 커졌다. 그래서 메카인들은 모든 힘을 다해 무함마드를 제거하기로 작정했다. 아니면 적어도 그를 메디나로부터 몰아내야 했다.

종교적인 차원에서 본다면 바드르의 승리는 무함마드와 무슬림들에게 그들이 겪은 역경 속에서도 그들의 대의를 신이 옹호해준 것으로 그리고 무함마드 사명이 진실하다는 것을 보여주는 증거로 보였다. 그러나 무함마드는 메카인들이 앞으로 자신을 제거하기 위해 더욱 거세게 전쟁을 벌일 것이라는 것을 알았다. 그는 메디나에서 자신의 입지를 굳히기 위한 일들을 해나갔다. 자신에게 적대적인 세력이었던 유대인들을 메디나에서 밀어낸 것도 그러한 노력의 일환이었다.

메카에서는 아부 수프얀이 보복을 계획하고 있었다. 메카의 힘이 분산되는 것을 막기 위해 그는 대상(隊商)들이 시리아로 가는 것을 모두 금지시

컸다. 그렇게 해서 모집한 3,000명의 보병과 200명의 기병대를 거느리고 625년 3월 메디나를 공격했다. 보병들은 각자 낙타를 동반하고 있었다. 무함마드는 어쩔 수 없이 이들을 맞아 싸우지 않을 수 없었는데 그에게 마지막 남은 병력은 700명에 지나지 않았다. 23일에 시작된 우후드 전투(the Battle of Uḥud)에서 무슬림군은 메카의 주력 선발대를 물리쳤지만 메카 기병대의 측면공격이 이어졌다. 이 전투에서 무함마드는 부상을 당해 가까스로 안전한 본영으로 되돌아왔고 메카인들도 메카로 되돌아갔다.

분명히 이 전쟁에서 무슬림은 승리하지 못했다. 그러나 메카인들 역시 무함마드를 제거하려던 자신들의 목적을 달성하지는 못했다. 무함마드는 오히려 추종자들의 신앙에 호소함으로써 이 전투에서의 패배를 종교적으로 적절히 이용했다. 그는 알라가 이번 우후드 전투에서 승리할 수 있도록 자신들을 돕지 않은 것은 알라에 대한 신실한 신앙심의 부족과 전리품에 대한 탐욕 그리고 지난번 바드르 전투의 승리에 대한 교만함을 경고하려는 것이었다고 주장했다. 물론 추종자들은 그의 주장을 의심 없이 받아들였다. 이렇게 하여 무함마드의 추종자들은 전쟁을 통해 종교적 자기영역을 구축해나갔다. 무함마드의 군대는 적에게 승리했을 때 그것을 알라의 은총으로 받아들였고 패배했을 때도 그것을 알라의 섭리로 받아들였다. 이러한 일련의 전쟁은 이슬람이 뿌리내릴 수 있도록 하는 데 결정적인 역할을 했다.

우후드 전투가 있은 후 메카인들이 무슬림에 대한 또 다른 공격을 준비하는 데는 2년이 걸렸다. 그리고 논란의 여지가 없던 지도자로서의 아부 수프얀의 위상도 약화되고 의견을 달리하는 지도자들은 그를 돕지 않았다. 그럼에도 메카인들과 바로 이웃의 동맹자들은 가능한 한 많은 사람들이 무장하고 유목민들에게는 대가를 지불하는 방식으로 이전보다 규모가 더욱 큰 원정대(Ahzab, 연맹)를 구성했다. 600명의 기병대가 포함된 7,000~1만 명에 이르는 대규모였다. 3,000명밖에 안 되는 무함마드의 군대는 그들의 적수가 될 수 없었다. 더욱 치명적인 것은 메카 기병대였다. 메카인들에 맞서는 무슬림의 대처는 메카인들이 전쟁에 이용할 수 없도록 농작물들을 서둘러 수확하고 비전투 민간인들을 도시 내부로 이동시킨 다음 메디나 주변에 참호(khandaq, trench)를 파고 병력들은 그 속에서 기다리는 것이었다.

아잡 전투(the Battle of al-Ahzab[Tribes]) 또는 한다끄 전투(the Battle of Khandaq[Ditch, Moat, Trench])라고 불리는 전투는 627년 3월 31일에 시작되었다. 수적으로 열세였던 무슬림들은 맞서 싸우지 않고 참호 속에서 방어했다. 참호를 발견한 메카군은 메디나를 직접 공격하는 것이 어렵다는 것을 알았다. 그들은 메디나를 포위하는 방법을 택했다. 포위는 2주간 계속되었다. 포위군에는 메디나에 남아 있던 유대집단 바누 쿠라이자(Banū Qurayẓa) 부족도 있었고 무함마드와 평화협정을 맺었던 이교도(pagan) 부족들도 있었다. 그리고 위선자들은 참호 주변에서 무슬림들의 공포를 불러일으킬 소문을 퍼뜨렸다. 꾸르안은 그때의 공포를 이렇게 전하고 있다.

> 보라! 그들이 너희 위쪽과 너희 아래쪽으로부터 공격하여 왔을 때 눈은 몽롱하여지고 마음은 공포로 목까지 차올랐으며 너희는 하나님에 대한 무익한 생각들을 시작하였노라. 그곳에서 믿는 자들은 시련을 받고 격렬하게 동요되었노라. 그때 위선자들과 마음이 병든 자들은 하나님과 선지자는 우리를 기만하는 약속밖엔 하지 아니했다고 말하며, 그들 중 어떤 무리는 야스리브의 주민이여 여기는 당신들이 설 자리가 없나니 돌아가라고 말하고 그들 중의 다른 무리는 선지자께 허락을 구하며 우리 집들은 텅 비어 노출되어 있습니다라고 말하나 노출되어 있지 아니하도다. 그들은 단지 도주하려 할 뿐이라(꾸르안 33: 10~13).

다행히 참호와 메디나의 자연 성채는 메카의 기병을 쓸모없게 만들었다. 간간히 참호를 건너오는 기병이 있었지만 그럴 경우 집중공격의 대상이 되었다. 결국 2주간의 포위공격으로 방어선을 돌파하지 못한 메카군(軍)

은 악천후와 계속되는 불화, 유목민들의 이탈 때문에 철수할 수밖에 없었다. 이번 전투에서의 무슬림의 승리는 그야말로 알라의 대(大)은총으로 받아들이는 데 손색이 없었다. 그 승리는 기존의 메카 세력을 몰락하게 했으며 이슬람을 추종하는 아랍 신흥 종교인들에게는 알라의 능력과 은총을 느끼게 하는 확실한 계기가 되었다. 무함마드는 여세를 몰아 유대 세력들을 메디나에서 카이바르(Khaibar)로 추방했다.

메디나 포위가 있었을 때 즈음부터 무함마드는 이미 메카인들을 타도한다는 생각을 버렸기 때문에 그들과의 적대관계를 그 이상 피하고 그들의 마음을 얻기 위해 노력하게 되었다. 그리고 다른 부족들과 동맹을 맺음으로써 자신을 더욱 강하게 만들었다. 포위가 있었던 다음 해 628년 봄 무함마드는 메카인들에게 자신의 힘과 선의를 보여주고 그들의 감정을 시험하기 위해 우므라('Umra, 소순례)를 시행하기로 작정했다. 1,400명가량의 추종자를 거느리고 메카에 들어서려고 했을 때 메디나의 포위에 실패하여 굴욕적인 처지가 된 상태에서 무함마드가 신성한 메카 땅에 들어오는 것은 허락할 수 없었던 메카인들은 메카에서 14.5km 떨어진 후다이비야(al-Ḥudaybiyah)에서 이들을 저지했다. 그곳에서의 며칠간의 교섭 끝에 무함마드와 메카 지도자들 사이에서 합의가 이루어졌다. 그 합의를 통해 메카인들이 메디나의 성장하는 무슬림 공동체를 정치적으로, 종교적으로 인정했다. 그리고 그해에는 허락되지 않지만 이듬해부터는 무슬림들이 3일간의 우므라에 자유롭게 참여할 수 있도록 허용되었다. 이것을 '후다이비야 조약(Pact of al-Ḥudaybiyah)'이라 한다. 그 조약으로 무함마드와 그의 민족 쿠라이시와의 갈등이 실질적으로 종식되었다. 그해 말에는 무슬림들은 대부분 유대인들이 거주하던 비옥한 카이바르 오아시스를 정복하면서 한층 부강해졌다. 629년 봄 무함마드는 순례를 위해 수천의 무슬림을 메카로 인솔했는데 수많은 메카인들이 이에 동참했다. 그들 중에는 아므르 이븐 알 아스(Amr ibn al-'As)와 할리드 이븐 알 왈리드(Khalid ibn al-Walid) 같은 탁월한 군사적 인물들도 있었다.

결국 무슬림들이 말하는 예언자로서의 무함마드가 이끄는 이슬람 체제는 지속된 투쟁 끝에 630년 비로소 메카를 품에 안았는데, 박해를 피해 메카를 떠난 지 8년 만이었다. 그는 수많은 우상을 파괴하여 어지럽던 이교도들 간의 대립과 분쟁을 종식시켰다. 그리하여 종교가 사회적 윤리이며 법이 될 수 있는 이슬람 공동체가 역사적으로 발전할 수 있는 기초를 닦았다. 그리고 신 앞에서의 자유·평등·박애 정신을 바탕으로 한 정교일치의 이슬람 사회의 토대를 구축해놓았다. '이슬람'의 의미는 평화이다. 이 단어는 알라의 고귀한 여러 이름과 속성 중 하나인 '앗(알) 살람(Al-salam, 평화)'에서 유래되었다. 이슬람은 관용의 종교이고 인권과 생명의 존엄성을 최상의 가치관으로 교리에 담은 평화의 종교다. "종교에는 강요가 없나니"(꾸르안 2: 256), "타인과 그리고 지상에 아무런 해악을 끼치지 아니한 자 가운데 한 사람이라도 살해하는 것은 모든 백성을 살해하는 것과 같으며"(꾸르안 5: 32), "하나님께서는 공격하는 자들을 사랑하지 않으시니라"(꾸르안 2: 190).

무슬림들의 일상에서 쓰이는 인사말도 평화를 나타낸다. "그들이 하나님을 만나는 그날그날의 인사는 평화로우소서"(꾸르안 33: 44), "너희가 집에 들어갈 때면 서로가 서로에게 하나님이 주신 축복의 인사를 하라: 앗(알) 살람 알라이쿰(ad[al] salam alaikum; 평화가 당신과 함께하기를 바랍니다; Peace be upon you!)"(꾸르안 24: 61). 알라의 특성 가운데 하나인 평화는 이슬람의 본질이요, 의미적 상징이며 목적이다.

무함마드의 정치적·외교적 기민성은 그가 메카에 재정착하지 않고 그를 받아들였던 도시 메디나로 되돌아가기로 하는 결정에서 확연히 드러난다. 쿠라이시가 사람들은 자존심이 강했으며 무함마드를 지도자로 인정하기가 결코 쉽지 않았을 터였다. 무함마드는 그들이 새로운 처지를 너무 뚜렷하게 느끼도록 해서는 안 되었다. 더구나 이슬람의 급속한 확산과 무슬림의 수적인 증대는 많은 문제를 제기하고 있었다. 남부 시리아 지방(오늘날의 요르단)에서의 포교는 별로 성공적이지 못했다. 예멘, 바레인, 오만 등 멀리까지 선교사들이 파견되었지만 그곳의 많은 사람들은 여전히 무함마드가 신의 사자(使者)라는 것을 부인하고 있었다.

이 때문에 무으따(Mu'tah)에서 전투가 발생했다. 무슬림 군대는 그곳에서 패한 뒤 몇 년 후에 비잔티움 황제 헤라클리우스와 전쟁상태에 들어갔다. 그는 시리아에 대군을 보내 남부 국경지대를 위협하는 새로운 아랍세력과 통치자를 제거하려 했다. 결국 무함마드는 대규모 군대를 이끌고 원정에 나서게 되었다. 그것이 그의 마지막 원정길이 되었으며, 북쪽으로의 진격은 그의 유지로 남았다.

히즈라 10년(632), 무함마드는 메카로의 마지막 순례 도중 미나(Mina)에서 생애 마지막 연설을 행했다. 그는 무슬림들이 하나님의 길을 잃고 무법사회와 부족 간의 반목으로 다시 돌아가지 않을까 염려했다. 그는 마지막 말로 다음의 계시를 알라의 이름으로 암송했다. 그것은 알라가 사도에게 내린 마지막 계시였다.

> 오늘 너희를 위해 너희의 종교를 완성했고, 나의 은혜가 너희에게 충만하게 하였으며 알 이슬람(Al-Islam)을 너희의 신앙으로 만족케 하였도다(꾸르안 5: 3).

이 세상과 여기에 존재하는 모든 것을 창조했고, 이를 완벽하게 유지하기 위하여 자원을 창조했던 하나님은 또한 인간이 현세와 내세에서 평화와 행복을 누릴 수 있는 생활양식으로서 알 이슬람을 주었던 것이다. 무함마드는 그해 6월 8일 야스리브에서 영면에 들어갔다.

무함마드의 창의성은 혈연관계에 기반을 둔 부족사회를 종교 교의와 사회조직에 바탕을 두게 하여 혈연적 형제애를 종교적 형제애로 대체한 데 있다. 632년 3월 그가 세운 공동체는 바로 지상에서 천국을 건설하는 데 목적이 있었다. 따라서 이슬람은 개인을 위한 종교일 뿐 아니라 공동체를 위한 종교였다. 이 국가공동체의 임무는 비(非)무슬림의 개종을 도모하고 그들의 침략을 방어하는 데 있었다.

> 믿는 자들이여! 너희 가까이에 있는 불신자들에 대항하여 투쟁하라(꾸르안 9: 125)

모든 무슬림은 지하드(Jihad)에 참여할 의무가 있으며 이때 희생을 하는 것은 영생을 의미한다. 공동체로 출발한 움마는 바로 국가가 되었고, 곧 제국으로 발전했다.

인간은 하나님이 주신 특별한 속성인 자유의지로 인해 하나님께서 가르쳐주신 말씀을 그대로 따르지 못하고 원래의 가르침에서 일탈하거나 왜곡된 길을 걷게 마련이다. 그것은 우리의 능력과 지각력의 제한된 범위 속에서 이 세상에서의 우리 역할을 이해하거나 우리의 근본적인 필요성에 도움이 되는 현명하고 지각 있는 행동을 계획할 수 없기 때문이다. 이때 하나님은 새로운 예언자를 보내 원래 하나님의 가르침이 무엇인지를 다시 일깨워준다. 무슬림에게 무함마드는 오랜 역사를 통해 신성한 의무를 가지고 계시서를 가져온 수많은 사도 중 마지막 사도였다. 그러한 이전의 계시서들은 모세의 토라(Torah, 구약), 다윗의 시편, 예수의 신약 등이었다. 무함마드는 그들 중에서 가장 위대한 마지막 예언자로서 모든 이전 계시를 보완하고 완성을 기한 '꾸르안'이라는 계시서를 가져왔다. 꾸르안에서는 다음과 같이 말한다.

> 하나님은 마리아의 아들 예수가 토라에서 그 이전에 계시된 것을 확증하고 그들(예언자들)의 발자취를 따르도록 했으며 또한 토라에서 그 이전에 계시된 것을 확증하면서 인도와 광명이 담겨 있는 복음서를 그에게 내려주셨나니, 이는 신을 경외하는 자들을 위한 훈계요 인도서이니라(꾸르안 5: 46).

따라서 무슬림들의 입장에서 보면 유대교나 기독교는 연속적인 사명과 계시의 연장선상에서 창시 당시에는 모두 진리의 종교였다. 그러나 그러한 계시들은 예언자 무함마드가 그 실효성을 소멸시켰다. 그 계시서들에 들어 있던 진실한 내용은 무함마드의 메시지에 통합되었지만 진실이 아닌 내용은 삭제되었다. 예를 들어 꾸르안에서는 예수가 십자가에 못 박혀 죽지도, 사흘 만에 다시 부활하지도 않는다. 이슬람 세계 속에서 예수는 위대한 성자로서 그저 인간으로서 생을 마감한다(꾸르안 4: 157, 21: 91).

무슬림들에게 이슬람은 이 세상이 창조된 이후부터 존재해온 참된 종교다. 그런 점에서 아담, 모세, 다윗, 예수를 비롯하여 다른 예언자들도 모두 무슬림이었다.

> 예수는 마리아의 아들로서 선지자일 뿐 이는 이전에 지나간 선지자들과 같음이라. 그의 어머니는 진실하였으며, 그들은 매일 양식을 먹었느니라(꾸르안 5: 75).

이와 같이 무슬림의 관점에서 유대교인과 기독교인은 '성서의 백성들'로, 하나님으로부터 같은 계시를 받은 형제들이다. 즉 신앙인의 한 공동체 사람들로 보는 것이다. "유대교인, 기독교인과 관련하여 무슬림이 누구인가?"는 다음 성구로 더욱 분명해진다.

> 너희는 말하라. "우리는 알라를 믿사오며, 우리에게 내려주신 것과 이브라힘과 이스마일과 이샤끄와 야곱과 그 자손들에게 내려주신 것과, 모세와 예수가 계시 받은 것과 예언자들이 그들의 주님으로부터 계시 받은 것을 믿사오며, 우리는 그들 중 누구도 차별하지 아니하며, 오직 그분에게만 복종하는 자들입니다"(꾸르안 2: 136).

연속적인 계시의 과정에서 초기 신봉자들이 다른 이름으로 존재했기 때문에 이슬람이라는 용어는 계시의 마지막 단계, 즉 무함마드와 꾸르안의 단계에 사용되고 있다. 결국 이슬람에서 모세와 예수는 무함마드와 대등한 존재이기 때문에 이들에 대한 기록도 당연히 경전으로 인정된다. 그래서 구약성서의 모세 5경, 예수 그리스도의 삶을 기록한 신약성서, 여기에 다윗의 이야기가 기록된 시편에 무함마드가 지브릴(가브리엘)을 통해 기록하게 된 꾸르안까지를 올바른 예언서로 본다. 그러나 시편, 모세 5경, 신약성서는 이슬람이 창시되던 7세기 초에는 원본이 남아 있지 않았고 여러 번 번역되면서 조금씩 바뀌었다. 이에 무함마드는 번역되고 왜곡된 성경은 불완전한 존재이기 때문에 단 한 글자의 변형과 왜곡도 없는 꾸르안만이 유일무이한 알라의 말씀이라고 선언한 것이다.

2. 이슬람 공동체와 정교일치

기독교는 출발점에서부터 정치와 종교를 분리했다. 빌라도 법정에서 예수는 "내 나라는 이 세상에 속한 것이 아니다" 그리고 "가이사(로마 황제)의 것은 가이사에게 하나님의 것은 하나님에게"라고 선언했다. 이러한 예수의 주장은 기독교에서 정치와 종교가 분리되는 '정교분리 원칙'의 기초가 되었다. 그러나 유럽에서도 오랫동안 통치의 정당성을 신(神)으로부터 끌어왔고 중세 천년동안 유럽은 보편사회로써 신이 지배하는 사회였다. 신의 대리자로서 교황은 유럽 사회의 정치와 경제는 물론 과학의 세계까지 지배했다. 오늘날에도 종교조직이 정치에 행사하는 영향력의 측면에서 종교로부터 완전히 자유스러울 수 있는 나라는 별로 없다. 그러나 어쨌든 오늘날에는 기독교를 국교로 정할 만큼 기독교 전통이 강한 나라에서도 정교분리 원칙만은 지켜지고 있다.

그러나 이슬람의 경우는 다르다. 이슬람에서는 정교분리의 원칙이 확인된 적이 없으며 사실상 그럴 필요도 없었다. 이슬람은 정치와 종교의 영역을 분리해놓고 그것들을 합일시켰던 것이 아니고 출발부터 이슬람공동체는 종교적 공동체이며 정치적 공동체가 되어 생활의 모든 영역(정치·경제·문화·교육·군사·사법 등)을 통제하고 관할했다. 이슬람교를 창시한 무함마드는 종교적 지도자였을 뿐만 아니라 세속적 의미의 '통치자'였다.

이슬람 이전의 아라비아 반도의 베두인들은 유목생활을 영유했다. 부족단위로 목초지를 찾아 이동을 계속했던 그들은 한 곳에 정착할 수 없었고 따라서 부족단위 이상의 정치공동체를 형성하기 어려웠다. 목초지를 둘러싸고 서로 경쟁했던 그들은 부족을 단위로 해서 생사고락을 같이했으므로 부족 내부 결속이 무엇보다 중요했다. 그들은 결국 내집단(inner circle) 위주의 윤리체계를 가지게 되었고 다른 부족들에 대한 배타적인 태도 역시 내부적 결속에 순기능적 역할을 했을 것이다.

이러한 문화는 인구가 적고 생활환경이 극심한 경쟁을 불러일으키지 않는 상황에서는 문제가 되지 않았겠지만 인구가 증가하고 외부의 문화적, 경제적 요소들이 유입되면서 반목과 질시가 지배하는 사회 분위기가 공동체 자체의 존립을 위협하게 되었다. 이러한 갈등을 극복하고 전체가 하나의 평화스러운 정치공동체가 되기 위해서는 이들을 하나로 묶어 형제애와 동료의식을 불러일으킬 수 있는 이념과 강력한 권력이 필요했다. 그러나 당시에는 오늘날의 국가의 탄생에서 주민통합의 이념으로 이용되었던 '민족 개념'은 활용될 수 없었고 결국 종교적 이념과 종교조직이 이를 대신해 정치적 역할을 겸할 수밖에 없었다. 꾸르안에 담긴 알라의 계시가 그러한 역할을 가능하게 해주었다.

> 그러므로 너희는 한 움마가 되어 선(善)을 촉구하고 계율을 지키며 악(惡)을 배제하라. 실로 그들이 번성하는 자들이라(꾸르안 3: 105)

꾸르안에는 정치제도라든가 국가의 운영제도 그리고 사회 전반에 관한 문제들이 언급되어 있다. 신(神)의 사자(使者, rasul Allāh, the Messenger of Allah) 무함마드는 이 같은 신이 내려준 진리의 계시로 파편화된 아랍인들을 하나로 뭉치게 할 수 있었다. 부족 간의 반목으로 분열되어 있던 사회가 하나의 이념으로 통합되고 '믿는 자는 형제'라는 동족 의식이 형성되었다. 그 결과 새로운 공동체가 생겨나게 되었다. 이 공동체는 무슬림들이 움마 또는 자마아(jama'ah, 공동체)라고 부르는 것이다.

이 종교 공동체는 자힐리야(이슬람 이전 시대)의 무지로부터 탈피해 새로운 종교인 이슬람을 기반으로 무함마드 자신이 지역과 국민을 통수권자로서 통치하는 하나의 국가(Dawlah)였다. 종교, 군사, 외교 모든 면에서 그는 움마의 최고 권위자이자 결정권자였다. 재판장의 기능과 함께 각 지역에 행정명령을 내리는 행정수반의 역할도 했다. 그 밖에도 필요한 조약을 체결하고 규약을 제정하는 등 명실공히 국가를 대표하는 국가원수의 임무를 수행했다.

632년 6월 8일 그가 영면했을 때 이슬람 공동체는 메카와 메디나뿐 아니라 아라비아 반도 대부분을 통치하는 지배세력이 되어 있었다. 그러나 그가 창시한 종교는 여전히 아라비아 반도를 벗어나지 못하고 있었다. 그가 그 종교를 전해준 아랍인들의 생활 반경도 거의 그곳에 한정되어 있었고 비옥한 초승달 지역의 변경으로 일부 확대된 정도였을 것이다. 서남아시아와 북아프리카 그리고 주변의 광대한 지역, 후일 이슬람을 구성하게 된 지역, 할리파의 통치권역, 오늘날 아랍 세계라 부르는 지역은 당시 서로 다른 언어를 사용하고 다른 종교를 믿었으며 다른 통치자들에게 복속되어 있었다. 그로부터 채 20년이 지나지 않아 인류 역사상 가장 급격한 대변화가 일어났다. 이 신흥 세력은 페르시아 제국을 정복하고, 무함마드가 죽은 지 1세기 만에 그 지역 전체를 개조시켰다. 결국 7세기 후반에 이르러 외부세계는 이 놀라운 한 새로운 종교와 새로운 세력의 성장을 목격하게 된다. 할리파의 이슬람 제국은 동쪽으로는 아시아의 인도와 중국의 경계에 이르렀고,

서쪽으로는 지중해 남부 해안선을 따라서 대서양에 도달했으며, 남쪽으로는 아프리카 흑인의 땅으로, 북쪽으로는 유럽 백인의 땅으로 확장되었다.

이러한 아랍 이슬람 제국의 통치자는 무함마드의 뒤를 이은 할리파들이었다. 이들은 무함마드가 움마 통치를 위해 수행한 역할과 기능을 그대로 계승한 자들로서 그들의 임무는 교리의 순수성·간결성을 유지하고 종교를 수호하며 동시에 움마 통치의 모든 일을 관장하는 것이었다. 할리파들은 예언자로서, 계시의 수단으로서, 알라의 사도로서의 무함마드를 계승한 것이 아니라 신자들의 수장(首長) 무함마드를 계승한 자들이었다. 무함마드가 '예언자들의 봉인(Seal of the Prophets)'이라는 사실이 명확하기 때문에 예언자의 후계자가 또 다른 예언자가 될 수는 없다. 하지만 효과적인 지도력을 가지고 이슬람 공동체와 국가의 지속성을 확실히 할 수 있는 후계자를 안정적으로 선출하는 것이 여전히 중요했다. 그들은 움마 통치를 위해 무함마드가 행사하던 정치·종교 양면의 대권(大權)과 그 권위를 계승한 후계자들이다. 신자들의 수장으로서는 할리파의 군사적 직무가 강조된다. 그리고 이맘, 즉 공중 예배의 지도자로서 할리파는 종교적 의식을 이끌고 쿠트바(khuṭba, 금요합동예배)7)를 공표할 수 있다. 그러나 그것은 평범한 무슬림도 행할 수 있는 기능이다. 할리파의 종교에 대한 역할은 단지 보호자, 안내자일 뿐이다. 움마에서의 종교적 임무와 신의 말씀을 전하는 일은 당연히 구별되어야 하는 것이다.

하나님은 인간에게 특별한 속성인 자유의지를 주었다. 그러나 "하나님은 특별한 시간과 장소에서 직접적이고도 결정적으로 인류역사에 개입하셨다." 새로운 종교의 시작을 알리는 이러한 계기는 기독교에서와 마찬가

---

7) 쿠트바는 금요일 정오에 이루어지는 집단예배로서 이때 기도에 나선 사람을 카티브(khaṭib)라고 하며 누구나 가능하다. 이때 설교의 형식을 통해 이루어지는 발언을 통해 정치적 정보들이 유포되고 종교적 가르침이 설파된다. 또한 쿠트바에서 지배자의 이름이 언급되는 것은 지도자의 정치적 주권의 상징이 된다.

지로 이슬람에서도 무슬림들이 갖고 있는 핵심 신앙이다. 기독교인들은 하나님이 인류 역사에 개입하면서 예수를 통해 자신을 직접 드러냄으로써 스스로 인간이 되셨으며(the Incarnation), 인성(人性)을 자신의 것으로 만듦으로써 인간 본성을 회복시켜주었다고 믿는다. 요한은 이것을 "말씀이 육신이 되어 우리 가운데 거하시매 우리가 그 영광을 보니 아버지의 독생자의 영광이요, 은혜와 진리가 충만하더라"(요한복음 1: 14)라고 표현했다.

무슬림들에게 (유대교인들에게도 마찬가지지만) 이런 개념은 극도로 불경한 것이다. 그것은 신의 절대적 유일성을 손상하고 다신교적 우상 숭배의 문을 열어놓는 것이기 때문이다.

> 알라가 마리아의 아들 예수라 말하는 저들에게 저주가 있으리라(꾸르안 5: 19).
> 알라가 마리아의 아들 예수라 말하니 그들은 분명 불신자더라(꾸르안 5: 75).

이슬람은 오직 하나님(알라)만을 믿는 유일신 교리의 종교로서 신성에 관해서는 어떠한 복수적 개념도 받아들이지 않는다. 따라서 기독교의 삼위일체론 같은 교리는 즉각 배격된다. 그 때문에 무슬림들은 그들이 가장 훌륭한 일신교도라는 자부심을 가지고 산다.

무슬림들은 신의 말씀이 한 인간을 통해 전달되었다고 믿는다. 그가 무함마드다. 신의 사자로 그가 선택받은 것이다. 분명히 그는 특별한 능력을 지닌 인간이다. 그렇지만 무슬림들 중 누구도 그가 인간 이상의 존재라거나 신의 말씀의 주체(主體)라고는 생각하지 않는다. 그는 단지 천사 지브릴을 통해 계시된 신의 말씀을 인류에게 전달한 사자(使者)였을 뿐이다. 따라서 그는 신앙의 대상이 아니며 무슬림들이 믿는 대상은 오직 알라뿐이다. 무함마드의 중요성은 그가 신의 말씀을 전해준 마지막 신의 사자이자 인간 매체라는 사실에 있다. 이것은 기독교의 삼위일체설을 부정함으로써 이슬람의 정체성을 확인하려는 것이다. 무슬림들의 신조는 다음 한 문장의 깔리마(Kalima, 신앙선서)에 함축되어 있다.

> 라 일라하 일라 알라, 무함마드 라술룰라.(la 'ilaha 'illa Allah, Muḥammad rasūlu-llāh, There is no god but Allah; Muhammad is the messenger of Allah, 알라 이외에 신은 없고, 무함마드는 신의 사자이다.)

이 한 문장을 언급하는 순간 누구나 무슬림이 된다. 그리고 모든 이슬람 예배는 이 성구로 시작되고 이 성구로 끝난다. 이 선언은 두 부분으로 구성된다. 첫 부분은 신의 유일성인 따우히드(Tawheed)의 개념을 나타내고, 두 번째 부분은 무함마드의 마지막 선지자 됨, 즉 리싸라(Risāla)를 확인하고 있다. 따우히드에 대한 믿음은 무슬림의 전 생애를 규정하고 이에 영향을 미친다. 리사라는 알라와 인간들 간의 커뮤니케이션 채널이다.

기독교인들은 인간에 대한 신의 개입이 유대 공동체가 고통스럽게 로마 제국에 합병되던 팔레스타인 땅에서 이루어졌다고 보고 있다. 이와는 달리 무슬림들은 그 개입이 비잔티움 제국과 사산조 페르시아 양대 제국이 경쟁하던 시절 아직은 국제정치적 소용돌이 외곽에서 부족적 삶을 영유하던 순박한 히자즈에서 결정적으로 이루어졌다고 믿고 있다. 이러한 역사적 배경의 차이는 정치권력에 대한 두 종교의 교리 형성에 중대한 영향을 미치게 된다.

예수가 태어나기 전 유대 민족은 많은 수난을 겪었던 작고 보잘 것 없는 민족이었으며 국가적으로는 강대한 주변국들에 둘러싸여 매우 무력했다. 그들은 로마의 정치와 헬레니즘 세계의 문화에 짓밟혔으며 그러면서도 내분이 끊이지 않았던 비운의 민족이었다. 민족 국가적 정체성을 확립하고 공동체의 종교를 보존하려는 유대인들의 노력은 로마제국의 강력한 정치적 탄압을 받았다. 예수는 바로 그러한 시기에 태어났다. 결국 당시 유대 민족의 국가적 독립이나 유대교의 보존은 거의 가망이 없었다. 그러한 상황에서 그런 것들을 내세우는 것은 희생과 멸망을 자초할 뿐이었다.

그래서 예수는 자신의 종교운동의 탈정치화를 통해 그러한 절망적인 상황을 헤쳐나가려 했던 것으로 보인다. 그는 "내 나라는 이 세상에 속한 것이 아니라⋯⋯"(요한복음 18: 36)라고 가르쳤다. 이와 함께 예언자 요한과 마찬가지로 그가 등장하는 장소는 남쪽 강줄기의 넓은 골짜기에 있는 요르단 초원이었다. 고대로부터 광야는 이스라엘의 종말과 희망이 결부된 장소인데 이는 종말의 때가 태초와 같을 것이라는 것이 옛 신앙이었기 때문이다. 세속의 장소를 떠나서, 또한 신성시되는 예배의 장소마저도 멀리 떠나서, 이스라엘은 과거와 마찬가지로 하나님의 최후의 계시에 대하여 준비를 갖추어야 한다는 것이다.

그는 유대교 예언자들이 예로부터 예언해온 민족적 지도자 메시아가 올 것이라고 예고하면서 조직적·정치적 반항을 통해 유대 민족국가를 성취하기보다는 오히려 믿음·소망·사랑을 통해 개개인이 성취하는 내세의 종교적 구원을 내세웠다. 그는 이러한 구원이 단지 유대인에게만 예정된 것은 아니며 그것이 세상 모든 만민에게 열려 있다고 가르쳤다. 예수 사후 사도 바울도 이 점을 분명히 했다. 그리고 그 후 기독교는 로마 제국 치하에서 고통 받는 모든 사람에게 사후 더 나은 세상이 존재한다는 희망을 주었던 것이다. 한마디로 그가 목표한 왕국은 현세에 있는 것이 아니었다. 그것을 "가이사의 것은 가이사에게, 하나님의 것은 하나님에게 바쳐라"(누가복음 20: 25)라는 가르침으로 간명하게 표현된다.

그렇지만 그 당시 로마 제국은 이와 같은 정교분리 사상이나 비정치적 종교 개념을 결코 받아들일 수 없었다. 로마에서 황제는 왕이고 사제였으며 심지어 어떤 의미에서는 신이었다. 로마제국이 시민들에게 바란 충성의 표현이라는 것은 바로 황제의 신성(神性)을 인정하라는 것이었다. 그리고 기독교인들이 이를 거부했기 때문에 황제 자신이 기독교인이 되는 날까지(예수 사후 3세기) 다양한 박해를 받을 수밖에 없었다. 타협을 거부한 유대

민족은 40년을 버티지 못하고 멸망했다.

　로마 황제가 기독교로 개종한 후에 통치권은 신성성을 더는 요구하지 않았고 기독교 황제들은 비록 완전히 분리되지는 않았다고 하더라도 제국적인 기능과 성직적인 기능, 즉 황제권(imperium)과 성직권(sacerdotium) 사이의 경계를 인정하게 되었다. 이 둘 사이에 명확한 구별을 지은 것은 유스티니아누스 1세였다. 그러나 비잔티움 로마가 기독교를 받아들이게 되자 오히려 기독교는 비정치적이 아니게 되었다. 로마를 중심으로 한 정치적·군사적 힘이 동방으로 이동하고 서로마 제국이 패망하자(476) 로마 교회는 어떤 다른 힘의 보호가 필요했다. 그래서 교회는 후일 프랑크 왕국(Frankish Kingdom)과 제휴하게 된 것이다. 역설적이게도 세속적인 세습제 왕권체제가 들어선 우마이야 왕조 때부터 이슬람 사회에서의 정교합일의 정도는 종교인들이 국가의 수장인 할리파에게 얼마나 영향을 주었는가 하는 점에서 볼 때 오히려 중세 유럽에 비해 훨씬 적었다고 말할 수 있다.

　초기 수세기 동안 비잔티움 황제들은 그들의 임무를 보편적인 것으로 보았다. 황제의 임무는 유럽 단일 제국의 통치자로서 그리고 신이 계시한 유일한 진리 종교의 수장으로서 제국에 평화를 가져오고 온 세상에 그리스도의 믿음을 전하는 것이었다. 기독교 통치자는 이교도를 제압하고 기독교 선교와 교리 발전을 꾀하기 위해서라도 정치적 교훈을 따르려 했다. 그리고는 "종교와 신앙이라는 것이 개인 차원의 문제이지 국가가 간여할 필요가 없다"고 주장하는 정치사상의 한 학파인 라이시테(lacité: 국가의 비종교성)가 17세기 유럽에서 새롭게 일어나기까지 기독교는 1000년 이상을 정치와 동행한 종교로 존재했다.

　중세 '기독교왕국(Christendom)'은 로마 가톨릭 교회가 전 사회를 전면적으로 지배하는 체제였다. 이러한 사회체제하에서는 교황이 사회의 모든 부문에 걸쳐 거의 절대적인 영향력을 행사했다. 따라서 이 시기에는 오늘날 우리가 말하는 정치, 경제, 과학, 예술 등의 영역이 명확하게 분화되어 있지 않았으며 각 부문의 내적 자율성이 확립되어 있지 않았다. 세속 군주의 운명이 교황의 뜻에 좌우되었으며, 교회법은 시장논리의 자율성을 허락하지 않았고, 교황청은 과학적 사실에도 유권적 해석을 내렸고, 예술은 오로지 신앙에 봉사하는 '종교예술'로만 존재할 수 있었다.

그렇지만 이 모든 때에도 기독교인들은 교회라는 개념과 국가라는 개념을 별개로 인식하며 살아왔다. 비록 교회와 국가가 같은 사람들로 구성되어 있을지라도 ─ 또한 실제로 조화하거나 때로 충돌할지라도─ 그 역할은 이론상 분명히 별개이며 단지 상호보완적이라고 보고 그 지도권을 분리해왔다. 그 결과 오늘날 기독교 세계는 교회와 국가를 분리하는 것을 정도(正道)로 삼고 있다.

그러나 앞에서도 말했듯이 이슬람은 그 시작부터 국가와 종교를 구별하지 않았다. 무함마드가 세운 이슬람 공동체는 처음부터 국가로 불러야 했다. 그는 메카에서 복음을 전달하는 신의 예언자로 출발했지만 메디나로 이주한 후에는 움마를 세우고 국가원수가 되었다. 비록 메디나의 정부는 단순한 형태였지만 움마는 민족, 영토, 통치권 등 국가 구성 요소를 분명히 갖춘 명실상부한 국가였다. 신의 계시 또한 신에 대한 복종(종교적 복종)과 현세 통치자에 대한 복종(정치적 복종)을 동시에 가르쳤다.

> 오, 믿는 자들아 알라께 복종하라. 그리고 신의 사자와 너희 가운데 있는 울루 알 아마르(권위를 가진 자들)에게 복종하라(꾸르안 4: 59).

여기서 권위를 가진 자란 통치자를 뜻한다. 하나님께 복종하듯이 무함마드와 할리파에게도 복종해야 한다는 것이다. 그렇게 해야 하는 것이 그들의 신앙이다. 이슬람에서는 하나님의 주권과 대리권(할리파)를 기반으로 국가 조직이 구성되기 때문이다. 그러나 때때로 서양 문화적 시각에서 할리파를 교황과 황제가 하나인 국가와 교회의 수장으로 규정하는 경우들이 있었다. 서구와 기독교에서의 이런 묘사는 잘못된 것이다. 할리파제(制) 아래에서는 분명히 기독교 제국에서 있었던 황제권과 성직권 사이의 구별이 없었고, 최고 성직자와 성직 계급을 가진 별도의 성직기구, 즉 교회도 없었다.

신성로마제국의 경우, 교황은 지상에서 신의 대리인이었고 인간의 영혼을 지배하며 인도하는 자였다. 이에 비해 황제는 세속 통치를 주 임무로 했다. 이 독립된 두 권위 사이에는 이해가 상충되어 신성로마제국이 유럽에서 세력을 뻗쳐가던 수세기 동안 영적인 것과 세속적인 권위 사이에 싸움이 끝없이 이어졌고, 이윽고 유럽 사람들이 이미 어느 쪽도 원하지 않게 되고, 또 교황이나 황제 없이도 훌륭하게 살아갈 수 있다는 것을 알게 되었다. 여기에서 새 형태의 권력이 등장하게 되는데 이것이 곧 민족국가 또는 국민국가(nation state)라 부르는 것이다.

그러나 그 과정을 통해서도 유럽인들은 종교를 이용하는 것은 잊지 않았다. '기독교왕국'의 절대적 영향권하에 있던 수많은 제후 국가들이 교황의 영향권에서 벗어나 독자적인 '소왕국'을 구축하려는 목적을 위해 또 다른 종교, 프로테스탄트 운동을 이용했던 것이다. 당시 가톨릭 교회 내부에서 새로운 '이단'으로 등장한 프로테스탄트(Protestant)가 가톨릭 교회 중심의 종교지형을 교란하면서 지각변동을 일으키고 있었다. 이러한 시대적 상황이 중세의 '이단'들이 도저히 지닐 수 없었던 막강한 '힘'을 프로테스탄트 운동에 실어주었던 것이다.

그렇지만 모든 제후국가의 군주들이 프로테스탄트 신앙을 수용하였던 것은 아니다. 여전히 상당수의 군주들은 가톨릭 신앙을 고수하고 있었다. 그리고 프로테스탄트는 단일한 교파가 아니라 수많은 교파로 나뉘어 있었으며 서로 대립하기도 하였다. 따라서 당시에는 가톨릭 군주, 루터교 군주, 개혁교회(Reformed Church) 군주 등이 난립하고 있었으며, 이들은 자신의 교파를 보호하는 데 주력하는 한편 그 교파를 국가통합의 결집력으로 활용하고 있었다. 그리고 이들이 신앙의 자유, 교파의 보호, 영토 확장을 위해 서로 투쟁하는 과정에서 그 유명한 '종교전쟁'의 시대가 등장한 것이다.

이슬람에서는 인간과 자신의 창조주 사이에 있는 중재자의 구속에서 '숭배('Ibadah)'를 해방시켰다. 인간과 하나님 사이를 직접 연결하는 길을 만들어 중재자의 개입이 불필요하게 된 것이다. 따라서 이슬람 세계에서는 교황에 비유되는 기능이 있는 어떤 신성한 영적 존재를 결코 허용하지 않았다. 비록 시아들은 예외적으로 신성한 진리에 대한 해석권이 이맘에게 있다고 주장하지만 전통적으로 이슬람은 신과 인간 사이의 중재자, 즉 '성직자'를 인정하지 않으며 모든 신도가 직접 신앙의 힘으로 신과 소통할 수 있다고 믿는다. 따라서 예배와 종교행위 수행을 위해 특별한 영적 자질을 갖춘 자가 필요하지 않기 때문에 특정 사제만이 거행할 수 있는 성직 기능이나 성찬 의례도 없다. 즉 믿는 자는 모두 신 앞에 평등하다. 일반 신도와 달리 특별한 권위를 갖추고 종교적 의무를 수행하는 사제 집단을 두지 않았다. 신 앞에서 종교적 의무사항은 무슬림 누구나 똑같이 부여받았다. 울라마(ulamā, ulemā)[8] 그룹이 있긴 하지만 그들 역시 평신도이고 다만 신의 말씀이나 성법 연구에 종사함으로써 이런 존경스러운 호칭을 받은 것이다. 그렇다고 그들이 어떠한 종교적 지위를 얻은 것이 아니다. 단지 '학자'일 뿐이다. 그들이 쌓아놓은 연구나 업적 때문에 종교적으로 다른 사람과 구별되지는 않으며 어떤 영적 권위를 갖는 것은 결코 아니다.[9]

---

[8] 종교를 연구하는 신학자, 이슬람법을 다루는 법률가와 사법관, 종교 학교의 교사 및 종교 기구의 관료층 가운데 유력한 사람을 총합하여 지칭한다. 이슬람에서는 본래 협의의 '성직자'를 인정하지 않으나 이 울라마가 역사적으로 형성됨에 따라 넓은 의미의 성직자에 해당하는 말이 되었다.

[9] 물론 현실은 좀 다르다. 랍비나 울라마는 모두 때가 되면 아마추어적인 역할을 끝내게 된다. 법이 점점 광범위하고 복잡해지자 법을 운영하고 판결하는 상임 전문가가 필요하게 되었다. 공식적인 서품은 없지만 직업적이고 학문적으로 자격을 갖춘

이는 알라가 사도 무함마드에게 내린 계시로도 입증된다.

실로 그대는 경고자일 뿐으로 인간을 감독하며 강요하는 자가 아니라……(꾸르안 88: 21~22).

이슬람은 인간과 그의 창조자 사이의 직선적 관계를 강조하는 종교이기 때문에 신의 본질에 대한 교리와 신의 속성에 대한 설명에서 신의 육신화와 같은 기독교 교리는 전적으로 부정된다. 또한 신에 비견하는 어떤 자(shirk, 신과 어깨를 나란히 하며 비교될 수 있는 자)도 결코 둘 수 없는 절대 유일신 교리의 종교다. 인간의 영혼과 육신은 완벽히 신의 소유다. 다시 말해 신의 본질과 인간의 본질과는 절대적으로 다르고 관련이 없는 것이어서 '자신이 동료보다 더 신에 가까이 있다고 주장할 수 있는 자'는 결코 있을 수 없다. 신자는 모두 똑같다. 결코 근접할 수 없는 신의 본질인 신의 위엄에 절대 복종해야 하는 동등한 위치인 것이다. 따라서 이맘이나 할리파도 신 앞에서는 평신도와 똑같다. 이 점이 교황의 지위와 할리파의 지위가 두드러지게 다른 점이다.

자비로우시고 자애로우신 하나님의 이름으로 말하라. 하나님은 단 한 분이시고 하나님은 영원하시며 낳지도 낳아지지도 않으셨으며 그분과 대등한 것은 세상에 없느니라(꾸르안: 112).

할리파제는 항상 종교적 기구로 규정되었고 할리파의 최고 임무는 예언자의 유지를 받들고 성법을 집행하는 것이었다. 그러나 할리파는 교황 또는 성직의 기능이 없었으며, 교육이나 전문적 교육을 받은 이슬람 학자에

종교인 계층의 등장은 충분히 성직자로 불릴 만한 것이었다.

속하지도 않았다.

3. 정통 할리파(al-Khulafā' al-Rāshidūn) 시대(632~661)

632년 6월 8일, 예언자가 영면함으로써 그의 예언자적 임무는 완성되었다. 무슬림들에게 그의 사도로서의 임무는 앞선 예언자들이 가르쳤지만 포기되고 왜곡되어왔던 진정한 유일한 신앙을 회복시키고 우상을 타파하며 신의 마지막 계시를 전달하고 참 신앙과 성법을 공고히 하는 것이었다. 무슬림 신앙에 따르면 무함마드는 마지막 예언자였다. 그의 죽음으로 인류를 위해 신이 의도한 계시는 충족되었다. 그 이후로 어떤 예언자나 더 이상의 계시는 없게 된다.

그리하여 영적인 목표는 달성되었고, 영적 기능은 끝을 맺었다. 다만 성법(聖法)을 보호하고 유지하여 그것을 전 세계로 전파하는 종교적 기능은 남았다. 그러한 기능의 효율적인 이행을 위해서는 국가 내에서의 지속적인 정치력과 군사력의 사용, 즉 주권이 필요했으며, 이슬람 공동체와 국가 수뇌의 사망은 새로운 지도자의 선출을 필요로 했다. 예언자에게는 외동딸 파티마(Fāṭimah al-Zahraā)가 있었지만 아라비아의 수장 또는 족장은 세습적이기보다는 선출직이었기 때문이다. 그들은 창의적인 조치로 '할리파 라술 알라(Khalīfa rasūl Allāh; 신의 사도의 후계자)', 즉 할리파라는 제도를 마련했고, 그것은 이슬람 세계 최고의 통수기구가 되었다. 할리파는 후계자와 대리자라는 개념을 함께 가지고 있다. 이로써 이슬람 세계 밖에서는 전례를 찾을 수 없는 독특한 제도가 만들어졌다.

무함마드의 후계자 또는 대리자인 할리파는 무슬림들의 선거로 선출되었다. 최초의 할리파 4인은 '알 쿨라파 알 라시둔(al-khulafā' al-rāshidūn)' 또는 '정통 할리파'라 부른다. 그들은 ① 아부 바크르(Abū Bakr: 632~634), ②

우마르 이븐 알 카타브('Umar ibn al-Khaṭṭāb: 634~644), ③ 우스만 이븐 아판(Úthman ibn Affān: 644~656), ④ 알리 이븐 아부 탈리브('Alī ibn Abū Tālib: 656~661) 등이다.

1) 무함마드 후계자들과 정복사업

무함마드 사후 할리파 선출 문제에 얼마간 논란이 있었다. 무함마드의 가까운 동료들인 무하지룬(Muhājirūn: 이주자, 메카의 이민자들), 안사르(Anṣar: 돕는 자, 메디나의 토착민들) 그리고 우마이야드(Umayyads: 무함마드 부족의 지도자들)들은 각각 자신들이 할리파를 선출해야 한다고 주장했다. 무하지룬은 예언자의 부족이라는 점과 가장 먼저 예언자의 사명을 받아들였던 점을 내세웠으나, 안사르는 자신들이 무함마드와 초기 이슬람 개종자들에게 피난처를 제공해주지 않았다면 이들 모두 멸망했을 것이라는 점을 강조했다.

정통주의자들은 계승의 세습원칙을 지지하며 무함마드의 딸, 파티마와 무함마드의 백부 아부 탈리브(Abū Talib)의 아들이자 파티마의 남편인 알리를 지지했으나 안사르가 주도권을 잡고 아부 바크르를 할리파로 선출했다. 당시 소수였던 알리의 무리들은 예언자를 대신할 수 있는 계승자는 예언자 가계(家系)에서만 나타날 수 있다고 믿었다. 그들은 알리가 이미 예언자의 '임명'과 '유언'으로 합법적인 계승자, 즉 '이맘'으로 선택된 자라고 주장했다. 그들은 후계자 선출 과정에서 자신들의 주장이 부당하게 묵살당했다고 생각했다. 이 점은 항상 시아파의 쟁점이었다. 사실 그들은 후계자 선출을 위한 논의에 참여하지도 못했다. 그들은 무함마드의 시신 옆에서 장례를 위한 철야기도 중이었다.

새로운 지도자가 직면한 첫 번째로 중요한 과제는 무함마드가 이미 수립한 아라비아 반도 내의 중앙집권체제를 그대로 유지하는 것이었다. 아랍 연대기에 의하면 무함마드가 사망하자마자 히자즈를 제외한 모든 아라비아 지역이 새로 조직된 국가로부터 이탈하기 시작했다. 통신망이 부족했으며 선교활동이 조직적으로 이루어지지 못했고 지배 기간 역시 너무 짧았던 탓에 반도 인구의 3분의 1이 채 안 되는 사람들만이 이슬람에 대한 신앙고백을 하고 예언자의 지배를 인정했던 상황이었다. 예언자가 직접 활동에 나섰던 히자즈 지방도 그가 사망하기 1, 2년 전에야 비로소 이슬람화되었다.

예언자가 세상을 떠나자 많은 부족들이 교단을 떠나거나 다른 일신교를 창시해 스스로 예언자를 자처하는 등 자칫하면 이 움마 교단 국가가 와해될 수도 있었다. 이렇게 이슬람을 떠나거나 예전의 상태로 돌아가는 것을 릿다(al-Ridda)라고 하는데 이것은 배교(背敎)를 의미한다. 그러나 이것들은 종교적 외양을 띠고 있었지만 실제로는 지역의 주도권을 둘러싼 일종의 권력투쟁이었다. 이러한 상황이 계속된다면 이제 자칫 이슬람 추종자들은 메디나와 메카의 두 도시를 잇는 히자즈 지방의 일부 세력으로 전락할 수도 있었다. 할리파 아부 바크르는 비잔티움 제국의 격퇴라는 예언자의 마지막 군사적 소망을 수행하기에 앞서 이러한 세력들을 토벌하는 데 진력해야 했다. 632년에서 633년까지 이들을 토벌하기 위해 이들과 벌인 전쟁을 릿다 전쟁(the Ridda wars) 또는 배교전쟁(the wars of Apostasy)이라 부른다.

할리파 아부 바크르는 처음에는 이러한 미묘한 상황에 다소 고심했던 것으로 보인다. 그는 우선 예언자의 유지를 받드는 쪽을 택했다. 메디나로부터 주력부대를 빼내어 비잔티움을 상대로 하는 북부 아라비아 정벌에 나서는 것은 메디나에 위험을 초래할 수도 있다는 지휘관 우사마 이븐 자이드(Usama ibn Zaid)의 간언에도, 632년 6월 그에게 북부 아라비아에 대한 정벌을 명했던 것이다. 당시 메디나 북방에는 예언자를 자칭하는 투라이하(Tulayha)라는 자가 메디나에서 동쪽으로 38.5km 떨어진 두 끼사(Dhu Qissa)를 근거지로 삼아 배교자 세력을 강화시키고 있었다. 그는 무슬림 주력부대가 메디나에서 떠난 것을 알고 7월 두 후사(Dhu Hussa)로 군대를 이동시켜 무슬림군(軍)과의 일전을 준비했다. 이들의 이동 소식에 접한 할리파는 주로 하심가 사람들로 3개 부대를 편성해 이에 맞섰다. 알리('Ali), 탈하(Talha ibn Ubaidullah), 주바이르(Zubair ibn al-Awwam) 같은 하심가 사람들은 용맹스러웠지만, 급조된 군대는 주 후사(Zhu Hussa)에서 적장 히발(Hibal)의 기습을 받고 와해되었다. 메디나에서 전열을 가다듬은 할리파가 배교자들에게 또 다른 기습공격을 가해 두 끼사로 퇴각한 이들을 쳐서 이곳을 수중에 넣었다.

우사마의 주력부대가 메디나로 복귀한 뒤 본격적인 릿다 전쟁이 개시되었다. 상대는 부자카(Buzakha)로 퇴각한 투라이하, 부타(Butah)의 말리크 이븐 누와이라(Malik ibn Nuwaira), 나지드 고원 남부 야마마(Yamamah) 지방의 무사일리마(Musailima) 등이었다. 특히 무사일리마는 예언자를 자처하고 꾸르안을 대체하는 경전까지 만들어 많은 신자를 확보하고 있었다. 이 외에도 동부아라비아의 타밈족(Tamim) 사이에선 사자흐(Sajjah)라는 자가 나타나 음률적인 아라비아어로 설교를 했으며, 남부 야만(예멘)에서는 산아(San'a)를 거점으로 알 아스워드(Al-Aswad)라는 예언자가 나타나 세력을 확장해가고 있었다. 이들을 토벌하는 데 결정적인 공을 세운 것은 할리드 이븐 알 왈리드였다. 632년 할리드가 그의 본거지를 타격하고 이를 소탕했을 때 살해된 배교자의 수가 7,000명에 이르는 것으로 알려졌다. 아부 바크르의 집권은 2년의 짧은 기간이었으나 이들을 차례로 토벌하여 예언자 사후에 나타나는 이러한 릿다를 막고 강력한 이슬람교단을 재건하는 업적을 남겼다.

한편 당시 메디나 그리고 인접한 몇몇 다른 곳에서 사는 사람을 제외하면 대부분의 아랍인은 메디나의 정치적 권위에 회의적이었다. 자유분방한 베두인들이 이슬람의 조세제도에 불만을 품고 반란을 일으켰고 이를 아부 바크르가 진압했다. 그는 그 여세를 몰아 아라비아 반도 전역의 통일에 박차를 가했다. 바레인, 오만, 야만 등지에 이슬람의 권위가 확립되었다. 그렇게 하는 데 1년이 채 걸리지 않았다. 이제 이슬람 진군의 채비가 갖추어졌다. 첫 번째 대상은 반도 북쪽의 시리아로서 이곳은 비잔티움 제국이 거의 1,000년 전부터 알렉산드로스와 로마인들로부터 물려받은 자신들의 세습 재산으로 가지고 있었던 곳이다.

3세기 말부터 게르만족의 이주로 강건했던 로마 제국이 한때 분열의 위기에 처했지만, 6세기 중반 당시 비잔티움 제국의 유스티니아누스 황제가 통합 제국을 거의 회복하고 그 후 오랫동안 아프리카, 스페인, 이탈리아에 대한 통제권을 확보함에 따라 로마 제국이 건설한 문명공동체가 와해될 조짐은 나타나지 않고 있었다. 이에 대한 이슬람의 침입은 역사의 흐름에서 돌발적인 것으로서 세계적인 대격변을 일으키는 힘을 가진 것이었다. 이슬람교도는 50년도 채 안 되어 지나 해(Mer de Chine)로부터 대서양을 휩쓸어버렸다. 또한 단시간에 비잔티움 제국으로부터 시리아(634~636), 이집트(640~642) 등을 차례로 빼앗았다. 7세기의 처음 30년까지도 외부 세계에는 전혀 알려지지도 않았고 예측되지도 않았던 세력이 야만과 미지의 땅 아라비아로부터 생겨나서 그때까지 그 지역을 지배하던 사산조 페르시아와 비잔티움 제국에 도전해 페르시아 영역을 상속받고 비잔티움 제국의 가장 소중한 속주들을 빼앗아버렸던 것이다. 마치 메마른 아라비아 땅이 마술로 인해 영웅들의 배출소로 바뀐 것처럼 보였는데 영웅들의 수나 그 질에서 그러한 예는 다른 곳에서는 찾아보기 힘들 정도였다.

본격적인 정복을 위해 조직된 원정대는 두 지역을 목표로 하고 있었다. 하나는 이라크였고, 또 하나는 4개 부대로 이루어진 원정대로 레반트 정복을 목표로 한 것이었다. 메소포타미아에 진출한 1만 8,000명의 할리드 이븐 알 왈리드 군대는 633년 그곳에서 비잔티움 제국의 영향하에 있던 기독교 국가 라흠 왕국(Lakhmid Dynasty)의 수도 알 히라(Hira, 아랍어로 al-Hrah)를 정복했다.

그러나 아랍 무슬림 군대를 지휘하는 전직 상인들에게는 메소포타미아보다 시리아가 더 중요했다. 그들의 대상(隊商)들이 그곳에 갔었고 접근이 훨씬 쉬웠다. 그리고 그들에게 시리아는 젖과 꿀이 흐르는 땅으로 여겨졌다. 시리아 원정은 계획적인 기습적 군사행동이었다. 634년 초, 아므르 이븐 알 아스(Amr ibn al-'As)와 야지드 이븐 아부 수프얀(Yazid ibn Abū Sufyān)이 지휘하는 각각 3,000명으로 편성된 2개 부대가 사해 부근에서 비잔티움 팔레스타인 총독을 제압하고, 패주하는 그의 군대를 가자 부근에서 섬멸했다.

시리아를 잃게 될 위험을 직감한 비잔티움의 헤라클리우스 황제가 전투를 독려하기 위해 새로 충원된 군대를 이끌고 스스로 이곳까지 출정했다. 에메사(Emessa, 오늘날의 Hims 또는 Homs)를 목표로 슈라빌 이븐 하사나(Shurahbil ibn Hasanah) 부대의 뒤를 따라 타북(Tabouk) 루트로 전진하던 아부 우바이다(Abū 'Ubaidah)의 아랍군(軍)이 수적인 열세로 진격을 저지당하자 메디나의 할리파는 할리드의 이라크 원정대를 시리아로 급히 이동시켜 이들을 돕게 했다. 사막을 가로지르는 2주간의 기적적인 행군 끝에 시리아에 도착한 할리드 군대는 예루살렘 근처에서 치러진 전투에서 비잔티움 군대를 제압한 후 6개월 동안 다마스쿠스를 포위하여 635년 9월 4일 그곳을 함락시키고 다시 북쪽으로 진격했다.

결정적이었던 야무르크 전투(the Battle of the Yarmoūk, 636년 8월 15~20일)가 요르단강 지류인 야무르크 강 연안에서 있었다. 무슬림에게 시리아를 내주고 싶지 않았던 헤라클리우스 황제는 5만의 군대를 모아 이에 맞섰다. 비잔티움의 그리스 군대는 아라비아, 아르메니아 및 기타 외국지원부대로 구성되어 있었다. 636년 초 북쪽과 팔레스타인 해안으로 동시에 진격해 오는 강력한 그리스 군대를 절반에 못 미치는 자신의 군대로 상대하게 된 할리드는 야르무크 남쪽으로 밀려났다. 그러나 그는 지구상에서 가장 뜨거운 사막의 모래바람을 이용하는 군사적 예지를 지니고 있었다. 때마침 비잔티움 진영에서 일어난 반란을 기회로 삼아 메디나에서 온 인원과 시리아 아랍 부족 사람들로 군대를 보강하여 야르무크 계곡의 벼랑에서 그리스군을 공격해 섬멸했다(636년 8월 20일). 이로써 다른 수많은 정복전쟁의 길이 열리게 되었다. 638년에는 예루살렘이 정복되었다. 또한 641년 할리드는 그의 군대를 팔레스티나 전선에 투입해 비잔티움군(軍)의 마지막 보루인 케사레아(Caesarea)를 함락시킴으로써 마침내 시리아가 완전히 무슬림의 소유가 되었다. 무슬림 군대는 불과 4년 만에 비잔티움 제국의 이들 영역을 차지하게 된 것이다.

이러한 가운데 아부 바크르가 사망하고(634) 우마르 이븐 알 카타브가 제2대 할리파로 추대되었다. 우마르는 부족들의 기습 본능을 공동체 내부 갈등으로부터 밖으로 배출할 필요를 깨닫고 비잔티움과 사산조 이란에 대한 공격을 본격화했다. 그의 10년간의 통치는 이슬람 국가를 형성하고 더 나아가 무슬림 국민의 역사적인 기억을 집대성하는 중요한 시기였다. 이를 통해 우마르는 이슬람 제국의 실질적인 건설자가 되었다.

예루살렘의 항복이 임박했을 때 우마르는 시리아로 가서 예루살렘의 지도자들과 관대한 조건으로 조약을 맺었다. 기독교인들은 보호를 받게 될 것이며 예배의 자유를 갖고 과거에 그들이 비잔티움 제국에 납부하던 것보다 경감된 세 부담을 진다는 내용이었다. 이전에 할리드가 다마스쿠스 주민들과 체결한 조약과 비슷했다. 아랍의 역사가들은 그가 허름한 망토를 두르고 예루살렘에 입성함으로써 비잔티움의 화려함에 익숙해 있던 대중들을 놀라게 했다고 자랑스럽게 말한다. 그리고 그는 한때 솔로몬의 사원(유대 제2성전)이 있던 언덕에 올라 쓰레기 더미를 치운 다음 그 자리에 모스크(mosque, masjid)를 세울 것을 명했다. 그의 명령으로 그곳에는 대단히 수수한 건축물이 들어섰는데10) 이곳이 바로 오늘날 바위 돔 사원(the Dome of

---

10) P. M. Holt, Ann K. S. Lambton & Bernard Lewis eds. *The Cambridge History of*

the Rock)이 들어서 있는 자리다.

그 시대 제1의 권력자로부터 아주 빠르고도 손쉽게 전략적인 요충지들을 차지함으로써 새롭게 부상하는 세력이 된 이슬람은 세계적인 견지에서 위신을 드높였고, 더 중요한 것은 스스로의 운명에 자신감을 갖게 되었다는 것이다. 시리아를 아르메니아로 향하는 전진기지로 삼아 북부 메소포타미아, 그루지야(Gruziya, Georgia)와 아제르바이잔(Azerbaijan)으로의 진출이 가능해졌다. 그리고 소아시아를 향한 기습과 공격이 이어질 것이었다. 북쪽으로의 진군은 레바논 북쪽의 아마누스(Amanus) 산맥에 막혔지만 동쪽으로는 자지라(639~641)와 아르메니아(640~643)로 그리고 남서쪽 이집트로 전진은 이어졌다.

우마르는 동쪽에서 광범위한 군사행동에 착수했다. 이미 6세기부터 아랍 여러 부족이 사와드(sawād)[11]로 진출하고 있었다. 아랍의 페르시아 공략은 633년 초 사와드 지방의 일부를 차지한 메소포타미아 무슬림군의 지휘관이었던 베두인 장군 알 무사나(al-Muthanna)가 사산조의 반격을 받고 할리파 아부 바크르에게 도움을 요청하면서 시작되었다. 이에 호응해 할리드가 지휘하는 이라크 원정대가 출정했지만 얼마 되지 않아 팔레스티나로 이동해버린 일은 앞에서 설명했다. 알 무사마는 혼자서 전쟁을 치를 수밖에 없었는데, 페르시아에서는 정력적인 야즈데게르드 3세(Yazdegerd Ⅲ: 632~651)가 왕위를 물려받아 대규모 병력으로 공격해왔다.

할리파 우마르는 알 무사나의 건의를 받아들여 무함마드 사망 당시 무슬림 국가에 반대한 죄를 범한 부족들로 군대를 편성했다. 배신에 대한 사면령으로 전사들이 메소포타미아에 몰려들었지만, 이러한 열정으로도 군

Islam, Vol. IA The Central Islamic Lands From Pre-Islamic Times To First World War(Cambridge: Cambridge Universuty Press, 1980), p. 62.

11) 티그리스 강과 유프라테스 강 하류 유역에 있는 비옥한 충적평야의 옛 명칭으로 남메소포타미아 지방을 이르는 말이다.

대의 규모와 부 면에서 우월하고 전투에 코끼리를 이용하는 사산(Sāsān) 군대를 상대하는 데는 어려움이 있었다. 무슬림군은 634년 다리의 전투(the Battle of the Bridge)에서 참담히 패배했다. 무슬림군이 전멸을 모면했던 것은 알 무사나가 유프라테스를 건너는 다리에서 영웅적인 항전을 했기 때문이었다.

우마르는 메소포타미아를 확보하고 그의 변경을 굳게 지키기 위해서는 페르시아의 주력부대를 격파하고 수도 크테시폰을 약화시켜야 한다는 것을 절감했다. 예언자의 교우 가운데 한 사람인 사아드 이븐 아비 와카스(Sa'd Ibn Abī Waqqāṣ)가 지휘관으로 선임되었다. 페르시아군은 이란의 전설적인 전쟁영웅 로스탐 파로흐자드(Rostam Farrokhzād)가 지휘하고 있었다. 전세는 3만 5,000명 정도로 추정되는 아랍군에 비해 10만으로 추정되는 페르시아에 유리했다. 페르시아에는 2만의 지원군도 있었다.

그러나 아랍군은 637년 5월, 4일간의 전투에서 열세를 극복하고 페르시아 왕 야즈데게르드의 군대를 히라(al-Hira) 근처의 까디시야에서 제압하고(the Battle of al-Qādisīyya), 다음 달에 수도 크테시폰을 함락시켰다. 아랍이 승리하게 된 요인은 잘 알려져 있지 않다. 무슬림들의 신앙심, 코끼리부대를 상대로 한 야전 지휘관의 탁월한 작전, 사막의 더위, 페르시아군 지휘관 루스탐이 돌발적으로 살해된 사건 등 어떤 것이 결정적이었는지 분명하지는 않다. 아마도 이 모든 것이 결합된 결과였을 것이다. 어쨌든 아랍의 입장에서 까디시야 전투에서의 승리는 페르시아와 중앙아시아로 진출하기 위한 돌파구가 된 기념비적인 사건이었다. 이슬람으로 개종한 아라비아인들이 조로아스터교도인 페르시아 통치자들을 메소포타미아 일대에서 몰아냈던 것이다. 이로써 티그리스 서부의 비옥한 이라크 저지대가 무슬림 수중에 들어왔다.

페르시아인들의 마지막 희망은 자그로스 사면지대(the slopes of the Zagros)로 후퇴한 다음 그곳을 근거지로 반격하는 것이었다. 그러나 그들의 기도는 좌절되었다. 자지라(Jazīra: 메소포타미아, 지금의 북부 이라크)를 차지한 무슬림들이 그곳을 차지하기 위해 이란 고원을 가로질러 후제스탄(khūzestān)의 주요 도시 아와즈(Ahwāz)에 진입했던 것이다. 페르시아 황제가 마지막 저항을 시도했던 642년의 니하반드 전투(the Nihāvand War, 642)에서도 역시 아랍군이 승리해 이라크를 평정하게 되었다. 야즈데게르드 황제는 계속 쫓겨 다니다가 결국 중앙아시아의 메르브(Merv)에서 651년에 암살당했다. 이로써 약 1,200년간의 전통을 이어온 페르시아 제국은 멸망했다. 이 제국은 약 800년 후에 이슬람의 옷을 입고 사파위 왕조로 다시 태어나지만 이미 그 성격은 너무나 달랐다.

이제 아랍군은 진군의 방향을 남서쪽 이집트로 돌렸다. 이집트는 시리아와 히자즈에 위험스럽게 근접한 전략적 위치를 점하고 있었고 비옥한 토양으로 비잔티움 제국의 곡창이었다. 이곳은 북아프리카 회랑지대의 나머지 지역으로 향하는 관문이었으며 당시 알렉산드리아는 비잔티움의 해군기지였다. 이집트가 가지고 있던 이 모든 특성은 팽창기의 초두부터 아라비아인들의 관심을 나일 계곡에 집중하게 만들었다.

무슬림군은 시리아를 발판으로 아므르 이븐 알 아스의 지휘로 팔레스타인으로부터 해안선을 따라 이집트로 진격했다. 이 길은 아브라함과 캄비세스가 그리고 알렉산드로스와 안티오쿠스가 지나갔던 길로 고대 세계의 국제공로(國際公路)였다. 당시 알렉산드리아가 비잔티움 제국의 제2도시로서 중요한 해군 기지를 보유하고 있었지만 시리아와 팔레스타인을 상실함으로써 제국의 다른 지역들로부터 고립되어 있었다. 639년 12월 무슬림들은 바빌론 요새(Bābilyūn Fortress)에 대한 공격을 개시해 1년 반에 걸친 포위 끝에 641년 5월 이를 함락시키고 이름을 푸스타트(Fusṭāṭ)로 바꾸었다. 이는 바로 오늘날 카이로 구역이다. 이로써 당시의 수도 알렉산드리아로 가는 길이 열리게 되었다. 그곳은 비잔티움 제국의 이집트 총독 겸 대주교 시루스(Cyrus)가 통치하고 있었다. 그러나 이 도시는 정치와 종교분쟁으로 분열되어 있었고 이집트의 주민들은 비잔티움을 싫어했다. 결국 이 도시는 641년 2월 헤라클리우스 황제가 죽자, 이듬해 9월 항복하고 말았다. 그 후 비잔티움 제국은 여러 번 비옥한 이집트를 회복하려 했지만 실패했고, 이곳은 나일 강 상류와 리비아로 진격하는 무슬림의 전초기지가 되었다.

아랍인들이 겨우 10년 안팎의 짧은 기간에 페르시아에서 이집트에 이르는 대제국을 창건한 것은 기적이었다. 이 기적에 대한 전통적 무슬림의 설명은 독실한 신앙심을 내세운다. 그러나 이것은 종교로서의 이슬람이라기보다는 국가로서의 이슬람이 성공을 거둔 것이었다.

시리아와 팔레스타인의 셈족 원주민들은 이집트의 함족 사촌들과 마찬가지로 압제적인 외국인 영주보다는 아라비아의 새로운 도착자를 자신들과 훨씬 더 가까운 혈족으로 여기게 되었다. 이들은 무슬림이 행한 정복을 고대 근동(Near East)의 회복으로 간주했다. 이슬람에 고무되어 깨어난 동방(The East)이 천년 동안의 서방의 지배 후에 드디어 되살아났다고 여긴 것이다. 이제 아라비아인들로 말하면 새로운 열정에 불타고 정복하고자 하는 의지에 고취된, 그리고 그들의 새로운 신앙이 주입한 죽음의 불사로 대담해진, 생기 넘치고 원기 왕성한 종족을 대표했다.

정복 전쟁에서 아랍인들이 크게 의존한 전략은 사막의 힘을 효율적으로 이용하는 것이었는데 이는 후일 서양인이 건설한 제국들이 바다를 이용했던 사실과 비슷했다. 아랍인들이 사막에 익숙했던 반면 적들은 사막을 두려워했다. 아랍인들에게 사막은 친근하고 익숙하며 다가가기 쉬운 대상이었지만 적들에게 사막은 멀고, 지독한 황량함, 고통과 어려움이 가득 찬 곳으로 육지인에게 두려운 바다와 같은 대상이었다. 아랍인은 사막을, 메시지를 전달하고 물자를 공급하는 연결망이나 세력의 거점으로 사용하기도 하고, 비상시의 퇴각장소, 추적으로부터의 피난장소 그리고 성공적인 경우에는 승리의 길로 사용했다. 그러한 사막의 작전에는 기병대와 낙타부대를 이용하는 전술이 주효했는데 이것은 로마인들에게는 결코 익숙하지 않은 것이었다.

　이러한 기적의 성취에는 피정복지 주민들에 대한 종교정책도 한몫을 했을 것이다. 아랍 국가는 제도적으로 뒷받침된 관용을 모든 다양한 기독교 종파에게도 똑같이 보여주었다. 즉 그리스 정교에 대한 편파적 관심을 제거함으로써 콘스탄티노플 통치하에서 비정교도 기독교도와 그들의 교회들에 대한 수많은 어려움을 해소해주었다. 파르티아와 무신론적 로마 황제들의 통치하에서 상당한 종교적 관용을 누렸던 유대인들은 덜 관용적인 사산 왕조와 비잔티움 제국하에서 고통을 받았지만 아랍-이슬람 국가체제하에서는 더 향상된 지위를 누렸다. 따라서 이슬람 신앙과 제국의 확장은 피정복지 주민들의 도움을 크게 받을 수 있었다.

　이러한 정복에 대해 일부 구미 역사학자들은 인구 팽창으로 메마른 아라비아 반도에서의 생활조건이 어려워지자 반도 밖으로 무장 이민한 것으로 설명하고 있다. 신바빌로니아 제국을 세운 셈계(係)의 아시리아족을 시작으로 아모리족(Amorites), 가나안족(Canaanites), 아람족(Aramaeans), 헤브루족 등이 차례로 본고장인 아라비아 반도에서 중근동의 여러 지역에서 이주했다는 사실을 근거로 아랍족의 대이동도 그 연속으로 보는 것이다.

　아랍 왕국의 초기에 많은 아랍인들이 고대 제국들의 무너진 방어선을 지나 그들이 정복한 비옥한 땅으로 이주해 갔다. 처음에 그들은 단지 직업 군인, 고위 관리, 지주 등과 같은 지배적 소수 집단으로 이주했다. 아랍 국가는 과거 정권의 국가 토지는 물론 새 정권에 대한 적들의 땅, 정복이 있기 전에 이미 도망쳐버린 자들의 땅을 모두 몰수했다. 그런 다음 그것들을 처분했는데 많은 부분을 아랍인들에게 배분하거나 좋은 조건으로 임대했다. 이들은 잔존하던 토착 지주들에게 내는 것보다는 훨씬 적은 세금을 납부했다. 아랍의 대지주들은 일반적으로 토착 노동력을 이용해서 그들의 토지를 경작하며 자신들이 건설한 병영 도시에 거주했다.

　이러한 병영 도시로부터 아랍의 영향력은 직접적으로 또는 대부분 군인이었던 토착 개종자들의 급격한 증대를 통해서 주변의 지방으로 번져나갔다. 정복자들의 신앙과 그들의 언어를 받아들이는 개종자들의 수는 점점 늘어났으며 이 과정에서 아랍어도 한몫을 했다. 지배계층인 귀족의 언어로서의 특권, 통치나 교역어로서의 실제적인 가치, 제국 문명의 풍부성과 다양성, 무엇보다도 새로운 계시가 기록된 성스러운 언어에 대한 무한한 존중 등 이 모든 것이 아랍인들에 대한 피지배 주민들의 동화를 촉진시켰다. 이러한 변화는 대부분 동시에 진행되는 정복과 동화의 과정에서 일어났다.

이러한 아랍족의 주체적 요인과 함께 외부적 요인도 변화의 중요한 배경이 되었다. 비잔티움과 페르시아의 사산 제국은 수백 년 동안의 다툼 때문에 국력이 크게 약화되었고, 양국의 국경선 부근 주민들은 많은 어려움을 겪고 있었다. 이 정복 과정에서 무슬림들은 헬레니즘 지배체제에 불만을 가졌던 지역민들로부터 많은 협력을 받았다. 더구나 비잔티움 제국 내부에는 정통파와 시리아, 이집트 등의 단성론자(monophysite)[12] 간에, 또한 메소포타미아의 네스토리아파(nestorienne)[13] 사이에 충돌이 그치지 않고 있었다. 페르시아의 사산조에서도 전통적 조로아스터교는 교의가 다른 마니교와 마즈닥교(Mazdak敎) 등의 출현으로 종교적 분규가 잇달아 일어나 국가의 기강이 흔들려 있었다. 결국 아랍인의 대제국 창건에는 주체적 결

---

12) 단성론자란 예수의 형상은 세속적 인간의 육신(an earthly and human body)의 모습을 띠지만 본성은 전적으로 신성(神性)이라는 것을 믿는 사람이다. 즉 예수 그리스도의 인격에는 신성과 인성(人性)의 두 가지 본성이 아니라 오직 한 가지의 신적인 본성만 존재한다고 주장한다. 단성론(monophysitism)은 네스토리우스파에 대항해서 예수의 인성과 신성의 완전한 합치를 주장한 초기 기독교 사상의 한 갈래다. 이 사상의 이집트 알렉산드리아를 중심으로 생성되었으며, 주교 키릴(Cyril)을 그 창시자로 추앙하고 있다.
13) 네스토리우스 교의는 그리스도 안에 두 본성이 나뉘어 존재하므로 실상 그리스도는 두 인격이라고 주장한다.

속력과 외부적 조건이 동시에 성숙되어 있었던 것이다.

2) 이슬람 제국의 행정

이슬람 통치 첫 세기의 군사적·정치적 변화는 중요한 경제적·사회적 변화로 연결되었다. 이제 처음으로 메마른 땅 아라비아의 아들들이 사치와 안락에 직접 접하게 되었다. 넓은 알현실, 우아한 아치와 장식을 갖춘 궁정은 아라비아 반도의 진흙집과는 너무도 달랐다.

아부 바크르에서 시작된 정복이 우마르 집권기에서도 계속 이어졌기 때문에 제국의 영역이 엄청나게 넓어졌다. 이 제국은 각기 다른 민족, 관습, 다양한 수준의 문화와 정부 유형을 포함하게 되었다. 일련의 정복들만으로도 우마르는 자신의 입지를 굳건히 할 수 있었지만 그에게는 이들을 제국의 통치하에 통합해야 하는 과제가 주어졌다. 그러한 노력을 통해 나타난 새로운 영토들의 점령과 행정에 관한 우마르의 훈령들이 오늘날까지 지속되는 무슬림 행위 패턴을 정착시키는 중요한 역할을 했다. 이슬람 세계에 있는 거의 대부분의 제도는 그가 만들었다고도 볼 수 있다.

시리아의 일부와 몇몇 다른 지역을 제외하고 대부분의 정복지 주민에게는 새로운 질서가 기존 질서의 중단이 아니고 연속으로 나타났다. 이들에게는 이전보다 세금이 경감되는 이점도 있었다. 이전 군대는 해체되었고 행정관리들은 지역을 떠나거나 비슷한 능력을 가진 무슬림으로 교체되었다. 그러나 대부분의 주민들의 생활은 간섭을 받지 않았다. 비잔티움과 사산 왕국 시절 끊임없이 계속되었던 다툼과 파괴와 재앙들은 종식되었다.

경우에 따라서는 아랍의 지배가 단지 참을 만한 것이 아니라 환영할 만한 것이기도 했다. 헬레니즘적 정향을 가졌던 시리아와 팔레스타인의 도시민들은 비잔티움 군대가 패배하면서 그 지역을 떠났지만, 사막과 도회지 아랍인들과 접촉을 유지했던 지방민들은 아랍지배에 쉽게 적응했다.

이라크의 원주민들은 사산조의 패배를 오히려 반겼다. 그동안 시리아와 팔레스타인, 이집트 등지에서 비잔티움 제국은 과중한 세금을 거두어들이고, 콘스탄티노플에서 파견된 관리들은 오만하고 고압적이어서 지방민들은 생활에 어려움을 겪고 있었다. 설상가상 지방 기독교인들과 유대인들에 대한 박해가 있었다. 그것은 단성론을 이단으로 규정한 451년 정통 칼케돈 공의회(the Council of Chalcedon)의 결과였다. 단성론을 지지했던 시리아와 이집트 교회들은 무슬림의 지배가 종교적으로 관용적이고 세금을 경감시켜주었다는 사실에 고무되었다. 다만 이란에서는 아랍이 완전히 받아들여지지 않았고 신속한 무슬림의 정복을 일부 사산 왕조와 왕정의 붕괴 탓으로 여겼다.14)

우마르는 전투를 통해 무력으로 점령한 지역과 협상으로 점령한 지역을 뚜렷이 구분했다. 후자의 경우에는 거주민의 권리와 의무가 계약에 명확히 규정되었다. 그러나 실질적으로는 이 두 가지 항복조건이 별개로 존재했었던 것은 아니었다. 아랍정복자들은 가능한 한 기존 행정기구를 그대로 인수했기 때문이다. 비회교도들에게는 병역의무를 강요하지 않았고 자신들의 법률로 지배하도록 했다. 이슬람 사회가 세운 이러한 관행은 동서고금 어느 시대를 막론하고 가장 관용적이었으며 후일 오스만 제국에서 밀레트(millet) 제도로 구현되었다. 토지는 모두를 위해 경작되어야 하고 아랍 전사들을 농부로 개조할 수는 없었기 때문에 이전 소유자들에게 그대로 남겨두었다. 심지어 아라비아에서 온 아랍인들에게는 점령지에서 토지를 보유하는 것도 금지시켰다. 문제는 비잔티움과 페르시아 관리들의 소유였기 때문에 주인이 없어진 토지나 국유재산이었다. 우마르는 이들 토지를 분배하지 않고 이슬람공동체의 몫으로 몰수했다. 물론 점령군이 최고 권력

---

14) Sydney Neyttleton Fisher & William Ochsenward, *The Middle East: A History*, Vol. 1, p. 43.

기관이었기 때문에 종전까지 귀족에게 바친 세금이나 용역이 그들의 손에 들어간 것은 당연한 일이다. 이것이 점령 초기에 일어난 유일한 변화였다.

우마르가 점령지에서 요구한 것은 예속화였다. 이는 동시에 보호를 의미했다. 피정복민은 자신들의 종교법을 갖고 신앙의 자유를 누렸다. 다만 종교의식에서의 시위 같은 것은 금지되었다. 예속화는 오직 세금이 새로운 주인에게 가는 것뿐이어서 예속민의 일상생활 조건에는 별다른 변화가 없었다. 현지주민의 토지 소유권이 인정되고 있었기 때문에 아랍사람들은 여타 지역에 정착했고 재산을 구입했다.

그러나 무슬림의 통치와 영향하에 있던 비무슬림 공동체의 운명은 지역에 따라 크게 달랐다. 아라비아 반도 내에서는 릿다(ridda) 반란이 진압된 후 모두가 이슬람교도가 되어야 했고, 또 심지어 모든 유대교인과 기독교인은 반도를 떠나야 했다. 그것은 할리파 우마르가 무함마드의 고향인 성지에는 오직 한 종교, 즉 이슬람만이 허용된다는 포고를 내렸기 때문이다. 그러나 그것은 메디나에 국한되어 있었다.

북쪽의 그루지야와 아르메니아(Armenia), 남쪽의 에티오피아와 같은 이슬람 제국의 외곽에 자리한 일부 국가에서는 기독교적인 특성이 보존되었고 일부는 독립을 유지하기도 했다. 비옥한 초승달 지역과 이집트에서는 비록 그 수가 서서히 줄어들기는 했지만 기독교 교회는 번성을 계속했고, 비잔티움의 지배가 종식되면서 올바른 믿음을 규정하고 따르게 함으로써 오히려 혜택을 받았다. 반면에 북아프리카에서는 기독교가 소멸되어버렸다. 동부와 중부, 서부 지방에 굳건히 뿌리를 내렸던 유대 공동체는 기독교도와 유사한 지위를 얻게 되는데, 기독교 치하의 경험에 비추어보면 상당한 진전을 이룬 셈이다.

기독교도들이 누렸던 바깥의 든든한 친구의 성원이나, 유대인이 가졌던 처절한 생존 전략을 가지지 못했던 조로아스터교도들은 형편없는 대우를 받았다. 일부는 인도로 피해 '파르시(Parsi)'라는 조그만 공동체를 형성했으며, 이란에서도 정통 조로아스터교도들은 보잘것없는 소수민으로 전락해버렸다. 국가권력이나 기존 성직체계에 의존하지 않던 이단적 조로아스터교 이탈 그룹은 오히려 나은 형편으로, 이슬람 통치 초기 이란의 사회적·문화적·정치적 역사에서 중요한 역할을 하기도 했다. 이들 중에서 가장 잘 알려진 그룹은 마니(Manes: 216?~276) 추종세력이었다. 마니교(Āyin e Māni, Manichaeism, 摩尼敎) 신앙은 중동과 유럽 양쪽에서 조로아스터 교도와 무슬림, 기독교도들의 강도 높은 박해에도 살아남아 세 종교로부터 추종자들을 계속 불러 모았다.

전쟁과 영토의 확장으로 아랍인들 자신의 생활 여건도 크게 바뀌었다. 메카와 메디나는 연이은 승리 덕분에 가장 번성하는 지역이 되었다. 전리품은 신앙과 함께 큰 매력을 주었으며 신앙을 더욱 굳게 했다. 전리품은 '가니마(ghanīma)'와 '파이(fai')' 두 가지로 분류했다. 가니마는 동산 형태의 전리품과 가축 등으로 전투에 참여한 사람들끼리 나누어 가진다. 그러나 이 가운데 5분의 1은 교조의 선례에 따라 국가, 즉 할리파의 몫이 되었다. 파이는 동산을 제외한 모든 것, 즉 농토와 그 소득을 말한다. 베두인적 전통은 전쟁에서 얻은 전리품을 모든 참전 용사들 개개인에게 분배하는 것이다. 그러나 파이 재산은 분배할 수 없는 성질의 것이었으므로 할리파 우마르와 그의 보좌관은 이것을 전 이슬람교도 공동체의 공유 재산으로 만들어서 거기에서 나오는 소득, 즉 세금을 공동체를 위해 지출했다.

우마르의 또 다른 우수성은 안정적인 재정체계의 필요성을 인식하고 있었다는 점이다. 그는 군의 사기를 높이기 위해 그들에게 보수를 주는 의무를 국가가 지는 것이 요긴하다고 생각했다. 그래서 연금자 명부인 디완(dīwān)을 만들었다. 디완은 급료의 액수와 더불어 급료를 받을 자격이 있는 사람의 이름이 기록된 인명부였다. 참전요원과 비(非)참전요원 사이에 명백한 구분은 없었다. 전쟁에 직접 무기를 들고 싸우지 않는 사람이라도 참전요원으로 간주될 수 있었다. 그래서 국정의 사무담당 기관의 등록부에는 참전용사와 이슬람 공동체 내에 고위 직책을 가지고 있는 모든 인사의 이름이 기입되었다. 첫 번째에는 예언자의 미망인 아이샤(Ā'isha bint Abū Bakr: 613?~678)15)의 이름이 기재되었다. 다음으로는 액수가 적어지면서 무함마드의 친척들이 명부에 오르고 그다음에는 이슬람의 상을 받을 만했던 사람, 꾸르안을 잘 아는 사람, 마지막에는 군인들과 그 가족들의 이름이 등록되었다.

우마르는 정복된 영토들에 대해서는 효율적인 행정체제를 확고히 세우고자 했다. 이런 곳에서는 군 지휘관 대신 민간업무에 더 익숙한 인물을 내세웠다. 전쟁의 단계에서 아랍인들과 현지 주민들이 섞여 살지 말라는 지침은 없었다. 그러나 군대가 원주민과 너무 밀착되는 것을 방지하기 위해 그리고 모든 비상시에 대비하기 위해 그리고 내부질서를 유지하는 것이 그들의 의무였으므로 우마르는 병영(兵營)을 세웠다. 이러한 병영은 대체로 기존 도시의 근교나 강과 바다 가까이 있는 사막의 언저리에 세워졌다. 이것이 점차 도시 암사르(amṣār: miṣr16)의 복수)로 발전했다. 이 도시에 피정복자들이 몰려들었지만 항상 아랍적인 특질을 잃지 않았다. 이렇게 해서 생겨난 대표적인 병영도시가 이라크의 바스라(Baṣrah)와 쿠파(Kūfah), 이란의 콤(Qum), 이집트의 푸스타트, 튀니지의 카이라완(Qairawān) 등이다. 초기 아랍 제국 시대의 지브롤터, 싱가포르, 봄베이, 캘커타 등도 그런 류의 도시들이었다.

병영 도시 암사르는 정부를 위해서나 그 지방의 아랍화를 위해서 중심

---

15) 무함마드의 마지막 부인으로, 할리파 아부 바크르의 딸이며, '헤지라' 후에 결혼했다. 그녀는 많은 '하디스'에서 무함마드의 일상생활, 성격, 언행에 대해 증언함으로써 이슬람에서 전승자로서 중요한 역할을 했다. 그러한 공적으로 그녀는 '신자들의 어머니(Mother of the Believers)'로 불린다.
16) 이 고대 셈어계 용어는 '변경, 경계'에서 파생된 '변경 지역이나 변경 지방'을 뜻한다.

적인 중요성을 가지고 있었다. 초기에 아랍인들은 그들이 건설한 제국 내에서 작은 규모의 고립된 지배적인 아랍집단에 지나지 않았다. 암사르에서는 아랍 변방민들과 그들의 언어가 지배적이었다. 각 암사르의 핵심지역은 병영으로 구성되었으며 그곳에서 아랍 식민지 전사들이 부족을 형성해 머물렀다. 핵심 지역 주변에는 기능인이나 상점주인 등이 사는 외곽도시가 생겨났다. 토착 주민 중에서 뽑혀온 이들이 아랍 통치자나 군인, 그 가족들의 다양한 요구를 처리했다. 이러한 외곽도시들은 그 규모나 부(富), 중요성이 점차 증대되어 아랍의 국가 업무에 종사하던 많은 토착 관리들이 거주하게 되었다. 이 사람들은 필연적으로 모두 아랍어를 익히고 아랍인의 취향과 태도, 사상 등의 영향을 받았다.

3) 무슬림 내전(Muslim Civil War)

아랍 제국의 성립은 궁극적으로 중동 무역로를 가로지르는 로마와 페르시아 간의 오랜 전쟁을 종식시켰다. 나아가 알렉산드로스 이후 처음으로 중앙아시아에서 지중해에 이르는 중동 전 지역을 하나의 제국과 하나의 무역체계 속으로 통합시켰다. 새로운 통합과 막대한 양의 현금 자산을 운영하는 신흥 지배계급이 출현했으며 이들은 산업과 무역의 발달을 촉진시켰다. 아랍 정복자들은 궁정과 귀족들이 각별한 관심을 보였던 고품질의 옷감에 그들의 돈을 소비했다. 왕궁과 호화로운 개인 저택은 물론 예배 장소인 모스크(mosque)와 다른 공공건물의 신축, 그 외에 경제력이 좋은 군인들과 거주민들의 다양한 소비욕구가 사실상 경제발전에 크게 기여했다.

그러나 한편에서는 불만이 쌓여가고 있었다. 급속히 성장하는 도시에서의 불만은 주로 차별에 기인했다. 반쪽 아랍인들은 인구수에서 상당한 비율을 차지했으며 능력과 돈 그리고 권력까지 가진 경우가 있었지만 상층부의 사회와 정부로부터 소외당하는 것에 분노하고 있었다. 특히 페르시아인들은 자신에게 부과된 지위가 열등한 것에 낙담했고, 그들이 새롭게 선택한 종교의 우주적 메시지에 따라 처음에 기대했던 동등한 권리를 요구하기 시작했다. 인구가 부양수단 이상으로 급속히 증가하면 이주 농민, 비숙련 노동자, 부랑자, 빈민, 준범죄자 등과 같은 불안정한 생존위기인구가 생기게 마련이다. 이러한 차별과 갈등은 무슬림 지배의 방대하고도 급속한 확장이 초래한 사회적 긴장과 함께 국가와 제국을 유지하고 통치해나가야 하는 임무수행을 매우 복잡하게 만들었다. 그리하여 초기 할리파들은 극복할 수 없는 어려움에 봉착하게 되었다.

무함마드 사후 즉위한 네 명의 할리파는 세습에 의하지 않고 수니파의 율법적 선거방식인 승계로 즉위했다. 그들은 '라시둔(Rāshidūn)', 즉 '바르게 인도된 자들'이었고 그들의 통치기간은 수니파 무슬림들에게 황금기로 간주되었다. 또한 존엄성과 도덕적·종교적 인도(引導)에서도 무함마드 생존시대에 비견되었다. 그러나 '바르게 인도된' 네 사람의 할리파는 초대를 제외하고는 모두 암살자의 손에 목숨을 잃었다. 무함마드가 죽은 지 4세기가 조금 지난 후에 그의 공동체는 극심한 분열로 치달았고, 국가는 정복자와 피정복자, 신구 무슬림 간이 아닌 아랍인과 아랍인 간의 대립으로 내홍을 겪었다. 이슬람 신앙의 기치 아래 단결된 아랍족의 대정복이 있었으나 내부적으로는 할리파 자리를 놓고 갈등이 일어났고, 또 정복지 거주 아랍인과 아라비아 반도 거주 아랍인 사이, 즉 중앙정부와 지방정부의 알력 등이 얽히게 된 것이다.

우마르는 오직 정복에만 몰두했으므로 중앙과 지방의 경제적 이해관계에서 파생하는 알력이 누적되고 있었던 것을 감지하지 못했다. 지방 통치자들의 권력은 점점 독립적인 것이 되어갔다. 결국 정복지로부터 세금이 필요한 때에 조달되지도 못했다. 심지어 시리아는 세금을 전혀 보내지 않았다. 우마르는 대등한 이슬람 지도자 중 선임자였을 뿐이었다. 이것은 쿠라이시 지배에 분개하는 자존심 강하며 강건한 정치적 무슬림이었던 유목민 전사들이 많이 거주하던 쿠파와 바스라에서 특히 그랬다.

우마르가 페르시아 출신의 기독교인 노예에게 피살된 후 우스만(Ūthman ibn Affān: 644~656)이 할리파에 추대되었다. 제3대 할리파 우스만은 본래 부유한 상인으로 메카의 쿠라이시 부족 가운데 지배적 위치에 있었던 우마이야족 출신이었다. 이 씨족은 무함마드의 이슬람에 처음부터 적대적이었으며 메카가 함락된 후 마지못해 이슬람에 개종했었다. 그리하여 제1, 2대 할리파 재위 시에는 그 지위가 약화된 관계로 사회적·경제적 비중에 맞는 발언권은 얻지 못할 수도 있었다. 그러나 우스만은 씨족의 방침과는 달리 일찍부터 무함마드를 추종하여 그의 신임을 받고 그의 가까운 교우가 되었다. 우마이야족은 2대 할리파의 죽음을 좋은 기회로 삼아 우스만을 적극적으로 지원하기 시작했다. 그는 70세라는 고령인 데다 특별하게 정력적이지도 않았지만 방대한 영역에 대한 통제력을 강화하기 시작했다.

우스만은 이를 위해 자기가 신임할 수 있는 친족을 지방의 총독으로 임명했다. 이집트의 총독이며 정복자인 유명한 아므르가 무슬림군 지휘관에서 해임되고 그의 젖형제 아브드 알라('Abd Allāh)가 재정관으로 민정을 통제하기 위해 임명되었다. 아브드 알라는 전리품을 위해 서쪽과 남쪽으로 원정에 나섰다. 그의 군대는 벵가지와 트리폴리를 차지하고 튀니지를 약탈했고 노예를 획득하기 위해 수단을 공격했다. 무엇보다도 그의 최대 업적은 무슬림 함대를 축조한 것이었다. 그 덕에 652년 무슬림 해군은 비잔티움 함대가 알렉산드리아를 공격하기 전에 이를 격퇴할 수 있었다.

시리아에서는 유능한 가까운 친척 무아위야(Muʻāwiyah ibn Abī Sufyān: 639~661)가 다마스쿠스 총독에 임명되었다. 우스만의 다른 사촌들이 쿠파와 바스라의 총독에 임명되었다. 이들은 이슬람 군대를 이끌고 동쪽으로 진격했다. 650년 파르스(Fars)를 정복했고 이듬해에는 후라산(Khurāsān, Khorāsān)[17])의 일부를 수중에 넣었다. 640년대 내내 동부 아르메니아에 대한 침투를 계속했고, 이러한 동진(東進)은 중앙아시아의 발흐(Balkh), 카불

(Kābul), 가즈나(Ghaznah)와 아프가니스탄까지 이어졌다.

초기 할리파들은 자신들의 휘하에 군대를 거의 가지지 못했다. 친위 근위대나 실제적인 정규군도 없었다. 유일한 군대는 아랍 부족의 징집병들이었다. 따라서 할리파들은 군대에 의존한다기보다는 그의 개인적 명성과 권위, 예언자의 승계권자인 자신들에 대한 복종, 개인적 자질로 획득한 존경을 바탕으로 통치했다. 그러나 우스만의 성격은 그의 두 전임자가 받았던 존경을 이끌어내지 못했다. 그리고 그는 친족들을 중용함으로써 반대파로부터 족벌주의자라는 비난을 받게 되었고, 또 꾸르안 정본(正本)을 편집하게 하여 이와 조금이라도 어긋나는 것은 모조리 불태웠다. 이것이 또 일부 독실한 신자의 분노를 야기했다.

중앙정부의 이익을 대표하는 총독의 세력 강화는 결국 중앙집권적 권력 형태를 초래했다. 이 세력은 대부분 메카와 메디나의 오아시스 부족 출신으로 이루어졌다. 이 때문에 정복의 제일선에서 싸운 베두인 부족 출신의 전사들은 불만이 많았다. 결국 정복지 거주 전사들의 불만은 우스만의 살해로 이어졌다. 제국 내부에서는 우마이야 가문의 족벌 전제정치로 인해 분쟁이 늘고 있었다.

당시에는 무슬림 지배 영역 안에서 세 개의 정치적 분파가 정착되고 있었다. 첫 번째 분파는 무함마드 측근들이다. 이 분파는 메카에서 별로 중요하지 않은 가문의 사람들이 주도했으며 이슬람 공동체를 건설한 사람들로 구성되어 있었다. 아부 바크르와 우마르가 그 집단에 속했고, 그들 대부분은 무함마드의 딸 파티마의 남편이었던 알리를 지도자로 여겼다. 흔히 '정

---

17) '떠오르는 태양'이라는 뜻을 가진 후라산은 오늘날 이란의 북쪽 투르크메니스탄과 국경을 이루는 지역에 자리한 산악지역이다. 카스피 해 남쪽 연안을 따라 엘브루스(Elbrus) 산맥이 달려가는데 그 동쪽에서 만나는 산악지대가 바로 후라산 지역이다. 이 지역은 역사상 숱하게 주인이 바뀌었다. 중앙아시아와 인근 지역의 지배자가 되기 위해서는 필수적으로 이곳을 장악해야 했기 때문이다.

통파'라고 부르는 이 분파의 세력은 이집트와 이라크를 기반으로 하고 있었다.

두 번째 분파는 쿠라이시 부족의 우마이야 가문과 그 인척들로 이루어져 있었다. 우마이야는 이슬람 이전의 시대에 메카의 가장 부유하고 영향력 있던 두 가문 중 하나였으며, 이 가문 사람들은 메디나의 무슬림들에게 혹독한 공격을 퍼붓던 자들이었다. 우스만, 다마스쿠스의 무아위야, 이집트의 아브드 알라, 메디나에서 우스만의 행정관으로 봉직했던 마르완(Marwān) 등이 우마이야에 속했다. 뒤늦게 이슬람에 합류했지만 이들은 탁월한 경영 능력을 발휘했고 급속하게 제국 행정의 일선에 나서게 되었다. 정통파들은 우마이야 가문이 시리아에서의 그들의 권력과 부를 이용해서 우스만을 조종하고 있다고 비난했다.

세 번째 파벌은 무함마드 사망을 전후하여 무슬림과 연합한 아랍 군인들로 구성되어 있었다. 그들은 다른 두 집단을 수적으로 능가했지만 조직되어 있지 못했고 지도자는 쿠라이시의 위신을 갖추지도 못했다. 그러나 이슬람의 영역이 급속하게 확장될 수 있었던 것은 그들이 가진 무력 덕분이었다. 그들은 이슬람의 교리가 민족과 개인들의 구분을 인정하지 않고 있는데도 자신들의 정치적 지위가 열등하게 취급받는 상황에 대해 격분했다. 이 파벌은 모든 지역에서 추종자를 얻었지만 그의 세력은 아라비아와 이라크의 커다란 두 군사도시에 집중되어 있었다.[18]

첫 번째 내전은 656년 우스만이 암살당함으로써 시작되었다. 암살자들은 우스만에게 그들의 불만을 털어놓기 위해 이집트 주둔 아랍 군대를 이탈해 메디나에 왔던 항명집단이었다. 그들의 행동과 이어서 전개된 일련의 투쟁은 이슬람 역사에서 한 전환점이 되었다. 이슬람 할리파가 그의 무

---

18) Sydney Neyttleton Fisher & William Ochsenward, *The Middle East: A History*, Vol. 1, pp. 45~46.

슬림 추종자들에게 살해당했고, 이슬람 군대가 처음으로 서로를 상대로 처절한 전쟁을 벌이게 된 것이다.

복합적이고 다면적인 성격을 띤 첫 번째 이슬람 내전에서 예언자의 사촌이며 사위인 알리 이븐 아브 탈리브('Alī ibn Abū Tālib)가 핵심적인 위치로 떠올랐다. 그는 예언자의 혈통으로서 이슬람 이전 사회에서 통용되던 관습에 따라서 최소한 예언자의 정치적·종교적 권위의 일부에 대한 승계권의 후보자로 스스로를 내세울 수 있었다. 개인적인 자질과 공동체 내에서의 입지는 그를 더욱 강력한 후보자로 만들었다. 우선 선거제를 통해 예언자의 후계자를 선출하는 행위 자체에 대해 반기를 들었던 사람들이 그를 지지했다. 그리고 선출된 할리파와 그들 측근들의 행위에 불만을 품어온 사람들도 알리 편에 섰다. 예언자의 혈통으로 통치되는 새 정권이 진정하고 고유한 메시지를 다시 회복시켜줄 것이라고 고대해온 많은 무슬림들도 알리의 진영에 모여들었다. 그들은 사실 무함마드가 후계자를 지명했으며 그 사람이 바로 알리라고 믿었다. 그들은 알리의 추종자, 즉 '시아투 알리(shīatu 'Alī)'로 알려졌고 후일 단순히 시아(Shi'a)로 알려졌다. 그들은 후계자를 영적인 지도자로 부르기를 좋아해 '이맘'이라 칭했다.

알리가 할리파에 선출된 뒤 얼마 안 있어 폭동이 일어났는데, 이는 정통파 가운데 불만세력이었던 예언자의 두 교우인 탈하(Ṭalḥah)와 주바이르(Zubayr) 측에서 일으킨 것이었다. 이들은 알리가 시해자들을 벌하지 않았다는 이유를 내세웠다. 이들은 알리에게 강하게 반대했던 예언자의 미망인 아이샤와도 연합했다. 이들은 지지자들과 무장 세력을 찾아 이라크로 향했다. 알리는 이들을 토벌하기 위해 메디나를 떠났는데 이후 메디나를 거처로 삼은 할리파는 아무도 없었다. 알리는 바스라 근처에서 치른 낙타 전쟁(the Battle of the camel: 656)[19]에서 반란자들을 진압했다. 전투에서 탈하

---

[19] 아이샤가 낙타 등에 설치된 가마 위에서 양측의 교전을 주시했기 때문에 붙은 이름

와 주바이르는 살해되고 예언자의 많은 교우들이 죽었지만 처음으로 무슬림들이 무슬림을 상대로 했던 이 전투에서는 전리품도 없었고 정복된 자에 대한 보복도 없었다. 아이샤는 사로잡혔지만 메디나에서의 명예적인 지위는 계속 허용되었다.

그러나 승리는 잠시뿐, 알리는 또 다시 우마이야 가문 출신으로 우스만의 친척이자 아랍 왕국의 시리아 총독이었던 무아위야(Muʿāwiyah)의 저항에 부딪혔다. 무함마드가 메카에서 자신의 새로운 믿음을 설파하고 있을 때 이 가문의 많은 사람들이 그를 반대했으며, 무함마드와 그의 추종자들이 메디나로 이주한 후 처러진 많은 전쟁에도 가담했었다. 무함마드가 메카를 정복한 후, 전에 적대적이었던 사람들을 받아들이고 병적에도 올려 이슬람 제국의 팽창에 중요한 역할을 담당하게 했었다. 그 덕택에 그는 비잔티움에 대항하는 임무를 띠고 시리아에 파견되었는데 새로 정복된 주(州)의 총독으로 임명된 형 야지드 휘하에서 고위직에 있었다. 그 후 할리파 우스만이 그를 640년 시리아 총독으로 임명했다.

시리아의 다른 총독직들이 공석이었기 때문에 그들의 지배영역은 우스만 치하에서 무아위야 영토에 편입되었다. 그 과정을 통해 무아위야는 강력한 지배자로 성장했다. 무아위야는 시리아 부족군을 비잔티움 제국의 공격에 견딜 수 있을 만큼 강성하게 육성했고, 647년 대규모 비잔티움 군대를 밀어내고 그 후 몇 년 동안 계속해서 기습특공대를 아나톨리아로 보냈다. 그는 또한 해군 함대를 축조했는데 이를 통해 649년에는 키프로스(Kypros, 영어로 Cyprus)가 이슬람의 영향권으로 들어오고 이를 기반으로 654년 로도스 섬(Rōdos, Rhodes)에 대한 공격도 벌였다. 655년에는 리키아 해안(Lycian Coast)에서 아브드 알라의 함대와 연합해 대규모 비잔티움 함대를 격파하기도 했다. 그러나 이 원정은 알리가 할리파에 즉위하자 중단되

이다.

었는데 이때부터 무아위야의 생애는 새롭고 결정적인 국면에 접어들었다.

무아위야는 알리가 자신의 삼촌인 우스만의 살해범들과 협력했다고 비난하면서 그에 대한 충성을 거부했다. 그는 메카의 우마이야 가문 출신으로서 그리고 살해된 할리파 우스만의 사촌으로서 고대 아랍 관습에 따라 그리고 이슬람의 확인에 따라서 그의 혈족의 살해범에 대한 보복을 요구하고 실행할 권리를 가지고 있었다. 또한 그는 이슬람 세계와 비잔티움 기독교 세계의 군사적 경계 선상에 있는 시리아의 주 총독으로서 숙련되고 정비된 군대를 가지고 있었는데, 그 군대는 성전(聖戰)으로 명성을 쌓았고 성전을 수행하면서 얻은 경험으로 전투력이 강화되어 있었다.

우스만의 지지 세력을 대표하는 시리아 총독 무아위야의 기치 아래에는 시리아인, 비(非)아랍계의 신(新)무슬림, 정권에서 소외된 남부 아랍인들이 모여들었고, 알리의 진영에는 히자즈 거주민과 그가 메디나에서 이라크 지역의 쿠파로 수도를 옮긴 후 그 주민이 결집했다. 양군은 657년 7월, 북부 시리아 유프라테스 강의 서쪽 언덕 시핀(Siffin)에서 수개월 동안 대결을 벌였다.

무아위야는 거의 패배할 지경에 이르자 알리 군대의 종교적 민감성을 십분 활용한 계략을 사용해 협상을 유도했다. 시리아군이 창끝에 꾸르안의 내용인 '결정은 알라가 내린다'는 깃발을 달고 달려와 협상을 요구하자 알리 진영의 경건한 신앙을 가진 병사들이 싸우기를 거절해 전투가 중지되고 협상을 하게 되었다. 무아위야는 공개적인 장소에서의 협상을 요구했는데 협상은 알리 진영에 일방적으로 불리하게 작용했다. 할리파 알리와 일개 지역 총독인 무아위야가 대등한 입장에서 협상을 했다는 것 자체가 문제였다. 알리 측 협상대표가 정치적인 경험과 감각을 가진 무아위야 측 협상대표들에게 밀리면서 협상은 결렬되고 알리 진영은 협상과 관련하여 내부 분열만 조장되었다.

무아위야는 우스만 살해범들을 처벌할 때까지 알리를 할리파로 인정하

■ 정복, 라시둔과 우마이야조 시기

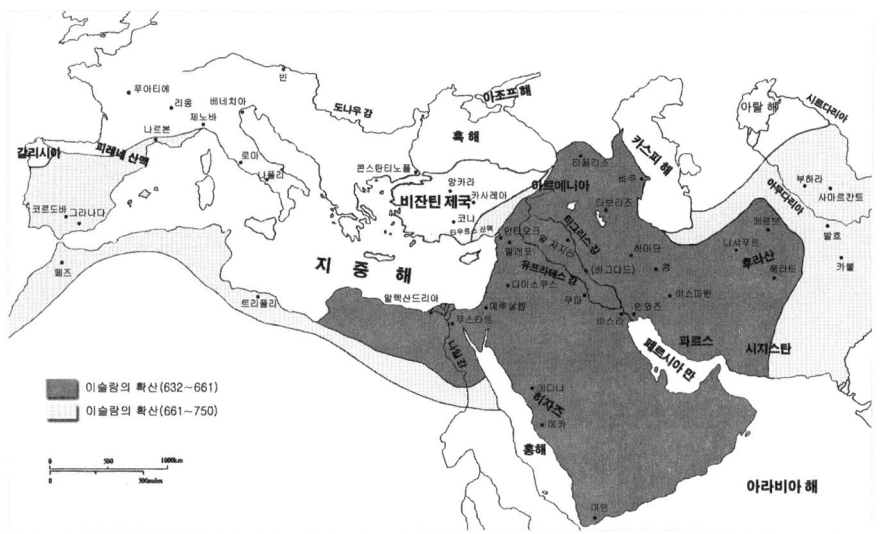

기를 거부했다. 알리는 그의 지지자들을 죽일 수 없었고 그렇다고 양위할 수도 없었다. 협상을 통해 해결책을 찾을 수 없었으므로 결국 이슬람 공동체는 동쪽은 알리, 서쪽은 무아위야의 지지 세력으로 양분되었다. 알리와 무아위야의 대결은 이 지역의 지배를 둘러싼 이라크와 시리아 간의 경쟁이 재현된 것이었다. 또한 이제 시리아에 터를 잡게 된 우마이야 쿠라이시와 이라크와 히자즈에 정착한 아랍 부족들 간의 투쟁이 되었다.

그러한 과정에서 시핀에서 알리를 지지했던 자들의 일부가 협상에 대한 중재를 수락한 것 자체가 잘못된 것이라고 주장하기 시작했다. 그들은 그러한 판단의 권리는 인간이 아닌 오직 알라에 속한 것이며, 꾸르안에 규정된 알라의 계시는 반역자에 대해서는 그들이 복종할 때까지 싸워야 된다는 것이다.[20] 이들 이탈자들, 즉 하와리즈파(Khawārij, '나간 자들')는 더 이상

---

20) "믿음을 가진 신도들이 두 무리로 분리되어 싸운다면 그들 사이를 화해시키되 그들 중 한 무리가 다른 무리에 대하여 죄악을 범한다면 너희 모두는 그들이 하나님

알리를 따를 수 없다고 주장하며 나흐라완(Nahrawān)으로 철수했다. 알리는 무아위야를 공격하기에 앞서 이러한 동요를 진정시켜야 한다고 생각했다. 그러나 그들이 그의 호소에 귀를 기울이지 않았기 때문에 알리는 그들을 처형할 수밖에 없었다. 그러나 그들 모두는 경건한 무슬림들이었다. 무아위야에 대한 공격이 재개되었을 때 더 많은 이탈자들이 생겨났다. 알리는 자신의 계획을 포기하고 쿠파로 돌아가지 않을 수 없었다.

몇 달 후 요르단의 에드루(Adhruḥ)에서 많은 무슬림들이 모여 알리의 할리파위(位)에 대한 정당성을 논의했지만 뚜렷한 해결책을 찾지 못했다. 무아위야는 알리가 이라크에서 곤경에 빠진 틈을 이용해 이집트에 군대를 파견해 그곳의 지배권을 획득했다. 그러던 어느 날 알리가 무아위야가 제의한 평화협정을 수용한 데 격분한 주전파 이븐 물잠(Ibn Muljam)이 661년 1월 쿠파의 모스크에서 알리를 암살했다. 알리가 암살당하자 무아위야는 시리아와 이집트를 모두 장악해버렸다.

알리가 쿠파에서 죽자 새로운 할리파가 선출되어야 했다. 죽기 전 알리의 지명에 따르면 새로운 할리파의 선임은 알리의 두 아들, 하산(al-Ḥasan ibn 'Alī)과 후세인(al-Husayn ibn 'Alī)에 한정되었다. 후세인이 이의를 제기하지 않았기 때문에 쿠파의 무슬림들은 별다른 논쟁 없이 그의 형에게 충성의 맹세(bayʻah)를 했다. 이것은 할리파 지위를 두고 오랫동안 알리와 경쟁해 온 야심찬 무아위야를 위협했다. 사실 알리의 아들이 할리파로 선임된다는 것은 알리가 수립한 법과 정책들이 그대로 유지된다는 것을 의미했다. 무아위야는 하산과의 일전에 대비하기 위해 시리아, 팔레스타인 그리고 요르단에 주둔 중인 자신의 군대에서 모든 지휘관을 소환했다. 우선 그

의 명령에 동의할 때까지 죄악을 범한 무리와 싸우라. 그러나 그들이 동의한다면 정의와 공평으로써 그들을 화해시키라. 실로 하나님은 의로운 자들만을 사랑하시니라"(꾸르안 49: 9).

는 하산이 할리파 지위를 포기하도록 하는 협상을 시도했다. 하산과 전쟁을 치를 경우 승리해서 절대권을 차지할 수 있겠지만 무슬림들 사이에서 그의 정당성에 대한 문제 제기가 부담으로 남을 것이기 때문이었다. 협상이 결렬되고 양측이 사바트(Sabat) 부근에서 대치했으나 무아위야의 막강한 공격이 임박하자 무슬림들 간의 전투에서 막대한 희생이 초래될 것을 염려한 하산은 할리파 지위를 무아위야에게 넘겨주었다. 이로써 제국은 무아위야 아래 다시 통일되었다.

제4장
우마이야 왕조
Umayyah Dynasty: 661~750

아랍 왕조, (백의)대식국

1. 통치기반의 구축

661년 무아위야 이븐 아부 수프얀(Muʻāwīyah ibn Abī Sufyān: 661~680)이 할리파에 즉위하면서 라시둔 할리파(al-khulafaʻ al-rāshidūn) 시대는 끝나고 우마이야 왕조(Umayyah Dynasty: 661~750) 시대가 개막되었다. 그러나 시아파 입장에서 우마이야 왕조 할리파들은 공동체의 정당한 지도자인 알리와 그 아들로부터 할리파위를 찬탈하고 그 후손들을 살해하거나 박해한 패덕자이며 이슬람의 정통적 가르침을 거부하고 타락시킨 폭군이었다. 수니의 입장에서 보더라도 우마이야 할리파들은 찬탈자나 폭군은 아니라 해도 그들의 목적과 방법은 세속적이고 비종교적이었다.

따라서 무아위야에게는 정치적·종교적 정당성을 확보하는 일이 급선무였다. 그는 제국의 체제를 이슬람의 신정제(神政制)에서 아랍부족의 세습적인 신분제에 바탕을 둔 군주제로 바꾸는 것에서 문제의 해결책을 찾았다. 그는 자신의 모든 정치적 수완을 동원해서 계승이 이루어질 때 충성의 맹세를 표해야 한다는 규칙을 손상시키지 않으면서 자신의 아들 야지드(Yazīd)를 왕위 계승자로 인정하도록 제국의 지도세력들을 설득했다. 그러한 방법을 통해 그는 타협안을 마련했다. 이론적으로 선거인들의 의사는 존중되었다. 그들이 지배 군주가 지명한 계승자를 거부할 수 있었기 때문이다. 그러나 실제로 거부할 수 있었던 사람은 4~5명뿐이었다. 이것은 사실상 선거제도의 폐지를 의미했다.

그리고 이제는 국가 원수가 제국의 지배자로서 자신의 위치를 자각하고 동료 신앙인들과 정복된 민족들 모두에게 단호하게 그의 중요성을 깨닫게 해야 했다. 그러기 위해서는 지나간 시절의 단순한 생활과 온정주의적 방법을 버리고 자신과 사람들 사이에 거리를 두어야 했다. 그는 자신의 주위를 조정의 신하들로 둘러싸고, 의례상의 관례를 제도화했으며, 경호원들의 보호를 받으며 쿠트바에 모습을 드러내고, 화려한 행렬을 연출했다.

무아위야는 새로 정복된 아랍 영토들 내에 자신의 동맹 세력들을 강화함으로써 서쪽의 이집트로부터 동쪽으로는 이란에 이르는, 지정학적으로나 정치적으로 전혀 다른 할리파 영토를 지배하게 되었다. 새롭게 수립된 정부구조 내에서 중요한 자리들을 기독교인들이 차지했는데 그들 중 일부는 비잔티움 정부에서 일했던 집안사람들이었다. 기독교인들의 고용은 정복된 주(州)들, 특히 시리아 자체 내에 거주하는 많은 기독교인들로 인해 필요해진 폭넓은 관용적 종교정책의 일환이었다. 이 정책은 무아위야의 인기를 끌어올리고 그의 권력기반으로서의 시리아를 견고하게 만들었다.

무아위야는 할리파 영역과 제국에 대한 지배와 중앙집권화 과정에서 자신을 도울 디완(diwān)이라는 비잔티움 양식의 관료체제를 설치했다. 특히 두 개의 디완은 무아위야가 창안해 만든 것이다. 하나는 서기관실(Chancellery)에 해당하는 '디완 알 하탐(the Diwān al-Khatam)'이고 다른 하나는 체신청에 해당하는 '바리드(the Barid)'였다. 이 두 기관 모두 제국 내의 의사소통 향상에 지대한 공헌을 했다.

비잔티움에 대한 공세도 이어졌다. 내전 기간 동안 무아위야는 비잔티움과 휴전해 알리와의 싸움에 모든 군대를 투입할 수 있게 했다. 그러나 할리파에 즉위하자마자 그는 비잔티움에 대한 공물상납을 중단하고 거의 매년 비잔티움에 대한 원정을 단행했다. 이러한 전쟁으로 그는 이교도에 대한 지하드를 수행하고, 또 자신의 시리아 군단을 항상 전투태세로 유지한다는 두 가지 목적을 달성할 수 있었다. 그렇지 않았다면 비잔티움과의 전쟁은 의미 없는 일이었을 것이다.

670년에는 콘스탄티노플에 대한 포위공격이 있었다. 이 전투에서 무아위야 군대는 보스포루스 강을 따라 도시를 감싸고 있는 테오도시우스 성벽(the Theodosian Walls)을 돌파하지 못하고 철수했지만 이러한 시도는 무아위야의 종교적 위신을 높였고 아랍군의 사기를 고양시켰다. 비잔티움에 대한 해군작전도 성공적으로 이어졌고, 키오스(Chios)와 스미르나(Smyrna)

를 정복했으며 672년 키지쿠스(Cyzicus)에 해군기지를 설치했다.

우마이야 제국의 다른 지역에 배치된 군대는 원거리 지역의 전투에 파견되었다. 이 군대는 북아프리카의 틀렘센(Tlemcen, 지금의 알제리)과 같이 먼 서쪽 지역까지 나아갔다. 트리폴리타니아(Tripolitania)와 아프리카 정복은 더 영속적이었다. 이 지역은 670년 카이로 안에 요새도시가 세워지면서 합병되어 곧 우마이야 왕조가 더욱 팽창할 수 있는 근거지가 되었다. 이들은 꾸준히 서진(西進)하여 대서양 연안에 도달했다. 동시에 동쪽에서도 치열한 전투를 벌였는데 중앙아시아 방면에서 아랍군은 헤라트(Herat), 카불, 부하라를 점령했다. 이를 통해 이슬람 국경선은 옥서스 강까지 확장되었고 후라산 지역은 우마이야 왕조의 한 주(州)가 되었다.

우마이야 체제의 특징 중 하나는 사실상 아랍인들에게 특권이 용인되었다는 것이다. 그것은 아랍족이 신이 선택한 민족이며 신은 아랍어로 자신의 진실을 계시하기 위해 그들 중 한 사람을 예언자로 보냈다는 사실에 근거한다. 그러나 아랍인들은 결속력이 결여되어 있었고 한 민족의 구성원이라는 공감대가 없어 서로에 대한 증오가 다른 종족에 속한 사람들에 대한 전쟁으로 몰아갔다. 그러나 아랍주의의 방패는 지배 계급이 감당하기 어려운 적대감으로부터 자신들을 방어하기 위한 은신처가 되었다.

변화는 여기에 그치지 않았다. 제국의 수도 역시 다마스쿠스로 바뀌었다. 알리의 시대에서조차 메디나는 수도로서의 기능을 상실하고 쿠파가 그 지위를 대신했다. 제국의 무게 중심이 시리아로 옮겨간 것이다. 이 도시는 지중해 해안 지대와 제국의 동부 지역을 장악하는 데 유리한 조건을 갖추고 있었다. 이제 신정적 할리파의 이전의 자리는 지방 중심적 지위로 전락했으며, 초기의 기능을 회복시키려는 노력은 무위로 끝났다. 그러나 다마스쿠스로의 천도는 이라크인들의 질투를 불러일으켰고, 시리아의 헤게모니를 제거하려는 욕망은 반란의 원인이 되었다.

우마이야 왕조는 두 방계 가문으로 나누어진다. 즉 아부 수프얀의 후손

우마이야조의 할리파들

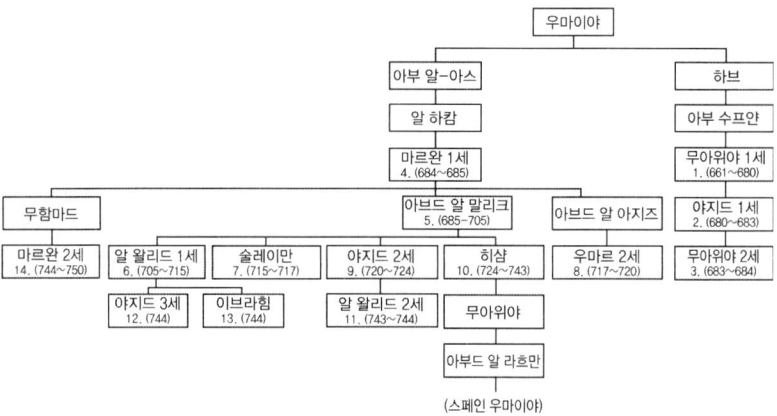

들이 통치한 수프얀계(661~684)와 마르완 1세 및 그의 후손들이 통치한 마르완계(684~750)가 그것이다. 아부 수프얀은 가문의 시조 우마이야의 손자이며, 마르완 1세는 라시둔 할리파 우스만의 사촌으로 가문의 시조 우마이야의 아들인 아부 알 아스(Abū al-ʻAs ibn Umayyah)의 손자였다. 우마이야 왕조 건립 후 처음 3대에 걸쳐 수프얀계 할리파가 지배하게 되는데, 그중에서도 특히 무아위야 1세의 재위는 우마이야 왕조의 국내적 평화와 번영, 군사 정복의 20년이 시작되는 기점이 되었다. 그는 다마스쿠스에서 할리파의 권력을 중앙집권화했다.

다양한 요소들이 시리아의 진보에 기여했다. 첫째는 잘 다듬어진 비잔티움 체제에 기초한 훌륭한 행정이었다. 무아위야는 유능한 보좌관들을 활용함으로써 이 제도들을 잘 보존하고 개선할 줄 아는 현명한 사람이었다. 재정문제에는 기독교인들이 기용되었다. 다른 요소는 이슬람 이전부터 이 지역에 이주했으며 규율이 있고, 중앙 집중화된 정부형태에 익숙했던 아랍 사람들이 이룩한 고도의 문화였다. 더 나아가 살펴보면, 다양한 종교들이 공존하면서도 원주민과 아랍인들 사이에 평화적인 관계가 유지되었다는 점, 그 밖에 다마스쿠스로의 천도 그리고 아마도 비잔티움과 페르시아 제국 사이의 국경들이 제거되면서 동쪽으로 도로들이 열린 이후 무역이 재개되었던 점들을 들 수 있을 것이다.[1]

시리아 군대의 양성도 무아위야의 치적으로 볼 수 있는데, 그는 군인들에 대한 처우를 개선하고, 잦은 대규모의 비잔티움 공격으로 이들에게 훈련 기회를 제공해 군 조직이 고도의 효율성을 갖추게 만들었다. 우마이야 왕조 권력의 토대가 된 시리아군은 위기마다 왕조에 값진 도움을 주었다.

2. 제2차 내란과 아브드 알 말리크('Abd al-Malik)의 등장

무아위야는 680년 80세의 나이로 세상을 떠났다. 야지드 1세(Yazīd Ⅰ: 680~683)가 할리파위에 올랐을 때 그의 아버지가 강제로 억눌러왔던 여러 문제가 제기되어 결국 내란을 겪게 되었다. 제국의 다양한 부분들에서 발생한 사건들이 똑같은 원인에 기인한 것은 아니었다. 그러나 거기에는 공통적인 요소가 있었다. 그것은 신민들을 훈련된 아첨꾼으로 전락시킨 강력한 정부에 대한 불쾌감, 제국의 중심이 된 시리아에 대한 시기심, 그리고 엄격하게 신정적인 정부가 회복될 경우 형편이 훨씬 더 나아지리라는 믿음 등이었다. 모든 반란은 종교적 동기로 치장되었다. 그리고 반란은 하와리즈파(派), 학자들, 자이드파, 그리고 마지막으로 알리파와 압바스가(家) 사람들이 조직한 일련의 권력투쟁으로 나타났으며, 그들은 모두 우마이야 체제의 전복을 위한 노력에 힘을 모았다.

두 번째 내란의 전말은 이러했다. 야지드 1세는 할리파에 즉위하자마자 메디나 총독 우바이드 알라(Ubayd Allāh)에게 명령해 자신을 왕위 후계자로서 인정하기 꺼렸던 알리의 아들 후세인(Husayn ibn 'Alī), 무함마드의 교우

---

1) P. M. Holt, et al., op. cit., pp. 77~78.

였던 주바이르의 아들 아브드 알라 이븐 알 주바이르('Abd Allāh ibn al-Zubair ibn al-Awwam), 우마르의 아들 아브드 알라 이븐 우마르('Abd Allāh ibn 'Umar)에게 충성의 맹세를 강요했다. 이븐 우마르는 무슬림의 다수파를 따르기로 동의했으나 후세인과 이븐 알 주바이르는 야지드의 강요를 피해 성소였던 메카의 알 마스지드 알 하람 사원(Al-Masjid al-Haram)으로 피신했다. 후세인은 그곳에서 약 4개월 동안 머물렀다.

시아에게 선(善)과 정의의 상징이었던 후세인은 671년 형인 하산의 뒤를 이어 이맘(Imām)직을 계승했었다. 그는 마지막 라시둔 할리파 알리('Ali)와 무함마드의 딸 파티마 사이에서 태어난 무함마드 가계의 일원(아흘 알 바이트, Ahl al-Bayt)으로 무슬림 안에서 매우 중요한 인물이었다. 메카에 기거하던 중 그는 이라크 남부에 위치한 쿠파의 백성들에게서 많은 서신을 받았다. 그들은 후세인에게 야지드의 폭정에 대항할 반란의 지도자가 되어줄 것을 요구했다. 이에 부응하기 위해 후세인과 그의 가족 및 측근들은 메카를 떠나 쿠파로 이동하기로 결정했다. 메카를 떠나기 전 후세인은 그곳에 순례를 위해 모인 사람들에게 자신은 순교를 당할지도 모르지만 야지드 정권의 불의와 폭정에 대항하기 위해 비장한 각오로 떠나야 한다고 말했다.

그러나 배신이 있었다. 할리파 야지드는 쿠파로부터 후세인에게 편지가 전해졌다는 사실을 알리파의 배신자들에게서 전해 듣고 신속하게 이에 대처했다. 그는 먼저 쿠파의 시아 지도자들을 처형했다. 그리고 군대를 파견하여 이슬람력 61년 무하람(Muḥarram, 이슬람력 1월, 680년 10월), 이라크 남부 유프라테스 강 근처 카르발라(Karbala)에서 이맘 후세인과 추종자들을 포위한 후 9일 동안이나 물 공급을 차단했다. 10일째 되던 날 이맘 후세인과 추종자들은 밤 예배를 마친 후 3만여 명의 야지드 군대에게 무참히 살육되었다. 남자들은 거의 모두 목이 잘렸으며, 후세인의 여동생인 자이나브(Zaynab)를 포함한 여자들은 포로가 되었다. 후세인의 머리는 다마스쿠스의 야지드에게 보내졌다. 시아의 전승에 의하면 야지드는 후세인이 다시는 꾸르안을 낭송하지 못하도록 막대기로 그 머리를 정신없이 후려쳤다고 전해진다.

이 사건으로 인한 정치적 파장은 그 당시에는 그다지 심각하지 않았으나 시간이 흐르면서 점차 엄청난 결과를 초래했다. 수니의 입장에서 보면 후세인의 죽음은 크게 마음에 걸리는 문제는 아니었다. 그는 모반을 했고 탈법자로 간주될 수 있었다. 그러나 시아의 입장에서 보면, 그리고 일반적인 이슬람의 입장에서 보더라도 이것은 매우 심각한 의미를 담고 있었다. 이것은 사실 시아와 다른 무슬림 간의 불화를 결정적으로 심화시켰.

알리파의 할리파 계승권 주창자가 극적인 죽음을 당하자 시아파들에게 그는 모든 사람들을 위해 스스로 목숨을 바친 순교자가 되었다. 그 결과 우마이야조에 대한 반대세력은 알리의 자손을 그 구심점으로 내세워 그들만이 할리파의 정당한 계승자라고 주장하게 되었다. 그들은 아브드 알라 이븐 알 주바이르를 차기 할리파로 옹립했다. 그는 우마이야조가 할리파 지위를 찬탈한 데 분개한 이슬람 귀족들 중 한 사람이었으며 야지드에 대한 충성의 맹세를 거부했었다. 그는 젊은 시절에는 이슬람의 초기 팽창과정에 기여한 수많은 군사 원정에 참여했는데 651년 할리파 우스만은 꾸르안의 공식 개정판 편찬을 도와줄 사람으로 그를 지명했었다. 그 후 그는 정치 활동을 하지 않았고 656년 우스만이 죽은 뒤에 일어난 내전에도 거의 참여하지 않고 있었다.

또한 카르발라에서의 후세인의 죽음은 이란의 열두 이맘파에게는 중대한 사건이었다. 이 사건은 격한 감정을 일으킨다는 점에서 그리스도가 십자가에 못 박힌 사건에 견줄 수 있다. 그것은 반역에 대한 복수와 정의의 실현이라는 심오한 주제의 핵심이 되었다. 다른 사람들의 죄를 대신 속죄하는 희생양으로 선택된 한 사람이 죽은 것이다.

매년 무하람 10일은 시아의 가장 성스러운 날인 아슈라('Ashura) 기념일이며, 이날 시아 무슬림들은 680년의 사건을 재현하고 후세인과 추종자들의 고통을 함께 공유한다. 이때 공개적으로 자신의 몸을 학대하기도 한다. 이는 자신들의 조상이 야지드의 군대에 후세인을 넘겨준 것을 속죄하는 것이다. 또한 이는 알리의 영적 위임권을 상속한 후손들인 이맘들에게 시아파가 연이어 배반한 것에 대한 속죄이기도 하다. 시아파의 전승에 따르면 역대 이맘들은 모두 수니 할리파에게 독살되었다. 이맘들은 남자였고 대부분 독살당할 때 어린 나이였다. 엄청난 박해가 계속되었는데 이는 시아파의 윤리와 밀접한 관련이 있다. 그 후 이맘 후세인의 참수된 몸이 묻혀 있는 카르발라는 시아 이슬람에서 가장 성스러운 장소가 되었고, 매년 수많은 시아 무슬림들이 순례를 하기 위해 이곳을 방문하게 된다.

수니파와 시아파 무슬림 간의 교리적인 차이는 기독교 교회를 분열시켰던 교리에 비하면 중요성이 훨씬 덜하다. 그러나 시아파의 순교와 박해의 감정은 수세기가 흐르는 동안 그들이 찬탈자로 간주한 통치자와 이들 소수 집단 사이의 심리적인 장벽과 경험, 나아가 종교적이고 정치적인 태도와 행위에서의 간극을 증대시켰다.

후세인의 죽음으로 우마이야 반대파의 입지는 매우 약화되었다. 잔여 반대파들의 집결지 메디나가 야지드 군대에게 점거되었을 때 이븐 알 주바이르 등은 메카의 신성불가침성을 보호대로 삼아 자신들의 안전을 보장받을 수 있을 것으로 판단하고 메카의 알 마스지드 알 하람 사원으로 피신했다. 그러나 시리아군은 683년 9월 초부터 두 달 동안 메카를 포위하고 이들에 대한 공격을 자행했다. 신성지역 카바에 시리아군의 투석이 날아들었고, 카바가 불에 타고 신성한 검은 돌(the sacred Black Stone)이 금이 가고 벽에서 떨어져 나가자 신자들이 공포에 휩싸였다. 11월이 되자 야지드의 사망 사실을 알게 된 시리아군 지휘관은 이전의 전투에 대해 보복하지 않기로 약속하고, 다마스쿠스로 가서 통치한다는 조건으로 주바이르에게 충성을 바치고 그를 할리파에 옹립할 것을 주바이르에게 제의했다. 그러나 주바이르는 다마스쿠스로 가야 한다는 요구를 거절했다. 시리아인들은 메카에 대한 포위를 풀고 다마스쿠스로 되돌아갔다.

683년 야지드가 열아홉 살의 어린 아들 무아위야 2세를 후계자로 남기고 죽자 불안과 위기의 시기가 뒤따르고 아랍 부족 간에 대규모 분쟁이 일어날 기미마저 보였다. 더구나 무아위야 2세가 즉위 6개월 만에 사망함으로써 할리파의 공백기가 나타났다. 메카에 대한 봉쇄가 해제되자마자 북부 아랍인들은 공개적으로 아라비아, 이라크, 이집트, 이란 그리고 심지어 시리아 일부에 걸쳐 할리파로 인정되었던 주바이르를 공개적으로 지지하기 시작했다. 그가 중앙 주(州)인 시리아의 다마스쿠스로 진출하여 세력을 확립했더라면 아마도 모든 무슬림은 그의 지배를 받아들였을 것이다. 우유부단했던 그는 메카에 계속 머물렀기 때문에 결국 좋은 기회를 놓치고 말았다.

시리아 자체 내에서는 아랍 부족들 사이에 공공연한 무력대결이 일어났다. 내전과 683년 야지드 1세의 죽음, 684년 무아위야 2세의 죽음으로 수프얀계의 통치는 끝을 맺었다. 부족전쟁이 한창이던 684년 우마이야족 가운데 무아위야가(家)와는 다른 계통에 속했지만 우마이야 할리파 우스만의 중신이었던 마르완 1세(Marwān ibn al-Ḥakam: 684~685)가 할리파에 선임되었다. 그러나 그것은 만장일치로 이루어지는 못했다.

파상적으로 자신들의 본향으로부터 이주했던 아랍 부족들은 정복지 전역에 퍼져나갔으며 흔히 연합체나 연맹을 구성했다. 시리아에서는 이미 그곳에 살고 있던 부족들의 이름을 따서 바누 카이스(Banū Qays)와 바누 칼브(Banū Kalb)라는 두 집단이 형성되었다. 그런데 시간이 흐르면서 이 두 집단은 딱히 꼭 집어 말할 수 없는 경제적·사회적 이유 또는 남북 아라비아 부족들 간의 오래된 적대감 때문에 상호 적대적인 두 파벌이 되었다. 무아위야 1세는 그들 간의 불화를 제어할 수 있었지만 무아위야 2세가 죽고 새로운 할리파가 선임되었을 때 이들은 심각한 분쟁에 휘말렸다. 칼브는 마르완 1세를 원했지만 카이스는 주바이르를 선호했던 것이 문제였다. 이러한 부족 간의 분쟁은 이슬람이전 시대에는 빈번했지만 예언자 무함마드가 제거하고자 했던 것이다.

다마스쿠스 근처 마르즈 라히트(Marj Rāhit)에서 치러진 20일간의 전투에서 양측이 엄청난 타격을 입은 후 칼브가 승리를 거두었다. 이로써 마르완 1세가 즉위하고 11대에 걸쳐 이어지는 마르완계의 통치가 시작되었다. 그러나 주바이르의 반란은 종식되지 못했고 양 부족 간의 갈등의 골은 더욱 깊어졌다. 우마이야 할리파들은 두 부족 중 한편에 서게 되었고, 그것은 북부 아라비아인과 남부 아라비아인들이 서로 싸우는 양상을 띠었다.

할리파에 즉위한 마르완 1세는 이집트를 재정복했다. 그러나 국가를 재조직하는 일에 매진할 수 없었다. 그는 마르즈 라히트 전투가 있은 수개월 후 685년 5월 사망했던 것이다. 그러나 그는 유능한 자기 아들 아브드 알 말리크('Abd al-Malik ibn Marwan: 685~705)를 후계자로 내세우는 데 성공했다. 새로운 할리파 말리크에게 주어진 과제는 분열된 제국을 다시 통일시켜 중앙정부의 권위를 회복하는 것이었다.

통치 기간 중 최초의 수년간 할리파 말리크는 주로 아랍 부족 사이에서 일어나는 혼란을 진압해 질서를 회복하고 북쪽의 비잔티움 황제와 국경분쟁을 조정해 평화를 확립하는 데 주력했다. 시리아 내의 문제가 정비되자, 그는 690년경에는 다른 지역에 관심을 기울여 그곳의 반란세력을 분쇄하는 작업에 착수해 3년 안에 그의 권위를 전 영역에 확립하는 데 성공했다. 말리크 직위 7년 후, 692년 알 하자즈(Al-Ḥajjāj ibn Yusuf)가 이끄는 시리아 군대가 메카를 다시 포위 및 점령하여 이븐 알 주바이르를 제거함으로써 제2차 무슬림 내전은 막을 내렸다. 알 하자즈는 이라크 총독이 되어 제국의 질서를 재확립했다.

이제 할리파 알 말리크의 과제는 새로운 행정조직을 창안하는 것이었으며, 이에 대한 방책은 중앙집권화를 강화해 모든 권한을 통치자의 손에 집중시키는 것이었다. 통치자가 권한을 확대할 수 있었던 바탕은 시리아의 군사력이었다. 알 말리크의 할리파 체제는 그때까지도 전제군주체제가 아니고 아랍 전통과 신정체제의 요소가 가미된 군주체제였다.

그는 새로운 체제의 확립과 더불어 대부분의 주(州)에서 존속되던 구태의연한 비잔티움과 페르시아의 행정체제를 폐기하고 새로운 아랍체제를 확립했다. 행정조직 내에서 아랍어가 그리스어와 페르시아어 대신 행정과 회계의 공식용어가 되었다. 694년 그는 광범위한 의미와 영향을 지닌 새로운 할리파 금화를 주조했다. 금화의 주조는 로마 황제들로부터 계승된 비잔티움의 특권이었고 전 세계에 다른 금화는 존재하지 않았다. 로마 황제는 이에 항의하기 위해 전쟁까지 벌일 정도였다. 새로 만들어진 금화에는 꾸르안 구절에서 따온 교리의 내용("하나님은 한 분이시고 어떤 동반자도 배우자도 없으시다", 꾸르안 9: 13)이 새겨져 있었다. 이것은 기독교 교리의 삼위일체설에 대한 분명한 경종이었다.

할리파 알 말리크가 히즈라 72년(691~692) 성소 알 하람 알 샤리프(al-Haram al-Sharif, 예루살렘의 성전산)에 새롭게 건립한 '바위의 돔(Dome of the Rock)'[2]은 종교적인 상징으로써 인근 알 아끄사 모스크(al-Aqṣā Mosque)와 함께 새 시대의 시작을 표상했다. 우마이야 할리파조(朝)는 이제 더 이상 로마와 페르시아의 계승국가가 아니라 하나의 새로운 세계적 정권이 되었다. 이슬람은 단순한 기독교의 계승이 아니고 하나의 새로운 세계적 종교가 되었다. '바위의 돔'은 그 스타일과 규모에서 기독교적인 경건함보다는 무슬림의 필요에 따른 미묘한 변화를 통해 기독교의 성묘(예수의 묘) 교회에 맞서고 그것을 무색하게 하려는 분명한 의도를 담고 있었다. 그 장소로는 이전의 두 종교, 즉 유대교와 기독교에서 지상의 가장 신성한 도시인 예

---

[2] 돔은 지름이 78피트, 높이가 108피트이며 구리와 알미늄의 특수합금으로 만들어져 태양이 비칠 때는 황금빛으로 아름답게 반사된다. 1958~1964년 사이에 돔을 교체하면서 황금색을 칠해 황금돔이라 부른다. 1993년 요르단의 후세인 왕은 650만 달러의 사재로 돔을 80kg의 24k 순금으로 씌웠다.

루살렘이 선택되었다. 이 도시에는 '성스러운 곳'이라는 뜻의 알 꾸즈(al-Quds) 또는 바이트 알 무카다스(Bayt al-Muqaddas)라는 이름이 붙었다.

종교는 제국을 정당화시킬 수 있고 제국은 종교를 떠받칠 수 있다. 신은 그의 사도인 무함마드와 그의 대리인인 할리파를 통해서 세상에 율법과 새로운 질서를 주었다. 새로운 종교에 헌정된 최초의 거대한 종교 축조물에서 세속의 우두머리인 할리파 아브드 알 말리크는 이슬람의 앞선 종교들과의 연관을 확신시켰고 동시에 새로운 율법이 그것들의 잘못을 바로잡고 대신하기 위해 보내졌다는 사실을 분명히 했다.

3. 정복사업과 행정개혁

아브드 알 말리크의 후계자 알 왈리드 1세(al-Walid Ⅰ: 705~715)는 할리파 즉위 후 선대에서 시작된 이슬람제국의 영토 확장을 지속적으로 추진했다. 그의 집권기는 그러한 일련의 노력들이 결실을 맺는 시기였으며, 동쪽과 서쪽으로의 팽창이 지속적인 성공을 거두어 우마이야 왕조의 영역이 가장 멀리 뻗어나갔다. 이를 위해 해군을 육성하는 등 군 조직의 확장에 지대한 관심을 쏟았다. 동쪽으로 진출한 원정군의 한 부대가 713년까지 현재의 아프가니스탄 지방과 더 나아가 부하라(Bukhāra)와 사마르칸드(Samarqand)를 점령함으로써 처음으로 아무다리아 건너편 땅3)에 아랍 세력의 기반을

---

3) 현재 우즈베키스탄의 수도 타슈켄트에서 서쪽 부근에 중앙아시아 지역에서 '초원의 진주'라고 부르는 강이 두 개 있다. 시르다리아(Syr Darya)와 더 서쪽의 아무다리아(Amu Darya)가 그것이다. 다리아(Darya)는 아랍어로 강을 뜻한다. 두 강 사이의 지역을 과거에는 '마 와라 안 나르(mā warā' an-nār)', 즉 아랍어로 '강 건너 땅'이라고 했다. 고대 그리스에서는 아무다리아를 '옥서스(Oxus)'로, 시르다리아는 야크사르테스(Jaxartes)라고 불렀으며, 아무다리아를 넘어 시르다리아까지를 '트란스

구축했다. 또 다른 원정군은 712년 인더스 강에 다다랐다.

이들 원정대가 아시아 영토를 점령해나갔다면 다른 원정은 이프리끼야(Ifrīqiya)[4])에서 비잔티움 세력을 구축할 목적으로 시도되었다. 무슬림들은 북아프리카를 횡단하면서 계속 전진했으나 저항세력이 거의 없었다. 해안 지대의 베르베르인들은 대부분 기독교인이었지만 내지의 원주민들은 북아프리카 유목민들의 정신세계와는 전혀 다른 로마나 비잔티움 문명에 깊숙이 영향을 받지 않은 상태였다. 이슬람은 자신들이나 함족 사촌들과 기꺼이 친밀한 관계를 맺으려는 셈족 아랍인들의 당시 문명 단계에서 특히 매력을 끌었다. 이슬람은 다시 한 번 반(半)야만의 유목민 지역을 아랍화·이슬람화하는 기적을 연출했다.[5])

카르타고가 697년에 함락되고 705년에는 마그레브가 정복되어 이슬람 세력은 대서양에 도달했다. 711년에는 북아프리카 총독 무사 이븐 누사이르(Mūsā Ibn Nuṣayr)가 베르베르족 출신의 타릭 이븐 지야드(Ṭāriq ibn Ziyād) 장군을 이베리아 반도로 파견했다. 대부분 베르베르인으로 구성된 7,000명의 타릭 군대는 이듬해 4월 지금의 지브롤터(Gibraltar, 아랍식으로는 Gibr Tariq으로 'Tariq의 바위'라는 의미)에 상륙해 그곳에 군사기지를 건설했다. 7월, 1만 2,000명으로 보강된 군사를 지휘해 싸운 과달레트 전투(the Battle of Guadalete)에서 로데릭(Roderick) 왕이 이끄는 2만 5,000명의 기독교인들(the Visigothic Christian)을 상대로 결정적인 승리를 거둔 타릭은 무사의 지시를 기다리지 않고 자기 스스로 북진을 계속했다. 스페인을 통과하는 무슬림의 진군은 거의 산책하는 것과 다를 바 없었다. 서고트 기사들이 지배하

옥시아나(Transoxiana)'로 불렀다. 알렉산드로스의 트란스옥시아나 정복은 바로 이 지역에서 이루어졌다.

4) '로마의 아프리카 속주'라는 뜻에서 유래한 말로, 서부 리비아, 튀니지, 동부 알제리의 해안 지역을 말한다.

5) Philip K. Hitti, op, cit., pp 81~82.

는 지방들만이 효과적인 저항을 했을 뿐이다. 대규모 군대를 거느린 타릭은 에치자(Ecija)를 경유해 수도 톨레도(Toledo)로 향했다. 강하게 요새화되어 있는 남쪽의 세비야(Sevilla)는 피해 갔다. 한 부대는 아르치도나(Archidona)를, 다른 부대는 엘비라(Elvira)를 점거했다. 기병대로 구성된 제3의 부대는 코르도바를 공격해 두 달간의 포위 공격으로 이 도시를 차지했다. 말라가(Malaga)는 저항도 하지 않았다. 봄에 공격을 시작한 타릭은 여름이 끝날 무렵에 스페인의 절반을 수중에 넣었다.

712년 6월, 자신의 부관이 예상 밖의 경이적인 성공을 거두자 시샘이 난 무사가 아라비아인으로 구성된 1만의 병력을 이끌고 타릭의 무단적인 행동에 제동을 걸며 스페인 공략에 뛰어들었다. 그는 메디나(Medina), 시도니아(Sidonia), 카르모나(Carmona) 등 타릭이 피해간 도시들을 공격 대상으로 삼았다. 가장 큰 도시이며 스페인의 지식 중심지로 한때 로마인의 수도였던 세비야는 713년 6월 말까지 포위 공격을 견뎠다. 가장 끈질긴 저항은 메리다(Merida)에서 있었다. 그러나 그곳도 713년 6월 1일에 함락되었다.

무사는 톨레도에서 타릭을 만나 출정의 초기 단계에서 멈추라는 명령을 불복한 죄로 채찍 형벌을 가했던 것으로 알려졌다. 그러나 정복은 계속되었다. 원정대는 곧바로 사라고사(Saragossa)에 당도했고, 이어 아라곤(Aragon)의 고지, 레온(Leon), 아스투리아스(Asturias)로 진격해 갔다. 스페인 정복에 나선 지 2년이 되지 않아 스페인 거의 전역이 무슬림 군대에 유린당했다. 정복자 무사는 갈리시아(Galicia)에서 대서양의 근해들과 비스케 만(灣)을 굽어볼 수 있었다. 그가 사라고사를 취하고 다른 지역으로의 진군을 서두르고 있을 때 할리파의 소환명령이 떨어졌다. 그는 많은 전리품을 가지고 다마스쿠스로 되돌아갔으며 승리자로서 할리파 알 왈리드로부터 환대를 받았다. 그러나 그는 승리를 오래 동안 즐기지 못했다. 알 왈리드에 이어 할리파가 된 술레이만(Sulaymān: 715~717)은 무사에게 모욕을 가하고 전리품과 그의 모든 재산을 빼앗고 그의 지위마저 박탈해버렸다. 무사의 높은 명성에 대한 두려움과 질시가 그 원인이었던 것으로 보인다. 몇 년 후 무사는 히자즈의 외딴 마을에서 외롭고 가난하게 살다 죽었다. 무슬림에게 유럽을 개척해놓은 사람의 운명치고는 어울리지 않는 말년이었다.

그러나 정복 사업은 계속되었다. 6~7년에 걸쳐 북부지방 일부를 제외하고 스페인 대부분의 지역을 정복했다. 정복 지역은 우마이야 왕조의 일부로 귀속되어 '알 안달루스(al-Andalus)'라는 이름을 얻었고 거의 8세기에 걸친 이슬람의 통치가 시작되었다. 718년이 되자 아랍 - 베르베르 정복자들은 피레네 산맥을 넘어 프랑크 왕국으로 진격해 720년 나르본(Narbonne)을 점령해 전진기지로 삼았다. 그러나 그들은 툴르즈(Toulouse) 근처에서 아키텐(Aquitaine) 공작 외드(Eudo)에게 패배했고, 그로 인해 공격방향을 론 계곡(Rhone valley) 쪽으로 방향을 틀어 기습작전을 전개했다. 725년에는 이들이 리옹(Lyon)을 점령함으로써 유럽 전체가 정복될 위기에 처했다. 본격적인 공세가 몇 년 후(732년 8월) 다시 피레네를 넘어 재개되었다. 스페인 총독 아브드 알 라흐만 1세('Abd al-Rahman I)가 거느린 아랍족과 베르베르인의 무슬림 연합군은 보르도를 함락한 뒤 가론(Garonne)과 도르도뉴(Dordogne) 사이에서 외드의 군대를 격파하고 당시 프랑크의 주요한 종교 중심지였던 프랑스 서부의 투르(Tour) 부근까지 육박했다.

유럽의 역사에 따르면, 외드의 요청을 받은 샤를르 마르텔(Charles Martel)이 732년 10월 파리 동남방에 있는 푸아티에(Poitier)와 투르 사이의 중간 지점에서 이슬람군을 저지시켰으며, 이 전투에서 아브드 알 라흐만 1세는 전사했다. 이슬람군의 북진은 여기에서 끝나고 기독교 문명이 보존되었다. 이는 때때로 세계사에 결정적인 사건으로 간주되고 있다. 그러나 샤를르 마르텔의 전투는 이슬람의 역사에서는 그 존재를 찾아볼 수 없으며, 유럽이 수백 년간 인종적 우월감과 타 문명을 경멸하는 근거로 삼기 위해 왜곡 기술한 사건이었다는 의문이 제기되고 있다. 이슬람교도의 진출이 여기서 멈추었던 것은 사실상 샤를르 마르텔의 결정적 승리 때문이라기보다는 원정 인원이 부족했고 원정지가 다마스쿠스에서 너무 멀리 떨어져 있어 보급과 작전이 어려웠으며 내분과 북아프리카에서 일어난 베르베르인의 반란으로 제국이 어려움에 처했던 데 있었다. 반란의 원인은 그 당시 베르베르인들이 무슬림이 되면서 아랍인들과 동등해지기를 바랐으나 아랍인들은 그들을 열등한 존재로 취급했기 때문이었다.

한편 술레이만의 통치 기간 중에는 비잔티움 제국의 수도 콘스탄티노플에 대한 대원정이 있었다. 거기에는 8만 명의 병력과 1,800척의 선박이 동원되었다. 할리파의 동생 마슬라마 이븐 아브드 알 말리크(Maslamah ibn 'Abd al-Malik)는 육군과 해군의 지원을 받으며 보스포루스 양안(兩岸)을 점령하고 14개월 동안 콘스탄티노플을 포위했다. 그러나 아랍인들은 이사우리아조(朝)의 레오(Leo the Isaurian)라는 새로운 비잔티움 황제 레오 3세(Leo Ⅲ the Isaurian: 717~741)의 능숙한 방어 전술과 그리스제(製) 화약(가연성 석유 혼합물), 혹독한 추위, 일부 아랍 함선의 이탈, 트라키아에 주둔한 아랍군에 대한 불가리아인들의 공격 등으로 인해 많은 어려움을 겪었다.

술레이만은 이러한 어려움 속에서 임종을 맞았는데, 제국은 내부적으로도 불만을 품은 마왈리(비아랍계 이슬람교도, Mawāli, 단수로는 mawla)와 '경건주의자'들에게 정치적 안정이 위협당하고 있었다. '경건주의자'들은 기존의 종교적 원리들보다 정치적 이해를 앞세우는 것으로 보이는 우마이야조에 대해 불만을 제기했다.

술레이만은 임종 직전 그의 사촌인 우마르 이븐 아브드 알 아지즈('Umar Ibn 'Abd al-Aziz, 제위명 'Umar Ⅱ)를 후계자로 지명했다. 그는 독실한 신자로서 평판이 났으므로 우마이야 왕조를 구하기 위해 유화정책을 수행할 수 있는 유일한 왕자였다. 그의 아버지 아브드 알 아지즈는 마르완 1세의 아들로 이집트 총독이었으며 그는 외가 쪽으로 따져서 제2대 정통 할리파 우마르의 후손이었다. 메디나에서 전통적인 교육을 받은 그는 깊은 신앙심과 학식으로 명성이 높았다. 새로운 할리파 우마르 2세('Umar Ⅱ: 717~720)

의 모든 정책은 경건주의자의 눈으로 본 전임자들의 결함과 권력남용을 고치는 것이었다. 그래서 그는 개종을 불신의 눈으로 보기보다는 장려했다. 또한 전쟁보다는 평화적인 방법으로 자신의 영토를 넓히기 위해 페르시아의 소그드(Soghdians)나 베르베르(Berbers)와 같은 자신의 적들에게 만약 그들이 무슬림이 된다면 조공을 면제시켜주겠다고 제의하기도 했다.

군사적 팽창정책을 강하게 반대했던 우마르 2세는 콘스탄티노플에 대한 포위 공격을 중단했다. 결국 비잔티움의 수도에 대한 아랍족의 마지막 원정이 종료되었다. 이러한 대원정의 준비와 실행에는 많은 경비가 소모되었으므로 재정이 악화되어 제국은 난관에 봉착했다. 더구나 콘스탄티노플의 해협에서 시리아의 육군과 함대가 완전히 붕괴되어 제국의 바탕인 군사력이 막대한 손실을 입었다. 이제 아랍인들의 유럽 남동부 진출은 불가능해졌고 아랍 팽창주의는 큰 타격을 입었다.

4. 이주 아랍인과 정복지 주민

우마이야 사회는 아랍족의 우위에 바탕을 두고 있었다. 자신들의 반도를 떠나 각지로 이주했던 아랍인들은 그들에게만 지워지는 군역 때문에 상당한 부담을 지고 있었지만 어쨌거나 상당한 특권을 보유했던 게 사실이었다. 그들은 세제에서 특별한 혜택을 받았고, 병영도시인 암사르에 살 수 있는 특권이 있었다. 또한 아랍족은 국정의 사무담당 기관인 디완의 인명부에 기재된 전사(戰士)의 대부분을 차지하고 있었기 때문에 연금이나 수당을 받았다.

정복지 원주민들은 정복자들을 위해 선박을 건조하거나 선원으로서 서비스 등을 제공하는 공무원이 되기도 했지만 농사를 짓거나 자신의 손재주를 활용하는 일을 계속했고, 건축업자, 경작자, 의사 등의 전문직에서 일하기도 했다. 아랍인들은 들판에서 일하는 것을 천시하고 직조 등의 수공업 기능을 멸시했기 때문에 또는 필요한 훈련이 부족했고 바다를 두려워했기 때문에 정부에서 경험이 별로 필요 없는 자리에서만 일할 수 있었다. 정복자들이 많은 활동들을 계속해나가기 위해서 피정복자들을 필요로 했었다는 사실 때문에 피정복자들은 일단 직업을 갖게 되면 어렵지 않게 생활할 수 있었다. 더욱이 비회교도 공동체 사회가 자율성을 누리고 있었고, 그들의 수나 사회적 지위로 볼 때 천대받지 않을 만큼의 세력을 형성했었을 것이다.

그러나 농촌 노동에 종사했던 사람들은 자신의 운명을 힘들다고 느끼고 더 나은 수입을 위해 농촌을 떠나 도시로 몰려들었다. 이러한 도시화 현상은 심각한 인구상 불균형을 초래할 우려가 있었기 때문에, 이라크의 경우 총독 알 하자즈(Al-Hajjāj)는 아무런 해명 기회 없이 이주자들을 그들이 왔던 곳으로 돌려보내는 극단적인 조치를 취하기도 했다.

시간이 흐르면서 점점 더 늘어나는 개종자들은 우마이야 정부에 새로운 문제들을 제기하기 시작했다. 최초의 정복자들에게는 점령한 나라들의 주민을 개종시키는 데 별 어려움이 없었다. 그들은 협약을 통해 주민들이 자신의 종교를 계속 가질 수 있도록 허용하고, 주민의 종교지도자들이 동료 신앙인들의 사적인 문제를 관리하고 판결할 수 있는 권위를 부여해주었다. 정복자들은 그것이 이슬람을 강화하는 자신들의 의무라고 여기고 오직 밀려들어 오는 아랍인들의 종교교육에만 관심을 쏟았다. 그러나 정부가 이슬람의 전파에 적극적이지 않았는데도 많은 비무슬림들이 정복자의 신앙을 받아들였다. 놀라운 것은 그들이 즐거운 마음으로 과거의 신앙을 버렸다는 것이다. 그것은 새로운 지배자를 가까이 하려는 생각으로 그랬을 수도 있고, 세금문제 등에서 이익을 얻으려고 그랬을 수도 있다.

일단 개종이 이루어지면 그 신민들은 오랫동안 이슬람을 신봉해왔던 사람들과 동등한 대접을 받을 수 있었다. 그러나 그러한 권리는 그 수가 얼마 되지 않았던 정복 초기단계에서만 누릴 수 있었다. 아라비아에는 이슬람 이전의 시기부터 어떤 사람이든 자신을 이웃(jar)으로서 어떤 종족에 귀속시킬 수 있는 관습이 있었다. 정복된 지역의 비(非)아랍인은 이러한 관습을 활용할 수 있었다. 그러면 그는 아랍의 피보호민 마울라(mawla,복수로는 Mawali)가 되는 것이다. 그리고 유력 인사의 경우는 그의 가족이나 종족들까지 보호를 받을 수 있었다. 이런 식으로 보호자와 피보호자 간에 유대가 형성되는 데, 피보호자는 그 유대로 인해 보호자와 같이 전투에 나서거나 운명을 같이하게 되는 것이다.6) 이들 중에는 페르시아, 아르메니아, 이집트, 베르베르(Berber) 및 다른 비아랍계 개종자들이 있었다. 아랍계통이지만 기독교도나 유대교도였기 때문에 이슬람에 늦게 개종해서 아랍 지배계급에 포함되지 않는 사람들도 이 개념에 포함되었다.

　우마이야의 국가구조는 납세의 의무가 없는 소수의 아랍인이 세금을 내는 다수의 비무슬림을 지배한다는 전제 위에 바탕을 두고 있었다. 마왈리에게 동등권을 부여하는 것은 곧 세입 감소와 동시에 세출 증가를 의미했다. 이러한 현상이 계속 확대될 경우, 그것은 곧 국가구조 전체의 종말을 의미했다.

　7세기 말 무슬림의 영역이 확장되면서 정복지의 비(非)아랍 민족들 사이에서 개종자가 급속하게 늘어나기 시작했다. 이는 무슬림에 대한 국가 연금, 토지소유제, 과세 등 새로운 문제들을 야기했다. 개종을 통해 그 수가 늘어난 비아랍 무슬림들은 아랍인들과 마찬가지로 국가 연금으로 살아갈 생각으로 토지를 버리고 도시로 몰려들었다. 그들에게서는 토지세도 인두세도 거두어들일 수 없었고, 이에 재정상 심각한 문제가 제기되었다. 이러한 문제가 북부 이란과 중앙아시아에 있는 크고 부유한 주에서 특히 심각했고, 결국 무슬림 사회에 심각한 불안을 조성했다.

---

6) P. M. Holt, et al., op. cit., pp. 89～90.

아브드 알 말리크의 통치 때까지 이슬람 정부는 실지로 비아랍인이 이슬람으로 개종하는 것을 권장하지 않은 것은 물론이고 오히려 꺼리는 편이었다. 또한 국가의 세입이 줄어들기 때문에 이를 회복하기 위해 마왈리들을 도시에서 쫓아내 그들의 옛 농토로 돌려보내려고 애썼다.

우마이야 시절 상당히 컸던 국가 몫의 전리품을 제외하면 세입의 주요 원천은 지배민족과 토지에서 나오는 세금이었다. 토지제도는 변한 것이 없었고 따라서 토지세제도 별로 변하지 않았다. 아랍 무슬림들이 시리아, 이라크 또는 다른 지역에서 자산을 취득함에 따라 세금이 면제되는 토지가 넘쳐났다. 국가 소유에 시행하는 임대제도도 그 권리가 매매됨으로써 거의 사유화되었다. 더구나 비아랍 무슬림들의 분노가 점점 커져 가는 것을 잠재우기 위해, 그리고 몇몇 주에서 일고 있는 혁명의 가능성을 차단하기 위해 모든 무슬림에게 혈통과 사회적 신분과 상관없이 인두세와 토지세를 면해주었다. 그 결과 정부의 재정 체계가 감당할 수 없을 만큼 세입이 줄어들었다.

이러한 사태에 직면한 중앙정부와 지방정부 모두 얼마간의 차이는 있었지만 이들에게 세금을 부과하는 쪽으로 가닥을 잡아나가기 시작했다. 어떤 경우 개종자들은 인두세는 면제를 받지만 토지에 대해서는 주인의 개종 여부와 관계없이 재산세를 부과하는 방법이 적용되었다. 가끔은 개인들에게 세금을 납부하도록 요구하기도 하고 공동체 또는 지역 유지들이 납세의 의무를 지게 하기도 했다. 마왈리들에게 이 모든 조치들은 속임수로 여겨졌다. 결국 그들은 반대여론의 선동에 나섰고 그것은 제국의 기반을 뒤흔들었다. 마왈리들은 '경건주의자'들 속에서 동맹자를 찾아냈다. '경건주의자'들은 개종의 물결이 계속되기를 원했기 때문이었다.

마왈리 개념에는 딤미(dimmi)[7]로 알려진 비무슬림은 포함되지 않았다.

---

[7] 딤미는 자신의 문화적 정체성 유지가 허용된 이교도들을 의미한다. 본래 이 딤미는

딤미는 이슬람법이 다스리는 국가에서 무슬림이 아닌 국민을 가리키는 말이다. 딤미라는 용어는 국민 개개인의 삶과 재산, 종교의 자유를 보장하는 국가의 의무에 관련한 것으로서 국가에 대한 충성을 바탕으로 만들어진 개념이었다. 딤미의 지위는 무슬림 통치자와 비무슬림 공동체 간의 협정으로 결정되었지만 본질적으로 그것은 일종의 계약이었다. 말하자면, 딤미는 아흘 알 딤마(Ahl al-Dhimma; 계약의 백성)였으며, '너그럽게 관용을 받은' 종파(tolerated sects)였다. 이들은 이슬람의 우위와 이슬람 국가의 지배를 인정하고, 나아가 일정한 사회적 제약을 받아들이고, 이슬람법에 따라 고율의 인두세 지즈야(Jizya)와 토지세 하라즈(Kharāz)를 납부하며, 무슬림의 집단행사에 방해만 하지 않으면 보호받을 수 있게 했다(꾸르안 9: 29).

딤미는 죽음을 면한 것에 대한 또는 무슬림 땅에 살게 된 것에 대한 대가라고 여겨지는 인두세 납부로 생명과 재산의 안전을 보장받고 외적의 침입으로부터 보호를 받았다. 또한 그들은 거의 전적으로 그들의 법률에 따라 그들의 법정에서 재판받았다. 무슬림들이 생각하기에 무슬림 법은 그들에게 적용하기에는 너무나 신성했다. 그들은 그들의 방식대로 예배하는 것이 허용되었으며 그들이 원하는 대로 개인적 삶을 살 수 있었다. 그러나 딤미는 시민권과 지역사회 문제에서 많은 제한을 받았다. 비무슬림은 무기를 소지할 수 없었는데 그 대신 세금을 내고 신변을 보호받았다. 그들은 옷과 안장의 유형, 말을 타는 방법 등에 대해 많은 차별적인 규제를 받았다. 딤미는 무슬림보다 열등했다고 생각되었고 그 수가 미미했지만 거대한 부를 축적하여 경제력을 행사했다. 그리고 이들 중 유대인과 기독교도들은

'성서의 추종자'인 아흘 알 키탑(Ahl al-Kitāb)과 동일한 개념이었다. 성서의 추종자는 본래 기독교도와 유대교도 등이 있었다. 이들은 무함마드 이전에 계시를 받아 신의 계시를 일부만 받았기 때문에 불완전한 '경전의 사람들'이었다. 또 성서의 추종자로 간주되지 않는 조로아스터교도(Zoroaster)들인 이란인에게도 관용을 보여 편의상 딤미 개념에 포함시켰다.

최고위 공직에는 오를 수 없었지만 이슬람 제국의 정부, 특히 행정 분야에서 상당한 역할을 담당했다.

사회적 지위의 밑바닥에는 노예가 있었다. 중동에서 노예제는 이슬람 탄생 수세기 전부터 존재했다. 이슬람 사회에서 무슬림은 노예가 될 수 없었지만 노예들은 이슬람교도가 되어도 노예 신분을 벗어날 수 없었다.

첩 제도가 있었으나 주인과 노예와의 혼인은 허용되지 않았고 그 사이에서 태어난 아이는 주인에게 소속되어 자유민이 될 수 있었다. 그러나 이슬람법에 따라 노예 여성의 자식은 그 노예의 남자 소유자가 그를 자신의 자식으로 인정하지 않으면 노예가 되었다. 자유로운 신분의 여성과 노예 남성의 사이에서 태어난 아이는 자유민이 되었다. 주인에게 아들을 바쳐 팔려갈 수 없게 된 노예 여성은 그 아들의 어머니로 특별 인증을 받았으며, 주인이 죽었을 때 비로소 자유를 얻을 수 있었다.

우마이야 왕조 치하에서 노예무역은 번창한 사업이었다. 대부분 노예는 승리한 전투나 기습원정에서 전리품으로 획득했다. 그러나 정규적인 노예 거래를 통해 사들이는 경우도 많았다. 부유한 아랍 무슬림은 수천의 노예를 거느린 경우도 흔했다. 아랍인과 외국인의 융합을 가져온 도가니 과정에서 노예무역은 매우 중요한 역할을 수행했다.

할리파 우마르 2세의 당면 과제는 제국의 분열적 요소를 제거하여 제국의 안정을 기하는 것이었다. 그는 불만에 찬 마왈리들을 달래어 이들이 적대세력으로 성장하는 것을 막아야 했다. 이를 위해 그는 일련의 재정적인 조치를 취했다. 아랍 군대에서 싸우는 마왈리에게는 연금을 주었고, 이슬람의 원칙상 딤미는 새로운 교회나 유대교당을 짓는 것이 금지되며 굴욕적인 차별이 불가피했지만 그들의 열악한 처지를 이해하고 지위를 향상시켜 주기 위해 노력했다.

이러한 우마르 2세의 개혁으로 세출은 늘어나고 세입은 줄어들었기 때문에 그의 후계자인 야지드 2세(Yazid Ⅱ: 720~724)와 히샴(Hishām: 724~743)은 새로운 재정체제를 마련해야 했다. 이 새로운 재정체제는 우마이야 왕조가 멸망한 후에도 약간의 수정은 있었지만 오래 존속되었다. 그것은 이슬람 개종자는 인두세는 내지 않아도 되지만 토지세는 계속 납부해야 한다는 것이었다.

후기 우마이야 왕조의 새로운 세제는 토지가 결코 개인의 소유물이 아니며 하라즈를 납부하는 바탕이라는 것을 전제로 하고 있었다. 여태까지 십일조만 내던 토지는 그대로 남아 있었으나 증가되지는 않았다. 종래까지 하라즈만 부담한 딤미들은 인두세도 납부해야 했다. 이슬람 성법(Shari'a)의 법체계가 된 이 새로운 세제는 과세의 근거 자료로 인구와 재산을 조사해 세금을 징수하는 임무를 가진 재정관을 총독과는 별도로 임명함으로써 더욱 큰 효과를 거두었다.

20년에 걸친 히샴의 치세는 의기소침해진 분위기에서 제국을 회복시켰다. 북서쪽의 국경이 견고해졌고, 트란스옥시아나(Transoxiana)처럼 터키 부족의 침입으로 포기되었거나 베르베르인의 반란이 있었던 마그리브와 같은 영토들에서 무슬림의 지배가 재확립되었다. 군비가 강화되고 재정체계가 견고해졌다.

5. 제국의 분열

이슬람화(islamization)의 진행은 아랍화(arabization)와 동시에 이루어졌다. 중동에서 많은 비무슬림들이 그들이 이전에 사용하던 언어와 함께 아랍어를 배웠지만 아랍어로의 전환은 느리고 점진적이었으며 결코 보편적이지 않았고, 지역마다 다르게 나타났다. 몇 세대가 지나가면서 아랍어가 채용되고 상당한 통혼이 이루어지면서 정복지로 이주해온 아랍인들은 중동의 특별한 구역에서 새로운 공통의 문화와 관습에 공동으로 참여하는 여러 민족 사이에 뒤섞이게 되었다. 많은 아랍 무슬림이 정착했으며 아랍어와 구조상 비슷한 셈어 계통의 언어를 사용하던 시리아와 팔레스타인 같은 지역에서는 비아랍 무슬림이 새로운 문화와 관습에 비교적 빨리 흡수되었고, 아랍어가 대중들의 지배적인 언어가 되었다. 아랍어와는 매우 다른 콥트어(Coptic)를 사용하던 이집트의 경우에도 이슬람이 전파된 뒤 3세기가 지나면서 대다수가 정복자의 언어를 사용했다. 중앙아시아, 인도 그리고 스페인처럼 더 먼 지역에서는 소수의 지배 무슬림 아랍인들이 사회를 지배했고 이슬람이 확산되었지만 아랍어보다는 토착 언어들이 결국 자리를 잡았다. 비아랍 무슬림들은 중동의 핵심지역들에서 문화형성에 큰 역할을 했지만, 이들의 수행한 역할은 무슬림 지역의 외곽에서 훨씬 더 중요했다.

할리파 술레이만의 콘스탄티노플 공략이 실패로 끝난 뒤, 무슬림과 비잔티움 간의 전쟁은 일진일퇴의 예전의 양상으로 되돌아갔다. 할리파 알 왈리드 2세(al-Walid Ⅱ: 743~744)의 후계자들이 집권하는 동안 동부의 국경들도 소강상태에 들어갔으며 가끔은 위축되기도 했다. 반대로 스페인에서는 제국이 강화되는 시기였다. 가끔은 역공에 부딪히기도 했지만 무슬림은 프랑스로 진격해서 그곳에 군사기지를 건설하고 지중해 서부에 대한 일련의 해상공격을 감행했다. 이 지역에서는 중앙정부가 총독들을 임명했지만 거의 완전한 자율성을 누리고 있었고, 군사작전들은 북아프리카에서 충원된 베르베르의 지원으로 카이라완의 주(主)기지로부터 지휘를 받고 있었다. 이러한 상황 속에서 마그리브는 이미 군사적으로나 정치적으로 동부로부터 이탈된 세계가 되어가고 있었다.

히샴의 치세 동안 이라크와 동부 속주들의 총독은 할리드 알 카시르(Khālid al-Qasrī)로, 그는 15년 동안 히샴의 든든한 조력자였다. 그는 맡겨진 영토를 탁월하게 관리했고 평온과 안전이 유지되었으며 땅을 개간하기 위한 대규모 계획이 수립되었다. 그러나 그는 카이스(Qaysites)의 저항에 부딪혔다. 그들은 그가 불신자라는 소문을 퍼트리고 불법투기로 고소했다. 카시르가 불명예스럽게 총독직을 물러나자마자 후세인파와 자이드파가 주도하는 시아파 반란이 일어났다. 우마이야의 건국이 칼브의 도움을 전제로 이루어졌다면 이번 반란은 카이스의 반격이었다.

반란은 신속하게 해결되었지만 자이드파 운동은 소멸되지 않았다. 자이드파는 반우마이야 선전(宣傳)에 일조했고 예멘과 카스피 해 남쪽 산악지대에 독립 국가를 건설하기도 했다. 그들은 8세기 말 예멘인들에게 정복당했지만 그 나름대로의 신학적 교리를 가지고 있었다.

우마이야 왕조에 내재했던 권력관계의 내적인 취약점은 일차적으로 아랍 부족 간의 반복되는 불화였다. 그 같은 불화는 이슬람 등장 이전에도 존재했지만 그것은 주로 이웃 부족들 간의 충돌이었다. 그러나 정복지가 확대되면서 그곳에 이주한 아랍인들이 연합을 구성해 서로 대항했으므로 언제라도 제국을 위협할 수 있는 정치적 세력으로 남아 있었고, 제국의 모든 지역에서 정치생활의 여러 국면에 영향을 끼쳤다.

크게 보면 이들은 두 개의 거대한 집단으로 구분되었는데 이 두 집단은 이슬람 이전 아라비아 반도에 존재했던 부족 집단들과 관련되어 있었다. 두 주요 분파는 여러 이름이 있었는데 흔히 남부 아라비아인(the South Arabian)과 북부 아라비아인(the North Arabian)으로 불린다. 남부와 북부 부족 연합의 불화가 처음으로 어렴풋이 나타난 것은 무아위야의 통치 시기였으나 그 후 급속히 악화되어 중앙정부의 권위가 허약한 지역에서는 곧 노골적인 충돌로 격화되었다. 이들 간의 불화는 우마이야조의 아브드 알 말리크와 그의 무자비한 이라크 총독 알 하자즈 치하에서 절정에 달했다. 아브드 알 말리크의 뒤를 이은 할리파들은 대체로 부족 간의 분쟁에 의한 파당적인 지원으로 즉위 혹은 폐위될 정도로 그 권위가 약화되었다.

우마이야 왕조가 붕괴될 때까지 지속된 두 파벌 간의 불화는 두 가지의 중심적인 쟁점에 모아지고 있었다. 하나는 정치적인 것이었고 다른 하나는 사회적인 것이었다. 첫 번째 것은 정복을 위한 군사행동의 문제였다. 남부 아라비아 사람들은 팽창적인 군사행동을 반대했다. 715년 이러한 생각에 공명했던 술레이만이 할리파가 되었을 때 그는 오직 한 차례의 원정만을 허용했는데, 이는 국경을 굳건히 하기 위한 것이었다. 팽창정책을 더 단호하게 반대했던 우마르 2세는 717년 모든 군사행동을 중단시켰다. 그러나 그의 후계자들은 모두 팽창주의적인 북부 아라비아인들이었다. 그들은 제국의 사회적·경제적 병폐, 즉 과세 평등을 요구하는 압력, 모든 아랍인에게 연금을 지급하는 재정정책, 전투에 참여하기를 거부하는 일부 아랍인들로 인해 야기되는 혼란과 같은 것들은 '변경의 확장 정책'을 통해 군인들을 이에 몰입시켜 내란을 피할 수 있고 동시에 군인들과 국고에 전리품을 가져다줌으로써 해결될 수 있다고 생각했다.

사회적 불화는 비아랍 무슬림에게 완전한 지위를 부여할 것인가 하는 동화(assimilation)의 문제를 둘러싸고 발생했다. 남부 아라비아인들은 이슬람이 아랍인, 이란인, 베르베르인, 이집트인, 그리고 모든 무슬림들 간의 평등을 인정했다고 믿었다. 그와는 반대로 북부 아라비아인들의 생각은 아랍인들이 특별한 엘리트층을 구성해야 한다는 것이었다. 남부 연합은 이들 피지배민의 동의와 협력을 통해서만이 성공적인 지배가 가능할 것으로 생각했지만, 북부 연합은 질서와 평화의 유지를 위해 권위와 힘 그리고 정실주의에 의지하는 경향이 있었다. 그러나 실제적으로 보면 평등에 대한 견해가 달랐음에도 지도집단에서 비아랍인들을 배제시키기는 북부 연합이나 남부 연합이나 마찬가지였다. 결국 이와 같이 집요하고 깊이 뿌리박힌 분쟁의 원인은 주로 아랍 부족 간 이해관계의 대립에 있었다. 즉, 정복이 시작되기 전에 정복지에 이주한 아랍 부족은 주로 남부 부족이었다. 이들은 후에 승승장구하는 이슬람군(軍)과 더불어 이곳에 들어와 우위를 차지한 북부 아랍 부족과 이해관계가 대립했다. 이와 같은 결과는 남부 아랍 부족들이 시아파의 선전에 호의를 보이며 마왈리와 이해관계를 같이하는 데서 찾아볼 수 있다.

한편 후세인과 이븐 알 주바이르가 우마이야 왕조와 벌인 폭력적인 싸움은 개인적이거나 왕조적인 것 이상의 것이었다. 또한 이것은 정파 경쟁의 더 냉혹한 분출, 그 이상의 것이기도 했다. 예를 들면, 메카 쿠라이시 부족의 더 작은 가문과 씨족들은 우마이야 씨족이 히즈라 직전부터 독점적으로 보유한 권력과 지배적 위치에 대해 여전히 분개하고 질타했다. 여기에 대부분의 우마이야 사람들이 끝까지 무함마드에게 반대했다는 사실에 대한 분노가 더해졌다. 사실 무아위야의 아버지는 교조 무함마드와 무슬림들을 메카로부터 내쳤었다. 이러한 가문이 무함마드의 권위적 상징들을 물려받는다는 것은 예언자의 교우들로서는 참기 어려운 것이었다.

더 심각한 것은 국가의 중심이 시리아로 옮겨진 것이었다. 그 지방의 부와 명리는 그곳에 살고 있는 지배 엘리트들에게 영향을 주게 되는 것은 불가피하다. 아라비아에서 온 방문자들이나 쿠파에서 온 종교 학자들은 다마스쿠스 궁정의 사치스러운 생활에 충격을 받았다. 알 왈리드 2세는 경건한 사람들의 입장에서 볼 때 가장 충격적인 지도자였다. 포도주 목욕을 즐겼던 것으로 유명한 그는 매우 사치스럽고 호색한이었으며 불경스러웠다.

이러한 기괴한 행동과 심화되는 집중화가 지방들을 소외시켰다. 아브드 알 말리크의 재위로 시작된 다마스쿠스 레짐은 정부 내에서 집중화를 가속화했고, 군대를 재편했으며, 관료체제의 운영에서 더 아랍화했다. 이러한 정책들과 함께 엄격한 이슬람의 가르침을 소홀히 했다는 평판은 경건한 사람들의 반대를 불러일으켰다. 시아파와 하와리즈파들은 특히 이라크, 이란과 후라산에서 번성했다. 이라크인들은 시리아의 지배를 싫어했다. 어떤 의미에서 이것은 사산조와 비잔티움 제국 간의 전쟁에서 증폭된 동부와 서부의 불화를 되살아나게 했다. 예언자의 권위적 상징이 당연히 무함마드와 알리의 가문에 속해야 한다는 생각을 가지고 있던 시아파들은 반대의 핵을 형성하게 되었다. 그들의 반대는 아랍인이거나 이란인이거나 관계없이 지배층인 귀족에게 향한 것이었다.

그러한 분위기 속에서 685년에서 687년 사이 알 무흐타르 이븐 아브 우바이드(al-Mukhtār ibn Abū Ubayd: 622?~687)가 반란을 일으켰다. 그는 반란을 유도하기 위해 이라크 아랍부족들의 친(親)시아 감정에 호소했다. 또한 할리파 알리의 아들 무함마드 이븐 알 하나피야(Muḥammad ibn al-Ḥanafīyah: 637?~710)를 이맘으로 내세우고 자신이 그의 대리인을 자처했다. 무흐타르는 무함마드가 마흐디가 되어 모습을 '은폐한 상태' 즉 가이바(ghaybah)로 무덤 속에 살아 있다가 적들을 무찌르기 위해 다시 나타날 것이라고 주장했다. 무함마드는 알리가 파티마와 사별한 뒤 하나피 부족의 딸과 결혼해 낳은 아들이다. 무함마드 자신은 본래 소극적이어서 정쟁에 개입하지 않으려 했고 여러 파당들이 그를 할리파로 추대하려 했지만 매우 신중하게 처신했다. 결국 무함마드는 우마이야 왕조의 할리파 아브드 알 말리크에게 충성을 맹세했고 매년 많은 연금을 받았다.

무함마드를 반란의 지도자로 삼으려는 시도가 실패하자 무흐타르는 자신의 위신을 증대시킬 새로운 사상들을 확산시키면서 억눌린 사람들, 특히 기존 무슬림과 대등한 대접을 받지 못하는 것에 많은 불만을 가진 새로 개종한 사람들의 권리를 옹호하면서 독자적으로 반란을 주도했다. 무흐타르는 쿠파를 점유하고 페르시아, 메소포타미아와 아제르바이잔에 자신의 총독을 임명했다. 그는 처음 말리크의 공격은 잘 버텨냈지만 687년 이븐 알 주바이르의 형제이자 바스라의 총독이었던 무사브(Muṣ'ab ibn al-Zubayr)에게 패해 살해당했다.

할리파조에 더욱 위협이 되었던 것은 하와리즈(Khawārij) 운동이었다. 이들이 처음 등장한 것은 7세기 말이었다. 이들은 처음에는 알리를 추종했지만 나중에는 알리를 부정한 사람들이었다. 따라서 그들은 시아파와도 다른 태도를 취했다. 시아가 이맘이 알리의 권리라고 주장했던 반면 하와리즈는 어떤 무슬림도 이슬람 공동체의 지도자가 될 수 있다고 주장한다. 할리파조의 수니파들이 할리파의 실정이 반란의 구실은 될 수 없다고 믿었던 반면, 하와리즈파는 그들이 선출하지 않은 할리파의 권위를 인정하지 않으며, 예언자 무함마드의 본보기로부터 일탈하는 지도자에 대해서는 반란을 일으킬 권리를 가진다고 주장했다.

6. 우마이야조의 멸망

743년 히샴이 사망한 후 불안한 정세 속에서 할리파가 1년 사이에 네 번이나 바뀌었다. 우마이야 지배의 마지막 양상은 만연된 불만에 기인한 반란의 연속에 지나지 않았다. 모술과 그 주변 지역에서는 또 다시 하와리즈 반란이 일어났다. 그것들은 한꺼번에 발생하여 쿠파를 점령하는 데 성공했다.

히샴이 구제책을 모색했던 재정 위기는 더 위중해졌다. 그 밖에 많은 다른 요인들이 제국의 동요에 관련되었겠지만 어쨌든 하나의 이념이 거의 모든 것의 이유였다. 그것은 우마이야에 대항하는 운동으로, 이는 모든 불행을 치유하는 만병통치약으로 여겨졌다. 이 이념은 초기 이슬람 때처럼 꾸르안과 수나를 올바르게 지키는 생활로 되돌아갈 것을 주장했다. 체제에 대한 많은 반대자들은 이러한 원칙으로부터 무슬림들은 그들의 출신과 개종한 시기에 구애받지 않고 같은 권리를 누려야 한다는 결론을 이끌어냈다. 비무슬림의 경우에도 공정한 대접을 받아야 한다는 것이었다.

왕국의 권위를 훼손하는 데 성공한 운동은 알리의 추종자들이었던 알리당('Alīds)과 압바시야 가문 사람들('Abbāsids)이 결합해서 이끈 운동이었다. '압바시야 혁명'의 주역들은 다소 폭력적인 동요의 시기 동안 다양한 분파들이 우마이야조에 대해 가지고 있던 많은 불만들에 기민하게 편승해 우마이야 왕조를 경건하지 못한 권력의 찬탈자로 몰아세웠으며, 능란한 선전 활동을 통해 무슬림 움마 안에서 불만에 찬 집단들을 위한 투사 역할을 자임했다. 그들은 자신들의 정당성에 대한 주장에서 예언자 무함마드와의 관계를 주로 내세워 우마이야 왕조와는 결코 화해할 수 없었던 시아파를 자신의 진영에 끌어들였다.

압바시야가(家)는 예언자의 삼촌인 알 압바스(al-'Abbās ibn 'Abd al-Muṭṭlib)의 후예들이었다. 압바시야의 적극적인 선전활동은 알 압바스의 증손자, 무함마드 이븐 알리 이븐 아브드 알라(Muḥammad ibn 'Alī ibn 'Abd Allaāh)로부터 시작되었다. 그의 아버지 알리 이븐 아브드 알라가 아브드 알 말리크 때부터 우마이야를 도와 일했지만 무함마드는 트란스요르단과 아라비아의 경계에 위치한 사해 남부의 오아시스 후마이마(Humayma)에 정착한 하시미야(Hashimīyah)[8] 집단의 지도자가 된 뒤 그들의 본거지를 중심으로 반(反)우마이야 기치 아래 모든 무슬림들을 끌어 모았다. 그런 다음 그는 할리파 위에 대한 권리를 주장하고, 전승에 의거해 무함마드 이븐 알 하나피야의 아들, 아부 하심(Abū Hāshim)이 자신에게 유리하게 만든 유언을 이용했다. 그것은 알리의 손자 중 한 사람이 자신의 임종에서 알리당('Alīds)의 권리들을 압바시야 가문에게 전승해주었다는 것이었다.

무함마드가 그의 최초 '선전자'들을 페르시아 속주로 보낸 것은 우마르 2세 제위 시절이었던 718년이었다. 당시 페르시아 지방은 불만에 찬 주민들이 예언자 가문을 위한 활동을 지지하는 경향이 있었으며, 수도로부터 멀리 떨어져 있어 우마이야 정부가 강력한 영향력을 행사하기 어려웠다. 이들이 벌인 선전 활동은 종교적 색채를 띠었으며, 우마이야 왕조가 진정한 이슬람을 저버린 것을 비난했다. 그들은 개혁을 통해 특권을 없애고 억눌린 자들에게 만족한 생활을 보장해 주도록 요구했고, 권력이 '예언자

---

8) 그 이름은 예언자 무함마드의 증조부 이름인 하심(Hashim)에서 유래했다. 예언자 가문을 지지하는 당을 뜻한다. 압바시드 가문을 비롯한 알리의 추종자들로 이루어져 있었다.

가문 사람들(Ahl al-Bayt)'에게 맡겨질 때만이 질서와 정의가 회복될 것이라고 주장했다. 이 운동은 새로운 정의의 시대가 올 것이라고 믿는 사람들 사이에서 강한 호소력이 있었다. 처음에는 아랍인들 사이에서 널리 받아들여졌고 이어 마왈리들의 관심을 끌었다.

이들에 대한 가장 필요한 지지는 아랍인들과 함께 자신들의 열등한 지위에 반대하는 이란과 후라산의 비아랍 무슬림들로부터 나왔다. 후라산 사람들은 호전적 기질이 강한 편이었고 아랍인의 사회적·경제적인 차별대우에 강한 불만을 가지고 있었다. 이들은 이슬람에서 설법된 평등을 요구하고, 우마이야의 마지막 할리파 마르완 2세(Marwan II)의 팽창정책과 권위적 지배에 항거해 반란을 일으켰다.

우마이야조의 군사적 기반이었던 시리아의 군대가 외부의 비무슬림 군대와의 전투에서 연이어 패배하면서 우마이야조의 조직적 구조는 급속하게 침식되었고, 이러한 현상은 제국의 광범위한 지역으로 여기저기 확산되었다. 궁정 주변은 비열하고 사악하며 잔인성을 종종 드러내는 경쟁자들로 둘러싸여 있었고, 제국의 곳곳에는 남부와 북부, 두 아랍 분파 간에 대립이 있었다. 그러한 폭력적인 파당과 함께 많은 우마이야조의 부도덕한 생활상이 목격되면서 도처에서 반란이 일어났고, 이는 비아랍 무슬림들의 반우마이야 운동에 도움을 주었다.

743년 알 압바스의 증손자 무함마드가 사망한 후 압바시야 사람들은 745년부터 그의 아들 이맘 이브라힘(Ibrāhīm)을 중심으로 이러한 무리들을 동부에서의 자신들의 선전에 활용했고, 이란인, 후라산인, 시아, 알리당 등을 자신들의 깃발 아래로 불러 모았다. 그들이 선택한 것은 검은 깃발이었다. 당시 우마이야 왕가의 상징은 흰색 깃발이었고 하와리즈는 붉은 깃발을 사용했다.9) 검은색은 반란의 상징적인 효과를 지니고 있었다. 검은 깃

---

9) 우마이야조와 압바시야조는 각각 중국의 당대 문헌에 백의대식(白衣大食)과 흑의

발을 사용한 것은 그 당시 불만에 찬 사람들 사이에 떠돌던 구세주적이며 말세적인 여러 예언을 충족시키려는 의도에서였다. 이들은 신의 인도를 받은 이, 마지막 이맘 알 마흐디(al-Mahdi)가 흑기(黑旗)를 들고 동쪽 후라산에서 일어날 것이라는 내용의 당시 유행하던 종말론적 예언을 이용했다.

747년 6월 9일, 히즈라(이슬람력) 라마단 달(9월) 25일, 이브라힘은 무장 반란의 기치를 높이 들었다. 하시미야당의 반란이 시작되자 검은 깃발이 후라산에 나타났다. 마르완 2세가 이브라힘을 잡아들여 처형했지만, 그의 형제 아부 알 압바스(Abū al-ʿAbbās)는 나머지 식구들과 함께 쿠파로 피신했다. 그러는 사이 메르브를 장악한 그의 대리인 아부 무슬림(Abū Muslim)이 이란인, 후라산인 그리고 남부 아라비아인들의 무리를 장악하는 데 성공했다. 아부 무슬림은 대중이 이미 준비되어 있음을 알았다. 이란 무슬림들은 우마이야 통치가 그들에게 강요한 불평등에 분개하고 있었다. 오랜 정착으로 반쯤 페르시아화(化)해버린 아랍 군대와 정착민들은 심각하게 분열되어 있었고, 심지어 반군들이 승리를 목전에 두고 있을 때도 부족적 불화에 휩싸여 있었다. 비아랍인 주력부대와 일부 아랍인의 효과적인 지원으로 아부 무슬림은 곧 후라산 전역을 장악할 수 있었고, 그곳으로부터 이란을 가로질러 서쪽으로 이라크의 과거 수도권 지역으로 진격해 갔다. 그의 군대는 유프라테스 강을 건너 또 다른 우마이야 군대를 격파했다. 그들은 드디어 무하람 132년(749년 9월) 쿠파에 진입했다. 그곳 전장에서 아부 알 압바스는 '알 사파(al-Saffāḥ, 피의 복수자)'라는 칭호를 받고 할리파에 추대되었다.

아부 알 압바스는 상부 메소포타미아(Upper Mesopotamia)에서 우마이야 주력부대를 향해 돌진해 들어갔다. 쿠파로부터 증원된 부대의 도움으로 750년 2월 마르완 2세가 소집한 군대를 상대로 대(大)자브 전투(the Battle of

대식(黑衣大食)으로 기록되어 있다.

the Great Zāb)에서 승리했고, 시리아를 거쳐 이집트로 도주한 마르완 2세는 그곳에서 살해되었다. 우마이야 왕조의 식솔들은 새로운 압바시야 할리파의 유인책에 걸려들어 시리아에서 거의 모두 학살되었다. 그것은 이들이 새로운 왕국을 건설할 가능성을 미연에 차단한 것이었다. 아부 알 압바스는 이라크를 압바시야 제국의 중심지로 확고히 하고, 한 새로운 가족을 이슬람 공동체의 지도자들로 왕위에 올려놓으면서 이슬람의 수도를 다마스쿠스에서 쿠파로 옮겼다.

제5장
압바시야 왕조
Abbasiyya Dynasty: 750~1258

동할리파, 이슬람 왕조, (흑의)대식국

1. 지중해 세계에서 아시아 세계로

압바시야가 권력을 장악하는 과정에서 가장 두드러진 점은 그것이 8세기 중반 종교적 소용돌이의 산물이었다는 것이다. 이 대격변은 이슬람 사회와 종교적 영역의 구조와 방향에서 광범위하고 체계적인 사태추이가 반영된 것이었다. 말하자면 이것은 한 지배 가문이 다른 지배 가문으로 바뀌는 단순한 쿠데타가 아니었다.

8세기 중반까지 '이슬람'은 논란의 여지가 없는 존재였으며, 압바시야는 그들의 주장을 명백히 이슬람적인 관용구를 통해 정당화해야 했다. 그렇게 하기 위한 그들의 노력을 통해 어떤 불확실성과 실험성이 드러났다. 예를 들어 그들의 운동이 그 당시 시아파의 기대들에 근거할 수 있었음에도 그들은 그들의 지배에 대한 또 다른 종교적 정당화를 위해 결국 수니를 택하고 시아의 주장을 억눌러야 했다. 어쨌든 중요한 점은 압바시야인들의 주장이 종교적 형식을 통해 구체화되어야 한다는 것이었다. 그래서 예를 들면 그 운동에 참여한 사람들은 자신들의 집권 과정을 묘사하기 위해 '다울라(dawla)'라는 용어를 사용했다. 그 용어는 글자 그대로 시간의 흐름 속에서의 '방향 전환' 또는 '운명의 변화'를 의미한다. 그리고 이는 의미가 확장되어 두 가지 의미, 즉 부패한 우마이야의 과거로부터의 근본적 단절과 예언자와 초기 이슬람 공동체와 관련된 이상적 무슬림 질서로의 복귀를 의미했다. 결국 압바시야 혁명은 두 세대 전 바위의 돔의 건축과 같은 자의식적인 이슬람 전통의 개발이라는 면에서 획기적인 사건이었다.

이러한 맥락에서 압바시야가 집권하는 과정은 흔히 이슬람 역사에서 혁명으로 간주된다. 대체로 권력의 핵심부에 대한 외곽세력의 타격이라는 점에서 이 과정이 혁명적 성격을 띠고 있었음은 확실하다. 그러나 그 성격에 관해서는 여러 의견이 제기되고 있다. 그중 하나는 후라산의 동부 주에서 시작되어 결국은 정치적 무게 중심이 이전의 사산조의 이라크 속주로 이동하게 만든 압바시야 반란이 아랍의 지배에 대한 이란인들의 민족적 이반이었다는 주장이다. 그 근거는 압바시야가 벌인 정치운동의 특성들 중의 하나가 그 운동과정에서 대부분 이란 출신이었던 마왈리들이 중요한 역할을 담당했고, 압바시야 제국의 초기 할리파들이 자신들의 보좌관으로 이란인들을 선호했다는 것이다.

그러나 이념적으로 이 운동은 이란의 문화와 정체성의 회복보다는 아랍인 예언자 무함마드에 연동된 이상 사회를 지향하고 있었다. 압바시야가 이란 출신 마왈리들에 의존했던 것은 사실이었다. 그러나 압바시야가 내걸었던 목표는 어떤 종족적 정체성보다는 이슬람을 중심으로 한 사회의 조직이었다. 이란인 마왈리들도 이슬람 사회에 더 완전하게 동화하기 위해 그 운동에 가담했다.

그리고 사회적으로 볼 때 그 운동에는 많은 아랍인들, 특히 많은 남부 아라비아인들이 참여했고, 전투에서 승리를 거둔 많은 지휘관들 역시 아랍인들이었다는 점, 그리고 아랍인들이 계속해서 법적인 특권을 보유하고 있었고, 결과적으로 마왈리들은 항상 불안한 신분 상태에 놓여 있었다는 점에서 그러한 주장은 다소 무리가 있어 보인다. 더구나 우마이야 후기에 들어서면서부터 벌써 사회 내부와 조정에서 마왈리들의 지위가 향상되는 경향이 뚜렷해지고 있었다. 그리고 이 거대한 정치적 변혁 과정에서 승리한 사람들 가운데는 이란인들만이 아니고 많은 이라크인들이 있었다.

장기적으로 볼 때 압바시야 혁명은 점진적인 이슬람 재정향의 첫걸음을 내디딘 것으로 볼 수 있다. 그것은 이슬람의 보편적 정신이 심화·확산되고, 이란 전통의 요소들을 열심히 포용하는 과정이었다. 이러한 일반적인 추세는 압바시야 혁명 이전에 이미 시작되고 있었다. 사산조 - 이란의 영향은 건축물, 우마이야 궁정 의례 등 여러 부문에서 감지되었다. 이란 자체 내에서는 무슬림 아랍 관헌들이 중앙정부의 권위를 매개하기 위해, 특히 이 지역의 세금을 수취하기 위해 수년 동안 지방 호족 디흐만(dihqān)이나 현지 관리들에게 의지해왔다. 압바시야의 외침에 따라 가장 먼저 봉기에 가담한 것도 이란 지방의 속주였던 후라산이었다. 압바시야 군대에 봉직했던 마왈리를 포함해 압바시야의 기치 아래 모여든 무슬림 아랍인들의 주위에는 강한 이란적 요소가 있었다.

압바시야 군대가 우마이야 세력을 타도하는 데는 성공했다 해도 쿠파에서 새로운 할리파가 권력을 장악하는 일은 그리 쉽지 않았다. 우선 압바시야 운동의 시아파에 대한 관계가 문제였다. 적어도 하시미야의 일부 세력에 대한 지도력을 획득함으로써 사실상 압바시야는 미처 정리되지 못한 맹아적 시아 집단과 운명을 같이하게 되었다. 그러나 당시 시아 집단의 종파적 정체성은 불명확한 상태에 있었다. 무엇보다도 결정적인 문제는 지도력이었다. '예언자 가문 사람들' 중에서 지도자를 찾으려는 무슬림들의 희망으로 알리로 이어지는 예언자의 자손에 초점이 모아졌다. 그러나 알리로부터 시작해서 나중에는 그와 파티마 사이에서 태어난 아들로, 그런 다음 후세인의 아들, 손자로 이어진다는 열두 이맘파의 이맘계승설과 관련을 맺게 되는 이러한 생각이 아직은 구체화되지 못하고 있었다. 또 다른 문제는 여러 시아 맹아집단이 채택한 교의들이 그들 사이에서도 현격하게 다르다는 데 있었다. 예를 들어, 어떤 측은 이맘의 직분이 한 이맘으로부터 그 이맘이 선택한 다른 이맘으로 임명될 수 있다고 생각한 반면, 또 다른 측은 외형상 죽었다고 보이는 이맘이 죽음으로부터 또는 은신처로부터 복귀한다고 믿었다.

복잡하고 유동적인 이러한 종교적 이념과 기대의 혼란 속에서 압바시야인들은 그들 스스로 무슬림 공동체의 지도자로 인정받으려는 노력을 가속화시켰다. 그들은 알리당도 아니고 예언자의 자손도 아니었으며 예언자 가문과는 단지 방계 관계에 지나지 않았다. 따라서 내밀하고 조심스러운 접근이 필요했다. 749년 말, 후라산에서 봉기가 확산되고 쿠파를 손에 넣은 후에야 압바시야 가문의 일원인 아부 알 압바스가 공개적으로 이맘에 추대되었다는 사실도 이러한 배경을 설명해준다.

믿을 만한 전승에 의하면 와지르(wazīr, vizier)[1] 아부 살라마(Abū Salama)가 예언자 가문의 사람들 중에서 특히 후세인 또는 하산의 후손에게 할리파위를 맡기려 했으나 제안에 응하는 자가 없었다. 그러는 동안 운동의 지도자들이 쿠파의 은신처에서 압바시야 공자들을 찾아냈는데 그들 중 한 사람이 이브라힘의 형제 아부 알 압바스 알 사파(Abū al-'Abbās al-Saffāḥ)였다. 그는 749년 12월 할리파가 되었다. 무하람 132년 주마다(Jumādā, 이슬람력 5월) 첫째 날이었다. 그는 즉시 쿠파 대성원(大聖院)에서의 연설을 통해 새로운 체제의 윤곽을 제시했다. 그리고 그는 2주 후, 동부 속주들에서 와지르가 임명한 대리인들을 신속하게 제거하는 일에 착수했던 아부 무슬림의 동의하에 와지르를 시해했다. 이 사건은 여러 비판을 낳고 할리파위의 새로운 주인들의 정통성에 대한 의구심을 불러일으켰다. 이 사건은 여러 종교적 이념의 갈등설에도 이해관계를 달리하는 연합세력이 그 목적을 달성했을 때 새로운 권력을 둘러싸고 벌이는 권력투쟁의 양상을 띠었다.

이제 이란 이라크적 요소들이 인구학적으로도, 경제적으로도 우세하게 되면서 제국의 성격은 지중해적인 것에서 아시아적인 것으로 변모했다. 권력과 부적인 측면에서 아라비아 본토가 가졌던 중요성이 약화되고, 다마스쿠스가 제국 수도로서의 이점(利點)을 유지하지 못하게 되면서 이슬람의 정치적 중심지는 동쪽의 티그리스-유프라테스 계곡으로 이동했다. 지중해와 유럽에서 상업이 쇠퇴했던 반면 이라크는 시리아나 이집트보다 더 비옥했고, 인도, 중국, 인도네시아, 중앙아시아와의 광범위한 무역에서 많은 수익을 얻고 있었다. 인도와 중국의 시장들은 방대했고 생산품은 다양했다. 스페인과 콘스탄티노플을 제외한 서방의 경제는 쇠퇴해 자력 생

---

[1] 무슬림 국가의 고위 정치 자문관 또는 행정관을 지칭하는 말. 재상((宰相)의 경우는 특별히 대(大)와지르(Grand Wazīr)라고 부르기도 한다.

존적인 농업적 생활에 급속하게 끌려들어 가고 있었다. 압바시야조는 적극적인 서진정책으로 기독교와 직접 대결을 시도했던 우마이야 왕조와는 달리 이란 지역에 자신의 세력을 집중시켰다.

우마이야 왕조의 붕괴는 또한 중동 무슬림 공동체 역사에도 새로운 시대의 개장을 예고했다. 압바시야인들은 새로운 왕조를 수립한 후 그들이 적용했던 공식적 칭호(throne-names)를 통해 그들이 신의 지지를 받는 축복을 누렸다는 것을 보여주려 애썼다. 지지자들이 '축복받은' 왕조라고 알린 이슬람의 이 두 번째 왕조는 사실상 추구하는 정책에서는 전임 왕조에 비해 별다른 차이가 없었지만 새로운 도덕적 기풍을 띠고 있었다. 그뿐만 아니라 이 왕조는 전체 지배기간을 통해 이 왕조의 집권을 가능하게 했던 환경의 영향들을 감내해야 했다. 말하자면 이 왕조는 어쩔 수 없이 경제와 종교에 뿌리를 둔 사회적 혼란에 직면해야 했다. 이것들은 우마이야 왕조가 그들의 시리아 세력을 동원해서 이를 억누르려다 스스로 탈진하게 했던 것으로, 새로운 왕조 역시 이에 대한 새로운 해결책이 없는 상태에서 몰락한 전 왕조가 겪었던 것과 똑같은 어려움에 직면했던 것이다. 새로운 지배자들의 위신은 두 가지 추세로 뒷받침되었다. 하나는 종교적 감정의 개발이고, 다른 하나는 점점 도를 더해가는 할리파위의 겉치레와 사치였다.[2]

2. 이슬람 세계의 재통일과 바그다드 건설

알 사파(al-Saffāḥ)라는 칭호를 가진 할리파 아부 알 압바스(Abū al-'Abbās: 749~754)는 쿠파 근처의 유프라테스 강 동쪽에 있는 하시미야(Hāshimīyah)라는 조그마한 도시에 수도를 정했으나 후에 안바르(Anbār)로 옮겼다. 그

---

2) P. M. Holt, et al., op. cit., p. 104.

■ 압바시야조

는 그 형제인 아부 자파르(Abū Jafar)의 도움을 받아 통치했는데, 아부 자파르에게 주어진 임무는 후라산 총독으로 메르브에 머물면서 이란과 트란스옥시아나에서 위세를 떨치던 아부 무슬림으로부터 충성의 서약을 받아내는 것이었다. 아부 자파르는 아부 무슬림의 복종을 확실히 하기 위해 여러 차례 그들을 방문해야 했다. 아부 무슬림은 전에도 자신의 영향력을 확대하기 위해 '반역죄'를 이용해 와지르를 제거한 적이 있었다. 알 사파는 할리드 이븐 바르마크(Khālid ibn Barmak)라는 마울라 출신 와지르에게 행정을 위임했지만 여전히 자신의 가족들, 특히 사촌들에게 의지했고 속주들에 대한 내밀한 임무도 그들에게 맡겼다.

새로운 체제를 견고히 하고 제국의 정향을 규정해 실질적으로 새로운 할리파조를 건설한 사람은 아부 알 사파의 형제인 아부 자파르로, 그가 제2대 할리파가 되어 얻은 칭호는 '계시된 승리자(rendered victorious)'라는 뜻의 알 만수르(al-Manṣūr: 754~775)였다. 알 만수르는 이제 막 윤곽을 드러낸 제국이 굳건히 뿌리내리도록 하는 일에 전념했다. 그는 이미 형제 알 사파가 할리파로 있을 당시 군대를 이끌고 메소포타미아로 가서 그곳 총독에게 우마이야 왕조 마지막 할리파의 죽음을 알리며 항복을 받아냈다.

알 만수르는 남은 우마이야 저항자들을 소탕하는 데 힘을 기울였다. 그런 다음 다소 손상된 자신의 권위를 강화하는 일에 착수했다. 집권과정에서 그는 경쟁자였던 그의 사촌 아부드 알라 이븐 알리('Abd Allāh ibn 'Alī)와 맞닥뜨리지 않을 수 없었다. 이 사촌은 자신이 알 사파로부터 그의 계승자로 지명받았다고 주장했으므로 알 만수르는 이 경쟁자를 제거하기 위해 아부 무슬림의 도움을 받아야 했다. 그러나 아부 무슬림 역시 알 만수르와 언제나 긴장관계에 놓여 있었기 때문에 제거해야 할 위험한 인물이 되었다. 그는 곧바로 궁정에 초치되어 살해되었다. 알 만수르는 자신의 권위를 강화하기 위해 알리 가족(Banū 'Alī)인 자신의 삼촌들의 모든 중요한 직책을 박탈하고 그들의 유능한 보좌관들을 처형해버렸다. 또한 자신의 최측근 수행원들 중 할리파 자리를 넘볼 것으로 의심되는 예언자 가문의 사람들을 출신이 모호한 천민들로 교체했다. 그들 중에는 노예에서 해방된 자도 많았다.

한편 알 만수르는 재임 시작부터 시아파에 대해 부득이한 조치를 취할 수밖에 없었다. 그것은 교의에 관한 문제로 압바시야는 이전 지지자들의 실망감을 해소하는 문제에 앞서 그들이 일단 움마의 지도자가 된 후에 일부 추종자들이 취한 태도에 대처해야 했다. 유명한 라완디야(Rāwandiyya) 사건의 경우가 그러했다. 라완디야로 알려진 종파는 압바시야 운동에 참여했던 후라산 출신의 맹아적 시아 집단이었다. 758년, 그들은 하시미야의 자신들의 거주지에서 통치권을 장악했다. 그들이 신봉했던 교의 속에는 무슬림의 가르침과 상치되는 윤회전생(輪回轉生)과 신성의 육신화(divine incarnation) 같은 것들이 있었다. 압바시야의 입장에서 볼 때, 우마이야 타도과정에서는 그들의 지지가 절실했더라도 일단 집권하게 되자 라완디야의 우스꽝스러운 교의는 제국의 지배에 장애가 되었다. 결국 군의 투입에 의한 폭력적인 해결이 불가피했지만 새로운 체제의 종교적·정치적 정향에 만족하지 못하는 세력의 존재가 확인되는 사건이었다.

알 만수르와 그의 형제는 처음에 자신의 거주지를 쿠파 근처에 정하고 그 지역에 하시미야(Hāshimiyya)라는 성채를 축조했었다. 그러나 알 만수르는 재위 첫 몇 해 동안 갈등과 권력투쟁을 겪은 뒤 자신의 거주지가 적대적인 쿠파에 너무 가까워 신변의 안전이 위협받고 있다는 것을 깨달았다. 라완디야의 기습을 받았던 곳도 그곳이었다. 그렇다고 그러한 위험 때문에 새로운 아시아 제국의 중심지 이라크를 떠날 수는 없었다. 그는 이미 너무 번잡스럽고 불온한 요소가 넘치는 그곳에서 어느 정도 떨어진 곳으로 이주하고 싶었다. 압바시야 가문의 새로운 터전을 마련하려는 포부도 있었다. 그리고 급속히 성장한 관료제를 수용할 필요도 있었다.

알 만수르는 762년에서 766년에 걸쳐 옛 페르시아에 있는 사산 제국의 수도인 크테시폰 근처의 티그리스 강 서안에 있는 조그마한 촌에 압바시야 조의 영구적인 수도를 세웠다. 할리파는 문화적 상징성을 위해 새로운 수도 건설에는 최후의 토착 이란 왕조의 수도 크테시폰의 폐허가 된 호스로우(Khosrow)의 궁전 벽돌의 일부를 사용하도록 했다. 이 도시의 공식 명칭은 '마디나 알 살람(Madīnat al-Sālam: 평화의 도시)'이었으나 페르시아 이름인 '바그다드(Bagdad: '신이 부여했다'는 의미)'로 더 많이 알려졌다. 바그다드의 중심지는 지름이 약 3.3km의 성곽으로 둘러싸여 있으며 그 속에 할리파의 궁전과 관료들의 행정부서 건물, 할리파의 근위병인 후라산 병정들의 숙소가 있었고 성곽 밖에서는 거대한 상업 구역이 급속하게 발전했다. 알 만수르는 이 도시 근처에 티그리스와 유프라테스를 연결하는 운하를 파고 동서남북을 통하는 요지마다 초소를 설치했다.

바그다드로의 천도는 중동의 정세에 커다란 영향을 미쳤다. 제국의 중

■ 전·중반기 압바시야 할리파들

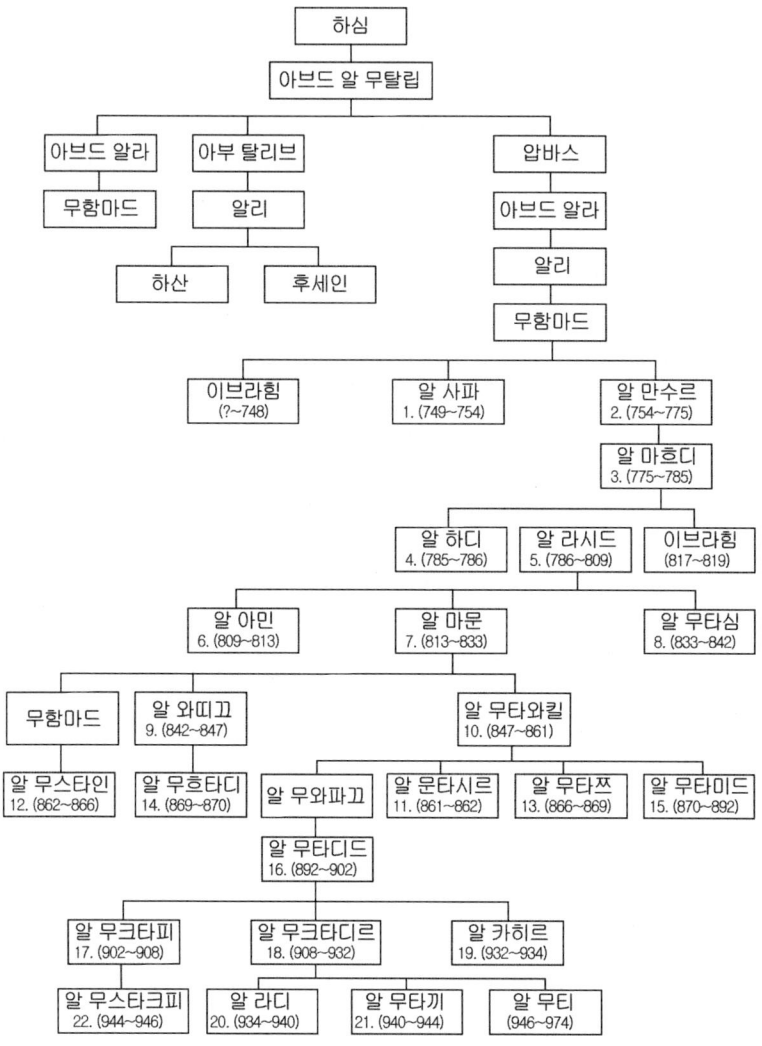

심이 지중해의 시리아로부터 비옥하고 관개시설이 좋은 강의 계곡 평야이며 수많은 통상로가 교차하는 메소포타미아로 이동한 것이다. 수도가 고대 이란 문명의 중심지에 더 가까운 동쪽으로 옮겨 가면서 아랍의 권력 독

점은 종식되고 이슬람화한 이란인들이 지배 엘리트로 등용되었다. 이 사실은 페르시아의 전통이 점차 큰 영향력을 갖게 되었음을 의미했다. 사산 왕조의 문헌들이 아랍어로 번역되거나 개작되면서 사산조(朝)의 전통이 부활되었다. 궁정 의례나 정부 행정에서 사산조 페르시아의 모델이 답습되었다. 이런 현상은 각 분야에서 뚜렷한 영향을 주지 못했던 아랍의 부족적 전통으로부터의 이탈을 의미했다. 이슬람 국가에서 처음으로 페르시아를 모델로 한 상비군이 편성됨으로써 아랍 부족 군(軍)에 대한 왕조의 의존도가 감소했고 나아가 수도에서 아랍의 영향력도 줄어들었다.

압바시야 왕조 시절 바그다드에서의 왕족생활의 거침없는 방탕 그리고 평범한 아랍인이 할리파에 접근하는 데 겪었던 어려움과 비교해볼 때 우마이야조의 지배는 본질적으로 검약하고 단순했다고 볼 수 있었다. 하룬 알라시드(Hārūn al-Rashīd: 786~809) 재위 시, 궁정의 부와 장엄함은 그 시대에도 명성이 높았지만, 「천일야화(The Thousand and One Nights, Arabian Nights)」의 이야기를 통해 많은 사람들에게 알려져 이후 시대에서 민중들의 환상을 사로잡았다. 이때 바그다드는 당나라의 수도 장안과 함께 세계 교역과 문화의 중심지로서 번성했고 활발한 육·해상 실크로드의 개척으로 동서 문물이 물밀듯이 유입되었다. 특히 중국으로부터 제지술이 도입되자 종이혁명이 일어났다.

아랍인들은 세속적인 영화로움에만 머물지 않고 동시에 지적(知的) 세계의 탐색에도 나섰다. 이러한 때에 가장 어울리는 진보적인 군주는 알 마문(al-Ma'mūn: 813~833)이었다. 당시 아랍인을 매혹시켰던 것은 그리스 정신이며 그 선두에 선 것이 아리스토텔레스의 논리학이었다. 그리스, 로마의 고전이 번역 및 재해석되고 학문이 꽃을 피워 이슬람의 르네상스를 맞이했다. 이렇게 하여 그리스 정신이 바그다드에 이전되었고 바그다드가 이슬람 제국의 수도가 된 지 100년이 되지 않은 사이에 아리스토텔레스의 철학서, 신플라톤파의 저서, 히포크라테스와 갈레노스의 의학서 및 인도의 과

학서를 페르시아어와 아라비아어로 읽을 수 있게 되었다. 그리하여 그들은 그리스와 헬레니즘 시대의 주요 저서를 유럽인들보다 훨씬 먼저 알 수 있게 되었다. 가히 '문명의 이전(移轉)'이라는 거대한 현상이 나타났던 것이다. 이 무렵 그리스도교 세계는 아직 암흑기였다.

8세기와 9세기, 그리스의 철학서들과 학문서들이 아라비아어로 번역되고 무슬림들이 이원론자들(예를 들면 영지주의자들과 마니교도들), 불교도들, 기독교인들과 활발한 논쟁을 벌이면서 바스라와 바그다드를 중심으로 더 합리적 기풍의 신학운동이 등장했다. 이 무타질라(Mu'tazilah, '분리되어 나간 자들'이라는 의미)파는 전통보다는 인간의 이성을 더 신뢰하고, 꾸르안의 해석에서도 문자가 가진 의미 이상의 것을 밝히려고 했기 때문에 수니들의 반발을 불러일으켰다. 수니파는 이성을 통해 누구나 공감할 수 있는 진리가 있다는 생각에 회의적이었다. 또한 논리적 토론이나 논쟁이 지나칠 경우 공동체를 위험에 처하게 할 수 있다고 믿었다. 꾸르안이 해석될 경우에도 그 해석은 반드시 세대를 관통해 전해져 온 수나에 의거해 이루어져야 한다고 주장했다.

3. 통치, 행정, 군 조직

그 후 압바시야의 다른 할리파도 마찬가지였지만 만수르 역시 압바시야 정부의 힘과 효율성을 약화시킬 분쟁에 직면했다. 그것은 왕위 계승과 왕가 내부에서의 정당한 지배를 위한 기준의 문제였다. 흔히 법정 추정 상속인은 유능한 행정관이 되는 방법을 배우기 위해 후라산이나 시리아에 총독으로 보내졌다. 계승은 반드시 아버지로부터 장자로 이어지지는 않았고 지배권은 유능한 남자 친족에게 이양될 수도 있었다. 이것이 점차 사회적·정치적 집단들이 권력을 쟁취하는 수단이 되면서 많은 문제를 일으켰다.

알 만수르의 결정에서 바그다드 건설 못지않게 중요했던 것은 그가 자신의 아들 무함마드를 자신의 할리파 후계자로 공개 지명한 것이었다. 그러한 목적을 위해서는 알 사파가 알 만수르에 이어 자신의 두 번째 후계자로 지목한 이사 이븐 무사(ʿIsā ibn Mūsā)를 자리에서 물러나게 했다. 알 만수르는 그 결정을 승인을 받기 위해 그의 사촌 알 사파에게 엄청난 뇌물을 주었다. 이러한 조치로 인해 하심가 내에서 알리 자손들의 권리는 최종적으로 알 압바스 자손들의 권리 아래에 놓이게 되었다. 무함마드의 별명은 (신에 의해) '잘 인도되다'라는 뜻의 알 마흐디(al-Mahdi: 775~785)였다. 재임 초부터 그는 시아와 원만한 관계를 맺고 압바스 지배의 새로운 정당성의 기초를 세우는 데 부심해야 했다.

그 후 알 마흐디는 장자였던 무사 알 하디(Mūsa al-Hādī: 785~786)를 후계자로 지목했는데 그는 자신보다 인기가 많은 동생 하룬(Hārūn)을 지지하는 장군들과 궁정 장관들에게 거의 무시당했다. 하룬의 친모인 알 하이주란(al-Khayzurān)은 예멘 노예 출신으로 남편과 아들의 통치기간 중 국정에 강력한 영향력을 행사했다. 하룬은 782년 콘스탄티노플 원정에서 무슬림에게 유리한 평화협정을 체결한 공적을 인정받아 '올바른 길을 따르는 자'라는 뜻의 명예로운 알 라시드(al-Rashīd) 칭호를 받고 할리파의 제2계승권자가 되었다. 그리고 튀니지, 이집트, 시리아, 아르메니아, 아제르바이잔의 총독으로 임명되었다. 알 하디는 할리파에 올랐지만 1년도 되지 않아 의문의 죽음을 당했다.

786년 9월 하룬 알 라시드(Hārūn al-Rashīd: 786~809)가 23세의 나이에 할리파에 등극했다. 그의 제위 당시의 제국에는 여러 가지 문제가 산적했다. 시아 문제를 비롯해 이집트, 시리아, 예멘 그리고 이란의 속주들에서 반란의 가능성이 높았고, 마그리브 정황은 언제나 불안했다. 비잔티움은 이념적 갈등을 겪던 제국의 북쪽 변방을 위협하고 있었다. 그러나 중앙정부는 이들 반란을 진압할 수 있을 만큼 강했으며, 튀니지의 경우에는 800년, 이브라힘 이븐 알 아글라브(Ibrāhīm Ibn al-Aghlab)에게 반독립적 지위를 보장하고 반대급부로 조공을 약속받음으로써 적대세력의 출현을 막았다. 이로써 제국 대부분의 지역에 평화가 찾아오고 산업이 부흥되었다.

알 라시드는 할리파 등극 과정에서 도움을 주었고, 또 자신의 안전을 기하기 위해 자신의 비서이자 개인 교수였던 할리드 이븐 바르마크(Khālid ibn Barmak)의 아들 야흐야(Yaḥyā)를 와지르에 임명하고 그에 의지함으로써 17년간에 걸친 바르마크가(家)의 시대를 열었다. 그러나 바르마크가의 등장은 할리파의 권력의 범위와 약점을 드러내는 결과를 가져왔다. 할리파는 제국의 문제에 대해 훈련을 받은 행정관의 도움을 받을 수밖에 없었고 그들은 필연적으로 마왈리 계급에서 충원되었다. 주권자가 행동의 자유를 얻기 위해서는 잔인한 대응과 비상수단이 필요했다. 어쨌든 알 라시드 재위 시절 압바시야 할리파의 권력이 정점에 달했던 때였으며 또한 내리막의 시작이었다. 알 라시드의 갑작스러운 죽음과 몇 해 전에 그가 만든 후계구도로 제국의 통일과 번영이 위태로워졌다.

알 라시드는 통치기간 중 압바시야 공주(알 만수르의 손녀) 주바이다(Zubayda)에게서 난 아들 알 아민(al-Amīn)을 제1후계자로, 페르시아 출신 노예 부인에게서 난 알 마문(al-Maʾmūn)은 제2후계자로 임명했다. 그리고 왕국을 두 지역으로 나누어 수도를 포함한 이라크 지역의 통치는 아민에게, 동부의 후라산과 그 이웃인 트란스옥시아나 지역의 통치는 마문에게 맡겼다. 후라산은 당시 이란 문화의 중심지로 바그다드에서 멀리 떨어져 있었으며 지리적 여건도 달랐다. 결국 아민의 세력은 주로 수도와 이라크를 근거로 했고 마문의 세력은 이란을 중심으로 포진했다. 알 마문은 더 유능한 장군들을 거느렸고, 후라산 군대의 전폭적인 지지를 받고 있었다.

이들 간의 권력투쟁은 809년 3월, 알 라시드가 갑작스럽게 사망하면서 시작되었다. 알 마문이 메르브에서 자신의 존재를 확립하고 이제까지 명목적으로 행사되던 후라산 정부의 지배권을 장악하자 알 아민은 바그다드에서 자신이 할리파임을 선언하고 와지르 알 파들 이븐 라비(al-Faḍl ibn al-Rabi)는 알 마문 군대의 바그다드 귀환을 명령했다. 알 마문의 입장에서 그러한 처사는 선대에서 만들어진 조건부 협약에 어긋나는 것이었다. 수 개월이 지나면서 이러한 불화는 격화되었다. 결국 알 마문은 형의 요구를 거절했고, 이에 대응해 알 아민은 알 마문의 승계권을 박탈해 이를 자신의 아들 무사(Musa)에게 부여했다. 811년 3월, 타히르(Ṭahir ibn al-Husayn)가 지휘한 알 마문의 군대가 수적으로 열세였지만 첫 전투에서 승리를 거두고 812년 8월에는 바그다드를 포위했다. 완강한 저항으로 도시는 심하게 파괴되었고 알 아민은 살해당했다. 813년 9월, 알 마문(al-Ma'mūn: 813~833)이 할리파에 추대되었으나 그가 집권한 20년은 반란으로 점철되었다.

815년, 바그다드에서는 아부 알 사라야(Abū al-Saraya)의 시아 반란이 있었다. 진압은 쉽지 않았고 결국 후라산 군대가 동원되었다. 그리고 이 사건은 바그다드 사회를 멀리하고 메르브에 머물던 할리파에게 깊은 인상을 남겼다. 그는 하산 계열의 열두 이맘 중 8대 이맘 알리 알 리다('Ali al-Ridā)를 후계자로 지목하는 등 할리파 후계문제에서 알리의 후손과 알 압바스 후손을 차별하지 않겠다는 의지를 밝혔다. 이러한 정책은 알리파 몇몇과 자이드파를 자신의 목적에 끌어들이는 데는 성공했지만 압바시야 정통주의에 헌신해 온 이라크 대중들의 뜻을 거스르게 되어 실패한다. 이라크인들은 그러한 정책을 전 제국에 페르시아인의 지배를 확고히 하려는 의도로 받아들였다. 그들은 망설이지 않고 817년 7월 알 라시드의 형제인 이브라힘 이븐 알 마흐디(Ibrāhim ibn al-Mahdi)를 할리파에 옹립했다. 결국 8월 알 마문은 이러한 사태에 대응하기 위해 바그다드로 귀환하기로 했는데, 이 사건은 그 와중에 와지르 알 파들 이븐 살(al-Faḍl ibn Sahl)이 살해되고 이브라힘 이븐 알 마흐디가 사라지면서 종결되었다. 결국 할리파의 바그다드 귀환(819년 8월 11일)은 이전의 친(親)시아정책이 마감되는 계기가 되었다.

알 마문은 집권 후기에 많은 문제에 직면했다. 제국의 동부에서는 일부를 제외하고 대체로 할리파의 권위가 확립되었다. 그는 후라산 총독에 자신의 장군이었으며 알 아민을 제압하는 데 공을 세운 타히르를 임명했다. 타히르는 과도하게 자치권을 추구한 나머지 822년에 갑작스러운 죽음을 당했지만 후라산 정부는 계속 그의 자손들의 수중에 있었다.

그러나 이집트에서 질서를 회복시키는 일이 무엇보다 중요했다. 그곳에는 798년, 코르도바에서 난민들이 도착한 이래 소요가 계속되었으며 가혹한 세금 체계는 일련의 반란을 부추기고 있었다. 그중 델타의 콥트족들이 일으킨 반란은 가장 진압이 어려웠고 가장 잔인한 원정대가 동원되었다. 831년의 반란에서 콥트족은 아랍인들과 공동전선을 폈다. 결국 결정적인 국면에서 그 상황을 정리하기 위해 알 마문 자신이 이집트에 가야만 했다. 그는 그곳에서 후라산 군대를 조직하고 그의 후라산 장군 아브드 알라 이븐 타히르('Abd Allah ibn Ṭahir)에게 속령으로서의 이집트를 맡겨둠으로써 새로운 체제를 출범시켰다.

이집트가 혼란을 겪는 동안 비잔티움 제국이 방어가 취약한 해안지대를 기습공격하기 시작하면서 또 다른 위협을 불러왔다. 그러나 이집트 내부에는 그 나라에 강한 정부와 재정적 독립을 이룩할 그리고 경제활동을 적절히 보호하고 장려할 새로운 레짐을 기꺼이 환영하고 지지할 많은 사람들이 있었다. 이러한 이집트 사태는 868년 9월, 툴룬(Aḥmad Ibn Ṭūlūn)이 이집트 총독으로써 푸스타트에 도착함으로써 새로운 전기를 맞게 된다.

알 마문은 그의 재위 동안 제국의 통일과 평화를 보존하는 일에 진력하는 동시에 이슬람 공동체를 양분하고 있던 두 적대 집단을 화해시키려는 노력도 계속했다. 그가 시아의 호의를 이끌어내기 위한 여러 조치들을 취하면서도 무타질라(Muʻtazilah)파에 동조하고 나선 것도 무슬림 공동체에 모두가 받아들일 수 있는 교의를 정착시키려는 노력의 소산이었다. 무타질라는 외래적인 교의들에 대항하여 이슬람을 지키기 위한 신학운동이었을 뿐 아니라 공동체 지도자의 탁월함과 그에게서 기대되는 자질을 강조함으로써 정치적 문제의 원초적 해결을 도모하려는 정치적 노력이기도 했다. 그러나 그러한 할리파의 정책은 주류인 수니파의 저항에 부딪쳐 어려움을 겪었다. 알 마문이 죽은 후에도 그의 두 후계자는 무타질라를 비호했지만 무슬림 사회는 이에 저항하면서 서서히 새로운 교리를 수립해나갔다. 그에 기여한 사람들 중에는 법관(Qāḍī) 아흐마드 아비 두아드(Aḥmad ibn Abī Du'ād)와 법학자 아흐마드 이븐 한발(Aḥmad ibn Ḥanbal) 등이 있었다.

한편 차기 할리파를 둘러싼 궁정 음모는 시간이 흐르면서 점점 더 가열되었다. 9세기 말엽, 계승 문제는 다른 모든 할리파의 행동을 퇴색시키고 궁정의 사고를 지배하게 되었다. 물론 할리파의 계승이 압바시야 정부의 유일한 내부 쟁점은 아니었다. 초기부터 알 마문과 바로 다음 할리파까지의 통치철학의 차이가 궁정에서 정치적 주도권 싸움을 복잡하게 만들고 있었고 신학과 법률학에 관련된 문제들이 이러한 정치적 격론에 가세했다.

종교학자들은 국가·사회생활은 꾸르안과 예언자 무함마드의 실천에 기초해야 한다고 가르쳤지만 권력층은 자신들의 결정이 강제될 수 있도록 정치구조가 전제화되어가기를 바라고 있었다. 이들은 절대적 지배자가 되기를 원했다. 반면 신실한 자들은 공동체의 집단적 지혜에서 안위를 구했다. 할리파 알 마문은 이 두 파벌 간에 타협을 기대했지만 뜻을 이루지 못했다. 이 때문에 제국 내의 잡다한 세력들이 둘로 갈라져 상반된 양극화 현상으로 나타났다. 한쪽은 '비서들', 즉 민간관리들로서 그 대부분은 페르시아인들과 동부 지방으로부터 온 사람들이었고, 다른 한 세력은 종교학자들(울라마)로서 그 대부분은 아랍인들과 서부지방에서 온 사람들이었다.

압바시야조의 행정조직은 우마이야조 말기의 조직을 발전시킨 형태였다. 그러나 페르시아의 사산조(Sāsān)의 행정조직을 페르시아계의 관료와 문헌에서 배워 그것을 의식적으로 모방하려고 애썼다. 따라서 압바시야조의 행정기구는 인종차별에 바탕을 두지 않고 국가의 관료층을 마왈리 출신으로 대폭 충원해 그들도 상당한 사회적 지위를 누렸다.

중앙정부의 부서(diwān)에는 문서부(diwān al-tawqi'), 군부, 조세부(diwān al-kharāj), 우편정보부(diwān al-barid wa'l akhbār) 등이 있었다. 이들 부서에서 일하는 관료층은 지위의 고하를 막론하고 재상격인 와지르의 지휘 감독을 받았다. 와지르는 할리파의 최고 행정권의 집행자이자 전체 행정기구의 우두머리였기 때문에 그 권력이 막강했다. 그 지위가 아버지에서 아들로 세습되는 경우도 많았다.

압바시야조의 초창기에 할리드 이븐 바르마크(Khālid ibn Barmak)라는 와지르가 있었는데 그는 중앙아시아의 이란계 출신이었다. 그는 알 사파와 알 만수르의 신임을 받았다. 그의 두 아들도 와지르가 되었으므로, 이 가문은 와지르가(家)로 명성이 높았다. 할리드는 재정 대신으로 봉직했으며 그런 다음 총독이 되고 군(軍)지휘관이 되었다. 그는 또한 알 라시드의 보호자처럼 행동했다. 그는 엄청난 재물을 모았는데 때때로 그는 총독으로서 바그다드에 보내지 않았던 300만 디르함을 세금으로 내야 할 정도였다. 그의 아들 야흐야(Yaḥyā)는 와지르로서 알 마흐디를 위해 일했는데 알 하디의 눈 밖에 나게 되어 구속되기도 했다.

바르마크가의 권세는 알 라시드 치하에서 정점에 달했다. 야흐야가 진정한 의미에서 초대 와지르가 되어 명령을 발하고 능숙한 솜씨로 재정 수익을 이끌어내면서 제국을 운영했다. 그는 지방의 통치와 과세에서 엄격한 집중화정책을 추구했다. 결국 그는 지방 주둔지에서 자신들의 이익을 증대시켜줄 분권화를 원하는 군대를 소외시키게 되었다. 야흐야의 아들들, 알 파들(al-Fadl)과 자파르(Jafar) 역시 막강한 권력을 행사했다. 바르마크 사람들은 사치스러운 생활을 했으며 마음에 드는 사람들과 가신들을 후대하기로 온 이슬람 세계에 알려져 있었다. 그러나 야흐야는 자파르와 알 라시드와의 개인적이고 친밀한 관계가 가져올지도 모르는 재앙을 두려워했다. 그 가문은 압바시야와의 정치적·사회적·종교적 평등을 구가할 수 없었다. 803년 결국 자파르는 후라산과 관련해서는 정책적 차이를 이유로 그리고 그가 알 라시드와의 우의를 왕실 대권을 침해하기 위해 이용했다는 이유로 아무런 경고도 없이 참수되었다. 야흐야와 알 파들 그리고 다른 두 사람은 구금되었고 바르마크가의 재산은 몰수되었다.

각 주의 행정은 총독(āmir)[3])과 조세 담당관('āmil)의 공동 관리 아래에 있었다. 양자는 각각 자신의 군과 관료를 가지고 있었으며 바그다드의 우편 정보부에서 나온 우편 국장의 감시 아래 독자적인 행동을 펴고 있었다.

군 조직 내부에도 큰 변화가 일어났다. 아랍 민병의 중요성이 감소되고 그에 따라 아랍족에 지불하던 연금은 중단되었다. 오직 정규군만이 급료를 받게 되었다. 군은 상비군과 특수한 전투에만 참여하는 지원병으로 구성되었으며 이들은 모두 급료를 받았다. 군의 핵심은 압바시야조의 창립에 공훈을 세운 후라산 출신의 근위병(ḥaras)들이었다. 아랍군도 아랍 알 다울라(Arab al-dawla: 국가의 아랍군)란 이름 아래 새로운 체제에 충성하는 아랍인들로 한동안 유지되었다. 그러나 그 중요성은 곧 사라졌다. 830년경 노예 집단들이 비무슬림 민족으로부터 보충되는 동시에 마왈리들이 군대에 편입되어 들어오면서 군대의 구성이 다양해졌다.

후라산 군대는 압바시야조를 할리파조로 끌어올린 원동력이었다. 이들은 몇 세대 동안 바그다드와 제국의 다른 지역에서의 권위를 지켜주었다. 압바시야조 지배 후 첫 10년 동안 그 군대는 카스피 해 남쪽 지역을 정복했다. 802년, 비잔티움 황후 이레느(Irene of Athens: 797~802)가 퇴위하고 새로 등극한 비잔티움 황제 니케포로스 1세(Nikephoros Ⅰ: 802~811)가 약속한 조공을 거절했고 이에 후라산 군대는 비잔티움에 대한 공략에 나서 805년 피리기아(Phrygia)의 크라소스에서 있었던 전투(the Battle of Krasos)로 비

---

[3]) 아미르(amīr)는 아랍어에서 군지휘관 또는 총독이란 의미를 갖고 있으며, 주로 원정군의 사령관과 점령지의 총독을 지칭하기 위해 사용했다. 일반적으로 이슬람 세계에서 아미르는 왕족과 귀족의 칭호로 사용된다. 수장(토후)이란 의미로 쓰이는 경우, 아미르가 지배하는 국가는 토후국(emirate)로 불린다.

잔티움군을 대파하고, 이듬해에는 13만 5,000명의 군대로 소아시아 공략에 나서 막대한 배상과 조공의 약속을 받아냈다. 양국 간의 분쟁은 하룬 알라시드가 죽을 때까지 계속되었다.

압바시야 치하에서 장군들은 할리파위를 차지하는 데 중요한 힘이었다. 9세기 중반을 지나면서 군은 점차 특수훈련을 받은 중앙아시아의 터키계 노예들로 구성되었다. 특히 어린 시절부터 군인으로 훈련받은 터키인들은 집안일이나 경제적인 목적으로 부리는 일반 노예와 구분하기 위해 맘룩(Mamlūk)이라고 불렀는데, 이는 아랍어로 '누군가에 속한 또는 소유된'이라는 의미를 가진다. 이들은 노예 출신으로 주인의 적과 싸우는 병사들이었다. 압바시야의 경우 이들 대부분은 카프카스(Kavkaz, Caucasus) 부근 지역의 체르케스인(Circassian)이나 그루지야인과 흑해 북부지역의 킵차크족(Kipchak)이나 그 밖의 다른 투르크인들로 노예상인들에게 사로잡혀 이 지역에 팔려왔다. 그런 다음 이슬람교로 개종해 이슬람 교육을 받았다. 이들은 생업에 종사하지 않고 훈련에만 전념했기 때문에 전투력이 우수했으며, 노예였기 때문에 용병들에 비해 유지비가 적었고, 권력적 연고가 없었기 때문에 이슬람 지도자들은 이들을 선호했다.

알 아민과 알 마문 간의 내전으로 인해 할리파는 자신에게 완전한 충성을 보이며 종교적 다툼과 격리된 자신만의 군대를 가져야할 필요성을 느끼게 되었다. 그러한 이유로 알 무타심(Muʻtaṣīm)은 자신이 중요한 총독직에 임명받았을 때 4,000명의 노예 출신 투르크인으로 구성된 자신의 호위대를 조직했다. 그가 할리파(833~842)에 즉위했을 때 그 수는 훨씬 늘어났고, 이들은 기마와 궁술에 능한 자들로 트란스옥시아나에서 사들인 노예들뿐 아니라 슬라브인이나 베르베르인들도 포함되어 있었다. 이러한 노예용병 군대는 짧은 기간 안에 7만 명에 육박했고, 압바시야 초기 무슬림군의 핵심을 이루었던 터키 또는 아랍 출신의 후라산 군대는 점차 그 세력이 약화되었다. 이러한 변화는 군에 등록된 노예들이 군에 복무한 대가로 노예로부터 해방되고, 할리파 궁정에서 심지어 정부 자체 내에서도 고위직을 차지하게 되면서 압바시야 체제에 중대한 결과를 가져왔다.

무슬림 군주들은 자신의 거처를 자신의 권력의 상징으로 삼기를 좋아했다. 그리고 당시 바그다드는 친(親)무타질라 정책에 격렬하게 반대하는 시아와 한발리파 때문에 반란의 분위기가 조성되고 있었다. 알 무타심은 바그다드 북쪽, 티그리스 강변의 사마라(Sāmarrā)에 새로운 거처를 정했다. 그곳은 할리파 알 무타미드(al-Muʻtamid: 870~892)가 자신의 형제이며 섭정(攝政)이었던 알 무와파끄(al-Muwaffaq)의 구속에서 벗어나려고 892년 바그다드로 되돌아가기까지 할리파들의 거주지가 되었다.

알 무타와킬(al-Matawakkil: 847~861)의 즉위로 할리파위는 일반적으로 쇠퇴기로 간주되는 새로운 국면에 접어든다. 할리파의 권위는 이를 재확립하려는 시도들도 있었지만 급속하게 훼손되었고, 치열한 경쟁을 벌이던 군장교들과 관리들이 점차 국정에 개입하게 되었다. 알 무타와킬은 와지르의 조력을 받지 않고 자신이 일을 처리해나갔던 몇 안 되는 압바시야 할리파 중 한 사람이었지만 그의 가신집단에는 시종의 지위를 차지하고 있던 터키 보좌관들과 함께 영향력 있는 총신 또는 비서관들이 있었다.

할리파 알 무타와킬은 861년 12월 터키 장교에게 살해당했다. 압바시야 할리파들 중 가장 강력한 성격의 소유자였던 한 지도자의 비극적 죽음은 할리파 아들들의 할리파 계승을 둘러싼 경쟁과 함께 궁정의 고위직을 놓고 벌인 터키 지휘관들의 암투 때문이었다. 이 암살로 제국은 무정부 상태에 빠져들었다. 이제 할리파는 정치적·종교적 입장 차이를 내세운 권력투쟁으로 터키인 아미르들의 의견에 따라 즉위하고 폐위당했다.

제6장
이슬람 세계의 분열

1. 이슬람 서부 세계

　세속적이며 물질적 성향이 강했던 우마이야조의 팽창 중심적 경향은 압바시야조에서 엄격하고 경건한 종교 중심의 정책으로 재구축되었다. 이런 일련의 정책은 희미해져 가던 아라비아를 중심으로 한 옛 이슬람의 정체성을 되찾는 분명한 계기가 되었다. 그러나 압바시야조의 엄격성과 현상유지를 지향하는 정책은 우마이야조와 함께 성장한 이슬람 세계 외곽에 정치적 공백을 발생시켰다. 이슬람 진영의 최전선에서 기독교도들과 대립하던 무슬림들은 중앙과의 연계가 느슨해지자 자구책을 모색하기 시작했다.

　우마이야조가 무너지고 압바시야조가 등장하는 과도기의 혼란한 틈을 이용해 서쪽의 변방 지역인 스페인과 북아프리카 지역은 점차 분리현상을 띠었으나 제국의 중심부인 중근동 지역은 그나마 통일성이 9세기 중엽까지 유지되었다. 그러나 제국의 영토가 너무나 크고 중앙정부의 내란이 자주 일어나자 제국은 급격히 아랍, 페르시아 및 터키인의 영주가 다스리는 지역으로 분리되기 시작했다. 그러나 이 분열이 결코 경제나 문화의 쇠퇴를 의미하지는 않았다. 지역에 따라서는 유능한 통치자 아래서 오히려 경제적·문화적 활동의 꽃을 피워 이슬람 문화 건설에 크게 기여하기도 했다.

　하룬 알 라시드의 치세는 일반적으로 압바시야조 권력의 최고 절정기로 간주된다. 그러나 쇠퇴의 첫 조짐이 나타난 것도 이 시기였다. 서부지역에서는 스페인과 북아프리카가 압바시야의 종주권을 명목상으로 인정하는 그들의 독자적인 군주 아래 실질적인 독립을 이루었다.

　8세기 초, 우마이야 할리파 히샴의 손자인 아브드 알 라흐만('Abd al-Rahmān)이 스페인에 (후기) **우마이야 왕조**(Umayyah Dynasty)를 건립했다. 그 당시 이베리아 반도는 한동안 무슬림으로 이루어진 아랍 군대가 점령하고 있었다. 그가 성공할 수 있었던 것은 이베리아 반도의 유력한 아랍 파벌인 카이스(Qais)파와 야만(al-Yaman, Yemen)파의 대립관계를 잘 이용했기 때문이었다. 그는 동맹관계를 바꾸고 용병의 지원을 이용해 권력을 잡은 뒤 755년에 알 안달루스의 총독을 제압하고 코르도바를 수도로 삼았다.

이 왕조는 아브드 알 라흐만 2세(822~852)의 치세에 이르러 경제적·문화적 번영의 기초를 닦았다. 무함마드 1세(852~886) 때에는 스페인인 개종자(muwallad)와 베르베르족의 반란으로 제국이 분열했다. 아브드 알 라흐만 3세(912~961)는 강건한 지도자로서 왕국의 어려움을 극복하고 권력과 문화의 전성기를 이루었다. 그리고 10년 안에 이슬람 왕국을 재통일하고 929년에는 스스로를 할리파라 칭했다. 그러나 1009년경 슬라보니아(slavonia)인과 베르베르족이 연달아 코르도바를 점령하고 그 밖의 이슬람 왕국도 우마이야 왕조에 등을 돌려 이슬람 사회는 소왕국인 타이파(taifa: 독립적인 무슬림 지배 공국)로 분열했다.

스페인 우마이야조의 뒤를 이어 786년에 하산 이븐 알리(Ḥasan ibn 'Alī)의 증손자 이드리스 이븐 아브드 알라 이븐 하산(Idris ibn 'Abd Allāh ibn Ḥasan)이 메카에서 알리파의 반란[1])을 주도하다가 실패하자 모로코로 건너가 베르베르 지역에 새로운 왕조를 세웠다. 그는 샤리프(sharīf),[2]) 즉 무함마드의 직계 후손으로 알리 가문 사람 대다수가 압바시야 왕조에게 살해당할 때 살아남은 몇몇 사람들 중 한 명이었다. 비록 모로코의 주민은 대부분 수니의 베르베르족이었지만 중앙정부에 대한 반발심에서 그를 지지했다. 이렇게 수립된 **이드리스 왕조**(Idrīsid Dynasty: 789~921)는 베르베르족이 가진 제도를 뛰어넘어 일부 아랍인들까지 포함하는 중앙정부를 조직한 최초의 왕조

---

1) 압바시야 왕조가 건국 초기 수니파를 포용하고 시아의 주장을 억누르자 이는 압바시야조와 시아파 사이에 수많은 갈등을 불러일으켰는데, 이러한 갈등의 분수령은 786년 메카에서의 대규모 봉기였다. 결국 광범위한 유혈참사가 이어졌고, 그 과정에서 살아남은 많은 사람들은 마그레브의 베르베르 지역으로 피신했다.
2) '신분이 높은' 또는 '고귀한'이라는 뜻을 가진 칭호. 할리파 알리의 아들 하산(Ḥasan ibn 'Alī)의 자손에게 적용되었다.

였다. 이들은 모로코에 샤리프 전통을 확립했으며 모로코 북부지역을 아랍어권의 일부로 만들었다. 그러나 이드리스 2세가 죽고 난 후 왕국은 분열을 겪고 약화되었다. 이 왕국은 북아프리카의 파티마조(朝)와 스페인의 우마이야조 사이에 끼어 곤경을 겪다가 결국 파티마조의 공격을 받아 멸망했다.

이와 같은 적대적인 세력이 스페인과 모로코에 정립하게 되자 위협을 느낀 압바시야조의 할리파 하룬 알 라시드는 튀니지의 카이로우안(Qairowān, al- Qayrawān) 지역에서 세력을 확립한 수니 출신의 이브라힘 이븐 알 아글라브(Ibrāhīm ibn al-Aghlab)를 이집트령(領)의 변경 서쪽 지역의 총독으로 임명해 압바시야에 적대적인 세력들의 동진(東進)을 막게 했다. 그를 계기로 등장한 **아글라브 왕조**(Aghlabid Dynasty: 800~909)의 왕은 아미르라는 칭호에 만족하고 압바시야의 종주권을 받아들였다. 이 왕조는 카르타고(Cartago)의 후예답게 강력한 해군을 만들어 지중해의 해상권을 장악하고 유럽 기독교국가의 해안을 괴롭혔다. 또한 수도 카이로우안에 메카, 메디나 및 예루살렘의 모스크에 버금가는 모스크를 지어 서방 이슬람의 본산을 이루었다. 결국 이 왕조 지배하의 북아프리카는 그리스도교의 문화가 완전히 사라져 아랍 이슬람의 세계로 변모했다.

시아파인 이드리스조가 모로코에서 독립하고 그 뒤를 이어 아글라브조가 튀니지에서 자치를 확립하자 그 영향은 이집트에도 미쳤다. 압바시야조의 등장과 함께 할리파의 가문에서 이집트 총독직을 독점해왔으나 856년 이후에는 터키족 출신의 장군이 총독직을 맡게 되었다. 이 총독은 이집트에 오지 않고 대체로 할리파와 함께 바그다드나 사마라의 궁전에 머무르면서 영향력을 행사했다. 총독은 대리인을 이집트에 보내 관리하게 했는데, 할리파 알 무타즈(al-Muʻtazz: 866~869) 시절 대리인으로 온 사람 가운데 중앙아시아의 파르가나(Farghāna)에서 온 맘룩 출신의 아흐마드 이븐 툴룬(Aḥmad ibn Ṭūlūn: 836~884)이 있었다. 그는 할리파 알 무타즈에게서 이집트를 속령으로 부여받은 계부 베이야바크(Bāyabak)를 대신해서 총독으로서 이집트에 왔다.

처음에 그의 권력은 엄격하게 제한되어 있었다. 중세 이슬람에서는 속주 행정을 군사, 재정 그리고 통신으로 권한을 분리해놓고 있었다. 그것은 제국 정부가 궁극적인 통제력을 확보해 자치주가 출현하는 것을 막는다는 취지였다. 그러나 툴룬은 이집트에서 자기 지위를 굳혀 868년부터 점차 독자적인 정책을 추구했다. 871년 그는 할리파와 와지르의 소환 명령에도 불복하고 심지어 중앙정부에서 보낸 재정관을 몰아내고 재정 통제권을 장악했다. 그것은 완전한 독립을 위한 필수적인 단계였다.

그러는 사이 870년 할리파위를 계승한 알 무타미드가 제국을 동서로 나누어 서쪽은 자신의 어린 아들 자파르 알 무파피드(al-Mufaffid)에게, 그리고 동쪽은 사실상 섭정으로서 그의 형제 알 무와파끄(al-Muwaffaq)에게 맡김으로써 제국의 중앙권력을 대표하는 알 무와파끄와 툴룬 사이에 충돌이 불가피했다. 877년 경 충돌이 시작될 때까지 툴룬은 많은 것을 성취했다. 바그다드로 보내는 세수 유출을 줄여 많은 부를 축적했다. 그로써 그는 카타이(Qaṭ'i')에 성채로 둘러싸인 새로운 수도를 건설하고, 터키, 그리스, 수단의 노예들로 구성된 잘 훈련되고 좋은 장비로 무장한 군대를 조직했다.

양자 간의 충돌은 섭정 알 무와파끄가 잔즈 반란(the Zanj rebellion) 진압과 사파르조(Ṣaffārid Dynasty: 867~913) 야쿠브와의 전쟁(876년 4월) 중에 그에게 막대한 돈과 인원을 보내주도록 요구함으로써 시작되었다. 이에 타협한 툴룬이 많은 돈을 보냈지만 섭정은 계속해서 불만을 토로하고 툴룬을 공직에서 제거하려했다. 이를 위해 섭정은 아마주르(Amājūr)를 시리아와 이집트의 총독으로 임명하고 그러한 결정을 강행하기 위해 군대를 파견했다. 그러나 툴룬의 이집트는 굳게 방어했고 섭정의 군대는 목적을 달성하지 못하고 되돌아갔다. 얼마 안 있어 아마주르가 죽자 툴룬은 878년 어려움 없이 시리아를 점거했다. 그곳은 이집트의 관문으로 중요한 곳이었다.

변경 지방의 방위를 확고히 하기 위한 책무로 그에게 시리아에 대한 사찰의 권리가 주어졌다.

툴룬은 할리파 알 무타미드 편에 서서 섭정(攝政) 알 무와파끄에 저항함으로써 중앙권력의 알력에도 개입했다. 새로운 위기는 882년 툴룬이 시리아 총독을 알 무와파끄에게 보내 그를 안심시킨 후, 자신은 섭정의 지위를 얻고 이집트 - 시리아국을 제국 전체의 중심이 되도록 만들려는 의도에서 그와 함께 하도록 할리파를 이집트에 초청하면서 시작되었다. 섭정의 전횡에 불만이던 할리파가 그의 제의를 받아들여 이집트로 가기로 했지만 알 무와파끄 부하들에게 차단되어 불명예스럽게 사마라로 되돌아가지 않을 수 없었다. 툴룬과 알 무와파끄 사이에 서로 자신이 할리파의 보호자이며 상대는 반역자라는 선전전이 이어졌다.

이러한 **툴룬 왕조**(Tūlūn Dynasty: 868~905)는 그의 아들 후마라와이흐(Khumārawayh: 884~896)에게 계승되었고, 886년에는 쿠트바에서 알 무와파끄의 이름을 언급한다는 조건으로 30년 동안 이집트와 시리아의 지배자임을 공식적으로 인정받았다. 이러한 합의로 툴룬으로 시작된 갈등이 봉합되었다. 그러나 그가 896년에 다마스쿠스에서 자신의 노예에게 피살되면서 후계자 계승 문제로 내란이 일어나자 그 틈을 노려 알 무와파끄의 아들로 892년 할라파위를 계승한 알 무타디드(al-Muʻtaḍid: 892~902)가 군대를 파견해 툴룬조를 멸망시키고 이집트의 통치권을 되찾았다.

그러나 바그다드의 직접 통치는 오래가지 않았다. 역시 페르가나(Ferghana)에서 온 터키인의 후손인 무함마드 이븐 투그즈(Muḥammad ibn Tughj: 935~946)가 이집트 총독으로 임명되어 왔다. 그는 곧 자신의 능력을 발휘해 할리파 알 라디(al-Rāḍī: 934~940)로부터 옛 이란 지방 영주를 부르는 익시드(Ikhshīd) 칭호를 받게 되었으며, 이로써 그는 다른 주의 총독보다 격이 높음을 과시했다. 그러나 이 **익시드 왕조**(Ikhshīd Dynasty: 935~966)는 문학과 예술 활동에 아무런 공헌도 하지 못했으며 서쪽에서 쳐들어온 파티마조의 군대에 멸망당했다. 어쨌든 이후 이집트는 극히 짧은 공백기를 제외하면 다시는 바그다드의 지배를 받지 않았다.

2. 이슬람 중·동부 세계

제국의 중앙부인 이라크 저지(低地)에서는 869년에 바스라 지역에서 흑인 노예의 반란이 일어나 14년 동안 할리파위를 위협했다. 잔즈(Zanj)로 알려진 이들은 사탕수수 농장의 경작을 위해 아랍 사람들이 '잔즈의 땅(Land of Zanj)'이라고 불렀던 소말리아 남부 모가디슈로부터 모잠비크 해안에 이르는 아프리카 동부해안에서 유입되었다. 이들의 유입은 8세기 중반 시아 난민들이 남부 아라비아로 이주하여 북동부 아프리카 해안 지역에 정착하면서 시작되었다.

반란의 지도자들은 시아 계통이라 해도 하와리즈의 만민평등사상에 고무되어 있었고, 운하들로 인해 이 지역의 대규모 군사행동이 어려운 상태에 있었기 때문에 할리파의 입장에서 반란을 진압하기가 매우 어려웠다. 반란세력은 바스라 시(市)와 남부 이라크를 장악하여 이 지역의 무역을 위태롭게 하고 바그다드까지 위협했다. 만일 잔즈 반란군이 제안한 사파르 왕조와의 연합이 이루어졌다면 압바시야조는 곧바로 종말을 고했을 것이다. 끈질기게 지속되던 이 반란은 883년에 당시 할리파의 동생이며 실권자였던 알 무와파끄가 바스라 남부에 구축되어 있던 그들의 성채, 마니아(Mani'a)를 파괴함으로서 비로소 진압되었다.

9세기 아랍 세력의 약화로부터 11세기 터키계 세력의 확고한 성립에 이르는 기간 동안 이란에는 세력의 회복기가 있었다. 이때 이란 왕조들은 이란인들의 지지에 의존했으며, 이란 영토에서 그리고 무엇보다 중요한 것으로 새로운 이슬람의 형식 내에서 이란인의 민족정신과 문화의 회복 강화에 근거를 두면서 명백한 민족적 형태를 띠었다. 최초의 이란계 독립 무슬림 왕조는 동부 이란의 타히르 왕조와 사파르 왕조, 동부 이란과 트란스옥시아나의 사만 왕조, 북부와 서부의 부와이호 왕조와 다른 소국가들이 있었다. 이 왕조들은 모두 무슬림이 세운 국가들이었다. 그들 중 일부는 여전히 아랍 이슬람의 이상에 영향을 받으며 페르시아 문화에 무관심했다. 그러나 사태 전개가 그들의 지지기반인 이란인들이 그들이 원하든 원하지 않든 '이란 르네상스'의 후원자가 되게 했다. 가장 적극적인 왕조는 사만 왕조였고, 수도 부하라(Bukhara)는 이란 문화 회복의 중심지가 되었다.

동부에서는 압바시야 제국의 붕괴 과정이 서부에서와는 약간 다른 형태를 띠었다. 압바시야 할리파와 이란인 지지자 그룹 간의 동맹은 하룬 알 라시드의 통치기에 일어난 한 모호한 내부격변으로 심각하게 훼손되었다. 그것은 하룬이 압바시야 건국 초기 반세기 동안 할리파를 도왔던 바르마크가의 권력을 박탈하고 하룬 스스로가 독점적 권력을 장악함으로써 시작되었다. 하룬은 왕국을 둘로 나누어 서부는 알 아민에게 동부는 알 아문에게 통치하도록 했는데, 하룬이 죽고 난 후 누적된 갈등은 이들 사이의 내전으로 비화되었다. 알 아민은 이라크 세력을 대표하고 있었고 알 아문은 이란 세력을 대표하고 있었다. 결국 내전은 아랍인과 페르시아인들 사이의 일종의 민족적 갈등과 같은 양상을 띠었는데 결국 페르시아인의 승리로 끝이 났다. 이때 페르시아 출신의 타히르(Tahir) 장군이 마문을 크게 도왔으므로 820년에 동부 주를 맡게 되었다. 그는 마문의 묵인 아래 후라산을 중심으로 실질적인 독립 왕조를 세웠다. 이렇게 성립된 **타히르 왕조**(Tahirid Dynasty: 821~873)는 사산조가 망한 후 이란인이 세운 최초의 왕국이었다. 타히르 왕국은 수도를 메르브에 두었으나 후에 니샤푸르(Nishapur, 지금의 이란 네이샤부르)로 옮겼다.

타히르 왕조가 수니 지배층의 이익과 사회구조의 현상유지에 주안점을 두었던 페르시아의 옛 호족(dihqān) 세력의 재생이라면, **사파르 왕조**(Ṣaffarid

Dynasty: 867~913)의 지지기반은 평민이었다. 그의 추종자는 종교적·사회적인 면에서 다양한 요소를 지지고 있었다.

후라산의 남부 시지스탄(Sijistān) 지역에는 하와리즈 반란이 자주 일어났으므로 이에 대처하기 위해 이 지역 주민들은 스스로 자위대를 조직했다. 이 자위대에서 야쿠브 이븐 라이스 알 사파르(Ya'qūb ibn Layth al-Ṣaffār)라는 구리 세공인이 뛰어난 명성을 얻어 지도자로 부각되었다. 그는 866년경 당시 아야르('ayyār, 페르시아에서 전사 계급에 속한 자들) 무리가 지배하고 있던 자신의 고향 세이스탄(Seistan, Sīstān) 장악을 시작으로 869년경 카불(Kabul) 계곡, 신드(Sindh), 토차리스탄(Tocharistan), 마크란(Makran, Balochistan), 키르만(kermān), 파르스(Fars) 그리고 후라산을 장악하고 인도 북동지역까지 지배영역을 넓혔다. 이렇게 등장한 사파르 왕조는 873년에 타히르 왕국의 수도인 니샤푸르(Nīshāpūr)를 점령해 타히르 왕조를 전복시키고 875년에 동부 페르시아와 아프가니스탄 지역을 통합시켰다.

야심찬 야쿠브는 876년 동부 주들에 대한 통치권을 공식적으로 승인받기 위해 바그다드로 쳐들어갔지만 다이르 알 아쿨 전투(the battle of Dayr al-'Aqul, 876년 4월)에서 할리파 알 무타미드 군대에게 패하고 말았다. 879년 할리파는 야쿠브의 형제이자 계승자인 아므르 이븐 라이스(Amr ibn Layth)를 후라산·이스파한·파르스·세이스탄·신드 지역 총독으로 인정했다. 그러나 사파르 왕조는 사만 왕조로부터 트란스옥시아나를 빼앗으려 한 아므르가 900년 발흐 근처에서 이스마일 1세에게 패함으로써 치명상을 입었다. 그 후 사파르 왕조는 사만 왕조, 가즈나 왕조, 몽골족에게 정복되어 가끔 중단되기는 했지만 16세기까지는 세이스탄 지역에서 그 명맥을 유지하고 있었는데 지배력이 광범한 지역에 미치지는 못했다.

페르시아의 옛 귀족세력의 부활을 대표하는 또 다른 왕조가 트란스옥시아나에서 나타났는데 바로 **사만 왕조**(Sāmānid Dynasty: 819~999)였다. 아프카니스탄 북부 발흐(Balkh) 출신의 이란계 귀족이었던 사만 쿠다(Sāmān

Khuda)의 네 명의 증손들은 라피 반란(the rebel Rafi' ibn Laith)의 진압에 조력한 대가로 할리파 알 마문으로부터 각각 지배 주(州)를 하사받았다. 증손자 누(Nūh)는 사마르칸트(Samarqand)를, 아흐마드(Ahmad)는 페르가나를, 야히야(Yahyā)는 샤시와 우스투르샤나(Shash & Ustrushana)를, 엘리아스(Elias)는 헤라트를 받았다. 875년 아흐마드의 아들 나스르 1세 이븐 아흐마드(Naṣr I ibn Aḥmad)가 트란스옥시아나의 총독이 되고 875년 실질적 독립을 이루긴 했지만, 900년에 후라산의 사파르 왕조와 타바리스탄의 자이드파(Zaid) 무리를 물리치면서 트란스옥시아나와 후라산에 대한 반(半)자치통치권을 확보하고 부하라를 자신의 수도로 삼은 사람은 바로 나스르의 동생이자 계승자인 이스마일 이븐 아흐마드(Ismā'īl ibn Aḥmad: 892~907)였다. 나스르 2세(al-Amir al-Said Naṣr II : 914~943) 때에는 트란스옥시아나와 후라산뿐 아니라 사파르 왕국도 예속화시켜 그 영토가 시지스탄, 키르만, 주르잔(Jurjān), 라이(Rayy) 및 타바리스탄까지 뻗쳤다.

사만 왕조는 외양으로는 바그다드의 할리파에게 충성했지만 실질적으로는 완전한 독립을 유지했다. 할리파의 눈에 사만 왕은 단순히 아미르(amīr, 총독) 또는 아밀('āmil, 징세관)일 뿐이었지만, 자신의 영토 안에서 사만 왕의 권위는 절대적이었다. 당시 동서무역의 요충지인 부하라와 사마르칸트는 고도로 번창하여 바그다드를 능가할 정도였으며, 각종 모피류, 종이, 철제품, 가축 등이 거래되었다. 지금도 남러시아에서 북유럽권에 걸쳐 다량으로 발견되는 사만조(朝)의 화폐는 그 당시의 경제적 발전상을 짐작할 수 있게 한다.

사만조는 또한 페르시아 문학의 재생을 열어준 왕조였다. 이슬람이 페르시아 제국을 정복한 이후 무슬림이 된 페르시아인들은 문학적 표현의 수단으로 아랍어를 사용했다. 그러나 사만조는 페르시아어를 장려했고 수도 부하라에 왕립 도서관을 세워 동서고금의 많은 서적을 보유했다.

사파르조(朝)가 사만조에게 멸망당한 후 약 150년 동안 이란 지역은 혼

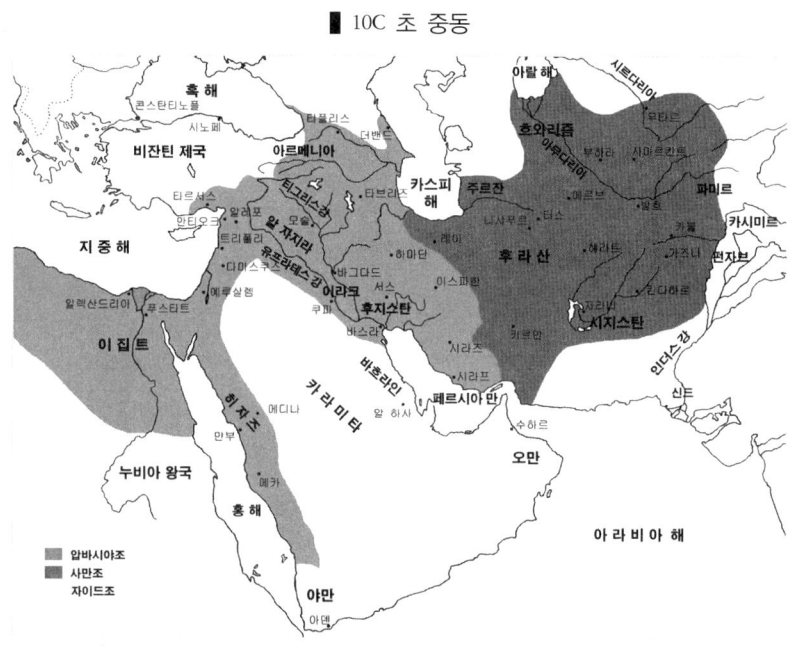

▎10C 초 중동

란을 거듭했다. 이 틈을 이용해 타바리스탄의 마르다위즈(Mardāvij)는 이스마일파의 이름 아래 조로아스터교적인 페르시아 문명을 재건하기 위한 노력을 기울였고 928년경에는 이란 중부에 상당한 세력을 형성했다. 그러나 935년에 그가 암살당하자 이 세력은 약화되었는데, 대신 등장한 세력이 카스피 해 남쪽의 다일람(Daylam) 지역[3] 출신인 페르시아의 시아 열두 이맘파에 속하는 부와이흐(Buwaih, Būyid) 가문이었다. 이 가문의 삼형제는 본래 마르다위즈의 휘하에서 종군하고 있었으나, 그가 암살당하자 곧 맏형 알리('Alī ibn Būyah)는 이스파한(Iṣfahān)과 파르스(Fārs) 주를, 둘째인 하산(Ḥasan)은 지발(Jibāl) 지역을, 막내인 아흐마드(Aḥmad)는 키르만과 후제스탄(Khūzestān) 지역을 장악했다. 새로 등장한 왕조는 그들 가문의 이름을 따

---

[3] 이란의 3개 주 길란(Gilān), 잔잔(Zanjan), 까즈빈(Qazvin)을 한데 묶어 지칭하는 말.

서 **부와이흐 왕조**(Buwaih Dynasty: 932~1055) 또는 부이 왕조(Būyid Dynasty)라 부른다.

945년 12월 메소포타미아에서 기근 때문에 혼란이 일자 아흐마드 이븐 부이아(Aḥmad ibn Būyah)가 군대를 동원해 바그다드를 점령했고 할리파의 근위병인 터키계 맘룩 용병들은 저항할 생각도 않고 도망쳤다. 이로써 바그다드의 수니 할리파는 터키계 맘룩군의 손아귀에서 벗어났으나 페르시아 출신의 열두 이맘파 아흐마드의 영향력 아래 놓이게 되었다. 당시 영내 거주민의 절대 다수가 수니였으므로 아흐마드는 수니 할리파를 제거할 수는 없었다. 할리파 알 무스타크피(al-Mustakfi: 944~946)는 아흐마드에게 무이즈 알 다울라(Muʻizz al-Dawla, 왕국의 간성, in Iraq: 945~967, in Kirmān: 936~949)라는 칭호를 수여했다.

부와이흐조(朝)가 바그다드를 지배하던 100여 년 동안 그 지배자들은 할리파를 마음대로 즉위 또는 폐위시켰다. 할리파 알 무스타크피가 부와이흐조의 권위를 수용했는데도 아흐마드는 946년 그를 폐위하고 알 무티(al-Mutiʻ: 946~974)를 할리파에 앉혔다. 아흐마드(Aḥmad)의 공식적 지위는 최고 사령관(Amīr al-Umaraʼ)에 지나지 않았지만, 그는 통치의 상징으로 쿠트바에서 할리파의 이름과 더불어 자기의 이름도 기원되기를 주장해 이를 실현시켰으며 그의 이름을 주화에도 새겼다.

삼형제가 죽은 뒤에는 2세들 사이에 권력다툼이 일어나 내란이 일어났으나 그들 가운데 하산의 아들 아두드 알 다울라(ʻAḍud al-Dawla Fanā-Khusraw, in Iraq: 949~983, in khūzestān: 949~983, in Kirmān: 949~983)가 경쟁자들을 물리치고 부와이흐조의 군소 제국을 통일해 대제국을 형성했다. 그는 원래의 영토에 오만, 타바리스탄, 조르잔(Jorjan)을 병합해 단독 통치자가 되었다. 그때 부와이흐조는 그 위세가 절정에 이르렀다. 그러나 그가 죽은 후 다시 내분이 일어나 부와이흐조는 군소국가로 전락했다. 이 제국은 동부 영토가 1029년에 가즈나조에 병합되었고, 1055년에는 셀주크 투르크(Seljuk

Turks)의 침략으로 멸망했다.

9세기 후반(890년경)부터 비잔티움 제국과의 국경인 이라크 북부(al-Jazīrah) 모술(Mosul) 지역에 타글리브(Taghlib) 부족 출신이며 시아파인 함단(Ḥamdān) 가문이 세력을 형성해 가고 있었다. 함단 이븐 함둔(Ḥamdān ibn Hamdun)은 9세기 후반 압바시야 할리파에 대항하는 반란에 가담해 바그다드의 중앙정부와 순탄치 못한 관계에 있었으나 그 아들들은 압바시야조의 관리가 되었다. 함단의 아들 아부 알 하이자 아브드 알라(Abū al-Hayjā 'Abd Allāh)는 모술 총독(905~929)으로서 **함단 왕조**(Ḥamdānid Dynasty: 905~1004)를 기틀을 마련했다. 그의 아들 알 하산(Ḥasan)은 아버지의 총독직을 계승하여 곧 북부 메소포타미아와 북부 시리아 지역을 확보한 후 할리파에게 이 지역에 대한 그의 권위를 공식적으로 인정해줄 것을 강요하여 결국 나시르 알 다울라(Nāṣir al-Dawla, 왕조의 승리자, in Al-Jazira: 929~967)라는 칭호를 받게 되었다. 그러나 부와이흐조가 945년에 바그다드를 정복한 후 함단조(朝)를 강요하여 종주권을 인정받았다.

한편 나시르 알 다울라의 동생인 사이프 알 다울라(Sayf al-Dawla Alī Ⅰ, in Aleppo: 945~967)는 북부 시리아의 알레포에 근거를 정하고 비잔티움 제국에 대한 전쟁으로 이슬람 신앙의 방패로서의 명성을 떨쳤다. 그러나 비잔티움 제국의 세력이 위력을 발휘해 150년간 무슬림 통치하에 있던 크레타와 키프로스를 961년과 965년에 각각 점령했다. 사이프 알 다울라가 죽은 뒤에 이 알레포의 함단조는 남쪽에서 올라오는 파티마조 세력의 팽창과 북쪽에서 내려오는 비잔티움 제국의 잠식 정책 사이에 끼어 어려움을 겪다가 결국에는 파티마조의 종주권을 인정하여 멸망하고 말았다. 그러나 이 왕조는 문학과 예술의 후견자로서 매우 중요한 역할을 했다.

중동에서 중세 초기라고 보이는 10세기 중반 무슬림 중동의 동쪽 땅들은 부와이흐조와 더불어 가즈나조, 셀주크 지배 왕조들이 통제하고 있었다. 이 시기에는 동쪽에서의 다양한 시아파들의 도전과 터키어계 유목집단들의 침입이 있었지만 결국 수니 이슬람의 승리가 확인되었다.

무슬림 세계의 동부 변경에서 페르시아의 문화 전통을 부흥시켰던 사만조에서는 전성기를 누린 나스르 2세(Naṣr II : 913~943)가 죽은 후 내분이 일어났으므로 지방의 호족(dihqān)들을 다스리기가 점차 힘들어졌다. 더구나 군 내부에 터키계 출신의 장교의 수는 점차 늘어나고 영향력도 강화되어 때때로 불만분자와 결탁해 음모를 꾸몄으므로 사만조의 통치자들은 840년 이후 북쪽의 톈산 산맥(天山山脈) 지역에 세력을 확장시켜 압력을 가하는 동시에 터키계 부족인 카를룩(Qarluk)과 손을 잡거나 또는 점차 상승세를 타고 있는 카라한조(朝)(Qarakhanid Dynasty)와 협력하여 지탱했다.

당시 트란스옥시아나의 많은 부분을 차지하고 있던 투르크 카라한 왕조가 가즈나조의 술탄 마흐무드(Maḥmūd)와 동맹을 맺고 사만 왕조의 만수르 2세(Mansur II : 997~999)를 왕위에서 몰아내면서 후라산을 차지했다. 이어 999년에는 카를룩 연맹의 최고 부족장의 손자인 하룬(또는 하산) 부그라 한(Hārūn Bughra Khān)은 사만 왕조의 수도 부하라를 점령했다. 그 후 사만 왕조의 영토는 가즈나 왕조와 카라한 왕조 사이에 분할되었다. 가즈나 왕조는 후라산과 아프가니스탄을 차지했고 카라한 왕조는 트란스옥시아나를 손에 넣었다. 이때부터 옥서스 강은 경쟁적인 두 왕조의 국경이 되었다.

사만조의 마지막 왕 이스마일 2세(Ismaīl II al-Mustaṣir: 1000~1005)는 가즈나조의 마흐무드와 카라한 왕조에 대항했으나 1005년에 살해되었다. 그러나 사만조의 붕괴가 이제 막 부활한 페르시아 문명에 상처를 입히지는 않았다. 그것은 사만조가 이란의 정신적 유산과 이슬람교를 터키족에 퍼뜨리는 데 크게 공헌했고, 그에 감화된 가즈나조가 사만조의 유업을 계승했기 때문이다.

현재 외몽고 지역에 있었던 위구르 제국(Uyghur Empire: 745~840)이 붕괴된 후 지금의 신강(Shinkiang)으로 알려진 동부 투르키스탄에 거주하던 위구르인 일파가 서쪽으로 이동, 아랄 해 남쪽 호와리즘(Khwārizm) 지역에 인접한 서부 타림(Tarim) 분지, 페르가나 계곡, 준가리아(Jungaria)와 카자흐스탄 일부를 점유하면서 카슈가르(Kashgar)를 중심으로 국가를 건설해나갔다.

이렇게 성립된 **카라한 왕조**(Qarakhanid Dynasty, Kara-Khanid Khanate: 840~1211)는 수많은 부족들이 느슨하게 뭉쳐서 형성한 연합국이었다. 카라(Qara, Kara)는 터키어로 '검정'을 뜻하며 '귀족'을 상징한다. 한(khan, 실제로는 kāgan)은 국가 지도자에게 붙여준 칭호였다. 역대의 군주는 '위세가 있는' 것을 의미하는 일레그(ileg 또는 ilig)를 붙여 일레그 한(Ilig Khan)이라는 칭호로 불렸다. 934년 카라한 왕조에서는 발라사군(Balāsāghūn)을 근거지로 한 투르크계의 술탄 사투크 부그라 한(Satuk Bughra Khan: 920~955)이 모든 주민과 함께 왕국 전체가 이슬람으로 개종했다. 그로써 그는 중앙아시아에서 이슬람을 받아들인 최초의 터키인이 되었다. 따라서 이 왕조는 터키족이 세운 최초의 이슬람 국가라는 점에서 그 의미가 크다.

통일이 약하고 각 지방정권 간의 항쟁이 격렬했으므로 11세기 초반 내분에 휩싸였던 카라한 왕조는 11세기 말 셀주크조(朝)에 복속당했다. 우스만(Uthman Ulugh Sultan: 1204~1211)이 잠시 왕조의 독립을 재건했지만, 1211년 호와리즘 샤 왕조(Khwārizm-Shāh Dynasty)의 알라 알 딘 무함마드(Alā al-dīn Muḥammad)에게 패배한 뒤 멸망했다.

사만 왕조의 아브드 알 말리크 1세('Abd al-Malik Ⅰ: 954~961)는 투르크계 노예 출신 군인이었던 알프 티긴(Alp TIgin: ?~963)을 후라산의 군사령관에 임명했었다. 그러나 왕이 바뀌자 알프 티긴은 적대자에게 그 지위를 빼앗겨 962년 가즈나(Ghazna)에 물러나 일단은 사만 왕조를 따르고 있었지만 실제로는 가즈니(Ghazni)를 중심으로 독립 왕국 **가즈나 왕조**(Ghaznavid Dynasty, The Ghaznavids: 962~1186)를 세웠다. 알프 티긴 사후 그의 아들과 알프 티긴의 맘룩들이 연이어 권력을 장악했는데 그들 중 세뷔크티긴(ibn Sebŭktigin: 977~997)은 사만 왕조와 친선관계를 계속하면서도 후라산 지방의 지배권을 얻었다.

10세기 중엽부터 사만 왕조는 경제적으로 북부 무역이 중단되고 정치적으로는 불만을 품은 귀족 연합과 대립하면서 점점 약화되었다. 약해진 사만 왕조는 중앙아시아와 아프가니스탄에서 커지는 투르크 세력들의 압력에 쉽게 노출되었다. 누흐 2세(Nūh Ⅱ: 976~997)는 이러한 여러 어려움을 더는 극복할 수 없어 적어도 명목상의 지배권은 보유하려고 세뷔크티진을 가즈나조의 반(半)독립 통치자로 승인했고, 그의 아들 마흐무드(Maḥmūd)를 후라산 총독으로 임명했다. 세뷔크티진은 사만조가 허약해지자 자신의 지위를 강화하고 인도 국경까지 영토를 넓혔다.

가즈나조의 술탄 마흐무드 이븐 세뷔크티진(정식 이름은 Yamin al-Dawla Abd al-Qāsim Maḥmūd ibn Sebüktigin: 997~1030)는 27세로 왕위에 오르자 뛰어난 행정능력과 정치수완을 보여주었다. 이 술탄(Sultān)이란 칭호는 본래 통치 또는 권위를 뜻했으나 10세기경에 통치자의 의미로 사용되기 시작했다. 그는 집권 초 2년간은 가즈나에서 자신의 지위를 공고히 했다. 독립국의 지배자이긴 했지만 정치적인 이유로 바그다드의 압바시야 할리파에게 명목상의 충성을 표했고, 할리파는 그 대가로 마흐무드를 그가 점유하고 있는 지역의 합법적 지배자로서 공인하고 정복에 나서는 그를 지원했다. 마흐무드는 또 할리파에 충성하는 대가로 여러 주의 양도를 요구했다. 결국 옥서스 강 남쪽 사만조의 영토는 가즈나조로 넘어가고 그 북쪽인 트란스옥시아나는 카라한조의 영향권에 들어갔다.

당시 가즈나 왕조는 작은 나라였다. 젊고 야심에 찬 마흐무드는 대군주가 되기를 열망해 북쪽의 카라한 왕조나 셀주크 왕조의 남하를 저지하는 한편, 펀자브(Punjab, 五河) 지방을 완전히 장악하고 그곳을 근거지로 삼아 20회 이상의 성공적인 원정을 감행해 인도의 물탄(Multan), 구자라트(Gujarāt) 등을 정복했다. 힌두 사원들에서 빼앗은 전리품들을 가지고 그는 결국 카슈미르와 펀자브 및 이란의 대부분을 포함하는 말하자면 무슬림 세계의 동부 주 대부분을 포함하는 광대한 제국의 기초를 다지는 부를 축적하게 되었다.

그중 유명한 것은 북부 인도 우타르 프라데시(Uttar Pradesh) 주(州)에 있는 프라타하라(Pratyahara) 왕조의 수도 카나우지(Kannauj)와 인도 남서부 구자라트 주(州)의 인도 서부 중심 해안 도시 솜나트(Somnāth)를 정복한 것이었다. 카나우지 정복을 위해 가즈니를 떠난 마흐무드는 도중에 힌두교 성지 마투라(Mathura) 사원을 불사르고 1019년 카나우지에 도착했다. 카나우지의 라지푸트(Rajput)족(族)의 왕은 겹겹이 둘러싼 견고한 성벽을 두고도 싸워보지도 않은 채 도주해 마흐무드는 힘들이지 않고 그곳을 정복했다. 또한 1023년 12월 중순 구자라트 주의 힌두교 성지 솜나트의 원정에 나선 마흐무드는 이듬해 3월 그곳에 도착해 많은 시바신전을 약탈해 전리품을 빼앗고, 링가(linga)라는 남근 숭배 우상들을 파괴해 그 일부를 가즈니까지 가지고 갔다. 거기서 그는 궁전과 모스크의 문 앞에 이 우상을 깔고 사람들이 밟고 다니게 해 승리자로서의 위세를 과시했다. 그 과정에서 브라만과 왕후 귀족들에게 짓눌려 지냈던 솜나트 농민들은 이교도인 정복자에게 아무런 저항도 하지 않았다.

또한 술탄 마흐무드는 문학에도 관심을 기울여 오늘날까지 세계의 고전문학 가운데 손꼽히는 페르시아의 시성(詩聖) 피르다우시(Firdausi)가 지은 민족 서사시 샤나메(Shah-Name, 왕서)가 만들어지는 데 일조했다. 이 서사시는 이슬람 이전 페르시아인의 역사를 전설적으로 이상화시켜 묘사한 것으로 시의 주인공들은 모두 조로아스터교 신자였다. 이 작품은 페르시아어의 위상을 높여 이슬람의 문화언어로 만들었다. 비록 아랍어의 어휘가 최근까지 페르시아어에 도입되었을지라도 이때부터 페르시아인의 지성적 활동은 독자적인 길을 걸었다.

가즈나조는 1151년 라호르(Lahore)에 수도를 정해, 이란 지역에서 세력을 잃은 후에도 150년간이나 존속했다. 가즈나조가 1186년까지 라호르에 남아 있었다 해도 마흐무드 사망 후 제국은 급속히 쇠퇴하기 시작했다. 인도에서는 무슬림 독립 국가들이 떨어져 나가고 중앙아시아는 별도세력의 지배하에 놓이게 되었다. 가즈나조가 부와이흐조와 대결하고 있던 서쪽 방면에서는 셀주크 투르크가 나타났다. 가즈나조는 결국 1186년에 구르 왕조(Ghurid Dynasty: 1148~1215)에게 멸망당했다.

3. 파티마 왕조(Fāṭimah Dynasty: 909~1171)

8, 9세기경이 되자 이슬람의 수많은 종파와 학파는 다시는 통합할 수 없을 정도로 갈라져 제각기 교단과 학풍의 체계를 완성시켜가고 있었다. 그와 더불어 각 지방의 분리주의적 성격이 시대적 흐름이 되었다. 교역 확산, 새로운 산업의 등장, 도시 성장, 그와 동시에 일어나는 정부의 분열과 군국화, 점증하는 사회의 복합성과 다양성 등은 흐트러진 제국의 사회적 구조를 심각한 긴장으로 몰고 갔고 불화를 확산시켰다. 지성계의 지적 변질과 문화와 이념 충돌의 증대는 분파운동의 발생과 확산을 조장했다. 그것은 신학적인 사회에서 볼 수 있는 기존 질서에 대한 자연스런 불만의 표현이었다.

8세기 말과 9세기, 시아 이스마일파(일곱 이맘 시아파)는 점차 무슬림 세계 전반에서 불만에 찬 계급들과 무리들로부터 지지를 받기 시작했다. 이스마일파는 그러한 지지를 모으기 위해 일련의 비전(秘傳)적 신앙을 개발하고 이를 전파할 선전망을 구축했다. 9세기 후반과 10세기 초에 사회적 긴장감은 극에 달했다. 이슬람의 통치자들은 이스마일파의 선동적인 포교와 역시 그의 한 분파인 카라미타(Qarāmiṭah, Karmatians)가 동부 아라비아, 시리아, 메소포타미아 등지에서 벌인 무장폭동에서부터 바그다드 내부의 평화적인 도덕론자나 신비주의자들의 더 교묘하고, 결과적으로 더 효과적인 비판에 이르기까지 일련의 도전에 직면하게 되었다.

아라비아에서 하와리즈파는 무슬림의 평등사상에 호소하면서 제국의 모든 영역에서 비아랍계 무슬림의 지지를 얻으려고 애썼으나 크게 성공하지는 못했다. 8세기 중엽부터 재야세력의 주도권은 하와리즈로부터 시아파에게로 넘어갔다. 그중에서도 이스마일파의 활약이 두드러졌다. 이스마일파는 종교적·정치적으로 급진적이고 혁명적인 집단이었다. 그들은 극단적인 교리와 우마이야 시기의 초기 시아파의 폭력적인 방법을 이어받았고 그것을 새롭게 변화하는 현실에 적응시켰다. 그들은 예멘에서 더 안정적인 승리를 확보했고 스스로 세력을 구축하는 데 성공했다. 이스마일파는 압바시야 할리파에게 가공할 세력이었다.

이스마일파의 지도자 중 한 명이던 우바이드 알라(Ubayd Allah al-Mahdi Billah)는 시리아를 근거지로 자신이 파티마와 알리의 후손으로 구세주(al-Mahdi)의 대변인임을 내세우며 압바시야 할리파를 타도하고 이슬람의 지도력을 알리 가문에 되돌릴 것을 주장했다. 그는 9세기 말경 북아프리카에 자신의 추종세력을 파견해 베르베르 케타마(Ketama) 부족의 정치적 지지를 이끌어냈다. 우바이드 알라는 살라미야(Salamiyah)에 그의 지휘부를 설치하고 북서 아프리카에 대한 정복을 시작했다. 당시 그곳은 아글라브 왕조의 지배하에 있었다. 그는 909년 베르베르 부족의 도움으로 아글라브 조를 전복시키고 북아프리카에 새로운 나라를 세우는 데 성공했다. 그 후 그는 파티마조 최초의 이맘 알 마흐디(al-Mahdī biʻllāh: 909~934)로서 혈통과 신의 선택을 내세워 전 이슬람의 할리파에 대한 유일한 합법적 계승자임을 선언했다. 국호는 교조의 딸이며 할리파 알리의 아내 파티마의 이름을 따랐다.

이러한 파티마 왕조(Fāṭimah Dynasty: 909~1171)의 등장으로 이슬람 세계에는 새로운 정치질서가 조성되었다. 처음으로 압바시야조의 명목상의 권위마저 인정하지 않고 스스로 할리파조를 세운 강력한 독립 왕조가 중동에서 통치하게 된 것이다. 이로써 이슬람 세계는 바그다드, 스페인의 할리파와 더불어 세 명의 할리파가 존재하게 되었다.

　왕국의 세력 확장에 나선 할리파 알 마흐디는 튀니지 동쪽 해안에 있는 마디야(al-Mahdiyah, 920년 건설)에 수도를 정했다. 그의 궁극적 목표는 제국을 압바시야 왕조의 세력 중심지인 동쪽으로 확대해나가는 것이었다. 그러한 목표를 달성하는 첫 단계는 이집트의 정복이었다. 이슬람 초기 역사에서 이집트는 놀랍게도 미미한 역할을 하고 있었다. 이집트는 868년 아흐마드 이븐 툴룬이 그곳에 자신의 독립 왕조를 수립한 이래 다양한 왕조들에게 지배되고 있었다.

　921년 알 마흐디는 먼저 모로코에 있던 이드리스 왕조의 수도인 페즈(Fez)를 점령해 전 영토를 병합했다. 그런 다음 그는 914년, 921년, 925년의 세 차례에 걸쳐 당시 압바시야조의 통치하에 있는 이집트를 공격했지만 성공하지 못했다. 그의 꿈이 이루어진 것은 파티마조의 제4대 이맘 겸 할리파였던 알 무이즈(Al-Mu'izz: 953~975)가 재위한 시기였다. 당시 파티마 장군 쟈우하르(Jawhar)는 익쉬드조의 통치하에 있던 이집트가 정치적으로 혼란에 빠져 있으며 기근으로 고통 받고 있다는 것을 알았다. 969년 그는 아무런 저항도 받지 않고 푸스타트로 들어가 이집트가 시아 이스마일의 방어 거점임을 선언했다. 이어 할리파 알 무이즈는 그의 가족과 정부를 튀니지로부터 이집트로 이주시켰다. 파티마조는 새로운 이슬람 제국의 수도를 푸스타드 북쪽 지역에 세웠다. 그들은 그곳을 알 까히라(al-Qahira, '승리자'라는 뜻)라고 부르고 이곳을 시나이 반도를 지나 팔레스타인과 시리아 남부로 세력을 확대시켜 나가는 전초기지로 삼았다. 이곳의 오늘날 영어식 이름은 카이로(Cairo)다.

　이제 무슬림 세계는 수니의 동부와 이스마일파의 서부로 분열, 대립되었다. 특히 전통적으로 티그리스 강 - 유프라테스 강 지역과 나일 강 지역이 정치적으로 분리되어 있는 한 양대 세력은 충돌하지 않을 수 없었고, 또 이러한 대립이 지속되는 한 시리아와 팔레스타인 지역은 각각 자기 방어에

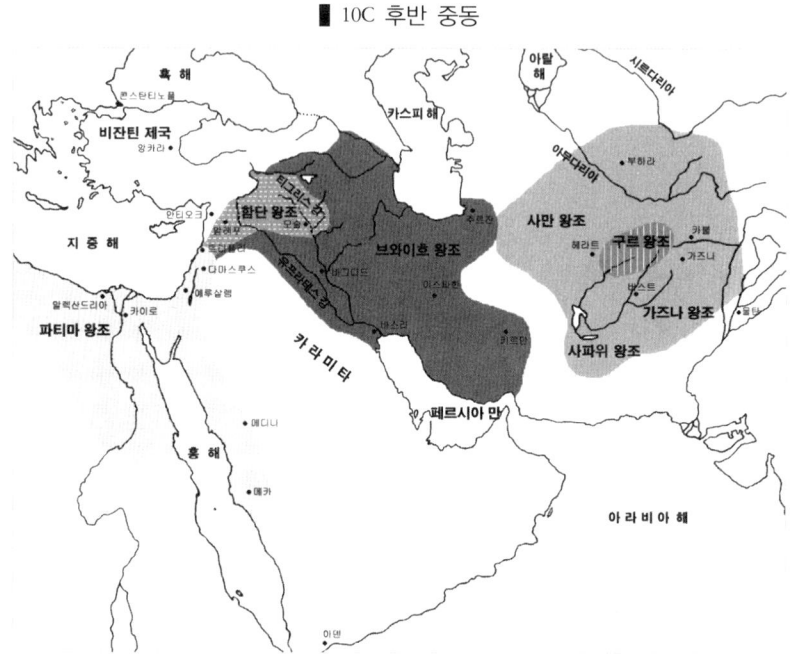

■ 10C 후반 중동

필요한 전략요지였다. 따라서 이 지역은 세력이 강력한 편에 병합되었고, 양 세력이 균형을 잡을 때에는 스스로 독립 국가를 형성해왔다. 이와 같은 형세는 1517년 오스만 제국이 카이로를 점령할 때까지 계속되었다.

파티마 군대가 이집트를 점령하던 해, 비잔티움 제국은 남진정책을 더 적극화했는데 그것은 3세기 전(634~641년) 헤라클리우스 황제 때 아랍인들에게 빼앗긴 시리아를 되찾기 위한 것이었다. 이미 961년과 965년 각각 크레타와 키프로스를 점령한 비잔티움 제국은 여세를 몰아 함단조를 압박해 사이프 알 다울라가 죽고 그의 아들 사드 알 다울라(Sa'd al-Dawla)가 지배하는 알레포를 자신들의 봉토로 만들었다. 니케포루스 2세 포카스(Nicephorus II Phocas: 963~969)가 주력부대와 함께 다마스쿠스 인접까지 전진하는 동안 다른 비잔티움 군대는 발베크(Ba'albak)와 베이루트에 들어서 예루살렘을 사정거리에 두게 되었다. 파티마 군대가 그들의 전진을 막아 세웠다. 그들은 997년 파티마 할리파 알 하킴(al-Ḥākim: 996~1021)과 비잔티움 황제 바실리우스 2세(Basilius Ⅱ: 976~1025) 사이에 조약이 체결될 때까지 북부에 대한 통제권을 유지했다. 그러나 이 조약으로 시리아에 대한 파티마조의 우위가 확립되었다. 함단조의 충성은 파티마조로 옮겨지고 그 영토는 파티마조에 흡수되었다.

카이로의 파티마 왕조 통치자들은 1세기가 넘도록 이스마일파의 이맘이 지배하는 범이슬람 국가의 건설이라는 목표를 이루기 위해 애썼다. 그러한 목표가 어느 정도 달성된 것은 할리파 알 무스탄시르(al-Mustanṣir: 1036~1094) 때였다. 이때 파티마의 영토는 북아프리카 전역, 시칠리아, 이집트, 팔레스타인, 시리아, 아프리카 홍해 연안, 예멘과 히자즈를 포함하고 있었다. 어려움은 있었지만 그는 결국 시리아에서 활동하던 카라미타와 다양한 유목민들 그리고 터키계 집단들을 제압하는 데 성공했다. 그리하여 북부 시리아가 여전히 비잔티움 제국의 통제하에 있긴 했지만 서기 1000년 파티마조는 스페인을 제외한 대부분의 서부 무슬림 세계를 자신의 지배하에 두었다. 이렇게 넓은 영토를 다스리는 일은 이슬람 통치자로서는 매우 의미 있는 일로, 그에게 커다란 종교적 위신을 가져다주었을 뿐만 아니라 신도들이 매년 행하는 성지 순례를 자기에게 유리하게 이용할 수 있게 해주었다. 쿠트바에는 튀니지로부터 유프라테스에 걸쳐 파티마 할리파의 이름이 언급되었다.

절정기의 파티마 왕조는 앞서 있었던 정권들과는 여러 측면에서 달랐다. 절대군주로서 할리파는 정점에 있었다. 그는 추종자들의 믿음에 따르는 과오를 범하지 않는 이맘이었고, 신성한 가문을 통해서 신의 의지로 전달된 세습권을 근거로 통치하는 자였다. 중앙집권과 위계질서가 잡힌 정부는 종교·군사·행정의 세 조직으로 분할되었다. 군사와 행정은 할리파 아래 민간인 와지르의 소관이었다. 종교기구는 막강한 정치적 영향력을 지닌 최고 종교 지도자 아래 몇 단계의 선교사 연계망이 구성되어 있었다. 이

기구는 고등교육기관과 이스마일파 선전조직을 관할하고 있었는데, 그 역할은 오늘날 일당제 국가에서 나타나는 정당과 비슷했다.

파티마 왕조의 통치 시기는 또한 이집트 교역과 산업의 개화를 가져온 황금기였다. 당시 이집트는 인도양 주변국가들 및 콘스탄티노플과의 교역에서 많은 이익을 남겼다. 나일 강의 관리 소홀로 야기된 물 부족 사태와 군부 갈등의 짧은 기간을 제외하면 대번영의 시기였다. 정부는 처음으로 제국의 번영이나 그 영향력 확대를 위해서 무역이 중요하다는 사실을 인식했다. 왕조는 이집트의 플랜테이션과 산업을 발전시키고 이집트 산물을 수출하기 시작했다. 왕조의 함대는 지중해 동부를 통제했다. 동쪽으로는 인도와의 접촉이 증대되었고, 남쪽의 홍해 양안에 대한 그들의 통치권을 넓혀나갔다. 이집트 상인이 가는 곳마다 이스마일파 선교사들이 동행했고 스페인과 인도에서도 곧 무슬림 사이에 이념의 동요가 일어나게 되었다.

그러나 파티마 왕조가 압바시야 왕조에 대해 궁극적인 승리를 거두지는 못했다. 지도자들과는 달리 주민 대부분은 수니파였다. 왕조의 지도자들 중에는 자질이 부족한 자들이 많았고, 군대 내의 다양한 종족적 단위부대들 간에 다툼이 잦았으며, 중부 중동의 대중들에게 파티마 시아가 이슬람의 진정한 형태라는 것을 납득시키지도 못했다. 11세기가 되자 파티마 제국은 기울기 시작했다. 1070년대 동안에는 와지르가 할리파들보다 우월한 지위에 있었다. 그리고 이 장관들이 군과 민정의 우두머리가 되었다. 또한 이 시기의 이집트는 수단인, 투르크인 같은 민족단체로 구성된 군사조직체들이 각자의 정치인들을 지원하며 다투는 격전장이었다.

할리파 알 무스탄시르는 이를 통제할 만한 능력이 없었다. 1073년 그는 궁리하던 끝에 유능한 아르메니아 장군 바드르 알 자말리(Badr al-Zamali)에게 이집트의 군 통수권을 넘기는 일을 비밀리에 제의했다. 바드르는 그 요청을 받아들였지만 그는 자신의 군대와 함께 입국했다. 신속하게 이루어진 일련의 잔인한 조처들을 통해 그는 여러 군벌을 진압하고 수많은 이집트 정치인들을 처형해 비교적 성공적인 안정화를 이룩했다. 그런 다음 바드르는 군 총사령관과 포교단의 단장 그리고 와지르를 모두 차지했다. 할리파는 막내아들을 바드르의 딸과 결혼시킴으로써 바드르와 관계를 이어갔는데 결과적으로 이는 치명적인 실책이 되었다. 이후 이집트의 실제 권력은 모두 바드르에게 넘어갔고, 그가 죽은 뒤에는 여러 군사 지도자에게 넘어갔다. 그 결과 이집트 외부지역에 대한 파티마의 영향력이 축소되었고 북아프리카 지역들은 파티마의 통제를 벗어났다.

파티마는 완전히 혼란 상태에 빠졌고, 베르베르 군대와 터키 군대 간의 경쟁으로 이들이 지배하던 시리아는 불안상태에 놓였다. 다마스쿠스의 파티마 총독들은 자신들의 권위를 효과적으로 행사할 수 없었고, 1055년 초 시리아에 출현한 투르크멘족 무리들을 통제할 수도 없었다. 그러한 절망적인 상황 속에서 팔레스타인 아랍부족의 반란을 진압하기 위해 널리 행해지던 관습에 따라 투르크멘족 야브글루(Yabgulu, Yavkiyya)의 추장 아트시즈(Atsiz ibn Uvak)를 용병으로 고용했다. 그러나 그는 오히려 파티마조를 배반하고 1071년 예루살렘을 점령했다. 1076년에는 파티마조 베르베르인 수비대로부터 다마스쿠스를 탈취했다. 다마스쿠스를 되찾으려는 바드르의 모든 시도는 무위로 돌아갔다. 1077년 아트시즈는 카이로 자체에 대한 공격을 시작했지만 바드르에게 격퇴당했다. 파티마조의 대규모 반격의 위협을 받게 된 아트시즈는 대(大)셀주크 술탄 말리크 샤 1세(Jalāl al-Dawlah Malik shāh Ⅰ: 1072~1092)에게 도움을 청했다. 시리아에 대한 지배를 노리던 술탄은 그의 군대와 함께 동생 투투시 1세(Abu Saʻid Taj ad-Dawla Tutush Ⅰ)를 파견했다. 아트시즈는 그에게 다마스쿠스를 넘겨주었으나 얼마 안 있어 살해되었다. 파티마조의 미약한 통제하에 있던 해안지대를 제외하면 팔레스타인과 시리아는 이제 다마스쿠스의 투투시의 지배를 받는 셀주크의 영지가 되었다.[4]

파티마조는 1094년 할리파 알 무스탄시르가 죽고 난 후 세력이 급격히 축소되었고 다시는 압바시야조의 우월성에 강력하게 도전할 수 없었다. 1130년 할리파 알 아미르(al-Āmir: 1101~1130)가 암살되면서 어느 단일 군부도 지속적인 성공을 거둘 수 없게 되었을 때 권력을 둘러싼 내부 투쟁의 시대가 시작되었다.

    파티마 왕조가 이슬람 세계의 맹주가 되는 데 실패한 이유 중 하나는 이스마일파의 교리가 대다수 수니파가 도저히 받아들일 수 없었던 점에 있었다. 이스마일파의 주장은 결국 이슬람 세계의 일반적인 합의를 이끌어내기 힘들었고, 11~12세기에 수니파가 다시 세력을 얻었을 때 그것에 대한 거부감은 확연해졌다. 더구나 시아파들 사이에서도 이스마일파와 열두 이맘파가 충돌하고 있었다. 역설적이게도 파티마 왕조가 압바시야에 대한 대규모 공세를 취하고 있을 때, 압바시야는 열두 이맘파인 부와이흐조 아미르의 지배 아래 있었다. 부와이흐조는 시아파였지만 알리의 후손으로 할리파를 옹립하려 하지 않았다.

    이렇듯 중동 세계의 극심한 다극화는 바그다드의 정치적 약화 현상을 여실히 보여주었다. 압바시야 왕조에서는 할리파 알 무타와킬 이후로 할리파다운 할리파가 등장하지 않았다. 할리파들은 페르시아계 또는 투르크계 무력집단이 조종하는 허수아비에 지나지 않았다. 분권적 세력들은 지방정권을 확립하고 자기 지배권 확대에 노력했기 때문에 서아시아에서 중앙아시아 깊숙이, 더 나아가 인도 북부로 이슬람 세계가 확대되는 결과를 낳았다. 압바시야 제국의 통치권 쇠약이 오히려 이슬람 세계의 확대라는 역설적인 현상을 낳았던 것이다. 이러한 현상은 압바시야 제국이 멸망한 후에도 계속되었다.

---

4) Farhad Daftary, *The Isma'ilis: Their History and Doctrines*(Cambridge University Press, 1992), pp. 206~207.

제7장
할리파제制의 정립과 변모

1. 이슬람법(샤리아, Shari'a)과 국가

　이슬람은 인간이 신에게 완전히 복종하고 현세와 내세에서 신이 가르치고 인도해준 생활양식을 그대로 따르는 종교이다. 이슬람은 단순히 신앙 체계만을 일컫는 종교 용어가 아니라 정치·경제·사회·문화 등 인간 활동 전체를 포함하는 생활 그 자체이기도 하다. 이슬람은 종교와 세속 모두를 포함하는 신앙과 실천의 체계를 의미한다. 말하자면 이슬람은 종교이자 국가이며, 그 정점에는 할리파가 있다.

　정교일치라는 이슬람 원리와 할리파제의 원론적인 진의와는 다르게 실제로 이슬람 할리파제는 이상과 현실 사이의 상당한 괴리를 드러냈다. 그렇게 된 배경에는 우선 이슬람 초기의 몇몇을 제외한 후대의 거의 모든 할리파가 무슬림 1세대만큼 신앙이 독실한 인물들이 아니었다는 점도 있었다. 세월이 흐르면서 할리파들은 종교적 사명감과 열기를 점차 잃어갔다. 그들은 종교보다 야만적인 힘과 군사력, 혈연적 결속, 상속제도 같은 것으로 권력을 유지하려 했다. 우마이야 할리파제에서는 부족주의적 집단감정이 다시 되살아났고 세습적 왕권체제가 수립되었다. 그들 가운데 일부 할리파는 독재자로 군림했고 또 유희와 향락에 빠졌다. 이 때문에 무함마드 사후 첫 네 명의 할리파만이 할리파제의 시행 목적에 맞아 정통적이었다고 평가되고, (신에 의해) '올바르게 인도된' 할리파, 알 쿨라파 알 라시둔이라고 불린다. 이것이 바로 정통 할리파 시대(632~661)와 우마이야 왕조(661~750)를 구별하는 이유이다.

　750년 이후 바그다드의 압바시야조 할리파제 역시 더 광범한 왕권적 통치체제였다. 정치권력만을 중시한 우마이야조 할리파들과는 다르다는 인상을 심어주기 위해 압바시야조 할리파들은 종교에 각별한 관심을 기울여 의전과 예식의 종교적 색채를 강화하고 스스로 종교적 할리파임을 과시하려 했다. 그러나 페르시아식 통치체제에 의한 전제적 왕권 통치의 경향이 더해졌을 뿐이었다. 그들은 종교계의 권위자인 울라마를 구성해두었다. 울라마는 종교적 학식과 신실함, 종교적 지혜로 무슬림들에게 존경받았고, 이 때문에 역대 할리파들은 권력을 합법화하는 데 그들의 지지를 필요로 했다. 울라마 역시 정치권력에 영향을 주는 길을 걸으면서 할리파제 존립에 한몫했다. 할리파들은 이들에 의존하여 실추된 종교적 권위를 높이려 했고, 그때만 해도 할리파의 세속 권력이 하늘을 찌르듯 높아 있던 이슬람 제국의 전성기였으므로 울라마는 꾸르안과 예언자의 수나에 의거한 종교적 통치를 충고하면서 균형 있는 할리파제의 시행과 유지를 도모했다.

할리파의 권위가 땅에 떨어진 위난의 시기에 중세 무슬림 울라마는 할리파제를 지키고 할리파제의 권위를 되살려내려는 시도를 통해 할리파제의 고전 이론을 확립했다. 먼저 이들은 꾸르안과 하디스를 법원(法源)으로 삼아 이슬람법을 구체화했다. 이 법은 샤리아(Shari'a)로 명명되었다. 샤리아란 '인간의 올바른 생활방식'의 구체적 표현이다. 샤리아의 언어적 정의는 두 가지로, 그 첫 번째는 '마실 수 있는 물의 원천'이라는 뜻이며, 두 번째는 '올바른 길 또는 똑바른 길'이라는 뜻이다. 즉 인간에게는 따라야 할 길이 있고 그것은 인간의 개인적 사유(思惟)나 생각과는 다르며 신이 계시로 정한 명령이요 진리다. 따라서 인간은 다만 그것을 받아들여 그것에 복종해야 한다. 결국 샤리아는 '신의 뜻에 이르는 길'이다. 무슬림의 길은 바로 이 샤리아를 받아들이고 이에 복종하는 데 있다. 그렇게 하는 것이 곧 신의 뜻을 따르는 길이기 때문이다. 그들은 신이 이 법을 만든 것이지 인간이 창제한 것이 아니라고 말한다. 즉 이슬람법의 유일한 입법권자는 어디까지나 신이다.

울라마의 주임무는 법을 제정하는 것이 아니라 이를 확인하고 해석하며 정리하고 설명하는 데 있다. 그들 중 누구에게도 원칙적으로 입법의 권한이 없으며 독단적으로 올바른 해석을 주장할 수도 없다. 따라서 상이한 법학파들이 이슬람 세계의 상이한 지역에서 권위 있는 학파로서 성장하고 인정받게 되었다. 현실의 샤리아는 인간의 창조적 해석의 산물이라는 의미에서 가변적이고 역사적이다. 유한한 인간의 해석인 이상 이들로부터 나오는 결론은 필연적으로 일정한 역사적·문화적 제약을 받는다. 또 인간인 이상 해석의 과정에서 과오를 범할 수도 있다. 그러나 이슬람에서는 그러한 과오도 주관적인 의도가 옳으면 용인된다. 따라서 엄밀히 말해 샤리아의 현 실태를 절대화해 고정시키는 것은 잘못이다. 이념으로서의 샤리아는 부정할 수 없어도 인간이 신의 권위 아래 샤리아의 현 실태를 개변하는 것은 있을 수 있기 때문이다. 이것이 바로 샤리아의 영원성과 유연성이다.

수니 무슬림들은 현세에서 샤리아에 따르는 것이 곧 내세에서도 복 받는 길임을 확신한다. 샤리아는 무슬림의 공적·사적 생활 전부를 구속하는 동시에 내세의 삶도 보장해주는 성스러운 규약이다. 즉 이 법은 공동체와 국가에 대한 의무뿐 아니라 결혼, 상속, 상거래 등 현세를 사는 개인 생활 전반에 걸친 사항들과 예배, 단식, 순례 등 종교적 의무 사항들을 모두 포괄한다. 무슬림들에게 샤리아는 선재적(先在的)이고 영원하다. 입법자가 신이므로 그것은 이론상 절대선이며 국가나 공동체보다 우선한다. 언제 어느 곳에서든 변경할 수 없으며 국가는 이 샤리아를 집행하기 위해 존재한다. 달리 말하여 이슬람 국가란 바로 이 샤리아를 헌정의 기초로 삼은 국가를 말한다.

샤리아법에 명백히 규정되어 있지 않은 제반 사항은 무슬림들의 합일에 따라 결정된다. 이슬람법의 문제에 건전한 의견을 개진할 수 있는 모든 무슬림은 필요하다면 하나님의 법에 대해서 해석을 내릴 수 있다. 이 점에서 이슬람 국가조직은 민주적이다. 그러나 인간의 취약성은 인간이 자신의 모든 생활사 전체를 포괄적으로 고려할 수 없게 만들고 그들은 흔히 욕망과 감정에 좌우되어 합리적 판단을 할 수 없게 된다. 이 때문에 하나님은 생활과 활동의 각 방면에서 어떤 원칙, 제재, 균형 특별한 명령 등을 두어 인간이 균형 있고 중도적인 삶을 영위할 수 있게 하려는 목적으로 인간세계에 '신의 제한(Hudud-Allah)'을 두었다. 인간은 이 제한된 선을 넘어서는 안 되며 만약 넘는다면 생활의 전체구조가 무너지게 될 것이다.

꾸르안과 수나에 입각하여 세워진 이슬람 국가의 목적에 대해 꾸르안은 이렇게 말한다.

> 실로 하나님은 분명한 예증과 더불어 그분의 선지자들을 보냈으며 또한 사람들이 공평하게 스스로를 인도할 성서와 균형을 함께 보내셨노라. 그리고 하나님은 강한 힘을 상징하고 여러 가지로 유용한 철을 보냈나니……(꾸르안 57: 25).

이 성구에서 철은 정치력을 상징하며, 꾸르안에 명시된 기준에 따라 인간들이 사회정의를 수립할 수 있는 여건을 만들어 주는 것이 사도들의 임무임을 밝히고 있다.

꾸르안이 불변이고 공인된 하디스 전집의 효과가 제한적이었지만, 무슬림들은 '규정은 시간이 변함에 따라 변할 수 있다'고 율법학자들이 규정해 놓은 원칙에 따라 놀라울 정도로 그들의 법률을 개정하고 발전시켜나가는 수완을 보였다. 이러한 발전과정에서 두 요소, 즉 통치자의 재량권과 학자들의 합의가 특히 중요했다. 수니파 율법학자들이 규정한 것처럼 이슬람 국가는 신을 행정·입법·사법의 유일한 원천으로 보는 신정(神政)체제다. 통치자는 신의 매개자이자 대리인으로서 할리파나 술탄이라는 칭호를 가지는데, '지상에서의 하나님의 그림자(Zill Allāh alā al-ard, the Shadow of Allah on Earth)'다. 실제로 무슬림들은 초기부터 국가 업무가 원활히 수행되기 위해서는 신실한 이슬람 통치자라도 권력을 행사하고, 법을 제정하고, 처벌을 행할 필요가 있다는 것을 인식했고 가끔 샤리아가 규정한 것을 넘어서더라도 그것에 반대하지 않았다.

샤리아의 주요 목적은 인간의 삶을 마루화(ma'rufat, 미덕)에 바탕을 두고 문까라(munkarat, 악덕)를 제거해 이를 정화하려는 것이다. 마루화는 인간적 양심이 늘 '선(good)'이라고 여겨왔던 여러 가지 인간적 미덕과 장점을 의미한다. 반대로 문까라는 인간성 중에 '악(evil)'이라고 규정된 여러 가지 죄와 악행을 의미한다. 마루화는 인간 본성과 조화를 이루는 반면 문까라는 이에 역행한다. 그러나 샤리아의 기능은 우리에게 단지 덕과 악을 제시하는 것에 한정되지 않는다. 샤리아는 생활체계 전체를 명시하여 덕이 융성하여 악이 인간생활을 오염시키고 멸망시키지 못하도록 하는 것이다.

마루화는 의무사항인 화르드(fard)와 와집(wajib), 권장사항인 만둡(mandub), 허용사항인 무바(mubah)로 이루어진다. 의무사항의 준수는 무슬림 사회에 주어진 의무로 '강제적으로 시행해야할 것들'이고, 권장사항은 무슬림 사회가 '실천하도록 권고하는 사항'으로 대부분 예언자의 교훈에서 암시되고 유추된 것이다. 허용사항은 '명백히 금지되지 않은 것들'로 이 범주는 매우 광범위하며, 샤리아에 저촉되지 않고 그와 무관한 사항들이다. 이것은 우리에게 자유를 부여하고 우리가 스스로의 신중한 의사에 따라 우리에게 처한 요구조건을 샤리아의 일반적 정신에 따라 갖출 수 있는 유일한 영역이다.

문까라는 절대 금지 사항인 하람(haram)과 알라가 선호하지 않은 것들, 금하고 피해야 할 사항들인 마꾸르(makruh)로 나뉜다. 무슬림들은 샤리아의 분명하고 강제적인 금지명령의 하람으로 규정된 모든 것들을 삼가야 한다. 마꾸르에 대해 샤리아는 명시적으로 또는 암시적으로 반대의견을 개진하고 있고 그에 대한 불찬성의 표시 도수가 제시되기도 한다. 마꾸르를 금지시키기 위해 개인들 간에 또는 사회 안에서 약정이 이루어지는 경우도 있다. 이는 이슬람에서 수립한 신정(theocracy)이 어떤 종교계층이 아닌 모든 계층의 무슬림들이 참여하는 전체 공동체로 움직이기 때문이다.

무슬림은 누구인가, 또 무슬림이 움마를 세웠을 때 무엇을 해야 하는가 등의 기본 의무에 대해 꾸르안은 다음과 같이 명확히 가르쳐준다.

이들(무슬림)이란 하나님이 지상에 거주케 한 그들로 그들은 예배를 행하고 자카트(zakaat, 구빈종교세)를 내며 선을 행하며 악을 멀리하니 만사의 결과는 하나님께 달려 있노라(꾸르안 22: 41).

너희는 가장 좋은 공동체의 백성이라 계율을 지키고 악을 배제할 것이며 하나님을 믿으라. 만일 성서의 백성들이 믿음을 가졌더라면 그들에게 축복이 더했으리라(꾸르안 3: 110).

국가는 이슬람의 윤리적이고 정신적인 가치가 집합적인 삶에 표현되는 대리기관이다. 국가는 이행해야 할 숭고한 기능이 있으며, 경건한 신앙심과 선행이 충만하고 많은 형태의 악이 뿌리 뽑힌 도덕적·정신적 기반 위에 세워진 공동체의 조직이다. 땅 위에 국가를 세우면 무슬림들은 우선 예배와 자카트 등 종교적인 일을 시행한다. 또 옳은 일을 행하고 악한 일을 금해야 한다. 이 성구들은 그렇게 하는 것이 그들의 의무이고 국가 정치의 근본임을 가르쳐준다. 이슬람 국가론을 다룰 때 항시 언급되는 이 성구들에서 우리는 다시 종교와 정치가 이슬람에서는 결코 분리되지 않았다는 것을 확인할 수 있다. 종교의 일을 행하는 것이 곧 정치이기도 한 것이다. '올바른 일(선, 정의)을 행하고 악을 금하라'는 명제는 이슬람 국가와 무슬림 개개인 누구나 지켜야 할 첫 번째 의무다. 이 의무는 이슬람이 제시해온 선과 진리에 관한 모든 원리들을 결합한 가장 기본적이고도 결정적인 것이다. 무슬림 자마아, 즉 국가는 이 의무 실천을 절대적인 것으로 제도화하고 필요하다면 무력을 써서라도 실천하게 해야 한다. 샤리아는 마루화와 문까라를 구분했고 이에 입각하여 악을 금하고 정의를 실현하는 것이 이슬람 국가의 목표다.

무슬림들은 현세의 정치가 구조적으로 종교와 유리될 수 없다고 믿는다. 신앙심과 선행을 구체화하려는 이슬람의 이러한 시도는 매우 의미심장하다. 이는 종교적 신앙심이 인간 세상을 바꾸려고 할 때 그 진정한 목적대로 이용되는 것을 의미한다. 따라서 그들은 비록 정치적 이견이나 반목이 공동체에서 생겨난다 할지라도 종교적 신념이 올바르게 세워져 있는 한 문제될 것이 없다고 생각한다. 그래서 공동체 내에 하와리즈나 시아와 같은 정치적 분파가 생겨나도 묵인되었으며 나아가 지방에서 정치권력이나 군사력이 신장되어 중앙정부에 도전하는 정치적 분열 현상이 일어난다 해도 용인될 수 있었다.

이러한 의식을 바탕으로 하여 이슬람 할리파제에 관련한 울라마의 중요한 임무가 수행된다. 그들은 무너져 내린 할리파제의 위상을 높이기 위해 할리파제 이론을 정리하고 정립하는 일에 착수했다. 할리파제가 신의 계시에 의거하는 것임을 분명히 하여 샤리아와 할리파제의 관계를 묶어놓은 것이다. 할리파제 시행과 할리파에 대한 복종이 무슬림들의 의무 사항임을 강조하고 '할리파제란 무엇인가?'라는 물음에 정의를 확실히 해놓음으로써 창궐하는 신흥 무슬림 군주들이 지고한 지위인 할리파위를 감히 넘보지 못하게 이론적 족쇄를 채워놓으려 한 것이다.

울라마의 정치적 개입불가는 물론 결코 완전한 것은 아니었다. 그러나 양측 사이에 서서히 일종의 타협이 이루어졌다. 통치자들은 원칙적으로 성법을 인정했고 특히 의례나 사회적 윤리 문제에서 성법의 공공연한 위반을 피했다. 11세기에 들어서자 대부분의 울라마는 부당한 할리파일지라도 통치자가 없는 것보다 낫기 때문에 그에 대한 복종이 절대적인 의무라고 가르친다. 그렇지만 이때 울라마가 복종을 가르친 것은 통치자의 권위에 노예같이 순종해야 한다는 것은 아니었다. 그것은 일종의 정치적 편의주의였다. 그리고 할리파제 이론에 대한 보호조치 같은 것이었다. 신실한 무슬림들은 할리파에게 부단히 충언해야 하고 부정한 통치자의 신하가 된다거나 추종을 삼가야 한다는 것도 동시에 가르치고 있었다. 통치자에 대한 복종을 의무화한 대표적인 성구는 앞서 예시한 제4장 59절이다.

오, 믿는 자들아 알라께 복종하라. 그리고 신의 사자와 너희 가운데 있는 울루 알 아마르(권위를 가진 자들)에게 복종하라.

중요한 것은 이슬람에서 할리파의 독재 권력만큼은 엄격히 제한했다는 점이다. 이런 제한은 계시된 신의 말씀에 근거를 둔 것이므로 절대적이다. 앞에서 말한 것처럼 샤리아는 무슬림 일상생활에서 겪는 모든 행위를 구속한다. 할리파라고 예외일 수는 없다. 물론 무슬림 군주들이나 강력한 실제 권력을 쥔 통치자들에게도 마찬가지이다. 이러한 점이 기독교 전통에서 교회법과 국가법 사이에 발생한 갈등 관계인 중세 기독교 사회의 교황과 황제의 관계와 무슬림 전통의 할리파제가 근원적으로 다른 점이다. 이슬람 국가는 한마디로 신법 샤리아로 통치되는 국가다. 이것은 무슬림 세계에서의 법과 정치이론이 곧 종교 교리로서, 신의 계시로부터 나온 것이라는 믿음에 기초한다. 유럽인들은 이런 사실을 간과하기 쉽다. 그들의 법체계와 정치이론이 기독교 교리에 근거하여 나온 것이 아니기 때문이다. 로마법은 기독교 발생 이전에도 엄연히 존재했고 이것이 이슬람과 다른 점이다. 이슬람에서는 꾸르안에서 교리와 법이 함께 유래했기 때문이다. 신학자들과 마찬가지로 법학자들도 법체계의 첫째 근원을 꾸르안으로, 둘째 근원을 예언자의 행동과 수나로 삼는 것이다.

2. 할리파제의 변모

압바시야조에 들어와서 이미 우마이야조 때 만들어지기 시작한 국가의 통치체제가 완성되었다. 우마이야의 지배층은 전통적인 부족장 체제로부터 벗어나지 못한 데 비해, 압바시야의 할리파는 더 이상 아랍 부족장들의 내부 합의를 도모하던 아랍의 대족장이 아니었다. 압바시야 할리파는 그의 권위가 신으로부터 나왔다고 주장하면서 실질적인 권력의 바탕은 정규군에 두고, 권력의 행사는 봉급생활자인 관료기구를 통해 행사하는 중동 스타일의 절대군주가 되었다. 와지르가 오로지 할리파의 절대적 권위에만 복종하는 모든 국가기관의 수장으로 확고히 자리를 잡았고, 권력기관으로서의 군(軍)의 중요성도 높아졌다. 압바시야조에서는 국가 요직의 등용에서 가문의 중요성은 거의 고려하지 않았고 오직 할리파의 총애가 결정적인 요소가 되었으므로 종래의 아랍 상류층은 고급관료층으로 교체되었다.

할리파가 지닌 새로운 위엄은 새로운 칭호 속에서도 엿볼 수 있다. 할리파는 '하나님의 사성(使聖)의 대리인(Khalīfa Rasūl Allāh)'으로부터 바로 '하나님의 대리인(Khalīfa Allāh)'으로 그 칭호가 바뀌었다. 즉, 그의 권력은 하나님으로부터 직접 나오는 것으로 보았다. 그가 가진 비슷한 의미의 칭호는 '지상에서의 하나님의 그림자'였다. 예전의 할리파는 다른 평범한 사람과 마찬가지로 누구나 쉽게 접근하고 이름을 부르면서 얘기를 나눌 수 있었으나 압바시야조의 할리파는 까다로운 궁전 관료층과 그 절차 때문에 접근하기가 힘들었다. 이론상으로 보면 할리파는 이슬람의 성법인 샤리아에 매여 있었으나 실제로는 이 제약을 집행할 수 있는 기관이 없었으므로 거의 효과가 없었다.

이리하여 압바시야조의 할리파는 군사력에 바탕을 두고 신권(神權)을 주장하는 전제군주가 되었다. 즉 할리파는 아랍 부족의 지지에 의존하지 않았으므로 그 권위가 높아서 설득을 통해 다스린 우마이야조의 할리파보다는 통치자로서의 지위가 훨씬 강했다.

약화되어가는 아랍의 종족적 결속력을 대체하고 보충하기 위해서 할리파들은 이슬람의 정체성과 일체성을 강조했고, 거대하고 다양한 제국에 단일신앙과 문화의 통합을 이루기 위해 노력했다. 압바시야조는 종교운동을 통해 권력을 장악했기 때문에 할리파가 가지고 있는 종교적 측면을 강조해 계속해서 대중의 지지를 받으려 했다. 그러한 맥락에서 초창기 압바시야조의 할리파는 종교지도자와 율법학자들과 긴밀한 유대를 가지려 했으며, 적어도 대중적인 종교의식은 반드시 지키려 했다.

　11세기 이후, 내외에서 생긴 새로운 위협이 할리파와 울라마를 더욱 밀착시켜주었다. 셀주크 투르크와 그 뒤를 이은 오스만 투르크(Osman Turks) 그리고 당시의 다른 이슬람 지역에서도 법률을 다루는 울라마가 대거 국가 업무에 종사하여 어떤 점에서는 정부의 한 조직이 되었다. 그렇지만 울라마는 결코 기독교적 교회의 성격을 지니지는 않았고, 이슬람도 기독교적 정통 개념을 결코 만들지 않았다. 이슬람 역사에서는 진리를 정의하고 오류를 비난하는 공회나 종교회의가 없었으며, 올바른 신앙을 공표하고 검증하고 강화하는 교황이나 고위 성직자 그리고 종교 재판관도 존재하지 않았다. 신학자이며 이슬람 율법학자인 울라마는 개인이나 학자로서 또는 후일 공직자로서 교의를 체계화하고 경전을 해석했지만, 단 하나의 정통 교의나 주해나 이단적인 변형을 만들 수 있는 제도적인 교회의 권위를 가지지는 못했다. 따라서 단 하나의 공인된 신앙 형태를 강제할 교회가 없었다. 국가 차원에서의 그러한 시도가 없었던 것은 아니지만 거의 성공을 거두지 못했다.

　8세기 중엽부터 압바시야 왕조가 분열되면서 동·서부 양 지방에서 할리파의 세력은 실질적인 통치자들에게 고작 포상을 수여하는 정도로 약화되었고, 그들의 권위는 이라크의 수도권 지방에서도 급격히 추락했다. 그러나 바그다드가 그곳을 통과하는 중요한 무역로를 통제하고 있는 한, 제국의 정치적 분산이 교역과 문화의 확산을 방해하기는커녕 오히려 어떤 점에서는 실질적으로 도움이 되었다. 그러나 또 다른 문제점이 드러났다. 낭비벽이 심한 조정과 비대한 관료조직은 반복되는 재정위기를 초래했고, 지방의 조세는 침입자들로 인해 손실을 입게 된 것이다. 할리파들은 결국 국가 조세문제를 해결하는 데 세금 징수관인 지방 총독들에 의존하게 되었다. 그 과정에서 조세 징수관이자 총독인 이들이 곧 제국의 실질적인 통치자가 되었고, 더욱이 복종을 강요할 수 있는 군대를 가진 군사령관이 세금 징수와 총독직을 장악하자 그런 추세는 더욱 심화되었다. 할리파들은 자신들의 군사령관의 꼭두각시가 되었다. 군사령관들은 종종 자신들의 뜻대로 할리파를 등극시키거나 폐위시킬 수 있었다.

  10세기 초에 할리파의 권위는 완전히 무너졌다. 덕과 정의는 더는 할리파의 필수 불가결한 자격 요건이거나 속성이 아니었고 정치에 관련한 신법의 시행도 필요조건이라기보다는 단지 이상적인 것으로 비쳐지는 그런 시대가 되었다. 할리파의 권력은 이제 이상적인 공동체를 구현하는 데 필요한 도구가 아니라 무슬림 세계의 질서유지와 대표성을 나타내기 위해 필요한 것이 되었다. 할리파들은 제국의 외곽 지대에서는 실제로 권력을 행사할 수 없게 되었고 심지어 중앙에까지 강력한 무슬림 군주(술탄)들이 진출하여 할리파들을 그들 통치권 아래에 두었다. 실제 권력을 지방 총독이나 소군주들이 장악해 할리파에 대한 충성 서약의 의미도 크게 변했다. 그것은 지방 통치자가 그와 자신의 신민들이 이슬람 공동체 내에서 분리주의자나 이단자가 아니라는 것을 나타내 보이기 위해 취하는 형식일 뿐이었다. 할리파의 정치권력은 약해질 대로 약해져 할리파의 존재는 단지 이슬람 움마의 종교적 수장(首長)이라는 형식적 지위로 전락했다.

  이슬람 제국 내의 독립적이었던 공국들은 바그다드에 있는 할리파를 쿠트바에서 그의 이름을 언급한다든지 때때로 동전에 그의 이름을 새기는 등 상징적으로만 인정했을 뿐 다른 중요한 측면에서는 모두 독자적으로 행동했다. 스스로 할리파라고 칭하며 이슬람 세계의 지도력을 노리면서 압바시야 왕조에 도전했던 파티마 왕조의 출현으로 바그다드 할리파 종주권의 허구마저 사라졌다. 마침내 945년 1월 17일, 이미 서부 이란의 실질적인 독립 왕조국가의 통치자였던 시아파 페르시아 가문인 부와이호가 수도 바그다드를 침략해 점령해버리자 압바시야 할리파는 궁극적인 종말을 맞았다. 그는 더는 자신이 머물고 있는 도시의 주인이 아니었다. 더구나 수니파 이슬람의 최고 수장이 한 시아파에게 통제되었다. 시아파는 바그다드의 수니 할리파가 쓸모가 있었기에 그대로 존속시켰다. 물론 후일 시아파가 수니파 통치자들로 대체되었지만 할리파의 처지는 여전했다.

이때부터 1258년 몽골이 바그다드를 정복할 때까지, 할리파 제도는 주로 명목상일 뿐이었고 수니파 이슬람 통합의 형식적인 표현, 나아가서 실제적인 주권을 행사하는 군사통치자들을 위해서 권위를 합법화시켜주는 것에 지나지 않았다. 그 후 이집트의 맘룩 술탄들이 할리파 제도를 카이로에 다시 세웠지만 이때의 할리파 제도(카이로 압바시야 할리파제) 역시 명목상 존재한 꼭두각시였을 뿐이다.

16세기가 시작되었을 때 중동에는 세 개의 주요 국가가 있었다. 오스만 투르크와 이집트는 술탄(Sultan)이, 이란은 샤(shah)가 통치했다. 1517년 오스만 투르크가 맘룩조(朝)를 정복하자 허수아비였던 마지막 압바시야 할리파 알 무타와킬 3세(al-Mutawakkil III: 1508~1516, 1517)는 카이로에서 콘스탄티노플로 옮겨와 몇 년 후 평범한 개인 신분으로 돌아갔다. 그 후에 할리파제는 사라졌으며, 오스만 술탄은 물론 여러 곳에서 그를 모방한 군소 군주는 자신들의 영역 내에서 독자적인 최고의 통치권을 가지고 스스로 술탄 겸 할리파가 되어 지배했다. 할리파라는 단어는 술탄이 그들 자신의 직함에 첨가시키는 무수히 많은 칭호 중 하나가 되었다. 그것은 200년 후, 18세기 말에 전혀 다른 환경에서 그 의미가 되살아날 때까지 과거의 가졌던 중요성을 거의 가지지 못했다.

할리파제의 중요성에 대한 자각이 새롭게 일어난 것은 근세에 접어든 18세기 말 서구 식민 제국주의가 이슬람 세계에 침략해 들어오자 자말 알 딘 알 아프가니(Jamāl al-Dīn al-Afghānī: c.a. 1838~1897)가 범이슬람주의를 주창하고 이슬람 사회의 개혁운동을 펴면서부터였다. 할리파제의 부흥론이 대두된 것이다. 오랫동안 정치적으로 흩어져 있던 이슬람 세계에서는 '통일 이슬람 움마론'이 대두했고, 할리파제는 이슬람 세계 통일운동과 사상의 중심적 바탕으로 받들어졌다. 무슬림들은 할리파제가 이슬람 세계를 하나로 묶는 정치적·종교적 유대라 믿었던 것이다.

또한 할리파제는 오스만 제국의 외교에서도 보조적인 기능을 수행했다. 할리파위는 1774년의 쿠추크 카이나르지 조약(the Treaty of Kutchuk Kaynardji)을 둘러싼 협상과정에서 등장했다. 오스만 제국의 종교적 종주권을 어렴풋이 암시하는 상징적인 움직임은 술탄들과 크림 한(Crimean khan)들 사이에 수세기 동안 맺어온 유대관계를 실제로 끊어버리는 것을 은폐하려는 의도에서 나온 것이었다. 러시아인들은 그 대가로 자신들의 종교적 주장을 관철시켰다. 이 주장은 콘스탄티노플에 교회를 짓고 보호할 권리였는데, 이는 그들이 나중에 오스만 국내 문제에 대대적으로 간섭하기 위한 수단으로 이용되었다.

오스만인들이 할리파적 지위를 새로운 도구로 사용하게 된 데에는 다른 요인도 작용했다. 일반적 수준에서 오스만인들의 군사적·정치적 힘은 1768~1774년 러시아와의 전쟁에서 갑작스럽고도 확실하게 무너졌는데, 이때의 패배는 그들의 역사에서 대단히 비참한 것이었다. 더욱 구체적으로, 성장 중에 있던 아라비아의 와하비(Wahhābī) 국가는 수도에서 멀리 떨어진 지역이었지만 오스만 통치를 군사적으로만이 아니라 영적으로도 위협했다. 와하비 개혁가들이 진정한 이슬람의 상속자라는 영적인 주장과 19세기 초 그들의 메카와 메디나 함락은 모두 오스만의 정통성을 훼손하는 것으로 보였다. 결국 1774년의 조약, 오스만 군사력의 지속적인 쇠퇴, 와하비의 위협을 겪는 과정에서 할리파의 지위는 협상의 도구이자 술탄의 권위를 지탱해주는 수단으로 작용했다. 근본적으로 오스만인들은 지난 수백 년 동안의 군사적 위용, 왕조로서의 긴 수명, 메카와 메디나라는 무슬림 성지의 보유 그리고 그들이 유럽 제국주의 시대에 살아남은 가장 강력한 이슬람 국가였다는 사실 때문에 할리파위에 대해 이러한 주장을 할 수 있었다.

19세기에 이르러 인도, 중앙아시아, 북아프리카의 수많은 무슬림들이 영국, 러시아, 프랑스의 지배를 받았다. 술탄들은 그들에게 그리고 그 자신의 신민들에게 할리파로서 호소했으며 이는 저항과 충성을 위한 구심점이 되었다. 할리파라는 개념은 — 그 역사적 권위, 명예 그리고 더 좋았던 과거의 이슬람 시대에 대한 향수를 담았으므로 — 영국과 러시아의 위협을 받고 있던 중앙아시아와 인도의 무슬림 사이에서 가장 인기가 높았다. 오스만 술탄 압둘 아지즈(Abdülaziz, 'Abdülezīz: 1861~1876)는 이미 다른 무슬림 국가들과의 관계에서 범이슬람적인 접근법을 채택했고, 자신의 할리파적 지도력 아래 공동 행동을 하기 위한 기반으로서의 공통된 이슬람에 호소했다.

그러나 할리파 제도를 가장 강조했던 인물은 더욱 무슬림화(化)한 제국을 다스리게 된 압둘 하미드 2세(Abdülhamit II: 1876~1909)였다. 그는 서구 열강의 침입에 대처하기 위한 수단으로 할리파 지위를 이용하려 했다. 그의 시도는 1877~1878년 러시아를 상대로 한 전쟁에서 처음 등장했다. 러시아인들은 일찍이 중앙아시아의 무슬림 국가인 부하라, 히바, 코칸드를 무너뜨렸고 아프간인들을 그들과 영국인들 사이의 완충물로 남겨두었다. 오스만과 러시아의 전쟁이 시작된 후 술탄은 아프가니스탄에 고위급 사절단을 보내 그들 공동의 적인 러시아에 대항하는 데 협력을 얻고자 했다. 그리고 이 사절단이 영국령 인도를 방문하자 봄베이의 무슬림들은 열광적으로 환영했다. 남은 치세 기간 동안 술탄 압둘 하미드는 이러한 공동체에서 복무하면서 그의 지위를 열강 정치의 장에서 강화할 수 있도록 사신을 파견했다.[1]

제1차 세계대전 중에도 오스만 술탄은 이슬람 할리파제의 깃발 아래 이슬람 세계가 통일 전선을 구축해야 한다고 주장하면서 오스만 제국 치하의

---

1) 도널드 쿼터트, 『오스만 제국사: 적응과 변화의 긴 여정, 1700-1922』, 이은정 옮김 (서울: 사계절, 2008), 139~140쪽.

무슬림들에게 지하드를 촉구했다. 그러나 30년에 걸쳐 선전활동을 벌였지만 그러한 반란은 끝내 일어나지 않았다. 제1차 세계대전의 패배로 오스만 할리파 제국은 터키 공화국으로 탈바꿈하게 된다. 1924년 3월 터키 민족주의를 이끌던 무스타파 케말 아타투르크(Mustafa Kemal Ataturk: 1881~1938)는 이슬람 할리파제를 폐기하고 정교분리 원칙 아래 공화정을 세웠다. 1400년 동안 지속되어온 이슬람 할리파제의 역사와 전통이 정지하는 순간이었다. 이슬람 세계는 그 충격의 여파로 한동안 혼돈 속에 빠졌고, 그 후 이슬람 세계는 오늘날까지 할리파 없는 시대를 지내고 있다.

할리파제는 아직까지도 무슬림들이 추구하는 이상적 정치제도다. 그리고 정·교 분리 사상이 팽배하게 된 오늘날에도 이슬람 세계에서는 할리파제 부활론이 끊이지 않고 논의된다. 어느 이슬람 공동체에서나 할리파제를 부활시켜야 한다는 그 꿈이 계속 살아 있는 것이다.

제8장
이민족의 유입

1. 셀주크 투르크조(朝)

　8세기 중반을 지나면서 11세기까지 이슬람 국가와 사회는 많은 내적 약화의 징후를 나타냈다. 제국은 독립적인 수많은 지방군주국으로 분열되었고, 이슬람 국가의 실제적인 권력은 군대를 배경으로 통치하는 군부 독재자들에게 넘어갔으며, 압바시야 할리파의 권력과 권위는 바그다드 주변에서조차 약화되었다. 비잔티움 제국과 이란의 사산 왕조로부터 물려받은 기초 위에서 이슬람 제국이 정성들여 수립한 모든 정치적·행정적 구조는 붕괴되었다. 그리고 수니파 이슬람의 수장으로서의 할리파의 종교적 지위는 밑바닥으로 추락했다.

　부와이흐 왕조가 잠시 중앙 질서를 회복해 번영을 누렸고, 파티마 왕조가 중세 이집트 역사에서 가장 화려한 시기를 맞았다. 그러나 동부 지방과 이집트에서도 어려움이 가중되고 있었다. 한때 수익성이 좋았던 중국과의 무역이 감소되다가 결국 중단되었고, 8~10세기에 번성했던 러시아와 발트 해 연안 국가들과의 무역도 11세기에 들어 쇠퇴를 거듭하다가 중단되었다. 점점 더 악화되는 귀금속의 품귀는 제국 내의 교역까지도 압박했다. 얼마 지나지 않아 제국의 국경이 불안해지기 시작했는데 이때 여러 민족들이 분리·독립했고 이민족이 유입되었다.

　11세기 동안 이슬람의 중심 지역에서 군사력과 이에 동반된 지배적 권위는 아랍인들에게서 투르크인들의 수중으로 넘어갔다. 무슬림들이 처음 투르크인들과 접촉하게 된 것은 제국의 동쪽 변경에서였다. 변경에서 옥서스 강을 따라 정착한 몇몇 투르크 부족들이 수니 이슬람을 받아들였다. 이슬람 영토의 중심부에 들어선 투르크인들은 이슬람의 파괴자가 아니라 그의 보호자로서 행동했다.

　한동안 그들은 맘룩이라 부르는 노예로 수입되었다. 투르크인 노예들이 제국에 이따금씩 모습을 드러낸 시점은 초기 압바시야 왕조와 그 이전 시기였지만, 그들을 본격적으로 이용한 사람은 압바시야조의 할리파 알 무타심(al-Mu'taṣim: 833~842)이었다. 그의 후계자 할리파들은 아랍인과 페르시아인들 대신 군사적·정치적 헤게모니를 장악한 터키인 군인과 사령관들에게 더욱 크게 의존하게 되었다. 868년에 이미 터키인 노예 군인이 무슬림 이집트의 최초의 독립 왕조(툴룬조)를 수립했다. 이란에서도 민족적 왕조가 잠시 지속되기도 했지만 가장 중요하고 오래 지속된 사만 왕조는 터키 군인들에게 크게 의존했다. 그러다가 가장 괄목할 만한 터키계 왕조인 가즈나 왕조에게 밀려났는데, 이 왕조는 사만 왕조에 봉사하던 터키인 노예가 건국했다.

가즈나조의 마흐무드가 죽은 후 그의 아들이며 후계자였던 마수드 1세(Mas'ūd Ⅰ: 1031~1041)는 그의 부친이 그를 위해 열어놓은 길을 따라가는 데 성공하지 못했다. 그의 행로를 막아선 것은 카라한 지배자들과 서로 다투고 있던 아무다리아 건너편의 투르크인 무리들이었다. 그중에서도 가장 중요했던 세력은 970년경에 이미 오늘날의 중앙아시아 카자흐스탄(Kazakhstān) 지역에서 후라산의 부하라(Bukhārā) 지역으로 들어온 오구즈 투르크(Oghuz Turks)인들을 이끈 한 씨족이었다.

오구즈족(族)의 출현은 두 번에 걸친 민족 대이동의 결과였다. 북쪽 끝으로 시르다리아 건너편 영토에는 오구즈 투르크족이, 그들 저편 영토에는 킵차크(Kipchaks, Qipchaqs)가 살고 있었다. 킵차크는 이르티슈(Irtysh) 강[1]에서 시르다리아로 진출해서 오구즈족을 몰아낸 다음 러시아 남부를 가로질러 서진하여 동유럽으로 이동했다. 10세기경 고향에서 쫓겨난 오구즈족은 볼가 강을 넘어 이슬람 영토인 시르다리아 하구로 이주했다. 그중 가장 중요한 것이 셀주크(Seljuk)의 이주로 알려졌는데, 셀주크는 오구즈 투르크인들의 이주를 주도한 가문이었다.

---

1) 중국 신강에서 발원해 카자흐스탄을 가로질러 흐르는 강.

새로 도착한 투르크인들은 개별적으로 직업군인으로 복무했던 이전의 투르크인들과는 달리 그들의 정체성을 보존하고 자신들의 가축을 기르기 위해 안정적인 목초지를 확보하려던 부족집단들이었다. 이들은 이란 북부로 남하하여 곧바로 이슬람 수니파로 개종했다. 셀주크인들과 그의 투르크 전사들은 그들에 앞선 가즈나조인들과 마찬가지로 페르시아의 언어와 문화를 받아들여 페르시아에 동화되었다. 그들은 처음에는 페르시아 왕조의 용병으로 있었으나 점차 세력을 확대해나갔다. 처음에 사만 왕조와 동맹을 맺고 카라한 왕조, 가즈나 왕조와 맞서 싸웠으나 사만 왕조가 권력투쟁에서 패하자 스스로 독립적인 권력을 구축해나가기 시작했다. 그들의 군사적 용맹성은 중동 전역에 새로운 분위기를 조성해가고 있었다.

이처럼 지방에서 중앙에 이르기까지 제국적 권위의 새로운 체제가 등장하고 있었는데, 이것은 정치적·군사적 업무에서 대부분의 권위를 빼앗긴 할리파의 위상 변화와도 관련이 있었다. 이러한 과정은 서남아시아 전역에 대한 셀주크 제국의 확립과 소위 '대술탄제(Great Sultanate)'의 창설로 11세기 중반에 완성되었다.

셀주크 본가(本家)는 대(大)셀주크 왕조(Great Seljūks: 1037~1157)였다. 분가(分家)는 각 소령(所領)에 따라 아흐마드 산자르(Ahmad Sanjar: 1097~1157)가 지배한 후라산의 셀주크조(Seljuk Sultans of Khorasan), 키르만 셀주크조(Seljūks of Kirmān: 1041~1187), 룸 셀주크조(Seljūks of Rūm: 1077~1307), 시리아 셀주크조(Seljūks of Syria: 1094~1117), 이라크 셀주크조(Seljūks of Iraq: 1117~1194) 등이 있었다. 이 밖에도 시리아의 셀주크 왕들이 있었는데, 시리아의 왕 투투시 1세(Tutush I : 1085~1095)와 그의 아들이며 후계자인 다마스쿠스 왕 두카크(Duqaq: 1095~1104), 그의 또 다른 아들 알레포의 왕 리드완(Riḍwān: 1095~1113), 알프 아르슬란(Alp Arslan: 1063~1072), 술탄 샤(Sultan Shah: 1114~1117) 등이 그들이다.

셀주크조의 창립자는 형제인 투그릴 벡(Tughril Beg: 1038~1063)과 차그

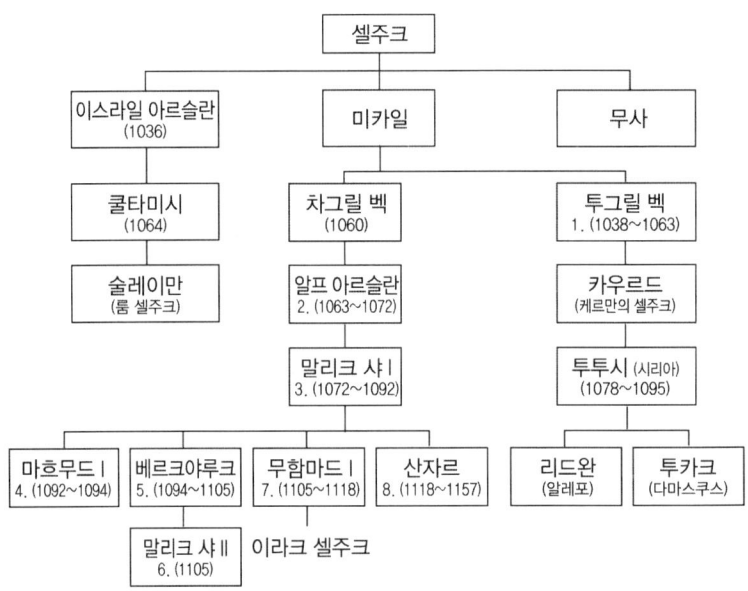

릴 벡(Chaghril Beg)이었다. 이들은 페르시아와 후라산에 이르는 개인 왕국을 만들고, 투르크 부족의 관습에 따라, 즉 카라한조와 마찬가지로 정복한 영토를 자기 가문의 여러 공자들에게 봉건적·가부장적 원칙을 적용해 분할해주었다. 게다가 1055년 바그다드의 압바시야 왕조 할리파까지 잠시 그 지역을 맡아 통치해달라고 요청해왔다. 그러한 요청은 압바시야의 적대 왕조인 이집트의 파티마 할리파에 대한 두려움 때문이었다. 파티마조는 이미 시리아 대부분의 지역을 지배하고 있었다. 할리파의 초치로 투르크 셀주크인들은 할리파의 부관이자 숭고한 이슬람 전통의 방어자가 되었다. 이러한 능력으로 셀주크 술탄은 북동부 이란으로부터 아랍 땅을 관통하는 거대한 제국을 창건할 수 있었다. 셀주크가 주도권을 가졌던 시기에 또 다른 투르크 부족들이 동쪽으로 이주해 이란 북서부와 코카사스 지역에 항구적인 투르크 프레젠스를 확립했다. 이러한 이주 부족들은 1071년 셀주크가 비잔티움을 굴복시킨 만지케르트 전투 이후 아나톨리아로 이주했고 그 지역을 그리스어를 말하는 기독교 영토에서 터키어를 말하는 무슬림 영토로 변모시켰다.

투르크인들은 전례 없는 완강한 평화의 교란자였다. 가즈나조의 술탄 마수드 1세는 이들에 대해 군사적 대응을 할 수밖에 없었는데, 오히려 투르크인들은 1040년 단단칸 전투(the Battle of Dandānqān)에서 가즈나조(朝)에 대해 결정적인 승리를 거두었다. 그 결과 후라산 주(州)를 차지하고 내분으로 허약해진 가즈나조를 이란에서 밀어내고 사만 왕조를 병합했다. 이후 가즈나조는 인도에서 겨우 그 명맥을 이어나갔다. 투르크인들은 1043년 부와이흐조에 대해서도 연거푸 승리를 거두며 중앙 및 서부 이란을 점령하여 이스파한에 근거를 굳히고, 1055년에는 초기 할리파들의 고향인 바그다드를 함락시켜 110년간에 걸친 부와이흐조의 할리파에 대한 후견적 지배를 마감시켰다. 비록 할리파의 존재는 상징적이었지만, 수니 할리파를 시아인 부와이흐조가 통제하는 모순을 제거하고 수니인 셀주크의 보호 아래 두었다는 것은 정치적으로 중요한 의미를 갖는다. 1058년, 투그릴은 바그다드의 압바시야 할리파 알 까임(Al-Qa'im: 1031~1075)으로부터 '동서방의 술탄'의 칭호를 받아 이슬람 세계의 동방 대표자가 되었으며, '최고의 아미르'로 칭송받았다.

1055년 바그다드 정복 이후 투그릴이 채택한 '술탄(sultān)'이라는 칭호는 비할리파제를 채택했던 이전의 부와이흐조나 가즈나조의 통치자들에게도 사용되었다. 아라비아어로 '술탄(sultān)'은 권위와 지배를 의미하는 비인격적인 용어로 처음에는 정부 또는 권위체를 나타내는 것으로 사용되었다. 10세기에 이르러 독립적인 지배자를 지칭하는 것이 일반화되어 상부의 뜻에 따라 임명되고 해임되는 사람들과도 구별되었다. 11세기경 셀주크가 그들의 최고 통치자에게 사용하면서 이 칭호는 처음으로 공식화·일반화되었고, 셀주크 가문에서 이 단어를 사용하면서 전(全) 이슬람에 대한 최고 정치적 통치자와 같은 위상으로 그리고 적어도 할리파의 종교적 우월권과 동등한 개념으로 새로운 의미를 부여받게 되었다. 이후 술탄이라는 칭호는 절대 권력을 소유한 자를 위해 사용되었다. 셀주크 왕조가 쇠퇴한 후에는 룸의 셀주크조나 호와리즘 왕국 등 셀주크 왕조로부터 자립한 이슬람 왕조들이 군주의 칭호로 사용하여 이슬람 세계에서 일반적인 칭호로 정착되었다.

할리파제처럼 술탄제 역시 독특하면서도 보편적인 것이었다. 이슬람의 종교적 수장으로서 한 명의 할리파가 있듯이 오직 한 명의 술탄이 질서 안정과 이슬람 제국의 정부에 대한 책임을 졌다. 이처럼 할리파제와 술탄제 사이에 권위를 배분하는 개념은 셀주크 쇠퇴기에 상당히 확고해졌다. 할리파는 최고의 영광스러운 임무인 예배의 인도자인 이맘으로서 전 세계의 통치자들을 보호하는 임무에 매진해야 하며 정부의 일은 술탄에게 위임해야 한다고 주장되었다. 그러나 할리파제 못지않게 술탄제도 종교적인 제도로 인식되었고 성법으로 유지되었으며 성법을 유지시켜나갔다. 그리고 국가와 울라마 사이의 관계는 지금까지의 어떤 할리파들의 치하에서보다 셀주크 술탄과 후계자들 시대에 더욱 가까워졌다.

셀주크조의 두 번째 술탄은 원래의 이름이 무함마드 빈 다우드 차그리(Muḥammad ibn Dā'ūd Chaghri)이지만 '용감한 사자'라는 뜻의 알프 아르슬란(Alp Arslān: 1063~1072)으로 더 잘 알려졌다. 그는 이슬람 세계의 신흥강국으로 떠오른 셀주크조의 강력한 대외정책을 이끌었다. 또 인도 산악 요새에 위치한 관계로 공략이 어려운 가즈나 왕조와는 평화를 유지했던 반면, 트랜스옥시아나 지방의 카라한 왕조에 대해서는 무력을 사용했다. 한편으로는 자신의 후견을 받던 바그다드 수니 할리파에게 가장 큰 위협이 되고 있던 이스마일파 파티마조를 분쇄하기 위해서 이집트로 가기로 작정했고 그들이 지배하던 시리아가 우선적인 공격 목표가 되었다.

이슬람 세력의 침공에 대한 기독교 세계의 방파제 역할을 해왔던 비잔티움 제국은 여전히 막강한 세력을 지니고 있었다. 결국 양국 국경의 완충지 역할을 하고 있던 아르메니아를 둘러싸고 양국 간의 충돌이 불가피했다. 이 전선에서는 수백 년 동안 충돌이 끊임없이 일어나고 있었다. 여러 해에 걸친 충돌 후에 아르메니아의 반란을 진압하는 데 성공한 알프 아르슬란은 1064년 옛 아르메니아 수도 아니(Ani)를 병합했다.

비잔티움은 아르메니아 일부를 재점령함으로써 이에 맞섰지만 제국 수비대는 투르크인들의 기습을 막아내기에 역부족이었다. 게다가 이제는 투르크인을 상대할 아크리타이(akritai)[2]도 없었다. 비잔티움 황제 로마누스 4세 디오게네스(Romanus IV Diogenes: 1068~1071)는 국경 수비를 위해서는 대규모 군사 원정이 필요하다고 생각했다. 그러나 제국 군대는 당시 긴축 재정으로 축소되어 있었다. 그래서 황제의 원정대는 일부는 서유럽에서 나머지 대부분은 쿠만 투르크족에서 차출된 용병에 의존했다.

알프 아르슬란은 시리아에서 파티마조와 전쟁을 벌이다 비잔티움 황제의 원정 소식을 들었다. 그는 이 원정이 파티마 비잔티움 동맹의 움직임이라 판단하고 이를 저지하기 위해 서둘러 북진했다. 결정적인 전투는 1071년에 8월 19일 반(Van) 호수 북서쪽 만지케르트(Manzikert, 터키명 Malazird)에서 있었다. 그는 이 비잔티움군과의 전투(the Battle of Manzikert)에서 중대한 승리를 거두었다. 이 전투에서 비잔티움 황제는 생포되었다. 비잔티움군이 이제 더는 위협적인 존재가 아니라는 사실에 마음이 흡족해진 알프 아르슬란은 관대한 조건으로 황제를 석방하고 자신의 본거지인 시리아로 돌아왔다.

이 승리의 결과는 중동뿐만 아니라 세계 역사에도 커다란 영향을 끼쳤다. 그의 기마대는 마르마라 해 기슭에 주둔지를 차리고 아나톨리아의 상업로와 순례길을 열어놓았다. 무슬림군은 에게 해까지 밀고 들어가서 소아시아 반도의 동부와 중앙부를 모두 셀주크의 지배하에 두었다. 이로써

---

[2] 비잔티움 용병이었던 변경 지방 전사(戰士).

이 지역은 영원히 기독교 세계의 손에서 벗어났다. 1071년은 곧 소아시아 반도의 터키화(化) 작업이 시작되는 해가 되었다. 즉, 오스만 투르크 그리고 오늘날의 터키 공화국이 아나톨리아에 자리 잡게 되는 계기가 된 것이다.

셀주크의 정복은 중동에 새로운 질서를 창출했다. 가장 중요한 것은 중동이 전기 압바시야 할리파조 이래 처음으로 하나의 권위 아래 통일된 것이다. 중국 국경으로부터 지중해까지 방대한 무슬림의 영토가 그의 영역에 속하게 되었다. 셀주크는 수니파 무슬림들이었고 명목상의 통치자로서 할리파를 인정했다. 더욱이 두 가지 중요한 측면에서 할리파의 지위를 강화시켰다. 첫째는 할리파의 영향력이 미치는 영역을 확대시킨 것이고, 둘째는 할리파의 명목상 종주권조차 부정했던 분파 정권을 일소한 것이다. 그러나 제국의 사실상의 주권은 난립해 있던 군소 주권국들을 소탕하고 서쪽의 두 적대세력인 비잔티움과 파티마 왕조를 패배시킨 셀주크의 대(大) 술탄에 속했다.

이제 무슬림 세계의 동부는 200년에 걸친 분열과 혼란 끝에 셀주크 왕조가 통일의 대업을 이루어 이란 지역, 메소포타미아 및 시리아가 단일 행정 관할 아래 놓이게 되었다. 비록 제국의 영토는 셀주크조의 공자들 사이에 나누어졌으나 강력한 연장자가 살아 있는 한 분열의 위험은 없었다. 강력한 인물은 곧 투그릴 벡과 그의 조카이자 후계자인 알프 아르슬란 등이었다. 셀주크조는 이전 세기에 끊임없이 일어나던 지방에서의 반란을 진압해 영토 내의 질서를 유지하고 평온을 확립했다. 따라서 행정은 원활했고 세금의 부담도 적당해서 문화 활동도 증진되었다.

그 뒤 알프 아르슬란의 아들 말리크 샤 1세가 술탄에 즉위했을 때 우선 직면한 문제는 삼촌인 카우르드(Qāwurd, Kavurd)의 반란과 후라산의 부하라에 있는 카라한 왕조(The Qarakhanids of Bukhara)의 도전이었다. 그 문제가 해결된 후 말리크 샤 1세는 전쟁보다 적들에 대한 외교와 그들 사이의 분쟁을 이용해 셀주크 제국을 확대하고 강화시켰다.

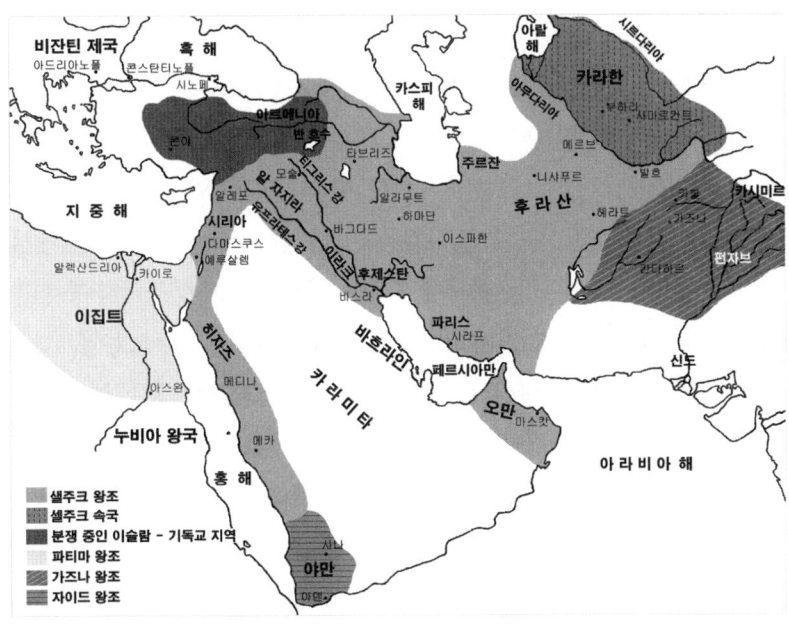

■ 11C 후반 중동

    그는 이스파한(Isfahan)을 제국의 수도로 삼고 남쪽으로 밀고 내려가 파티마조의 지배하에 있던 다마스쿠스와 예루살렘, 예멘 및 페르시아 만 지역 등 아라비아의 일부를 차지해 파티마조를 위협했다. 그는 또한 상부 메소포타미아와 아제르바이잔의 옛 예속국들을 제압하고 소아시아의 투르크족에 대한 지배권을 두고 경쟁관계에 있던 다른 셀주크 왕조들과 경쟁을 벌였다.

    백성들은 국내의 평화와 종교의 관용을 누렸다. 그러나 어려움도 뒤따랐다. 술레이만(Sulaymān ibn Quṭlumush)이 말리크 샤 1세를 상대로 반란을 일으켜 스스로 룸의 술탄임을 선언했기 때문이었다. 그는 알프 아르슬란과 대(大)셀주크의 술탄위(位)를 다투던 쿨타미시(Quṭlumush)의 아들로 가문의 시조 셀주크의 증손자였다. 1064년 쿨타미시가 죽었을 때 술레이만은 타우루스 산맥으로 도주해 그곳에서 세력을 키웠다. 말리크 샤 1세가

제8장_ 이민족의 유입   239

그를 제거하기 위해 수차례에 걸친 원정을 감행했지만 술레이만은 살아남아 왕조의 기틀을 다졌다.

제국이 이러한 어려운 문제를 돌파하는 데는 와지르 니잠 알 물크(Niẓām al-Mulk: 1063~1092)가 큰 역할을 했다. 무슬림 세계의 가장 위대한 재상 중 하나였던 그는 알프 아르슬란 재위 시뿐 아니라 후계자인 말리크 샤 1세의 통치기간 중에도 계속 와지르로 남아 있었다. 술탄은 와지르의 후견에서 벗어나려고 애썼으나 그의 뛰어난 역량과 개성 때문에 성공하지 못했다. 니잠 알 물크는 제국을 강한 문화적·군사적 조직 국가로 만들었는데, 그 과정에서 결국 시아파에 대해서는 무자비한 태도를 견지했다. 이러한 압박은 불가피하게 반대압력을 초래했다. 셀주크 정부는 독단적인 이유들 때문에 파티마 노선과 반목하던 이스마일파의 한 분파가 하산 이븐 알 사바흐(Hasan ibn al-Sabath)의 지도하에 알라무트(Alamūt)의 산악 지역에서 정착해가는 것을 막지 못했다. 알라무트를 근거지로 삼은 이 하사신파(Hashishin, 암살파)[3]는 파티마의 왕자 니자르(Nizār)를 정당한 이맘으로 인정하고, 11세기 말부터 정통파 이슬람교도를 상대로 하는 테러 활동을 확대했다. 그들은 '자기-희생자'라는 뜻의 피다이스(fidā'is)라고 불리는 용병들을 이용했다. 하사신파는 종교적 반대자에 대한 암살도 서슴지 않았는데 그들의 보복의 첫 희생자들 중 한 사람이 바로 니잠 알 물크였다.

---

[3] 1094년 파티마 왕조 할리파 알 무스탄시르(al-Mustansir: 1036~1094)가 죽자 이스마일파는 두 그룹으로 나뉘었다. 한 그룹은 카이로에서 등극한 알 무스탄시르의 어린 아들을 후계자로 인정했고, 다른 그룹은 권좌에서 밀려나서 알렉산드리아에서 피살당한 그의 큰아들 니자르(Nizār)에 대한 충성을 맹세했다. 하산 이븐 알 사바흐가 주도하는 페르시아의 이스마일파는 새로운 파티마 왕조 할리파를 부정했다. 동시에 그들은 신앙의 수정된 형태를 바로 세우고 셀주크 지배에 대항해 급진적이고 폭력적인 투쟁을 시작했다. 이 '새로운 가르침'의 추종자들을 일반적으로 하사신(Hashashin) 또는 '알 아사신(al-Assassins)', 즉 '암살단'이라 부르게 되었다.

니잠 알 물크는 생전에 이슬람의 학문적 발전에도 크게 기여했는데 그가 세운 학교 가운데 가장 이름난 학교는 1067년에 세워진 바그다드의 니자미야(Niẓāmiyya) 학원으로, 이 학원은 카이로에 있는 이스마일파 학원인 알 아즈하르(Al-Azhar)에 대항하는 수니 이슬람의 지적 산실이 되었다. 니자미야의 가르침은 알 아샤리(Al-Ash'ari)의 신학이론을 기본으로 한 결과 널리 보급되어 오늘날 수니 신학의 바탕이 되었고 다른 견해는 이단시되었다. 이 대학에 이슬람 신학의 대학자인 알 가잘리(Al-Ghazali, 본명 Abū Ḥāmed Muḥammad ibn Muḥammad Ghazālī: 1058~1111)가 다년간 교수로 있었다. 그는 이슬람의 신비주의에 탐닉하면서 니자미야 학원을 떠났는데, 이슬람의 교리 구조에 수피(Sūfi)의 신비주의를 통합시킬 것을 주장하면서 여생을 보냈다. 그 주장의 우수성으로 결국 수피의 신비주의가 일반적으로 승인되었다.

투르크 국가들의 행정적인 성공은 군대의 엄격한 규율에 크게 기인하고 있었으며 셀주크조도 항상 그것을 유지하는 데 관심을 기울였다. 할리파 지배하의 초기 이슬람행정 유형은 제국 수호자로서 대부분이 아랍인이었던 전사들에게 연금을 지급하는 방식이었다. 그러나 9세기 초에 이르러 이러한 체제는 붕괴되었다. 그 후로 많은 투르크인들이 군에 유입되었다. 그러나 외부 원정에서 얻었던 전리품이 줄어들고 세금 수취가 이러한 목적을 감당할 수 없게 된 마당에 가장 시급한 것은 결국 투르크 장교들의 재정상의 요구를 만족시키는 일이었다. 니잠 알 물크는 이러한 문제에 대응하기 위해 1087년 세제를 개혁했다. 종래까지는 국가에 대한 세금 10분의 1을 납부한 후에 남는 순소득을 자기 몫으로 삼는 토지제도, 즉 카티아(Qati'a)가 지배적이었다. 이 제도는 세금을 거두어들이고 급료를 나누어주어야 하는 번거로움도 있었다. 이러한 문제점을 해결하기 위해 일정한 봉토(Fief)를 셀주크 장교들에게 나누어주고 일체의 봉급을 지불하지 않았다. 이러한 조치는 일시적으로 장교들의 수탈이 완화되고 생산이 증대되는 효과가 있었지만 장교들은 관리유지와 수익성을 증대시키기 위해 그들에게 할당된 토지에 지대한 관심을 가지게 되었고, 하급 지휘관들과 군인들은 토지를 이용해 가능한 모든 것들을 쥐어짜기에 혈안이 되었다. 세금청부인들 역시 수익에만 몰두한 나머지 국가의 경제적 개발을 황폐화시키고 관개(灌漑)체제의 급속한 붕괴를 초래하는 부작용을 낳았다. 익타(Iqtaʻ)로 알려진 이 제도는 오스만 투르크 치하에서도 지속되었다.

    니잠 알 물크는 말리크 샤 1세의 둘째 부인이 자신의 아들을 후계자로 세우려는 계획에 반대하고 첫째 부인의 맏아들을 후계자로 세워야 한다는 주장에 찬성해 말리크 샤 1세와의 사이가 다소 멀어졌다. 더욱이 바그다드의 할리파는 말리크 샤 1세의 딸과 결혼하고서도 그녀를 무시했기 때문에 그와 말리크 샤 1세의 관계도 좋지 않았다. 그러나 1092년 니잠 알 물크가 암살단파에 의하여 살해되자 셀주크조는 심한 충격을 받았다. 니잠 알 물크가 살해된 몇 주 후 그의 군주이자 제자였던 말리크 샤 1세마저 사망하자 그의 아들들 사이에서 내전이 발발했고 정복으로 중단되었던 정치적인 분열의 과정이 이번에는 셀주크 가문의 다양한 그룹과 장교들 사이에서 재개되었다. 30년 동안의 평화와 질서는 무너지고 사회제도의 개혁은 중단되었으며 지방에서는 분리운동이 터져 나왔다.

    이러한 동요는 말리크 샤 1세의 셋째 아들인 무함마드 1세(Muḥammad I : 1105~1118)의 등장과 함께 서서히 가라앉았다. 그러나 셀주크조는 이때 내분에 적극적으로 간섭해온 압바시야 할리파에 대항하는 데 주로 힘을 쏟았으므로 파티마조의 진출에 아무런 방비책도 취하지 못했다. 그 틈에 파티마조는 팔레스타인에서 잃은 땅의 일부를 회복했는데 그 가운데에는 1098년에 획득한 예루살렘도 있었다. 1118년 하사신파의 근거지 알라무트 함락을 눈앞에 두고 무함마드 1세가 사망하자, 셀주크조는 여러 공국(公國)으로 다시 분열되었으며, 제국의 힘의 약화는 페르시아보다 비옥한 초승달 지역에서 더 두드러지게 나타났다. 공국들의 정권은 아타벡(Atabeg)[4)]

들의 수중에 들어갔다. 오직 소아시아 반도의 셀주크족만이 약 1세기 동안 그들의 권력을 더 지탱할 수 있었다.

이 왕조는 **룸 셀주크 왕조**(Rūm Seljuk: 1077~1307)로 알려졌으며 오늘날 터키 공화국의 모체가 되었다. '룸'이란 본래 로마를 의미했으나 후에는 주로 소아시아를 가리키는 명칭이 되었다. 룸 왕국이라는 명칭을 갖게 된 것은 옛 로마와 비잔티움 영토의 심장부를 가지게 된 것에서 비롯되었다. 셀주크의 증손자인 술레이만(Sulaymān ibn Quṭlumush: 1077~1086)이 자신이 정복한 땅에 새로운 국가인 룸의 셀주크를 건설했을 때 아나톨리아의 투르크인들은 그의 주권을 받아들였다. 술레이만은 콘스탄티노플 내에 벌어진 분쟁에 개입해 니케포루스 3세 보타니아테스(Nicephorus Ⅲ. Botaniates: 1078~1081)가 재위할 수 있도록 돕는 한편 국가의 힘을 증대시켰다. 그는 이러한 방식으로 자신의 영역을 확장하고, 1078년 그의 군대는 우스크다라(Üsküdar, 고대 그리스 Chrysopolis)에 본영을 설치했다. 1080년에는 니케아(Nicaea, 현재의 터키 Iznik)에 파견된 비잔티움 군대를 격파해 보스포루스의 아시아 해안에 자신의 기반을 굳혔다. 그러나 1082년 동진을 시작한 그는 알레포에 대한 공격에서 대(大)셀주크의 술탄 말리크 샤 1세의 형제이며 시리아 왕이었던 투투시 1세와 맞서게 되어 1086년 6월 목숨을 잃었고 그의 아들 킬리지 아르슬란은 포로로 잡히는 신세가 되었다.

---

4) 셀주크족의 어린 왕자들을 지키는 호위병 또는 고문관을 뜻했으나 나중에는 이들이 실권을 행사하기에 이른다. 셀주크 제국 지배 가문의 일원들은 유난히 죽음— 전쟁, 암살, 처형 등 — 에 많이 노출되어 있었다. 따라서 성인이 채 되지 못한 후계자들을 남겨두고 죽는 경우가 비일비재했다. 이 후계자들을 지키기 위해, 이들의 스승들은 양아버지 노릇을 하거나 대개는 제자의 어머니와 결혼을 하는 것이 관례였다. 이들이 왕자나 왕족들의 권력을 빼앗는 일이 빈번했기 때문에 아타벡은 도시나 작은 지역의 지배자를 지칭하는 용어로 바뀌게 되었다. 모술의 귀르보아(Kürboğa, 영어: Kerbogha)가 대표적인 아타벡이다.

룸의 셀주크조는 술레이만의 죽음과 1086년 시작된 말리크 샤 1세의 직접통치로 권력의 공백기를 겪기도 했지만 1092년 말리크 샤 1세가 죽은 뒤 대(大)셀주크의 억압에서 벗어났고 술레이만의 아들 킬리지 아르슬란(Kilij Arslan Ⅰ: 1092~1107)도 억류에서 풀려나 니케아로 돌아왔다. 그는 니케아에서 투르크인들의 열렬한 환영 속에서 술탄에 즉위한 후 제국을 재조직하고 비잔티움과의 협력을 통해 제국의 영역을 동쪽으로 확장시켜나갔다. 그는 십자군에게 니케아를 빼앗긴 뒤 콘야(Konya)를 수도로 삼고 동진 정책을 실시했다.

11세기와 12세기, 아나톨리아 북동부 산악지대는 다니슈멘드 가지(Dānishmend Ghāzī, 정식 이름 Gümüştekin Dānishmend Ahmed Gazi: 1171~1104)가 세운 **다니슈멘드 왕조**(Dānishmend Dynasty: 1071~1178)가 지배하고 있었다. 이 왕조는 셀주크가 만지케르트 전투에서 비잔티움을 쳐서 아나톨리아의 대부분을 차지한 후 이 지역에서 세력을 키웠다. 시바스(Sivas)에 중심을 둔 이 세력은 룸의 술탄 술레이만의 죽음을 틈타 한때 서쪽으로는 앙카라(Ankara)와 카스타모누(Kastamonu)까지, 남쪽으로는 아르메니아 공국의 영토였던 말라트야(Malatya, Melitene)까지 영토를 확장한 적이 있었다. 킬리지 아르슬란의 동진(東進)은 이 세력을 겨냥하고 있었다.

킬리지 아르슬란은 1103년에 다니슈멘드조(朝) 에미르 가지 귀무쉬테킨(Emir Gazi Gümüştekin, 다니슈멘드 가지의 아들: 1104~1134)으로부터 말라트야를 빼앗았다. 그런 다음 동부 아나톨리아의 공국들에 관심을 돌려 그들로 하여금 자신을 군주로 인정하도록 만들었다. 대(大)셀주크와의 전통적인 경쟁 속에서 모술을 병합했다. 그러나 그는 1107년 7월 카브르 강에서 벌어진 전투에서 대(大)셀주크 무함마드 1세(Muḥmmad Ⅰ: 1105~1118)가 보낸 대군을 상대로 싸우다 전사함으로써 자신의 아버지처럼 이러한 경쟁의 희생양이 되었다.

1116년 마수드 1세(Rukn al-Dīn Mas'ūd Ⅰ: 1116~1156)가 형제들과의 술

탄위 계승분쟁에서 다니슈멘드조의 에미르 가지 귀무쉬테킨의 도움으로 콘야에서 술탄이 되었을 때 룸 셀주크조는 콘야 주변의 소왕국으로 전락했다. 그러한 분위기 속에서 비잔티움 황제 요하네스 2세 콤네누스(Johannes Ⅱ. Comnenus: 1118~1143)는 아나톨리아의 해안지대와 발칸에서 투르크에 대한 공격을 계속했고, 다니슈멘드조의 가지는 트래비존드(Trebizond) 공작을 쳐서 말라트야, 앙카라, 그리고 카스타모누 등을 차지해 아나톨리아의 실질적인 지배권을 장악했다. 1126년 술탄 마수드 1세의 또 다른 형제 아랍('Arab)이 술탄위를 차지하기 위해 콘야로 진격해왔을 때, 마수드 1세는 비잔티움 황제와 동맹을 맺고 그 형제를 물리쳤으나 그 대가로 비잔티움에게 카스타모누를 양도해야만 했다. 그 후 황제가 실리시아 원정(Cilicia, 성서의 길리기아)에 나서고 후에 그의 형제가 황위 찬탈을 기도하는 사건 덕에 1133년 가지가 비잔티움을 밀어내고 흑해 연안(Kastamonu)을 다시 차지했다. 그런 다음 그는 실리시아로 들어가 전진하는 십자군을 쳐부수고 짧은 기간 안에 전 아나톨리아 공국의 지배자가 되었다. 1134년 압바시야 할리파 알 무스타르시드(al-Mustarshid: 1118~1135)는 그에게 '말리크(malik, 왕이라는 의미)' 칭호를 부여했다.

1134년 말리크 가지가 죽었을 때 그때까지 그의 보호 아래 있던 마수드 1세는 말리크 가지의 아들 말리크 메흐메드 가지(Malik Meḥmed Gazi)와 동맹이 되었다. 비잔티움 황제 요하네스 2세 콤네누스가 실리시아의 아르메니아인들을 응징하고 십자군과 다투고 있을 때 이들은 손쉽게 비잔티움 영역을 잠식해 들어갔다. 이 때문에 1140년 황제는 아나톨리아의 투르크를 멸망시키기 위해 대군을 이끌고 다니슈멘드의 수도 니크사르(Niksar)로 쳐들어왔다. 그러나 포위 기간이 길어지자 비잔티움 군대 내에 소요사태가 발생했고 급기야 비잔티움 제국의 공작 중 하나(John Tzelepes Komnenos)가 마수드 진영으로 피신하는 일이 발생했다. 그는 무슬림으로 개종해 술탄의 딸과 결혼한 다음 콘야에 정착했다. 1141년 결국 황제는 콘스탄티노플로 조용히 돌아가지 않을 수 없었다. 황제의 대규모 원정의 실패는 마수드 1세에게 새로운 정복의 가능성을 열어주었다.

다니슈멘드에서 말리크 메흐메드 가지가 죽은 뒤 벌어진 왕위쟁탈전을 기화로 마수드 1세는 시바스의 다니슈멘드 말리크, 야기-바산(Yaghi-Basan)을 쳐서 그가 분배받은 영토를 빼앗았다. 이러한 갑작스러운 사태로 아나톨리아에 대한 지배권이 다니슈멘드로부터 룸의 셀주크로 넘어갔다. 룸의 투르크인들은 대(大)셀주크 술탄이 모술의 아타벡들과 아르투크조(Artukid dynasty)5)와 싸우는 틈을 이용해 동쪽으로 변경을 확대해나가면서 멘더레스(Menderes)와 게디즈(Gediz)의 계곡을 따라 서부 아나톨리아로 진출했다.

비잔티움 황제 마누엘 1세 콤네누스(Manuel Ⅰ Comnenus: 1143~1180)는 서부 아나톨리아와 실리시아의 아르메니아 공국의 비잔티움 변경을 계속해서 침범하는 투르크인들을 아나톨리아로부터 몰아내기로 작정했다. 1146년 원정군을 조직한 황제는 아크뢰누스(Acroënus)에서 터키군을 격파하고 필로메리온(Philomelion)의 성채를 점령하는 등 서부 아나톨리아로부터 투르크인들을 몰아낸 후 콘야로 진군했다. 마수드 1세는 위험이 다가오는 것을 깨닫고 콘야 40km 전방의 악사라이(Aksaray)에 군대를 배치하고 황제의 군대를 기다렸다. 비잔티움 군대는 콘야 지역을 완전히 유린하고 대량 살상을 자행했지만 콘야의 성벽을 돌파하지는 못했다. 그가 이러한

---

5) 11세기에서 12세기 동안 동부 아나톨리아, 북부 시리아 그리고 북부 이라크 등을 지배했던 왕조로 아르투크(Artuq)가 건립했다. 그는 원래 대(大)셀주크 술탄 말리크 샤 1세의 휘하에 있었으나 다마스쿠스 에미르 투투시 1세의 위하로 들어갔다. 1086년 투투시 1세는 그를 예루살렘 총독으로 임명했다. 1091년 그가 죽은 후 예루살렘 1098년 파티마조 와지르 알 아프달샤한샤에게 탈취당할 때까지 그의 아들들인 소크만(Sokman)과 일가지(Ilghazi)의 지배하에 있었다. 이 아들들이 알 자지라(al-Zazira)의 디야르바키드(Diyarbakir), 마르딘(Mardin), 하산케이프(Hasankeyf)를 차지하면서 대(大)셀주크 술탄과 충돌하게 되었다.

약탈을 감행한 것은 그 자신이 서방세계에 십자군의 이념을 적극적으로 지지하는 것으로 보이게 하려는 목적도 있었다. 원정 중 그는 프랑스 왕 루이 7세(Louis Ⅶ: 1137~1180)로부터 십자군 국가들을 구조하기 위해 자신이 군대를 동원하겠다는 서한을 받았다. 막강한 프랑스 군대가 이 문제에 개입한다면 자신의 위상은 몰락하게 될 것이다. 어쩔 수 없이 그는 콘스탄티노플로 되돌아가지 않을 수 없었다.

콘야에서 비잔티움의 공격을 막아낸 마수드 1세는 이를 계기로 가장 강력한 지도자 중의 한 사람이 되었고 아나톨리아 투르크인들은 위험에서 벗어났다. 마수드 1세는 여세를 몰아 1149년과 1150년의 전투를 통해 시리아에서 프랑크인들을 몰아냈고, 1154년에는 실리시아로 들어가 아르메니아 도시들을 빼앗았다. 그러나 실리시아 전체를 정복하려던 계획은 역병의 발생으로 무산되고 그는 콘야로 귀환한 이듬해 사망했다.

비잔티움 시대에 이코니움(Iconium)이라 불렸던 콘야를 수도로 아나톨리아에 셀주크 행정이 정착된 것은 마수드의 아들 술탄 킬리지 아르슬란 2세(Kilij Arslān Ⅱ: 1156~1192) 때였다. 그는 재임 초기 적대세력들의 위협을 받았는데 우선 그는 그의 형제이자 카스타모누와 앙카라 왕이었던 샤한샤(Shāhānshāh)와 다니슈멘드 왕 야기-바산과 싸워야 했다. 술탄이 이들과의 내부 분쟁에 빠져 있는 사이 1159년 비잔티움 황제 마누엘 1세와 누르 알딘 장기(Nūr ad-Dīn Zangi: 1146~1174)가 술탄에 대항하는 동맹을 형성했다. 아르메니아 공작 토로스(Thoros)가 기회를 놓치지 않고 셀주크를 공격했다. 이러한 많은 적들에 직면해 술탄 킬리지 아르슬란 2세는 이러한 정치적 공작의 진원지인 콘스탄티노플로 갔다. 당시 비잔티움 황제는 투르크 지배자들의 상호파괴를 조장하는 정책을 취하고 있었다. 황제는 술탄에 대한 재정적인 지원과 함께 술탄과의 조약에 동의했다. 술탄은 귀환하자마자 1163년 야기-바산을 압도적으로 쳐부수고 그런 다음 그의 동생과 다른 다니슈멘드 아미르들을 처결했다. 누르 알딘 장기 또한 자신이 정복한 땅을 술탄에게 돌려줄 수밖에 없었다.

발칸 문제에 몰두하던 황제 마누엘 1세는 룸의 술탄이 자신의 적들을 제거하면서 세력이 강해졌음을 알고 불안해졌다. 황제는 조약을 연장하자는 술탄의 제의를 거절하고 대규모 군대를 동원해 콘야 정벌에 나섰다. 그러나 셀주크는 1176년 9월에 미리오케팔레온(Myriokephalon)에서 비잔티움과의 전투에서 결정적으로 승리를 거뒀다. 이것은 이로 인해 비잔티움 황제가 아나톨리아를 재정복한다는 생각을 포기하게 되었고, 이는 셀주크가 이제 콘스탄티노플의 위협에서 자유스러워졌다는 것을 의미한다. 이 왕국의 주민들은 그리스도교도, 이란 이슬람교도, 아르메니아인, 그리스인, 시리아인 등이 포함되어 있었지만 룸 술탄국은 당시 사람들에게 '투르크'로 간주되었다. 상업과 농업이 번성하고 예술이 발전했으며 다른 인종과 종교에 대한 관용으로 질서와 안정이 유지되었다.

13세기 초 룸 셀주크조의 술탄은 이슬람 세계에서 존경받는 강력한 군주로 부상했다. 가지(Ghāzī; 변방의 무슬림 전사) 족장들에 대한 권위도 확립되었다. 인근의 비잔티움 군주들과도 대체로 선린관계를 유지했다. 동쪽에 품었던 야망은 포기하고 수도 콘야에서 안정적이고 관대한 통치를 하는 것에 만족했다. 이 기간 동안에 소아시아 반도의 인구 가운데 대부분이 기독교에서 이슬람으로 개종했고 그 후에는 그리스어도 버리게 되었다. 또한 아나톨리아에서 룸의 셀주크 왕조가 분리되면서 오스만 제국의 모태가 틀을 잡아나가는 데 우호적인 환경이 형성되었다. 그러나 이러한 셀주크의 관대한 통치도 몽골족의 침입으로 끝나게 된다.

셀주크의 지배가 압바시야 영토 동쪽 절반에 완전한 평화를 가져온 것은 결코 아니었지만, 내부 무질서와 왕위를 둘러싼 투쟁의 시기는 간헐적이었고 그 지속기간도 몇 년에 지나지 않았다. 그리하여 10세기와 11세기 초의 부단한 투쟁으로 크게 파괴되었던 물질적 번영이 회복되고 무엇보다도 페르시아에서의 문화생활의 안정적인 발전이 가능해졌다. 이스마일파의 지하활동을 억압함으로써 이스마일파를 대신해서 열두 이맘파가 시아의 가장 중요한 집단으로 자리 잡게 되었고 수많은 다른 분파들은 거의 자취를 감추었다. 열두 이맘파는 사라진 마흐디가 다시 나타나가를 기다리면 되기 때문에 지도력을 둘러싼 분쟁의 소지가 없다. 그리고 이스마일파보다 훨씬 온건했으며 꾸르안의 해석에서도 덜 극단적이었다. 따라서 그들은 예언자의 가족들에게 몰두하는 집단들이 자신들에게 애착을 갖게 만들 수 있었으며, 수니의 셀주크 치하에서 그들이 경험한 어려운 처지를 헤쳐나갈 수 있었다. 그러나 페르시아, 아제르바이잔 그리고 남부 이라크에서조차 시아가 주도적인 신앙이 되기까지는 오랜 시간을 기다려야 했다.

2. 십자군 침입(1096~1270)과 지역 세력들의 대응

11세기가 끝나갈 무렵 십자군(Crusades)이 이슬람 세계에 들이닥쳤다. 십자군의 침입은 주로 파티마조와 비잔티움 제국에 지대한 영향을 미쳤다. 그러나 셀주크조에 미친 영향은 미미했고, 일반적으로 이슬람 세계에 대해서는 지엽적인 사건으로 남았다. 셀주크조에 더욱 위협이 되었던 것은 이스마일파였으며 가장 치명적인 것은 대(大)셀주크 술탄 말리크 샤1세의 사망 후에 터져 나온 계승권 분쟁으로 셀주크 제국이 각각의 영토들로 분해된 것이었다.

십자군의 원정은 동서 분쟁에서 이슬람의 진출에 대한 기독교도의 최초의 반격이었다. 그러나 무슬림들은 이 반격이 제1차 십자군 원정(1096~1099)이 아니라 370년간(711~1085) 아랍의 지배하에 있던 스페인의 톨레도 시(市)가 1085년에 기독교도(카스티야의 알폰소 6세)의 수중에 들어갔을 때 이미 시작된 것으로 보고 있다. 8세기 초부터 이미 1492년 그라나다가 함락되어서야 끝이 나는 레콘키스타(Reconquista, 스페인어로 재정복이라는 뜻)가

진행되고 있었다는 것이다.

당시의 셀주크 투르크 동부의 시리아, 레바논, 요르단, 팔레스티나 등지에서 거주하던 토착민 기독교도의 수는 아주 적었다. 기독교도들은 성지 예루살렘이 무슬림들의 지배하에 있었지만 로마 교황에게 도움을 요청하지는 않았다. 무력 원조를 요청한 것은 비잔티움 제국의 황제 알렉시오스 1세 콤네누스(Alexius Ⅰ Comnenus: 1081~1118)였는데, 그것은 아나톨리아에서 경쟁하고 있던 셀주크조에 대항하기 위해서였다. 황제는 성지에서 박해가 일어나고 있는 것처럼 꾸며 기독교인들의 연대감을 불러일으켰다. 결국 1095년 11월 클레르몽 공의회에서 교황 우르바누스 2세(Urbanus Ⅱ)는 역사적인 결정을 하게 된다. 십자군 원정에 나서기로 한 것이다.[6]

그 이전에도 1074년 2월 비잔티움 황제 미카엘 7세(Michael Ⅶ: 1071~1078)가 정교도와 가톨릭의 통합을 약속하면서 교황 그레고리 7세에게 도움을 청하던 일이 있었다. 그 당시 비잔티움 제국은 소아시아 각지에서 황제를 참칭한 자들이 서로 경쟁이라도 하듯이 투르크족의 무력을 원군으로 끌어들였기 때문에 쇠퇴 일로를 걷고 있었다. 교황이 이를 흔쾌히 받아들여 콘스탄티노플 성벽까지 비잔티움 영토를 정복해 들어 온 투르크에 대항하기 위한 십자군 조직에 유럽의 왕들과 전(全)기독교계를 소환했다. 그러나 교황 측과 비잔티움 제국 간의 갈등으로 20년 동안이나 십자군이 조직되지 못했다. 1074년, 유럽으로부터 아무런 도움을 받지 못한 데 실망한 황제는 대(大) 셀주크의 술탄 말리크 샤 1세에게 값비싼 선물과 함께 사신을 보내 도움을 청했지만 이러한 그의 모든 시도는 결실을 맺지 못했다.

그러나 이번의 경우 십자군 원정이 필요한 이유로 내세운 것 중 하나는 셀주크조가 1071년에 만지케르트에서 비잔티움군을 제압하여 에게 해와

---

[6] 무타구치 요시로, 『이야기 중동의 역사』, 박시진 옮김(서울: 삼양미디어, 2009), 156~157쪽.

시리아 해안뿐 아니라 소아시아 반도의 동부와 중앙부를 장악하면서 기독교도들의 예루살렘 순례가 더 어려워졌다는 것이었다. 당시 이 지역을 지배하던 이스마일파의 파티마조는 자기 영토인 이집트와 시리아의 주민이 대부분 수니파였고 그들을 견제하기 위해 기독교도들을 비교적 온건하게 다루었으므로 기독교도의 예루살렘 순례에 별 문제가 없었다. 그런데 1071년에 셀주크조가 파티마조에게서 예루살렘을 빼앗은 후에 기독교도의 성지 순례가 어려워졌다는 것이다. 그것이 사실이었다 해도 십자군이 팔레스타인에 도착했을 때는 예루살렘이 다시 파티마조에 넘어간(1098) 뒤였다. 그러나 유럽의 지배자들은 그 사실을 알지 못한 것으로 보인다.

어쨌든 이러한 결정은 폭발적인 연쇄반응을 일으키는데 이때 비잔티움과 이슬람이라는 두 세계에 대한 교황의 무지가 직접적인 불씨가 되었다. 그리고 역사적으로 볼 때 이슬람 세계와 전혀 관계가 없는 지역인 북프랑스와 독일 등 구(舊)프랑크 제국 쪽에서 십자군에 대한 지대한 관심을 보였고 처음 십자군 전쟁을 이끈 것은 이 지역의 황후들이었다. 그들은 현지 사정에 무지했기 때문에 이 사업에 '동방 원정', 즉 '성지 탈환'이라는 이름을 붙였다. 이러한 배경을 모르고 있던 서아시아의 무슬림들에게 십자군의 난입은 예기치 못한 사건이었고, 최대의 피해자는 적어도 1세기 가까운 시간 동안 평화롭게 살던 성지 예루살렘의 주민들이었다.[7]

1) 초기 십자군과 룸 셀주크조(Rūm Seljuk)

1096년 7월에 들어서면서 룸의 셀주크 술탄 킬리지 아르슬란(Kilij ArslanⅠ: 1092~1107)은 한 무리의 프랑크인들이 콘스탄티노플을 향해 이동하고

---

7) 같은 책, 157~158쪽.

있다는 소식을 전해 들었다. 당시 그는 열일곱도 안 된 나이였다. 그가 다스리던 중앙아시아는 그의 아버지 술레이만이 그리스인들에게서 빼앗은 땅이었다. 1077년 건립된 신생 무슬림 국가인 룸의 셀주크조의 수도 니케아는 주민들 대다수가 그리스인이었다. 따라서 비잔티움 황제가 언제나 회복을 노리던 곳이었다. 황제 알렉시오스 1세는 한나절이면 니케아에 도달할 거리에 있는 비잔티움 제국의 군사 기지 헬레노폴리스(Helenopolis: Civetot/Civetote)에 다른 용병들을 주둔시켜놓고 이들을 이곳에 부르기로 결정했다. 1096년 8월 6일 카파도키아(Cappadocia)에 들어선 민중 십자군(the People's Crusade) 무리는 헬레노폴리스에 캠프를 차렸다.

그러나 그들은 황제가 기대하던 그런 군대가 결코 아니었다. 비록 이들 민중 십자군들을 그들의 최후의 땅이 될 소아시아로 신속히 이동시킨 알렉시오스 1세였지만 전해지는 말에 따르면 황제는 이들에게 한 가지 조언을 해주었다고 한다. 그것은 그곳에서 기다렸다가 그들 뒤에 오는 다른 십자군과 합류하라는 것이었다. 그들의 상황을 생각하면 긴요한 충고였지만 여기에는 두 가지 문제가 있었다. 하나는 이들이 그곳에 계속 머물기엔 물자가 충분치 않았다는 것이다. 두 번째는 더 치명적인 문제였는데, 그것은 이들이 이런 충고를 받아들일 만큼 현명하지 못했다는 것이었다. 역시나 그들은 소아시아 내부로 몰려들어 갔다. 보급은 이전과 같이 약탈로 해결했는데, 룸 술탄국이란 명칭처럼 이 지역 원주민들은 기독교를 믿는 과거 동로마 제국의 신민이었지만 민중 십자군에게는 이 점은 사소한 문제였다. 주민들이 약탈할 물자를 지니고 있는지 또 자신들이 약탈할 수 있을 만큼 약한지가 중요했을 뿐 그들이 믿는 종교는 신경쓰지 않았다.

소아시아에 도달하자 곧 이들이 이전부터 가지고 있던 문제가 표출되기 시작했다. 그들은 통일된 군대가 아니라 가난한 농민을 중심으로 한 잡다한 무리들이 뭉쳐 있는 것에 지나지 않았다. 그러다 보니 은자 피에르(Pierre l'Ermite)가 대장처럼 여겨지긴 했지만 그는 확립된 지휘권을 보유하지 못했다. 피에르의 본대는 무일푼의 발터(Walter Sans Avoir) 선발대와 합쳐진 뒤 다시 둘로 분열되었다. 이들은 같은 언어를 공유하는 집단을 중심으로 분열되었는데, 프랑스인들은 은자 피에르를 지지했고 독일인들과 이탈리아인들은 라이날드(Rainald)라는 이탈리아 기사를 지지했다. 하지만 이 두 집단들 역시 그들의 지휘관의 지시를 제대로 따르지 않았다.

이따금씩 그들의 약탈 소식이 들려오기는 했지만 별다른 위협의 징후는 없었다. 그런데 9월 중순으로 접어들던 어느 날 프랑크인들의 태도가 돌변했다. 가까운 주변이나 어슬렁거리며 주력부대를 기다리던 그들이 돌연 니케아 주변 마을들을 습격하기 시작한 것이다. 아르슬란이 소식을 들었을 때 약탈자들은 이미 수도의 성벽 아래에 도달해 있었다. 그 수에 압도당한 투르크 병사들은 무참하게 패하고 말았다. 1096년 9월 18일 제리고르돈(Xerigordon) 요새가 함락되었다. 라이날드가 이끄는 십자군은 6,000명 정도였는데 도시를 지키는 투르크 수비병은 1,500명에 지나지 않았다. 요새가 점령되고 3일 후 21일 승리를 자축하던 십자군을 이번에는 1만 5,000명의 술탄의 병사들이 포위했다. 십자군은 보급에 관한 아무런 준비가 없었고 요새 내부에는 물을 공급할 체제가 마련되어 있지 않았다. 구원군은 없었다. 그들은 그곳에서 8일간 버티다 29일에 항복했다. 이슬람으로 개종한 사람들은 노예가 되었고 그러기를 거부한 사람들은 모두 살해되었다. 그러나 그보다 6배나 많은 프랑크인들이 남아 있었다.

하지만 기회를 놓쳐서는 안 된다는 것을 깨달은 술탄은 그들이 자신의 계략에 걸려들도록 술책을 썼다. 기록에 따르면 술탄은 두 스파이를 풀어 헬레노폴리스의 민중 십자군들 사이에 거짓 소문이 퍼지게 했다. 그것은 라이날드와 그 부하들이 적의 수도인 니케아까지 점령했으며 막대한 전리품을 손에 넣었다는 것이었다. 이 소식을 전해 들은 수만 명의 십자군들은 가만히 있을 수가 없었다. 이들은 막대한 약탈에 대한 기대로 흥분하기 시작했다. 이들이 막 헬레노폴리스를 출발하려는 순간 제리고르돈에서 가까스로 탈출한 사람들이 나타나 진상을 전해주었지만 소용이 없었다. 1096년 10월 21일 서쪽에서 온 원정대가 헬레노폴리스 진지를 출발했다. 그들이 진지로부터 나오기만을 기다리며 매복해 있던 투르크 병사들이 그들을 덮쳤고 줄잡아 2만 명의 프랑크인들이 그곳에서 사망했다.

그러나 이번에는 승리에 도취한 젊은 술탄이 다가오는 겨울에 프랑크인들이 다시 콘스탄티노플로 들어온다는 정보를 무시해버렸다. 그는 무자비한 싸움을 벌이고 있던 투르크 왕들에게 더 신경이 쓰였다. 그의 부왕은 형제들의 힘을 빌리지 않고 소아시아 지역, 즉 광활한 아나톨리아를 평정했고 더욱 남쪽인 시리아까지 세력을 확장하려다 사촌들에게 살해당했다.

당시 아나톨리아의 척박한 고원지대는 다니슈멘드 가지(Dānishmend Ghāzī)가 지배하고 있었다. 그가 앙카라 남동쪽에 있는 아르메니아 도시인 말라트야를 정복한 사건은 미래의 터키를 이슬람화하는 결정적인 전환점이 되었다. 1097년 초 콘스탄티노플에 새로운 프랑크 원정대가 도착할 무렵 킬리지 아르슬란은 말라트야에서 전투가 개시되었다는 소식을 들었다. 젊은 술탄은 자신의 아버지 덕분에 아나톨리아의 북동부 전체를 장악하게 된 이 경쟁자가 혁혁한 승리를 거두는 것을 두고 볼 수만은 없었다. 그를 저지하기 위해 술탄은 가솔들을 니케아에 남겨둔 채 몸소 군대를 이끌고 그곳으로 갔다. 그는 그곳에서 전보다 훨씬 더 많은 프랑크인들이 몰려오고 있다는 것을 알게 되었지만 이전의 승리에 너무 자만해 있었다. 술탄이 그곳에서 시간을 허비하고 있는 사이 프랑크인들이 니케아에 몰려들었다. 그들은 이전의 오합지졸의 순례자들이 아니었다. 이 십자군은 1097년 4월 말쯤에 콘스탄티노플에서 출발했다. 부용의 고드프루아(Godfrey of Bouillon)가 타란토의 보에몽 1세(Bohemund of Taranto), 보에몽의 사촌 탕크레드(Tancred), 툴루즈의 레몽 4세(Raymond Ⅳ of Toulouse) 등과 함께 가장 먼저 니케아에 도착했는데, 뒤따라 은자 피에르와 민중 십자군 생존자들, 약간의 비잔티움 군대가 도착했다. 그리고 5월 14일 니케아를 향한 포위공격이 시작되었다.

   터키 방어군은 5월 16일에 있었던 한 차례의 공격이 실패로 끝나자 아르슬란에게 귀환할 것을 간청하는 메시지를 보냈고, 그가 급히 수도로 돌아왔을 때 찬란한 도시 니케아는 이미 적들에게 포위되어 있었다. 5월 21일 전투가 시작되었다. 술탄은 이 도시를 구하기 위해 미친 듯이 전장을 누볐지만 결국 그 도시를 포기할 수밖에 없었고, 그날 이후 그는 그 땅을 다시는 밟아보지 못했다.

   황제 알렉시오스 1세는 처음에는 십자군을 따라가지 않기로 결정했다. 그러나 그들을 뒤따라가서 한편으로는 공격에 가담하는 척 하면서 십자군 몰래 니케아 측에 협상을 시도해 이들로부터 항복을 받아냈다. 황제의 밀사는 부유한 니케아를 신민 및 소유물은 훼손시키지 않고 탈환하기를 원한다는 뜻을 전달했고, 십자군들이 니케아를 점령하면 그들에게 어떤 상황이 초래될 것인가를 알고 있었던 이슬람 지휘자는 재빨리 이를 수락했다. 그날 밤 이슬람군들은 비잔티움군의 묵인하에 몰래 성을 빠져나갔다. 이튿날 새벽 니케아성의 탑에는 비잔티움 제국의 깃발이 펄럭였다. 도시 약탈을 원했던 십자군은 이 사실을 뒤늦게 알고 매우 분개했다. 십자군들의 대규모 니케아 진입은 엄격하게 통제되었다. 황제가 이들에게 얼마간의 보상을 해주었지만 이들은 자신들이 도시를 함락시켰다면 훨씬 더 많은 전리품을 차지할 수 있었을 것이라고 믿었다. 황제는 함락된 도시가 자신의 영지가 될 수 있도록 하는 조치들을 취해나갔다. 어쨌든 십자군은 황제에 대한 깊은 불신 속에서 6월 26일 조용히 이 도시를 떠났는데 그것은 5주 후면 예루살렘에 도달할 수 있다는 희망이 있었기 때문이었다. 그 후 그들은 도릴라이움(Dorylaeum) 전투에서 승리하고 안티오크를 차지했지만 니케아 함락 2년이 지나도록 예루살렘에 가보지 못했다.

   니케아를 떠난 십자군은 도릴라이움 근처에서 투르크군이 매복하고 있다는 것을 알았지만 그것을 커다란 위험 신호로 느끼지 않았다. 터키군에는 전열을 가다듬은 술탄과 그의 동맹, 다니슈멘드 가지, 카파도시아(Cappadocia)의 아미르 하산 베이(Hasan Bey)가 함께했다. 7월 1일 본격적인 전투가 시작되었는데, 투르크군은 새벽의 기습공격으로 보에몽 군대를 궁지에 몰아넣었다. 보에몽 군대는 원군을 기다리며 버티어나갔다. 7시간의 전투 끝에 보에몽은 새로 도착한 자신의 기사(騎士)들과 속속 도착하는 원군들의 도움으로 투르크군의 측면에 대한 기습공격으로 반격에 나섰으며, 전세는 주교 르퓌의 아데마르(Adhemar of Le Puy)가 이끄는 교황특사의 군대가 도착하면서 완전히 역전되었다. 투르크군들은 패주했고 십자군은 이제 아무런 방해 없이 안티오크로 갈 수 있게 되었다.

킬리지 아르슬란이 니케아에서 맞닥트렸던 십자군 정예부대는 1097년 레반트(동부 지중해)에 도착했다. 이러한 제1차 십자군(1096~1099)의 공식 원정대는 4개 군단(로렌인, 노르만인, 남프랑스인, 북프랑스인의 각 부대)으로 편성되어 있었다. 처음 30년 동안은 이슬람 세계가 분열되어 있었던 덕택에 침략자들은 별 어려움 없이 시리아 해안을 따라서 팔레스타인으로 진격해 들어올 수 있었다. 이에 대처하는 당시 무슬림 군대는 통일된 군대가 아니라 그 이해관계 때문에 자주 충돌을 빚던 왕자들의 동맹일 뿐이었다.

더 큰 도시들은 셀주크 공자들이나 관리들이 차지하여 수비하고 있었지만 작은 도시들은 대부분 셀주크가 등장하기 이전 정치적 공백기에 두각을 나타낸 난폭하고 야심찬 아랍 추장들의 수중에 있었다. 서로 경쟁하고 있던 셀주크 군대, 투르크멘, 그리고 아랍 부족들이 자체적으로 역시 심각한 분열 양상을 보이던 주민들을 지배하면서 나라 전역에 흩어져 있었다. 주민들 중에는 커다란 기독교 공동체와 이교도보다도 수니파를 더욱 미워하는 이단적 무슬림들이 혼재해 있었다. 훨씬 남쪽에서는 파티마조가 기회를 엿보고 있었으나 군사강국으로서의 면모를 잃어버린 후였다. 이들은 십자군에 저항하기는커녕 십자군과 협력할 태세였다. 여기에는 대(大)셀주크보다는 시리아에서 불안정하게 유지되는 십자군이 훨씬 덜 위험한 이웃이 될지도 모른다는 계산이 있었던 것으로 보인다. 그러나 그러한 협력은 오래가지 못했다. 양측이 팔레스타인을 두고 서로의 이해가 첨예하기 대립되었기 때문이었다.

프랑크인들이 동방에 진출한 이래 가장 처절한 전투가 안티오크에서 있었다. 1097년 10월 20일 십자군 선발대를 이끌고 도착한 자들은 고드프루아, 보에몽, 레몽 4세였다. 다음날 이들은 안티오크를 포위하기 시작했다. 당시 시리아 정국은 투투시의 두 아들, 알레포의 왕인 리드완(Fakhr al-Mulk Riḍwān)과 그의 동생인 다마스쿠스 왕 두카크(Abū Nasr Shams al-Mulk Duqāq)가 생사를 건 싸움을 벌이는 중이었다. 견고한 성벽 덕택에 가장 마지막으로 투르크족에게 정복되었던 도시 안티오크는 1088년 이후 말리크 샤 1세의 투르크 노예였던 야기 시안(Yaghi Siyan)이 다스리고 있었다. 사실 그가 섬기던 군주는 말리크 샤 1세의 동생이자 시리아 군주인 투투시 1세였다. 1095년 투투시 1세가 사망했을 때 그의 시리아 왕위를 이어받은 것이 그의 아들 리드완이었다. 리드완은 자신의 지위를 공고히 하기 위해 알레포에서 자신의 형제들을 제거해버렸다. 그 와중에서 간신히 빠져 나와 다마스쿠스에 정착한 것이 그의 동생 두카크였다.

안티오크의 성벽은 난공불락으로 견고했지만 프랑크인들의 공격으로 야기 시안은 어려운 입장에 처했다. 이 큰 도시를 방어하기에 병력이 턱없이 부족했다. 야기 시안은 일단 그의 잠재적인 동맹인 두카크에게 도움을 청했다. 그러나 이 소심한 동맹은 십자군보다 그의 형을 더 두려워했다. 그가 십자군을 공격할 때 형의 군대가 등 뒤에서 공격해올지 모를 일이었다. 두카크가 출병을 결심한 것은 포위가 두 달이나 계속된 12월 말이었다. 그러나 12월 30일에 있었던 전투에서 패배한 두카크는 즉시 병력을 거두어 돌아갔고 다시는 안티오크를 지원하지 않았다.

승리한 십자군에게도 기뻐할 여유는 없었다. 그들은 식량을 얻지 못해 굶주리고 있었다. 12월 30일에 발생한 지진과 그 뒤 수 주간 계속된 비는 포위하는 측을 더욱 비참하게 만들었고 서로 불신해왔던 비잔티움 제국과 십자군이 결정적으로 갈라선 것도 바로 이 시기였다. 비잔티움의 장군으로 병력 지원과 군사 자문을 위해 십자군에 합류했던 타티키오스(Tatikios)가 1098년 2월 갑자기 병력을 이끌고 비잔티움으로 철수한 것이다.

1098년 2월에도 무슬림의 통일되지 못한 공격은 계속되었다. 이번에는 알레포의 리드완이 구원 병력을 보내왔다. 그러나 그들은 2월 9일 하란(Harran)에서 적에게 패배했다. 3월이 되자 십자군에는 잉글랜드 왕위를 주장하던 에드가 애셜링(Edgar Atheling)이 함대를 이끌고 지원 병력과 함께 도착했다. 그리고 셀주크와 종교적·정치적으로 대립 중인 파티마조로부터 동맹 제의도 있었다. 이제 안티오크를 구할 마지막 대안은 모술의 아타벡 귀르보아(Kürboğa, Kerbogha)였지만 그의 군대는 에데사(Edessa) 함락에 대처하느라 안티오크가 함락된 지 사흘이 지난 뒤에야 도착했고 그가 머뭇거리는 동안 프랑크인들은 전열을 가다듬어 반격해왔다. 결국 그는 별로 싸워보지도 못하고 패주하고 말았다. 1098년 6월 3일, 시리아에서 가장 큰 도시인 안티오크는 결국 200여 일의 포위를 버티지 못하고 적들에게 함락되었다. 그 수치스러운 날 이후 시리아 땅에는 침략자들을 막을 만한 어떤 세력도 없었다.

지리적으로 고립되어 있던 에데사는 이미 안티오크 공방 중에 십자군 본대에서 떨어져 나와 동쪽으로 진격한 볼로뉴(Boulogne)의 보두앵(Baudouin le Lépreuxn)과 조슬랭 1세(Jocelyn Ⅰ)의 수중에 떨어졌다. 그해 말 안티오크 인근 도시 마라(Mara)에서는 프랑크인들의 야만적인 약탈과 파괴 그리고 참혹한 학살이 자행되었다. 마라를 출발한 프랑크인들의 다음 진로가 예루살렘이라는 것은 확실했다. 성스러운 도시로 가는 길목에 자리 잡은 마을들은 하나같이 이들이 몰고 올 재앙에 대비하느라 분주했다. 그 길목에는 샤이자르(Shaizar)의 문키드(Munqidh) 아랍 왕조, 부카야(bukaya) 곡창지대, 그리고 홈스(Homs)와 트리폴리(Tripoli, 아랍어로 Tarābulus)가 있었다. 부카야 농민들은 깔루아툴 히슨(Qal'at al-Hosn, 불어 Crac des Chevaliers) 요새에서 힘든 싸움을 벌인 끝에 피신했지만, 자신들의 군사력만으로는 스스로를 지키거나 침략자들을 상대하기가 턱없이 부족하다는 것을 알고 있었던 대부분 다른 지역들은 공물을 지참하고 프랑크인들과의 협상을 통해 참화를 모면했다.

프랑크인들이 다시 남쪽으로 발길을 돌려 파티마 왕국의 경계인 나흐르 엘 칼브(Nahr el-Kalb, Mount Lebanon)에 도착했다. 당시 예루살렘은 이집트의 파티마 왕조가 지배하고 있었다. 1097년 4월, 카이로의 실권자였던 와지르, 알 아프달 샤한샤(al-Afdal Shahanshah)는 알렉시오스 1세 콤네누스로부터 프랑크 기사들이 콘스탄티노플에 입성했고 소아시아 지역을 공략하기 시작했다는 소식을 전해 들었다. 아르메니아 군인 가문 출신이었던 이 와지르는 투르크인들에 대해 아무런 동정심도 갖고 있지 않았다. 11세기 중반 무렵부터 셀주크인들의 세력 팽창으로 비잔티움 제국은 물론 파티마 왕조의 영향권도 적지 않게 줄어든 형편이었다. 비잔티움은 안티오크와 소아시아를 잃었고 이집트인들은 1세기 동안이나 차지하고 있던 다마스쿠스와 예루살렘을 잃었다. 카이로와 콘스탄티노플 사이의 동병상련의 우호 관계는 이러한 배경에서 만들어졌다. 비잔티움 황제가 프랑크인들이라는 강력한 원군의 도움으로 복수를 벼르고 있다면 자신에게도 잃었던 땅을 되찾을 기회가 온 것이 아닌가? 알 아프달은 격앙되었다. 그는 안티오크에서 공방을 벌이고 있는 프랑크인들에게 특사를 보내 셀주크 제국 붕괴 후의 영토의 분배를 제안했다. 그들이 북쪽의 시리아를 갖는 대신 자신은 남부 시리아, 즉 팔레스타인과 다마스쿠스, 그리고 베이루트에 이르는 해안 도시를 갖겠다는 것이었다. 그러나 그의 기대와는 달리 프랑크인들은 명확한 답변을 거부했다.

1098년 6월 안티오크가 함락되고 귀르보아가 처참하게 몰락했다는 소식에 초조해진 그는 서둘러 자신의 생각을 행동에 옮기로 했다. 때는 7

월이었다. 그는 아르투크(Artuq)의 아들들인 아미르 소크만(Sokman)과 일가지(Ilghazi)가 지키고 있는 예루살렘을 포위하고 40일 만에 그들로부터 항복을 받아냈다. 이제 프랑크인들만 예루살렘을 포기하고 떠나면 그만이었다. 그러나 그의 기대와는 달리 1099년 6월 프랑크인들은 파티마의 북방 한계선 나흐르 엘 칼브를 넘어 밀고 내려왔다. 십자군이 중북부 시리아의 땅으로는 만족하지 못하고 팔레스타인을 목표로 한다는 것이 명백해졌다. 십자군은 처음부터 예루살렘에 성묘 교회(Church of the Holy Sepulchre)를 창건하고 싶어 했다. 알 아프달은 자신이 진퇴양난에 빠진 것을 알았다. 차라리 광신적인 기독교 기사들이 지나가도록 내버려두어 예루살렘을 놓고 투르크인들과 프랑크인들이 싸우도록 했던 것이 더 낫지 않았을까? 결국 그는 지중해 연안의 이집트 소유지들을 포기하면서 예루살렘의 수비를 강화하는 수밖에 없었다.

연안의 도시들은 거의 예외 없이 침략자들과 협정을 맺는 일을 서둘렀다. 프랑크인들이 다다르기도 전에 팔레스타인 땅의 도시 대부분과 마을들은 주민들이 떠나 텅 비게 되었다. 그 덕에 프랑크인들은 진정한 의미의 저항군을 한 번도 마주치지 않고 전진을 계속했다. 프랑크인들이 예루살렘 근처에 도달한 것은 6월 7일이었다.

1099년 7월 15일 이들이 함락한 성스러운 도시에서는 야만스러운 파괴와 약탈과 학살이 행해졌다. 이집트 지휘관과 그의 경호대에게는 철수가 허용되었지만 나머지 무슬림과 유대인들은 여자와 어린이 가리지 않고 모두 학살되었다. 알 아프달이 예루살렘의 회복을 위해 군대를 동원했지만 8월 12일 아스칼론(Ascalon)에서 참담하게 패배했다.

프랑크 침략자들은 시리아, 팔레스타인 해안 지역을 점령하여 안티오크, 에데사, 트리폴리, 예루살렘 등에 여러 개의 작은 라틴 봉건공국을 세웠다. 그러나 승승장구하던 초기에도 십자군 세력은 예루살렘을 제외하면 주로 지중해와 서구 사회로 향하는 해안지방에 한정되어 있었다. 내륙 도시인 알레포, 하마(Ḥamāh), 힘스(Ḥimṣ) 그리고 다마스쿠스는 굳건하게 무슬림들의 수중에 있었다. 심지어 예루살렘 공국도 주세력은 해안 지역에 있었고 모든 것이 바다를 통해 이루어졌다. 1124년 티레 함락으로 아스칼론을 제외하면 해안 지방은 완전히 십자군의 수중에 들어가게 되었다. 그러나 그곳에는 여전히 소왕국들이 자리 잡고 있었다. 1세기 반 동안 셀주크조와 파티마조가 메소포타미아 지역과 나일 강 지역에서 대치하면서 정치적 균형을 이루어 완충지역인 시리아와 팔레스타인은 독자적으로 존재할 수 있었다. 이렇듯 십자군은 참다운 적과 대결한 것이 아니었고, 인근의 작은 소왕국들과 싸우면서 지탱해나갔던 것이다.

2) 장기 왕조(Zangid Dynasty)의 반격

원래 기독교 세계의 이슬람 세계에 대한 침략은 서쪽에서의 스페인의 재정복(Reconquista) 노력과 동쪽에서의 예루살렘의 점령이 거의 동시에 진행되었다. 나중에는 십자군 원정이 의식적으로 스페인으로 향하게 되어 1147년에는 리스본을 탈환했다. 그러나 이 양 전선에서 거둔 전과는 너무나 대조적이었다. 스페인에서는 기독교 측이 성공하여 이슬람을 밀어냈으나 동쪽에서의 성공은 잠정적이었다. 로마 제국이 동서로 갈라진 후에도 교회는 형식적이나마 통일성을 유지했으나 1054년에 교회마저 동서로 갈라져서 극렬한 분쟁을 벌였으므로 서유럽 각국은 비잔티움 제국의 운명에 별다른 관심이 없었다. 아마도 그 당시에는 비잔티움 제국이 이슬람에 대항하여 서유럽과 그 문화를 지켜주는 방파제 역할을 하고 있다는 사실을 인식하지 못했던 것으로 보인다.

또 무슬림 세계는 이 십자군 원정을 단순히 시리아, 팔레스타인 및 이집트 등의 해안에 일어난 부차적인 사건으로 보았다. 당시 무슬림으로서는 이 침략이 종교적인 동기에서 이루어졌음을 전혀 몰랐다. 그들에게 십자군은 '프랑크인(les Francs, 유럽인)의 침략'이었으며, 문화적 우수성을 구가하던 무슬림에게 이것은 '야만족의 침입'이었다. 그리고 심지어 십자군 원정이 절정에 이르렀을 때에도 이라크의 할리파, 이란, 중앙아시아, 중부와 상부 이집트(Middle and Upper Egypt) 등에는 거의 아무런 의미도 없었다. 즉 이들 국가의 정치적 행보에 아무런 영향을 주지 못했으며, 그 주민들 역시 십자군 원정으로 아무런 피해도 입지 않았기 때문이다. 당시 무슬림 세계가 관심을 갖던 문제는 이슬람 내부에서의 종교적 불화, 그중에서도 시아 계통의 이스마일파의 등장이었다.

십자군의 광신과 잔인함은 이슬람 세계에서는 새롭고 낯선 것이었다. 이곳에서는 오랫동안 각기 다른 종교가 평화스럽게 더불어 살아왔기 때문이다. 직접적인 충격이 그리 크지 않았다고 해도 그에 대한 대응이 서서히 이루어졌다. 사막지대와 이라크로 향하는 내륙지방에서는 반격이 준비되고 있었다. 그러나 당시 시리아 셀주크 왕조는 알레포와 다마스쿠스로 분리되어 싸우고 있어 효과적인 대항을 할 수 없었다. 심지어 다마스쿠스는 장기와 싸우기 위해 예루살렘 왕국과 동맹을 맺고 있었다. 그러나 동부에서는 실제로 강력한 저항이 있었다.

붉은 털과 푸른 눈을 가진 모술(Mosul)의 터키인 아타벡(Atabeg), 이마드 알 딘 장기('Imād al-Din Zangi)가 1127년 모술을 시작으로 서서히 메소포타미아 북부와 시리아에 강력한 이슬람 장기 왕조(Zangid Dynasty: 1127~1222)를 건설해가고 있었다. 그의 아버지는 북부 시리아의 대도시 알레포의 총독이었던 아크 송쿠르(Aq Sonqur)였다. 1094년 아버지가 반역죄로 몰려 처형당하자 장기는 모술로 피신해 아타벡 귀르보아의 보호를 받았다.

당시 셀주크조(Great Seljūks)는 1118년 술탄 무함마드 1세가 죽고 그의 동생 아흐마드 산자르가 술탄의 계승자를 자처했으나 바그다드(Seljūks of Iraq)에서는 이에 대항해 마흐무드 2세(Maḥmūd Ⅱ)가 스스로 이라크 셀주크의 술탄임을 내세우는 상황이 전개되었다. 그의 아버지 무함마드 1세

역시 1105년 산자르에 대항해 반란을 일으킴으로써 술탄위를 차지했었다. 1131년 산자르가 마흐무드 2세를 제거하고 권력을 장악했으나 정국은 여전히 불안정했다.

마흐무드 2세가 제거되기 전 셀주크조의 후계 논쟁의 혼란을 틈타 압바시야의 할리파에 즉위한 알무스타시드(al-Mustarshid: 1118~1135)가 과거의 압바시야조 할리파의 영광

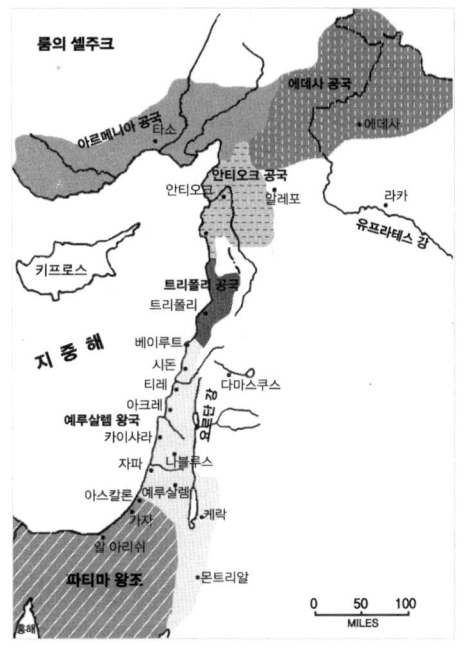

■ 1130년경 십자군 공국들

을 부활시키기 위해 마흐무드 2세에게 압박을 가하다가 1127년 봉기를 일으킨 적이 있었다. 이것은 오래전부터 자신들을 지배해온 이방의 군인 가문인 투르크인들에 대한 아랍인들의 저항을 의미했다. 이 반발에 어떻게 대처해야 할지 몰랐던 젊은 술탄은 당시 바스라의 통치자였던 장기에게 도움을 청했다. 장기의 개입은 결정적이었다. 장기는 바그다드로 출병해 술탄의 편에 서서 반란을 진압했다. 장기는 그 공로로 모술의 아타벡에 임명되었고, 다음 해인 1128년 당시 모술에 부속되어 있던 알레포에 입성해 그 지역을 자신의 왕국을 건설하기 위한 터전으로 삼았다. 이듬해에는 하마를 차지했고 1138년에는 다마스쿠스 지배자로부터 힘스를 빼앗았다.

장기에 앞서 시리아 땅에 들어온 투르크의 장군들은 하나같이 약탈에 혈안이 된 부대들을 이끌고 왔다가 목적을 완수하면 서둘러 그 땅을 떠나버리곤 했었다. 그러나 장기는 마흐무드 2세로부터 북부 메소포타미아(자

지라)와 시리아에 대한 권력을 보장받았다. 그러나 그는 십자군의 침입뿐만 아니라 그의 권위를 인정하기를 거부하는 무슬림 군주의 반대에도 대처해야 했다. 양측에 대한 전쟁을 통해 장기는 꾸준히 자신의 세력을 확장해 나갔다. 그것은 다마스쿠스의 지배를 목표로 한 것이었다. 그 과정에서 그는 셀주크 왕조에서 갈라져 나온 분가로, 본가인 셀주크 왕조와 대립하던 다마스쿠스의 지방정권 부리 왕조(Būrids)[8])와의 오랜 경쟁에도 휘말려야 했다. 그는 또한 셀주크 왕조의 후계자 전쟁에도 개입되었다. 이후 장기가 바그다드와의 전투와 자지라의 지방정권 분쟁에 가담하고 있었을 때에도 그의 관심은 항상 다마스쿠스에 있었다.

그가 알레포에 자리를 잡을 즈음 프랑크인들에 대한 광범위한 대공세를 준비하기에 절호의 기회가 찾아왔다. 서구인들의 군대가 심각한 분열현상을 일으키고 있었던 것이다. 가장 놀라운 사건은 예루살렘의 왕 보두앵 2세(Baudouin Ⅱ)의 딸 에리스(Alice)가 안티오크를 근거지로 삼아 쿠테타를 일으킨 뒤 아버지에 대항하기 위해 장기에게 동맹을 제의한 것이었다. 아르메니아인을 어머니로 둔 이 공주는 유럽 땅을 밟아본 적도 없는 새로운 세대였다. 그녀의 행동은 아버지에게 신속히 진압당했지만 얼마 지나지 않아 아버지 자신도 세상을 뜨고 말았다. 그의 후계자는 앙주의 풀크 5세(Foulque Ⅴ le Jeune d'Anjou: 1131~1143)로 실상 동방 땅에 갓 발을 들여놓은 인물이었다. 그의 치세는 '프랑크인들의 무질서'가 극에 달했던 시기였다.

장기가 프랑크인들과 처음으로 맞붙은 것은 1137년 초였다. 시리아 중부의 대표적인 도시인 홈스를 두고 알레포와 다마스쿠스는 오래전부터 다

---

[8]) 부리 왕조는 시리아의 셀주크 왕이었던 투투시 1세 휘하의 젊은 장교였던 토그테킨(Zahir ad-Din Toghtekin)이 일으킨 지방 정권이었다. 1095년 투투시 1세가 사망했을 때, 형제들 간에 왕위를 둘러싸고 내란이 벌어졌는데 이 때 토그테킨은 두카크 편에 섰다. 1104년 두카크가 죽자 그는 아타벡이 되어 다마스쿠스의 실권을 장악했다.

투어왔다. 장기가 그곳을 함락할 것을 우려한 풀크 왕이 끼어들었다. 결과는 장기의 흡족한 승리였다. 다음 대결은 샤이자르(Shaizar)에서 있었다. 이번에 장기가 상대한 군대는 프랑크인들과 프랑크인들로부터 약속대로 안티오크를 넘겨받은 비잔티움 황제 요하네스 2세(Johannes Ⅱ. Comnenus: 1118~1143)가 합세한 연합군이었다. 황제는 안티오크에 비잔티움의 권위를 강요하기 위해 그곳에 도착했는데, 그는 안티오크의 레몽 4세에게 비잔티움에 안티오크를 반환하는 조건으로 샤이자르, 알레포, 홈즈 그리고 하마로 구성되는 공국을 약속했다. 4월 비잔티움 군대가 샤이자르를 포위했고, 5월 성채를 구하기 위해 그곳에 온 장기는 이 전투에서 동방 세계를 놀라게 하는 뛰어난 전략적 역량을 보여주었다. 그는 다니슈멘드의 후계자들이 비잔티움 영토를 공격하게하고, 이라크 셀주크 술탄 마수드(Ghiyath al-Din Mas'ud: 1134~1152)가 샤이자르로 군대를 보내게 하는 수완을 보였다. 그는 또한 교란작전을 통해 비잔티움과 프랑크 사이를 갈라놓았다. 레몽 4세와 에데사의 조슬랭 2세(Jocelyn Ⅰ)는 황제를 돕지 않았다. 요하네스 2세는 결국 샤이자르에 대한 포위를 풀 수밖에 없었다.

이제 장기의 다음 목표는 다마스쿠스를 손에 넣는 일이었다. 장기는 먼저 주변 도시 바알베크(Baalbek)를 공격함으로써 다마스쿠스 공략의 의지를 드러냈다. 1139년 7월 알레포의 아타벡 장기가 다마스쿠스를 포위했을 때 그곳의 수비대장은 무인 알 딘 우누르(Mu'in al-Din Unur)였다. 그는 다마스쿠스 부리 왕조(Būrids) 창설자 토그테킨(Toghtekin) 군대의 맘룩이었다. 아타벡의 공격에 대비하는 우누르의 전략은 예루살렘 공국과의 동맹이었다. 그 동맹은 놀라운 효과를 거두었다. 사면초가에 빠질 것을 우려한 장기는 바알베크로 후퇴했다. 장기가 철수하자 우누르는 장기의 지배하에 있던 바니야스(Banias)를 탈환한 뒤 동맹 조약에 따라 그곳을 프랑크인들에게 넘겨주었다. 그러나 그들 간의 우정은 아주 짧았다.

장기의 프랑크인들에 대한 본격적인 반격은 에데사의 탈환으로부터 시작되었다. 1099년 7월, 예루살렘의 함락이 프랑크인들의 침공의 정점이었고 1124년 7월의 티레 함락은 점령 국면의 완성이었다면, 무슬림의 에데사 재탈환은 역사적으로 침략자들에 대한 아랍 세계의 반격의 견인차이자 승리로 가는 긴 여정의 출발이었다.

1144년 가을, 장기는 에데사 백국(County of Edessa)으로 진격했다. 에데사는 예루살렘 왕국의 종주권하에서 정치는 안정되었으나 주민의 대부분이 아르메니아인으로 십자군 공국 중 가장 약하며 서양인이 가장 적었던 국가였다. 장기는 그곳 전투에서 십자군에게 처음으로 승리다운 승리를 거두었다. 무슬림 세계는 열광했다. 할리파는 시대의 영웅에게 명예로운 칭호를 하사했다. 장기에게 주어진 칭호는 알 말리크 알 만수르(al-Malik al-Mansūr, 승리의 왕), 나시르 알 무민(Nasir al-Mu'min, 신도들의 왕자가 지지하는 자) 등이었다. 이 사건은 십자군 국가들을 뒤흔들어 놓았고 결국 제2차 십자군 원정의 계기가 되었다.

장기는 에데사 백국의 남겨진 동쪽 영토와 안티오크 공국 등 십자군 국가를 몰아내는 일에 착수하지 않고 또다시 다마스쿠스 포위전을 준비하던 중, 1146년 9월 숙영지에서 술을 마시고 잠들었다가 한 서양인 노예에게 암살당했다. 장기의 갑작스런 죽음에 그의 군대는 충격에 빠져 순식간에 와해되었다. 보물도 무기도 약탈당해 장군들은 병사를 데리고 각지로 흩어졌다. 적수의 죽음을 알게 된 우누르는 군사를 동원해 바알베크를 탈환했다. 그리고 몇 주 만에 시리아 중부 전체를 자신의 세력권 안에 편입시켰다. 안티오크의 레몽 4세도 알레포의 성곽까지 공격해 왔다. 조슬랭은 한술 더 떠 에데사를 되찾아갔다.

그러나 장기의 돌발적인 죽음도 십자군에게 결정적이지는 못했다. 장기의 둘째아들 마흐무드(Maḥmūd)가 조슬랭 2세로부터 전광석화처럼 에데사를 다시 빼앗고 새로운 지도자로 급부상했다. 그는 마흐무드라는 이름보다는 '신앙의 빛'이라는 뜻의 누르 알 딘(Nūr al-Din, 알레포: 1146~1174, 다마

스쿠스: 1156~1174)라는 이름으로 더 잘 알려져 있다.

그렇다고 해도 다마스쿠스의 지배세력이 알레포를 여전히 불신하던 상황이라면 장기의 죽음은 프랑크인들에게는 절호의 기회가 되었을 것이다. 그러나 그들은 그 기회를 활용하기는커녕 바보 같은 일을 저질렀다. 다마스쿠스와의 동맹을 파기해버린 것이다. 1147년 6월에 온 제2차 십자군은 사태를 더욱 악화시켰다. 지역적 상황과 정치를 잘 알지 못하고 자만에 차 있던 새로운 십자군들은 이교도 성채인 다마스쿠스를 포위공격하기 시작했다. 다마스쿠스는 예루살렘 왕국과 동맹관계에 있었다. 어설픈 포위공격으로 이 라틴 왕국은 가장 가까운 동맹을 잃었다. 예루살렘은 이번에는 콘스탄티노플에 지원을 요청하고 황제를 종주(宗主)로 인정했다. 그에 대한 보답으로 황제는 누르 알 딘의 진격을 어느 정도까지 막아주었다.

우누르의 원군 요청을 받아들여 그 지역 왕자들이 파견한 군대가 포위당한 도시 다마스쿠스로 몰려들었다. 거기에는 알레포의 누르 알 딘과 그의 형 사이프 알 딘(Sayf al-Dīn Ghāzī)의 모술 군대도 있었다. 독일 황제 콘라트 3세(Conrad Ⅲ)는 비잔티움 황제 마누엘의 잘못된 길 인도로 1147년 10월 니케아를 떠난 지 10일 만에 투르크군에게 대패하여 자신을 포함한 병력의 10% 정도만이 간신히 살아남았다. 셀주크 영토를 통과하는 것이 불가능하다는 것을 깨달은 프랑스 왕 루이 7세가 안탈야(Antalya)로 우회하는 길을 택했지만 역시 터키의 공격을 받고 막대한 손실을 입었다.

이런 상황이지만 십자군이 서둘러 알레포를 차지했다면 에데사는 손쉽게 손에 넣을 수도 있었다. 그러나 프랑스 왕은 알레포를 그대로 둔 채 예루살렘으로 향했다. 1년 후 십자군이 저항에 막혀 예루살렘에 도달하지도 못하고 대부분의 비전투원과 많은 수의 말과 보급품을 잃었을 때 누르 알 딘은 안티오크 공국 대부분을 차지해버렸다. 그다음 해에 그는 장기가 정복하지 못한 에데사 백국의 영토인 유프라테스 강 서쪽 영토까지 진출했다.

3) 아유브조(朝, Ayyūb dynasty)의 살라딘

다마스쿠스 전투 1년 후 노장 우누르가 죽었다. 그 후 누르 알 딘은 홍보 활동과 선전이라는 평화적인 모든 방법을 동원하여 1154년 그의 아버지가 무력으로도 탈취할 수 없었던 다마스쿠스에 시민들의 환호를 받으며 입성했다. 통일된 무슬림 시리아 왕국이 출현한 것이다. 다마스쿠스 정복은 그의 영토와 프랑크의 영토 사이를 가로지르는 최후의 장애를 제거한 것이었다. 이를 계기로 기독교인들의 침략에 대한 새로운 성전의 준비가 갖추어졌다.

이제 양측은 시리아에서 팽팽하게 맞서게 되었다. 양측의 당면 과제는 파티마 할리파가 겨우 지탱하고 있던 이집트의 통제였다. 이집트는 전략상으로 중요할 뿐만 아니라 풍부한 농산물과 지중해의 매우 중요한 무역국이었기 때문에 모두가 탐내는 곳이었다. 당시 이집트는 원거리 무역이 번성하고 동양에서 들여온 향료가 부의 원천이 되고 있었다. 그런데 당시 이집트를 지배하고 있던 파티마조는 내분에 휩싸여 국가권력은 여러 장군들의 손에서 손으로 바뀌고 있었다. 이런 상황에서 1163년 권력투쟁에서 밀려난 와지르 샤와르(Shāwar)가 자신의 정적 디르감(Dirghām)을 제거하고 다시 와지르에 복귀하기 위해 누르 알 딘에게 원조를 청했다. 자신을 와지르에 복귀시켜주는 대가로 국가 수입의 3분의 1을 바치는 것은 물론 원정비용까지 부담한다는 것이었다. 누르 알 딘은 휘하의 유능한 장군인 쉬르쿠(Shirkūh)를 이집트에 파견했는데 이는 루이 7세와 동맹을 맺고 이집트에 손을 뻗치고 있던 예루살렘 왕 아말릭(Amalric, 또는 Amaury)를 견제하려는 목적도 있었다. 아말릭은 샤와르가 축출되자 이집트의 혼란을 침략의 기회로 이용하려 했다. 이러한 상황을 그대로 두면 프랑크 왕국이 이집트를 차지해 중동 제일의 강국이 될 수도 있었다.

쉬르쿠의 시리아군(軍)은 다음 해 4월 말 아말릭의 눈을 속여 이집트에

잠입해 카이로를 기습해 디르감을 제거하고 샤와르를 복귀시켰다. 그런데 너무나 강한 시리아군에 두려움을 느낀 샤와르가 약속을 뒤엎고 쉬르쿠에게 퇴거를 요구하고 동시에 아말릭에게 도움을 구했다. 갑자기 뒤바뀐 형세로 위험을 직감한 쉬르쿠가 급히 철수했지만 '이집트의 문'이라고 부르는 델타의 빌베이스(Bilbays)에서 아말릭과 샤와르의 군대에 포위되었다. 그러나 때마침 북방 안티오크 공국의 요충지인 하란이 누르 알 딘에게 공격당하고 안티오크 공국의 보에몽 3세(Bohemund III)와 트리폴리 백국의 레몽 3세가 포로로 사로잡히는 사건이 발생했다. 보에몽 3세는 아말릭이 부재중인 예루살렘 왕국의 대리인이었다. 패배 소식을 접한 아말릭은 포위를 풀고 쉬르쿠와 협상을 체결하여 양측은 동시에 이집트에서 철수했다. 샤와르는 별 희생 없이 이집트의 권력을 재장악했지만 쉬르쿠의 원한을 사게 되었다. 이제 샤와르에게 남은 대안은 예루살렘의 라틴 왕 아말릭과 동맹을 맺는 것뿐이었다. 그 대가로 많은 공물을 바치기로 약속했다.

3년 후인 1167년 이집트를 둘러싼 아말릭과 쉬르쿠의 첫 번째 쟁탈전이 나일 강 서안의 알 바바인(al-Babain)에서 있었다. 결과는 쉬르쿠의 승리였다. 그는 여세를 몰아 순식간에 알렉산드리아를 점령했으나 프랑크 이집트 동맹군이 알렉산드리아를 점령한 시리아군을 포위해 철수시킴으로서 이집트는 예루살렘 왕국의 보호 아래 들어갔다. 이듬해 1168년 10월 이집트 내에서 점령군 프랑크인들에 대한 반발이 확산되자 아말릭은 이집트 공격에 나서 빌베이스를 함락시킨 다음 대규모 학살을 자행했다. 11월에는 카이로에 대한 포위공격에 나섰다. 결국 할리파 알 아디드(al-'Ādid: 1160~1171)는 누르 알 딘에게 원조를 요청했다. 1169년 쉬르쿠가 환영 속에서 카이로에 입성했을 때, 엿새 전 프랑크 왕은 이미 그곳을 떠나고 없었다. 며칠 후 샤와르는 피살되었다. 이제 할리파는 쉬르쿠를 와지르로 임명하지 않을 수 없었다. 그러나 쉬르쿠가 2개월 뒤인 3월 말에 병사하자 이집트 정복에 동행했던 그의 조카 살라흐 알 딘 유수프 이븐 아유브(Ṣalāḥ al-Din Yūsub ibn Ayyūb: 1138~1193)가 뒤를 이었다. 그는 쿠르드족 출신으로 장기 가문의 장교로 근무했는데, 쿠르드 장교였던 그의 아버지 아유브(Najm ad-Dīn Ayyūb)가 할리파 알 무스타르시드에게 패배해 생포될 위험이 처했던 장기를 구한 일로 장기 가문과 인연을 맺고 있었다. 이슬람을 통일하고 십자군을 분쇄하는 데 선봉에 섰던 살라흐 알 딘, 이른바 살라딘(Saladin)의 시대는 이렇게 시작되었다.

1169년 10월 프랑크인들이 비잔티움의 도움으로 이집트를 공격해 다미에타(Damietta)까지 밀고 들어왔지만 이를 차지하는 데 실패하고 철수한 후 겨울이 되자 살라딘은 다룸(Dārūm)과 가자를 공격했고 이듬해 12월에는 아일라(Ayla)를 차지했다. 결국 프랑크인들의 이집트 원정은 막을 내렸다. 십자군은 이제 이집트와 시리아를 동시에 통치하는 단일 무슬림 세력에 직면해 새롭고 위험한 상황에 처하게 되었다. 라틴 국가들에 대한 포위가 시작된 것이다.

이즈음 살라딘은 의심할 바 없는 이집트의 통치자가 되었다. 그러나 그때쯤부터 누르 알 딘과의 관계에 금이 가기 시작했다. 살라딘에 대한 누르 알 딘의 압박이 시작되었다. 1171년 누르 알 딘은 젊은 와지르 살라딘에게 파티마의 할리파를 폐위시키라는 명령을 내렸다. 시아파 민심과 맞서는 것도, 파티마 왕조의 지도층과도 멀어지기 싫었던 살라딘은 주저했다. 그러나 압력을 견디지 못한 살라딘은 결국 쿠트바에서 더 이상 파티마 왕조를 언급하지 말라는 명령을 공포했다. 때마침 알 아디드가 병으로 죽었다. 이집트에서 수니 교리가 재건되고 2세기에 걸친 시아파 할리파의 치세가 마감되었다.

살라딘은 애초에는 야심가라고 볼 수 없는 사람이었다. 이집트 정복도 그의 의사와 상관없이 떠밀려 출발한 것이었고 실제로 그의 역할은 미미했다. 그러나 운명이 그를 가장 부유한 무슬림 왕조의 후계자로 만들었다. 살라딘이 시리아 통치자의 단순한 대리인이 아니라 이집트의 실질적인 군주로 부상하면서 누르 알 딘의 경계심도 더욱 고조되었다. 살라딘은 그와의 대결을 피한 채 시간을 벌고 있었다. 마침내 누르 알 딘은 자신이 이집트를 쳐서 이집트의 국정을 장악하기로 작정했다. 그러나 그는 그렇게 하지 못했다. 중병으로 눕게 된 것이다. 그는 1174년 5월 겨우 열한 살의 알 살리흐(al-Ṣaliḥ)를 장기 왕조의 계승자로 남겨둔 채 심장마비로 숨졌다.

누르 알 딘이 죽은 후 다마스쿠스에서는 알 살리흐를 옹위하면서 살라딘을 견제하려는 세력들이 있었다. 살라딘으로서도 이제 이집트의 안전을 위해서 팔레스타인과 시리아를 장악할 필요가 있었다. 그는 누르 알 딘의 사망으로 권력이 분산된 시리아에 쿠르드인, 터키인, 그리고 아랍 베드윈 출신으로 구성된 자신의 군대를 보내 10월 다마스쿠스에 입성함으로써 아유브 왕조(Ayyūb dynasty, 이집트: 1169~1252, 시리아: 1183~1260)의 기틀을 마련했다. 아말릭도 시리아에 출정했으나 이질에 걸려 7월 사망함으로써 아무런 장애가 되지 못했다. 바그다드에 있는 할리파의 위신이 땅에 떨어지고 모술 지역과 북부 메소포타미아는 부분적으로 그의 사촌의 수중에 들어 있었으며 나머지 일부는 다른 군소 왕들 사이에 분할되어 있었으므로, 살라딘은 손쉽게 팔레스타인과 시리아를 장악할 수 있었다. 또한 예멘과 메카 지역에서도 군사력을 동원해 영향력을 행사해 후방으로부터 아무런 위협도 받지 않아 독실한 무슬림인 그로서는 이제 오직 십자군의 축출에만 몰두할 수 있었다. 결국 예멘과 히자즈의 술탄으로 인정받게 된 그는 나일 계곡에서 번영하는 경제를 바탕으로 이집트를 십자군에 대항하는 근거지로 만들었다.

살라딘이 본격적으로 예루살렘 정복에 나선 것은 훨씬 뒤인 1187년부터였다. 그동안 그는 시리아와 메소포타미아의 재통일에 매진했다. 다마스쿠스를 손에 넣은 후 그는 시리아 전체의 실질적인 세력가로 군림했지만 분쟁이 완전히 사라진 것은 아니었다. 알 살리흐의 무리들이 아사신파의 도움까지 받아가면서 살라딘에게 저항하고 있었다. 살라딘은 알레포, 모술의 저항을 진압하기 위해 원정에 나서야 했고, 장기의 후손이나 자지라와 소아시아 지방의 여러 왕자들과의 지루한 분쟁에도 휘말려야 했다. 게다가 걸핏하면 고개를 드는 음모와 모반을 잠재우러 카이로에도 정기적으로 들러야 했다. 1181년 알 살리흐가 독살당했고, 그로부터 1년 반이 지난 1183년 6월 살라딘은 알레포에 성대하게 입성했다. 이후 그는 시리아와 이집트의 명실상부한 지배자가 되었다.

집권 초기였던 1177년 11월, 팔레스타인 람라(Ramla) 근처 몽기사르에서 예루살렘 왕국과 벌어진 전투(the Battle of Montgisard)에서 크게 패해 가까스로 목숨을 부지한 살라딘은 이듬해 전술적으로 십자군과 휴전협정을 맺고 1년간 소강상태를 유지하기도 했다. 그러나 이제 기회가 무르익었다. 예루살렘 왕 보두앵 4세가 심한 나병을 앓고 있던 사이 살라딘과의 화해를 지지하는 트리폴리 백작 레몽과 안티오크의 르노 드 샤티옹(Renaud de Chatillon)이 권력투쟁을 벌이고 있었다. 1185년 3월에는 보두앵 4세마저 죽고 여섯 살 난 보두앵 5세가 왕위를 물려받았다. 지난 40년 동안 기독교인들은 무슬림 대상(隊商)들에게 이집트와 시리아를 왕래하는 자유를 보장해왔다. 르노가 이러한 관행을 깨기 시작했다. 1187년 1월 그는 대상들을 습격해 많은 사람들을 인질로 잡고 귀중품들을 약탈했다. 기독교도들에 대한 지하드가 선포되었다. 이슬람 땅 곳곳에서 수천 명의 기병들과 보병들이 다마스쿠스로 몰려들었다.

1187년 6월 말 살라딘은 1만 2,000명의 병력을 이끌고 다마스쿠스를 떠나 팔레스타나로 갔다. 이에 맞선 예루살렘 왕 기(Guy: 1186~1192) 수하의 프랑크 군대는 중장기병 1,200명, 경장기병 3,500명, 보병 1만 8,000명이었다. 살라딘의 티베리아 공격은 광활한 사막지대로 십자군을 유인해내기 위한 작전이었다. 십자군이 걸려들었다. 이곳 수비대의 요청으로 프랑크군은 사포리아(Saphoria) 진지를 떠나 동쪽으로 진격해 하틴 언덕에 야영지를 차렸던 것이다. 7월 4일의 하틴 전투(the Battle of Ḥaṭṭin)는 물이 있고 없음으로 해서 승패의 향방이 결정되었다. 해가 떠올랐을 때 프랑크군은 포위되어 있었다. 완벽하게 걸려든 프랑크군은 여름 사막의 혹독한 더위와 갈증에 온종일 시달려 제대로 싸워보지도 못하고 이슬람군에게 속수무책으로 굴복해야 했으며 기 왕은 포로가 되었다.

살라딘은 전진을 계속했다. 티베리아 성채와 아크레(Acre, Akka, 오늘날의 하이파)9) 항이 그의 수중에 들어왔다. 갈릴리와 사마리아 지방의 요새들이 차례로 항복해왔다. 그나마 야파(jaffa)만이 저항다운 저항을 보여주었을 뿐이다. 연안을 따라 행진하는 무슬림 군대에게 시돈(Sidon, 오늘날의 레바논의 Saida), 베이루트 그리고 주바일(Jubayl)이 잇따라 항복했다. 9월 4일에는 아스칼론이, 이어 가자가 항복했다. 티레만이 공격을 모면했을 뿐이다. 예루살렘 지역에서는 베들레헴을 포함한 몇몇 지역이 점령되었다. 이제는 성스러운 도시 예루살렘이 코앞에 두고 있었다.

포위된 도시의 방어를 지휘하던 인물은 라말라의 통치자였던 이블랭의 발리앙(Balian of Ibelin)이었다. 요새의 벽이 튼튼하고 도시를 수호하려는 프랑크족 주민들의 열기는 높았지만 방어는 기껏해야 한 무리의 기사들과 전투 경험이라고는 일천한 수백 명 정도의 일반 시민들에게 의존하는 형편이었다. 9월 20일 포위 공격이 시작되었고 발리앙이 곧바로 투항해왔다. 1187년 10월 2일 이슬람력 583년 라자브(Rajab, 이슬람력 7월) 27일, 살라딘은 성스러운 도시로 늠름하게 입성했다. 아미르들과 병사들은 기강이 철저했다. 프랑크인이든 동방인이든 신변을 걱정할 필요가 없었다. 실제로 어떠한 학살이나 약탈 행위도 벌어지지 않았다. 프랑크인들이 티레로 피신하는 것도 허용되었다.

---

9) 지중해 연안의 하이파만 북쪽 끝에 위치하며, 오늘날 악고(Akko)로 불리는 이스라엘의 도시. 1187년 살라딘에게 정복되었지만 3차 십자군은 1191년 이를 되찾아 1291년 이집트 맘룩 왕조의 알 아슈라프 칼릴(al-Ashraf Khalil)에게 함락될 때까지 십자군 공국의 마지막 수도였다.

무슬림 군대는 행군을 계속했다. 라타키아(Latakia), 타르투스(Tartous), 바그라스(Bagras), 카우카브(Kawkab) 등이 점령되었다. 이제 프랑크인들의 수중에는 티레와 트리폴리, 안티오크의 항구, 그리고 고립된 요새 세 군데밖에 남지 않았다. 그마저도 오직 바다를 통해 겨우 유지되었다. 살라딘이 하틴 전투에서 십자군을 무찌르고 10월에 예루살렘과 대부분의 주요 도시들을 되찾자 이에 놀란 서유럽 제국은 새로운 십자군을 조직하였다. 당시 서유럽 여러 나라 중에서 패권을 장악하고 로마 교황의 권위도 위협할 정도의 세력을 가졌던 신성로마제국의 프리드리히 1세(Frederick Ⅰ Barbarossa, 붉은 수염왕), 기사도 정신의 귀감이라 하여 인기가 높았던 잉글랜드 왕 리처드 1세(Richard the Lionhearted, 사자왕) 및 프랑스 왕 필립 2세(Philip Augustus, 존엄왕)의 3대 군주가 모두 모인 십자군 역사상 최대 규모의 이 군대는 지중해 항로의 일부를 이용하게 된 새로운 경로를 따라서 항진하여 1191년 아크레에 상륙해 예루살렘 재점령을 목표로 전투에 들어갔다. 재정복의 홍분에 들끓었던 아랍 세계는 일순 긴장상태에 빠져들었다.

이 제3차 십자군 원정은 어떤 십자군 원정보다 유럽의 역사와 문학에서 많은 에피소드를 등장시켰다. 그러나 독일군은 프리드리히 1세가 실리시아(Cilicia)의 키리키아(Kyriakia) 강에서 수영을 하다 익사해 지휘관 없는 군대가 되었고, 영국과 프랑스 양국 군주 사이의 불화가 화근이 되어 필립 왕이 귀국해버림으로써 서유럽 십자군의 세력은 급격히 약화되었다. 원정의 성과는 아크레가 기독교인들의 수중에 들어와 십자군의 명맥을 이어주는 새로운 중심지가 되었다는 것뿐이다. 그 과정에서 영국 왕 리처드는 2,700명의 아크레 주민과 수비대원들을 인질로 잡고 살라딘과의 협상을 통해 금과 도시들을 얻고자 했으나 협상이 지연되고 요구한 몸값을 받을 수 없게 되자 인질로 잡고 있던 사람들을 모두 처형하는 만행을 서슴지 않았다. 이것은 예루살렘을 점령했을 때 몸값이 지불되지 않은 사람들도 모두 풀어주었던 살라딘의 관용정책과 극명한 대조를 이루었다.

리처드는 살라딘과의 교전을 통해 몇몇 도시를 탈환하는 데 성공했지만 예루살렘을 차지하지는 못했다. 1192년 9월, 가톨릭 성도들이 성지를 순례하는 데 예루살렘의 통행을 허가한다는 것과 순례자들이 세금을 면제받는다는 조건으로 3년간의 휴전에 돌입했을 때, 예루살렘 왕국은 예루살렘 없이 티레에서 야파까지의 해안지대와 키프로스 만(灣)으로 영토가 좁아진 상황에서 아크레를 임시 수도로 하고 잔존한 영토를 수세적으로 유지하는 데 급급한 중기(中期) 십자군 시대로 접어들었다.

한편 내륙 시리아를 회복하고 이집트와 연계한 아유브조(朝)는 휴전기간 중 기독교도가 순례하는 예루살렘의 통행을 허가하는 관용정책을 내놓았다. 서유럽 측은 이 시기에 새로이 영유한 키프로스를 중계지로 하여 바닷길에 의한 동서 연락수단을 확보하고 있었으며, 또 1세기 동안에 걸쳐 이 해외 식민지를 경영하여 인적 - 물적 교류를 촉진할 수 있었다. 살리딘의 주요 업적은 십자군을 제거한 것이 아니고 그들이 장악하고 있던 지역을 줄였다는 데 있었다. 수니파 무슬림의 입장에서 그의 공헌은 이집트에서 파티마 할리파조를 없애고 이슬람의 통일을 회복한 것이었다.

1193년 2월 살라딘이 다마스쿠스에서 평화롭게 죽었을 때 아유브조의 영토는 이집트, 팔레스타인, 시리아 및 모술에 이르는 북부 메소포타미아가 포함되어 있었다. 이것은 중동의 역사에서 나일 강 유역이 정치적 우위성을 확보했을 때 나타나는 전형적인 형태였다. 그는 죽기 전에 자기의 영토를 결속·유지시킬 아무런 조치도 취하지 않고 영토를 아들과 동생에게 나누어주었으므로 이들 간의 분쟁이 불가피했다. 한 아들은 다마스쿠스를 그리고 다른 아들들은 카이로와 알레포를 차지했다. 요르단을 지배하던 살라딘의 동생인 알 말리크 알 아딜(al-Malik al-'Ādil: 1200~1218)이 시리아와 이집트를 정복해 1200년에 형이 갖고 있던 모든 영토를 재결합시켜 알레포와 예멘의 아유브 자손으로부터도 충성의 선서를 받았다. 그는 1202년 형의 장남을 추방하고 술탄에 즉위했다. 즉위 후 십자군과의 휴전협정을 연장하고 서유럽 여러 나라와의 융화를 도모하며 베네치아 공화국과의 교역 등 아유브 왕조의 평화와 발전에 노력했다. 권력 상속을 둘러싼 분쟁이 오래 지속되었지만 다행히 서유럽에서는 십자군 원정에 대한 열이 점차 식어갔으므로 아유브 가문의 내분을 이용하려 들지 않았다.

다만 교황 이노첸시오 3세(Innocentius Ⅲ)의 호소로 십자군의 제4차 원정(1202~1204)이 시작되면서 서방 그리스도교 세계 모두가 이 원정에 참가했다. 하지만 십자군은 지휘관들의 야망과 베네치아 동맹군들의 시기심 어린 탐욕 그리고 서방인이라면 누구나 느끼게 된 비잔티움 교회에 대한 반감 때문에 교황의 의사를 거스르고 콘스탄티노플을 함락해(1204년 4월 13일) 그곳에 라틴 제국을 건설했다. 이 과정에서 이 도시는 심하게 약탈되고 황폐화되었으며, 이러한 난폭하고 비이성적인 행동은 동서교회의 분열을 더욱 심화시키고 이슬람 세력에 대한 비잔티움의 방위력을 결정적으로 약화시키는 결과를 가져왔다.

이제 동방의 옛 로마 제국은 끝이 났다. 1261년 비잔티움 제국의 지배자들이 제노바인들의 도움을 받아 콘스탄티노플에 재입성함으로써 라틴 제국은 사라졌지만 되찾은 제국은 이제 더는 동방 기독교의 지배세력이 아니었다. 제노바는 보상을 요구했다. 이 때문에 수도에서 이루어지는 교역의 상당량을 이제는 골든 혼(Golden Horn) 바로 건너편의 페라(Pera), 즉 갈라타(Galata)의 제노바 식민지에 빼앗기게 되었다. 이탈리아 군주들은 라틴 제국 붕괴에 대한 복수를 엿보고 있었고, 발칸에서는 슬라브 군주들이 황제의 자리를 노리고 있었다. 그나마 다행한 것은 아시아에서 투르크족이 한동안 잠잠한 상태에 있었다는 것이다. 그러한 침묵이 아니었다면 비잔티움은 살아남지 못했을 것이다. 하지만 투르크족도 뛰어난 족장 오스만과 그의 계승자들이 세운 왕조의 지도력 아래 부활하게 될 것이었다.

십자군의 이집트에 대한 공격은 1218년이 되어서야 이루어졌다. 총사령관은 프랑스 왕 필립 2세의 추천으로 이제 막 예루살렘의 왕이 된 샹파뉴의 장 드 브리엔(Jean de Brienne) 공작이었다. 십자군은 자신들이 상대할 적이 이집트에 있다는 정확한 판단 아래 이곳을 공략한 것이다. 1218년 8월 다미에타 공방(siege of Damietta) 속에서 알 아딜이 급서했고 다미에타는 1219년 11월 십자군의 수중에 들어갔다. 십자군은 후에 만수라(Manṣūra)로 알려진 이집트 성채까지 진격해 들어가 7월 말 그곳에 진영을 차렸다. 이들의 진격에 놀란 알 아딜의 아들 알 말리크 알 카밀(al-Malik al-Kāmil: 1218~1238)은 다미에타 철수를 조건으로 라틴 왕국에서 살라딘이 정복한 모든 것을 반환하고 포로를 석방하겠다고 제안했다. 여기에는 예루살렘은 물론 팔레스타인에서 요르단 서쪽에 이르는 영토가 포함되었다. 장 드 브리엔이 '작전 성공'이라고 여기며 이를 수락하려 했을 때 교황의 대리인이었던 추기경 펠라기우스(Pelagius)가 이를 가로막았다. 예루살렘과 이집트 모두를 갖기 원했던 그는 직접 카이로 정복에 나섰다. 그는 서유럽에서 가장 강했던 신성로마 황제 호엔슈타우펜의 프리드리히 2세(Friedrich Ⅱ: 1220~1250)10)가 원정대를 이끌고 도착할 것이라는 소식에 한층 고무되어 있었다.11) 펠라기우스는 이듬해 여름까지도 참을성 있게 기다렸다. 1221년 7월 결국 프랑크군은 다미에타를 떠나 카이로로 진군하기로 했다. 8월 26일, 그의 군대가 증수기에 접어든 나일 강에 이르렀을 때 기다리고 있던 이집트군이 물을 가두었던 둑을 무너뜨렸다. 프랑크군 거의 모두가 익사했다. 펠라기우스는 수많은 장병들의 생명과 맞바꿔 이후 8년의 평화를 강요받고 아무런 성과 없이 철수할 수밖에 없었다.

---

10) 프리드리히 2세는 호엔슈타우펜 왕조 최후의 신성로마제국 황제로 독일 왕과 이탈리아왕도 겸임했다. 원래는 시칠리아에서 태어나서 시칠리아 왕이었다. 십자군을 즉시 일으키지 않았다는 이유로 로마 교황으로부터 세 차례(1227, 1239, 1245)나 파문당했다. 그는 결국 제6차 십자군(1228~1229)을 일으켜 예루살렘 왕국을 수립했다.
11) 프리드리히 2세의 원정대가 동방에 온 것은 그로부터 무려 8년이나 지난 뒤였다.

알 아딜은 형 살라딘의 전례가 있었는데도 죽기 직전에 영토를 아들들에게 나누어주었기 때문에 형제간에 싸움이 벌어졌고, 그 형제들 중에 알 말리크 알 카밀은 심지어 적대적인 동생 알 무아잠(al-Mu'azzam, Ayyūbid sultan of Damascus)을 제거하기 위해 1228년 십자군에 합류한 신성로마 황제인 프리드리히 2세와 시실리 왕에게 도움을 청하기도 했다. 비록 독일 황제의 실질적인 도움을 받기 전에 그 동생이 죽었지만, 알 카밀은 1229년 2월 베들레헴과 나사렛을 포함한 모든 예루살렘을 라틴 왕국에 양도하기로 독일 황제와 합의했다. 그 대가로 무슬림들은 성지에서 주요 성소들이 밀집해 있는 알 하람 알 샤리프를 보장받기로 했다. 프리드리히 2세와 알 카밀은 몇 년 전부터 서로에게 정서적 공감을 느끼고 있었다. 술탄은 자신과 마찬가지로 끝도 없이 계속되는 종교 전쟁에 무익함을 느낀 영민한 지도자가 이슬람 문명에 대해서 경탄하고 있다는 사실에 감명을 받았다. 그는 황제가 예루살렘을 점유할 수 있기를 바랐다. 어차피 자신과 사이가 틀어진 동생 알 무아잠이 아들에게 이미 예루살렘을 물려주어 이집트와 시리아 사이에 완충국을 세우려던 그의 구상이 물거품이 되어버린 상황이라면 황제에 대한 신의라도 지켜야 하는 것이 아닌가? 황제의 입장에서는 동방으로의 출발을 늦춘다고 자신을 파문한 교황과의 싸움에서 자신의 입지를 강화하는 일이 중요해졌다. 그들에게 예루살렘은 정치적이자 군사적인 사안이었다. 종교적 입장은 여론을 상대할 때에나 고려할 문제였다.

 1238년, 알 카밀의 죽음은 곧 아유브조의 완전한 분열을 가져와 결국에는 제국의 붕괴로 이어졌다. 아유브 가문의 내분 중에서도 알 말리크 알 살리흐(al-Malik al-Ṣāliḥ: 1240~1249)는 흐와리즘군의 도움을 받아 1244년에 예루살렘을 회복하고 1247년에는 아스칼론을 손에 넣었다. 아유브조의 통치 기간 동안 이집트와 시리아는 경제적 번영과 학술문화의 발달을 이루었고, 이집트 땅에 수니 이슬람이 굳게 뿌리를 내리는 계기가 되었다. 어쨌든 십자군이 세운 국가들이 그 후 1세기 동안이나 가늘게 명맥을 유지할 수 있었던 것은 살라딘의 시리아 - 이집트 제국이 군소국가로 분할되어 있었기 때문이었다.

3. 몽골족의 침입과 맘룩조(朝)

1250년경부터 1500년경까지의 중세 후기 중동은 정치적·군사적 레짐이 존재했던 시기였다. 그리고 13세기 이교도 몽골이 중앙아시아로부터 침입해 들어와 무슬림 동부 지역 대부분을 정복하고 압바시야조를 붕괴시킨 것은 곧 이슬람 세계를 향해 다가오는 돌풍의 정점이었다. 이 돌풍은 서남아시아의 전 지역을 휩쓸었으므로 십자군 원정보다 훨씬 더 큰 영향을 미쳤다. 이 침입으로 수만 명의 무슬림들이 학살되고, 수천 년간 쌓아 올린 메소포타미아의 관개시설이 파괴되어 이슬람 문화는 거의 소멸상태에 이르렀다. 더구나 몽골족 자신이 이슬람으로 개종하면서 자신들의 독실성을 증명하기 위해 교리에 집착했으므로 이슬람은 더욱 완고하고 배타적이 되었다. 따라서 이슬람을 제외한 다른 종교는 결국 사라졌거나 미약한 존재로 전락했다.

한편 거의 비슷한 시기에 이집트와 그 주변 지역에서 맘룩 노예 군인들이 세우고 몽골족의 침입을 물리치며 오랫동안 번영을 누린 이집트의 맘룩조는 세계사에서도 그 유례를 찾기 힘든 진기한 국가체제를 가지고 있었다. 맘룩은 본래 반(半)야만 상태로 흑해 부근에서 노예상인들에게 수입되어 아유브조의 근위병이 되었다. 신분은 노예였지만 이들이 지배하는 이집트가 이슬람 문화의 명맥을 한동안 이어나갔고 무슬림들에게 희망을 안겨준 곳으로 변한 것은 놀라운 일이다. 만약 그들이 없었다면 서아시아는 물론 이집트의 역사와 문화는 그 흐름이 완전히 바뀌었을지도 모른다.

1) 동부 세계의 격동과 몽골의 침입

말리크 샤(Malik-shāh: 1072~1092)가 죽은 후 셀주크조는 심하게 분열되었지만, 1097년부터 동부 페르시아(Seljūks of Khurasan, 1097~1157)를 다스리고 있었던 셀주크 왕자 산자르(Sanjār: 1118~1157)[12]가 아랄 해 남쪽의 호와리즘 지역에 대한 지배권을 장악해 분열 전의 셀주크 영토를 거의 재통일했다. 그러나 동부에서 셀주크조는 끊임없는 불화와 갈등으로 약화되었고 내외의 새로운 적들과 대치하게 되었다.

동쪽 저편에서는 아랄 해 남쪽 지방 호와리즘 지역의 투르크계 총독이 일시적으로 셀주크 왕조의 세력과 영토를 계승한 것 같은 한 새로운 국가였던 **호와리즘 샤 왕조**(Khwārizm-Shāh Dynasty: 1077~1231)를 세웠다. 호와리즘의 총독(governor)인 쿠트브 알 딘 무함마드(Quṭb al-dīn Muḥammad: 1097~1127)와 그의 아들 알라 알 딘 아트시즈('Alā al-dīn Atsīz: 1127~1156)는 비록 총독이었지만 칭호는 호와리즘 샤였다. 아트시즈는 셀주크 술탄에 대항해 여러 차례의 반란을 시도했지만 포기하고 결국 산자르에 의지하지 않을 수 없었다.

중앙아시아에서 일어난 사태들은 더욱 불길했다. 북동쪽에서는 또 다른 스텝 민족인 히타이(Khitai, 거란)가 이슬람의 변경지대에 모습을 드러냈다. 중국에서 이주해온 그들은 몽골계였고, 중국 북쪽을 지배하던 요(遼, Liao, 916~1125)가 여진족에게 망하면서 그의 일족인 야율대석(耶律大石, Ye-Lü Ta-shi)이 서방으로 피신해 카라 히타이 왕조(Kara Khitai, 검은 거란이라는 의미, Western Khitai: 1132~1211)를 세우고 '우주적인 왕'이라는 뜻의 구르 한

---

[12] 술탄 말리크 샤를 계승한 이복형제 베르크야루크(Berk-yāruq, Barkiyāruq)가 후라산의 총독으로 임명한 산자르는 전 통치기간에 사실상 독립 제후로 활동했다. 그리고 1018년 친형제인 무함마드 1세(Muḥammad Ⅰ)가 죽자 그는 셀주크 가문의 수장 대접을 받았다.

(Gur Khan, kürkhan)이라는 칭호로 불리며 통치를 시작했다. 중국인들은 이를 서요(西遼)라고 불렀다. 히타이족은 12세기 중엽까지 카라한조(朝) 치하의 트란스옥시아나 지방을 정복하고, 수도 발라사군(Balāsāghūn)을 중심으로 예니세이(Yenisei) 강으로부터 현 아프가니스탄의 발흐(Balkh)와 투르크메니스탄에 이르는 거대한 제국을 세웠다.

호와리즘 샤에게서 자극받은 히타이족이 트란스옥시아나를 공격하자 셀주크 술탄 산자르는 이교도 침략자에 대항하는 지하드가 선포됐다. 산자르는 1141년 9월 사마르칸트 북쪽 평원에서 이들과 대결했는데 카트반 스텝 전투(the Battle of Katvan Steppe)에서 오히려 패배했다. 산자르는 이러한 좌절에서 간신히 회복해 전반적으로 후라산 지역의 자신의 소유를 유지할 수 있었지만 1153년 이란의 동부에서 온 터키계의 오구즈(Oghuz) 부족에게 또다시 패해 3년 동안 포로 신세가 되었다. 그가 포로로 있는 동안 호와리즘 샤 아트시즈는 행동의 자유를 누렸다. 산자르는 포로 신세에서 풀려난 지 얼마 되지 않아 곧 죽었다(1157). 그 후 산자르의 후계자는 비록 1194년까지 술탄의 자리에 있었으나 이는 단순히 여러 군웅들의 허수아비에 지나지 않았다.

일 아르슬란(Il Arslān: 1156~1172)이 새로운 호와리즘 샤로 등장함으로써 페르시아에서 새로 시작된 동요의 시기가 막을 내렸다. 그의 왕조는 실질적인 독립을 얻었으며, 더구나 셀주크조가 기울고 군웅들이 할거할 때 1194년에 그의 후계자 테키시('Alā al-dīn Teakish: 1172)는 이라크의 셀주크조를 무너뜨리고 북부 이란을 그의 통치 아래 넣었다. 그 뒤를 이은 알라 알딘 무함마드('Alā al-Dīn Muḥammad: 1200~1220)에게는 페르시아 지역에서 위협적인 적대자가 없었다. 그래서 그는 페르시아와 트란스옥시아나 간의 오랜 결속을 회복시키려는 목표를 세우게 되었다.

페르시아 고원으로 팽창을 시도하지 않았던 카라 히타이 왕국의 군사력은 점차 쇠퇴했다. 1211년 양자 큐츠류그(Küchlüg, 堀出栗)는 그 마지막 지배자를 폐위시켰다. 그는 징기즈 한에게 쫓겨 동쪽으로부터 도망해온 나이만(Naiman)의 몽골계 부족장의 아들이었다. 그는 구르 한으로서의 자신의 권력을 확고히 하기 위해 네스토리우스교로부터 불교로 전향했던 것으로 보이는데 그 과정에서 그가 갖은 탄압을 가했던 무슬림들의 공분을 사게 되었다. 그러한 그의 행태는 결국 흐와리즘 샤 무함마드의 공격을 불러왔다. 무함마드는 더 나아가 트란스옥시아나를 공격하고 그 뒤 몇 년 동안 서부에 정착해 있던 투르크 부족을 정복하고자 했는데 그 부족이 바로 킵차크(Kipchaks)로 더 잘 알려진 쿠만족(Cumans)이었다.

한편 산자르가 패주하고 군웅들이 할거하는 혼란기를 틈타서 오랫동안 세력이 미약했던 바그다드의 할리파 알 나시르(Al-Nāṣir: 1180~1225)가 수니파 이슬람의 과거 수도에서 일종의 하루살이 할리파 국가를 유지하면서 서서히 이라크 지역에서 위신을 회복해 정치적 독립과 종교적 권위를 주장하기 시작했다. 결국 흐와리즘 샤와 할리파는 이란에서 맞붙게 되었는데 전쟁으로 발전하진 않았으나 치열한 지구적 선전전(宣傳戰)이 이어졌다.

당시 이란에서는 열두 이맘 시아가 점차 그 세력을 확장해가고 있었다. 할리파와 흐와리즘 샤 모두 수니였지만 할리파는 시아파의 지지를 얻기 위해 이들과 협력했다. 할리파는 푸투와(Futūwah)라는 신심회(信心會, Fraternity)를 이용했는데, 이 단체는 본래 국경의 경비를 맡고 있던 군인들로부터 유래했으며 장인(匠人)들과 길드 회원들이 세속적이며 인도적인 목적으로 활동했는데 시아적인 경향을 띠고 있었다. 이 회의의 구성원은 할리파 알리의 인격을 흠모해 그의 독실한 믿음을 이상으로 했으나 결국 친목단체에 그치고 정치적·전투적인 종단으로 발전하지는 못했다. 반면에, 13~14세기에 소아시아 반도에서 일어난 이러한 모임의 물결은 후에 오스만 투르크의 핵심세력이 된 예니체리(yeniçeri, 영어로 Janissary, 새로운 군대라는 뜻)로 발전해 핵심적인 전투세력이 되었다.

바그다드의 할리파는 시아 운동을 간접적으로 이용했지만, 흐와리즘 샤 무함마드는 1217년 교조의 후손 중 한 사람을 할리파로 옹립하면서 바그다드 할리파와의 결전을 준비했다. 이에 위협을 느낀 할리파는 중앙아시아에 새로이 이주한 이교도 부족을 이용해 이를 견제하려 했다. 무슬림 통치자는 다른 적대적인 무슬림 통치자를 제거하기 위해 이러한 정책을 종종 사용하곤 했었다. 그러나 할리파의 이러한 정책은 무슬림 세계에 커다란 돌풍을 일으켰다. 할리파가 이용하려던 부족이 바로 테무진 징기즈 한(Temüjin Ginghiz Khān, 成吉思汗: 1162?~1227)이 이끄는 몽골족이다. 이 몽골족의 첫 번째 돌풍이 1218~1222년 사이에 동북부 이란에 휘몰아쳤다.

동아시아인들이 중앙아시아를 넘어 들어온 것이 이번이 처음은 아니었다. 그러나 셀주크인들 만이 페르시아 고원을 넘어 중동에 다다랐다. 그들이 이 지역에 진출했을 때 그들은 이미 무슬림이 되어 있었다. 그리고 그들은 재빠르게 그들의 신민들의 문화에 동화되었고 심지어 그 문화의 열렬한 찬미자가 되고 그것을 진흥시켰다. 그러나 몽고인들의 경우 상황은 전혀 달랐다. 그들 부족 중 몇몇은 7세기경 이미 네스토리우스 기독교(Nestorian Christian)를 받아들였고, 다른 부족들은 샤머니즘의 신봉자이거나 자연 숭배자들이었다.

1218년 몽골 군대는 카라 히타이에 침입해 시르다리아에 이르는 모든 영토를 차지해버렸다. 이듬해에는 시르다리아를 가로질러 이슬람 영토에 도달했다. 1220~1201년 사이 트랜스옥시아나의 주요 도시였던 사마르칸트와 부하라가 몽골의 수중에 들어갔다. 그다음 해 이들은 아무다리아를 건너 메르브와 니샤푸르를 점령하고 동부 이란을 수중에 넣었다. 1227년 서하(西夏, The Western Xia: 1038~1227)를 굴복시킨 후 징기즈 한이 죽었다. 징기즈 한이 죽은 뒤에 그의 후계자들은 중국과 훨씬 더 서쪽, 특히 러시아에 관심을 집중시켰다. 1236~1241년에 걸쳐 징기즈 한의 장자 주치(Juchi)의 아들 바투(Bātū)의 러시아에 대한 대규모 원정이 있었다.

징기즈 한의 죽음으로 잠시 멈추었던 무슬림 세계에 대한 몽골의 진격

제8장_ 이민족의 유입 283

이 1230년 징기즈 한의 아들이자 계승자였던 오고타이 한(Ogotai Khān, Ögödei Khān, Ugedei Khān이라고도 부름: 1229~1241)의 흐와리즘 잔존세력 소탕 작전으로 다시 재개되었다. 흐와리즘 샤 잘랄 알 딘(Jalal al-Din: 1220~1231)은 몽골족의 진격으로 근거지인 이란을 잃고 서쪽으로 쫓겨 가 게릴라 지도자로 용맹스럽게 싸웠으나 1231년 쿠르드(Kurd)족의 자객에게 살해당했다. 이로써 흐와리즘 샤 왕국은 자취를 감추었다.

1240년까지 몽골은 서부 이란을 정복하고 그루지야와 아르메니아 및 북부 메소포타미아를 차지했다. 1243년 6월 26일, 베이주(Bayju Noyon)가 지휘한 몽골군은 아나톨리아의 쾨세다그(Köse Dag)[13]에서 벌어진 전투에서 룸 셀주크 술탄 케이후스라브 2세(Kay-khusraw Ⅱ: 1237~1246)를 제압하고 룸 셀주크를 몽골의 수중에 넣었다. 그들은 곧바로 시리아 북부에 몽골 종주권을 확립했다. 아나톨리아로부터 철수한 뒤에도 그들은 페르시아의 자신들의 기지로부터 메소포타미아를 계속해서 괴롭혔다. 1244년에는 잘랄 알 딘의 잔존 세력이 예루살렘의 탈환을 시도하는 등의 동요가 있었다. 이러한 여러 외부 변화에도 압바시야조에서는 1225년에 할리파 알 나시르가 죽은 후 그의 후계자는 이라크에서 현상유지에 만족했고, 알 무스타심(al-Musta'ṣim: 1242~1258) 역시 앞으로의 사태에 아무런 대비도 하지 않았다.

2) 몽골에 대한 반격과 맘룩조의 출현

이집트에서는 1250년에 터키계와 터키화한 카프카스(Kavkaz, Caucasus) 출신 군인들이 새로운 왕조를 창건했는데 이들은 어린 나이에 이곳에 팔려

---

13) 터키 동북부 시바스 근처, 에르진칸(Erzincan)과 귀뮈샤네(Gümüşhane) 사이에 위치한 지역.

와 군사교육을 받고 근위병에 충원된 자들로 아랍어로는 맘룩(Mamlūk)이라 불렸다. 이 왕조가 바로 이집트 **맘룩조**(Mamlūk Dynasty in Egypt: 1250~1517)이다.

아유브조의 술탄 알 살리흐(al-Malik al-Ṣāliḥ Najm al-Dīn Ayyūb: 1240~1249)는 프리드리히 2세와의 우호를 유지하면서 십자군 공격의 가능성을 차단했다. 그런 다음 몽골의 공격에 대비하는 데 진력했다. 군(軍)의 재편이 급선무였다. 그는 친왕의 맘룩 친위대를 혁신하고 맘룩 부대를 군의 근간으로 삼았다. 그는 나일 강의 섬 라우다(Rawḍa)에 맘룩을 양성하는 병영을 세웠다. 병영을 강에 세웠기 때문에 사람들은 여기서 양성된 맘룩을 바흐리(Baḥrīs, '강사람'이라는 뜻)라고 불렀다.

바흐리 맘룩은 킵차크 초원의 투르크계의 유목민 쿠만족(Cumans)이 대부분을 차지했는데, 그들은 1220년대에 징기즈 한의 장자 주치(Juchi)와 주치의 아들 바투(Bātū)에게 연거푸 공격을 당한 후 많은 사람들이 노예 신세가 되었다. 술탄 알 살리흐가 이들에 주목했던 것은 그들이 타고난 기마민족이고 활을 잘 쏘며 거기다 몽골에 대한 복수심이 강했기 때문이었다. 훗날 몽골의 격퇴에 결정적인 역할을 하는 바이바르스(al-Malik al-Ẓāhir Rukn al-Dīn Baybars al-Bunduqdari)도 그중 한 사람이었다.

그렇지만 약 1만 명의 대부대를 양성하는 데는 막대한 재력이 필요했는데 이집트 주변의 활발한 무역이 그 문제를 해결해주었다. 로마시대 이래 유럽인들이 간절하게 원했던 향신료는 인도 및 그 남쪽의 섬들에서 생산되었다. 당시 베네치아와 제노바 상인들은 향신료를 홍해에서 이집트를 경유해 알렉산드리아의 항구에서 유럽으로 운반했다. 알 살리흐는 그 통과세를 걷어 막대한 부를 축적할 수 있었다. 그리하여 그는 충성스럽기 그지없는 정예부대를 양성하는 데 성공했다.

한편 징기즈 한 손자들의 시대가 된 당시 몽골 제국은 내분에 휩싸여 있었다. 가장 유력한 자는 주치의 아들로 킵차크 한국(Kipchak Khante, Golden

■ 몽골제국 가계

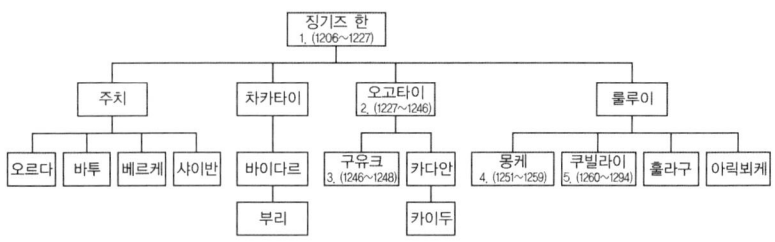

Horde)을 일으킨 바투였다. 그는 1237~1242년 러시아 유럽원정을 총지휘했는데, 그것은 그 형제들인 오르다(Orda), 베르케(Berke), 샤이반(Shaybān), 오고타이의 아들인 구유크(Güyük, Kuyuk), 카다안(Qada'an)과 그의 아들 카이두(Qaidu, Kaidu), 툴루이(Tolūy)의 아들인 몽케(Möngke), 차가타이(Chaghatay)의 아들인 바이다르(Baidar)와 그의 아들 부리(Buri) 등이 참가하고 15만 명의 병력이 동원된 대규모 원정이었다. 러시아 출정 중 구유크와 부리는 바투와 불화가 일어나 원정 중에 군을 되돌려 귀국해버렸다. 그러나 툴루이의 아들 몽케는 바투와는 원만한 관계를 지속했다. 이때부터 생겨난 바투와 구유크 부리 간의 불화, 바투와 몽케 간의 친화는 이후 몽골 대한(大汗, Supreme Khān) 계승문제에 중대한 영향을 미치게 되었다.

1241년 대한 오고타이가 죽었다. 이에 바투는 대한 오고타이의 총애를 받아 후계자로도 지명받은 툴루이 집안의 몽케를 대한으로 추천하여 급히 귀국시켰다. 그러나 본국의 상황은 전혀 다른 방향으로 흘러가고 있었다. 당시 구유크의 어머니였던 황후가 5년 동안의 비밀스런 공작을 통해 1246년 구유크를 대몽골 제국의 대한에 즉위시킨 것이다. 이로 인해 구유크 대 바투 몽케의 불화가 절정에 달하게 되었다.

구유크가 다스린 3년이 채 안 되는 기간 동안 몽골은 오직 내분으로 세월을 보냈다. 바투는 몽케를 지원하기 위해 군사를 이끌고 동진했고 구유크도 이에 대항하기 위해 서진했다. 그러나 내란 직전의 정세는 프랑크 왕 루이 9세(Louis IX: 1229~1270)가 성지 탈환을 위해 군대를 이끌고 출발한 1248년 구유크가 병으로 죽으면서 최악의 사태를 면했다. 황후 섭정 기간 중 주치 집안과 툴루이 집안은 힘을 합해 간신히 3년 뒤인 1251년 몽케를 대한에 앉히는 데 성공했다. 이러한 와중에 몽골 제국에게 외국으로 출정할 여유 따위는 없었다.

몽골에 대비하고 있던 이집트는 준비하던 목표와 싸우기도 전에 새로운 적에 대처해야 했다. 그것은 루이 9세의 프랑스 군대였다. 아유브 왕조의 입장에서는 살라딘이 죽은 후 찾아온 최대의 위기였다. 1248년 가을, 키프로스로 건너간 루이 9세는 거기서 겨울을 보내며 병마(兵馬)에게 휴식을 취하게 한 후 후속 부대의 도착을 기다렸다. 그리고 이듬해인 1249년 6월, 3만의 대군을 이끌고 다미에타(Damietta)에 상륙했다. 예루살렘의 정복의 열쇠는 이집트에 있다는 정치적 판단과 카이로를 굴복시키면 향신료의 이동 경로를 독점할 수 있다는 경제적 목적이 있었을 것이다. 그는 다미에타에서 공격을 늦추고 여름을 보내면서 병사들의 사기를 높이기로 했다. 그것은 지난 1218년 여름, 다미에타에서 진격하여 들어간 십자군이 만수라에서 나일 강의 범람을 이용해 제방을 무너뜨리는 술탄 카밀의 전술에 걸려 무참히 패했던 전철을 피하려는 것이었다.

한편 알 살리흐의 군대는 프랑스에 대항하기 위해 다미에타 남서 70km, 나일 강 동쪽 연안에 접한 만수라에 본진을 구축했다. 이곳을 빼앗기면 나머지는 델타 평야가 계속되고 카이로까지는 30km밖에 되지 않는다. 그러나 살리흐는 중병으로 죽음을 앞두고 있었다. 지휘관의 중병은 당연히 군의 사기에도 영향을 미쳤다. 프랑스군이 거의 희생 없이 다미에타를 점령할 수 있었던 것은 그러한 이유 때문이었을 것이다. 다미에타 함락 소식에 카이로가 동요하기 시작했다. 살리흐는 신속하게 만수라로 이동하여 루이 9세와 절충을 계속하는 한편, 만수라를 견고한 요새로 만드는 데 힘을 기울였다.

나일 강 수위가 한계 수준에 이르자 프랑스군은 11월 20일 카이로로 향했다. 술탄 살리흐가 44세의 나이로 사망한 것은 그로부터 이틀 뒤인 22일이었다. 그가 죽자 그의 하렘(harem) 출신 아내인 샤자르 알 두르(Shajar al-Durr)는 긴급회의를 소집하여 변경에서 황태자 투란 샤(al-Malik al-Mucazzam Tūrān Shāh)를 불러들이고, 파크루딘(Fakhruddin)을 임시 섭정으로 삼아 아군들에게 술탄의 죽음을 감추기 위한 대책을 세웠다. 그러나 아랍을 배신한 토착 그리스도교도의 도움을 받은 프랑스 군은 1250년 2월 8일 기습적으로 만수라 교외까지 쳐들어 왔다. 파크루딘은 대항할 겨를도 없이 전사했다.

기습이 성공했다고 판단한 루이 9세는 철수 명령을 내렸다. 그러나 그의 혈기 왕성한 동생 로베르는 단숨에 적의 본영을 돌파하기 위해 패전군이 철수하기 위해 열어놓은 성문을 통해 만수라 시내로 돌입했다. 거기에는 당시 22세의 대장 바이바르스가 이끄는 바흐리 친위대가 매복해 기다리고 있었다. 전세는 돌변했고 프랑스군의 기병대는 거의 전멸했으며 이어 도착한 투란 샤의 군대에게 보급선마저 차단되었다. 결국 루이 9세는, 4월 다미에타 20km 앞에 위치한 파리스쿠르의 전투(the Battle of Fariskur)에서 항복했고 만수라에 유폐되었다. 퇴각 작전에서 프랑스는 병사 3만 명을 잃었던 반면 바흐리 맘룩은 그의 용맹성을 유감없이 보여주었다. 루이 9세는 억류에서 풀려나기 위해 다미에타의 양도와 함께 당시 프랑스 1년 세수의 1.5배나 되는 40만 리브르 투르누아(livre tournois)를 몸값으로 지불했다.

그러나 전쟁 직후 이집트에서는 정변이 벌어져 아유브조가 붕괴되는 사태가 발생했다. 새로운 술탄인 투란 샤는 살리흐의 전처의 아들로 그동안 변경의 수비를 맡고 있었다. 아버지가 죽은 뒤 궁에 돌아왔지만 그곳에는 그의 세력 기반이 없었다. 그래서 그는 변경에 근무하던 때의 측근이나 다마스쿠스에서 회유한 문관들을 신정권의 수뇌로 데려왔다. 그 결과 바흐리 부대는 권력에서 소외되고 냉대를 당했다. 1250년 5월 2일, 그들은 투란 샤를 암살하고 샤자르 알 두르를 술탄에 옹립했다. 샤자르는 80일 동안 중근동 무슬림 세계를 지배한 유일한 여성 통치자가 되었다. 그녀는 바흐리의 아미르 아이박(Aybak)과 결혼해 술탄위를 그에게 양위했다. 아이박에게는 알 말리크 알 무이즈(al-Malik al-Muizz: 1250~1257)라는 제위명이 주어졌다. 그러나 실권은 여전히 샤자르의 수중에 있었다.

3) 2차 몽골 침입과 압바시야조의 소멸

이집트에서 아유브조를 대신해 맘룩조가 성립된 후 몽골의 2차 침입이 있기까지 이집트와 시리아를 중심으로 하는 아랍 세계는 정치적인 혼란기였다. 그것은 시리아에 남은 아유브 왕조의 군주 나스르(al-Malik al-Nāṣir: 1250~1260)가 할리파에게서 술탄의 칭호를 받고 이집트 맘룩 왕조와 대립하고 있었고, 카이로에서는 신정권의 탄생과 함께 권력투쟁이 격화되고 있었기 때문이었다.

바흐리는 아이박보다는 샤자르에게 충성했다. 그래서 아이박은 샤자르와 그 배후에 있는 바흐리를 제압하기 위해 4년에 걸쳐 자신의 맘룩을 양성했다. 그리고 라우다 섬의 바흐리 병영을 폐쇄하고 바흐리 타격에 나섰다. 결국 일격을 당한 바흐리 무리는 바이바르스에 이끌려 시리아로 망명해 나스르에게 의탁했다. 그리하여 나스르 바흐리 동맹과 아이박의 관계는 첨예하게 대립되었다. 시리아와 이집트의 대결이 시작된 것이다.

이 무렵 1251년, 징기즈 한의 손자이며 툴루이의 아들 몽케(蒙哥, Möngke: 1251~1259, 제4대 헌종)는 대한에 오르면서 동생 훌라구(Hūlāgū, Hülegü)에게 '아무다리아 유역으로부터 이집트의 끝까지 징기즈 한의 법을 확립하라'는 명령을 내렸다. 새로운 서진이 계획되어 실행에 옮겨졌다. 이슬람 세계에 휘몰아친 몽골군의 두 번째 폭풍이었다. 1253년 중근동을 정복할 몽골 군대가 트란스옥시아나에 집결했다. 이들은 몽골 제국의 각 지역으로부터 지원병을 보충받아 이란 고원으로 진격했으며, 유일한 저항은 알라무트에 기지를 둔 이스마일파의 한 분파인 하사신파였고, 이를 제거하는 데 꼬박 3년이 걸렸다. 1256년 1월, 훌라구는 12만 9천의 전사들을 앞세워 아무다리아를 건넜다. 그리고 아무런 저항 없이 북부 페르시아 고원을 손에 넣었다. 자그로스 산맥과 파르스 그리고 키르만의 소영주들은 자발적으로 새로운 지배자에게 복종해 자신의 영토 안에서 안위를 찾았다. 중앙아시아에서와 마찬가지로 몽골인들은 정복지의 모든 영주 가문을 박멸해 자신의 직접 통치하에 두는 일은 하지 않았다.

위협이 다가오는 것을 깨달은 바그다드의 할리파는 무슬림의 단결을 호소하고 시리아와 이집트 간의 중재에 들어갔다. 그 결과 양자 간의 화해는 이루어졌지만 나스르는 바이바르스를 내치지 않으면 안 되었다. 아이박이 그것을 화해의 조건으로 내걸었기 때문이었다. 그러자 바흐리 연대에 동정심을 느낀 샤자르는 결국 남편 아이박을 살해했고 그녀 자신도 남편의 전처에게 살해되었다. 아이박의 아들 알리('Alī: 1257~1259)가 다음 술탄이 되었지만 아무런 실권이 없었다. 1259년 11월 섭정을 하던 아이박의 맘룩 지휘관 쿠투즈(al-Muẓaffar Sayf al-Dīn Quṭuz)가 어린 술탄을 폐하고 자신이 직접 술탄이 되었다. 쿠투즈는 무예와 용기에서 아이박 맘룩 중 제일가는 용장이었다. 새로운 술탄은 시리아로 망명했던 바흐리 맘룩들을 이집트로 받아들여 그들의 지위를 회복시켜주었다.

한편 몽골군은 손쉽게 이라크를 위협할 수 있었으나 압바시야 할리파의 종교적인 위신이 아직도 강력했으므로 훌라구는 그의 고문이며 독실한 시아인 나시룻딘 투시(Nasiruddin Tusi)의 할리파 제거 주장을 물리치고 협상을 체결하려 했다. 그러나 할리파는 찬란한 전통을 믿고, 또 자기의 재물을 몽골군의 조직 확장에 내놓기 싫은 나머지 이를 거절했다. 그 후 바그다드는 몇 달간의 포위 끝에 1258년 2월 함락되었다. 대대적인 학살이 있었는데 기독교도와 시아들만이 훌라구의 경교도(景教徒, Nestorian) 출신 아내인

도쿠즈 카툰(Doguz Katun)과 그의 고문이며 시아인 나시룻딘 덕택에 학살을 모면했다. 1258년 2월 20일, 이슬람 신앙의 총수 알 무스타심(al-Musta'ṣim)은 발견된 모든 가족과 함께 처형되었다. 할리파의 비극적인 최후에 무슬림 세계는 충격에 빠졌다. 이제는 한 도시나 한 나라의 지배권을 두고 싸우는 군사적인 다툼의 문제가 아니었다. 그것은 이슬람의 생존이 걸린 절망적인 전쟁이었다.

거의 5세기 동안(750~1258) 실질·명목상 수니파 이슬람의 수장이었던 압바스 가문의 통치가 끝이 나고 몽골이 일 한국(Il kahn: 1256~1353)을 세웠다. 압바시야 할리파들이 카이로로 거주지를 옮겨 그 명맥을 이어갔지만 그들은 맘룩 술탄들의 실제적인 지배를 정당화해주는 데 이용되었을 뿐이다. 압바시야조의 멸망은 수니 이슬람 공동체 전체가 누리고 있었던 단일성의 상징이 무너졌음을 의미했다. 그러나 그 당시 무슬림 세계는 수많은 군소 국가로 극심하게 분열되어 있었기 때문에 할리파가 처형되었어도 압바시야조를 위해 원조를 제공할 세력이 아무도 없었다. 이것은 십자군 원정에 오랫동안 시달려온 지중해 연안 지역에 대해 압바시야조의 할리파가 아무런 정신적·물질적 원조도 하지 않았던 때문이기도 했다.

몽골의 다음 목적지는 시리아가 분명했다. 술탄 나스르는 서둘러 바이바르스를 불러들였다. 그러나 그의 군사 능력으로도 이미 동요하고 있던 다마스쿠스를 견고한 방위 거점으로 만들 수는 없었다. 더구나 나스르의 태도도 종잡을 수 없었다. 바이바르스는 결국 나스르를 단념하고 이집트로 향했다. 바이바르스는 몽골과의 전쟁에서 함께 협력할 것을 카이로 정부에 제안했다. 이 미증유의 국난이야말로 화해를 위한 지상명령이었다. 쿠투즈가 고민 끝에 이를 받아들였다. 10년 전 아유브조를 뒤엎은 쿠데타 이후 신정권은 권력투쟁의 혼란 속에 있었지만 전 왕조의 제도를 이어받아 문민세력에 대한 군부의 우위를 확립하는 데 성공했다. 신정권에게 최대의 위협이었던 바이바르스가 이제는 가장 의지해야 할 군사령관이 되었다. 게다가 몽골군은 시리아의 아유브 왕조를 제거해주었다. 이집트로서는 이제 몽골군을 맞을 준비는 끝난 셈이다.

한편 훌라구가 몽케에게서 명령받은 영역은 '아무다리아 유역부터 이집트의 끝까지'였다. 바그다드를 손에 넣었으니 그 명령의 반은 실행한 셈이었다. 나머지 반을 실행하기 위해 1259년 훌라구의 군대는 타브리즈(Tabrīz)를 출발하여 시리아로 향했다. 당시 시리아는 100여 년 전 십자군이 침입했을 때와 거의 비슷한 상황에 있었다. 준비는 거의 없었고 각 도시의 지배자 아타벡들은 분열되어 있었다.

몽골이 무슬림 세계에 대한 치명적인 공격을 준비하고 있던 13세기 중반, 아직도 십자군이 남아 있었다. 계속해서 무슬림 세력에게 밀리기만 하던 아르메니아, 트리폴리 안티오크는 이때가 바로 기회라고 생각했다. 실리시아 아르메니아 왕국(The Armenian Kingdom of Cilicia)의 헤툼 1세(Hethum Ⅰ)와 그의 사위이자 트리폴리 안티오크의 지배자 보에몽 6세(Bohemund Ⅵ)는 몽골과의 동맹을 원했다. 1247년 헤툼 1세는 보에몽 6세를 몽골에 사신으로 보내고, 몽케 대한이 무슬림 제국에 대한 마지막 원정을 구상하고 있던 1254년에는 자신이 직접 카라코룸(Karakorum)으로 갔다. 협력의 가능성을 찾으려던 노력이 구체적인 성과를 거두지는 못했다. 다만 전해지는 말에 따르면 그때 몽골인들은 그에게 예루살렘을 탈환해 돌려주기로 약속했다고 한다.

어쨌든 아르메니아 몽골 동맹은 몽골군의 공세에서 중요한 현실로 나타났다. 바그다드가 함락되자마자 몽골의 지휘관 훌라구는 아르메니아와 북부 메소포타미아로 진격해 들어가 거기서 헤툼 1세와 합류했다. 몽골군과 그의 동맹군은 유프라테스를 가로질러 빠르게 북부 시리아를 점령했다. 그리고 1260년 1월 25일, 단 일주일의 포위 끝에 알레포를 탈취했다. 그 뒤 몽골군은 신속하게 남하해 3월 2일, 무방비 상태의 다마스쿠스에 입성했다. 중간에 있던 하마와 홈스도 같은 운명에 놓였다. 무슬림 세계에는 일대 재앙이 내렸다. 할리파는 죽고 시리아를 대표하는 무슬림 도시 알레포와 다마스쿠스가 이교도 정복자의 수중에 들어갔다. 이제 그곳들은 몽골인들의 불가항력적인 전진의 확고한 교두보가 된 듯했다. 오랜 이슬람 심장부 중에서 오로지 이집트와 아라비아만이 정복되지 않고 남았다. 그러나 기독교도들에게는 안타까운 일이지만 시리아를 정복한 훌라구는 예루살렘으로 가지 않았다. 그의 관심은 이집트에 있었다.

1260년 봄, 나블루스(Nābulus)와 가자를 점령한 몽골군은 카이로에 사신을 보내 술탄이 대한에게 굴복하기를 권고했다. 몽골군을 맞아 항전의 결의에 차 있던 쿠투즈와 바이바르스는 무조건 항복을 요구하는 훌라구 사신을 살해하고 전군에게 시리아로 진격하라는 명령을 내렸다. 그 수가 12만 명에 이르는 대군이었다. 그 와중에 이집트에게 행운이 찾아왔다. 훌라구가 본대를 이끌고 이란을 향해 되돌아가야 했기 때문이었다. 본국이 중대한 위기에 처한 것이다.

정확히 1년 전 1259년 8월 11일, 대한 몽케가 남송(南宋) 원정 중 이질로 사망했다. 투루이 집안 내에서 쿠빌라이(Kublai)와 아릭 뵈케(Ariq Böke)가 후계자 자리를 놓고 다투게 되었다. 훌라구는 형 쿠빌라이를 지원하기 위해서 이란으로 가야 했다. 게다가 그는 북방의 동족 킵차크 한국(汗國)과의 사이도 나빠져 있었다. 킵차크 한국의 베르케(Berke: 1257~1266)가 훌라구의 땅인 카프카스 지역을 침공하자, 훌라구는 시리아는 키트부카(Kitbuqa Noyan)에게 맡기고 카프카스로 갔다. 크리스트교도의 협력도 있었기에 시리아의 모든 영토에는 몽골의 지배체제가 이미 확립되어 있는 상황이었다. 그 때 훌라구는 얼마 안 있어 시리아의 몽골체제가 그렇게 쉽게 붕괴되리라고 상상하지 못했을 것이다.

훌라구가 떠나고 없는 상황에서도 공명심에 차 있던 키트부카는 군대를 이끌고 팔레스티나로 쳐들어가 사마리아와 나블루스, 나아가 이집트령의 가자까지 점령했다. 마침내 지중해 연안에 몽골군이 도착한 것이다. 이때문제가 발생했다. 몽골과 기독교도 동맹 사이에 분쟁이 일어난 것이다. 가자의 북쪽에서 트리폴리 백국에 이르는 연안 지방은 프랑크인의 '예루살렘 없는 예루살렘 왕국'이었다. 같은 프랑크인 보에몽 6세는 이 왕국을 동맹에 끌어들이려 했다. 그에게는 무슬림에게 빼앗긴 성지 예루살렘을 탈환하는 일이 몽골과 동맹을 맺는 일과는 비교할 수 없을 만큼 중요했다. 그러나 그의 이러한 생각에 대해 몽골인을 무슬림보다 더 야만적인 인간이라고 여기고 있던 왕국의 제후들은 보에몽의 말에 귀를 기울이지 않았다. 급기야 시돈(Sidon)14)의 줄리앙(Julian Grenier) 백작이 부하들을 이끌고 몽골의 소부대를 습격하여 키트부카 사령관의 손자를 살해한 일까지 발생했다. 키트부카는 이를 십자군과 몽골의 동맹 파기로 받아들이고 시돈을 공격했다. 이에 위기를 느낀 프랑크 제후들은 카이로에 도움을 요청했다. 이집트군은 아크레에 입성하여 제후들에게서 따뜻한 환영을 받았다.

훌라구가 시리아를 떠난 뒤 발생한 이러한 사태에 10여 년 동안이나 면밀하게 대몽골 작전을 구상해온 맘룩국 술탄 쿠투즈는 드디어 기회가 왔다고 생각했다. 맘룩들은 행동을 개시했다. 전장은 자신들의 근거지에서 떨어져 있어야 하고 몽골군의 기동성을 저지할 수 있어야 했다. 선택된 곳은 예루살렘 북쪽 나사렛 근처의 아인 잘루트(Ain Jalut)였다. 하롯 강 그리고 주위의 늪과 길보아(Gilboa) 산은 그러한 역할을 해줄 것으로 여겨졌다. 이곳은 하모레(Hamore)와 길보아의 구릉 사이에 끼어 있는 하롯 계곡(Harod Valley)으로 건조한 모래 지형을 이루고 있었다. 구약성서에 의하면 사울 왕이 필리스틴(Philistines) 사람과 싸운 곳이다. '필리스틴'이란 현재의 팔레스티나(Palestina)라는 지명의 기원이며, 이 지역에 정착한 해안 민족을 지칭하는 말이다. 구약성서에서는 이들을 '불레셋'인이라고 부른다. 다윗에게 투석기로 맞아 쓰러진 골리앗(Goliath)이 바로 불레셋인이며, 아라비아

---

14) 당시 시돈은 예루살렘 왕국의 주요 영지 중 하나였다.

어로 '아인'이란 '샘', '잘루트'란 거인 '골리앗'을 가리킨다.

1260년 9월 3일, 팔레스타인의 아인 잘루트에서 바이바르스 장군이 지휘하는 이집트의 맘룩군이 몽골의 선봉군을 격파했다. 이것은 몽골 정벌의 기세를 꺾는 결정적인 승리였다. 이집트는 여세를 몰아 시리아를 되찾았다. 결국 키트부카는 포로가 되어 쿠투즈 앞에 끌려왔다. 맘룩국은 나일 계곡의 방어에 결정적인 시리아 - 팔레스타인 사면(斜面)에 대한 지배권을 확보하게 되었으며, 그곳에서 십자군을 제거했다. 이로써 맘룩국의 존재 기반이 확고하게 되었다. 얼마 후에 메소포타미아에 기지를 둔 몽골인들이 여러 차례 시리아를 공격했지만 상황을 바꾸지는 못했다.

페르시아와 비옥한 초승달 지역의 동부가 한 세대 전에 트란스옥시아나에서 그랬던 것처럼 훌라구의 원정 중에 완전히 황폐해버린 것은 아니었다. 그러나 수세기에 걸친 무슬림의 세계에서 이 지역이 차지하고 있던 중요성은 현격하게 떨어졌다. 무엇보다도 바그다드는 일개 지방 소도시로 급격하게 몰락해버렸다. 그러나 이집트의 맘룩조만은 몽골군의 진격을 저지하고 이슬람 전통을 보전하여 압바시야조의 정신적인 계승자가 되었다. 그러나 이 저항도 이집트의 국경 밖에서는 아무런 영향도 주지 못했다. 압바시야조의 멸망은 이미 금이 간 무슬림의 단일성을 깨뜨려 다시 소생할 수 없게 만든 것이다.

4) 바이바르스의 바흐리 맘룩 왕조

무적의 몽골군을 격파하고 이슬람 세계의 구원자가 되었던 쿠투즈는 황폐된 시리아의 모든 땅에 질서를 회복시키고 이집트를 향해 개선한다. 그러나 그는 카이로에 귀환할 수 없었다. 텔타의 평원에 도착하기 하루 전 작은 오아시스에서 바흐리의 쿠데타로 암살되었기 때문이다. 주모자는 바이바르스였다. 아인 잘루트 전투가 끝난 지 겨우 50일밖에 지나지 않아서였다. 바이바르스가 공을 세운 대가로 알레포 영주의 자리를 요구했으나 쿠투즈가 이를 거부한 것이 화근이었다. 알레포는 다마스쿠스 다음가는 시리아의 제2의 도시이자 몽골의 위협으로부터 시리아를 지키는 가장 중요한 요새였다. 이 도시를 지키는 데 바이바르스만큼 적격인 인물은 없었을 것이다. 그러나 쿠투즈의 입장에서 볼 때 이제 겨우 이집트의 깃발 아래 시리아가 통합된 시점에서 바이바르스 같은 전쟁 영웅을 카이로에 멀리 떨어진 이 지역에 둔다는 것은 시리아가 다시 독자적인 바이바르스의 지배에 놓이게 될 가능성이 있었다.

쿠투즈를 암살한 바로 그날 바이바르스는 스스로 술탄이 되었다. 바흐리 맘룩 왕조가 등장한 것이다. 바이바르스는 그다음 해 1261년 6월 이미 망한 압바시야조의 공자를 카이로에 불러 즉위명을 알 무스탄시르 2세(al-Mustanşir Ⅱ of Cairo)라고 붙인 허수아비 할리파로 만들어 자신의 술탄직에 대한 정통성을 강화하고 시아파의 극성도 예방했다. 이것이 곧 카이로에 세워진 허수아비 할리파조의 시작이다. 맘룩 술탄들은 이 허수아비 할리파가 합법적으로 자신들을 노예 신분에서 자유인으로 만들어 주었다고 믿었다. 이 할리파는 궁성도 근위병도 없는 신세여서 실제로 맘룩 술탄의 시신(侍臣)일 뿐이었다. 그러나 이러한 조치는 이집트의 술탄에게 이슬람 최고의 방어자로서의 지위와 위신을 확고하게 해주었다.

아인 잘루트 전투 이후에도 몽골의 공격은 계속되었다. 술탄 바아바르스는 12월 초 또 다시 공격해 온 몽골군을 팔레스타인에서 저지했다. 그러나 거대한 적 몽골에 대항하기 위해 근본적인 대책이 필요했다. 우선 남부 팔레스타인은 교두보로 삼기에는 충분하지 않았다. 시리아 전체가 필요했다. 그래서 바이바르스는 아유브 공국들에 대한 전쟁을 통해 그들 대부분을 자신의 통제하에 두었다. 프랑크인들에 대해서는 일련의 공세를 통해 그들을 해안의 좁은 지대에 가두어 두었다. 아사신파의 비타협성에 대해서는 그들의 산채를 토벌함으로써 그 위험을 제거했다. 몽골의 동맹 아르메니아에 대해서는 그들의 땅을 황폐화시키고 도시를 약탈했다. 누비아(Nubia)와 리비아에서 있었던 전쟁도 이러한 지상(至上)의 목적을 위해 수행되었다.

외교와 통치를 잘 이해하고 있었던 바이바르스는 이란과 이라크의 몽골에 대항하기 위해 시실리, 세빌리아 등과 우호적인 관계를 유지하고, 비잔티움 황제에게 사절을 보냈으며, 자신의 출생지였던 볼가 강 분지의 킵차크 한국과 동맹을 맺었다. 이집트 - 킵차크 동맹의 효과는 훌라구가 제1차에 뒤지지 않을 정도의 새로운 원정군을 이끌고 남하한 1262년 봄에 나타났다.

아인 잘루트 패배 후 훌라구가 직접 복수전의 지휘를 할 수 없었던 데는 그럴 만한 이유가 있었다. 그것은 그의 사촌 형에 해당하는 킵차크 한국 베르케와의 불화 때문이었다. 원래는 징기즈 한의 첫째 아들 주치의 차남 바투와 징기즈 한의 넷째 아들 툴루이 집안의 장남 몽케는 가까운 사이였다. 그러나 바투가 죽고 베르케가 이를 계승한 뒤 양쪽 집안 사이에는 분쟁이 일었다. 이 무렵 몽골 대제국 내부에서는 황제 쿠빌라이(Kublai Khan, 忽必烈 Kubla Khan: 1260~1294, 제5대 세조)에 대한 '카이두(Qaidu, 오고타이의 손자)' 전쟁이 시작되었다. 베르케는 러시아와 유럽 원정군에 가담한 적이 있는 카이두의 편을 들어 쿠빌라이와 훌라구가 속한 투루이 집안을 적으로 삼았다. 그것은 킵차크 한국과 일 한국이 옥서스와 카프카스의 카스피 해 연안에서 비옥한 초원을 두고 경계를 이루어 이를 서로 차지하려고 경쟁하고 있었기 때문이었다. 그러나 불화의 더 큰 이유는 베르케가 이슬람교로 개종한 데 있었다.

이슬람의 정신적 지주였던 압바시야 할리파가 사촌 훌라구에게 무참하게 처형되는 것을 공포 속에서 지켜보았던 베르케가 몽케의 명령 때문에 하는 수 없이 훌라구 원정군에 자신의 부대를 제공했지만 몽케가 죽자 곧바로 이를 철수시켰다. 훌라구는 이처럼 강력한 적을 뒤에 두고 시리아로 남하할 수 없었던 것이다. 바이바르스는 바로 이러한 기회를 잡았다. 베르케에게 훌라구에 대한 이슬람의 '성전'을 함께 치르자고 제의한 것이다. 베르케가 이 제안을 받아들였다.

바이바르스는 훌라구의 대규모 병력을 맞아 알레포에서 유프라테스까지 100km에 걸쳐 펼쳐진 대평야에 불을 질러 훌라구의 전진을 막았다. 이때 공동작전에 나선 베르케는 볼가 강 근처 사라이(터키어: Yerebatan Sarayı)를 출발해 아제르바이잔에 진입했다. 훌라구는 서둘러 북방을 막아야 했다. 훌라구가 2년 넘게 베르케와 싸우는 덕에 바이바르스는 몽골과의 전쟁을 준비하는 데 전념할 수 있었다.

1264년 봄 쿠빌라이는 원정군 3만을 동생 훌라구에게 보냈다. 비잔티움 황제와 소아시아를 다스리는 룸의 이슬람 군주도 훌라구를 도왔다. 아르메니아 왕 헤툼 1세와 안티오크의 보에몽 6세도 훌라구 진영에 합류했다. 프랑크 제후들도 훌라구에게 호의를 보였다. 몽골의 조공국이었던 아르메니아의 왕 헤툼은 이미 1262년 여름 바이바르스의 위협으로부터 자신의 봉토인 안티오크를 구하기 위해 몽골에 사신을 보내 몽골이 이 문제에 개입해 줄 것을 요청한 상태였다. 그러나 당시 훌라구가 할 수 있었던 것은 오직 비라(al-Bira)에 군대를 보내는 것이었다. 1264년 가을 먼저 헤툼 보에몽의 군대와 알레포의 이집트군이 교전 상태에 들어갔다. 이것을 전초로 하여 훌라구의 군대가 접근했다. 1264년 겨울에서 1265년 봄까지 몽골군은 비라를 포위하고 있었다. 이곳은 군사 요충지로 이집트로서는 이곳을 빼앗기면 몽골에게 시리아로 가는 길을 열어주는 것과 마찬가지였다. 어려운 순간에 지원군이 도착해 몽골군을 물리치고 이들을 구해주었다. 하마(Hamāh) 영주의 군대였다. 바이바르스의 본대가 도착했을 때는 몽골군이 이미 패주한 뒤였다. 훌라구는 이 비라 공방 패배 후 얼마 되지 않은 1265년에 사망했다.

몽골의 위협은 사라졌다. 이제 남은 일은 잔존 십자군 국가를 토벌하는 일이다. 그 무렵 프랑크 제국은 말기적 증상을 드러내고 있었다. 제후국들 사이에 분쟁이 끊이지 않았고, 상업의 실권을 쥔 베네치아인과 제노바인의 주도권 다툼이 끝없이 계속되어 국가의 존립을 위태롭게 했다. 이런 상황이라면 몽골과 십자군의 격퇴에 온 힘을 쏟는 바이바르스의 공세에 도저히 대항할 수 없었다. 1270년 루이 9세가 다시 십자군을 이끌고 공격해온다는 소식이 있었지만 이들은 방향을 바꾸어 북아프리카 튀니지에 상륙했고 그것마저도 국왕이 전염병으로 죽는 바람에 싱겁게 끝나버렸다. 그 뒤 바이바르스가 1227년 다마스쿠스에서 급사했지만 그의 유업은 부하 콸라운(Qalāwun: 1279~1290)에게 맡겨졌고, 그는 1291년 성지를 되찾고 명목상 예루살렘 왕국의 수도였던 아크레를 함락시켰다.

5) 일 한국(Il khanate: 1256~1353)

징기즈 한은 서방 원정에서 개선한 후, 영토 중 유목지역은 분할해 그의 여러 아들과 동생들에게 통치하게 했다. 몽골 본토는 징기즈 한 자신의 직할지로 해 넷째아들 툴루이에게 계승하기로 결정했고, 맏아들 주치에게는 카스피 해와 아랄 해 북방의 영토인 남(南)러시아의 킵차크 초원지대[15]를 주었으며(후의 킵차크 한국, Kipchak Khanate, 金帳汗國, Golden Horde, 1226~1481), 둘째아들 차가타이에게는 아무다리아 평지이며 서요(西遼)의 옛 땅인 중앙아시아를 나누어주었다(후의 차가타이 한국, Chaghatai Khanate, 1227~1370). 셋째아들 오고타이에게는 일리 강(江) 유역을 중심으로 외몽골 서부에서 텐산 산맥(天山山脈)에 걸친 나이만 부족의 옛 땅인 몽골 고원 일대(후의 오고타이 한국, Ogotai Khanate)를 나누어주었다. 그리고 동부 몽골 고원과 중국의 북동지구(만주 지방) 방면은 동생들에게 나누어주어 통치하게 했고, 남방의 농경지대는 일족의 공유재산으로 하여 거기에 다루가치(達魯花赤: 총독)와

---

15) 카스피 해와 흑해 그리고 카프카스 일대에서부터 서쪽으로 도나우 강(Donau, 영어식으로는 Danube)에 이르는 유라시아 대초원

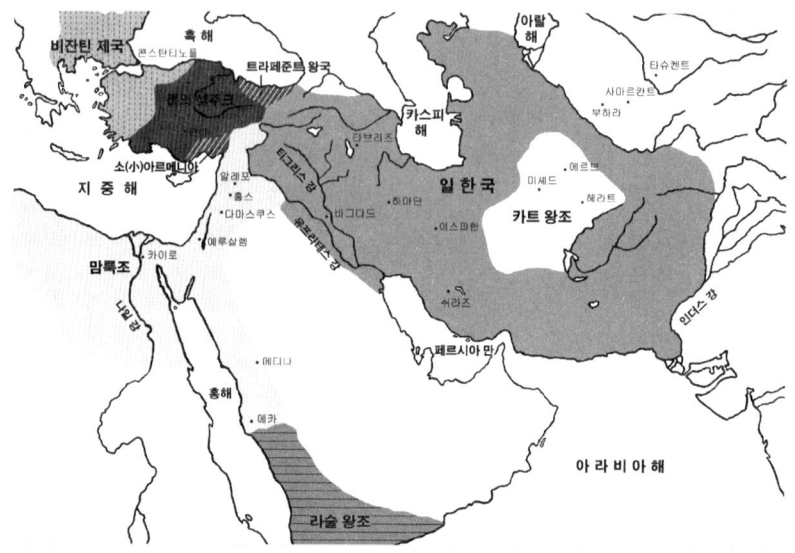

■ 14C 초 중동

주둔군을 배치해 치안유지와 징세(徵稅) 임무를 맡게 했다.

몽골 왕조로서 서남아시아, 이란 지역을 통치하던 국가는 일 한국이었다. 훌라구는 바그다드 정복 이후 북서 방면으로 물러나 그 후 80여 년간 그와 그 후계자들이 이란과 그 주변 국가를 지배했다. 일 한국은 투르크어로 '지방의 통치자'라는 뜻으로, 몽골에 있는 대한의 우월권을 인정하고 그에 대해 복속한다는 표시였다. 일 한국은 이란에 사산조 페르시아의 옛 영토와 견줄 만한 땅을 영유하고 처음에는 타브리즈, 나중에는 솔타니예(Soltaniyeh)에 도읍했다. 이란의 몽골과 이집트의 충돌은 일 한국의 가잔 한(Ghāzān: 1295~1304)이 이슬람으로 개종한 후에도 몇십 년간 계속되었다. 일 한국은 로마 교황과 프랑크와 외교관계를 맺어 시리아를 둘러싼 맘룩 왕조와의 싸움에 대비했다.

통치자는 군의 총사령관으로 몽골인 장군의 모임인 쿠릴타이(Quriltai)의 자문을 받아 징기즈 한의 법률(yasa)에 따라 정책을 결정했다. 몽골은 거의 모든 아시아 대륙을 통치했으므로 통상활동의 범위가 방대해졌다. 종교에 관대해 로마 교황청도 흑해를 통해 중국에 선교사를 파견했다. 그 대표적인 인물이 동방견문록을 쓴 마르코 폴로(Marco Polo: 1254?~1323)였다. 이탈리아의 상인들도 1204년 제4차 십자군원정 이후 흑해를 통한 무역에서 주역을 담당했다. 그러나 일 한국의 통상활동은 별로 활발하지 못했고, 유럽의 경제적 상승에 따른 중개무역 기지로서의 역할에 머물렀을 뿐이다. 일 한국의 국위가 왕성한 때에도 맘룩 이집트의 통상활동을 제지하거나 경쟁할 생각은 가지지 못했다. 14세기 중엽에 들어와서 몽골 제국을 비롯한 모든 한국이 망하자 유럽의 선교사와 상인들도 이와 함께 아시아의 통상로에서 사라졌다.

제국으로서 일 한국의 행정기구는 중국식으로 약간 개편되었으나 전통적인 와지르 제도는 그대로 유지되었다. 이 직위에는 대체로 현지인이 임명되었으며 행정 전반을 관장했다. 그중에서도 가장 저명한 재상은 가잔 한(汗) 때의 라시드 웃딘 파둘라(Rashīd u'd-Dīn Fadu'llāh: 1247경~1318)이며, 그는 또한 저명한 역사학자이기도 했다.

한편, 몽골인이 정복을 끝내고 정착하게 되자 정국이 안정되었으며 이와 함께 문화 활동이 다시 시작되었다. 종교생활에서는 수많은 전쟁과 사회불안 때문에 신비주의(Sufism)적인 경향이 짙어졌다. 이 기간 중에 시아와 수니 간의 분쟁은 잠잠해졌으며, 신비주의 사상이 깊어진 것은 아니지만 종단(宗團, tariqa)으로 발전해 이슬람의 교리가 실제의 의식행동과 밀접하게 연관되었다. 이러한 종단 가운데 하나가 1500년경에 사파위 왕조를 세웠으며, 이 왕조는 오늘날 이란의 모태를 이루게 되었다.

13세기 말 훌라구의 증손자 가잔은 이란이라는 배경에서 오는 문화적·종교적 압력 때문에 가족과 함께 이슬람으로 개종했다. 그가 개종함으로써 일 한국은 몽골 제국이 아닌 이슬람 국가로서 단순히 몽골인 군주가 통치하는 국가가 되었다. 가잔 한은 개종 후 제1차 명령으로 기독교와 유대교 회당과 불교 사원을 파괴하라고 명령했다. 그의 부친이 건립했던 불교 사찰이 그때 모두 파괴되었다. 이것은 일 한국에서의 스텝 전통의 종식을 의미하며, 이후에 일 한국은 자신들의 근본을 중동에 두었고 중앙아시아의 조상들을 찾지 않았다. 그는 유력한 부족장과 여러 왕들을 토벌해 일련의 정치 분쟁을 수습하고 재상 라시드 웃딘의 도움을 받아 세제 및 군제의 대개혁을 단행해 중앙집권화를 실현했다. 그는 이슬람교로 개종해 이란인과의 융화를 꾀했으며 일시적이기는 하나 시리아 탈환도 성공시켜 일 한국의 전성기를 가져왔다.

일 한국은 약 80년간 존속했다. 그의 손자인 아부 사이드(Abū Saʻīd: 1317~1335)가 합법적인 계승자가 없이 죽자 권력 장악을 위해 가족 간에 내분이 일어난 것이 멸망의 직접적인 원인이 되었다. 더구나 현지민에 비해 수적으로 열세인 몽골인은 이슬람으로 개종은 했지만 결코 동화될 수가 없었다. 농업생산이 일기불순으로 급격히 감퇴하자 세금 수입도 줄어들었다. 또 유목 민족인 쿠르드족의 움직임도 심상치 않게 전개되고 있었다. 결국 분리주의적 경향이 도처에 싹트기 시작했으며, 14세기 중엽에 일 한국인 몽골, 투르크 및 현지민 출신의 실력자들은 제국을 분할했다. 즉 몽골계의 잘라이르 왕조(Jalāyir Dynasty: 1336~1432)는 이라크와 아제르바이잔에, 무자파르 왕조(Muzaffar Dynasty: 1313~1393)는 남부 이란에 세력을 굳혔다.

이 두 왕조의 창시자들은 일 한국의 중신들로, 잘라이르조(朝)는 유목민 투르크만 부족의 연합세력인 카라 콘윤루(Qara Qoyunlu, 黑羊朝: 1380~1468)와 아크 콘윤루(Aq Qoyunlu, 白羊朝: 1378~1508)에게 망하고, 그 자리에 이 투르크만의 두 왕조가 다투면서 1세기가량을 보냈다. 즉, 흑양은 시아파인 반면에 백양은 수니파였음으로 그들 사이에서 종교적 분쟁이 불가피했다. 이들의 통치 시대에 아제르바이잔은 인종과 언어적인 면에서 터키화했다. 일 한국 외의 다른 몽골 한국도 비록 다른 여건에 처해 있었지만 비슷한 운명을 맞았다.

몽골의 일 한국과 맘룩국의 경계선은 오랜 분쟁 끝에 시리아와 이라크 사이를 가로지르고 있었다. 당시 소아시아 반도는 오랫동안 몽골의 영향 아래 있었으며, 중근동은 몽골족이 지배하는 이란 및 그 주변 지역과 맘룩이 장악하고 있었던 시리아, 이집트 지역이 완전히 분리된 상태에 있었다. 따라서 몽골족의 점령하에 있는 이라크는 이제 무슬림 세계의 중심적인 지위에서 벗어나 양 세력의 경계선에 있는 전초기지로 탈바꿈했다. 즉 무슬림 세계는 이란 중심과 시리아 이집트 중심의 양극화 현상이 나타났다.

6) 티무르 제국(Timūr Dynasty: 1370~1405)

차가타이 한국은 중앙아시아에 자리 잡고 있었으나 문화적으로나 경제적으로 보아 세 한국 중 가장 허약했고 뒤떨어진 상태였다. 또한 그 거주민이 대체로 유목민이었으므로 그 저항이 매우 강해 안정이 거의 이루어지지 않았고 따라서 국가적인 단합의식은 조성되지 않았다. 그 통치자들이 이슬람에 개종하여 원주민과 융화하려 했으나 성공하지는 못했다. 이런 상황에서 '절름발이'라는 별명(Tīmūr-e Lang, Timur the Lame)을 가진 티무르(Tīmūr: 1336~1405)가 차가타이 한국을 멸망시키고, 새로운 정복의 시대를 열었다. 그는 터키화하고 이슬람화한 몽골계 가문에서 태어났다. 티무르는 인간 백정이란 별명을 얻을 정도로 무자비한 군주였다. 그는 몽골적인 전통에 이슬람적인 윤리를 결합해 강력한 군대를 만들어낸 천재적인 사령관이기도 했다. 그는 몽골인과 터키인으로 구성된 혼성군을 이끌었는데, 지배적인 세력은 몽골인이었고 수적인 주력은 투르크인들이었다.

1380년 이미 트란스옥시아나와 흐와리즘의 주인이 된 그는 이란에 침입해 향후 7년간 국가 전체를 지배했다. 그는 킵차크 한국을 두 번이나 몰아세우고, 인도를 습격했으며, 지방 왕조가 통치하던 이라크를 병합했다. 그리고 시리아를 유린하고 맘룩 술탄에게 충성을 요구했다. 1394년과

1400년 그는 아나톨리아를 침공하고, 1402년 앙카라 전투에서 오스만 제국의 술탄 바예지드 1세(Bayezid I)를 생포하면서 오스만군에게 참혹한 패배를 안겼다. 티무르는 1405년 중국 공략을 준비하는 중에 사망했다. 그의 죽음으로 10세기에 시작되어 중동을 변모시켰던 스텝 민족들의 대이동은 (비록 부분적인 부족 유입은 계속되었지만) 대체적으로 끝난 것처럼 보인다.

징기즈 한은 하늘에 태양은 하나고 지상에 군주는 하나라는 믿음이 있었으며 또 그의 주변에서도 그렇게 믿고 따랐기 때문에 역사상 최대의 제국을 건설해 거의 100년간이나 존속했다. 이에 비해 티무르는 정복과 파괴만을 계속했고, 이슬람 신자라는 사실 외에 자기의 개인적인 좌우명도 없었다. 그는 수도 사마르칸트(Samarqand)를 확장하고, 큰 건물을 짓는 데 관심을 가진 것 외에 제국의 다른 지역의 발전에는 관심이 없었다. 그가 죽은 뒤 터키의 부족은 자치를 강력히 희망해 결국 티무르조(朝)의 영토, 즉 이란과 트란스옥시아나는 티무르의 아들과 손자들에게 나누어진 상태로 남게 되었으며, 종주권을 행사하던 다른 지역에 대한 영향력을 잃어버렸다. 비록 그의 6대손인 아부 사이드(Abū Sa'īd: 1451~1469) 때에 와서 티무르의 영토를 재결합해 막강한 국가가 되었으나, 그 힘은 이미 오스만 제국에는 미치지 못했다.

티무르 왕조의 수도였던 부하라와 사마르칸트 그리고 특히 헤라트는 찬연한 문명의 중심지였다. 티무르조는 이란화하여 건물 양식을 페르시아식으로 바꾸고 행정 공용어도 페르시아어를 사용했다. 터키문학은 위대한 고전기를 맞았는데, 중앙아시아에서 동아시아, 인도에 이르는 모든 터키 민족의 문화발전에 지속적인 영향을 끼친 작품들이 나왔다.

티무르조는 중앙아시아 초원에서 일어난 최후의 왕조였다. 이후 이슬람 세계는 티무르의 후손 바부르(Bābur)가 세운 인도의 무갈 제국(Mugha Empire: 1526~1858), 시아 이란의 사파위조(朝) 및 오스만 제국(Osman Turk Empire, Ottoman Empire: 1281~1924)으로 나누어졌다.

제9장
오스만 제국

1. 제국의 기원

7세기, 무함마드가 종교적 통일을 달성하고 이슬람 정치공동체를 수립한 이후 중동에 통일적 정치공동체를 이루려는 꿈은 오랫동안 중동인들의 마음속에 자리 잡고 있었다. 그러한 꿈과 가능성을 현실로 나타나게 해준 사람들은 소아시아 변방의 투르크인들이었다. 1300년에서 1683년까지의 기간 동안 소아시아의 미미했던 소공국 오스만은 거대한 영토를 가진 제국으로 확장되었다. 그 영토는 아라비아 반도, 남방의 나일 강 상류, 페르시아 만 인접 바스라, 동방의 이란 고원, 서방의 지브롤터 부근, 북쪽으로는 우크라이나 초원과 빈(Wien, Vienna)의 성채까지 뻗어나갔다. 오스만의 영토 확장은 그 영역이 흑해, 에게 해, 지중해, 카스피 해, 홍해에 이르는 거대한 제국이 되었을 때 비로소 끝났다.

오스만 제국의 중동 통일, 나아가 유럽 국가들에 대한 위협은 그 강성한 제국의 힘을 여실히 보여주었다. 오스만 제국은 또한 유럽 국가들의 진화와 성립에 그리고 그들의 대중적인 상상력을 형성하는 데 영향을 미쳤다. 오스만 제국은 간혹 유럽인들이 이상으로 삼았던 품성을 갖춘 모범이 되었고 후대의 보댕과 몽테스키외 같은 사상가들은 오스만군(軍)과 행정가들의 청렴결백, 규율, 명령 복종 등을 칭송하면서 유럽인들을 비판했다. 유럽인들은 또한 자신들이 갖고 싶어 했던 속성과 반대되는 것들을 이들에게 부여해 오스만인들을 온갖 악의 소유자로 만들었다. 그럴 경우 오스만은 문명인들의 특성을 가질 수 없는 잔인성, 야만, 음모 그리고 호색과 불신앙으로 묘사되곤 했다.

오스만 제국은 또한 우연히 근대에 세계를 지배하게 된 서유럽 국가들에 물리적으로 가장 인접해 있었기 때문에 긴 세월 동안 유럽의 운명과 문명에 지대한 영향을 미치고 후에는 유럽의 군사·정치·이데올로기적 팽창의 직접적인 예봉에 맞서게 되었다. 모스크바에 기반을 둔 제정 러시아는 강력한 오스만 제국 때문에 흑해와 지중해의 부동항으로 가는 길이 오랫동안 사용할 수 없었다. 결국 수세기 동안 오스만인들은 러시아에 가장 중요한 적이 되었다. 차르(tsar)와 술탄들은 17세기에서 20세기까지 양측이 모두 멸망할 때까지 끝이 보이지 않는 전쟁들을 벌여왔다. 이 전쟁들은 태동하고 있었던 러시아 세력의 진화와 형성에 커다란 영향을 미쳤다. 도나우 강 유역의 합스부르크 또한 오스만인들의 북진을 저지하기 위해 지역적으로 엄청난 혼란을 겪고 있었던 와중에 태동했다. 빈에 기반을 둔 이 국가는 오스만에 대한 저항의 중심지가 되었고, 시간이 지남에 따라 더 남쪽에 있었던 발칸 반도의 여러 왕국들이 오스만군에 저항하는 데 실패하자 중유럽 방어의 최전선이라는 역할과 정체성을 갖게 되었다.

어쨌든 아시아, 유럽, 아프리카 대륙의 교차로라는 지정학적 위치로 인해 오스만 제국은 세계사적으로 독특하고도 중요한 역할을 떠맡게 되었다. 이러한 중요성은 1683년의 군사적 패배와 영토주권에 대한 방어능력을 상실한 이후에도 사라지지 않았다. 사실 오스만 제국의 약화로 오스만 영토를 경쟁적으로 침탈하려 했거나 경쟁국의 수중에 넘겨주지 않으려는 팽창적인 이웃 국가들 사이에 국제적인 불안정 상태가 빚어졌다. 이 '동방문제(the Eastern Question)' — 오스만 제국이 갑자기 붕괴되면 누가 어느 영토를 차지하게 될 것인가의 문제 — 는 당시 열강 사이에서 양보할 수 없는 경쟁을 불러일으켰고, 19세기 유럽 국제관계에서 핵심적 사안이 되었다. 이러한 동방문제 해결의 실패는 1914년 현대 역사에서 최초의 대재난으로 꼽히는 제1차 세계대전으로 이어졌다.

오스만 제국은 사라졌고 유럽인들은 오스만 역사의 많은 부분을 왜곡하고 지웠지만, 오늘날 제국이 지배했던 지역에서 일어나고 있는 많은 일들이 그들의 역사를 새삼스럽게 다시 떠올리게 하고 있다. 바스라, 모술, 다마스쿠스와 같은 도시들과 제국 서부에 위치했던 보스니아, 헤르체코비나 및 알바니아 그리고 제국 동부를 형성했던 걸프 해안, 카프카스 산맥의 변경 지역들이 바로 그 예이다. 우리는 생존을 위한 쿠르드족의 투쟁과 독립을 향한 아르메니아인들의 열망을 이해하기 위해서 오스만 제국의 역사를 더듬어 올라가야 하는데 그 와중에 오스만 제국보다는 합스부르크가(家)와 더 친숙했던 지명인 사라예보가 가진 이슬람적 성격을 발견하고 놀라게 된다.

그러나 오스만 제국의 기원은 여전히 신비로 남아 있다. 그동안 오스만 제국의 기원에 대한 면밀한 검토가 있었다. 그것은 오스만 제국의 역사적 중요성 때문이기도 했지만 초기 역사에 대해 활용할 자료가 거의 없어 각양의 다른 가설들이 난립했기 때문이었다.

오스만 제국이 주도적인 왕조로 자리 잡을 수 있었던 요소 중 하나는 셀주크 아나톨리아 경험의 유산에서 찾을 수 있다. 대(大)셀주크조의 창설과 터키인들에 의한 이슬람 세계의 지배는 이슬람 문화사와 무슬림들에게는 하나의 커다란 전환점이었다. 무슬림 세계가 대내외적인 위기에 처해 있을 때 셀주크조는 중동에 새로운 활력을 불어넣고 정치적 통일을 이룩했다. 가장 근본적인 변화는 이 지역, 특히 아나톨리아에 대한 터키화로부터 유래했다. 많은 민족들의 본향이자 다양한 문명의 무대였던 아나톨리아의 터키화는 향후 이슬람 문명과 무슬림들을 보존하고 국가들의 장래를 규정하는 중요한 모멘트가 되었다.

셀주크조가 아나톨리아에서 모습을 드러낸 것은 페르시아에서 대(大)셀주크조가 창설된 후 35년이 지난 1075년이었다. 그것은 터키인들의 대규모 이민과 만지케르트의 승리(1071년 8월)의 결과였다.

1000년경부터 중앙아시아에서 살던 투르크 유목민들이 투르케스탄의 광대한 평원이 말라붙게 되자 새로운 목초지를 찾아 서쪽으로 이동하게 되었다. 그들 중 오스만 씨족은 오구즈(Oghuz) 부족에 속했으며 그 일부는 7세기 중에 이미 중근동의 변경 지방에 머물고 있었다. 이들의 일부는 압바시야조 시대에 맘룩으로 할리파의 근위병이 되었다. 셀주크조 초기, 술탄들은 이번의 대규모 투르크인의 이민이 제국의 안전을 위협한다고 인식하고 있었다. 그래서 이들은 비잔티움에 대한 기습을 통해 투르크 이민들을 아나톨리아에 침투시킴으로써 이들이 무슬림 영토 내에서 약탈하는 것을 방지하고, 이들 투르크인들을 위한 땅과 생계수단을 제공하면서 비잔티움 제국에 대한 자신들의 힘을 키우고자 했다.

한편 당시 세계에서 가장 인구 밀도가 높은 지역 중 하나였던 중근동 지역은 1,000년 이상을 로마 제국과 그 계승국가였던 비잔티움 제국의 일부였다. 수십 년에 걸친 끈질긴 기습공격을 겪은 뒤 비잔티움 제국은 이 새로운 위협을 분쇄하고자 했다. 그러나 셀주크의 술탄, 알프 아르슬란(Alp Arslan)이 이에 대항해 1071년 반(Van) 호수 근처의 만지케르트(Manzikert, 터키명 Malazird)에서 결정적인 승리를 거두었다. 이 전쟁은 비잔티움 제국의 입장에서 동방에서의 제국 국경 방어체제가 붕괴되었음을 의미했으나 오구즈 부족민들에게는 비잔티움 변경 지역으로 진출할 수 있는 절호의 기회를 제공했다.

투르크인들은 가끔씩 셀주크의 지원을 받기는 했지만 그들 자신의 족장들(beys)의 지도하에 있었으며 아제르바이잔으로부터 아나톨리아의 도시들로 침투해 들어갔다. 이들은 비잔티움 제국 내에서 왕위를 놓고 경쟁하던 장군들에게 용병으로 고용됨으로써 영향력이 강화되어 점차 비잔티움 제국 황제의 동맹세력으로서 아나톨리아에 대한 통제권을 떠안게 되었다.

이들은 아나톨리아 지역에 자신들의 룸 셀주크를 건설했다. 콘야의 셀주크(룸 셀주크의 다른 이름) 술탄 통치하에서 아나톨리아의 중심부와 동부가 점차 이슬람 국가로 변모되어 중근동 이슬람 문명에 통합되었다. 그곳을 점령해서 식민화하고 있던 변경민족과 부족민들의 정치적 독립은 중앙집권화된 셀주크 통치자들의 성장으로 제동이 걸렸다. 인구의 대규모 이동은 근본적으로 유목적인 요소에 기초하고 있었다. 그러나 서부 셀주크 국가의 창설과 함께 농부와 무역상, 기능공과 종교지도자들이 이민자들에 뒤섞이게 되었다. 그들은 역사가 깊고 수준 높은 고전 이슬람의 도시문명을 함께 가져가서 그곳에 전통적인 이슬람의 생활방식과 정치체제를 정착시켰다.

1230년 룸의 셀주크 술탄 알라 알 딘 카이 쿠바드 1세(Ala al-Din Kay-Qubādh Ⅰ: 1219~1237)가 시작한 흐와리즘 샤와의 전쟁은 궁극적으로 룸 술탄국과 셀주크 권력의 분열을 가져왔다. 흐와리즘이라는 완충지대의 상실로 몽골 세력이 투르크 변경 지역에 도달했을 때 셀주크는 이들을 물리칠 수가 없었다. 결국 1243년 쾨세다그 전투에서 이들에게 패배함으로써 셀주크 자치왕국은 사라지고 말았다. 일부 투르크 아미르들이 멀리 떨어진 산간 지역에서 자신들의 소규모 공국을 유지해나갔으나 셀주크의 술탄국은 한동안 몽골의 속주로서 명맥을 이어가다가 14세기 초에는 이마저도 완전히 소멸되었다.

만지케르트 승리로 많은 터키인들이 아나톨리아에 정착하게 되었지만 이곳에 완전한 터키화가 이루어지기까지는 수세기를 더 기다려야 했다. 몽골을 피해 페르시아와 투르키스탄에서 이주해 나온 투르크인들이 두 번째의 대규모 이민을 형성했다. 그로 인해 터키화의 과정이 아나톨리아의 중심부로부터 해안지대로 확산되었으며, 그 과정은 13세기와 14세기를 거치면서 완성되었다.

몽골인들의 침입을 피해 중앙아시아에서 몰려온 수많은 투르크계 부족의 공예인 및 서사(書士)들은 반도 중심부에서는 안정된 직업을 찾을 수 없었다. 이들은 더 서쪽의 비잔티움 지역으로 이주해 들어가면서 높은 수입을 올릴 수 있었고, 또 사회적으로도 지하드에 참전하는 가지(Ghāzī, 단수형 Ghāza)라는 떳떳한 역할을 내세울 수 있었다. 중앙정부 권위의 붕괴와 몽골군을 피해 온 터키인 유목 이주민들의 아나톨리아 난입으로 변경지대에서 전쟁이 재개되었다. 군사 정치면에서 변경 지방의 전사들인 가지가 13세기 후반과 14세기에 서부 아나톨리아의 지배적인 위치를 점유했다. 이들이 세운 새로운 형태의 수많은 공국들(beyliks)로 인해 일어나게 된 비잔티움에 대한 새로운 정복의 물결이 서부 아나톨리아 전체에 터키와 무슬림 지배의 통치를 확대시켰다.

새로운 정복에 참여한 공국들 중의 하나가 거대하고 강력한 제국으로 성장했다. 이 제국은 창설자인 앙카라의 투르크 족장 오스만(Osmān Ⅰ: 1281~1324, 아랍어 Uthmān에서 유래)의 이름을 따라 오스만 제국(The Osman Turk Empire)으로 불린다. 비잔티움의 비티니아(Bithynia, 아나톨리아 북서부) 접경에 그리고 콘스탄티노플의 방어선상의 서쪽 끝에 위치한 입지적 조건이 오스만 공국에 더 큰 역할과 기회를 제공해주었고, 그로 인해서 주위의 지원을 이끌어낼 수 있었다. 오스만과 그의 후계자들은 비잔티움에 대항해서 끊임없는 변경 전쟁을 치렀다.

2. 정복의 시대

결국 수많은 아나톨리아 공국들 중 하나였던 장래의 오스만 제국은 13세기 몽골 침입의 결과로 생겨났다. 기독교 비잔티움에 대해 군사적 대결을 계속했던 이들 투르크 공국들은 물질적 수익에 대한 열망과 함께 종교적 동기에 고취된 전사들의 국가였다. 이슬람 영역을 확대할 의도로 비무슬림과 싸웠던 가즈와(Ghazwa)의 전통은 무슬림 변경 전사 가지(Ghāzī)의 중요한 추동력이었고, 이는 결국 오스만 제국을 일으키는 데 결정적인 역할을 했다. 실제로 인근 마을들을 정복해 병합하여 요새화하는 이러한 정책은 아마도 1280년대와 1290년대부터 시작되었을 것으로 추측된다.

투르크 군대는 수십 년 내에 아나톨리아 전역에 세력을 전개시킬 수 있었다. 투르크족이 손쉽게 대부분의 아나톨리아를 장악할 수 있었던 것은 그들의 전쟁 수행 능력 때문이기도 했지만, 그에 못지않게 비잔티움 정책에 대한 대중들의 분노도 한몫을 했다. 아크리타이(akritai, 비잔티움 용병이었던 변경 지방 전사[戰士])와 아르메니아인들은 정부로부터 이반되어 비잔티움에 아무런 도움도 주지 않았다. 그 과정에서 변방의 투르크 무슬림 전사, 중앙정부의 붕괴와 몽골군을 피해서 온 투르크인 유목 이주민 그리고 다른 토호 왕조들이 전(全) 아나톨리아를 석권했다. 결국 오스만 제국이 강건한 국가로 거듭날 수 있었던 또 다른 원인은 당시 비잔티움 제국이 극도로 약화되어 이 지역에 정치적 공백상태가 만들어지고 있었다는 사실에 기인한 것으로 보인다.

일단 기본적인 틀이 만들어지자 이러한 요소들뿐 아니라 그 지도자들의 개인적 능력과 정책 그리고 그들의 다양한 업적이 오스만 공국을 번성하게 만들었다. 오스만 왕조의 대업에서 가장 눈에 띠는 점은 그 형성 과정 중에 국가로서의 성격, 즉 추종자들을 끌어들이고 유지하는 데 필요한 일들을 하고 필요한 존재가 되는 데 있었다. 더 분명하게 말하면 이 왕조의 대업은 종교적인 국가가 아니라 실용적인 국가로 만들려는 것이었다. 이러한 점에서 오스만 왕조는 동시대의 영국이나 중국과 전혀 다르지 않았다.[1]

가지 군인들은 대체로 부족적이었지만 투르크 공국의 지배자들은 정착한 이슬람 제국들의 궁중생활을 따르고 싶어 했다. 그들은 서임을 실시하고, 법이 적절하게 그들의 영역에 적용될 수 있도록 샤리아 판관을 임명했으며, 이슬람 교육제도들을 만드는 등 이슬람 도시문화 양식을 받아들였다. 가지들의 자유분방한 변경의 전투와 품위 있는 이슬람 전통을 실행하려는 추장들의 노력의 조화가 오스만 제국을 형성한 또 다른 요인이었다.

당시 투르크족 중에서도 가장 모험심이 강한 분자들이 마구 쏟아져 들어오고 있던 곳이 바로 이 오스만의 영토였다. 오스만이 천재적 지도자가 아니었다면 그는 아마 이들 이주자들에게 압도당하고 말았을 것이다. 그

---

[1] 도널드 쿼터트, 이은정 옮김, 『오스만제국사: 적응과 변화의 긴 여정, 1700~1922』, 48쪽.

는 최고의 가지 지도자로서 자신의 권위를 확립했다. 다른 가지 족장들이 좁은 자신들의 경계지 안에서 아귀다툼을 벌이고 있는 동안 오스만은 그의 지배력을 받아들이는 사람이면 누구에게나 가지의 삶을 부여해주었다.

부족의 지도자로서 오스만은 정복하거나 동맹을 맺음으로서 작은 마을들을 계속 차지해나갔다. 그는 1300년에서 1320년 사이에 사카리아 강(Sakarya River) 서쪽 지방, 마르마라 해(Sea of Marmara) 서쪽과 북쪽을 수중에 넣었다. 콘스탄티노플 정부는 처음에는 오스만의 파괴력을 깨닫지 못했고 그것을 겨우 깨닫게 된 것은 오스만이 제국의 옛 수도 니케아를 위협할 만큼 충분히 가까이 접근한 뒤였다. 비잔티움 제국이 오스만을 그들 변경의 가장 중요한 베이(bey, 터키 지배 지역 내의 부족장)들 가운데서 하나라고 여기게 된 것도 바로 그때였다. 1301년 비잔티움 황제 안드로니쿠스 2세 팔라이올로구스(Andronicus Ⅱ Palaiologus: 1282~1328)는 무잘론(Muzalon) 지휘하에 2,000명의 병력을 파견해 오스만으로부터 위협을 당하고 있던 니케아의 고통을 덜어주려 했다. 그러나 오스만은 니케아와 니코메디아(Nicomedia, 오늘날 터키의 İzmit) 사이에 있는 코윤 히사르(Koyun hisari)에서 비잔티움군을 격파했다. 1308년에는 에게 해 연안에 남아 있던 비잔티움 최후의 도시 에페소스(Ephesus)가 오스만군에게 점령되었다. 이러한 일련의 승리는 오스만의 명성을 높여주었고 다른 부족장들이나 부족민들을 그의 영역으로 끌어들였다. 그의 재량하에 있게 된 군사력이 증대하면서 오스만과 그의 아들 오르한(Orhān: 1324~1360)은 아나톨리아 북서부에서 꾸준히 자신들의 영역을 확장해나갈 수 있었다. 이를 계기로 셀주크 술탄도 그를 한 명의 베이로, 즉 자신의 정치적 권위를 행사하는 자로 인정하게 되었다.

1323년 혹은 1324년 오스만이 죽은 후에는 그의 아들 오르한이 그 뒤를 이었다. 그 역시 그의 부친과 마찬가지로 이교도 정복을 맹세한 가지 지도자였다. 1326년 4월 그는 수년간의 포위 끝에 별다른 전투 없이 부르사

(Bursa, Brusa)를 점령했다. 부르사가 함락되자 그는 이를 앞으로 등장하게 될 제국의 수도로 삼았다. 올림푸스 산(Mysian Olympus, 현재의 Uludağ)의 북쪽 경사지에 위치한 부르사는 천혜의 강력한 방어물과 함께 마르마라 해역에서 군사행동을 하기에 안성맞춤인 요충지였다. 부르사의 함락은 아나톨리아의 그 부분에서 비잔티움이 붕괴하고 있다는 신호였다. 1330년 3월에는 유서 깊은 도시 니케아가 그에게 항복했다. 이 도시도 부르사처럼 수년 동안 고립되어 있었다. 비잔티움의 안드로니쿠스 3세 팔라이올로구스(Andronikus III Palaiologos: 1328~1341) 황제가 니케아를 구하기 위해 안간힘을 썼지만 결국 실패하고 말았다. 오르한의 다음 목표는 주요 항구도시 니코메디아였다. 니코메디아는 해상으로 증원군과 보급품을 지급받으며 9년 동안이나 항전했다. 그러나 오르한이 니코메디아가 위치한 좁은 만(灣)을 막아버리자 1337년 항복하지 않을 수 없었다.

1345년에 이르자 오스만조(朝)는 에게 해에서 흑해까지 북서부 아나톨리아 전역을 포함하고 유럽을 마주보게 되었다. 이때부터 오스만조는 실질적인 국가의 형태를 갖추게 되었고 행정체계도 비잔티움 제국의 것을 기초로 발전시켰다. 한편으로는 기독교도들을 용병으로 받아들여 터키계 부족군에 대한 의존도를 줄였다. 무슬림들뿐 아니라 기독교인들까지 재부와 지위와 권력을 얻으려고 아나톨리아와 그 너머에서부터 오스만의 깃발 아래로 모여들었다. 오스만이 강대해질 수 있었던 원인 중 하나는 국가가 정책적으로 이들을 포용했었던 점에 있었다.

발칸은 오스만조가 위대한 국가로 도약하는 발판을 만들어준 땅이었다. 오스만인들이 발칸으로 들어가게 된 계기를 마련해준 것을 비잔티움 왕권 도전자들의 야심이었다. 1345년 요하네스 6세 칸타쿠제누스(Joannes VI. Cantacuzenus: 1347~1354)는 왕위를 노리는 경쟁자에 맞서기 위해 오르한의 도움이 필요했다. 오르한은 황제의 딸 테오도라(Theodora)와 혼인함으로써 그의 충실한 동맹자가 되었다. 동맹조건의 일부는 약탈의 권리였고,

이는 오스만인들에게 유럽 땅의 교두보를 허락해 주었다. 그때 투르크 - 몽골의 오랜 전통에 따라 오르한의 장남 쉴레이만(Süleymān)이 변경의 사령관이 되었다. 쉴레이만이 지휘하는 오스만군은 비잔티움 황제를 돕기 위해 다르다넬스 해협(the Dardanelles)을 건너 트라키아의 에디르네(Edirne, 현 Adrianople)로 이동하게 되었는데 중도에 유럽 쪽 해안에 있는 도시 침페(Tzympe)를 점령해 교두보로 삼은 다음 그들을 이 도시에서 철수시키려는 칸타쿠제누스의 모든 노력과 강압적인 요구를 일축해버렸다. 오르한은 1354년 제노바인들과 합의함으로써 헬레스폰트(Hellespont, Dardanelles 해협의 고대 그리스 이름) 지역에서의 작전을 위한 귀중한 동맹을 얻었다. 쉴레이만은 일단의 가지들을 해협으로 이동시키고 갈리폴리(Gallipoli, Gelibolu)의 지협을 지배했던 헥사밀리온(Hexamilion) 성채를 점령해버렸다. 그는 3월에 일어난 지진으로 성벽이 무너진 갈리폴리마저 정복해 이를 식민지로 삼았다. 오스만의 팽창에 대한 비잔티움의 저항은 1347년 콘스탄티노플에서 처음 발생한 페스트와 지진으로 이미 현저하게 약화되었다.

이로써 오스만인들은 발칸으로 건너가는 안전한 교두보, 즉 영토적인 출발점을 마련했고 그로부터 아나톨리아의 다른 경쟁자들보다 한걸음 앞서 나가게 되었다. 발칸을 소유하게 된 오스만 왕조는 이제 그들의 잠재적인 지지자들에게 풍요로움을 제공할 거대하고 새로운 땅을 마련해주었다. 그것은 해협 건너의 아시아 쪽에 있는 왕조나 부족장들의 추종자들이 전혀 얻을 수 없는 중요한 이점이었다.

1365년까지 오스만조는 아나톨리아 반도에서 비잔티움 세력을 일소하고 발칸 반도 남부에도 착실히 세력을 길러나갔다. 1357년 쉴레이만의 갑작스러운 죽음으로 그의 형제 무라드가 변경의 사령관이 되었다. 무라드는 거침없이 발칸으로 진군했다. 그 후 오르한의 뒤를 이어 술탄에 오른 무라드 1세(Murād Ⅰ: 1360~1389)는 트라키아 지방으로 쳐들어가 1361년 비잔티움 제국 제2의 도시인 에디르네(Edirne)[2)]를 정복해 제국의 수도로 삼고 마리차(Maritza) 강3) 유역의 지배권을 확보했다. 이로써 발칸의 중심부로 들어가는 길목이 확보되었다.

　이는 오스만의 군사력 때문만은 아니었다. 비잔틴 세계에서는 이미 중앙권력의 동요와 더불어 11세기 중엽부터 지방의 호족들이 자기 구역 내의 토지와 농민들을 임의로 지배하는 등 봉건화가 진행되어 농촌인구의 대다수는 과중한 세금으로 파산하여 농촌을 떠나거나 토지를 대지주에게 팔아 농노가 되었다. 소유권 없이 토지에 예속된 농노들은 강제노동과 부역에 징발되었을 뿐 아니라 지주에게 지대로 생산물의 일부를 바쳐야 했다. 발칸의 농민들도 예외는 아니어서 자기들을 구속하고 있는 봉건영주보다 오히려 각종 봉건적 의무를 철폐하는 등 경제적 보장과 자유를 약속하는 오스만 정복자들에게 우호적인 태도를 갖게 되었다.

　이 같은 분위기를 조성하는 데는 이 지역의 종교적 갈등도 한몫을 했다. 십자군의 콘스탄티노플 함락과 라틴 제국(1204~1261)의 지배시절, 그리고 그 이후에도 비잔틴 세계는 교황의 우위를 인정하는 '가톨릭주의'를 강요받았다. 이는 결국 기존 동방정교를 수호하려는 일반 민중들과의 갈등을 야기했다. 이 같은 상황 속에서 종교적으로 관용적이었던 오스만인들이 일반 대중들의 종교적 수호자 역할을 담당하게 되었던 것이다.

　이탈리아에는 벌써 콘스탄티노플이 함락될 것이라는 소문이 퍼졌다. 교황 우르반 5세(Urban V)의 지도 아래 헝가리 왕, 비잔티움 황제 그리고 이

---

2) 투르크 이슬람의 본토라고 할 수 있는 에디르네는 서방에는 그리스어 이름인 아드리아노플(Adrianople)로 알려져 있다. 이스탄불에서 서북쪽으로 250km 떨어진 곳에 위치한 지역으로 흑해 연안에 자리 잡고 있으며, 북쪽으로는 불가리아와 접경하고 서쪽으로는 그리스와 접하고 있다. 에디르네는 1361년 투르크인에게 점령된 뒤 1453년 콘스탄티노플(현재의 이스탄불)이 함락될 때까지 오스만 제국의 수도가 되었다.

3) 불가리아 남부 트라키아 평원을 관통하는 강. 그리스와 터키의 국경을 지난다.

탈리아 국가들 간에 십자군을 조직할 목적으로 협의가 이루어졌다. 1366년 12월 교황은 교서를 통해 투르크인들을 발칸으로부터 몰아내기 위한 십자군 전쟁을 선언했다. 이에 대해 반응을 보인 지도자는 유일하게 사보이 공작 아마데우스 2세(Amadeus II)였는데, 1366년 그는 함대를 이끌고 갈리폴리로 가서 오스만으로부터 그것을 다시 빼앗았다. 그는 이듬해 그 성을 비잔티움에 양도했다. 그러나 그것으로 오스만의 전진을 막지는 못했다. 무라드 1세의 발칸원정에 유럽의 연합공격은 없었으며 그는 오히려 여러 차례 기독교 동맹을 얻기도 했다.

무라드 1세는 또한 아시아에서도 광범위한 진전을 이룩했다. 그는 앙카라(Ankara)를 차지하고, 위세와 힘 그리고 돈과 외교를 아울러 구사해 그의 아나톨리아 영역을 두 배로 늘렸다. 1366년 불가리아인들은 술탄의 봉신(封臣)이 되었다. 그것은 동유럽 세계의 분열과도 관련이 있었다. 그러한 분열의 원인 중 하나는 헝가리의 정복정책에 있었다. 헝가리는 일찍부터 오스만 세력의 저지를 위한 군사적 역할을 담당해왔지만, 한편으로는 기회 있을 때마다 주변에 대한 정복정책을 추구해왔으며, 그 대상은 주로 불가리아, 보스니아, 보헤미아 등이었다. 이 같은 상황 속에서는 동유럽 국가들의 연합전선 결성이 어려웠을 뿐 아니라 오히려 오스만 제국과 동맹을 시도함으로써 자구책을 마련하는 경우도 있었다. 특히 불가리아가 그러한 경우였는데, 헝가리 및 왈라키아(Walachia)의 침입을 두려워한 불가리아 왕 이반 시슈만(Ivan Šišman)이 오스만과 동맹을 맺어 보호를 구하는 한편 오스만과의 연합군(1366~1370)으로도 활약했던 것이다. 그 뒤 1371년, 남(南)세르비아 왕 부카신(Vukašin Mrnjavčević)이 투르크인들의 영토 확장을 막기 위해 군대 7만 명을 거느리고 마리차 강 유역에서 이들과 맞섰다. 그러나 그는 케르노멘(Chernomen, 필리포폴리스와 에디르네 사이에 있는 Chirmen)에 주둔하고 있다가 수가 적은 투르크 군대의 기습을 받고 대부분이 전사하거나 강으로 도망가다 물에 빠져 죽었다. 이때 부카신도 죽음을 당했다.

케르노멘 전투(the Battle of Chernomen, 1371년 9월 26일) 또는 마리차 강 전투(the Battle of Maritza river)라고 부르는 이 전투의 승리로 세르비아, 마케도니아와 불가리아의 거대한 지역이 오스만의 수중에 들어왔다. 남세르비아 독립 왕국은 무너졌으며 부카신의 뒤를 이은 아들 마르코 크랄레비치(Marko Kraljević)는 투르크 술탄의 봉신이 되어야 했다. 결국 세르비아의 전 왕국을 장악하고 있던 북세르비아의 왕 라자르 흐레벨랴노비치(Lazar Hrebejannović)도 자신이 술탄의 가신임을 인정할 수밖에 없었다.

이제 비잔티움 제국은 수도 콘스탄티노플 주변에 국한된 도시 국가로 전락해 제국의 운명은 시간문제가 되었다. 쇠락해가는 하나의 도시에 지나지 않는 제국이 혼자 힘으로 발칸 반도와 소아시아에 거대 영토를 보유하고 있는 오스만 제국을 상대로 끝까지 저항할 수 없음이 확실했다. 이제 투르크족이 제국을 포위해오는 상황에서 사태는 그 어느 때보다 절박해졌다. 동서 교회의 통합은 이제 기독교군을 돈으로 내쫓기 위해서가 아니라 그보다 더 사나운 이교도 적을 맞아 동맹군을 끌어들이기 위해 필요했다. 동방정교회 군주들 중에는 원조를 해줄 만한 인물이 없었다. 도나우 강 유역과 카프카스 군주들은 너무 나약했고, 러시아는 너무 멀리 떨어져 있기도 했지만 내부 문제에 몰두해 있었다. 유럽에서는 교회분리론으로 낙인찍힌 이 제국을 구해줄 군주가 없었다. 결국 황제 요하네스 5세 팔라이올로구스(Joannes V Palaiologos: 1354~1376, 1390~1391)는 직접 이탈리아로 건너가 교황에게 굴복했다. 그러나 성과는 없었다. 결국 마케도니아의 세르비아 군주들과의 마지막 연합작전이 마리차에서 패배함으로써 황제는 술탄의 강요로 술탄을 지배자로 인정하고 연공을 바칠 것과 요구를 받을 때마다 군사원조를 제공한다는 약속을 해야 했다. 심지어 아들 마누엘을 무라드 1세의 궁정에 인질로 보내야 했다. 1373년 초 그는 술탄의 아나톨리아 원정에 오스만의 봉신으로 참가했다. 그 후 그의 아들 안드로니쿠스 4세는 황제에 오를 수 있게 해준 데 대한 감사의 표시로 오스만의 보호권을 받아들였다. 그런 다음 1379년 갈리폴리를 오스만에 되돌려 주었다.

무라드 1세는 1380년경에 이르러 아나톨리아와 루멜리아(Rumelia)[4]에 봉신 공국들로 이루어진 제국의 초기형태를 구축하는 데 성공했다. 이들 봉신 공국들과의 관계는 처음에는 원조나 공식적인 동맹의 대가로 오스만이 지역 공국들에게 수많은 의무들을 부과했는데 결국 그들은 오스만의 봉신이 될 수밖에 없었다. 그 과정이 완결되었을 때 오스만은 이들 제후와 베이들에게 자식들을 인질로 오스만 궁정에 보내고 공물을 바치며, 이들 제후들이 스스로 또는 그의 자식들이 지휘하는 군대를 이끌고 원정에 함께 참여하도록 강요할 수 있게 되었다. 동시에 이들 봉신국이 오스만의 지배에서 이탈하지 못하도록 변경 베이(bey)들을 이용해 지속적인 압력을 가했다. 봉신국들이 자신의 신민적 지위를 부인하는 순간 그 영토는 '다르 알 하르브(Dār al-Harb)' 즉 '전쟁의 현장'이 되어 가혹한 보복을 받았다.

무라드 1세는 통치 말년을 자신이 정복한 땅을 굳건히 다지는 일에 바쳤다. 그는 많은 투르크족을 유럽으로 이주시켰다. 투르크족의 군사 봉토는 곧 그리스인, 슬라브인 또는 왈라키아인 마을로 확산되었고 투르크족 베이와 파샤(pāshā)[5]들이 지방을 장악했다. 1386년 오스만 제국은 서쪽으로 알바니아 국경지대와 인접한 모나스타르(monastary), 북쪽으로는 니시(Nish)까지 뻗어나갔다.

그러나 세르비아의 반격이 있었다. 세르비아에서 가장 큰 세력을 갖고 있던 라자르 흐레벨리아노비치(Lazar Hrebeljanović)가 침략자에 대한 범(汎)발칸동맹을 획책하여 1387년 처음이자 마지막으로 토플리차(Toplica) 강 전투에서 술탄 군대를 격파했다. 이 전투에는 오스만이 헝가리와 왈라키

---

[4] 15세기에 오스만의 영토가 된 에페이로스, 마케도니아, 트라키아, 남불가리아 등의 발칸 반도 일대를 아우르는 터키의 한 주(州)로, 총독부는 소피아에 두었다.
[5] 술탄 지배하의 영지의 통치권을 위임받은 자 또는 오스만 치하에서의 지위가 매우 높은 사람을 부르는 터키식 호칭으로 통상적으로 군인이었다.

아에 침입할 것이 두려워 오스만과 동맹을 맺었던 불가리아 왕 이반 시슈만도 함께 가담했다. 무라드 1세는 즉각 복수전에 돌입했다. 우선 배신한 불가리아 왕이 표적이 되었다. 1387년 손쉽게 불가리아를 점령한 술탄 무라드는 이듬해 1389년 봄 나자르 왕이 기다리고 있는 코소보(Kosovo, Rigómező) 벌판으로 향했다. 그러나 그는 1389년 6월 15일 거기에서 치명적인 부상을 입었다. 즉각적으로 큰아들 바예지드에게 술탄위의 계승이 이루어졌다. 바예지드는 침착하게 대처했으며 투르크군은 한 치의 흐트러짐 없이 질서정연하게 전투에 임했다. 그날 해질녘이 되자 투르크군의 승리는 결코 움직일 수 없는 것이 되었다. 라자르는 포로로 잡혀 살해되었다.

이로써 무라드 1세는 세르비아와 불가리아에 대한 연속적인 승리, 특히 유명한 마리차 강 전투(1371)와 코소보 전투(the Battle of Kosovo)[6]를 통해서 발칸 반도의 대부분을 오스만의 통치권역으로 편입해 들였고 나머지 대부분의 지역을 조공국으로 만들었다. 이로써 마케도니아, 불가리아, 세르비아에서 더욱 급속한 승리의 길이 열렸다. 유럽에서의 정복전쟁은 오스만 세력의 국내적 기반을 강화시켜준 두 차례의 평화적으로 진행된 아나톨리아의 확장에 이은 것이다.

1389년 코소보 전쟁터에서 술탄이 지위에 오른 오스만의 4대 통치자 바예지드 1세(Bāyezid Ⅰ: 1389~1402)는 매우 야심만만한 인물로 한 세기의 짧은 기간에 조그만 공국에서 성장하여 유럽의 도나우로부터 아시아의 타

---

[6] 세르비아인들에 의하면 코소보는 중세 세르비아 왕국이 세워진 발원성지다. 이 전투에서 세르비아군은 오스만군과의 전투에서 전멸했다. 오스만 투르크는 세르비아 왕국을 점령한 후 코소보에 알바니아인들을 집단 이주·정착시키면서 이 지역의 민족·종교적 갈등을 불러일으켰다. 1993년 코소보 내전은 유고 연방이 붕괴되는 과정에서 코소보 독립을 둘러싸고 분리·자치를 주장하는 세르비아계 주민과 완전 독립을 원하는 알바니아계 주민(인구의 90%) 간의 충돌로 발생했다. 이에 세르비아가 개입하면서 인종청소 사태를 겪었다.

우루스 산맥에 이르는 거대한 제국을 물려받았다. 그 후 몇 년 동안 오스만 군은 보스니아와 헝가리를 급습했는데 심지어 도나우 강을 넘어서는 경우도 있었다. 바예지드 1세는 대규모의 군대를 유럽 특히 발칸 반도 남동부 트라키아로 보냈다. 사실상 1391년 초에는 콘스탄티노플 성벽 바로 앞까지 트라키아 전역이 점령되었다. 그는 헝가리를 급습한 후 관심을 그리스로 돌렸다. 그곳에서 오스만군은 1394년 테살리아(Thessaly)를 유린하고 당시 모레아(Morea)라고 불렸던 펠로폰네소스에 진입해 북동쪽에 기지를 세웠다. 그런 다음 주변의 작은 도시들을 정복해나갔다.

거대했던 비잔티움 제국은 이제 투르크인들의 영토로 완전히 둘러싸이게 되었다. 이제 남은 것은 것이라고는 수도 콘스탄티노플과 트라키아의 마르마라(Marmara) 해안, 흑해 연안의 몇몇 도시, 저 멀리 북쪽의 메셈브리아(Mesembria), 테살로니카(Thessalonica)와 그 교외 지역, 몇 개의 섬들 그리고 남은 펠로폰네소스 반도가 전부였다. 그러나 콘스탄티노플의 육지 쪽은 견고한 성벽으로 둘러싸여 있었다. 바예지드 1세는 보스포루스와 다르다넬스 해협을 봉쇄해 콘스탄티노플로 향하는 배들의 통항을 막았다. 그러나 콘스탄티노플을 구하기 위한 반격이 있었다. 처음에는 유럽에서 그리고 후에는 아시아에서 있었는데 그 공방은 반세기 동안 이어졌다.

맨 먼저 헝가리 왕이며 후에 신성 로마제국의 황제가 된 지기스문트(Sigismund: 1387~1437)가 오스만의 공격에 우려를 나타냈다. 오스만이 해군을 양성하고 아드리아 해에서 약탈을 시작하자 유럽인들이 지기스문트의 십자군 결성에 귀를 기울이기 시작했다. 1396년, 낭만적인 니코폴리스의 십자군(the romantic crusade of Nicopolis)은 그렇게 결성되었다.7) 영국, 프

---

7) 다가올 전투에서 무모한 열정과 용맹성을 보여 용맹공(公) 장(Jean sans Peur, John the Fearless)이라는 별칭이 붙게 될 부르고뉴 공국(Duché de Bourgogne)의 장 1세 (Jean I : 1404~1419)가 프랑스의 지휘관으로 가담했다.

랑스, 독일에서 온 귀족들과 헝가리와 왈라키아[8]에서 온 군대는 마치 유람에 나선 것처럼 함선에 다량의 포도주를 싣고 많은 여인들을 대동하고 있었다. 콘스탄티노플을 포위하고 있던 바예지드 1세가 이들에 대항하기 위해서 왔는데 유럽인들은 어리석게도 바예지드 1세가 직접 지휘하는 오스만군의 중앙 본진을 향해 공격해 들어갔다. 결과는 참혹했다. 수천 명이 포로로 잡혔으며 20세 미만의 병사들은 예니체리 부대나 술탄의 궁정에 끌려갔다. 용맹공 장을 비롯한 많은 사람들은 몸값을 위해 억류되고, 다른 사람들은 낙인이 찍혀 다른 노예들처럼 겔리선의 노를 젓는 데 투입되었다. 이러한 재앙으로 유럽인들은 앞으로 수십 년 동안 십자군 전쟁은 감히 엄두도 내지 못하게 되었다.[9]

그리고 참으로 옛 로마 제국은 쪼그라들어 거의 존재조차 남아 있지 않게 되었다. 11세기까지만 해도 비잔티움은 이슬람 공세에 대한 기독교계의 옹호자로서 당당하고 독보적인 존재였다. 비잔티움인들은 11세기 중반 트루크족이 침입하면서 동방에서 새로운 무슬림 세력이 도전해오기 전까지는 성공적으로 자신들의 본분을 다했다. 12세기 말까지도 콘스탄티노플은 풍요로운 도시였다. 1204년 비잔티움 교회에 대한 반발심과 경제적 탐욕으로 십자군이 콘스탄티노플을 함락하고 약탈을 자행했을 때 제국의 영광은 이미 끝났는지 모른다. 이제 병사와 식량의 주공급원이었던 아나톨리아를 빼앗겼고 설상가상으로 서유럽 쪽에서는 노르만족에게 비잔티움에 속한 이탈리아마저 잃었다. 결국 비잔티움 황제 마누엘 2세 팔라이올로구스(Manuel Ⅱ Palaiologos: 1391~1425)는 자신의 제국을 포위하고 있는 이교도와 싸우기 위해 유럽 여러 나라를 돌며 원조를 구하는 처량한 신

---

8) 현재의 루마니아 남부 평원에 있는 지방.
9) Sydney Neyttleton Fisher & William Ochsenward, *The Middle East: A History*, Vol. 1. p. 164.

세가 되었다. 그는 호쾌한 인상을 보여주기도 했지만 이번 서방 여행에서 하찮은 돈 몇 푼 말고는 이렇다 할 성과를 얻어내지 못했고 1402년 술탄이 콘스탄티노플로 진군 중이라는 소식까지 들려와 귀국을 서두르지 않을 수 없었다. 제국의 수도는 그가 돌아오기 직전에 구조되었다. 타타르인 티무르가 동쪽에서 투르크족을 공격했기 때문이었다.

바예지드는 유럽에 진출하고 콘스탄티노플을 포위·압박하면서 아나톨리아의 경영에도 관심을 쏟았다. 그는 아나톨리아와 루멜리아에서 작은 국가들을 제거하고 전 세계적인 권력투쟁의 전초기지로 만들었다. 그의 야심은 아마도 전 중동을 자신의 지배하에 통일하려는 것이었을 것이다. 1390년에서 1397년에 걸친 급속한 성과로 바예지드는 콘스탄티노플과 아테네와 같은 몇몇 성벽 도시를 제외하고, 이제 아드리아 해와 헝가리 평원으로부터 유프라테스에 이르는 땅의 주인이 되었다. 이제 오스만 제국은 오스만과 오르한이 지배하던 단순한 그런 국가가 결코 아니었다.

일련의 압도적인 성공을 거두게 됨으로써 바예지드의 야심은 더욱 부풀어 올랐다. 그러나 그는 자신보다 더욱 강력한 정복자 티무르와 마주치게 되었다. 1394년과 1400년 두 차례에 걸친 티무르의 아나톨리아 침입은 바예지드 신민들 간의 동요와 그의 측근이었다가 추방된 아나톨리아 아미르들이 티무르에게 도움을 요청했던 데 일부 원인이 있었다. 그러나 더 중요한 이유는 바예지드가 유프라테스를 넘어 티그리스까지, 티무르의 영토에 침입해 들어갔고 시리아에 대한 야심을 드러내어 티무르의 봉신들을 위협했기 때문이었다.

바예지드는 서쪽의 기독교 세계에 도전함과 동시에 아나톨리아의 투르크멘 공국들을 합병하고 자신을 아나톨리아 셀주크인들의 후계자를 자처했다. 한편 티무르 역시 이 투르크멘 공국들에 대한 종주권을 주장하면서 바예지드에게 패한 투르크멘 군주들에게 피난처를 제공했다. 그러나 술탄은 술탄대로 티무르의 원수들인 카라 코윤루(Qara Qoyunlu)와 잘라이르 왕조(Jalayirds)의 통치자들을 보호해주었다. 격노한 티무르는 1400년 8월 아나톨리아 중부의 시바스를 장악했다. 바예지드는 티무르의 부하인 아나톨리아 동부 에르진칸(Erzincan)의 통치자를 사로잡아 이에 보복했다.

그러한 상황에서 자만심에 차 있던 바예지드는 이러한 치명적인 위험에 너무 안이하게 대처했다. 결정적인 대결이 1402년 7월 20일 앙카라 근처 추부코와시(Çubuk Ovasi) 평원에서 있었다. 바예지드는 이 전투(the Battle of Ankara)에서 생포되어 티무르에게 보내졌다. 티무르는 인내심을 가지고 바예지드의 오만함을 참고 그를 존중해주었지만 불과 몇 주 되지 않아 술탄은 스스로 목숨을 끊었으며 시신은 부르사로 보내졌다. 티무르는 아나톨리아 공국들을 부활시켜 자신의 보호하에 두었다.

티무르에게 패배함으로써 통일성을 잃게 된 오스만 제국은 그 뒤 위험한 반란과 그의 네 아들들에 의한 소모적인 내전에 시달렸다. 이런 상황은 1413년 메흐메트 1세(Meḥmet Ⅰ: 1413~1421)가 그의 형제들을 제압하고 오스만의 통일을 재확립할 때까지 계속되었다. 메흐메트 1세는 제국의 재통일을 위해 아나톨리아와 루멜리아에 다시 나타난 베이들, 제후들, 그리고 지방 영주들을 회유하는 정책을 구사했으며, 무엇보다도 비잔티움과 평화스러운 관계를 유지했다. 그러한 정책을 위해 그는 많은 것을 양보하지 않을 수 없었다. 해당 국가들은 이전의 자신들의 소유였던 것을 일부 되찾아 갔으며, 오스만 술탄의 면전에서도 더 많은 행동의 자유를 누렸다. 티무르의 호된 공격을 경험한 후, 오스만인들은 정복과 가지(ghāzī)에 대한 정책에 신중을 기했다. 공격적인 팽창정책이 재개된 것은 정복자 메흐메트 2세(Meḥmet Ⅱ: 1444~1446, 1451~1481)가 집권한 이후였다.

하지만 비잔티움 황제는 술탄 바예지드가 앙카라 전투에서 패배하여 잡게 된 기회로도 몰락해가는 자신의 제국을 구할 수 없었다. 아마도 유럽의 모든 군주들이 즉시 힘을 합해 오스만 제국을 공격했다면 투르크의 위협을 종식시킬 수 있었을 것이다. 그러나 유럽에는 연합군을 조직하는 데 필요한 시간과 친선, 그 어느 것도 존재하지 않았다. 교황은 대분열의 혼란에 빠져 지도력을 발휘할 여유가 없었고, 서방 군주들은 니코폴리스 십자군의 재앙을 기억에서 떨쳐버릴 수 없었다. 게다가 그들은 자신들의 문제에 급급했다. 헝가리 왕은 오스만 투르크가 자신을 괴롭히지 않으리라 믿고 독일에서 벌어진 음모전에 뛰어들어 마침내 서방의 황제가 되었다. 콘스탄티노플에서 제기되는 문제들은 그들이 볼 때 급박한 위협이 아니었다.

　더 중요한 사실은 오스만 왕조가 사라졌다 해도 투르크족 문제는 계속 남아 있었을 것이라는 것이다. 그 때 유럽에는 이미 수십만 명의 투르크족이 견고하게 뿌리를 내리고 있었다. 그들을 정복하는 것은 실로 엄청난 일이었을 것이며 추방하는 것 또한 거의 불가능했을 것이다. 티무르의 개입으로 오히려 그들은 더욱 강력해졌다. 티무르의 군대에 대한 두려움으로 가족 심지어 부족 전체가 모두 안전한 유럽 지역으로 피신했기 때문이었다. 게다가 바예지드는 국경 수비와 현지의 치안을 위해 유럽에 대군까지 남겨놓았다.10)

　오스만 군주들의 힘의 팽창이 주춤거린 것은 일시적 현상에 불과했다. 술탄 무라드 2세(Murād Ⅱ: 1421~1444, 1446~1451) 치하에서 중요하고도 큰 변화가 일어났다. 어쩌면 그의 치세는 정복자 메흐메트 2세가 팽창정책을 재개할 수 있도록 하는 준비단계로 볼 수 있었다. 무라드 2세가 술탄에 즉위했을 때 제국은 여전히 분열 상태에 있었다. 즉위 후 몇 년 동안 그는 술탄의 권위를 확립하기 위한 위험한 싸움을 감내해야 했다. 무라드 2세가 부르사에서 술탄에 즉위했을 때 에디르네와 전(全) 루메리아는 그의 삼촌 무스타파(Muṣṭafā Çelebi, 별명 Düzmece Muṣṭafā)에게 충성하고 있었고, 그는 갈리폴리를 되찾기 원하는 비잔티움의 지원을 받고 있었다. 설상가상 아

---

10) 스티븐 런치만, 이순호 옮김, 『1453 콘스탄티노플 최후의 날』(서울: 갈라파고스, 2004), 78~79쪽.

나톨리아의 제후들은 하미드(Ḥamīd)를 지배하고 있던, 삼촌과 같은 이름을 가진 불과 13살의 술탄 자신의 형제 무스타파(Küçük Muṣṭafa, '작은 무스타파'라는 뜻)를 지지했고, 아나톨리아의 베이들은 무라드 2세를 술탄으로 인정하지 않았다. 모든 것이 20년 전인 1402년의 상황으로 되돌려져 있었다. 그러나 무라드 2세는 결국 자신의 삼촌을 제압하면서 모든 상황을 극복해 냈다.

자신의 궁정이 바예지드 시대에서와 같은 강력한 정복전쟁을 원하는 자들로 둘러싸여 있었지만, 무라드 2세도 그의 부친 메호메트 1세와 마찬가지로 온건한 인물로 비잔티움과의 화평을 원했다. 비잔티움 역시 마누엘이라면 같은 생각이었을 것이다. 그러나 비잔티움에는 늙고 지친 마누엘 대신 아들 요하네스 8세 팔라이올로고스(Joannes VIII Palaiologos: 1425~1448)가 실권을 잡고 있었다. 그는 무스타파를 지원하는 등 오스만 궁정의 내분을 이용하려고 했다. 1422년 6월, 분노한 술탄은 그를 징계하기 위해 콘스탄티노플에 진군해 도시를 포위하기 시작했다. 그러한 상황에서 아나톨리아의 베이들이 그의 형제인 무스타파를 이즈니크의 술탄으로 옹립하고 그에게 공격을 가해왔다. 무라드 2세는 포위전을 풀고 아나톨리아로 되돌아가지 않을 수 없었고 그의 형제를 체포해 처형했다.

1402년 살로니카(Salonika, Thessalonica)를 되찾은 비잔티움이 1423년 이를 베네치아에 양도했다. 무라드 2세는 이를 되찾기 위해 베네치아를 상대로 전쟁을 해야 했다. 그러나 그동안 오스만 해군이 약화되어 있었기 때문에 전쟁은 장기화되었다. 그러는 사이에 1428년 왈라키아와 세르비아에서 지배권을 확보하려던 헝가리가 도나우 강을 건너 침범했다. 술탄은 이를 격파하고 왈라키아, 세르비아, 보스니아 제후들로부터 술탄에 대한 충성을 재확인했다. 1430년에서야 술탄의 군대는 에피루스의 야니나(Janina)에 입성했고 같은 해 마침내 살로니카를 점령했다.

1434년에는 세르비아와 왈라키아에 대한 패권을 두고 헝가리와의 갈등이 또다시 발생했다. 1438년 헝가리 왕이며 신성로마제국 황제였던 지기스문트가 사망한 기회를 노려 술탄 자신이 군대를 이끌고 헝가리로 쳐들어가 세르비아를 병합했다. 이듬해 그는 헝가리로부터 중부 유럽으로 들어가는 관문인 벨그라드(Belgrade) 성채를 차지하고 싶었다. 술탄은 도나우 강변의 세멘드리아(Semendria) 요새를 격파하고 벨그라드를 포위 공격했다. 하지만 그곳은 방어가 너무 굳건해 아쉽게 철수해야 했다. 그것이 전환점이 되었다. 술탄군은 1442년 트란실바니아(Transylvania)에 대한 대대적인 공격에 나섰지만 헝가리 지휘관 존 후냐디(John Hunyadi, Hunyadi János)에게 격퇴당했다. 존 후냐디의 승리는 기독교 세계에 십자군의 희망을 불러일으켰다.

피렌체 공의회(1439~1442)에서 교황의 우위성 확보에 성공함으로써 마음이 흡족해진 교황 에우제니오 4세(Eugenius Ⅳ)는 십자군(the Crusade of Varna) 조직에 나섰다. 우여곡절을 겪었지만 울라슬로 1세(Ulászló Ⅰ: 1440~1444)라는 칭호로 헝가리의 왕이 된 덕택에 자연스럽게 반(反)오스만의 선봉에 서게 된 폴란드 왕 브와디스와프 3세(Władysław Ⅲ: 1424~1444)도 십자군 결성에 적극적이었다. 세르비아, 알바니아가 거들고, 카라만(Karaman) 족장은 아시아에서 술탄을 공격했다. 후냐디는 재빠르게 니시(Nish)와 소피아(Sofia)를 차지하고 에디르네를 위협했다.

1443년 무라드 2세가 이즈라디 전투(the Battle of Izladi[Zlatića])에서 후냐디를 힘겹게 막아낸 후에야 평화의 분위기가 조성되었다. 1444년 6월, 전쟁을 회피하고 싶었던 술탄과 헝가리의 울라슬로, 세르비아의 두라지 브란코비치(Đurađ Branković)는 오라데아(Oradea, Vatat)에서 10년간의 휴전에 합의(the Peace of Szeged)했다. 그것은 세르비아가 술탄의 봉토로써 브란코비치의 지배를 보장하고 그 대신 술탄은 도나우 강을 넘어가는 것을 자제한다는 내용이었다. 하미드를 카라만에게 양도한다는 합의도 이루어졌다. 모든 당사자들과의 합의가 이루어졌다고 생각한 술탄은 술탄위를 자신의

12살 난 아들 메흐메트 2세에게 넘긴다고 선언했다. 헝가리 왕, 비잔티움 황제 그리고 교황은 이것을 오스만에 일격을 가할 좋은 기회라고 여겼다. 울라슬로가 갑자기 합의를 깨고 도나우 강을 건너 공격해왔고, 베네치아인들은 헬레스폰트를 점거했다. 평화적인 삶을 찾아 은퇴를 준비하던 무라드 2세는 다시 복귀하지 않을 수 없었다.

기독교 연합군(바르나 십자군)은 헝가리군과 폴란드군을 주축으로 교황청 기사단을 비롯한 각 지역의 소규모 병력들로 구성되어 있었다. 교황청과 베네치아 그리고 제노바의 함선들은 헝가리 군이 바르나로 진군하는 동안 다르다넬스 해협을 봉쇄하기로 했다. 거기서 그들은 교황청 함대와 합류하여 콘스탄티노플까지 항해해 내려가 오스만군을 유럽에서 쫓아낼 계획이었다. 그러나 베네치아는 술탄 군대의 이동을 막지 못했다. 제노바인들은 심지어 대가를 받고 술탄의 군대를 자신들의 배로 실어 나르기도 했다. 1444년 11월 9일 기독교 병력의 세 배나 되는 술탄의 군대가 서쪽에서 바르나에 도착했을 때, 기독교 연합군은 흑해와 바르나 호수(Lake Varna), 프랑가 고원(Franga plateau) 그리고 적들 사이에 갇히게 되었고 다음날 전투가 개시되었는데 혼전이었다. 후냐디의 천재성으로 기독교도 측에도 승산은 있었다. 그러나 젊은 왕 울라슬로는 술탄 기병대 추적에 나서며 자신이 돌아올 때까지 기다리라는 후냐디의 충고를 무시했다. 뒷전에 머물러 있던 왕은 자신이 직접 술탄을 생포해 전세를 장악할 목적으로 오스만군의 중앙을 향해 돌진해 들어갔다. 그러나 그는 술탄을 생포하기 직전 술탄의 예니체리군에게 포위되어 살해되었다. 낙담한 폴란드 기병대는 오스만군에게 격멸당했다. 그 전투(the Battle of Varna)는 결국 바르나 십자군의 마지막 전투가 되었다. 그리고 이 전투는 발칸과 비잔티움 그리고 전 유럽의 역사를 통틀어 결정적인 전투 중의 하나가 되었다.

왕의 죽음으로 1446년 6월 라디스라우스 5세(Ladislaus V)의 이름으로 섭정(Regent-Governor)에 오른 후냐디는 1448년 헝가리 - 왈라키아 연합군을 이끌고 또 다시 오스만을 상대로 전쟁(the Second Battle of Kosovo)에 나섰다. 그의 전략은 발칸의 봉기를 선동하고 기습으로 단번에 오스만의 주력군을 격파하는 것이었다. 그러나 후냐디의 기습작전은 재대로 실행되지 못했다. 그의 군대가 세르비아의 오스만의 봉신 브란코비치의 공격을 받아 행군이 잠시 지체되었기 때문이다. 후냐디는 9월 도나우를 건너 세르비아의 수도 스메데레보(Smederevo) 바로 외곽 코빈(Kovin) 인근에 진영을 차렸다. 거기서 그는 한 달 내내 독일 십자군 그리고 왈라키아 공작과 보헤미아인들을 기다리면서 브란코비치의 설득에 나섰다. 그러나 브란코비치는 자신의 전제적인 지위를 보장해줄 술탄을 택했고 술탄에게 기독교 연합군을 분쇄할 계책을 일러주었는데, 그것은 이들을 세르비아 영내로 더 깊숙이 끌어들여 보급로를 차단하고 함정에 빠트리는 것이었다.

후냐디가 리고메죄(Rigómező, 코소보 평원)에 도착했을 때 전장은 이미 오스만군이 점거하고 있었다. 10월 17일에서 19일 사이에 처러진 이틀 간의 전투를 통해 오스만군은 헝가리군을 물리쳤다. 후냐디는 세르비아인들에게 생포되었다. 그 승리로 술탄은 도나우 강에 이르는 지역의 지배권을 회복했다. 아나톨리아에서도 바예지드가 차지했던 옛 영토가 대부분 회복되었다. 이후 평화와 안정의 시기가 도래했고 오스만의 술탄들은 진정한 이슬람 궁전을 유지하면서 시인, 작가, 무슬림 학자들을 후원했다. 특히 흥미로운 것은 이 시기의 문학에서 터키 민족적 자각이 싹텄다는 것이다. 오구즈의 역사와 구전이 연구되고 역사적 전통에 통합되었다.

1451년, 무라드가 사망하고 그의 아들 메흐메트 2세가 19세의 나이로 두 번째로 술탄에 즉위했다. 그는 자신의 부친과는 달리 철저함과 능률이 왕성한 정력과 결합된 인물이었고 시간을 끌어 일을 지체시키는 일이 없었다. 새로운 술탄은 여전히 두 부분으로 나뉘어 있는 영토를 물려받았다. 아나톨리아는 이제 오랜 이슬람의 영토가 되었고 중동 이슬람 문명 속에 흡수되고 변형되었다. 그러나 새로 정복된 유럽 쪽 변경 지방인 루멜리아는 변경 부족민들의 이상과 관습, 신비주의 수도승들의 절충적이고 신비적인 신앙에 크게 영향을 받았다. 옛 수도 부르사와 새로운 수도 에디르네 사이에 새로운 연결이 필요했다. 콘스탄티노플이 아시아와 유럽의 교차점, 다시 말해 통치 영역의 중앙에 자리 잡고 있었기 때문에 이 도시가 자신들의 수중에 있지 않는 한 제국이 안전하다고 볼 수 없었다. 더구나 그동안 비잔티움은 오스만 술탄의 자리를 노리는 자들에게 피난처를 제공해주어 내란의 빌미를 제공해왔던 터였다. 또한 그들은 십자군의 주요한 선동자였다. 티무르의 개입으로 콘스탄티노플의 함락은 반세기 동안이나 지연되었었다. 이제 비잔티움 제국의 수도 콘스탄티노플에 대한 공략이 실행되었다.

세르비아와 헝가리 그리고 카라만이 비잔티움을 돕지 못하도록 그들과의 화평을 마무리지었다. 보스포루스 해협의 바예지드 성(城)이 있는 아나돌루 히사리(Anadolu hisari) 맞은 편 유럽 해안, 루멜리 히사리(Rumeli Hisari)에 포대가 완공된 것은 착공 4개월 반 만인 1452년 8월이었다. 그로 인해 보스포루스 해협에 대한 통제권이 확보되어 콘스탄티노플에 대한 완벽한 봉쇄가 가능해졌다. 도시 점령을 위한 1단계 조치가 마무리된 셈이다. 이제 보스포루스 해협을 지나는 모든 선박은 그 요새에 멈춰 검문을 받아야 했으며 명령을 어기는 배는 공격을 받았다. 첫 번째 희생국은 베네치아였다. 제노바도 비슷한 운명에 놓였다. 이에 대해 기독교 세계는 아무런 도움을 줄 수 없었다. 술탄이 루멜리 히사리를 완공하자 다급해진 비잔티움 마지막 황제 콘스탄티노스 6세 팔라이올로루스(Constantinus XI Palaeologus: 1425~1448)는 동서교회의 통합을 실행하겠다고 선언하고 나섰다. 동서 교회의 통합을 통해 교황 및 가톨릭을 믿는 서구 군주들의 도움을 끌어들이려는 의도였다. 그러나 정통 동방정교회의 반발만 불러일으켰을 뿐 서방의 원군은 없었다.

술탄은 1453년 1월에 열린 제국회의에서 콘스탄티노플을 함락시켜야 할 필요성을 역설했다. 그리고 그는 오스만 제국이 재해권을 장악한 사실을 강조했다. 이전의 공격은 오직 육로를 통한 공격일 뿐이었다. 비잔티움인들은 늘 해상으로 보급품을 지원받았고, 최근까지만 해도 투르크군은 유럽과 아시아 사이에 군대를 주둔시키기 위해 기독교인의 선박을 임대해야만 했다. 술탄은 그 상황을 바꾸기로 결심했다. 재해권을 장악하기로 한 것이다. 술탄은 각기에서 가용한 전함들을 끌어모았다. 1453년 3월 한 달 내내 갈리폴리 앞바다에는 소집된 각종 선박들이 모여들었다. 3월 말경 이렇게 해서 보강된 오스만 함대는 다르다넬스 해협을 올라가 마르마라 해(海)로 진입해 들어갔고 육군은 트라키아에 집결했다.

무슬림들은 모두 고대 기독교인의 수도로 제일 먼저 돌파해 들어가는 병사에게는 예언자께서 친히 천국에 특별한 자리를 마련해주실 거라고 믿고 있었다. 술탄은 3월 23일 에디르네를 출발했다. 그리고 4월 5일 마지막 분대와 함께 콘스탄티노플 성벽 외곽에 도착했다. 8만 명이 넘는 정규군과 엄청난 비정규군 부대 그리고 300척이 넘는 함선을 보유한 술탄의 군대에 맞서 약 22.5km의 성벽으로 둘러싸인 그 위대한 도시는 겨우 7,000명의 병력으로 싸워야 했다.

4월 6일 해질 무렵 포격이 시작되었다. 아마도 며칠 후 해전도 개시되었다. 4월 중순, 골든 혼을 장악하기 위한 해전이 본격화되었다. 보스포루스에서 이루어진 박격포 사격이 몇 척의 그리스 선박을 침몰시켰지만 갈라타로부터 콘스탄티노플까지 설치된 육중한 쇠사슬과 30척가량의 함선이 술탄의 선대가 골든 혼으로 진입하는 것을 효과적으로 막고 있었다. 초기 해전에서 방제구역을 뚫으려던 술탄 함대의 공격이 실패로 돌아가고 기독교인들은 고무적인 승리를 맛보았다.

그러나 술탄은 전황을 뒤집기 위한 새로운 전략을 수립했다. 선로를 설치해 함선들을 육지로 끌어올려 베이오울루(Beyoglu, Pera) 지구 즉, 갈라타 뒤쪽 언덕 넘어 육로를 통해 보스포루스에서 골든 혼까지 실어 나르기로 한 것이다. 70척가량의 선박(galleys)이 그러한 방식으로 골든 혼으로 옮겨졌다. 이제 성곽이 사정거리에 들어왔다. 이 전대미문의 기상천외한 작전을 통해 메흐메트 2세는 대승을 거두었다. 교전 후 바다에는 아직도 기독교군 함대가 떠 있었다. 그러나 항구는 이제 안전하지 않았고, 항구에 면해 있는 기다란 성벽 라인도 공격의 위험에 노출되었다. 건너편 육지에서 도시 성벽 바로 위쪽으로 항구를 가로지르는 부교가 설치되었다.

술탄은 해전의 승리를 바로 도시 공격의 여세로 몰아가지는 않고 한동안 방어군을 괴롭혀 지쳐 떨어지게 하는 쪽을 택했다. 성안에서는 식량이 고갈되기 시작했다. 베네치아인들과 제노바인들 사이에 내분이 일기도 했지만, 기독교인들은 포격으로 파괴된 성벽을 신속히 보수하고, 땅굴을 뚫어 침투하려는 투르크인들을 맞아 이를 찾아내어 파괴하는 데 제법 많은 성과를 거두며 그런대로 잘 견디고 있었다. 그러나 5월 23일 베네치아의 구조함선이 오지 않는다는 절망적인 소식이 성 안에 전해졌다.

절망감은 투르크군에게도 찾아왔다. 그 엄청난 무기로도 아직 성벽을 돌파해 들어간 병사는 단 한 명도 없었다. 몇 번의 굴욕적인 패배만 당했을 뿐이었다. 서방의 구원군이 들이닥칠 위험도 여전했다. 조정에서는 대(大) 와지르 할릴(Chandarli Khalil)과 그의 측근들이 여전히 전면전 자체를 반대하고 있었다. 결단이 필요했다. 5월 26일 술탄은 자신의 측근들을 소집했다. 반대도 있었지만 거기서 술탄의 의지대로 총공격이 결정되었다. "라 일라하 일라 알라 무함마드 라술룰라(알라 외에 신은 없고, 무함마드는 신의 사자[使者]다)."

5월 28일 공격 개시명령이 떨어졌다. 드디어 1453년 5월 29일, 술탄이 즉위한 지 2년 후 그리고 포위를 시작한 지 7주 후, 예니체리 병사들이 난공불락으로 유명한 콘스탄티노플 성벽의 케르카포르타(Kerkaporta) 비상문을 통해 쇄도해 들어가기 시작했다. 이윽고 하기아 소피아(Hagia Sophia, Aya Sofya)[11])의 돔에는 초승달 깃발이 걸렸다. 술탄의 명령으로 하기아 소피아는 알라를 찬양하는 모스크가 되었다. 정복자 메흐메트 2세는 좁은 해협

너머로 자신이 떠나 온 아나톨리아 고원이 내려다보이는 이 도시를 새로운 수도로 정했다. 이로써 1,100년 이상 존속했던 기독교 황제의 존재가 동방에서 사라졌다.

수세기 동안 이슬람 세계가 갈망해오던 목표였던 콘스탄티노플 정복으로 마지막 부분이 수중에 떨어짐으로써 정복자라는 의미의 '파티(Fatih)'로 알려진 술탄 메흐메트 2세는 그가 물려받았던 아시아와 아프리카의 두 대륙과 이슬람과 변경의 두 전통을 접목했다. 이 승리로 오스만 술탄조는 유럽으로 향하는 이슬람의 선봉이 되었고, 이슬람 세계 내에서 월등한 지위를 누리게 되었다.

콘스탄티노플 함락은 무슬림뿐만 아니라 이 지역의 기독교도들에게도 신은 이슬람 편이라고 믿게 만들었다. 이 때문에 기독교도의 협력이 시작되었다. 오스만 제국의 조직은 신분과 종교에 차별을 두지 않았다. 유럽의 피정복 지역의 기독교 농민도 세금이 이전보다 줄었기 때문에 오히려 오스만 체제를 환영했다. 메흐메트 2세는 또한 그리스 정교회를 재건했다. 새 영토에 정교도가 많았기 때문이기도 했지만 동시에 재건 교회를 친(親)투르크 반(反)가톨릭 동맹에 끌어들이려는 전략적 의미도 있었다. 그 결과 크리스트교 세계는 가톨릭 교회, 그리스 정교회, 러시아 정교회, 셋으로 분열되었다.

한편 그리스인들에게도 콘스탄티노플 함락은 중대한 사건이었다. 신의 대리인인 황제가 보스포루스에 살고 있는 한, 그리스인이라면 누구나 자신은 여전히 진정한 정교회 기독교 국가의 일원이라는 자부심을 느낄 수

---

11) 이스탄불의 성 소피아 사원(성스러운 지혜의 교회)으로 그리스 정교회의 총본산이었다. Sophia는 '지혜'라는 뜻이고, 성(聖)은 그리스어로 'Hagia'이며, 터키어로 'Aya'이기 때문에 하기아 소피아 성당 또는 아야 소피아 성당으로 불린다. 오스만 제국은 1453년 이곳을 이슬람 사원으로 개조했다. 성당의 개조는 정복자의 의지를 상징했다.

■ 오스만 제국의 영토 확장

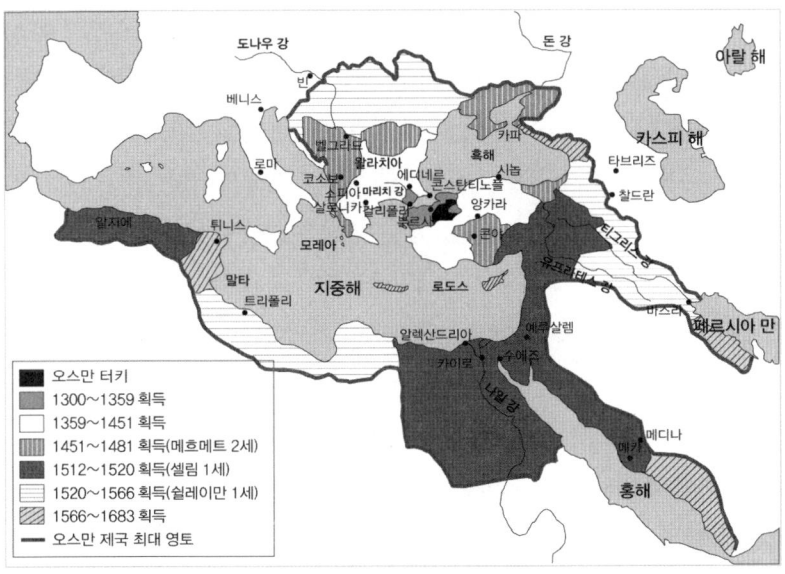

있었다. 그러나 도시의 함락과 함께 황제가 사라지면서 반(反)기독교 지배가 시작되었다. 눈부신 비잔티움 문명은 이미 세계의 개화라는 역할을 마치고 죽어가는 도시와 함께 소멸해갔다. 메흐메트 2세는 일단 도시가 정복되자 그리스인도 투르크인과 똑같이 자신의 충실한 백성으로 간주한다는 점을 보여주려 했다. 그는 이미 그리스인에 대해 대략적인 정책의 밑그림을 그려놓고 있었다. 기독교인들은 제국 내에 그들 종교의 수장인 총대주교 아래 일종의 자치단체인 밀레트(milet)를 두게 될 것이었다. 그러면 총대주교는 기독교도의 위법 행동에 대해 술탄 앞에 책임을 져야 했다.

메흐메트 2세는 1481년 급사할 때까지 남은 재위기간 동안 유럽과 아시아의 양 전선에서 연속적인 군사정벌에 자신을 바쳤다. 그는 1456년 동부 유럽으로 진군해 벨그라드를 포위하고 후냐디로부터 그 도시를 빼앗고자 했다. 헝가리 지휘관들이 이를 성공적으로 막아내었고, 오스만군은 막대한 손실을 입고 후퇴했지만 1459년경에는 결국 세르비아를 거의 모두 점령했다. 1460년에는 모레아(Morea)에 있는 마지막 그리스 전제군주국(the Palaeologus dynasty)을 복속시킴으로써 도나우 남쪽의 발칸 반도에서 모든 지역 왕조들을 제거해 반도 전체를 오스만의 직접 통치하에 두었다. 그리고 1463년과 1479년 사이에는 에게 해로 제국의 세력을 확장시키기 위해 이에 저항하는 알바니아와 베네치아를 상대로 전쟁을 치렀다. 아시아에서 그는 제노바로부터 아마스라(amasra)를, 그곳의 이슬람 군주로부터 시노프(Sinop)를, 그리스 황제로부터 트레비존드(Trebizond)를 각각 얻었다. 그는 또한 1461년까지 투르크멘 공국들로부터 유프라테스에 이르는 아나톨리아를 정복했지만 투르크멘 부족의 연합세력인 아크 코윤루(Aq Qoyunlu)와 시리아 맘룩조의 저항에 부딪혀 더는 나아가지는 못했다. 마지막으로 그는 1475년과 1480년 각각 비잔티움 제국에 속했던 남부 크림과 남부 이탈리아의 오트란토(Otranto)를 정복했다. 로도스와 남부 이탈리아 정복에 나섰던 1481년 그는 갑작스러운 죽음을 맞았다.

한편 오스만 영토의 남부와 동부에서는 중대한 변화가 일어나고 있었다. 그중 하나는 13세기 중반 이래 이집트와 시리아를 통치했던 맘룩조의 뚜렷한 쇠퇴였다. 시리아 술탄조는 티무르와의 파괴적인 전쟁, 재정적 실패와 경제적 혼란이 야기한 자원의 고갈, 질병, 가뭄, 기근의 영향, 맘룩의 질서와 사회의 붕괴 등과 같은 내외의 복합적인 이유로 이미 많이 약화되어 있었다. 또 다른 타격은 외부, 즉 서쪽과 북쪽에서 왔다. 먼저 포르투갈의 동방진출로 야기된 경제적인 문제로 유럽과 인도를 잇는 직접적인 해상로의 개통은 이집트 교역을 크게 위축시켰다. 또한 군사적인 문제가 결정타였는데 핵심적인 새 변수는 오스만이 이미 도입한 폭넓고 강력한 영향력을 가진 소총과 대포 같은 화기였다.

그러나 맘룩에 대한 마지막 공격을 시작하기 전에 오스만은 또 다른 적을 상대해야 했다. 그것은 제국의 동부 국경 이란에 새로 등장한 **사파위 왕조**(Ṣafawi Dynasty, Safavids: 1501~1736)였다. 사파위의 샤는 급진적인 시아파 운동으로 권력을 잡았으며 수세기 만에 처음으로 지중해와 중앙아시아와 인도로 향하는 전체 지역을 포함하는 강력한 통일국가를 건설했다. 이란에 급진적인 시아파 교리로 정향된 그리고 오스만 경계에 인접한 북서쪽에 근거를 둔 새로운 군사세력의 등장은 터키에게 위협이자 도전이었다.

사파위 왕조가 세워지던 16세기 초 무렵, 이란 지역은 몽골계 이슬람 국가였던 티무르 제국의 지배를 받고 있었다. 티무르 제국은 수니파가 지배하고 있었다. 그런데 당시 시아파 교단(신비주의 아르다빌 수피 교단)에 속해 있었던 아직 채 스무 살이 되지 않은 이스마일(Ismāil)이 이 교단의 지도자로 급부상했다. 그는 1500년 시르반(Shirvan)에 대한 공격을 시작으로 투르크멘족이 차지하고 있던 이란의 북서부 지역을 정복한 다음, 1501년에는 그들의 수도인 타브리즈(Tabrīz)를 점령했다. 그곳에서 그는 시아 무슬림의 샤 이스마일 1세(Shāh Ismāil Ⅰ: 1502~1524)로 즉위했다. 그리고 티무르 제국이 약화되자 이란의 전 지역을 석권하고 국교를 시아로 바꾸었다.

그는 처음에는 아제르바이잔을 석권하는 데 지나지 않았지만 점차 페르시아의 모든 지역을 차지해나갔다. 이라크 지역으로 쳐들어가 바그다드와 모술을 점령했으며, 지금의 중앙아시아에 위치한 우즈베크 부족들(Uzbeks)도 정복하여 이란 대제국을 건설했다. 하마단(Hamadan)이 1503년, 시라즈(Shiraz)와 키르만(Kirman)이 1504년, 나자프(Najaf)와 카르발라가 1507년, 반(Van)이 1508년에, 바그다드가 1509년, 그리고 헤라트가 후라산의 다른 지역과 함께 1510년에 그의 수중에 들어갔다. 1511년에는 옥서스 강을 건너 우즈베크인들을 정복해 그들을 저 멀리 북쪽으로 몰아냈다. 이로써 그는 이란의 동부 국경을 안전하게 구축했다.

오스만 영토 내에도 동쪽의 새 시아파 정권에 동정적일 수도 있는 최소 수십만의 시아파 교도들이 있었다. 1502년 오스만 술탄 바예지드 2세(Bāyezid Ⅱ: 1481~1512)는 시아파 교도들을 아나톨리아에서 그리스로 추방하고 이란과의 접경선을 따라서 군대를 배치했다. 그의 아들 셀림 1세

(Selīm Ⅰ Yavuz: 1512~1520)가 즉위했을 때 양국 간의 적대감이 표면화되었다. 당시 양국의 접경에 키질바시(Kizilbash, 터키어로는 Kizilbaş로 '붉은 머리'라는 뜻)12)라는 투르크멘족이 오스만의 정통성을 부인하며 오스만의 지배에 저항하고 있었다. 신비주의를 신봉하고 아제르바이잔과 이란의 투르크멘족에 바탕을 둔 사파위 왕조는 아나톨리아의 투르크멘족에게 종교적·정치적 대안을 제시했다. 사파위조의 선전원은 당시 아나톨리아 전역에 걸쳐 광범위한 선전활동을 전개했다.

1514년 8월 23일, 두 제국의 접경지대에 있는 찰디란(Chāldirān) 평원에서 오스만의 예니체리군과 포병대가 이란군에게 참혹한 패배를 안겨주었다.13) 이어 9월 7일에는 이란의 수도 타브리즈를 점령되었다. 절명의 위기의 순간에 행운이 사파위 왕조를 구했다. 예니체리 가운데 모반이 일어날 가능성이 있었기 때문에 술탄은 패배해고 약화된 샤를 이란 시아파 정권의 통치자로 그대로 남겨둔 채 철수할 수밖에 없었던 것이다. 이 후 두 제국 사이에는 장기적이고 치열한 전투가 이어졌으며, 수니파와 시아파 간의 선전전이 이어졌다. 이 투쟁은 오스만조의 부분적인 승리로 끝났다. 그들은 이란 제국을 차지할 수 있었지만 파괴시킬 수는 없었다. 이후 2세기에 걸친 투쟁이 시작되었는데, 사파위 제국의 존재 때문에 오스만 제국은 항상 전력의 상당 부분을 동방에 할애해야 했다.

---

12) 이란의 사파위 왕조의 창시자들에 대한 지지를 나타내는 붉은 모자를 썼던 7개 투르크멘 부족. 후에 소아시아 동부의 시아파 교도를 가리키게 되었다.
13) 이 전투(the Battle of Chāldirān)에는 이란의 시아 무슬림에 대항하는 수니 무슬림이라는 종교적 유대감으로 쿠르드족이 동원되었다. 그 대가로 쿠르드족은 오스만 술탄의 통치하에서 자치를 인정받았다. 그러나 그 후 독립 국가를 건설하려는 셰이흐(Shaykh) 우바이둘라('Ubaidullāh)의 반란은 오스만 - 이란 연합군에게 진압되었다. 이후에도 쿠르드족의 봉기는 주변 당사국들에게 철저히 봉쇄당했는데 이는 쿠르드족이 국경분쟁에 완충역할을 하는 산악 부족으로 남아 있기를 바랬기 때문이었다.

그러나 찰디란에서의 승리는 다음 단계의 길을 열어주었다. 남쪽의 아랍어 사용 국가들이 오스만 영향권 내로 들어왔다. 1515~1517년의 치열한 전쟁으로 오스만 제국은 2세기 반 동안 이집트, 시리아, 아라비아 서부를 지배하고 있던 맘룩조를 전복시키고, 카이로의 압바시야조의 허수아비 할리파로부터 할리파 칭호와 그 세습권을 오스만조에 양도하도록 했다. 이어 술탄은 북아프리카를 건너 서쪽으로 모로코의 접경까지, 남쪽으로는 아프리카와 아라비아의 홍해 양안까지, 동쪽으로는 인도양으로 그리고 후일 16세기에는 이라크로 진출했다. 이제 술탄은 메카와 메디나의 두 성지와 이슬람의 심장부를 통치하게 되었다.

페르시아를 약화시키고 맘룩을 정복한 오스만 제국은 이제 그들의 최종 목표인 유럽 정벌을 준비했다. '위대한 자(Magnificent)'라는 뜻인 술탄 쉴레이만 1세(Süleymān Ⅰ: 1520~1566)가 통치하던 때 제국은 최고의 절정기를 맞았다. 쉴레이만 1세는 도나우 강에서뿐만 아니라 티그리스 강에서도 승리한 군인이자 벨그라드와 부더(Buda) 그리고 로도스 섬을 정복한 전사(Ghāzā)였다. 그는 러시아 남부의 대부분과 트란실바니아와 헝가리 발칸, 아나톨리아, 시리아, 팔레스타인, 요르단, 지금의 이라크 대부분과 쿠웨이트, 걸프 서안을 직접 통치했다. 그는 또한 예루살렘과 아라비아 반도에 있는 성지들의 수호자였으며, 아덴과 예멘 그리고 나일 강 삼각주에서 아틀라스 산맥에 이르는 북아프리카 전 해안의 대군주였다.

이 시기 오스만인들의 진군은 불가항력적인 것이었다. 1442년에는 트란실바니아에서 그리고 1456년에는 벨그라드 외곽에서 왈라키아 출신 헝가리 총독인 후냐디가 이들을 저지하는 데 성공하기도 했지만, 1470년 후 절정기에 이른 오스만의 군대는 이미 중부 유럽에 집결해 있었다. 쉴레이만 1세는 그의 증조부, 정복자 메흐메트(Meḥmet the Conqueror)의 계획을 실행에 옮기기로 결심했다. 그것은 서방에서 위대한 승리를 쟁취하는 것이었다. 이러한 목적으로 그는 1515년 이스탄불에 조선소를 건설하기 시작했다. 당시 정복자 메흐메트는 중부 유럽의 관문인 벨그라드와 지중해의 관문인 로도스에서 제동이 걸렸었다. 전사 쉴레이만의 서방 정복의 성패는 이들 두 기독교 성체를 손에 넣느냐에 달려 있었다.

그러나 쉴레이만 1세 재위 당시 유럽은 메흐메트 시절보다 훨씬 강해졌고 권력 구도는 복잡한 양상을 띠고 있었다. 합스부르크가의 신성로마 제국은 카를 5세(Karl V, 독일 왕: 1519~1556, Carlos Ⅰ, 스페인 왕: 1516~1556)의 지배 아래 최전성기를 맞고 있었지만, 카를 5세는 쉴레이만 1세와 싸우는 동시에 프랑스 발로아 왕조(Valois: 1328~1589)의 프랑수아 1세(François Ⅰ: 1515~1547)와 대결하고 있었다. 나아가 오스만 제국과의 관계는 그리 깊지 않지만 카를과 프랑수아 사이에 시계의 추처럼 움직이며 국제적 지위의 향상을 노리는 영국 왕 헨리 8세(Henry Ⅷ: 1509~1547)가 있었다.

카를 5세와 프랑수아 1세의 대결은 1521~1551년 사이 이탈리아의 패권을 둘러싸고 프랑스와 독일 사이에 벌어진 일련의 전쟁 과정의 연장선상에 있었다. 프랑스의 이탈리아에 대한 도전이 15세기 말(1494) 프랑스 왕 샤를르 8세(Charles Ⅷ: 1483~1498)의 나폴리 공격으로부터 루이 12세(Louis XⅡ: 1498~1515)의 밀라노공국 침입으로 이어졌으나, 처음에는 막시밀리안 1세(Maximilian Ⅰ, 독일 왕: 1486~1519, 신성로마 황제: 1493~1519)의 반격으로, 다음에는 교황 율리오 2세(Julius Ⅱ: 1443~1513)를 중심으로 한 이탈리아 국내의 반(反)프랑스 동맹의 반격으로 성공하지 못했다.

카를 5세, 즉 카를로스 1세(Carlos Ⅰ)의 외조부모는 '가톨릭의 두 왕(王)'인 페르난도와 이사벨이었다. 이 부부의 딸 중 하나인 후아나(Juana)가 신성로마 제국 황제 막시밀리안 1세의 큰 아들 필립(Philip)과 결혼하여 그를 낳았다. 그런데 후아나의 오빠와 남편 필립이 각각 아버지보다 먼저 죽고 스페인 왕가와 합스부르크가에 마땅한 남자 계승자가 없었기 때문에 카를로스 1세가 독일황제로 선출되어 카를 5세라는 이름으로 양국의 대권을 모두 물려받았다. 원래 신성로마 제국 황제가 되려면 독일 제후들에 의한 선거가 필요한데 합스부르크가와 유착되어 있는 독일의 푸거(Fugger) 재벌의 재력 때문에 카를은 선거에서 상대를 가볍게 이길 수 있었다. 푸거 가문은 베네치아를 경유하는 향료 등의 동방무역의 실권을 쥐고 있는 당대 최고의 재벌이었다. 그리고 그 재력에 패배한 상대는 다름 아닌 프랑수아 1세였다. 카를 대 프랑수아의 대척관계는 이렇게 시작되었다.

이 무렵 독일에서는 마르틴 루터(Martin Luther: 1483~1546)가 주도한 종교개혁 운동이 일어났다. 그러나 당시 현실주의자였던 군주들은 종교상의 이데올로기에서 벗어나 국민국가 건설에 힘을 쏟고 있었다. 그 전형적인 예가 프랑수아 1세였다. 그는 카를의 힘을 약화시키려는 의도로 가톨릭 신분이면서도 개신교인 독일의 루터파를 지원했다. 신성로마 제국과 함께 카를이 개인적으로 지배한 스페인과 오스트리아 그리고 프랑스와 이웃한 작은 소유지들은 프랑수아의 왕국을 위협하고 있었다. 프랑수아는 잉글랜드의 헨리 8세와의 동맹을 맺고자 했지만 뜻을 이루지 못했다. 그는 오스만의 쉴레이만과 우호를 공고히 하는 것에서 대안을 찾았다. 만일의 경우에는 술탄에게 도움을 청하겠다는 외교적 카드를 집어 들었던 것이다. 쉴레이만의 입장에서는 크리스트교 세계에서 가장 소중한 친구를 얻은 셈이었다. 이처럼 쉴레이만은 16세기 유럽의 '힘의 균형'에서도 중요한 역할을 하고 있었다.

헝가리는 오랜 동안 남동부 유럽에 대한 오스만 제국의 침략에 저항해왔었다. 헝가리 - 보헤미아의 왕 러요시 2세(Lajos II: 1516~1526)는 오스만 제국의 세력 확장에 제동을 걸기 위해 합스부르크 왕가의 메리(Mary of Habsburg)와 결혼해 다가올 오스만 제국과의 전쟁에서 합스부르크 오스트리아의 힘을 빌리고자 했다. 오스만 제국은 발칸에서 그들이 결성한 동맹의 힘이 커지는 것을 위험하게 보고 이 동맹을 분쇄할 계획을 세웠다. 러요시 2세가 쉴레이만의 조공 요구를 거부하자 오스만군은 1521년 8월 동유럽의 심장부인 벨그라드와 샤뱌츠(Szabács)를 점령하고 북쪽으로 진격해 들어갔다. 이러한 사태는 이제 헝가리 남부의 대부분이 스스로를 방어할 수 없는 상황에 처했음을 의미했다. 남부 전선에서도 성과가 있었다. 1522년 12월에는 마침내 지중해의 관문인 로도스가 술탄의 수중에 들어왔다. 서방으로부터의 원군은 없었다.

3년 후인 1525년 프랑스 왕이 파비아 전투(the Battle of Pavia)에서 충격적인 패배를 당해 카를에게 사로잡히는 신세가 되었다. 그는 이탈리아에 대한 프랑스의 권리를 모두 포기하는 조약(the Treaty of Madrid, 1526년 1월)을 맺지 않을 수 없었다. 하지만 그는 프랑스로 돌아가자마자 이 조약의 무효를 선언하고 마지막 방법으로 오스만 술탄에 도움을 요청했다. 이스탄불의 프랑스 대사는 술탄이 프랑수아를 구하기 위해 합스부르크가를 상대로 전면전에 나서줄 것을 청하고, 그렇게 하지 않으면 프랑스는 카를 황제가 제시하는 조건들을 수락할 수밖에 없을 것이며, 그렇게 되면 황제는 세계 최고의 권력자가 될 것이라고 설득했다. 양국 간에 동맹(Franco-Osman alliance)이 형성되고 육상과 해상에서 이탈리아에 대한 공격이 시작되었다. 베네치아도 오스만 편에 섰다.

그러나 오스만은 헝가리에 대해서도 관심이 컸다. 때마침 프랑수아 1세가 자신에 대한 합스부르크의 압박을 경감시키기 위해 술탄에게 신성로마 제국에 대한 전쟁에 나서줄 것을 요청했다. 터키에서 신성로마 제국에 이르는 길은 헝가리를 통과하게 되어 있었다. 술탄은 1526년 8월 28일 헝가리의 모하치 전투(the Battle of Mohács)에서 헝가리 체코슬로바키아 - 슬로베니아 - 크로아티아(Croatia) 연합군에게 결정적인 승리를 거두었다. 그 과정에서 헝가리 왕 러요시 2세는 영국의 헨리 8세에게 여러 차례에 걸쳐 필사적으로 도움을 요청했지만 그는 카를과 프랑수아 사이의 싸움을 자극함으로써 자국의 이익을 얻는 데만 주력했다. 헝가리 왕은 전투 중 사망했으며, 2만 4,000명의 병사가 전장에 묻혔고, 2,000명의 포로가 학살되었으며, 수천의 사람들이 노예가 되어 이스탄불로 호송되었다. 술탄은 도나우 양안의 부더와 페슈트(Pest)를 수중에 넣었다. 이로써 헝가리 남동부를 통제할 수 있는 길이 열리게 되었다. 그러나 당시 오스만의 입장에서 헝가리는 지키기에 너무 멀고 더 나아가 빈(Wien)을 차지하기에는 병력이 턱없이 부족했다. 그는 어쩔 수 없이 이스탄불로 되돌아가지 않을 수 없었다. 그래서 오스만의 전통에 따라 헝가리를 봉신(vassal) 왕의 지배하에 두고 시렘(Sirem)을 합병한 것에 만족해야 했다. 그러나 오스만의 승리는 결국 그 후 수십 년 동안의 헝가리 분할을 야기했다.

러요시 2세의 갑작스러운 죽음으로 카를의 동생 페르디난트 1세 (Ferdinand Ⅰ, 보헤미아 - 헝가리 왕: 1526~1564, 신성로마 황제: 1556~1564)가 헝가리와 보헤미아 두 나라의 왕이 될 수 있는 기회를 잡았지만14) 보헤미아에서와는 달리 헝가리에서는 왕위를 차지하는 데 어려움을 겪었다. 서포여이 야노시(Szapolyai János, John Zápolyai)가 이끄는 많은 토호세력들이 황제의 정책에 반기를 들고 있었으며, 술탄이 그의 후원자를 자처하고 나섰던 것이다. 이제 헝가리는 발칸 반도와 도나우 유역을 장악하려는 쉴레이만과 '도나우 제국' 건설에 가문의 사활을 걸었던 페르디난트 1세 모두에게 결코 포기할 수 없는 곳이 되었다.

1527년 9월 페르디난트 1세가 토꺼이 전투(the Battle of Tokay)를 통해 서포여이를 내쫓고 부더를 차지했다. 1528년 또다시 카를에 대해 전쟁을 벌이던 프랑수아가 어려움에 처하자 술탄에게 도움을 요청했다. 1529년 5월 쉴레이만은 또 다시 헝가리 원정에 나섰다. 봄부터 유난히 많은 비가 내려 행군에 막대한 지장을 받았다. 많은 궁성포와 보급품이 유실되었다. 헝가

---

14) 신성로마제국 황제 막시밀리안 1세와 헝가리-보헤미아 블라디슬라프 왕 사이에 체결된 혼인 협약에 따르면 러요시가 후사 없이 사망할 경우에 합스부르크가의 왕자가 헝가리 - 보헤미아의 왕 자리를 계승한다는 합의가 있었다. 페르디난트 1세는 자신이 러요시의 누이(Anna of Bohemia and Hungary)와 결혼했으며, 러요시의 남겨진 과부가 자신의 누이인 점을 내세워 로열 헝가리의 왕임을 내세웠다.

리를 제압한 술탄은 9월 8일 부더를 수도로 하는 헝가리 정부를 설립하고 서포여이 야노시에게 왕위를 수여했다. 헝가리 전체에 대한 지배권을 확고히 하기 위해서는 궁극적으로 헝가리에 대한 합스부르크가의 개입을 차단해야 했다. 9월 26일부터 빈에 대한 포위공격(the Siege of Wien, 1529)이 시작되었다. 이것은 오스만 제국의 가장 야심찬 원정이었으며 서구에 대한 그의 공격의 정점을 이루는 것이었다. 그 공격은 25만 명의 병력과 800척의 선단이 동원된 대규모의 것이었으며 이에 대항하는 빈의 병력은 1만 6,000명에 지나지 않았다. 그러나 포위 3주 만인 10월 경 장거리 원정에 따른 통신·보급 장애와 겨울을 알리는 차가운 가을비가 술탄을 가로막았다. 오스만군은 빈의 항복을 목전에 두고 철수하지 않으면 안 되었다. 이로써 빈은 극적으로 구조되었다.15)

프랑수아 1세는 술탄의 군대가 빈으로부터 철수한 뒤 카를과 상당히 우호적인 평화조약(the Treaty of Cambrai, 1529년 8월)을 체결했지만 비밀리에 오스만과의 관계를 유지하는 정책을 계속했다. 한편 카를 5세는 프랑스 왕은 무슬림의 동맹이었으며, 프랑스는 자신과 조약을 체결했을 때마다 십자군에 참여하겠다는 약속을 했었다는 선전전을 시도했다. 이들 약속에 대 보고가 이스탄불의 술탄에게 과장되게 전달되었는데, 그것은 프랑수아에 대한 오스만의 신뢰를 흔들어놓기 위한 것이었다. 이에 대항하기 위해 프랑수아는 이스탄불에 사절을 파견해 그러한 행동의 진정한 의미를 설명하고 오스만과의 동맹을 지키려고 애썼다. 그러한 노력은 상당한 성과를 거두었는데 그것은 프랑스가 오스만의 서방정책에 긴요한 존재였기 때문이었다. 1531년 이후 프랑수아는 술탄이 남부 이탈리아를 침공하도록 부

---

15) J. A. R. Marriott, *The Eastern Question: An Historical Study in European Diplomacy*, 4th ed.(Oxford: The Carendon Press, 1940), pp. 89~90; Sydney Nettleton Fisher & William Ochsenward, *The Middle East: A History*, Vol. 1. pp. 203~205.

추겼는데 그럴 경우 자신은 제노바와 밀란을 차지하겠다는 계산이었다.

1531년 페르디난트가 또 다시 부더를 침공함으로서, 이듬해 술탄은 빈에 대한 재공격을 위해 헝가리로 진군했다. 이번 원정에는 지난번과는 달리 도나우의 계곡을 통과하는 가는 길이 아니라 벨그라드에서 에제크(Eszék)에 이르는 군사도로를 이용해 도나우를 횡단하는 노선(Transdanubia)을 이용했다. 술탄은 전장에서 정정당당하게 황제와 만날 것을 기대하면서 빈으로 향했는데 황제는 그곳에 나타나지 않았다. 술탄은 빈 남쪽 귄스(Güns)를 차지하고 3주 동안 그를 기다린 다음 하는 수 없이 빈을 60마일 앞에 두고 되돌아왔다.

술탄은 빈 원정에 나서며 이탈리아 문제는 지중해에서 프랑스와의 협력할 수 있도록 하이르 알 딘 바르바로사(Khair al-din Barbarossa: 1478~1546, 본명 Yakupoğlu Hızır, 기독교 세계에는 Hayreddin Barbaros로 알려짐. Khair al-din은 아랍어로 '독실한 신자'라는 뜻) 제독에게 맡겼다. 그는 '기독교 세계의 재앙'으로 불렸던 자였다. 그러나 그는 제노바의 명제독 안드레아 도리아(Andrea Doria)가 이끄는 유럽 연합함대에게 패해 모레아의 코론 성(the castle of Coron)을 빼앗겼다. 카를 황제는 이것을 헝가리에 대한 협상카드로 쓰고 싶었다. 헝가리 전선의 안정이 페르시아를 상대로 한 동정(東征)에 중요하다고 여긴 술탄이 카를을 배제시킨 채 1533년 페르디난트와 휴전에 합의했다. 그 휴전협정을 통해 헝가리를 분할해 서부는 합스부르크 영역으로, 동부는 서포여이 야노시의 영역으로 삼았는데, 후자는 실제적으로 오스만 제국의 속국이 되었다.

술탄은 자신의 페르시아 원정 중에도 지중해에서의 전쟁을 계속하기 위해 바르바로사에게 오스만 전(全) 해군에 대한 지휘권을 부여하고 프랑스와 긴밀하게 협조할 것을 지시했다. 술탄은 오스트리아인들과 싸우는 데 있어 프랑수와와 서포여이 야노시의 중요성을 절감하고 있었다. 술탄은 프랑수아에게 막대한 자금을 보내 카를 5세에 대항하는 데 영국과 독일의 협력을 구하도록 했다. 바르바로사는 이탈리아 해안을 공격한 후, 1534년 8월 사파르(Ṣafar)의 튀니지를 빼앗아 자신의 기지로 삼고 코론을 되찾았다. 그러나 1535년 프랑수아가 술탄과 동맹교섭을 벌이고 있던 바로 그 때 카를 5세가 바르바로사로부터 튀니지를 되찾아갔다.

프랑스와의 협상결과 중 하나는 샤반 협정(the Capitulation of Shaʻbān, 1535년 2월)이었다. 페르시아 원정에서 돌아온 쉴레이만은 이탈리아 침공 계획에 착수했다. 그 계획에는 프랑스는 롬바르디아로, 오스만군은 알바니아를 가로질러 오트란토로 가기로 되어 있었다. 그러나 1537년이 되어서야 술탄은 이탈리아에 관심을 돌려 알바니아의 블로러(Vlorë, 이탈리아어로 Valona)로 진격할 수 있었다. 1537년에서 1538년에 걸쳐 베네치아로부터 아드리아 해 연안과 코르푸(Corfu)의 섬에서 성채들을 빼앗으려는 오스만의 시도들은 사실상 이탈리아 침공을 위한 준비였다. 코르푸 포위는 프랑스 해군으로 보강되었다. 1538년에는 바르바로사가 프레베자(Prevesa) 만(灣) 근해에서 강력한 십자군 함대를 무찔렀다. 이 승리는 1571년까지 이어지는 지중해에서의 오스만 해군의 지배시대를 열어주었다.

1540년 7월 서포여이 야노시의 죽음으로 헝가리 문제가 다시 유럽정치의 현안으로 떠올랐다. 페르디난트는 헝가리 왕국 전체에 대한 지배권을 얻기 위해 부더를 포위했다. 1541년 바르바로사에게 지중해에서의 프랑스와의 협력을 명한 후 술탄은 다시 헝가리로 들어가 페르디난트 군대를 몰아내고 헝가리 왕국의 중심부를 오스만에 병합시켰다.[16] 이 때 카를이

---

[16] 헝가리는 1541년 오스만 제국군에게 부더(현재 부더페슈트의 일부)가 제압된 후, 서부와 북부는 합스부르크 왕가를 왕으로 인정한 합스부르크령(領) 헝가리 왕국(로열 헝가리; Royal Hungary)이 되고, 중부와 남부는 오스만 제국이 점령했으며, 동부는 쉴레이만의 뜻에 따라 합스부르크 가문에 반대하는 트란실바니아 토후인 서포여이 야노시(Szapolyai János)에게 맡겨졌는데 그의 아들이 동(東)헝가리왕국(Eastern Hungarian Kingdom)이란 이름으로 지배했다가 1570년 이후 트란실바니

1541년 대군을 이끌고 알제(Algiers)를 공격하지만 참패하고 말았다. 이제 알제리 지역도 오스만 제국의 영향 아래 놓이게 되었다.

이러한 정복 사업의 계속적인 성공으로 오스만 제국은 1683년에 절정에 달한 영토의 확장으로 오스트리아의 빈 근처에서 이란 국경까지, 아라비아 반도에서는 페르시아 만 지역의 북부 해안지대와 홍해 지역을, 아프리카에서는 모로코를 제외한 북아프리카 전역을 통합했다. 그리고 흑해 연안을 모두 정복해 수도인 이스탄불의 안전을 도모했다. 18세기까지 이란의 사파위조, 모로코의 샤리프조, 아라비아 반도의 오지, 사하라, 리비아 사막을 제외한 전 중동 지역을 석권했다.

이러한 대정복이 성공할 수 있었던 원동력은 오스만조의 지배층이 스스로 엄격한 규율과 자제 속에 살았다는 점과 무슬림은 모두 단결해서 하나의 움마를 건설해야 한다는 소명에 있었다. 무슬림은 압바시야조 중기 이후에 분열되어왔으며, 또 몽골족의 침입 이후 무슬림 단결의 상징인 할리파조차 사라졌다. 비록 카이로의 허수아비 할리파가 존재했으나 맘룩 이집트의 영토 밖에서는 그 존재가 인정되지 않았다. 따라서 혜성과 같이 나타난 오스만조는 이러한 상황에 불안을 느끼던 무슬림의 욕구를 채워주었다. 발칸 반도의 기독교 지역에서는 기독교 정교회(正敎會, Orthodox Church)가 농민들을 심하게 수탈했으므로 농민들 스스로가 오스만 정복자에게 구원을 청할 정도였다. 비잔티움 제국은 가톨릭 세계와의 분쟁과 발칸 반도 내에 있는 여러 인종 간의 갈등 때문에 국력이 소모되어 결국 무너지고 말았다.

아 공국(Principality of Transylvania)이 되었다.

3. 관료조직과 군(軍)양성제도

거대한 다민족 국가인 오스만 제국에서 국가의 권위를 완전히 자신의 수중에 두고 수도로부터 전체 제국을 지배하는 절대적인 술탄이 되기 위해서 메흐메트 2세는 자신에게 저항할 수 있는 요소들을 제거하고자 했다.

예니체리(yeniçeri)는 오스만 연대기에서 중요한 위치를 차지한다. 예니체리는 1453년 콘스탄티노플에 대한 최후의 공격에 가담했으며, 100년 후에는 쉴레이만 1세가 지휘하는 군대의 선두에 섰다. 16세기 후반기까지 그들의 수는 1만~1만 5,000명 정도가 되었다. 그들은 현역에 있는 동안 결혼이 금지되었고, 군율이 엄한 대가로 세금을 면제받았으며, 예니체리의 사령관 외에는 누구로부터도 처벌받지 않는 특권을 누리고 있었다. 거의 200년간에 걸쳐 나타난 그들의 업무수행 능력은 매우 뛰어났으며, 16세기 초에는 그들의 권력이 막강해져 술탄 자리를 더 호전적인 아들에게 양위하도록 강요할 정도였다. 또 술탄이 즉위할 때에는 현금으로 특별보상을 내리게 했다.

수세기 동안 오스만의 수많은 승리를 이끈 그 군단의 존재는 그동안 많은 관심을 끌었다. 과거에 할리파와 술탄은 노예 경호원을 가지고 있었고, 중세 말기 이집트 집권 맘룩은 노예였다. 셀주크조 역시 군인으로 훈련된 수천의 노예를 운용했으며, 이들이 군대를 이끌고 고위 관리가 되는 경우도 있었다. 예니체리 대부분은 죄수로 잡혀오거나 공물로 징발된 아나톨리아의 그리스 젊은이들이었다. 전투에서 사로잡힌 젊은이들도 역시 오스만 술탄의 노예가 되었다. 명목상 그들은 이슬람으로 개종해 결속되었으며 특별한 군단으로 훈련되었다. 이들은 막강한 특권과 영향력으로 정부요직을 장악하고 정책입안에 개입하면서 여러 차례 반란에도 개입되었다.

메흐메트 2세가 술탄에 즉위했을 때도 예니체리의 반란이 있었다. 그는 이를 가차 없이 진압한 다음 예니체리에 대한 대대적인 개편 작업에 들어갔다. 기존 인원 중 상당수를 추방하고 세크반(Sekban)으로 알려진 새로운 편재를 도입했다. 그런 다음 그들의 봉급을 인상하고 장비를 개선했다. 그들의 정원도 5,000명에서 1만 명으로 대폭 늘렸다. 그리하여 재조직된 예니체리는 오스만군의 핵이 되었다. 술탄에 직접 예속되어 그 지휘관을 술탄 자신이 선발하는 그래서 언제라도 술탄에게 충성을 할 준비가 되어 있는 그러한 군 덕택에 술탄은 제국의 영토 내에서 또는 변경에서 적대자들을 압도할 수 있었다. 그래서 지방 토호 베이들의 수는 적정한 규모로 줄어들었다. 그리고 예니체리는 새롭게 정복된 성의 수비병으로도 활용되었다. 그들은 지방 총독이나 어떤 지방적 권위에도 속하지 않았고 직접 술탄의 지시에 따랐다. 말하자면 예니체리는 지역에서 술탄의 중앙적 권위를 대표하여 지방 권력들을 감시했다.

쉴레이만 1세 때 윤곽을 드러낸 관료제도는 술탄이나 그의 대리인 와지르를 정점으로 위계적으로 조직되어 있었기 때문에 그의 효율적인 운용은 술탄 자신에게 달려 있었다. 사실 술탄 자신은 결코 변형될 수 없는 이슬람 성법 규정에 예속되어 있었지만 성법 그 자체가 그에게 거의 절대적인 권한을 부여했고 성법의 공인된 해석자들은 국민에게 그의 권위를 확고히 해주는 버팀목이었다. 정부와 군대, 즉 다스리는 사람과 전쟁하는 사람들 모두 술탄의 개인 종복에 지나지 않았고 일반 대중 앞에서는 특권을 누렸지만 그들의 통치권자의 의지 앞에서는 거의 아무런 권리를 가지지 못했다. 술탄은 계속해서 비천한 출신의 새로운 노예를 받아들여 기존 관료들에 정기적으로 재배치함으로써 권력 중심부의 세습귀족 세력이 성장하는 것을 막았다.

와지르는 수상에 해당하며 오직 술탄에게만 책임을 지고 있었다. 술탄이 와지르의 집무 영역에 어느 정도 관여할 것인가 하는 것은 오직 술탄의 재량에 달려 있었다. 다른 전임 술탄들보다 그 자신의 개인적 권위를 훨씬 광범위하게 인식하고 있던 메호메트 2세는 국무회의(Dīvān)를 자주 소집하지 않았다. 무라드 2세는 대(大)와지르(the grand Wazīr)를 두고 그에게 국사 결정권을 부여했었다. 메흐메트 2세는 그러한 귀족적 행정관을 콘스탄티노플 정복 이후 폐지하고 모든 장관을 자신의 노예로부터 선발했다.

술탄의 고위 행정관은 자기 부서 안에 거대한 행정 기구를 가지고 있어 각 지방의 지사, 재정관 및 군사령관을 임명할 수 있었다. 군은 경찰 임무도 담당했는데, 이 관료 조직의 특수성은 거의 모든 관료가 군 출신이라는 점에 있었다. 이들 정예관료는 10대의 어린 나이에 이미 군사교육을 받았으며, 실제로 술탄이나 와지르의 지휘 아래 전쟁에 참여했다. 본래 이 관료는 평범한 가정에서 자란 무슬림들을 기용했으나, 비잔티움 제국을 멸망시킨 후 메흐메트 2세는 궁성 안에 특수학교를 만들어 8~18세 정도 된 기독교 집안의 소년들을 학생으로 받아들였다. 이 소년들은 새로이 정복된 땅의 포로 가운데서 또는 독특한 소년징집제도인 데브시르메(devşirme)에 의하여 선발되었다. 이 소년 징집 제도는 5년마다 또는 필요할 때에는 해마다 실시했으며, 이때 관료들이 발칸 지방을 순회하면서 총명하고 신체 건강한 기독교 집안의 소년을 선발해 이스탄불로 데리고 와서 다시 최종 검사를 한 후에 궁성 내의 각종 학교에 입교시켰다. 이 소년들은 제국의 군인, 술탄의 근위병, 재상 관저의 기병 또는 예니체리의 대원을 만들기 위한 목적에서 교육되었으며, 학교의 규율은 오늘날 사관생도들의 교육처럼 엄격했다. 두 개의 사법 부서를 제외한 모든 각료는 기독교 집안 소년, 즉 특수징집제도를 통해 선발된 궁성 내의 특수학교 출신이었다. 이들은 등록과 함께 이슬람에 개종했고, 이슬람 성법(Shari'a), 아랍어, 페르시아어 및 터키어의 문법과 문학을 공부했으며, 수학, 음악, 터키 역사, 서예 및 직업 훈련이 이 학교의 교과목이었다. 이 궁성 내의 학교에도 등위가 있어서 정예 고급관료는 상위 학교 출신에서 양성되었고, 중위에서는 예니체리 대원과 포병, 기병 및 근위병 장교 등이 나왔으며, 하위에서는 행정기구에 소속된 중견 직급의 관료들이 나왔다. 이들은 모두 상당한 후대를 받았으나 잘못을 저지르면 벌이 엄해서 대개는 그 벌로 사형되는 것이 보통이었다.

4. 종교조직과 밀레트(Millet) 제도

오스만 제국에서 이와 같은 관료 조직, 군사조직과 함께 또 하나 중요한 조직은 종교조직이었다. 오스만 제국에서 이슬람 종교제도는 원숙기에 도달했고 수니파 정치체제에 궁극적으로 통합되었다. 이제 이슬람은 실제적인 제도적 조직으로 대표되었다.

오스만 제국 내에서는 제국 초기 비잔티움에 대항해서 싸운 변경 전투로부터 오스만 지배자들과 전사들을 고취시켰던 가지(Ghāzi) 정신이 높이 숭상되고 있었지만, 이와 함께 술탄은 울라마에게도 오스만 사회의 존경받는 지위를 부여했다. 그 어떤 고전적인 이슬람 제국들에서보다도 오스만 제국은 까디(qadi, 판관)를 공식적 성직자 계급제도 속에 조직해 넣고, 제국의 다양한 행정의 하부단위들 속에 그들을 임명하도록 해놓음으로써 이슬람 성법 샤리아를 정의의 규범으로 확립시키려는 노력을 기울였다. 시간이 흐르면서 셰이흐 알 이슬람(Sheikh al-Islam)으로 알려진 최고위 성직자가 출현했다. 그는 오스만 제국의 총대주교 격인 수도의 최고 무프티(mufti: 유권해석을 내리는 고위 법학자)로서 광범위한 제국의 영토 내의 까디와 마드라사(madrasa, 무슬림의 고등교육기관으로 종교학과 법학을 가르치는 일종의 상설 대학)의 교사들을 임명하고 감독했으며, 술탄이 어떤 행정적·종교적 조치의 도입을 고심할 때 법적인 의견, 즉 파트와(fatwa, 판례의 효력을 가지는 무프티의 법률 해석)를 구하는 공직자로서의 지위를 획득했다.

결국 오스만 왕조는 이슬람 성법을 국가의 실정법으로 확립했는데, 그것은 고도의 물질문명을 가진 이슬람 국가에서는 아마도 유일무이한 대담한 시도였을 것이다. 그들은 전대미문의 조치로 이슬람 학자와 판관들에게 확고한 지위나 권위 그리고 권한을 부여했다. 이슬람 성법의 최고 단계로 인정된 종교적 최고위직의 통수권 아래 지방 재판권과 세분화된 기능과 권한을 가진 직업적이고 학문적으로 훈련된 종교인들의 서열화된 성직계층이 있었다.

울라마의 수입은 대체로 국가에 의존했지만 임명의 경우는 달랐다. 시간이 흐르면서 이 종교조직들은 서서히 오스만 정부에게 술탄의 독재 권력을 제한할 수 있는 견제기능을 제공하기 시작했다. 심지어 존경받는 종교 지도자들은 술탄이 왕위를 보유할 자격에 대해 문제제기를 할 수도 있었다. 1610년 무렵 술탄을 옹립하거나 폐위하는 문제에 울라마가 상당한 영향력을 행사했고, 제국이 몰락할 때까지 이러한 상황은 계속되었다. 1612년에서 1922년까지 제국을 지배한 21명의 술탄 중 13명이 최고 무프티가 공표한 파트와에 근거해 폐위되었다. 파트와들은 술탄이 성법을 제대로 준수하지 않았다며 정적들이 제기한 의혹에 대한 답이었다.

그러나 울라마가 대중들에게 행사하는 영향력과 정의의 규범 샤리아를 확립하는 데 중요한 까디, 그리고 셰이흐 알 이슬람의 권위가 있었지만 공직에 수용된 전체적인 종교적 편제는 술탄의 처분에 달려 있었다.

정복의 결과 오스만의 술탄은 수백만의 기독교인들과 유대인들이 거주하는 땅을 지배하게 되었다. 수도 이스탄불의 경우에도 16세기경, 70만의 인구에 58%가 무슬림이었지만, 기독교인도 32%를 차지했고 유대인도 10%에 달했다. 일부는 이슬람적 관용의 요구로부터, 일부는 실용적 이유들을 위해 술탄은 비무슬림 신민들을 '밀레트(Millet)'라는 종교공동체로 포용하고 그들에게 상당한 정도의 자율권을 부여해주었다. 그래서 오스만 제국 내에서는 대부분의 사람들과 다른 종교적 관습을 가진 비신자들도 사회 내에서 공인된 지위가 주어졌는데, 이는 성법으로 규정되고 유지되었으며 무슬림 국민 대중이 용인했다. 그렇다고 그 지위가 동등한 것은 아니었지만 어느 정도의 관용이 제공되었다. 물론 이슬람의 종교적 관용은 이슬람이 그 이전의 계시종교로 간주하고 받아들인 일신론자에 한정되었다.

터키식 용어인 밀레트는 '민족'을 의미하는 아랍어 밀라(Milla)에서 유래한 말로 오스만 제국 내에서 같은 종교 구성원들로 이루어진 종교·정치 공동체였다. 각각의 밀레트들은 그들 자신의 종교적 지도자 아래 자신들의 권리와 의무를 확립했다. 이슬람적인 그리고 밀레트의 관행에 따라 오스만 제국은 기독교와 유대 종교 공동체들에게 종교적 자유와 함께 개인적 지위, 공동체 문제들, 법적인 절차와 교육 등에서 폭넓은 자율권을 부여하고 그들의 종교적 수장에게는 그들의 구성원들에 대한 재판관할권을 인정해주었다. 각각의 밀레트는 자기 스스로의 사업권의 관할 아래 그들 고유의 언어를 사용할 수도 있었다. 이러한 종교적 자유와 자치 공동체에 대한 보답으로 비무슬림 밀레트는 오스만 제국에 충성했고 딤미가 가지는 지위의 제한의 감수했다. 그리고 각 밀레트의 수장은 종교적 권위와 함께 세속적 권위(millet-bashi)를 가지고 자신들의 공동체 안에서 질서를 유지할 책임과 비무슬림들에게 요구되는 인두세 지즈야와 다른 세금들을 징수해 중앙정부에 송금할 의무가 있었다. 이러한 밀레트 제도는 정복자 메흐메트 2세가 1453년 이스탄불을 정복한 후 확립되었다.

'밀레티 이 하키메(millet-i hakime)'로 알려진 무슬림 밀레트를 제외하면 19세기에 이르기까지 오스만 제국에는 세 개의 밀레트가 있었다. 그것들은 서열에 따라 그리스 정교(the Greek Orthodox), 아르메니안(the Armenian), 그레고리안과 유대(Gregorian and the Jewish)였다. 그 후로도 별개의 밀레트 지위가 다양한 다른 영지와 종파에 부여되었기 때문에 1914년에 이르러서는 그 수가 14개에 이르렀다.

그리스인 밀레트는 그 구성원이 다양했다. 종족상 그리스인뿐 아니라 다양한 기원을 가진 그리스 정교 추종자들, 즉 유럽의 세르비아인, 불가리아인, 루마니아인, 알바니아인, 나아가 서구적인 분류에 따르면 기독교 아랍인과 기독교 투르크족이라고 불리는 아시아의 아랍어와 터키어를 사용하는 사람들이 포함되었다.

아르메니아 밀레트는 다른 밀레트에 비해 성격이 훨씬 동질적인데, 주로 아르메니아 교회를 신봉하는 아르메니아 민족들로 구성되었다. 그러나 아르메니아 문자로 터키어를 표기하는 상당수의 터키어 사용 국가 사람들이 포함되었다. 더욱이 한동안 이집트의 콥트인 교회와 시리아의 야곱파 교회의 추종자들이 포함되었는데, 그들은 기독교 단성론(monophysite Christology)으로써 아르메니아 교회와 연계를 맺고 있었다.

유대인 밀레트는 1492년 추방 명령 전후에 스페인에서 도망친 스페인어를 쓰는 이민자들, 아랍어를 쓰는 시리아와 이라크의 토착 유대인 공동체, 모레아의 그리스어 사용 유대인, 그리고 다양한 언어를 쓰는 군소 유대인 공동체가 포함되었다.

무슬림 밀레트의 우두머리는 셰이흐 알 이슬람이며, 그리스 정교도 및 아르메니아 기독교도의 우두머리는 각각 그들 교회의 총대주교(總司敎長, Patriarch)이고, 유대교도의 우두머리는 최고 랍비(Rabbi, 유대 교회의 목사)다. 비무슬림 밀레트에 속하는 딤미의 세 우두머리는 수도인 이스탄불에 거주하며, 오스만 정부는 이들을 통하여 제국 내 딤미 백성들과의 관계를 맺고 있었다.

이와 같이 종교적으로 각각 구분된 밀레트는 다양한 민족과 때로는 부족집단을 포함했다. 이러한 내적 구분은 매우 중요했다. 그들은 정치적·관료적·상업적·사회적 경쟁에서 집단적 결속의 토대를 형성했고 그로 인해 다양한 민족적 고정관념과 비슷한 형태의 편견을 야기했다. 고전적인 밀레트 제도가 여전히 자신들의 내적 논리에 따라 기능하고 있었지만 그러한 민족적 단결은 본질적인 정체성을 규정해주지도, 궁극적인 충성심을 불러일으키지도 못했다. 그 민족 스스로는, 말하자면 오늘날 우리가 부르고 있는 터키족과 아랍족은 꽤 근대가 되어서야, 즉 유럽의 민족주의 사상이 전파된 후에야 그 명칭으로 묘사되기 시작했다. 그 언어는 터키어로 알려졌지만 이스탄불과 다른 도시의 문명화된 시민들은 자신들을 투르크족이라고 부르지 않았고 투르크는 시골 농부와 아나톨리아의 유목민을 통칭하는 말로 사용되었다.

쉴레이만 1세의 통치기간 중에 다섯 번째 밀레트가 생겼는데, 주로 가톨릭교도들로 구성되었다. 이 밀레트는 1536년 쉴레이만 1세와 프랑스 왕 프랑수아 1세 사이에 맺은 치외법권적 협정(Capitulation, Ahidnâme)[17]에 따라 이루어졌다. 이 협정에 따라 오스만 제국 내에서 상행위를 목적으로 여행하거나 거주하는 프랑스 시민은 과세 대상에서 제외되고 치외법권을 누릴 수 있었다. 오스만 시민도 프랑스 국내에서 똑같은 대우를 받았다. 즉 프랑스 대사가 다섯 번째 밀레트의 우두머리가 된 것이다. 16세기 말에 영국과 네덜란드도 비슷한 협정을 오스만과 맺었으나 그 우두머리는 프랑스 대사였다.

결국 오스만 제국은 꾸르안을 법의 근간으로 삼고 있었지만 밀레트라는 제도를 통해 서로 다른 법을 적용하고 있는 공동 집단이 자국 안에서 존속하는 것을 승인하고 있었던 것이다. 이것은 국토를 단위로 하여 법체계를 설정하는 유럽인들의 사고방식이나 관행과는 다른 것이었다. 밀레트의 우

---

[17] 오스만 제국의 치외법권적 협정들은 오스만 제국과 기독교 유럽 열강들, 특히 프랑스와의 약정(contracts)이었다. 터키식 협정들은 일반적으로 단순한 양보보다는 쌍무적인 법령으로 각자가 서로에 대해 협정함으로서 일정한 합의상태로 들어가는 것이다. 역대 술탄들은 비잔틴 제국의 유럽 국가들에 대한 정책에 준하여 오스만 제국 내에 거주하는 유럽인들에게 특별한 법적 권리와 관세 특혜를 부여해주었다. 프랑수아 1세는 프랑스 왕으로는 처음으로 오스만 제국과의 동맹을 추구했는데 그것은 십자군적 정신이 아니라 합스부르크가의 신성로마 제국 황제 카를 5세와 대결하기 위해서였다. 협정의 초안은 공식적으로는 최초의 오스만 주재 대사였던 장 드 라 포레(Jean de La Forêt: 1534~1537)와 이브라힘 파샤(Pargali Ibrahim Pasha) 간의 합의로 만들어졌는데 1518년 이집트에서 맘룩으로부터 받은 특권을 오스만 제국 전체에 확대하는 내용이었다. 결국 이 협정은 프랑스인들이 이윤이 높은 교역을 서서히 장악할 수 있게 해주었다.

두머리들은 사실상 오스만 제국 안에서 중요한 관리들이었다.

5. 제국의 쇠퇴

1) 페르시아와의 경쟁

아마도 오스만 제국이 페르시아(사파위조)와 힘을 합할 수 있었다면 곧바로 동방의 모든 세력들의 지원을 받으며 유럽을 정복할 수도 있었을 것이다. 그러나 오스만은 페르시아와 사이가 좋지 못했다. 찰디란 평원에서의 대결(1514) 이후, 1533~1534년 쉴레이만 1세의 아제르바이잔 원정으로 양측은 처음으로 전면적인 대결을 치렀다. 대(大)와지르 이브라힘 파샤(Ibrāhīm Pāshā: 1523~1536)가 지휘한 오스만군은 9만 명에 달했던 데 비해 샤(shāh) 타마스프 1세(Ṭahmāsp Ⅰ: 1524~1576)가 동원할 수 있었던 병력은 7,000명에 지나지 않았다. 그 뒤 1548년과 1553년 오스만은 계속해서 사파위조를 공격했다. 1534년에는 바그다드가 오스만군에게 점령되었고, 타브리즈(Tabrīz)는 여러 차례 점령되었다. 타브리즈가 오스만의 공격을 받기 쉬웠기 때문에 1548년 타마스프 1세는 수도를 까즈빈(Qazvin)으로 옮겼다. 이러한 전쟁은 1555년 5월, 아마스야 평화협정(the Peace of Amasya)으로 타브리즈와 바그다드가 오스만의 지배로 넘어갈 때까지 계속되었다. 술탄이 1545년과 1547년, 경쟁자였던 카를 5세와 평화협정을 맺었던 것도 페르시아와 대결하기 위해서는 서쪽에서의 평화가 필요했기 때문이었다. 이때만 해도 사파위조는 오스만에게 영토의 일부를 빼앗기는 정도가 아니라 오스만에 압도되고 있었다. 그러나 오스만인들은 페르시아 영토로 더욱 전진하면 할수록 더욱더 어려움을 겪게 되었다. 군대를 위한 식량이 부족했고, 짐을 운반하는 동물들이 사막에서 죽어갔다. 그들은 결국 후퇴하지 않을 수 없었는데, 그럴 경우 사파위조의 정규·비정규군으로부터 끈질긴 공격을 받았다.

오스만인들은 1576년 샤 타마스프 사후 일어난 내분을 틈타 페르시아 영토에 진입해 1578년부터 시작되어 1639년까지 계속된 전투를 치렀다. 1578년에서 1590년의 이스탄불 조약(the Treaty of Istanbul, 1590)까지 오스만은 쿠라(kura) 강 북쪽의 광범위한 영토를 정복했다. 그루지야, 시르반, 다게스탄(Dāghistan)이 오스만의 수중에 떨어졌다. 페르시아의 반격은 오스만 파샤 외즈데미로그루(Özdemiroghlu)가 잘 막아내었다. 1588년에 오스만은 또 다른 공세를 시작해 같은 해에는 에리반(Erivan)을, 1585년에는 타브리즈와 마라케(Maragheh)를, 1588년에는 간자(Ganja)와 카라바흐(Qarabagh)를 빼앗았다. 바그다드와 모술의 오스만군은 더욱 남쪽으로 내려가 이라키-아잠('Irāq-i 'Ajam)을 손에 넣었다. 중앙아시아에서는 오스만군에 합류한 샤이바니 왕조(Shaybanid)의 아브드 알라('Abd Allāh) 한(Khān)이 1588년 후라산에 침입해 헤라트를 차지했다. 1590년에는 길고 소모적인 전투 끝에 카프카스와 아제르바이잔이 오스만에 병합되었다. 이러한 상황에 직면해 새로운 샤였던 압바스 1세('Abbās Ⅰ : 1587~1629)는 오스만이 요구한 조건에 따라 평화를 간청할 수밖에 없었다. 오스만은 모든 정복지를 차지하게 되었고, 샤의 형제는 볼모로 이스탄불에 끌려갔으며, 페르시아 내의 수니파들에 대한 탄압이 금지되었다.

그러나 오스만의 지배가 새로운 정복지에 굳건한 뿌리를 내리지는 못했다. 주민들이 터키어를 쓰기는 했지만 종교적으로는 시아였으며, 아나톨리아로부터 그곳으로 도망쳐간 부족들은 사파위조에 충성했다. 시르반만이 오스만에 우호적이었다. 정복지에 적용된 세제(稅制)도 저항을 불러일으켰다. 주로 쿠르드인과 투르코만인들로 이루어진 지방 왕조들은 오스만의 중앙 통제보다는 사파위조의 간접지배 방식을 선호했다. 오스만의 입장에서도 원거리 지배에 다른 어려움과 주둔군에 대한 보급에 어려움을 겪었다.

 1603년에서 1618년까지 이어진 전쟁의 국면에서는 사파위의 샤 압바스 1세가 역공을 취했다. 그는 1586년부터 이미 유럽의 오스만 적이었던 합스부르크와의 동맹을 모색했다. 그는 이란 동부 지방의 몇몇 도시들을 침략해서 점령한 중앙아시아의 우즈베크(O'zbek)를 제지하기 위해 사파위 왕조의 옛 수도였던 타브리즈를 포함해 그루지야와 아제르바이잔을 포기하는 조건으로 오스만과 평화조약을 체결하기도 했다. 그러나 그는 우즈베크에 대한 성공적인 정복으로 동부 지방의 빼앗긴 영토를 수복한 후에는 다시 관심을 서부로 돌려 1603년 타브리즈를 재탈환하고 승승장구하여 전에 오스만에게 빼앗겼던 이라크의 대부분을 포함한 새 영토들을 정복했다. 그의 공세는 비단과 철 구리 등의 무역로를 변경시키거나 가격을 조정하는 등 오스만을 경제적으로 압박하는 방법도 취했다. 그러한 공세는 1618년 오스만이 어쩔 수 없이 1555년의 아마스야 조약에 근거해서 평화를 제의하기까지 계속되었다.

 그 후 전쟁은 새로운 국면에 접어들었고 샤 압바스 1세는 1623년 바그다드, 키루크크, 모술, 그리고 이라크 전체를 되찾았다. 바그다드를 회복시키려던 오스만의 노력은 1625년 사파르에서 격퇴되었다. 그 당시 오스만은 무정부상태에 빠져들고 있었다. 술탄 오스만 2세(Osmān II: 1618~1622)가 암살되고 제국은 노예들이 지배했다. 그러나 1632년에서 1635년 사이 무라드 4세(Murād IV: 1623~1640)가 자신의 권위를 확립하는 데 성공한 다음 페르시아를 공격해 1635년에는 에리반과 사파르를, 1638년 12월의 두 번째 공격으로 바그다드를 되찾았다. 이듬해 1639년 5월 카스르 에쉬린 조약(The Treaty of Qaṣr-i Shīrīn)으로 마침내 양국의 국경이 확정되었다. 오스만은 바그다드, 샤리주르(Sharizūr), 반(Van) 등을 지켰으나 아제르바이잔에 대한 모든 권리를 포기했다. 이처럼 오스만이 이웃인 경쟁자 페르시아와 전쟁을 계속하는 동안 터키와 페르시아 어느 한쪽도 유럽을 위협할 위치에 있지 못했다.

2) 오스만 - 합스부르크 전쟁(The Osman-Habsburg War, 1593~1606)

　오스만은 다른 한편에서는 오스트리아와 소모적인 국경전쟁을 통해 또다시 결정적인 국력의 저하를 경험해야 했다. 오스만의 합스부르크와의 경쟁은 처음에는 트란실바니아를 둘러싸고 충돌했다. 그 뒤 다툼은 헝가리 전체를 차지하는 문제로 이어졌다.

　오스만의 페르시아 원정이 한창 탄력을 받고 있을 때 서쪽에 관심을 돌려 크레타를 차지할 필요성이 제기되었지만 오스만은 레판토(Lepanto)에서의 패전(1571) 경험으로 베니치아 - 스페인 동맹을 두려워하고 있었다. 그러나 유럽에서는 오스만이 스페인을 상대로 지중해 원정에 나서주기를 기대하고 있었다. 오스만 행정부는 이 지역에 대한 스페인의 지배를 막기 위해 프랑스를 도우려 했고, 영국 역시 스페인에 대항하기 위해 오스만에 자신의 함대를 지원했다. 이스탄불에 파견된 영국 사절은 오스만 - 오스트리아 전쟁의 방지에 힘쓰는 한편, 스페인 - 오스만 휴전협정을 방해하려 했다. 그리하여 이스탄불이 다시 유럽 국제정치의 초점이 되었다. 결국 오스만은 헝가리 문제에 우선순위를 두기로 결정했다. 오스만인들에게 서부 유럽의 상황은 매우 고무적으로 비쳐졌다. 영국과 프랑스가 스페인을 몰아세우고 있었고 베네치아는 중립을 지키고 있었다.

　1568년까지 오스만 제국은 서부 헝가리를 합스부르크에게 남겨놓은 채 자치 공국으로서의 트란실바니아를 관할하고 있었다. 그다음 20년 동안에도 오스만 제국과 오스트리아의 국경은 비교적 평온했다. 그러나 오스만 영역에 살던 기독교도 난민들이 군사적 경계의 합스부르크 쪽에 재정착하면서 기독교 분파들에 대한 합스부르크의 관용적이지 못한 태도로 양측 경계에서 작은 분쟁(a little war)이 빈번하게 발생했다. 더구나 합스부르크 황제 루돌프 2세(Rudolf Ⅱ, 신성로마 황제: 1576~1612)는 1591년 오스만에 대한 조공을 중단했다.

루돌프 2세에게 압력을 가하기 위해 보스니아 총독 하산(Ḥasan) 파샤가 크로아티아를 공격했다. 그러나 그 공격에서 총독 자신이 전사함으로써 값비싼 대가만 치른 채 응징은 실패로 끝났다. 이 소식이 전해지자 이스탄불 정부에서는 서부 원정에 대한 강경론이 비등했다. 이렇게 시작된 싸움은 결국 15년 전쟁(The Fifteen's War; The long War: 1591~1606)의 시작이었다. 1593년 7월 대(大)와지르 코자 시난(Koja Sinān) 파샤가 전쟁을 선포하고 8월에는 자신이 직접 대(對)헝가리 전투를 지휘했다. 오스트리아는 교황의 도움으로 대(對)오스만 기독교 연합군을 구성했다. 트란실바니아, 왈라키아, 몰다비아(Moldavia) 그리고 코삭(Cossacks)이 연합군에 가담했다.

이 전쟁은 합스부르크 왕가의 종교적 불관용에 대한 분노로 촉발되었지만 향후 13년 동안 오스만 제국을 흑해에서 크로아티아에 이르는 길고 드넓은 전선에 묶어두었다. 1594년에는 시난 파샤가 빈으로 가는 중요한 도시 랍(Raab)을 차지했다, 가을에는 황제의 동맹군들이 반격을 가해왔다. 이듬해에는 시난이 왈라키아를 점령해 이를 군(軍)총독의 지배하에 두었다. 그러자 이번에는 오스트리아가 중요한 에스테르곰(Esztergom) 성채를 차지했다. 에를라우(Erlau, Eger)를 점령한 오스만군은 오스트리아의 맥시밀리언 대공(Archeduke Maximilian Ⅲ)이 지휘하는 4만 5,000명에서 5만 명에 이르는 합스부르크 - 트란실바니아 연합군을 만나 메죄 케레테츠(Mezö Keresztes, hachova)에서 대회전을 치렀다. 1596년 10월 24일에서 26일까지 치러진 이 전투에서 오스만군은 대승을 거두었다. 이 전투에서 대략 2만 3,000명의 연합군 병사와 2만 명의 오스만 병사가 목숨을 잃었으나 헝가리는 화평을 거부했다. 굶주림과 자금 부족 그리고 전쟁 피로가 이스탄불을 엄습했다. 아나톨리아에서는 전투에서 도망친 봉건 기병들의 모반이 있었다. 그 후 몇 년 동안 오스트리아는 랍을 되찾아가고 부더를 공격했다.

전쟁은 에스테르곰, 카니짜(Kanizsa), 스툴바이센부르크(Stuhlweißenburg, 오늘날 헝가리 세케슈페헤르바르[Székesfehérvár])의 성들을 교대로 차지하면서 계속 이어졌다. 1603년에는 샤 압바스가 공세를 취해 오스만을 당혹스러운 처지로 몰아넣었는데, 때마침 오스트리아의 지배에 항거하는 트란실바니아 프로테스탄트의 반란이 오스만을 구해주었다. 오스만은 자신의 보호하에 그 지도자 이스트반 보케이(István Bocskay)를 헝가리의 왕으로 앉히고 1605년에는 에스테르곰을 되찾았다.

이렇게 바뀐 분위기 속에서 합스부르크는 결국 두 개의 조약에 합의했다. 하나는 합스부르크 황제 루돌프 2세가 헝가리 프로테스탄트의 권리를 보장한 빈 평화조약(the Peace of Wien, 1606년 6월 23일)이었고, 다른 하나는 양국 간의 현상유지에 기초한 시트바 토록 조약(the Treaty of Zsitva-Török, 1606년 11월 11일)이었다. 시트바 토록 조약을 통해 오스만 제국은 전쟁 중에 오스트리아에게 점령당한 헝가리와 루마니아의 일부지역을 되찾을 수 있었다. 이것은 오스만이 외부 국가와 맺은 최초의 평화조약이었으며, 합스부르크 지배자를 조공의 의무를 지지 않는 동료 황제로 인정한 첫 번째 경우가 되었다.[18] 이는 장기전쟁 동안 합스부르크 영토에 더는 진입할 수 없었던 오스만의 첫 번째 지정학적 패배가 가져온 결과였다. 이 조약을 계기로 향후 수십 년간 발칸에서의 그 이상의 침략은 없었으나 유럽에서 이 두 열강 간의 전쟁은 계속되었다.

3) 술탄의 권위 약화와 내부적 문란

17세기를 뒤돌아보면 터키는 그때까지도 강대한 나라였다. 터키의 힘

---

18) Sydney Nettleton Fisher & William Ochsenward, *The Middle East: A History*, Vol. 1, p. 240.

은 이란의 사파위 왕조, 모로코의 샤리프 왕조 그리고 아라비아 반도의 오지(奧地)나 사하라, 리비아 사막지대에만 그의 지배권이 미치지 않았을 뿐 그 밖의 모든 중동과 북아프리카 지역을 영유하고 나아가 발칸 반도의 흑해 북쪽 기슭과 동쪽 기슭의 카프카스 해안지역까지 방대한 지역을 지배하고 있었다. 그 면적은 600만 km², 인구도 6,000만 명에 달했다. 그중에서 튀니지 서쪽과 크림 반도는 원주민의 영주가 존속해서 조공국의 지위에 있었으나, 그 밖에는 38개의 주(州, beylerbeylik, 19세기 중엽 행정 개혁 이후에는 vilayet)로 나뉘어 술탄이 임명하는 주지사(beylerbey, 후일의 vali)가 통치하고 있었다. 주를 세분한 군(郡, sancak)의 우두머리도 제국군(軍)의 장교로부터 선임된 술탄의 개인적인 신하였다.

그러나 1596년에서 1610년 사이에 오스만은 내부 위기에 빠져 그 기초마저 흔들리게 되었다. 그 위기의 징후는 쉴레이만 1세의 통치 말에 드러났지만 오스트리아와의 소모적인 장기전쟁을 통해 더 뚜렷해졌다.

오스만 제국의 무질서는 무엇보다도 술탄 권위의 약화와 제국의 정치적 분열에 있었다. 위세가 최고조에 달했던 16세기까지 오스만의 술탄은 거의 모두가 용맹스럽고 슬기로운 뛰어난 지배자들이었다. 그러나 쉴레이만 1세 사후 그 뒤를 이어 즉위한 술탄들의 자질은 급속하게 저하되었다. 셀림 2세(Selīm II: 1566~1574)는 잘 알려진 학자였으며 그의 손자 메흐메트 3세(Meḥmet III: 1595~1603)도 헝가리에서 상당한 전과를 올렸지만 어느 누구도 전대의 술탄들처럼 훌륭한 전사이자 현명한 통치자는 되지 못했다. 1595년 이후 즉위한 술탄들은 모두 왕위에 오르기 전에 실제적인 군복무 경험을 갖지 못했다. 강한 의지의 군주 무라드 4세는 군사령관으로써 카프카스와 메소포타미아에서 훌륭한 능력을 보여주었지만 자신의 힘을 대부분 지방의 반란을 진압하는 데 소모해야 했다.

제국 초기 대(大)와지르는 술탄의 의지를 대행하는 절대적인 시종관이었다. 어느 누구도 그 사이에 개입할 여지는 없었다. 그러나 후에는 명령들이 술탄의 이름으로 궁정으로부터 직접 발포되게 되었다. 무책임한 사람들이 자신의 개인적인 이득을 위해 술탄의 권위를 도용하고 뇌물을 받았으며 매관매직에 나섰다. 이러한 술탄 권위의 약화는 술탄 자신들이 점점 국사에 흥미를 잃게 되면서 더욱 악화되었다. 이는 중앙 권력의 약화와 지방 권력의 발호로 이어졌다.

왕위 계승을 둘러싼 권력투쟁도 제국의 약화에 일조했다. 오스만 제국에는 왕위 계승 문제를 규율할 법이나 규칙이 없었다. 엄밀히 말해 오랜 투르크의 전통에 따르면 지배자는 그의 권위를 알라로부터 부여받고 누가 지배자가 될 것인가는 알라가 결정한다. 따라서 왕위에 대한 어떤 법적 상속인도 임명될 수 없었다. 그러나 술탄이 가진 절대적인 권한 때문에 그의 계승을 둘러싸고 많은 정치적 갈등이 빚어졌다. 메흐메트 1세는 계승자를 지명했지만 소용이 없었다. 술탄의 모든 아들들은 왕위에 대해 대등한 권한을 가졌다. 술탄의 죽음은 불가피하게 아들들 간의 싸움으로 이어져 제국을 혼란에 빠뜨렸다. 바예지드 1세 사후 그 아들들과 손자들이 혼란스러운 싸움을 벌이면서 제국이 수도에서 권력의 공백기를 맞았던 것이 대표적인 예이다. 외국 제후를 피난처로 가진 왕위 후보자는 끊임없는 불안 요소였다. 즉위 과정에서 자신의 어린 형제를 교살할 수밖에 없었던 메흐메트 2세는 그가 만든 법전(Qānūn-nāme)에서 술탄은 즉위할 때 '세계의 질서를 위해' 말하자면 그의 지배 영역의 평화를 위해 형제들을 처형하는 것이 적절하다고 규정했다. 이러한 원칙들은 바예지드 2세가 즉위하면서 그의 형제와 그리고 그 후에 바예지드 2세의 아들들과 쉴레이만 1세 간의 갈등 속에서 시험대에 올랐는데 오스만 지배 영역의 통일이라는 원칙이 지켜졌다.

그러나 이러한 계승 방법도 술탄의 계승 문제를 해결하는 데 크게 도움이 되지는 못했다. 셀림 1세는 자기 형제뿐만 아니라 심지어 조카 일곱 명과 자기 아들 가운데 네 명을 죽임으로써 계승전쟁의 혼란을 제거하려 했다. 1574년 무라드 3세(Murād III: 1574~1595)는 다섯 형제들을 교살했고,

1595년 메흐메트 3세는 18명이나 되는 형제들을 모두 죽여버렸다. 그 결과 왕실에는 남성이 부족하게 되었고 종교지도자들은 형제 집단살해가 과연 도덕적이고 현명한 일인지 의문을 제기하기 시작했다.

15세기에 질서의 보존을 위해 필요하다고 받아들여진 형제 살해가 16세기에는 더는 장려되지 않았다. 형제 살해와 왕자의 정부 요직 임명이 금지되고, 1671년 왕실의 가장 연장자인 남성이 술탄위를 계승하는 에크베리예트(ekberiyet) 원칙이 세워졌다. 그 대신 왕자들과 가까운 남성 친족들은 술탄의 주요 궁궐인 톱카프 궁(Topkapi Sarayi) 네 번째 앞마당에 마련된 여러 개의 작은 방 가운데 하나인 카페스(Kafes; 새장)에 머무르게 되었다. 여섯 살에 등극한 메흐메드 4세를 제외한 617년에서 1839년 사이에 왕위에 오른 15명의 술탄들은 모두 술탄이 되기 전까지 정원 너머로 골든 혼과 보스포루스 해협이 내려다보이는 대리석 테라스가 딸린 이 작은 세상에서 지냈다. 그 결과 장자가 자동적으로 술탄을 계승했으나 즉위할 때까지 정치에 대한 경험을 전혀 가질 수 없었다. 따라서 주로 하렘 속에서 생활하던 왕자들보다는 오히려 속세에서 성장해서 들어온 하렘 여성들이 정사에 커다란 영향력을 행사해 정부 요직의 인사문제까지 관여하게 되었다. 이러한 하렘 여성의 정사 관여는 부패를 낳았고 이는 관료 조직체뿐 아니라 종교와 군사 기구에까지 파급되었다.

오스만 제국이 쇠퇴하게 된 또 하나의 계기는 초기 오스만 제국의 근간을 이루었던 봉건적 유력자인 시파히(sipahi) 계급의 몰락이었다. 시파히는 중세 유럽의 기사와 비슷한 신분의 오스만 제국 봉건 기병으로 술탄에게서 봉토를 받고 그 대가로 군역의 의무를 졌다. 16세기 중엽까지 오스만 제국의 군대는 대부분 이들로 충원되었다. 그러나 화기 사용으로 기병의 중요성이 줄어들고, 한편으로는 정규 상비군의 필요성이 커지면서 그들의 역할은 현저히 감소했다. 16세기가 끝날 무렵에는 이들이 사망하면서 봉토권이 소멸되고 그 소유권이 이전되거나 술탄의 영토로 편입되는 일이 보편화되었다. 그것은 상비군이 급속히 늘어나면서 그 유지비용도 그 만큼 늘어났기 때문이었다. 술탄은 빠르고 손쉬운 자금회전을 위해서 이 토지의 수익을 직접 관리하지 않고 여러 가지 임대와 허가를 통해서 경작시켰다. 이는 군사적이기보다는 금융적인 성격을 띠었다. 일부는 세금징수 토지였고 다른 것은 용익권 토지였다. 처음에는 양도 기간이 짧았으나 후일 이 제도는 세금징수 청부인에게 평생 이익을 부여하는 쪽으로 확산되어 영구 토지 형태인 '말리카네(malikâne)'라는 제도로 발전되었다. 비록 이 형태는 이론적으로는 사용기간이 제한되어 있는 세금징수 토지였지만 실제적으로는 영구적인 자유 토지가 되었고 심지어 상속하거나 양도할 수도 있었다.

세금징수 토지와 임대지에 대한 영구적인 지방 통제에서 파생된 경제적 사회적 권력은 지방에서 새로운 부와 권력을 가진 유력한 계층을 형성시켰다. 이 계층은 스스로 정부와 농민들 사이에 개입해 그 수익의 많은 부분을 가로챘다. 이론적으로 그들은 임차인이나 세금징수 청부인의 지위에 지나지 않으나 정부가 갈수록 약화되어 지방에 대한 통제력을 상실하자 이제 이 새로운 지주들은 지분의 범위는 물론 토지보유권의 안정을 확대해갈 수 있었다. 17세기에 들어 그들의 경제력이 커짐에 따라서 그들의 기능은 법과 질서를 유지하는 일로 확대되었다. 이 때문에 그들은 자신들의 군대를 양성했고 그들 중에서 일부는 특정 지역의 세습적인 통치자가 되기도 했다. 오스만에서 그들은 아얀(a'yān)이라고 불렸다. 처음 그들은 횡령으로 배척되었으나 18세기의 재정적·행정적 긴장 속에서 중앙정부는 지방도시의 운영까지를 포함해 지방문제의 많은 부분의 수행을 아얀에게 위임하는 것이 더 편리하다는 것을 알게 되었다.

1786년 아얀들의 세력 성장을 두려워한 술탄과 정부는 이들을 지방정부에서 축출하고 관료시장을 임명하기도 했지만 곧 관료시장제를 폐지하고 아얀들의 통치를 회복시키지 않을 수 없었다. 이 때 아얀은 지방 지배계층이나 지사 이상의 위치가 되었다. 18세기 초부터 아나톨리아의 지방 통치자들은 매우 넓은 지역을 통제하기 시작했다. '데레베이(dere-beyis)', 즉 산골 족장으로 알려진 이들은 출신이 다양했다. 처음 그들 중 일부는 중앙정부의 지방 관료 출신들이었고 또 다른 일부는 지방의 지배 가문 출신이었다. 이들은 중앙정부가 그 존재를 묵인하고 인정된 후 술탄에게 종속되기보다는 봉신의 관계로 자치적이고 세습적인 공국을 건설했다. 이들은 전쟁 시에 술탄 군대의 분견대 기능을 했는데, 대부분 준봉건적 징집병으로 구성되었다. 아얀들은 술탄으로부터 총독이나 지방 행정관 같은 형식적 작위가 주어졌지만 자신들의 영토 안에서는 사실상 독립적이었다. 19세기가 시작될 때까지 아나톨리아의 거의 대부분 지역이 다양한 데레베이 가문의 수중에 있었다.

한편 이러한 발전이 봉건적 기사의 지위에서 그리고 그들의 주된 거주지인 농촌에서 일어나고 있을 때 노예조직도 급격하게 변화하고 있었다. 그의 시작은 16세기 후반부로 거슬러 올라가는데, 첫 번째의 분명한 변화의 징조는 군사 충원에서 나타났다. 예니체리 군대는 강력한 집단연대로 뭉친 폐쇄적이고 특권적인 조직이었다. 처음에 그들은 주로 데브시르메 제도로 기독교 포로나 노예들 중에서 모집되었다. 예니체리 군대가 설립 당시부터 관련을 맺어왔던 베크타쉬(Bektashi, 1925년 터키로부터 추방된 탁발승 수도사회)라는 신비주의 교단에 참여하면서 그러한 충원방식은 헌신적이고 결혼하지 않는 군인을 배출했다. 결혼은 장교나 은퇴했거나 수비대에 근무하는 늙은 군인들에게만 허용되었다. 그러나 병력이 상속이나 매매로 충원되기 시작하면서 예니체리 군대는 쇠퇴하기 시작했다. 처음에 이 새로운 방식은 데브시르메 제도를 보완하기 위해서였는데 결국은 이를 대신해버리고 말았다.

16세기 말에 무라드 3세는 이들의 세력을 약화시킬 목적으로 현역의 결혼 허용, 신병 교육훈련의 완화, 인원의 대폭 증가 등 군율을 늦추어주었다. 그 결과 그들의 병영은 텅 비게 되었으며 여기에서 역효과가 나타났다. 즉,

외적에 대한 전투력은 줄어들었으나 술탄을 핵으로 하는 음모정치에는 커다란 정치세력으로 등장했다. 그 때문에 수도인 이스탄불에서 몇 명의 술탄이 그들을 제거하려다 폐위되거나 심지어는 목숨을 잃기도 했다.

1620년 무렵 예니체리는 더는 상비군이 아니었다. 오히려 사회질서를 위협하는 골칫거리가 되어 있었다. 그들의 규범은 무시되기 일쑤였다. 첫 번째 변질은 예니체리 결혼이 증가한 결과였다. 결혼은 자식을 갖게 된다는 것을 의미했고 특권 계층에 속한 아버지가 똑같은 특권을 자식에게 주고 싶어 하는 것은 자연스러운 일이다. 1568년 셀림 2세는 예니체리의 거듭된 요구를 받아들여 그들의 자식들이 사관생도로 병적에 오르는 것을 허용했다. 이렇게 등장한 새 예니체리들은 선발의 신중함도, 데브시르메가 거쳤던 혹독한 훈련도 없었다. 1592년까지 이들이 군대의 주류를 형성했다. 16세기 말 이란과의 전쟁 중에 예니체리 군대는 사실상 출신이나 지위에 관계없이 병적부에 등록되는 길을 돈으로 살 수 있는 모든 사람에게 개방되었다.

4) 신성동맹 전쟁(The War of the Holy League, 1683~1699)

17세기 오스만은 바다에서의 우위를 잃었고 그들 자신의 해안이나 해로도 방어할 수 없었다. 오스만의 흑해 해안은 코삭의 위협을 받았고 1614년 그들은 시노프(Sinop)를 불태우고 이듬해에는 이스탄불 교외를 약탈하고 1637년에는 아조프(Azov)를 빼앗아 5년 동안 점유했다. 무스코비(Muscovy)의 차르는 아직 이들을 그의 지배하에 둘 엄두를 내지 못했다. 크림 한(Crimean khan)은 흑해의 서쪽 해안을 따라 성을 쌓고 그곳에 새로운 공국을 세워 코삭을 저지하려 했다. 1621년 오스만 술탄 오스만 2세(Osmān Ⅱ: 1618~1622)의 폴란드 원정도 주로 코삭 문제 때문이었다.

그동안 지중해에서는 말티즈(Maltese)와 토스카나(Tuscan) 사략선들이 점점 더 대담한 활동을 보이고 있었다. 크레타는 그들의 기지 역할을 하고 있었다. 1644년 말티즈 사략선들이 이집트로 가는 선박을 나포하자 오스만은 크레타를 정벌하기로 작정했다. 1645년 그들이 카네아(Canea)를 차지했지만 지중해의 제해권은 1647년 해협들과 서머나(Smyrna) 그리고 모레아의 항구들을 장악한 베네치아로 넘어갔다. 1656년 베네치아가 군대와 보급으로 크레타를 강화하려던 오스만 함대를 해협 입구에서 막아 세우고 봉쇄를 강화하자 오스만은 이스탄불 자체가 공격받을 가능성을 걱정해야 했다. 절명의 순간에 대(大)와지르로 임명된 쾨프륄뤼 메흐메트(Köprülü Mehmet)가 1657년 어려움에도 해협에서 베네치아를 몰아냈다. 그러나 오스만은 해군력의 우위를 되찾지는 못했다.

30년 전쟁을 종식시킨 웨스트팔리아 조약(1648)의 결과 유럽에서의 긴장은 완화되었지만 지중해에서의 오스만의 세력 확장에 대한 공포가 증대하자 교황 알렉산더 7세(Alexander VII: 1655~1667)는 오스만에 대한 새로운 전쟁을 조율하기 위한 신성동맹(Holy League)을 결성했다. 오스만 제국과 이러한 유럽 연합의 결전을 위한 계획들이 그 후 수십 년에 걸쳐 만들어졌다. 오스만의 입장에서 제국이 건국될 무렵인 1300년에서 제2차 빈 포위가 있었던 1683년까지의 군사·정치적 성공과는 크게 대조적으로 기나긴 18세기의 특징은 패전과 영토의 축소였다.

30년 전쟁 동안 오스만의 보호하에 있던 트란실바니아 공국은 합스부르크를 상대로 하는 프로테스탄트 방어벽을 구성했다. 합스부르크에 대한 평형추로서 강화된 트란실바니아를 가진다는 것은 오스만으로서는 대단한 정치적 성공이었다. 그러나 트란실바니아의 죄르지 라코치 2세(György Rákóczi II: 1648~1660)는 오스만이 약화되자 곧바로 독자적인 정책을 추구했다. 오스만의 쾨프륄뤼 메흐메트가 이에 대한 원정에 성공해 야노바(Yanova)를 차지했다. 1660년 바라트(Varat, Eyalet) 공국이 이곳에 세워짐으로써 트란실바니아에 대한 통제가 가능해졌다. 이러한 현상유지(status quo)

의 변화는 오스트리아와의 새로운 전쟁을 야기했다.

1664년 오스만군은 트란실바니아를 돕기 위해 파견된 합스부르크 군대를 상대로 한 세인트 고타르드 전쟁(the Battle of St. Gotthard)에서 패배했다. 그러나 술탄보다는 프랑스 타도에 훨씬 더 열을 올리고 있던 신성로마 황제 레오폴트 1세(Leopold Ⅰ: 1658~1705)는 오스만과 20년간의 휴전(the Peace of Vasvár)에 합의하고 트란실바니아에서의 오스만의 지배를 인정해 주었다. 1672년 오스만은 페트로 도로셴코(Petro Doroshenko) 지배하의 코삭과 동맹을 맺고 폴란드를 공격했다. 초틴 전투(the Battle of Chotin, 1673)에서의 심각한 패배를 겪고 난 후에야 오스만 투르크는 전열을 가다듬어 조라우노 평화조약(the Peace of Zorawno, 1676)을 통해 폴란드인들로부터 포돌리아(Podolia)를 양도받을 수 있었다. 그리하여 코삭의 국지적인 저항에도 17세기 나머지 기간 동안 남부 우크라이나를 보유할 수 있었다.

그러나 이러한 중요한 두 전쟁에서 오스만군의 근본적인 약점이 노출되자 군(軍)지휘관이며 1676년 대(大)와지르가 된 야심찬 젊은 파샤 카라 무스타파(Kara Mustafa: 1676~1683)는 빈을 장악함으로써 명성을 얻으려는 계획을 세우게 되는데, 이러한 목표는 그간 수년 동안 오스만군이 자제해 오던 것이었다. 당시 레오폴드 1세는 어떤 대가를 치르더라도 오스만과의 화평을 원하고 있었다. 제국의 영광을 되살리려는 이 같은 계획은 술탄 메흐메트 4세(Meḥmet Ⅳ: 1648~1687) 재위 시 1683년 봄 실행에 옮겨졌다. 동원된 병력은 15만 명이었다. 7월의 첫 번째 수요일 오스만 투르크군의 깃발이 빈에서 불과 140km 떨어진 기외르(Györ) 성채에 나부끼고 있다는 소식에 접한 레오폴드 1세는 가족들과 함께 서둘러 호프부르크(Hofburg) 궁을 빠져나갔다. 빈의 목전에 이르러서야 술탄의 군대는 전진 속도를 늦추었다. 최정예 부대는 3월 말 보스포루스 해안가의 병영을 출발한 이후 거의 1,600km에 달하는 거리를 행군하여 유럽 대륙의 반 이상을 지나왔다. 황제가 도주한 지 6일 만에 투르크군의 전위부대가 빈에 도착했다. 당시

'기독교 세계의 최전선'에는 겨우 1만 5,000명의 정규군이 스타렘버그(Graf Ernst Rüdiger von Starhemberg)의 지휘하에 성채를 지키고 있었다. 7월 중순 무스타파는 빈을 포위하고 빈과 비너발트(Wiener Wald) 언덕 사이에 막사로 이루어진 병영을 세웠다.

파사우(Passau)에 피신해 있던 레오폴트 1세는 서방세계에 긴급하게 도움을 요청했다. 이에 교황은 보조금을 지급했고, 북이탈리아 및 독일 프랑켄의 젊은 귀족들은 지원병으로 나섰으며, 바이에른과 작센의 선거후(選擧侯, 신성로마제국 황제 선거인단)들은 군대를 소집했다. 이로서 빈은 구출될 수도 있다는 희망을 갖게 되었다. 게다가 얀 3세 소비에스키(Jan Ⅲ Sobieski) 왕이 이끄는 막강한 폴란드 군대가 카르파티아 산맥(Carpathians)을 넘어 온다면 실제적인 지원도 기대할 수 있는 상황이었다. 그해 3월 31일 얀 3세 소비에스키와 레오폴트 1세는 오스만 투르크가 크라쿠프(Krakow)나 빈을 공격할 경우 서로 돕는다는 조약에 합의한 바 있었다.

무스타파는 빈을 송두리째 차지하기 위해 전면적인 공격보다는 항복을 얻고자 했다. 그러다가 소비에스키의 전위부대가 도나우 북쪽 제방에 도착한 8월 말이 되어서야 도시를 기아에 빠뜨려 항복을 받아내려는 희망을 포기했다. 무스타파가 총공격을 시작한 9월 12일 아침, 성벽의 일부를 파괴하고 돌파구를 마련했으며 도처에서 전투가 벌어졌다. 그러나 독일 보병이 투르크군 야영지에 도착하고 해질 무렵에는 7만 6,000명의 폴란드 병력이 막사로 만들어진 투르크군 병영으로 달려들었다. 확실한 승리를 거둔 그들은 함락 직전의 빈을 구출했다.

그날의 전투는 당시로서는 군사적으로 어떤 특별한 중요성이 없었으며 즉각적인 평화조약도 없었다. 이 전투의 진정한 중요성은 시간이 흐르면서 더 분명해졌다. 그 후 도나우 강 평원에서 수많은 전투들이 벌어졌지만 술탄의 군대는 두 번 다시 가톨릭 기독교 세계의 방벽에 맞서 싸울 수 없었다. 10월 첫째 주말에 무스타파의 부관이 에스테르곰 남쪽 파르칸 강변

(Parkan River)에서 폴란드군에게 거센 반격을 가했다. 그러나 그것도 한순간이었다. 이틀 후 로레인(Lorraine) 공(公) 샤를르 5세(Charles V, Duke of Lorraine)가 지휘하는 기독교 연합군이 상황을 역전시키고 도나우 강 중류지역에서 저항하던 술탄군의 전선을 무너뜨렸다. 10월 24일 에스테르곰이 함락되었다. 이곳은 가톨릭 유럽 지역이었으나 이슬람화한 도시 중 기독교 군대가 탈환한 최초의 도시가 되었다.

소비에스키와 로레인 공 샤를르 5세가 만들어놓은 유리한 상황을 재빨리 활용하기 위해 가톨릭 기독교 세계는 처음으로 대(對)투르크 전략을 수립했다. 1684년 3월 베네치아, 폴란드, 오스트리아 대표가 교황 인노첸시오 11세(Innocentius, Innocent XI: 1676~1689)의 후원 아래 한 자리에 모였다. 도나우 유역뿐 아니라 오스만의 다른 국경들을 공격하기 위한 새로운 동맹이 결성되었다. 이 동맹군은 여러 전선에서 신속하고 지속적으로 메흐메트 4세를 공격했다. 이러한 군사행동들은 앞으로 35년간 끊임없이 계속될 전쟁의 시작이었다.

샤를르 5세는 페슈트와 헝가리 북부를 대부분 장악했으며 1686년 9월에는 부더를 점령했고 11개월 후에는 모하치(Mohács) 부근에서 혁혁한 승리를 거두었다. 샤를르 5세의 승리로 합스부르크 군대는 크로아티아와 트란실바니아 대부분 지역에서 오스만인들을 물리칠 수 있었다. 1688년 9월 첫째 주에 오스트리아는 지난 150여 년 동안 오스만의 주도(州都)였던 베오그라드를 급습해 전쟁을 발칸으로 확대시켰다. 다음해 여름 그들은 니시(Nish)와 스코페(Skopje)로 전진했으며 가을에는 이스탄불에서 640km 떨어진 곳까지 진출했다.

베니치아도 발칸에서 전쟁을 개시했다. 달마티아의 남쪽 해안과 보스니아에 있었던 오스만 전초기지에 대한 공격이 시작되었고, 1685년에는 그리스가 새로운 전쟁터가 되었다. 전직 공화국 총독 모로시니(Morosini)는 펠로폰네소스 반도, 즉 모레아 지방의 툴롱(Toulon)에 상륙해 에피루스와 마니에서 오스만에 대한 반란을 선동했다. 베네치아 해군은 1687년 8월 펠로폰네소스 반도 대부분에서 투르크인들을 몰아냈다. 한 달 후 모로시니 군사들은 코린트의 지협을 건너 육로와 해상을 통해 피레우스로 돌진했다.

오스만 제국은 동요하기 시작했다. 물가가 앙등했으며 굶주린 사람들이 이스탄불로 몰려들었다. 많은 농민들이 징집되면서 농촌은 황폐해졌다. 모하치 참패 후 얼마 안 지나지 않아 모로시니가 아티카(Attica)로 진군하고 있다는 소식이 전해지자 메흐메트 4세는 술탄의 자리를 동생에게 내주어야 했다. 메흐메트보다 겨우 석 달 늦게 태어난 쉴레이만 2세(Süleymān II: 1687~1691)는 세상과 단절된 채 39년간 카페스에 머물렀다. 그는 즉위 후 겨우 3년 반 만에 사망했지만 기대 이상의 일들을 해냈다. 1689년 10월 유능한 장군이며 많은 존경을 받던 파질 무스타파(Köprülü Fazil Mustafa)를 과감하게 대(大)와지르에 임명하고, 1690년 가을에는 니시와 베오그라드를 재탈환했으며, 도나우 강을 따라 방어선도 재구축했다. 그러나 헝가리로 진군하기 위한 채비를 할 무렵 그에게 죽음이 찾아왔다. 술탄의 자리는 다시 쉴레이만보다 10개월 늦게 태어나 43년 동안 카페스에서 지낸 아흐메드 2세(Aḥmed II: 1691~1695)에게 이어졌다. 그러나 1691년 8월 19일 헝가리로 진군하던 대(大)와지르 군대가 베오그라드에서 북서쪽으로 50km 떨어진 슬란카멘(Slankamen, 오늘날 Vojvodina, Serbia)에서 기습공격을 받고 뿔뿔이 흩어지면서 제국은 위기를 맡게 되었다.

그러나 그러한 상황에서도 기독교 연합은 그 기회를 활용할 수 없었다. 1689년 십자군을 주도하던 인노첸시오 11세가 사망하면서 정치적 목표가 약화되고 지원 자금이 축소되었던 것이다. 동맹군의 결속 부족으로 전쟁 직전 베네치아에서 구상되었던 전략이 제대로 이행되지도 않았다. 오스만군은 곧 아테네를 탈환했다. 폴란드와 러시아는 국내 문제에 매달렸고, 도나우 강 유역을 담당했던 오스트리아도 프랑스와의 전쟁으로 동맹에 적극 참여할 수 없었다. 베네치아는 민중 반란으로 전략적으로 중요한 키오스(chios) 섬을 포기했다.

그러나 오스만의 상황도 호전되지 못했다. 고립되어 있던 오스만의 전초 기지들에는 무기와 증원군이 정기적으로 보급되지 못했다. 새로이 떠오른 적국 러시아가 젊은 차르(tsar) 표트르 1세(Pyotr I, Peter Ⅰ : 1682~1725)의 지배 아래 1689년 크림 반도를 공격하고 1696년에는 흑해의 항구 아조프를 점령함으로써 흑해를 장악하려는 러시아의 거센 도전이 시작되었다. 서유럽화한 러시아는 북쪽으로부터 오스만 제국에 압박을 가해왔고, 얼마 안 있어 모스크바 공국 때보다 훨씬 더 심각한 위협 세력으로 떠올랐다.

무스타파 2세(Muṣtfa Ⅱ : 1695~1703)의 주도하에 오스트리아군의 전진을 저지하려는 활발한 시도가 이루어졌다. 그는 레오폴트 1세의 군대에 맞서 테메슈바르(Temesvar, Timiçoara; 티미쇼아라)를 방어해냈고 그 덕에 투르크인들은 도나우 북쪽에 있는 견고한 기지를 지킬 수 있었다. 야심을 갖게 된 그는 1697년 늦은 여름 베오그라드에서 헝가리의 부유한 곡창지대인 바치카(Bačka, 지금의 세르비아의 바주보니아[Vojvodina])를 향해 북으로 진군했다. 9월 11일 저녁 티서(Tisza) 강을 건너고 있던 군대를 오스트리아군이 급습해왔다. 이 젠타 회전(the Battle of Zenta, 1697년 9월 11일)에서 사보이의 오이겐공(公)(Prince Eugene of Savoy)에게 당한 패배는 결정적이었다. 제2차 빈 포위가 실패한 후 만 14년이 지나 투르크인들은 도나우 강 중류 지역을 다시 장악해보려는 마지막 시도를 했지만 결국 실패하고 말았던 것이다.

기나긴 협상이 1699년 1월 마지막 주에 종결되었다. 세르비아령(領)인 도나우 강변의 카를로비츠(Carlowitz, 지금의 Sremski Karlovci)에서 평화조약(the Treaty of Karlowitz, 1699년 1월 26일)이 체결되었다. 카를로비츠 조약은 오스만 제국과 유럽 열강들 간의 최초의 평화조약을 의미했고 또한 최초로 오스만 제국의 군사적 패배를 기록으로 남긴 것이었으며 그 선조들이 정복한 영토를 영구적으로 상실했음을 공식적으로 인정한 조약이었다.

이 조약에는 오스트리아 상인들에게 무역 특권을 부여하고, 가톨릭교도에게 신앙의 자유를 보장한다는 조항들이 애매하게 진술되어 있었지만 합스부르크 황제에게 오스만 제국의 국내문제에 간여할 수 있는 권리를 부여하고 있는 듯 보였다. 평화회담이 시작되었을 때 합스부르크가가 보유하고 있던 헝가리와 트란실바니아 전 지역은 조약으로 그 상태가 유지되었다. 베네치아는 달마티아와 펠로폰네소스 반도에 대한 소유권을 얻었다. 투르크인들은 남부 폴란드와 우크라이나에서 철수했고 그 후 폴란드로부터 이 영토를 탈환하려는 어떤 시도도 하지 않았다. 러시아와의 비밀회담은 더 길게 진행되었지만 1700년 6월 타협이 이루어졌다. 아조프와 드니에스테르(Dniester) 강 하류 지역에 대해 이 지역에 있는 모든 러시아 요새들을 철거한다는 조건으로 이에 대한 차르의 소유권이 인정되었다. 물론 조약 당사자들은 국경 설정이 최종적으로 마무리되었다고 생각하지는 않았다. 흑해 장악을 위한 싸움이 막 시작되었을 뿐이었다.

6. 서방의 침투와 오스만의 개혁

신성동맹 전쟁에서 터키가 겪은 패배는 터키의 입장에서 '국가가 창설된 이래 결코 겪어보지 못했던 일대 재앙'이었다. 패배의 원인을 찾기 위한 논쟁이 벌어졌다. 왜 이전에는 항상 이슬람 군대에게 패배했던 하찮은 이교도들이 지금은 승리하고 있고, 왜 이슬람 군대는 패배를 겪어야 하는가? 이러한 논쟁은 공직자와 관리들, 상류계층에서 일반 국민에게로, 그리고 오랫동안 이슬람의 창과 방패로 기독교와 대치해온 터키인들로부터 나머지 무슬림들에게로 퍼져나갔다. 변화에 대한 인식은 한편으로는 러시아에 이어서 서유럽에서 새로운 무기의 개발이 이루어지고 많은 이슬람 영토를 유럽이 지배함에 따라 강화되었고, 다른 한편으로는 이슬람 영토에 막대한 불이익을 주는 교역조건의 극적인 변화로 더욱 가속화되었다. 이제 오스만 제국은 그 권세가 아니라 국가의 약화가 유럽에 심각한 문제를 안겨 주었다. 그 문제는 '동방문제'로 알려졌다.

1638년까지는 헝가리 서부와 크로아티아를 가로지르는 '군사 분계선'이 이슬람에 대항하는 방어선을 형성하고 있었지만, 1699년 이후 그 경계선은 동쪽으로 트란실바니아까지 다가왔으며 매우 공격적인 양상으로 발칸을 향해 압박해오고 있었다. 마치 투르크인들을 아시아로 몰아낼 것 같은 기세였다. 그러나 이 새로운 군사 분계선은 역시 예전과 마찬가지로 합스부르크가 프랑스의 음모와 독일, 폴란드, 이탈리아 반도 문제에 전념했다는 사실만 보아도 본질적으로 방어적이었다. 사보이의 오이겐공이 1716년 테메슈바르에서, 그 이듬해에는 베오그라드에서 성공적인 전쟁을 수행했고, 테메슈바르와 바나트가 다시는 오스만의 지배를 받지 않았음에도 1739년 오스만은 세르비아를 탈환할 수 있었다. 유럽인들이 오스만 터키로부터 베오그라드를 되찾는 데는 150년의 시간을 기다려야 했다. 이스탄불을 향한 오스트리아의 진군은 없었다. 1700년에서 1720년까지를 제외하고는 제1차 세계대전의 종식으로 제국들이 사라질 때까지 사바 강(Sava)과 도나우 강이 합스부르크 왕국의 국경을 이루고 있었다.

이후 오스만에 대한 서구 세력의 침투는 두 개의 방향으로부터 진행되었다. 첫째는 북방 발칸 반도와 흑해 방면을 겨냥한 것이다. 오스트리아는 발칸의 영토를 회복하고자 헝가리와 세르비아의 탈환을 노리고 있었고, 러시아는 일종의 난해정책(暖海政策)으로 흑해와 발칸 반도를 남하하여 자국 상선과 군함의 보스포루스 해협과 다르다넬스 해협[19]의 자유로운 항행을 실현시키고자 하는 남진정책을 추진했는데, 이것은 흑해 북안에서 17

---

19) 오스만 투르크 제국의 수도 이스탄불에서 내려다보이는 보스포루스 해협은 길이 24km, 폭이 가장 넓은 곳이 4.5km, 좁은 곳이 0.8km이며, 마르마라 해와 에게 해에서 연결되는 다르다넬스 해협은 길이 7.5km, 폭은 가장 좁은 곳이 1.5km인 해협으로 이들은 터키의 영해(領海)인 동시에 전략적 요충지다.

세기 말 표트르 대제 때부터 시작되었다. 둘째는 동지중해의 상권을 확보하는 동시에 인도에 이르는 교통로를 독점하려고 하는 영국과 프랑스의 경쟁적인 움직임이다. 그것은 18세기 중엽의 오스트리아 왕위 계승전쟁, 7년 전쟁 전후의 인도 쟁탈 시대부터 잠재하기 시작해 18세기 말의 나폴레옹의 이집트 원정으로 표면화되었다.

오스만 제국의 쇠퇴는 이러한 유럽 국가의 번성과 거의 때를 같이 했다. 17세기 말까지 오스만 제국은 유럽 국가의 연합공격에 시달렸다. 그 후 유럽 열강은 서로 경쟁하고 견제했기 때문에 오히려 오스만 제국이 연명하는 데에는 큰 도움이 되었다. 이른바 에디르네 사건(Edirne Vakasi)[20]이 있었던 1703년에서 1718년까지 오스만 정부는 매우 무력했다. 13명의 와지르가 당혹스러울 정도로 빨리 교체되었고, 변경 지방에 대한 통제력 역시 매우 미약한 상태였다. 중앙정부의 부패와 통제력의 약화로 인해 변경의 주들, 즉 레바논, 이집트, 예멘, 아라비아 반도, 쿠르드족의 거주 지역 및 심지어 몰다비아[21]와 왈라키아 지역 등이 반(半)독립화되었다. 이들 지역의 토착 통치자들이 뜻대로 완전한 자치를 달성하지 못했던 것은 이 지역으로 유럽 국가의 침투가 집중됨으로써 오스만 정부의 감시가 심해졌기 때문이었다.

제국의 힘을 회복시키려는 노력도 있었다. 27년간 술탄의 자리에 있던 아흐메드 3세(Aḥmed Ⅲ: 1703~1730)는 치세 전반기 동안 교활한 정치적 수완을 보이며 권력 강화에 힘썼고 육·해군 근대화 정책은 어느 정도 성공적

---

20) 18세기 초, 술탄은 대개 상징적인 권력만을 가지고 있고 실질적인 권력은 와지르나 파샤 가문의 수중에 있었다. 술탄 무스타파 2세가 이러한 상황을 뒤엎고 권력을 자신과 궁정으로 집중시키려고 자신이 정부의 주요 인사들과 장기간 에디르네에 머물면서 이곳을 실질적인 수도로 삼으려는 시도에 이스탄불 주민과 군대가 반발해서 발생한 사건.

21) 루마니아 동북부 프루트(Prut) 강과 카르파티아(Carpathian) 산맥 사이에 있는 지역의 옛 이름.

이었다. 오스만군은 오이겐공을 격퇴시킬 수는 없었지만 1711년 프루트(Prut, Pruth) 강에서 베사라비아로 침입한 러시아 군을 저지시킬 수 있었다(the Russo-Turkish War: 1970~1711). 이 시기 동안 거둔 가장 놀라운 성과는 그리스 남부에서 있었다. 놀라운 속도로 펠로폰네소스 반도(모레아)를 탈환한 것은 재편된 오스만 함대의 효율성을 입증하는 것이었다.

펠로폰네소스 반도의 그리스인들은 25년 동안 베네치아의 지배를 받고 있었다. 베네치아인들은 정교를 신봉하는 그리스인들과는 달리 로만 가톨릭이었으며 상업적으로는 그리스인들의 가장 강력한 경쟁자였다. 18세기 초 고위 행정관이나 거상이 되어 오스만 제국의 중심부에서 뿐 아니라 루멜리아와 레반트 전역에서 활동하던 '파나리오트(Phanariot)' 그리스인들은 펠로폰네소스 반도의 그리스인들을 베네치아로부터 해방시키기 위해 오스만 정부에 압력을 가하기 시작했다. 1714년 12월 초 에게 해에서 이따금씩 벌어지던 오스만과 베네치아 선박들 간의 교전을 구실로 1716년 오스만의 고위 성직자들, 콘스탄티노플의 그리스 정교도 총대주교(總司敎長, Patriarch, 그는 카를로비츠 조약으로 펠로폰네소스반도에서의 토지 과세권을 잃었다)와 와지르 실란다 알리(Silahdar 'Ali) 파샤 등이 연합해 베네치아에 대한 전쟁을 시작했다.

오스만군은 베네치아에 고용된 군인들의 저항을 받지 않았으며 그리스 정교회의 즉각적인 지원을 받았다. 오스만군은 크레타와 칼라마타(Kalamata)에 있던 베네치아의 마지막 요새를 점령했고 키클라데스(Cyclades) 제도에서는 티노스(Tinos) 섬을 차지했다. 1716년 오스트리아가 재정적 파탄을 겪고 있던 베네치아와 동맹을 맺고 결정적인 승리를 위해 전쟁에 끼어들었다. 오스만군이 바나트 크라이나(Banat Krajina)에서 오이겐공에게 타격을 입고 주춤거리던 1717년, 베네치아는 교황 클레멘스 11세(Clemente XI: 1700~1721)와 몰타 기사단(Knights of Malta)이 제공한 선박을 이용해 일제히 반격에 나섰지만 신성동맹의 마지막 단결은 뜻한바 목적을 이루지 못했다. 파사로비츠(Passarowitz, 지금의 포자레바츠 Požarevac)에서 체결된 평화조약(the Treaty of Passarowitz, 1718년 7월 21일)에서 베네치아는 펠로폰네소스 반도와 크레타를 포기하는 데 동의했다. 오스트리아는 몇 차례의 승리 덕분에 테메스바르의 바나트(the Banat of Temesvar)와 소(小) 왈라키아(Lesser Walachia), 세르비아 북부와 보스니아 북부를 얻었다. 파사로비츠 평화조약은 서유럽에서는 별로 주목을 받지 못했다. 그러나 이 조약은 지중해 역사의 한 전환점이 되었다. 오스만 제국은 서구가 시도한 최초의 해상 공격을 저지했고, 베네치아는 레판토(Lepanto, 그리스어로는 Navpaktos) 앞바다에서 쫓겨났다.

그러나 펠로폰네소스 반도에서의 성공만으로 오스만 제국의 세력이 회복된 것은 아니었다. 그것은 동지중해를 개종시키려는 교황의 시도를 저지하고 싶었던 무슬림과 그리스 정교도 사이의 협력으로 가능했던 일이었다. 그러나 얼마 안 있어 러시아가 그리스 정교도들에 대한 연고권을 내세우며 발칸 지역에 세력을 부식시킴으로써 이러한 연합은 곧바로 새로운 국면에 접어들게 되었다. 그리고 조약의 내용으로 보더라도 오스만 제국의 약화가 유럽 제국(諸國)에게 재인식되는 결과가 되었다. 오스만의 입장에서 베네치아와의 조약이 어느 정도 자신에게 유리한 것이었다 해도 오스트리아에 대한 조항은 극히 불리한 것으로 1699년의 카를로비츠 조약에 이어 발칸 반도에 대한 지배권이 한층 더 축소되었던 것이다.

유럽에서의 오스만의 정복은 1700년쯤에 끝이 났다. 17세기 말엽부터 이미 외부인들은 술탄 왕조의 붕괴를 계속해서 예언해왔다. 제국의 내부를 들여다보면 18세기 동안 오스만의 두 지배 계급이 커다란 변화를 겪고 있었다. 무관들은 대부분 술탄의 노예였으며, 기독교인 부모 밑에 태어나 지금은 사라진 데브시르메(devşirme)에게 뽑혀 궁성학교에서 교육받은 자들로, 그들은 자신들이 가지고 있던 국가의 최고위 세속적 관직에 대한 독점권을 잃어버렸다.

대부분의 문민들은 많은 경우 공무원이었던 자유인 무슬림들의 자제들이었다. 이들이 무슬림 학교(madrasa, medrese; 이슬람 사원 부설 신학교)에서 철저한 교육을 받은 것은 아니었지만 어린 시절부터 관공서에서 훈련을 받았다. 재능이 있는 경우 정부의 고위직에도 오를 수 있었다. 대(大)와지르의 수석 보좌관이 외교업무를 담당하게 되었는데, 우호적인 열강들에 대한 의존도가 커지면서 유럽 정치에 대한 기본적인 지식을 갖춘 외교관의 중요성도 커져 갔다. 이러한 새로운 엘리트들의 구성원들은 과거에 대(大)와지르를 보좌했던 세련되지 못하고 호전적이었던 군인들과는 많이 달랐다. 그들은 학력이 높았고 문화적 소양이 있었다. 이들은 울라마와 많은 공통점이 있었지만 대부분의 울라마와는 달리 서양의 사상에 쉽게 영향을 받는 경향이 있었다. 이런 점들은 필연적으로 19세기 오스만 개혁의 결정적인 부분이 되었다.

새롭게 부상한 이러한 계급이 이스탄불의 문화적 부흥을 이끌었다. 술탄 아흐메드 3세 집권기, 특히 네브셰히를리 다마드 이브라힘(Nevşehirl Damat Ibrāhīm: 1718~1730) 파샤가 재직할 당시 많은 유럽양식의 건축, 문학, 인쇄 그리고 생활양식들이 등장했다. 화려한 로코코(rococo)풍이 유행했다. 그러나 그 문화적 열정 때문에 그리고 이스탄불 상류 사회 모임에서 네덜란드에서 수입한 튤립을 즐겨 사용했기 때문에 '튤립의 시대(Lale Devri)'라고 불리던 이 시대는 매우 짧았다. 군사개혁에 두려움을 느낀 예니체리들이 다른 보수 세력들과 연합하기 시작했던 것이다. 이들은 궁정의 사치와 새로운 유럽 양식들 그리고 페르시아 정복으로 얻었던 많은 것들을 잃어버린 것에 대해 분노했다. 그들은 높은 세금과 치솟는 물가로 고통을 겪고 있던 대중들을 선동하기 시작했다. 1730년 그들은 마침내 술탄과 그의 정부를 전복시켰다.

이 반란으로 서구화 과정이 늦추어졌지만 유럽 문화는 여러 통로를 통해 침투되고 있었다. 많은 외국 외교관들, 상인, 전문가들 그리고 여행자들이 이제는 손쉽게 터키 지식인이나 관리들을 접촉할 수 있었다. 18세기 동안 군대와 봉건체제 그리고 전통적 노선의 행정을 새롭게 하려는 시도가 더욱 뚜렷해졌다. 그러나 그런 것들로는 기울어가는 제국을 일으켜 세울 수 없었다. 결정적인 위협은 러시아에서 비롯되었다.

러시아의 차르인 표트르 대제(Pyotr Ⅰ the Great: 1682~1725)는 러시아의 서구화를 강행하고 북방전쟁(the Great Northern War, 1700~1721)을 통해 발틱에서의 우위를 확보했다. 이러한 노력에도 러시아는 여전히 흑해와 헬레스폰트에 대한 통제권을 장악함으로써 훨씬 더 큰 무역과 군사적 강점에 고무된 유럽과 그의 지도자들로부터 상대적으로 소외되어 있었다. 지중해로 접근할 수 있다면 러시아는 새로운 차원의 부와 영향력을 가지게 될 것이다. 이제 그 길을 막아서는 것은 쇠약해져 가는 오스만 제국뿐이었다.

러시아 세력 확장의 다음 단계는 1768년에 표트르 3세의 황후 예카테리나 2세(Yekaterina Ⅱ Velikaya, Catherine Ⅱ: 1762~1796)가 진행했다. 그녀는 1770년 새롭게 수립된 러시아의 면모를 과시하기 위해 대규모 선단으로 이루어진 러시아의 발틱 함대를 발진시켰다. 전 유럽이 충격을 받았지만 그것은 오스만 제국에 가장 치명적이었다. 러시아의 급격한 국력신장은 러시아 - 터키 전쟁(the Russo-Turkish War: 1768~1774) 중 해전(the Battle of Chesma)과 육전(the Battle of Kagul)에서의 터키 패배로 나타났다. 전쟁의 패배로 터키가 러시아와 맺은 쿠추크 카이나르지 조약은 오스만 제국의 위신에 통렬한 타격이 되었으며, 향후 이슬람 문명에 대한 서구 세계의 지배의 주요한 이정표가 되었다.

이 조약을 통해 오스만 제국은 자신의 지배하에 있던 크림 주변 지역과 자신의 봉신국이었던 타타르 한국(The Tatar Khanate)을 러시아에 양도했다. 러시아는 오스만 제국 내에서 무역과 항행의 자유와 정교도들에 대한 보호권을 획득했다. 이러한 진전에 고무된 러시아인들은 얼마 안 있어 또 다른 전쟁(the Russo-Turkish War, 1787~1792)을 통해 흑해에 대한 더 큰 통제권을 획득하고 발칸으로의 진군을 계속했다.

1768~1774년의 러시아 - 터키 간 전쟁은 '동방문제'에 새로운 의미를 부여한 핵심적 사건이었다. 이 전쟁은 중동의 잠재적 중요성에 대한 세계적 제국주의 초강대국 영국을 긴장시켰다. 영국은 최근 7년 전쟁에서 프랑스를 제압해 북아메리카와 인도에 대한 통제권을 확보한 바 있었다. 영국 지도자들에게 러시아의 동부 지중해 진출은 환영할 만한 일이 아니었다. 그들의 행보는 페르시아와 중앙아시아로 이어져 영국의 이해를 위협할 것이었다.

나폴레옹의 프랑스만이 이들 양국 간에 새롭게 드러난 차이들을 당분간 덮고 서로 협력하게 만들었다. 그러나 동시에 나폴레옹은 영국에게 자신의 제국적 구상에서 중동이 갖는 중요성을 확신시켜주었다. 이는 중동 문제에 소극적이었던 영국을 1세기에 걸쳐 중동 분규에 빠져들게 만드는 계기가 되었다.

러시아와의 전쟁(1768~1774)과 이어 러시아와 오스트리아를 상대로 한 전쟁(1787~1792)에서도 패하고, 곧이어 1798년 나폴레옹이 불과 일주일 만에 이집트를 점령하자 술탄 셀림 3세(Selim III: 1789~1807)는 더 포괄적인 일련의 개혁을 실천에 옮겼다. 제국 추밀원, 디완을 12개 부처의 내각으로 개편함으로써 와지르의 권한을 축소하는 행정기구 개편이 단행되었다. 그리고 유럽식으로 편재되고 훈련되는 근대적인 군부대가 만들어졌다. 이에 따른 연관 산업과 학교들도 새로이 설립되었다. 최초로 상주 대사관이 주요 유럽 국가들의 수도에 설치됨으로써 열강들과의 관계도 강화되었다.

그러나 이러한 새로운 군대의 충원은 예니체리와 울라마의 반발을 불러일으켜 1807년 셀림의 지배와 개혁을 중단시켰다. 성공적으로 쿠데타를 이끈 베이락다르 무스타파(Bayrakdar Muṣtfa) 파샤는 이듬해 마흐무드 2세 (Maḥmūd II: 1808~1839)를 술탄에 앉히고 군사개혁을 되돌리려 했다. 그러나 몇 달 후 그 역시 새로운 예니체리 봉기로 제거되었다. 서구화의 첫 번째 시도가 실패함으로써 그러한 개혁은 전통적인 오스만 제도들 속에서는 수행되기 어렵다는 것이 드러났다. 사회제도 전반에 걸친 근본적인 개혁의 필요성이 제기되었다.

마흐무드 2세는 오스만 통치체제에 대한 진지한 개혁들을 시도했다. 개혁의 목적은 쇠퇴해가는 제도들을 근대화(서구화)함으로써 제국을 구하려는 것이었다. 그는 신중한 자였다. 이러한 개혁의 필요성을 인지한 것이 술탄과 그의 몇몇 진보적인 협력자들에 국한되었기 때문에, 무엇보다도 먼저 그의 절대적이고 중앙 집중적인 통치의 확립이 긴요했다. 마흐무드는 루멜리아의 지방 명사집단 아얀(a'yān), 아나톨리아의 세습적이고 사실상 독립적인 봉건 가신 데레베이(dere-beyis) 권력을 약화시켜 200년 동안 자율적 권력을 행사해 온 지방정부를 장악했다. 그는 또한 비딘(Vidin)의 파스반 오그루(Pasvan-oglu), 야니나의 파샤(Pashā of Janina) 알리('Alī), 그리고 다른 총독들의 반란도 진압해야 했다. 그 후 1826년에는 예니체리를 해체해 완전히 역사 속으로 퇴장시켰다. 마지막으로 울라마를 제압하여 행정부에서의 그들의 기능을 박탈했다. 그동안 그들은 사법과 교육 그리고 종교기관의 재산(waqf)을 통제하는 데 주요한 위치에 있었다. 이들 장애를 제거한 후 마흐무드 2세는 중요하고 수많은 혁신을 단행했다. 마흐무드와 그의 후계자, 압둘 메시드 1세('Abdülmecīd I : 1839~1861)나 압둘 아지즈는 개혁을 진행하면서 영국의 스트래트포드 캐닝(Stratford Canning, 1st Viscount Stratford de Redcliffe, 이스탄불 대사 재직: 1842~1852)으로부터 많은 지원을 받고, 1867~1870년에는 프랑스의 지원을 받기도 했다.

열강들이 오스만 정부에 가장 집요하게 촉구하고 나선 개혁은 기독교 신민들의 지위에 관한 것이었다. 실제로 탄지마트(Tanzīmāt, 재정비/재조직)라고 불리는 개혁의 시작점으로 간주되는 1839년에 반포된 술탄 압둘 메지드 헌장(Gülkhāne of Khaṭṭ-i Sherīf)이나 조칙은 종교의 구분 없이 모든 오스만 신민의 근본적인 권리를 보장했다. 이러한 보장은 1856년의 헌장으로 재확인되면서 비무슬림의 종교적 자유, 사법행정에서의 평등 과세, 공무원 채용, 군복무, 교육기관의 입학 허가로 확대되었다.

일부 지도자들의 서구에 대한 경외와 서구 열강의 협박에 가까운 요구로 시작된 개혁이 무슬림 대중들의 진보적 경향의 뒷받침을 받았던 것은 결코 아니었다. 이슬람 우위의 종교적 원칙과 수세기 동안 계속된 비신자에 대한 무슬림의 지배가 변화를 어렵게 만들고 있었다. 이들에게 이슬람의 선봉으로서의 오스만 제국이 비무슬림들에게 완전한 평등을 허용하는 세속 국가로 변모한다는 것은 상상할 수 없는 일이었다. 기독교 열강들의 군사적 승리와 동종 종교인들을 편들기 위한 그들의 끊임없는 개입 그리고 19세기 발칸인들의 유혈 반란들은 무슬림들 사이에 반기독교 감정을 강화·확산시켰다. 더구나 비무슬림 공동체 역시 이러한 정책에서 정부와 협력하는 것을 꺼리고 있었다. 그들이 자신들의 지위향상을 염원했던 것은 사실이었지만 대부분은 완전하게 평등해진 시민에게 지워지는 의무를 감당할 준비가 되어 있지 않았다. 결국 개혁은 제한적일 수밖에 없었다.

아마도 탄지마트의 중요한 결과 중 하나는 온건하고 진보적인 무슬림 중간 계층의 지식인들을 형성시켰다는 것일 것이다. 그들은 공무원, 군(軍)장교, 작가 그리고 많은 울라마들로 구성되었다. 1865년경 이들 중 일부가 정치운동을 시작했다. 나중에 '새로운(또는 젊은) 오스만 사회(The New [or Young] Osman Society)'로 알려진 이 운동은 대중의 여론을 이끌어내고 정부를 비판하기 위해 언론과 문학을 이용했다. 대부분 세속적인 교육기관 출신으로 유럽의 문화와 사상에 익숙해 있던 이 운동의 지도자들은 일종의 무슬림-오스만 민족주의를 개발해냈으며, 좁은 범위의 특권층 가문에 속해 있던 고위 관료나 지배층 울라마의 강력한 과두제에 공격을 가했다. 그러나 그들은 대부분 정치적 통찰력과 기반을 갖추지 못했으며 해외로 망명해 주로 그곳에서 활동했다. 그들의 희망은 1876년, 혁신적인 정치가 미드

하트 파샤(Midḥat Pāshā: 1822~1883)의 노력의 결실로 만들어진 오스만 최초의 헌법, 카누드 에사스(Qānūn-i Esāsī, 일명 미드하트 헌법)로 잠깐 빛을 보았을 뿐이다. 1877년 2월 미드하트 파샤를 해고·추방해버린 전제적인 술탄 압둘 하미드 2세는 의회(sine die)를 해산하고 이듬해 헌법의 효력을 정지시켰다. 그 후 30년의 통치기간 동안 그는 일디즈 궁(Yıldız Sarayı)에 틀어박혀서 비밀경찰, 전신 검열 등을 통해 전제정치를 행했다.

이러한 전제정치 기간 동안 소멸된 '젊은 오스만 사회'의 자리에 새로운 혁명적 조직이 자리를 잡았다. 1889년 이스탄불의 육군사관학교 학생들이 만든 이 조직은 나중에 '오스만 통일·진보 위원회(Osmanli İttihat ve Terakki Cemiyeti)'라는 이름을 갖게 되었고, 그 구성원들은 통상적으로 '청년 터키당(Jön Türkler, Young Turks)'이라고 불렸다. 1892년의 술탄에 대한 암살 기도와 1896년의 쿠데타가 실패로 끝나면서 많은 공모자들이 체포·처형되거나 국외로 망명했다. 이들 중 일부는 프랑스, 스위스, 이집트의 청년 터키당에 가담했다. 젊은 터키당의 본부가 최종적으로 마케도니아의 테살로니카에 설치되었는데 그곳의 비밀공제 지소들이 파괴적인 활동을 위한 보호막 역할을 했다. 1908년 7월, 영국과 러시아의 마케도니아 개입에 불만을 품은 마케도니아 주둔 제3군단 장교들이 봉기했다. 이들은 술탄에게 '1876년 헌법'의 부활과 의회의 개회를 요구했다. 이들은 1909년 반동적인 봉기에 일시적으로 세력이 주춤하기도 했지만 1918년 쿠데타에 성공해 일당 지배를 확립했다.

제10장
오스만 지배 영역과 관련된 문제들

1. 아랍 지역

이스탄불의 오스만 중앙정부의 세력이 현저하게 약화됨에 따라 많은 주(州)들의 지방 엘리트들은 자율권을 더 많이 갖게 되었다. 그들은 술탄의 지위와 행정부의 변화가 대도시나 부족의 지도자로서의 그리고 지방 세금 청부업자나 관공리로서의 자신들에게 그 권위가 효과적으로 이전되는 결과로 이어지기 때문에 이를 환영했다. 이들 지방 지도자들은 오스만 체제 내에 잔류했다. 말하자면 그들은 술탄의 대군주의 지위를 인정하고 쿠트바에 그의 이름을 사용했다. 세입을 이스탄불로 보내고 요청이 있을 경우 제국의 군대에 병력을 보내기도 했다. 독립적인 대외정책을 추구하거나 자신의 이름으로 동전을 주조하는 일은 별로 없었다.

오스만 속주들에서 발생한 정치 상황의 변화는 지역에 따라 엄청나게 달랐다. 이스탄불에서 가장 가까워 수도에 양식을 공급하고 국고에 돈을 보내주어야 하는 주들의 경우는 특별히 밀착된 감시를 받았다. 부르사와 같이 적어도 이들 지역의 일부는 16세기에서처럼 17세기에도 번성했다. 이들 지역은 더 먼 지역보다 오스만의 정치적·군사적 구조에 더 완전히 통합되었다.

16세기와 17세기를 거치는 동안 분명해진 제국의 쇠퇴는 아나톨리아나 루멜리아와 같은 더 오래된 영지뿐 아니라 아랍 주(州)들에도 영향을 미쳤다. 1623~1638년 사이에 사파위 왕조가 바그다드를 되찾아가고, 어떤 영토들은 이제 터키의 영향권을 벗어났다. 1635년 술탄은 불안정하게나마 보유하고 있던 예멘에 대한 종주권을 포기했는데, 술탄의 종주권이 유지되고 겉보기에 옛 주(州)행정이 남아 있는 것처럼 보이는 곳에서 조차 지역에 기반을 둔 세력들이 주의 지배권을 확보하려고 다투었고, 여기저기서 지역적 전제정치가 일반적인 무정부 상태로부터 그 형체를 드러냈다.

무정부 상태로의 표류는 17세기 이집트의 역사에서 가장 잘 드러나며 오스만 제국의 위기와 동시에 나타났다. 이집트는 1517년 오스만 술탄 셀림 1세가 카이로 외곽의 아르 레이다니야(Ar Raydaniyah)에서 맘룩을 패배시킴으로써 정복된 이래 1520년 반란 후 재조직되어 16세기 나머지 기간 동안 오스만 제국의 통제하에 있었다. 이집트의 총독(viceroy)은 술탄이 임명했지만 지방 관할구역 특히 상부 나일 강에 연한 구역의 세금징수는 세리에게 도급되었다. 이집트에는 시파히(sipahi)와 토지세 제도가 확립되지 않았다. 셀림 1세는 맘룩 술탄제를 폐지했지만 그와 그의 후계자들 모두 이집트에서 맘룩의 세력과 영향력을 소멸시키지는 못했다. 이집트 총독이 맘룩 베이들의 간섭 없이 자신들의 업무를 수행할 수 있었던 것은 오직 오스만 지배의 첫 한 세기뿐이었다.

자치와 심지어 독립을 추구하는 지방 지도자들의 출현과 함께 오스만 국경으로 침투해 들어오는 유럽 열강의 위협으로 오스만 제국은 존립 자체를 위협받게 되었다. 17세기 중엽으로 접어들면서 아얀이나 데레베이들이 자치적인 통치 행태를 더욱 굳건히 해나가는 동안, 지방 통치를 위해 파견되었던 총독들도 전제적인 통치행태를 보이면서 제국의 통제로부터 이탈해가고 있었다.

이 시기의 지역적 전제정치의 형성은 중앙 권력으로부터 가장 멀리 떨어져 있고 접근이 어려운 부분에서 가장 먼저 진행되었다. 그래서 사실상 자치지역이었던 알제와 튀니지 같은 북아프리카의 주들에서는 17세기 동안 자신들의 반(半)주권적인 제도들을 개발했고, 알제의 데이(dey)나 튀니지의 베이(bey)와 같은 세습 총독들의 군주국이 등장했다.

바스라(Başra) 주의 경우, 1596~1597년 사이에 지방 귀족 아프라시얍(Afrasiyab) 가문이 왕조를 세웠다. 시리아에서는 알리 줌블라트('Ali Jumblatt) 파샤가 진정한 독립을 목표로 반란을 이끌었는데 1607년 가까스로 진압되었다. 초기 지방 전제세력 중 가장 대표적인 것은 남부 레바논의 드루즈(Druz) 아미르 파흐르 알 딘(Fakhr al-Din)으로서, 그는 1590~1635년 사이에 그곳에 토호국(emirate of Mount Lebanon)을 세웠다. 그는 하란(Haurān), 아즈룬('Ajlūn), 나블루스(Nābulus)와 같은 고지대에 자신의 세력을 확대시켜 오스만의 '비옥한 초승달' 지역의 지배를 위협했다.

17세기 중반, 중앙정부의 더 적극적인 지도력으로 이러한 오스만 제국의 쇠퇴는 잠시 지연되었다. 무라드 4세가 술탄의 권력을 재확립하려는 단호한 조치들을 시행함으로써 파흐르 알 딘의 위협과 사파위조의 바그다드의 재점령 문제는 해소되었다. 지방의 무질서가 완전히 제거되지는 않았지만 대(大)와지르 쾨프륄뤼 메흐메드(Köprülü Meḥmed: 1656~1661)와 그의 아들 파질 아흐메드(Fāẓil Ahmed) 파샤의 비상한 노력으로 무정부 상태는 진정되었다.

그러나 18세기 동안 제국의 쇠퇴는 멈추지 않았다. 이집트와 비옥한 초승달 지역에서는 대도시를 중심으로 파벌적인 세력다툼이 있었고, 새로운 지방 전제 정치가 다시 등장했다. 초기의 경우와 마찬가지로 이들 역시 오스만의 전통적인 주 행정체계 내에서 움직였지만, 전통적인 요소에서가 아니라 자신들의 개인적 자질, 사적인 수단 그리고 사적인 군사력으로부터 자신의 권력을 이끌어냈다.

주(州)총독 출신으로 가장 견고한 전제정치를 구축한 것은 바그다드 총독이었던 하산 파샤(Ḥasan Pāshā, 1704~1723)였다. 그는 사파위조가 붕괴할 때까지 오스만-페르시아 변경에서 안정된 체제를 유지했다. 그곳에서는 오스만 술탄과 사파위의 샤 간에 전쟁이 끊이지 않았기 때문에 그 와중에서 살아남기 위해서는 강력한 체제가 요구되었다. 하산의 아들 아흐마드 파샤(Aḥmad Pāshā)는 강력한 그루지야 맘룩을 양성해 이들을 전투병과 행정 관료로 기용했다.

17세기와 18세기 오스만 세력의 쇠퇴는 그동안 경쟁과 불화를 겪던 북부 아라비아와 남부 아라비아 사이의 관계에도 영향을 미쳤다. 다마스쿠스가 이들 간의 경쟁의 대상이 되었다. 이것이 다마스쿠스에서 아즘가

(家)('Azm)의 전제정치가 등장하는 배경이 되었다. 이들 가문의 지배는 1725~1757년 사이에 절정기를 맞았으며, 다마스쿠스뿐 아니라 트리폴리와 다른 시리아 주들도 지배했다. 그러나 시리아는 오스만의 수도에서 가까웠고, 오스만의 입장에서 아나톨리아를 히자즈와 이집트에 연결시켜 주는 전략적 요충으로 지대한 관심을 가지게 된 지역이라는 점에서 바그다드처럼 독립적인 성장을 이룰 수 있는 기회는 잡지 못했다.

아즘가가 시리아에서 자치권을 확보하는 데는 오스만 중앙정부의 통제와 감시뿐 아니라 인근의 두 경쟁적 전제정치체제의 견제도 걸림돌이 되었다. 하나는 레바논의 쉬합가(家)(Shihāb)였고 다른 하나는 남쪽 갈릴리 지역의 세금청부인이었던 자히르 알 우마르(Ẓāhir al-'Umar)였다. 쉬합인들은 1697년 파흐르 알 딘 영역을 차지해 토호국(emirate)을 세운 뒤 레바논 지방세력가들을 압도하는 모호한 개념의 최고 권력을 영토적 주권으로 바꾸려고 노력했다. 자히르 알 우마르는 18세기 초 갈릴리를 가로질러 서쪽 방면으로 세력을 확장했는데, 1746년 아크레의 해안 도시를 차지하면서 어느 정도 국가적 면모를 갖추었다. 그는 그곳에 근대 하이파를 건설했다. 그는 시리아 문제에 개입하는 지역외적 세력이 없는 한 아즘가와 다른 세력들을 상대로 자신의 위치를 유지할 수 있었다. 1768년 오스만 정부는 그에게 '아크레의 셰이흐(Sheikh of Acre)'라는 칭호를 부여해 그의 사실상의 지위를 인정해 주었다.

한편 이집트에서는 16세기 말과 17세기 초 주둔 부대들의 다양한 구성분자들로 일련의 반란이 일어났는데 그 기간 동안 맘룩 군사구조가 되살아났다. 그리하여 이집트의 군사 분견대조차 부활된 맘룩 체제에 서서히 잠식되었다. 17세기 중반 집단들과 파벌들 간의 권력다툼은 오스만 총독을 명색뿐인 존재로 만들어버리고, 정치적 패권과 실제적인 권위는 대부분 베이들, 그중에서도 동료들을 압도하는 정치적 패권을 확립한 베이들의 손에 넘어갔다. 군부, 상업 또는 토지소유를 통해 정치권력을 손에 쥔 사람들에게 지도되는 맘룩 일가(一家)의 형성이 그것을 가능하게 해주었다. 그 일가는 맘룩뿐 아니라 관리, 상인 그 밖의 저명인사들로 구성된 파벌이었다. 당시 유력한 맘룩 일가로 파카리야(Faqāriyya)와 카심야(Qāsimiyya), 카즈두글리야(Qāzdughliyya) 등이 있었다.

맘룩 일가의 정치적 역할은 17세기 초 리드완 베이(Ridwan Bey al-Faqāriyya)가 이끄는 파카리야의 등장으로 시작되었다. 리드완 베이는 1631년 오스만 총독(viceroy) 무사 파샤(Musa Pāshā)가 베이 지휘관 중 한 명을 처형해서 이에 반발한 베이들이 그를 쫓아냈을 때 순례 집행관(amir al-hajj, command of the pilgrimage)의 직책을 계승했다. 리드완은 1640년부터 술탄 이브라힘의 지원을 받았는데, 1649년 이후 술탄 메흐메트 4세와 그의 총독 아흐마드 파샤(Ahmad Pāshā)는 리드완의 순례 집행관으로서의 그의 활동을 방해함으로써 파카리야의 세력을 축소시키려 했다. 그러나 리드완은 파벌의 힘 덕택에 1656년까지 그 직책을 계속 수행할 수 있었다. 그가 죽은 후 오스만 총독은 파카리야와 경쟁관계에 있는 카심야의 아흐마드 베이(Ahmad Bey)를 그 직책에 임명했다.

파카리야는 카이로 상인들로부터 거둔 보호 자금의 덕을 보게 된 예니체리의 지지를 받았다. 그 결과 예니체리는 다른 제국 부대의 원성을 사게 되었는데, 1660년 보병부대 아잡('Azabs)이 예니체리 장교들에 대항하기 위해 카심야와 동맹을 맺었다. 결국 세력경쟁에서 밀린 파카리야 베이들은 도주했고 파벌적 주도권은 카심야로 넘어갔다. 그 후 1692년까지 카심야 베이들이 상속재산체제의 개혁을 시도하려는 오스만 총독의 지원 아래 이집트를 지배했다. 그러나 오스만의 개혁은 제국군대, 특히 예니체리의 지배를 받는 도시 파벌과 맘룩 통제하에 있는 농촌 사회 간의 분열을 조장했다. 이 두 파벌을 뚜렷하게 구분 지을 수는 없었지만 1711년에는 지배엘리트 사이에 일대 분열이 일어나 카이로에서 6개 군단이 예니체리에 대항해 '대폭동(Great Insurrection)'을 일으켜 작은 내란으로 비화되었다.

이 기간 동안 이집트 역사는 행정, 조세에 대한 통제를 둘러싼 오스만과 맘룩 간의 투쟁과 베이리케이트(beylicate, 관할주를 보유한 베이)의 통제를 위한 맘룩 계파 간의 경쟁으로 설명된다. 이러한 투쟁은 한 맘룩 출신 베이(알리 베이)가 군사적·정치적 구조에 대한 전대미문의 통제력을 획득하고 오스만 총독을 이집트에서 추방하고(1768), 이집트에 카즈두글리 레짐(the Qazdağli Regime)을 세운 사건이 있던 18세기 말까지 계속되었다. 19세기 초에 일어난 정치적·경제적 변화는 아마도 18세기 말에 일어난 그 사건으로부터 시작되었을 것이다. 그 당시 정치적 군사적 권력은 맘룩 알리 베이('Alī Bey al-Kabīr, 맘룩 술탄: 1760~1766, 1768~1772)와 그 후계자 무함마드 베이(Muḥammad Bey: 1772~1775)의 수중에서 더욱 견고해졌다.

1760년 이전, 권력의 균형과 분산된 영향력의 권역들은 맘룩 베이리케이트들과 맘룩들로 유지되었다. 베이리케이트는 민간 행정을 통제하고 농촌 세금청부업자로부터 조세를 거두어들였고, 맘룩은 군부를 통제하고 도시 세금청부업자와 세관으로부터 조세를 거두었다. 그러나 알리 베이는 자신의 이름으로 칙령을 반포해 조세 체계를 바꾸었다. 그리고 무역을 활성화시키고, 수에즈 항을 유럽 선박에 개방함으로써 유럽과의 상업적 관계를 강화하려고 노력했다. 알리 베이의 지배 기간은 짧았지만 그의 후계자인 무함마드 베이를 통해 그의 정책은 계속 이어졌다. 이 두 베이들은 오스만의 통제를 사실상 벗어나 이집트를 지중해 동부지대와 홍해 연안 그리고 유럽을 아우르는 새롭게 부상하는 국제관계 네트워크의 중심에 재정립했다.

흥미로운 점은 알리 베이가 시리아를 침공함으로써 중세 맘룩 제국의 부활을 시도했다는 것이다. 이집트의 시리아에 대한 관심이 되살아난 것이다. 그간 이집트에서는 오스만 총독의 권위를 인정하고 이스탄불에 조공을 보냈지만, 1760년 알리 베이가 획득한 새로운 칭호, 셰이흐 알 발라드(shaykh al-balad, "chief of the country")는 이집트에서 가장 강력한 1인자에게 주어지는 것으로 다른 동료 베이들이 그를 자신들의 수장으로 인정한다는 표시였다. 그 칭호는 결국 카즈두글리 일가(the Qazdağli household)의 우세가 거의 개인적 왕조로 변형되었다는 것을 의미했기 때문에 알리 베이는 의식적으로 그리고 신중하게 맘룩 술탄의 기억과 정책을 부활시켰다. 그는 1770~1771년 자히르 알 우마르와 동맹을 맺고 러시아의 묵인하에 군대를 보내 다마스쿠스를 공격했다. 그 계획은 그가 동료 맘룩들의 계속적인 지지를 얻지 못함으로써 실패하고 말았지만 그의 이러한 꿈은 18세기 초 무함마드 알리(Muḥammad 'Alī)가 일시적으로 실현했다.

이러한 사건들을 계기로 오스만 정부는 지역 전제정치체제들을 일소하고 자신들이 지배하는 영토에 술탄의 권위를 거듭 주장하려는 노력을 기울였다. 터키-러시아 전쟁(1768~1774) 당시 러시아 편에 섰던 알리 베이와 셰이흐 자히르의 행동들은 특히 놀라운 것이었다. 술탄이 그들을 전복시키기 위한 책략의 요체는 불만을 품은 알리 베이의 두 동료를 이용하는 것이었다. 그들은 이전 맘룩, 무함마드 베이 아불 다합(Muhammad Bey Abū'l-Dhahab)과 보스니아인, 아흐마드 알 자자르(Aḥmad al-Jazzār)였다. 술탄의 회유를 받은 아불 다합은 1771년 시리아 원정 중 이집트로 회군해 자신의 군주 알리 베이를 살해하고 자신이 그 자리를 차지했다. 그러나 그 자신도 1775년 자히르를 징계하려던 원정 중에 사망했다. 알 자자르는 1768년 알리 베이와의 관계를 끊고 술탄의 셰이흐 자히르에 대한 공격에서 일익을 담당했다. 그는 알리 베이 체제가 전복되었을 때 시돈(Sidon)의 총독에 임명되었다. 1804년까지 계속된 그의 지배가 전제정치임에는 분명했지만 그의 술탄에 대한 충성은 확고했다.

이처럼 오스만 정부는 지방 세력들이 너무 무정부적일 정도로 성장하거나 너무 강하다고 인식될 경우 직접 개입하기도 했다. 그 때 사용된 수단은 경쟁자들끼리 서로 겨루게 하고, 충성스러운 신하를 불만을 가진 것으로 의심되는 자로 대치시키는 것과 같은 오스만 정부의 전통적인 방식이었다.

1786년에는 신(新)맘룩의 주도권을 깨뜨리고 이집트를 제국 안으로 통합하는 등 지역자치 문제에 대한 더 과격한 방법이 시도되었다.

술탄은 셰이흐 자히르 토벌에 주요한 역할을 맡았던 오스만 제독 제자이리 하산 파샤(Jezā'irli Ḥasan Pāshā) 지휘하에 원정대를 이집트로 보냈다. 당시 이집트는 아불 다합의 부장이었던 이브라힘 베이(Ibrāhim Bey: 1735~1817)와 무라드 베이(Murad Bey: 1750~1801)가 양두체제를 이루어 지배하고 있었다. 오스만군에게 델타와 카이로가 점령당하자 곤경에 처하게 된 이들은 나일 상류로 피신해 저항을 계속했다. 이들에 대한 정벌이 실패하자 하산 파샤는 철수했는데, 그 후 권력을 되찾은 두 맘룩은 나폴레옹이 이 지역에 들어올 때까지 이집트를 지배했다.

오스만의 통치가 미치지 못하던 외곽 아라비아 중부 네즈드(Nejd)에서는 작은 토호국의 이맘 무함마드 이븐 사우드(Muḥammad ibn Saʻud: 1744~1765)와 은신처를 구하기 위해 그곳에 온 신학자 아브드 알 와하브(Muḥammad ibn 'Abd al-Wahhāb: 1703~1787) 사이에 동맹이 이루어졌다. 두 사람은 이슬람의 가장 순수한 형태로 돌아감으로써 그들이 보기에 이슬람을 신봉하는 데 이단적(개혁적)[22]이라고 보이는 것들을 아라비아 반도에서 제거하는 데 함께 협력하기로 약속했다.

이븐 사우드는 알 와하브의 이념을 이용함으로써 아라비아 반도 내의 다른 경쟁적 부족들 사이에서 사우드가(家)의 주도적 위치를 확보했다. 종교를 정치적 정당성의 기초로 사용함으로써 다른 이웃 부족들과 차별화되었고 쉽게 지지를 이끌어낼 수 있었다. 이로써 와하비파(Wahabites)[23]의 정치

---

22) 이슬람 공동체가 예언자 무함마드가 선포한 근본원리들로 돌아가기만 한다면 이슬람의 원래의 위대함은 다시 회복될 것이므로 이슬람을 개혁한다는 것은 이단(異端)이라고 보는 것이다.
23) 추종자들은 스스로 알 무와히둔(al-Muwaidn)이라고 했으며, 와하비라는 명칭은 일반적으로 비이슬람교도나 반대자들이 사용했다.

적인 운명은 사우디 왕조의 운명과 밀접하게 결부되었다.

1792년 알 와하브가 죽었을 때, 사우드가는 중앙아라비아의 전역에 대한 지배와 와하브의 신학적 원리를 확립했던 반면, 히자즈와 남부 이라크에 있던 오스만 권력의 전초기지는 사우디 부족 전사들의 위험한 무력적 공격에 노출되었다. 1802년에는 알 와하브의 추종자들이 시아파의 성지인 카르발라를 점령해 약탈을 자행했다. 이 약탈은 수년 동안 남부 이라크 지방에서 계속되었다.

와하비 운동은 또한 무슬림 공동체 안에서 권위에 대한 매우 실제적인 형태의 의문을 불러일으켰다. 전통적으로 오스만 술탄의 권위는 그의 신민들에게는 신이 재가(裁可)한 것으로 받아들여져 왔다. 그리고 그만큼 그는 무슬림의 제일의 지도자였다. 와하비즘의 확산은 그러한 개념에 의문을 던져주었다. 그러한 의문은 1803년과 1805년 메카와 메디나가 와하비파에게 정복되고, 사우드 이븐 아브드 알 아지즈가 오스만 순례자들의 히자즈 방문을 금지하면서 더욱 증폭되었다.

2. 유럽 지역: 민족주의 운동과 관련된 문제

중세에서 사상의 흐름은 압도적으로 동양에서 서양으로 흘러갔다. 빈약하고 후진적인 서유럽 사회는 의학, 수학, 화학, 천문학, 철학 심지어 신학에서 이슬람 세계의 가르침을 받았다. 이슬람 세계는 특히 기독교 세계의 어떤 것으로부터도 면역이 되어 있었다. 무슬림의 인식에 따르면, 최종적인 완벽성을 갖춘 이슬람에 비해서 기독교는 과거의 낡은 종교문명을 대표하기 때문이었다.

서구로부터의 일부 문화적 수입은 주로 군사적인 것들에 한정되어 있었다. 이러한 문화적 수입에는 몇몇 지리학적이고 지도제작과 관련된 정보

그리고 신세계에 대한 저술이 포함되어 있었다. 그러나 이러한 정보는 무슬림의 지적 생활에는 거의 영향을 끼치지 못했다. 유럽 역사에 관한 작품은 얼마 되지 않았고 그 영향은 아주 미약했다. 르네상스, 종교개혁, 계몽운동, 과학혁명과 같은 주요한 운동들은 제대로 알려지지도 영향을 주지도 못하고 지나가 버렸다. 이슬람은 이미 몇 세기 전에 자체적인 르네상스가 있었고 유럽에도 상당한 영향을 끼쳤다.

프랑스 혁명은 중동에 많은 영향을 끼친 최초의 유럽 사상운동이었다. 평등, 동포애는 무슬림들에게 전혀 새롭거나 낯선 사상이 아니었다. 동포애, 즉 신자들 사이의 형제애는 평등과 마찬가지로 종족이나 귀족적 특권에 제한받지 않는 이슬람의 기본 원리였다. 그러나 평등과 동포애 개념과는 대조적으로 자유라는 개념은 적어도 정치적 의미에서는 새로운 사상이었다.

유럽 사상의 영향은 자연히 오스만 제국의 기독교도들에게 더욱 강력하고 즉각적으로 나타났다. 처음에는 세르비아인과 그리스인이 나중에는 다른 발칸 민족들 그리고 마지막에는 아르메니아인들이 민족주의라는 새롭고 잠재력 있는 이데올로기와 접촉하면서 이에 반응하기 시작했다.

19세기 내내 오스만 제국 내의 기독교 소수 집단들은 세 가지의 양립할 수 없는 서로 다른 목표를 추구했다. 첫 번째 목표는 오스만 국가에서 평등한 시민권을 얻는 것, 말하자면 다수의 무슬림들과 동등한 권리를 가지는 것이었다. 무슬림들 간의 불평등을 받아들일 수 없게 만든 것은 새로운 사상뿐만이 아니라 소수 집단들의 새로운 번영 때문이었다. 그들은 일반 무슬림보다 수준이 높은 교육을 받았고 외부 세계와 쉽게 통할 수 있는 이점이 있었다.

두 번째 목표는 갈수록 세력이 증대되던 오스만 기독교도들이 열정적으로 추진한 것인데, 독립이나 최소한 일정한 민족적 영토 내에서 자치를 이루는 것이었다. 19세기와 20세기 초, 처음에는 세르비아인과 그리스인이

후에는 발칸 반도의 다른 민족들이 자신들이 민족적 영토의 일부로 간주한 곳에서 주권 독립 국가를 세웠다.

세 번째 목표는 구질서하에서 밀레트가 누렸던 특권과 자치권의 보존이었다. 즉 그들 자신의 종교법을 유지하고 강화하는 것, 그들 자신의 언어로 그들의 교육제도를 통제하는 것 그리고 일반적으로 그들 자신의 독특한 문화를 유지할 수 있는 권리를 의미했다.

발칸의 여러 민족들은 14세기 터키의 발칸정복 이래 오랫동안 오스만에 예속되어 있었지만 대부분 그리스 정교회파의 기독교를 신봉하고 있었다. 그간 이들은 서로 다른 법을 적용하고 있는 공동 집단이 자국 안에서 존속하는 것을 승인하는 밀레트의 적용을 받고 있었다. 또한 잡다한 민족으로 구성된 발칸의 신민들은 기독교를 신봉하고 있었다는 점과 함께 터키의 통치, 즉 명백한 탄압보다는 온당치 못한 행정에 반대하고 있었다는 점에서 공통점을 지녔으나 서로 다른 점이 많았다. 그러한 차이점은 오스만으로부터의 해방을 위한 투쟁이 성공을 거둘수록 점차 두드러졌다. 발칸은 마치 전 유럽 세력투쟁의 축소판이 되어가고 있었으며, 결과적으로 예기치 않았던 유럽 안의 분규를 재촉하게 되었다.

세르비아의 대지도자(Grand Vožd) 카라 조지(Kara george Petrovitch, Karađorđe Petrović: 1804~1814)는 1804년 지방 예니체리의 가혹한 지배와 기독교인들에 대한 탄압에 저항했는데, 오스트리아의 지원과 예니체리에 대해 견제할 필요를 느끼고 있던 술탄의 도움으로 1805년 이전에 목적을 달성했다. 그러나 그 후 저항의 성격이 독립으로 바뀌면서 내부 문제에 대한 외부 개입을 용인할 수 없었던 술탄 셀림과의 사이에 전쟁(1806)이 일어났는데 세르비아는 러시아의 도움으로 오스만군을 일단 퇴거시킬 수 있었다.

1811년 터키와 러시아 간의 전쟁이 재개되었으나 그것은 세르비아와 관련된 전쟁이 아니라 몰다비아와 왈라키아 두 공국에 대한 터키의 친(親)프랑스적 조치에 항의해 발생한 1805~1806년의 러시아 - 터키 전쟁(the

Russo-Turkish War)의 연장이었다. 얼마 지나지 않아 나폴레옹의 위협을 받은 러시아가 부카레스트 조약(the Treaty of Bucharest, 1812년 5월 28일)24)으로 터키와 타협한 후 이 지역에서 군대를 철수시키고 다시 프랑스와의 전쟁에 몰두하게 되자 세르비아는 고립되었다. 술탄은 기독교 민족 보호의 약속을 어기고 1813년에 강력한 군대를 세르비아에 진입시켜 재정복을 감행했다. 결국 세르비아 봉기는 터키의 주력부대에 붕괴되고 카라 조지는 오스트리아로 도주했다. 당시 외교전문가들은 오스만 제국의 분할이 목전에 임박했다고 믿고 있었지만 세르비아를 도울 수 있는 처지에 있지는 못했다. 터키의 잔혹성은 극심했고 "평화는 이룩되었으나 그것은 무덤의 평화"25)였다.

러시아 외에는 다른 어떤 유럽 국가로부터도 지원을 받지 못했던 세르비아의 자유화 투쟁이 일시적이나마 성공할 수 있었던 것은 터키가 러시아와 생사를 건 싸움을 계속하고 있었고, 터키 내부에서 보수 세력의 권력투쟁으로 술탄이 퇴위하는 등 정치적인 불안정이 있었기 때문이었다.

터키의 강압정책은 워털루 전쟁(the Battle of Waterloo, 1815)으로 여유를 찾은 러시아가 다시 개입할 태세를 갖춤으로서 이에 대한 두려움으로 술탄이 타협적인 자세를 취해 카라 조지의 뒤를 이은 밀로시 오브레노비히(Milosh Obrenobich)와 협상(1817)함으로써 세르비아에는 반자치권이 부여되었다.

그리스 문제는 1815년 빈 회의 이후 유럽 국제사회에 첫 번째로 등장했던 주요 문제였으며 유럽 지역에 대한 오스만의 지배에 중대한 위협을 가했다. 그리스는 오스만 제국의 상업과 해상운송에서 주요한 역할을 담당

---

24) 이 조약은 몰다비아(Moldivia)의 동부 절반은 러시아에게(러시아는 이 지역을 베사라비아[Bessarabia]로 개칭했다) 주었고 몰다비아의 나머지 절반과 왈라키아는 루마니아에 귀속시켰다. 러시아는 루마니아의 전략적 지역들에 대한 통제권을 차지하기 위해 갖은 노력을 기울였다.
25) William Sterns Davis, *A Short History of the Near East*, p. 290.

하고 있었으며, 발칸에서는 지배적인 종교적·문화적 위치를 점하고 있었다. 이스탄불의 그리스 정교 관구(the Greek Orthodox patriarchate)는 기독교 신민들에 대한 술탄 지배의 가장 중요한 지주가 되어왔다. 이스탄불 파나르 구역의 그리스 귀족사회는 오스만 행정에서 터키인 다음으로 두 번째 서열을 점하고 있었다.

그리스 독립은 1821년 3월 몰다비아와 모레아(Morea) 지방에서 일어난 폭동을 시작으로 1830년 2월 런던 회의에서 열강의 승인을 받기까지 10년이 걸렸다. 투르크족 지배하에 있던 발칸의 기독교 신민들 중 그리스 민족은 독특한 위치에 있었다. 그리스 민족은 서구의 문명을 지배했던 옛 영광에 대한 추억과 함께 교역국으로서 고전적 기술과 영민함을 지니고 있었다. 18세기에 이르자 작고 억눌렸던 이 민족에 민족의식이 자리 잡기 시작했다. 여기에다 시대의 추세에 따른 비밀혁명단체 헤타이리아 필리케(Hetaeria Philice)가 1814년 오뎃사에서 차르의 묵인 아래 조직되었다. 이에 대한 후원자는 코르피오테 출신의 카포 디스트리아(Capo d'Istria)였다.

1821년 이 운동의 지도자 알렉산더 입실란티(Alexander Ypsilanti)가 주동이 되어 일어난 폭동은 처음부터 러시아의 지원을 전제로 하고 있었다. 7월에 차르가 터키에 최후통첩을 보냈지만 이것이 전쟁으로까지 이어지지는 않았다. 그것은 차르 자신이 터키의 그리스 지배를 정통이라고 보는 오스트리아 재상 메테르니히(Klemens Wenzel Lothar von Metternich)의 생각과 일반적으로 혁명을 지원하는 것은 바람직스럽지 못하다는 영국 외상 캐슬레이(Robert Stewart, Viscount Castlereagh: 1812~1822)의 주장을 받아들여 자제했기 때문이다.

그리스의 해군력 우세에도 마흐무드 2세는 그리스 봉기에 대해 단호하고 폭력적인 방법으로 대응했다. 상호 간에 잔혹한 충돌이 있었지만 그리스 반란군은 모레아를 석권했고, 그곳에서 의회가 결성되어 1822년 1월 13일 독립이 선포되었다. 이에 대한 서유럽 자유주의자들의 여론은 강렬

했고 영국 내에서 형성된 동정여론은 보수적 성향의 영국정부와 프랑스정부를 압박하기 시작했다. 그리스인들의 고통이 다른 비회교도 민족들의 고통보다 더 심했던 것은 결코 아니었다. 그러나 잘 알려지지 않은 세르비아의 이름으로 호소하는 것과 살라미스(Salamis)의 기억을 환기시키는 것은 전혀 달랐다. 유럽인들 중에 열성적인 사람들은 직접 그리스의 독립전쟁에 참가했다. 1824년 미솔로니(Missolonghi)에서 전사한 바이런 경(Load Byron)이 이들 중 가장 유명한 사람일 것이다. 친그리스(Philhellenes) 여론 덕에 그리스는 파리와 런던에서 상당한 독립지원 자금을 모을 수 있었다.[26]

유럽 대중들의 친(親)그리스 여론에도 유럽 국가들은 그리스 전쟁을 방관하고 있었다. 그러나 러시아만은 동정과 민족적 이익이 결합된 동기에서 그리스 독립투쟁을 우호적으로 보게 되었다. 그리스 독립운동을 계기로 러시아가 발칸에 진출하게 되자 영국과 오스트리아가 우려하지 않을 수 없었다. 영국과 오스트리아는 베로나 회의(Congress of Verona, 1822년 10월 20일~12월 14일)에서 그리스의 합법적인 지배자는 오스만 제국의 술탄이라는 사실을 러시아에게 확인시키는 데 성공했다. 러시아는 열강과 협의 없이는 독자적인 행동을 취하지 않겠다고 약속했다. 결국 그리스 문제가 유럽 열강들의 국제문제가 된 것이다.

한편 그리스 반란을 진압하지 못한 술탄은 그의 봉신인 무함마드 알리(Muḥammad 'Alī)에게 도움을 청했고, 그의 요청을 받아들인 알리는 1825년 자신의 아들 이브라힘(Ibrāhīm)이 지휘하는 군대를 모레아 반도에 상륙시켜 이 지역에 대한 재정복에 나섰다. 그해 12월에 즉위한 러시아 차르 니콜라스 1세(Nicholas Ⅰ: 1825~1855)는 이에 대한 대응으로 터키에 최후통첩을 보냈는데 그것은 그리스 반란에 도움을 주기 위한 의도보다는 몰다비아와 왈라키아에서의 러시아 이익을 고려한 조치였다. 오스트리아와의 제휴

---

26) William Sterns Davis, *A Short History of the Near East*, pp. 296~297.

가 어렵다고 판단한 영국은 러시아와 분쟁 대신 타협을 시도했다. 그 결과 1826년 4월 양국 간에 상트페테르부르크 의정서(the St. Peterburg Protocol)가 성립되었다. 그리스는 터키의 종속국이 되며 자치 지역으로서 법적 지위를 갖는다는 내용이었으며, 이는 다른 열강에도 통보되었다.

그러나 술탄은 이브라힘이 승전하고 있던 분위기 속에서 이 의정서에 의한 양국의 중재를 거절했다. 그 대신 러시아와의 직접 타협을 모색했다. 1826년 10월 양국 간에 맺어진 아켈만 협정(the Convention of Akkerman)은 공국문제들에 대한 러시아의 간섭권을 인정해 러시아를 만족시켰다. 그러나 그리스 문제에서 가장 관심이 많은 러시아를 만족시키고 다른 열강들을 이 문제로부터 분리시키려는 술탄의 기도는 성공하지 못했다. 1827년 7월 프랑스가 영국, 러시아와 함께 체결한 런던 조약(the Treaty of London)은 봉쇄수단을 사용해 터키문제에 대한 중재를 강화할 것을 결의했다. 이러한 세 열강의 제안을 터키가 거절함으로써 결국 영국 - 프랑스 연합함대를 모레아로 불러들이게 되었다. 서방 연합국의 모레아 봉쇄를 위한 작전이 개시되었다. 게임은 이제 머뭇거리던 외교관의 손으로부터 더 단순한 해군들의 통제로 넘어가게 된 것이다.

1827년 10월 20일 나바리노(Navarino) 만(灣)에서 발생한 사건(나바리노 전투, the Battle of Navarino)은 지극히 우발적인 것이었다. 레반트 주둔 영국해군의 지휘관은 해군제독 코드링턴(Sir Edward Codrinton)이었다. 그는 외교관이 아니었으므로 솔직히 말해 자신에게 부여된 황당한 훈령 — 그리스에 대한 터키와 이집트의 적대 행위를 중지시키고, 그럼에도 그 조치들이 터키에 대한 '적대행위로 악화되는 것'을 피하라 — 을 이해할 수 없었다. 그는 재빨리 앞부분의 지시는 기억하되 뒷부분은 잊기로 작정했다. 10월, 영국 - 프랑스 - 러시아 연합함대가 모레아의 나바리노 만에 진입했을 때 그곳에는 이미 이브라힘의 함대가 포진하고 있었다. 연합국 측에서 관측된 전경으로 미루어 현장의 상황은 이브라힘 군대가 무자비한 약탈과 살상행위를 계속하고 있었다는 것이다. 화염이 본토 전역에서 피어오르는 것이 보였기 때문이다. 그것은 지금 그리스에 황폐화가 자행되고 있다는 끔찍한 증거로 보였다. 선원들은 분노했다. 그에 따라 제독들은 '지금까지 발생했던 그 어떤 것보다 더 극심한 잔학행위를 종식시키려는' 그들의 의도를 이브라힘에게 통고했다.

그러나 거만한 파샤는 이교도들이 어떻게 하든 그것을 무시하기로 작정했다. 그에게는 3척의 전열함, 15척의 프리깃함, 60척 가량의 소형 선박이 있었다. 연합국에게는 사실상 11척의 전열함, 10척의 프리깃함이 있었지만 소형 선박은 거의 없었다. 이집트 병사들이 연합국 병사들만큼 숙련되어 있었다면 이브라힘이 압도될 이유는 없었다. 연합국은 '공격적인' 행동을 자제하도록 명령받고 있었다. 그런데도 이집트 측이 연합국을 도발시켰다면 그것은 순전히 미친 짓이었다. 그러나 10월 20일 돌발적인 교전이 시작되었다. 그것은 양국이 인접해서 대치하는 상황 속에서 겁에 질린 어느 쪽 병사의 발포로 시작되었을 것이다. 어떤 지휘관이 발포 명령을 내릴 상황은 결코 아니었다. 발포가 시작되자 기독교 연합함대는 터키 - 이집트 함대 가까이 닻을 내리고 많은 기독교인들의 희생에 앙갚음이라도 하려는 듯 32문의 파운드포를 일제히 가동했다. 그날 밤 해가 졌을 때 연합함대는 많은 손실을 입었다. 그러나 터키 - 이집트 함대는 바다 위에서 완전히 사라졌으며 나바리노 만은 그들의 처참한 잔해들로 뒤덮였다.

이 사건으로 터키 - 이집트 연합함대가 괴멸되었고, 예기치 않았던 사태로 그리스는 구조되었다. 영국은 이를 불행한 사태로 규정하고 당혹해 했지만 결과적으로 러시아가 주도했던 무력 개입의 이니셔티브는 영국과 프랑스로 넘어갔다. 이러한 사태변화에 불만을 품은 차르는 1828년 4월 터키에 선전포고함으로써 러시아의 우선권을 재차 강조했다. 사건은 미묘한 양상으로 얽힐 가능성이 있었다. 영국은 러시아와 전쟁을 원하지는 않았지만 그렇다고 터키와의 전쟁에서 승리한 러시아가 얻게 될 과실을 보고만 있을 수는 없었다. 이에 영국은 지중해 함대를 강화했다. 그러나 프랑스는 오히려 러시아와 타협하려는 쪽으로 기울어 도나우 강에 대한 러시아의 자유로운 사용을 인정하고 그리스에 대한 서유럽의 관리를 확보하려 했다. 같은 해 8월에 무함마드 알리와의 협정에 따라 이집트 군대는 모레아 반도에서 철수했고 프랑스의 파견군이 대신 주둔하게 되었다.

러시아 군대가 도나우를 넘었지만 전력상의 문제로 진군은 어려웠다. 겨울이 닥쳤다. 결국 국내 사정으로 영국과 러시아는 제동이 걸려 1829년 3월 세 열강들은 런던 의정서(the London Protocol)를 만들었다. 영국이 터키에게 보낼 최후통첩을 주저하고 있을 때 러시아와 터키 간에 전투가 재개되었다. 러시아가 에디르네를 장악하고 카프카스에서 승리를 거둔 후 1929년 9월 양국 간에 에디르네 조약(the Treaty of Edirne, 일명 아드리아노플 조약)이 체결되어 전쟁이 종결되었고, 열강들은 1830년 2월 3일 완전한 독립국가로서의 그리스 창설을 런던 의정서에 못 박았다.

발칸 반도의 전체적인 양상은 세부적인 면에서는 혼란스러웠지만 전체적인 방향은 명백했다. 이따금씩 반란이 성공을 거두거나 러시아인들이 발칸 남부로 깊숙이 침투하는 일들이 벌어졌다. 그러나 그때마다 국제사회는 오스만 제국의 붕괴를 염려하거나 러시아의 성공을 두려워해 회담을 열어 최악의 결과들을 무효화시키되 오스만 제국의 영토를 약간씩 나누어 가지는 것을 승인하곤 했다. 에디르네 조약도 예외는 아니었다. 1828년 러시아군이 동(東)아나톨리아에서 대승을 거두고 흑해의 서부까지 밀고 내려와 바르나(Varna)를 지나 오스만 제국의 옛 수도이자 현재 불가리아와 터키 국경에 위치한 에디르네를 점령했으므로 이제 이스탄불을 공격할 태세였다. 그러나 이러한 대승을 거뒀는데도 러시아는 정복한 땅의 대부분을 내어주고 그저 약간의 영토를 손에 넣었을 뿐 오스만군이 그저 몰다비아와 왈라키아에서 철수하는 데 만족해야 했던 것이다.

그렇다고 이것이 러시아의 전진을 종결시켰다는 것을 의미하지는 않는다. 러시아는 에디르네 조약(the Treaty of Edirne, 일명 The Peace Treaty of Adrianople, 1829년 9월 14일)을 통해 루마니아의 도나우 공국들에 대한 보호권을 확보하고 서부 카프카스 일부를 러시아에 편입시킬 수 있었다. 그것도 성과라면 성과일 수 있었다. 러시아는 이를 통해 향후 훨씬 더 대담한 조치들을 취해나갔다.27)

3. 무함마드 알리(Muḥammad 'Alī)의 이집트: 1830년대 시리아 위기와 1860년대 레바논의 새로운 정치체제 정착과 관련된 문제

1798년 나폴레옹의 이집트 침입과 이어진 3년여의 프랑스의 통치는 중동 역사에 결정적인 중요성을 갖는 또 하나의 사건이었다. 1801년 영국과 오스만군이 프랑스군을 퇴거시켰지만 프랑스는 짧은 지배기간을 통해 신(新)맘룩의 주도권을 무너뜨리고 향후 베이들 간의 권력 투쟁을 불가피하게 만들었다. 프랑스군의 철수는 이집트를 일시적으로 정치적 공백상태로 만들어버렸다. 맘룩의 세력이 약화되었다고는 하지만 완전히 파괴된 것은 아니었다. 이들은 언제라도 오스만 주둔군과 충돌할 가능성이 있었다. 이러한 상황에서 자신의 군대를 이용해 양측을 아우르면서 일반 여론의 지지를 확보하려고 노력한 무함마드 알리(Muḥammad 'Alī) 파샤의 역할이 이집트인들의 주목을 받게 되었다. 그는 대(對)프랑스 작전에 참여했던 오스만군 알바니아 분견대의 마케도니아 출신 지휘관이었다. 갈등이 야기되자 프랑스 점령 기간 동안 혁명사상의 영향을 받은 지역 주민들은 무자비한 맘룩의 통치나 현지사정을 외면하는 오스만 통치를 거부하고 자치를 원했

---

27) Alan R. Taylor, *The Superpowers and the Middle East*, p. 12.

다. 1805년 그들은 울라마의 지도하에 오스만 통치자(walī) 아흐마드 파샤(Aḥmad Kurshid Pāshā)의 사임을 요구하고 무함마드 알리를 새로운 통치자로 임명할 것을 요구했다. 주민의 수호자로 비쳐진 그의 모습은 그가 확고한 권력을 쥐기까지 그에게 가해진 정치적 반대를 극복할 수 있도록 해주었다.

무함마드 알리라는 '기정 사실(fait accompli)'에 직면한 터키 정부(Selim Ⅲ)는 그에게 살로니카(Salonika)의 파샤를 제의하는(1805) 등, 모든 수단을 동원해 그가 이집트를 떠나도록 회유했다. 그러나 그러한 노력이 실패한 후 술탄은 그를 이집트의 총독에 임명하여(1806) 자신의 제국체제 안으로 포섭해 들였다.

무함마드 알리는 자신의 위치를 공고히 하기 위해 먼저 내부 경쟁 세력들을 제거해야 했다. 울라마들은 나폴레옹 지배 시절 비정상적인 권력을 누렸다. 그들은 또한 그 위세를 이용해 무함마드 알리가 총독에 임명되는 데도 도움을 주었다. 1809년 무함마드 알리는 이들을 협박해 복종하게 만들었다. 그러나 더 완강한 맘룩 세력이 여전히 위세를 떨치고 있었고 그들은 600년이 넘게 이집트를 지배해왔다. 1811년 3월, 그는 먼저 술탄과 영국의 앞잡이 노릇을 하는 맘룩 지도자들을 아라비아 와하비 운동을 진압하는 문제를 상의한다는 구실 아래 카이로성(城)에 불러 모은 다음 이들을 몰살시켰다. 그런 다음 군대를 동원해 이집트 전역의 맘룩 세력을 색출해 제거했다. 이것이 곧 1250년대 이후 이집트 정치의 핵심역할을 해온 맘룩 세력의 근절이다.

무함마드 알리는 민중의 힘으로 권력을 잡았으나 정권이 민중의 신임이나 맘룩의 협조나 술탄의 지지에 바탕을 두면 오래 지속할 수 없다고 생각하고 경제체제, 군 조직, 행정체계 및 교육제도의 강화를 추진했다. 그는 신속한 개혁을 통해 자기의 세력범위를 확대시키고 이집트의 독립성을 확보할 수 있는 여건을 준비했다. 광범위한 권력을 장악하자 서방 문물을 받아들여 많은 개혁을 단행하고 근대 이집트의 기틀을 닦았기 때문에 '현대 이집트의 아버지'라고 불린다.

오스만 제국은 이미 세르비아 반란으로 많이 허약해져 있었다. 술탄은 무함마드 알리가 자신의 커다란 문젯거리 중 하나로 생각했던 맘룩을 교묘한 정치적 수단으로 제거한 후 그와의 제휴가 그를 이집트로부터 제거하기 위해 투입해야 되는 비용에 비추어 바람직하다는 결론에 도달했고, 아라비아의 와하비 문제와 그리스 문제 등에 무함마드 알리의 세력을 이용하게 되었다. 무함마드 알리가 이집트를 자치국으로 만들어가는 데 영향을 미치는 요소 중 하나는 바로 오스만 술탄이었다. 초기 오스만 지도자들이 자신들의 권위를 주장하기 위해 취했던 돌발적인 시도들은 술탄 마흐무드 2세에 이르러 지방전제정부체제들을 제거하고 그 주들을 중앙정부에 통합시키는 것과 같은 계획적이고 지속적인 정책으로 바뀌었다.

무함마드 알리와 그의 아들 이브라힘이 수행한 전쟁들은 공식적으로는 술탄의 요청에 따른 것이었지만 실제로는 동지중해 무역로에 대한 자신들의 지배권을 확장하고 시리아를 병합하려는 체계적인 노력의 일환으로 수행된 것들이었다. 일련의 전쟁을 통한 그들의 영토 확장 노력은 이집트의 인구통계학적·군사적·행정적·경제적 핵심을 배경으로 알바니아 왕조의 힘으로 건설된 국가를 유럽이 강대국으로 인정하게 만들려고 구상된 정책의 초석이었다.

그러한 일련의 전쟁들은 술탄이 와하비 세력을 진압하고 메카와 메디나를 점령하기 위해 그의 이집트 '봉신'에게 아라비아에 군대를 파견해주도록 요청하면서 시작되었다. 무함마드 알리의 군대는 1811~1818년 사이에 아라비아 반도의 메카와 네즈드를 점령해 와하비 운동에 치명타를 입혔고 1840년까지 이 지역은 그의 영역으로 남게 되었다.

두 번째 전쟁은 수단 정복(1820~1822)이었다. 이 원정의 목적은, 알리 자신에 의하면 '이집트에 다량의 노예를 공급하기 위한, 그 영토를 이집트의 영역하에 두기 위한 그리고 금광과 다른 광물자원들을 탐색하고 발견하기 위한' 것이었다.28) 무함마드 알리의 전진의 목표가 레반트 지역이었다면 수단은 권력의 배후지였다.

나일 강 상류에 자리 잡고 있는 수단은 이집트인들이 지중해와 레반트를 향한 팽창을 시도할 때 언제나 염두에 두던 곳이었다. 1820년 여름 무함마드 알리는 수만에 이르는 원정대를 수단에 보냈다. 수단으로 도주한 맘룩의 잔재 세력들의 추적, 이집트 재정을 확충하기 위한 금광 확보, 징집을 위한 노예 획득, 홍해 무역로를 장악하는 것 등이 원정의 주요한 목적이었다. 그러나 원정은 의도한 만큼의 성과를 거두지는 못했다. 금광은 많지 않았고 금의 질도 좋지 않았다. 또 홍해의 무역로 장악도 여의치 않았다. 더구나 총독의 병사들의 희생으로 모은 수단 노예들은 여러 방면에서 자질이 떨어졌다. 결국 새로운 군대는 이집트 농민들로 충원할 수밖에 없었다.

홍해 양안이 자신의 통제하에 들어온 뒤, 무함마드 알리는 다른 목표를 찾고 있었다. 마침 그리스에서 일어난 사태가 그에게 새로운 도약의 기회를 제공했다. 무함마드 알리는 원래 술탄에 대항하는 그리스 봉기에 우호적인 태도를 가지고 있었다. 또한 술탄에 대한 어떤 지원도 유럽 열강들에게는 비우호적인 것으로 인식될 것이었다. 그러나 무함마드의 함대 결성의 동기에 대해 극도의 의심을 품고 있던 술탄에게 있어 그에 대한 지원의 거부는 반역으로 비쳐질 것이었다. 무함마드 알리는 술탄으로부터 반란의 진압을 요청받고 이를 자신의 야심을 실현시킬 좋은 기회로 삼기로 했다. 이러한 술탄의 곤경을 이용해 이집트의 크레타 병합에 대한 술탄의 승인을 얻기 위해 알리는 그 섬을 점령하고(1824), 이듬해 이를 이집트 군대의 그리스 상륙을 위한 거점으로 이용했다. 그리스에 대한 이집트의 일련의 승리

---

28) Afaf Lutfi Al-Sayyid Marsot, *Egypt in the Reign of Muḥammad Ali*(Cambridge: Cambridge University Press, 1984), p. 205.

로 유럽협조체제는 어쩔 수 없이 "유럽에 등장하게 된 새로운 야만적인 세력(a new Puissance Barbaresque in Europe)"이 점차 성장하는 것에 주목하지 않을 수 없었다.29)

총독의 신식 군대는 술탄의 요청으로 1822년과 1827년에 일어난 그리스의 독립운동을 진압하려 했으나, 1827년 터키 - 이집트 연합함대가 그리스의 나바리노 근해에서 영국 - 프랑스 연합함대에 참패를 당하면서 그리스는 독립하게 되었다. 결국 이 원정에서 무함마드 알리는 아무것도 얻지 못했다. 그러나 그리스 원정이 유럽 국가들의 개입으로 인해 실패로 끝난 뒤에도 그는 중동 패권을 향한 야심을 늦추지 않았고, 즉시 새로운 함대의 건조에 착수하며 시리아 정복을 위한 새로운 군대를 준비했다. 이렇듯 1830년대에 있었던 두 차례의 동방의 위기는 그리스 독립문제의 연장선에 있었다.

무함마드 알리는 그리스 반란군 진압의 대가로 모레아의 관할권(Pashalik)을 요구했었다. 그러나 그리스의 독립으로 모레아가 그리스 영토가 되자 알리는 대신 시리아의 관할권을 요구했다. 그리고 그는 자신의 희생에 합당한 대가를 얻어내고 함대 재건을 위한 목재의 획득과 세력 확장을 위해 1831년에 시리아 정복을 단행해 술탄 마흐무드 2세와 정면으로 충돌하게 되었다.

1831년 11월, 이브라힘 파샤가 지휘하는 이집트 군대는 팔레스타인에 침입해 1832년 5월에는 아크레를, 6월에는 다마스쿠스를 점령했다. 이미 알리의 충성의 맹약을 불신하던 술탄은 그를 제국의 적으로 선언했지만 이집트와의 전투를 위해 파견된 오스만군은 콘야의 전투(the Battle of Konya, 1832년 12월)에서 오히려 패배했다. 그 결과 무함마드 알리는 술탄으로부터 시리아를 양도받아 아들인 이브라힘을 시리아 주지사로 임명했다.

---

29) 앞의 책, p. 208.

이브라힘은 레바논의 아미르인 쉬합가의 바쉬르 2세(Bashir Ⅱ)의 협조를 받았으나 이 혼란을 이용해 강성해진 각 지역의 호족세력을 꺾고 중앙집권을 확립하기는 쉽지 않았다. 그는 이집트의 개혁정책을 시리아에도 적용해 일반서민의 과세 부담을 경감시키는 조치를 취했지만 너무 급진적이었고 또 유목생활을 하는 베두윈족을 강제로 정착시켰으므로 1834년 이후 이브라힘 체제에 대한 반란이 계속해서 일어났다. 그러나 정작 이집트의 시리아 점령을 종식시킨 것은 이러한 반란이 아니라 영국을 비롯한 유럽 열강들이었다.

이브라힘이 다음으로 이스탄불을 노리지 않을까 하는 우려에 유럽은 술탄을 지원하기 시작했다. 1833년 2월에 러시아가 보스포루스에 전함을 파견함으로써 이 문제에 대응했고, 4월에는 영국과 프랑스가 개입했다. 영국과 프랑스의 압력을 받고 있었던 이브라힘은 러시아의 방해와 공급물자의 부족을 우려하여 술탄과 팔레스타인을 포함한 시리아에 대한 이집트의 지배를 인정하는 합의를 이끌어냈다(퀴타히아 협약, the Convention of Kütahya, 1833년 5월).

분쟁이 해결되자 러시아 함대는 철수했지만 빈손으로 돌아가지는 않았다. 러시아는 터키와 운키아르 스켈레시 조약(the Treaty of Unkiar-Skelessi, 1833년 7월 8일)을 체결해 양국 중 한 나라가 공격을 받는 경우 다른 나라가 군사적 지원을 취한다는 데 합의했다. 이것은 표면상 두 나라 간의 방어동맹이었다. 그러나 이 조약은 비밀조항을 통해 전시의 경우 러시아에게 해협에 대한 특별한 권리를 약속해주었고 오스만 제국에 대한 러시아의 일종의 보호권을 만들어냈다. 러시아의 이러한 보호 조치는 적절한 것이긴 했지만 이는 필연적으로 영국의 반발을 사게 되어 있었다. 그러나 영국의 반응은 의외로 부드러웠다. 스페인에서 영국과 프랑스의 보조가 잘 맞지 않았고, 오스트리아가 러시아를 후원하고 나왔기 때문이다. 러시아는 뮌헨그라츠 협정(the Münchengrätz Agreement, 1833년 9월)을 통해 오스트리아의 중유럽 정책을 지원하는 대신 오스트리아는 오스만 문제에서 러시아의 입장을 지지할 것을 약속해두고 있었다.30)

시리아는 언제나 이집트를 강대국으로 만들려는 무함마드 알리 야심의 핵심적인 존재였다. 1838년 무함마드 알리는 오스만 제국으로부터 이탈해 시리아를 그의 세습 영역으로 통합하려는 의도를 천명했다. 이것은 오스만 제국 안에서 내분 이상의 의미를 갖는 것이었다. 그러나 한편 술탄 마흐무드 2세는 1832년의 좌절과 그 좌절로 인해 생긴 결과들에 대해 결코 그냥 지나쳐버릴 수 없었다. 새로운 위기는 터키의 주도로 시작되었다. 술탄 마흐무드 2세는 1839년 4월 유럽식 신식 군대를 사용해 이브라힘을 힘으로 시리아에서 몰아내려고 조급하게 전쟁을 일으켰다. 그러나 그는 또다시 패배하고 함대를 이집트에 포획당했다(네지브 전투, the Battle of Nezib, 1839년 6월 24일). 며칠 후 술탄이 사망하고 오스만 해군은 알렉산드리아에서 이집트에게 항복했다. 새로운 술탄 압둘 메시드 1세는 무함마드 알리의 요구에 기꺼이 동의할 태세였다. 그러나 유럽 열강들은 이러한 협정을 용인하지 않았다. 오스만 제국이 붕괴 직전에 도달한 상황에서 무함마드 알리가 이 지역에서 패권적 지위를 차지하게 될 것을 우려한 유럽 열강들이 개입에 나섰다.

1831~1832년의 위기는 주로 영국과 러시아 간의 문제였고 프랑스는 양다리를 걸치고 있었으나 전체적으로는 영국과 제휴하고 있었다. 그러나 이번 경우 프랑스는 보호국인 이집트에 더 단호한 지지를 보냈다. 프랑스의 이런 조치는 본격화된 알제리 경영을 위해 지중해에서의 이해가 더 높아졌다는 인식과 국내 정치상의 고려에서 나온 것이었다. 루이 필립은 의회에서 그의 외교정책의 소심성에 대해 질책을 받고 있었다. 그러나 영국

---

30) Renè Albrecht-Carriè, *A Diplomatic History of Europe since The Congress of Vienna*, rev. ed. (New York: Harper & Row, Publishers, 1973), pp. 51~52.

의 입장에서 프랑스가 알제리를 획득하면 나일 강 연안과 시리아에 대해 압도적인 우위를 확보함으로써 남지중해 연안 전체를 지배할 우려가 있었다. 영국으로서는 도저히 이를 용인할 수 없었다.

영국은 1839년 7월 27일, 표면적으로 합의했던 열국을 동원해서 그들이 모든 문제 해결에 대한 검토권을 가지고 있다는 내용의 공동 각서를 터키 정부에 보냈다. 영국 외상 파머스턴(Henry John Temple Palmerston, Viscount Palmerston, 영국 육군장관, 외무장관, 수상[1855.2~1858. 2, 1859.6~1865.8])[31]의 태도는 확고했다. 그는 무함마드 알리가 "그의 원래의 이집트(original shell of Egypt)로 돌아가야 한다"고 주장했다.[32] 1840년 2월 티에르(Thiers)가 프랑스 외상이 되면서 영국과 프랑스가 타협할 가능성은 더욱 줄어들었다. 티에르는 오스만에 압력을 넣어 프랑스와 이집트가 바라는 선에서 이브라힘과의 협정을 얻어냄으로써 파머스턴이 주도적인 입장에 설 근거를 없애려고 했다. 그러나 영국은 1840년 7월 러시아, 프러시아, 오스트리아

---

31) 영국의 정치가. 1859~1865년까지 글래드스턴 등과 함께 연합 내각을 이끌었다. 크림 전쟁과 아편 전쟁 등 호전적이고 공격적인 대외정책을 채택했다. 두 전쟁의 승리로 영국의 이권을 확장했다. 그가 그리스와 벨기에의 독립에 대한 승인을 얻어내는 데 기여한 것은 사실이지만 폴란드, 헝가리, 루마니아의 애국적 명분에 대해서는 아무런 조치를 취하지 않았다. 그는 그리스에 우호적이었으나 외무장관이 되었을 때 생각한 유일한 문제는 그리스가 오스만 제국으로부터 완전히 독립해 영국, 프랑스, 러시아의 감독 아래 유지해나갈 만한 능력을 갖추도록 하는 것이었다. 1832년까지 그는 이 목적을 달성했다. 그는 열강들 가운데 오직 러시아와 프랑스만이 영국의 국익을 직접 해칠 수 있다고 보았다. 그는 영국의 국익을 광범위하게 해석해 지중해를 거쳐 인도와 극동으로 가는 모든 길까지 고려했고, 인도에 대한 관심으로 크림 전쟁뿐 아니라 페르시아 전쟁과 아프가니스탄 전쟁에까지 관심을 쏟았다. 파머스턴은 열강들을 동원해 프랑스를 고립시키고 무함마드 알리 파샤를 이집트에 묶어둠으로써 외교 무대에서나 의회에서 큰 개가를 올렸다.

32) J. A. R. Marriott, *The Eastern Question: An Historical Study in European Diplomacy*, 4th ed., p. 240.

를 설득해 '레반트의 평정을 위한' 협정(the Convention for the Pacification of the Levant, the Convention of London)을 이끌어냈다.

1841년에 영국의 주도 아래 이루어진 이 협정에서 프랑스를 제외한 유럽 열강은 무함마드 알리가 이집트와 수단 이외의 지역에서 이집트 군대를 철수하고 이 지역을 오스만 제국에게 반환할 것을 결정했으며, 또한 이집트군의 수를 1만 8,000명으로 제한할 것도 주문했다. 그렇게 되면 이집트도 술탄의 통치 아래 들어가게 되고 무함마드 알리는 단지 총독직의 세습권만을 인정받는 상황에 놓일 것이었다. 결국 이 협정의 요체는 무함마드 알리로 하여금 독립을 단념하고 시리아를 항구적으로 지배하려는 노력을 중단하게 하려는 최후통첩에 있었다. 이 협정에서 프랑스는 제외되었고 내용이 통보조차 되지 않았다.

무함마드 알리는 이를 거절했고 프랑스는 극도로 흥분했으나 외교적으로 철저하게 고립되었다. 파머스턴은 완강했고 9월에 영국 함대는 베이루트를 포격하고 군대를 상륙시켰다. 지방 반란군의 공격뿐만 아니라 영국과 오스트리아 연합함대의 침입을 받자 이브라힘은 1840년 겨울에 시리아에서 철수할 수밖에 없었다. 그와 함께 이집트에 협조했던 바쉬르 2세도 그에게 대항한 호족들의 압력을 받아 퇴위했다. 비록 그가 쉬합가의 마지막 아미르는 아니었지만 그의 후계자도 1년 뒤에 폐위당해 이 가문의 세력은 몰락하고 말았다. 결국 프랑스도 영국과 다른 열강을 상대로 하는 이집트 지원을 철회했다.

운키아르 스켈레시 조약은 모든 국가의 군함에게 해협을 폐쇄하는 '런던 해협 협정(the London Strait Convention, 1841년 7월)'으로 대체되었다. 이집트를 강대국으로 만들려던 무함마드 알리의 야심은 막을 내렸다. 이로써 오스만 제국의 오랜 역사에서 오스만가(家)를 폐위시키려던 최초의 시도도 함께 막을 내렸다. 그러나 그 파장은 광범위했고, 이제 이집트와 비옥한 초승달 지역이 유럽의 제국주의에 직접 노출되었다.

4. 크림 전쟁(The Crimean War, 1853년 10월~1856년 2월)

크림 전쟁은 흔히 종교전쟁으로 묘사되며, '불필요한 전쟁'이었다는 평을 듣는다. 그러나 이 전쟁에 관련된 사안은 단순한 종교의식 차원의 사소한 문제가 결코 아니었다. 그것은 당시 오스만 제국의 정치·종교 제도에서 볼 때 가장 큰 정치적인 문제와 연결되어 있었다.

문제는 예루살렘이 기독교도들의 성지라는 사실과 기독교도들이 다양한 종파에 속해 있다는 사실에서 연유되었다. 예루살렘의 '성묘 교회'의 열쇠와 교회에 소속된 기독교도들의 관리는 17세기 무렵부터 그리스정교의 수장인 이스탄불의 총대주교(Patriach)가 맡고 있었다. 그것은 그리스 정교도의 수가 계속 증가하면서 로마 가톨릭교도를 훨씬 능가하게 되었기 때문이었다. 그런데 당시 프랑스왕은 십자군에 속하지 않으면서도 오스만 세력에 대항하는 기독교도들의 보호권과 그 대표권을 확보하고 있었다.[33] 프랑스 혁명 때 무종교정책을 취해서 그 권리를 포기한 프랑스인들이 1840년대 이후 레반트 지방에 프랑스 가톨릭 신부들이 증가하면서 1세기 동안 거론하지 않았던 성지관할권을 재차 요구하고 나섰다. 프랑스의 이러한 행동은 단순한 종교적 차원을 넘어 이 지역에서 러시아를 축출하려는 의도가 내포되어 있었다. 이로써 가톨릭과 그리스 정교회 간에 성지관리권을 둘러싼 다툼이 일어났다.

이에 대해 그리스 정교도들이 그들에게도 이와 상응한 대우를 확보해

---

33) 1736~1739년 사이 오스만 제국이 러시아와 오스트리아를 상대로 전쟁을 치르고 난 후 유리한 조건에서 이 국가들과 조약(the Treaty of Belgrade, 1939)을 체결했는데, 그것은 프랑스의 협조가 있었기 때문이었다. 그 대가로 오스만 제국은 프랑스에게 기존의 치외법권적 협정(capitulation)을 확장·갱신해주었다. 1740년 5월 28일에 체결된 이 협정에서 술탄 마흐무드 1세는 프랑스 왕에게 그러한 권리들을 확약해주었다.

줄 것을 러시아황제에게 기대한 것은 당연했다. 당시는 세력이 신장된 러시아가 오스만에 대해 자국의 권리를 성공적으로 주장하기 시작할 때였다. 비록 자세한 것은 아니지만 쿠추크 카이나르지 조약에도 러시아의 이 같은 문제에 대한 권리가 규정되어 있었다.

예루살렘 안에는 기독교 분파들인 가톨릭과 그리스 정교의 승려들이 성지를 공동 관리하게 됨에 따라 하나의 사태가 발생했다. 그들에게 부여된 구체적인 경계구역은 매우 협소해서 반목과 질시가 잦았다. 승려들의 싸움은 누가 어느 문으로 다닐 수 있고, 누가 어느 열쇠를 가질 수 있으며, 또 누가 누구의 권리를 침해할 수 있는가와 같은 저급한 것으로 평화의 유지라는 기독교 정신을 터키인들에게 널리 보급한다는 본래의 정신은 안중에 없었다. 그러나 사제들 뒤에는 든든한 보호자가 있었다.

러시아는 이 사태를 잠재해 있던 오스만 문제에 대한 자신의 이해관계를 부각시킬 절호의 기회로 삼았다. 흑해의 항구들을 통한 러시아의 무역이 급증하고 있었고, 이것은 해협의 중요성이 증대했다는 것을 의미했다. 러시아가 기선을 잡았지만 필연적으로 다른 세력들의 반발을 초래했다. 때마침 대통령에서 황제로 추대된 루이 나폴레옹은 국내 정치기반을 가톨릭 세력에 의존하지 않을 수 없었기 때문에 술탄을 협박해서 예로부터 내려 온 특권을 승인한다는 것을 각서로 약속할 것을 요구했다. 이에 대해 술탄 압둘 메지드 1세는 독특한 편법을 사용했다. 즉 가톨릭 승려들의 편에서는 공식 칙령을 발표하고 다른 한편으로는 비공식적이긴 하지만 차르에게 통문하는 형식으로 그리스 정교회를 두둔하는 칙령을 발표했다. 이것은 문제를 분명하게 처리할 수 있는 방법은 못 되었지만 세력들의 서로 다른 점을 이용한다는 것은 오랫동안 오스만 왕조의 정책 기조가 되어온 것이었다.

이 문제는 러시아가 오스만 제국 전체의 해체를 고려하면서 확대되기 시작했다. 일관성 있게 오스만 보존정책을 고수했던 영국이 반발하고 나섰다. 러시아는 영국과 대립하는 것을 원하지 않았기 때문에 영국에게 적절한 대상(代償)을 제공함으로써 영국의 묵인하에 전쟁을 할 작정이었다. 니콜라스 1세는 이 계획에 오스트리아도 동의하고 있다고 암시했다. 이 계획의 결과로 투르크족을 유럽으로부터 축출할 수 있을 것이고, 이에 따라 세르비아인과 불가리아인의 국가가 다시 등장하게 될 것이며, 러시아는 보스포루스를, 오스트리아는 다르다넬스를 확보하게 될 것이었다. 차르는 영국이 이집트와 크레타를 소유할 수 있다는 것도 아울러 제의했다. 그러나 프랑스에게는 어떤 몫도 고려되지 않았다.

  영국은 이에 대해 명확한 입장을 표명하지 않았다. 이러한 영국의 애매한 입장이 러시아에게 오판할 여지를 갖게 했다. 러시아는 1853년 2월 말, 멘쉬코프 공(A. S. Menshikov)을 이스탄불에 파견했다. 그의 과시적인 행각이나 러시아 내에서의 그의 위치는 열강들의 경각심을 자극시켰다. 그는 러시아의 고위 관직을 여러 개 겸하고 있던 가장 중요한 인물 중의 하나였다. 프랑스는 이를 심각하게 받아들였고, 사제들의 싸움에 이해관계가 없던 영국도 이 문제에 커다란 이해가 걸려 있음을 직감했다. 멘쉬코프가 터키 정부와의 교섭을 매듭짓지 못하고 시간을 보내고 있을 때 1854년 영국 대사 스트래트포드 캐닝이 콘스탄티노플로 돌아왔다. 영국은 5월 4일 지역 분쟁 당사자들의 권리를 인정하고 구질서의 회복을 지지한다는 내용의 칙령을 발표했다.

  러시아는 18세기 말의 쿠추크 카이나르지 조약에 명문화된 몰다비아, 왈라키아 2개 주의 그리스 정교회에 대해서 얻은 보호권을 터키령 전 영토에 확대할 것을 요구했다. 이러한 러시아의 요구는 시기만 적절하다면 이를 이용해 오스만에 대한 간섭권을 행사하겠다는 의지가 담겨 있었다. 이로써 오스만 제국의 운명이 걸린 문제가 제기되었다. 술탄은 영국의 지지에 고무되어 이를 거부했고, 이에 대해 러시아는 루마니아와 왈라키아에 군대를 진입시켜 요구를 관찰시키고자 했다. 1853년 7월 러시아는 2개 주를 점령했다. 러시아의 선공은 영국의 저항을 받았는데 여기에는 프랑스도 결부되어 있었다. 영국은 여전히 오스만 제국이 아시아에서의 러시아의 팽창을 막는 보루가 되어주기를 희망하고 있었다.

그러나 어느 편도 전쟁을 원하지는 않았다. 열강들은 이 문제가 외교적 타협으로 해결되기를 바랐다. 터키는 영국과 프랑스로부터 러시아가 몰다비아와 왈라키아에 진입할 때 저항하지 말라는 충고를 받았다. 그러는 동안 빈은 외교의 각축장이 되었다. 7월 28일 영국, 프랑스, 오스트리아 그리고 프러시아는 소위 빈 각서(Wien Note)를 채택했는데 공국들은 이미 러시아에 점령된 상태였다. 이 각서는 극히 모호한 문구로 작성되어 있었는데 터키도 수락할 수 있는 방식으로 러시아를 만족시키자는 내용이었다. 니콜라스 1세는 이를 수락했으나 술탄은 거부했다. 문구들이 너무 애매해서 여러 해석을 낳을 수 있다는 이유에서였다. 영국과 프랑스 그리고 오스트리아는 문구를 수정해서 술탄을 달래자고 제의했지만 러시아는 거부했다.

1853년 10월 23일 서구 열강들로부터의 지지를 확신한 터키가 러시아에 선전포고를 하고 말았다. 오마르 파샤(Omar Pāshā)가 지휘한 터키군은 도나우를 건너가 남부 루마니아에서 벌어진 올테니차 전투(the Battle of Oltenitza, 1853년 11월 4일)에서 러시아군을 무찔렀지만, 러시아는 11월 30일 시노페(Sinope, 오늘날의 터키 Sinop)에서 흑해 동단으로 향하던 터키 함대를 격침시켰다. 러시아군의 루마니아 진입에 대응해 영국과 프랑스의 함대가 다르다넬스와 보스포루스 해협에 진입하기는 했지만 시노페 전투가 있은 후 한참 지난 1854년 1월에야 흑해로 들어갔다. 그리고 2월 27일 양국은 최후통첩의 형태로 몰다비아와 왈라키아 주로부터의 러시아의 철수를 요구했다. 그러나 3월 20일, 러시아는 도나우를 건너 터키령 불가리아를 침공했다. 최후통첩이 러시아에 묵살당하자 영국과 프랑스는 1854년 3월 28일 공식적으로 전쟁을 선포했다. 결국 유럽 3강 영국, 프랑스, 러시아는 별로 마음에 내키지 않는 전쟁을 치르게 되었다.

직접적인 분쟁 지역과 관련해 오스트리아의 태도가 초미의 관심사가 되었다. 니콜라스 1세의 입장에서 1848년 헝가리 폭동 때 러시아가 그 진압을 도와주었음으로 오스트리아는 러시아 편이 되어주거나 적어도 중립을 지켜줄 것이라는 계산이었다. 그러나 오스트리아의 첫 조치는 4월 프러시아와의 동맹이었다. 오스트리아로서는 오히려 발칸에 진입한 러시아 군대가 자국에 위협이 된다고 판단했기 때문이었다. 두 국가는 상호 영토보전을 약속하고 러시아의 발칸에서의 세력 확대에 반대했다. 영국과 프랑스가 러시아에 대해 몰다비아와 왈라키아에서의 철수를 요구했을 때 오스트리아는 이들의 편을 들었다.

그런데 8월 초 러시아가 도나우 공국들로부터 철수하고 전쟁이 계속되는 내내 오스트리아가 이를 점령했기 때문에 사실 전쟁의 이유가 사라진 상태였다. 그러나 차제에 오스만에 대한 러시아의 위협을 완전히 제거하는 쪽으로 '동방문제'를 다루어나간다는 확고한 생각을 가지고 있던 영국과 프랑스는 오스트리아와 함께 8월 8일 평화적 해결을 위한 몇 가지 조건을 제시했다. 소위 빈 합의의 4개 항목(Wien Four Points)[34]이라는 것으로, 이러한 제의는 러시아에게 매우 불리한 것이었다. 러시아는 군사적 패배를 당한 처지는 아니었기 때문에 그 조건의 수락을 거부했다. 이리하여 연합국 측은 크림에서 전쟁을 수행하기로 결정을 보았고, 9월에는 연합군이 5만 7,000명의 대군을 크림에 상륙시켰다. 양측이 교착상태에 빠지자 오스트리아의 지원을 얻으려는 외교전이 강화되었다.

이러한 상황에서 사르디니아(Sardinia)[35]가 끼어들었다. 카브르(Camillo

---

[34] 첫째, 공국들은 유럽 국가들의 집단적 보호하에 둘 것, 둘째, 도나우 하구의 자유통행을 보장하며, 셋째, 흑해에서의 러시아의 우위를 재조정함으로써 유럽의 더 나은 균형을 수립할 목적으로 1841년 해협협정을 개정할 것, 넷째, 술탄 지배하의 기독교 신민에 대한 러시아의 배타적 보호권을 폐기하고 집단적 보호조치를 취할 것.
[35] 아메데오 2세(Amedeo Ⅱ)가 1720년 사보이, 피에몬테, 사르디니아 섬을 중심으로

Cavour, 1810~1861)의 관심사는 러시아나 동방문제가 아니라 국내문제에 있었다. 개입의 명분이 없었던 사르디니아가 서구국가들과의 협상에 성공할 수 있었던 것은 영국의 이해 때문이었다. 당시 더 많은 프랑스 병력이 크림에 머무는 것을 달갑게 여기지 않았던 영국은 그 부분을 사르디니아 군대가 보충해주기를 바랐다. 더욱 중요한 것은 사르디니아를 오스트리아에 대한 압력으로 사용할 수 있다는 것이었다. 1854년 12월 2일에 오스트리아는 영국 - 프랑스 연합국 측과 공수동맹을 체결했고, 1855년 1월 26일에는 사르디니아가 크림 전쟁에 참가했다.

영국, 프랑스, 사르디니아 그리고 터키는 세바스토폴(Sevastopol)36) 요새에 대한 11개월에 걸친 포위 공격(the Siege of Sevastopol, 1854~1855) 끝에 9월 9일 이를 함락시켰다. 러시아 육군은 오스트리아의 신속한 대응으로 발칸으로부터 철수할 밖에 없었고, 세바스토폴의 러시아의 주요 해군기지가 점령되고 파괴되었으므로 흑해의 러시아 해군력은 결정적으로 위축되었다. 그러나 전쟁은 카프카스 부근 지역에서 평화협상이 체결되기 불과 몇 달 전까지 계속되었다. 러시아는 11월 26일 포위공격 끝에 카르스(Kars) 성채를 함락시켰다. 크림 전쟁은 전사(戰士)에서 가장 참혹한 전쟁 중의 하나로 꼽힌다. 이 전쟁을 통해 러시아군 7만과 연합군 20만 명이 목숨을 잃었으며, 니콜라스 1세는 1855년 2월 전쟁 중 사망했다.

러시아는 결국 1856년 2월 파리에서 강화조약(파리 조약, The Treaty of Paris, 1856)을 맺고 굴복했다. 러시아는 도나우 입구와 남부 베사라비아를 양도했고, 세르비아의 자치를 확인했으며 몰다비아와 왈라키아에 대한 러시아의 보호권은 열강들의 집단보장체제로 대체되었다. 이 조약은 흑해를 중립화하며, 제한된 수의 오스만과 러시아의 소형 선박은 예외로 하되 어

하고 토리노에 도읍을 둔 북이탈리아의 작은 공국.
36) 러시아 크림 반도 서남쪽에 있는 항구 도시.

떤 전함의 흑해 통항도 허용되지 않도록 했다. 두 해협의 폐쇄 원칙도 확인되었다. 결국 이 조약은 러시아의 흑해에서의 권리를 크게 박탈하고 터키의 주권과 해협에 대한 권리를 지킴으로써 영국의 영향력을 더욱 증대시켰다. 그러나 한편으로는 터키 국내에서의 종교적 차별의 철폐를 규정함으로써 기독교도에 대한 터키의 주권을 제약하고 그 내정 개혁을 강제한 점에서 터키에 대한 간섭의 계기가 되었으며, 19세기 말엽의 강대국 침략의 발판이 마련되었다.

파리 회의는 동방문제의 전개에 몹시 중요한 사건이었다. 이것을 계기로 러시아는 엄청난 후퇴를 하게 되었다. 이는 흑해 조항의 형태로 나타났고, 기존 오스만 제국 안에서 러시아가 향유하고 있던 우월적 지위를 전면적으로 제거함으로써 이루어졌다. 반면에 열강들은 공식적으로 오스만 제국을 유럽협조체제의 일원으로 받아들이고 제국의 독립과 영토적 보전을 보장하게 되었다. 이로써 오스만은 사실상 전 유럽의 공동보호 아래로 들어가 그 수명이 다시 연장되었다. 결국 파리 조약은 유럽 외교의 하나의 특성인 세력균형의 원칙과 동방문제의 처리방식을 다시 확인하는 계기가 되었다.

5. 팔레스타인(Palestine)과 시오니즘(Zionism)의 대두

638년 할리파 우마르의 아랍군대가 팔레스타인을 침략하고 예루살렘을 점령해 자신들의 지배하에 두고 그 지역 주민들에게 이슬람을 전파하기 시작했다. 661년부터 다마스쿠스의 우마이야 왕조, 750년부터는 바그다드 압바시야 왕조가 팔레스타인을 지배했으며 이후 1071년까지 이 지역은 아랍인의 지배하에 있었다. 아랍 무슬림들은 정복자로서 팔레스타인에 왔으나 그 땅의 주민들을 추방시키지도 않았고 그들을 강제로 무슬림으로 개종시키지도 않았다. 팔레스타인 거주민들은 기독교인이나 유대인으로 남아 있었지만 이슬람교로 개종하면 사회적으로 여러 가지 유리한 점이 많았고 아랍어가 가장 많이 사용되고 있었기 때문에 그들은 점차 이슬람교로 개종하기 시작했다. 그러나 13세기까지 이슬람교는 팔레스타인에서 널리 신봉되지는 않았다.

이슬람 초기의 이러한 대(對)유대정책이 오늘날의 아랍 - 이스라엘 분쟁의 원인을 제공했던 것으로 보이지는 않는다. 오랜 기간 동안의 이슬람 지배하에서 유대인들은 헤브라이어를 종교의식에서만 사용했고 일상회화는 아랍어를 사용했다. 유대인들은 아랍세계에서 차별과 박해를 받지 않았고 이슬람과 유대교는 공존했다.

1099년부터 1187년까지 유럽의 기독교 기사들로 구성된 십자군이 예루살렘을 점령한 적이 있었지만, 예루살렘은 중세시기의 대부분은 아랍의 지배하에 있다가 1517년 이슬람화한 오스만 제국의 지배를 받게 되었다. 이때 오스만의 술탄 셀림 1세는 팔레스타인을 포함한 시리아와 이집트를 확보함으로써 아라비아의 메카와 메디나 그리고 예루살렘의 보호자로서의 지위를 얻었다. 오스만 제국이 팔레스타인을 점유했을 때 그곳에는 약 30개의 유대인 공동체가 여러 지역에 흩어져 살고 있었다.

그러나 세계 각지를 떠돌던 유대인들이 1800년대 말부터 '시온(예루살렘)으로 돌아가자'는 운동을 시작하면서 갈등과 비극이 싹텄다. 구세주 예수를 죽였다는 이유로 또는 뛰어난 상술을 지닌 하층 상인이었기 때문에 어느 곳에서나 핍박을 받던 유대인들은 예루살렘의 시온 산으로 돌아가자는 시오니즘에 크게 호응했고 하나둘씩 팔레스타인 땅으로 이주하기 시작했다. 1880년 팔레스타인의 총인구는 약 48만 명이었고, 그중 아랍인은 총 45만 6,000명으로 전체 인구의 95%, 유대인은 약 2만 4,000명으로 전체 인구의 5%를 차지하고 있었다.

팔레스타인에 초점을 맞추는 유대 민족주의로서 정치적 시오니즘은 러시아에서 유래되었다. 1880년 차르 제정하의 러시아에서는 이스라엘의 회복·구원은 시온의 하나님만으로 가능함을 선포하는 시(poem)「이사야서(書)」제2장 제5절의 "야곱의 가문이여 야훼의 빛을 받으러 가자(Beit Ya'akov Lekhu Ve-nelkha)"의 약성어(略成語) 'BILU'의 이름 아래 일단의 유대인 젊은이들이 팔레스타인을 찾아서 떠나는 유대인 이민이 나타났다. 그들은 하나님을 의지할 때에 이스라엘은 하나님의 통치를 다시금 경험할 것이며, 시온(예루살렘)은 하나님의 통치의 중심이 될 것이라고 믿었다.

그러나 차르 제정의 러시아에서 BILU 운동에 박차를 가하고 유대인 이민을 실제로 성행하게 한 더 근본적인 이유는 당시 러시아 정부가 국내정치적 불안의 책임을 유대인에게 전가시켜 그들을 희생양으로 삼았기 때문이었다. 즉 1881년 3월 1일 차르 알렉산더 2세가 상트페테르부르크(Санкт-Петербург, Petrograd: 1914~1924, Leningrad: 1924~1991, 영어 St. Petersburg) 가두에서 한 젊은이가 던진 폭탄으로 사망했는데 러시아 정부는 그가 유대인이라는 이유로 유대인들을 박해하기 시작했다.

이로써 남부 러시아 칼 호프 지방과 우크라이나에서 유대인 학살이 확산되었는데 차르 제정은 1882년 5월 소위 '5월법'까지 제정하여 유대인을 박해했다. 1882년 알렉산더 3세 치하에서는 비밀리에 러시아내의 유대교도를 셋으로 구분해 그 성격에 따라 3분의 1은 물리적 제거의 대상으로, 3분의 1은 국외추방의 대상으로, 나머지 3분의 1은 차르 제정에 순응시키는 계획을 수립했다. 이러한 조직적인 유대인 대학살은 '포그롬(Pogrom, 러시아어로 '파괴' 또는 '학살'이라는 뜻)'이라 불린다. 19세기 말 러시아에서 발생한 포그롬은 지역적으로 확대되어 인접국가인 폴란드로 파급되었으며 이들 지역으로부터 제1차 유대인의 귀향(제1차 Aliyah)이 있었다. 유대인 식민협회는 팔레스타인에 있는 토지를 매입해서 이민자들에게 배당하고 자본도 융통해주었다.

19세기 말 시오니즘이 대두되던 상황에서 유대인들을 자극시킨 또 하나의 사건이 발생했으니, 바로 1894년 파리에서 발생한 드레퓌스(Dreyfus) 대위 사건이다. 이 사건은 당시 독일 대사관에서 발각된 프랑스군 기밀문서의 필적이 유대인, 프랑스 육군대위 드레퓌스의 필적과 비슷하다는 이유로 그가 독일의 첩자로 체포되어 군법회의에서 종신형을 선고받고 섬에 유배된 사건을 말한다. 이 사건은 당시 프랑스의 유명한 작가 에밀 졸라 (Emile Zola: 1840~1902)가 '나는 고발한다'라는 기치하에 진상을 규명함으로써 진범은 독일의 앞잡이였던 에스테라지아 소령임이 밝혀져 드레퓌스는 1899년 재심에서 무죄가 선고되었다. 드레퓌스가 한때 그 기밀문서의 속죄양이 된 것은 그가 유대인이라는 단순한 사실 때문이었다. 이 사건은 유대인들의 분노를 폭발시켰고, 시오니즘 운동은 더욱 가열되었다.

당시 오스트리아의 노이에 프라이에 프레세신문사(the Neue Freie Presse)의 파리 특파원으로 이 사건을 목격하고 유대인들의 운명이 유럽 제국의 민족주의의 이상팽창 앞에서 쉽게 희생양이 될 가능성을 절감했던 유대계 헝가리인인 테오도르 헤르즐(Theodor Herzl: 1860~1904) 박사는『유대국가(The Jewish State)』(1896)라는 책을 집필했는데, 이는 정치적 시오니즘의 이념적 기초가 되었다. 또한 1897년 현 독일의 유력 주간지 ≪디벨트(Die Welt)≫가 처음 발간되었는데 이 잡지는 시오니즘의 기관지가 되었다. 1897년에는 헤르즐이 발기한 첫 시오니스트 회의가 스위스 바젤에서 열리게 되었으며, 이 회의는 팔레스타인에 유대인의 향토를 만들자는 결의안을 채택하고 세계 시오니스트 기구를 창설했다.

1903년 러시아 각처에서 대규모 유대인 학살이 일어나자 헤르즐 박사는 영국 정부와 협상하여 유대인 문제의 타개를 모색했다. 영국 정부는 유대인들의 귀향(aliyah: 모국 이민) 대상지로 처음 키프로스를 고려했으며, 그 뒤 시나이 반도 북부의 엘 아리시(El Arish) 지역을 후보지로 생각했으나 시나이 이주 계획은 이집트의 반대로 무산되었다. 한때 아르헨티나가 후보지로 제시되기도 했으나 동구 출신 유대인들의 강력한 반발로 무산되기도

했다. 1903년 8월, 결국 영국 정부는 유대인들의 이주지역으로 우간다(Uganda)를 제공했다. 헤르츨은 이를 받아들였으나, 헤르츨이 죽은 이듬해 1905년에 개최된 제7차 세계시오니스트기구회의는 이를 거부하고 유대인들의 민족향토를 하나님이 그들에게 약속했다는 땅인 팔레스타인으로 결정했다.

시오니즘에 반대하는 유대인들도 있었다. 정통파 유대인들은 시오니즘의 정치성을 비난했고, 사회주의 계열의 유대인들은 시오니즘을 반동적인 부르주아 운동으로 배격했다. 이들은 동화주의를 내세웠다. 시오니즘과 반(反)시오니즘 간에 논쟁이 격렬해졌다. 이러한 내부 분열이 있었지만 20세기 들어 유럽이 각종 혁명과 전쟁에 휩싸이면서 시오니즘은 유럽 전체로 확산되었다. 1905년 러시아에서 발생한 혁명('피의 일요일 사건')이 실패한 후 제정 러시아 내에서는 유대인에 대한 학살과 탄압이 거세어졌다.

러시아에서 포그롬이 재개되면서 팔레스타인에 유대이민이 시작되었을 때, 당시 팔레스타인에 거주하던 유대인의 수는 2만 4,000명으로 전체 인구의 5%에 지나지 않았다. 제1차 세계대전 중 많은 유대인들이 이민 해옴으로써 팔레스타인의 유대인의 수는 점차 늘어났다. 1914년 이 지역의 유대인은 총 65만 명 중 5만 명 내지 6만 명으로 전체 인구의 10~11%를 차지했다. 유대인들의 이주는 필연적으로 그 땅에 살던 아랍인들과의 충돌을 낳았고 1930년대부터 두 민족 간의 폭력사태가 빚어졌다. 국제연맹 하에서 영국의 위임통치 지역으로 결정된 팔레스타인은 그 면적이 약 1만 429평방마일이고, 1948년 전쟁발발 이전의 통계에 따르면 132만 명의 아랍 팔레스타인과 64만 명의 유대인들이 정착해 있었으며, 토지소유 분포는 아랍인이 47.79%, 유대인이 5.67%, 공유지가 46%였다.

제11장
동방문제
the Eastern Question
오스만 제국의 해체와 관련된 문제

1. 동방문제의 의의와 기원

'전근대적' 외교에서 국가들 간의 전쟁이라는 조건은 구체적으로 전쟁 상태가 아니라고 선언한 경우가 아니면 당연히 존재하는 것으로 생각되었다. 평화라고 인정할 조건은 존재하지 않았고 오직 전쟁의 중지만 있었을 뿐이다. 그것은 전쟁이 일반적인 정치 수단이었기 때문이었다. 술탄은 어떠한 경고도 없이 마음대로 전쟁을 시작할 수 있다고 생각했다. 일반적으로 18세기까지는 오스만 제국 내에서는 그 어떤 국가도 오스만 제국과 동등하게 교섭할 수 있다고 생각하지 않았다. 이런 체제는 한 세기가 더 지날 때까지 사실상 바뀌지 않았다.

이슬람 문명 그 자체는 종교로 정의될 수 있다. 문명화된 세계는 '다르 알 이슬람(Dār al-Islam)', 즉 '이슬람의 세계'이며 이슬람법이 지배하고 이슬람 정부가 통치하는 모든 지역이다. 사방이 '다르 알 하르브(Dār al-Harb)' 즉 '전쟁의 세계'로 둘러싸여 있는데, 이곳에는 이슬람 신앙을 아직 받아들이지 않았거나 이슬람 통치에 굴복하지 않은 이교도들이 살고 있다. 이슬람 국경을 넘어선 다양한 지역 간에는 서로 분명한 차이가 있다.[1)]

동쪽으로부터는 제국에 대한 위협이 없었다. 중국과 인도의 위대한 문명은 이슬람 세계에 심각하게 도전해온 적이 없었고 위협한 적은 더더욱 없었다. 동쪽의 거대한 이교도인 몽골의 침입은 그 엄청난 충격에도 정복자 자신들이 이슬람으로 개종하고 동화되면서 결과적으로 이슬람 세계에 포섭되어버렸고, 이슬람 세계의 중요한 일부가 되었다.

이슬람의 서쪽 경계에서는 매우 다른 상황이 전개되었다. 16세기까지 유럽 쪽에서 교황과 여러 기독교 신학자들은 여전히 광역 유럽 세계가 오스만 치하의 이슬람 영토와 기독교권, 즉 기독교적 통일세계(Republica

---

1) 버나드 루이스, 이희수 옮김, 『중동의 역사』(서울: 까치, 2003), 293쪽.

Christiana)로 나뉘어 있다고 생각했다. 후자는 동방 정교회를 제외한 모든 라틴 기독교 국가들이 비록 서로 언어가 다르고 서로 다른 군주 치하에 있지만 이론적으로는 하나의 통일된 공동체를 이루었다는 것을 의미한다.

무슬림들은 자신들과 경쟁관계에 있는 유사한 사명감을 지닌 이러한 세계종교를 잘 인식하고 있었다. 그리고 이슬람 세계에서뿐만 아니라 기독교 세계에서도 이러한 사명은 강력한 왕국의 창설에 의한 정치적·군사적 지지를 받았는데, 그들의 목적을 진척시키기 위해서 전쟁도 불사했다. 그리하여 이슬람 세계에서 기독교도는 이교도가 되었고, 특히 기독교 유럽은 '전쟁의 세계'의 전형이 되었다.

1) 동방문제의 의의

14세기 초 일 한(Il khan)국 말기, 오스만 제국은 정치적 진공상태의 중동에서 소아시아(아나톨리아)의 작은 부족으로 출발했다. 비잔티움 제국을 잠식하면서 대제국을 형성하고, 이슬람문명을 파멸의 위기에서 구출한[2] 오스만 제국은 콘스탄티노플 정복(1453) 이후 유럽에게는 공포의 대상이 되었다. 15세기 말엽, 이 제국은 이미 그리스, 이오니아 섬들, 보스니아, 알바니아 등 발칸의 대부분을 정복하고, 16세기에는 그 세력이 크림으로부터 에게해와 레반트에 이르렀으며 이집트 정복(1517)으로 나일과 홍해를 통해 인도양까지 확장되었다. 특히 1520년대에는 그의 가공할 예니체리(Yenicheri, Janissary) 군단이 부더페슈트, 빈을 압박하고 남쪽에서는 오스만 전함이 이탈리아의 여러 항구를 공격했으므로 교황들은 로마가 콘스탄티노플과 같은 운명에 처하지 않을까 전전긍긍했다.[3]

---

2) 김정위, 「이슬람 문화사」(서울: 삼신문화사, 1977), 192쪽.
3) Paul Kennedy, *The Rise and Fall of the Great Powers*(N. Y.: Random House,

19세기가 시작될 무렵까지 250년간, 오스만 제국은 이란의 사파위 왕조, 모로코의 샤리프 왕조, 그리고 아라비아 반도의 오지(奧地)나 사하라, 리비아 사막지대에만 그의 지배권이 미치지 않았을 뿐 그 밖의 모든 중동과 북아프리카지역을 영유하고 나아가 발칸 반도의 흑해 북쪽 기슭과 동쪽 기슭의 카프카스 해안지역에 이르는 방대한 세력을 이루었다. 남동 유럽에서는 오스트리아, 러시아와 접경하며, 유럽 지역의 경우, 술탄은 지배영역 23만 8,000평방마일에 대부분이 기독교인이었던 800만 명의 인민을 통치하고 있었다.[4]

이러한 위협이 술탄 메흐메트 2세와 그의 후계자들이 제기한 일관된 대전략의 일환이었던 반면 이에 대한 유럽의 대응은 산발적이고 고립적이었다. 공교롭게도 오스만인들의 정치적 힘의 정점은 유럽의 신대륙 정복과 정확히 맞아 떨어졌다. 신대륙 정복은 유럽을 세계의 여타 지역들과 구분되는 별도의 궤도에 확실하게 올라서게 했으며, 세력의 균형을 지중해 세계에서 서쪽의 대서양 경제로 옮겨놓았다. 17세기 중엽 유럽에 근대국가체제가 확립되고, 유럽의 근대국가들이 오스만 제국이나 중국 명(明) 등의 군사·문화적 우월성을 극복함에 따라[5] 오스만 제국은 더 이상 서구 기독

1987), pp. 3~4.
4) C. A. Leeds, *European History 1789-1914*(Estover, Plymouth: Macdonald and Ltd., 1982), p. 178.
5) 유럽에서 1519~1659년의 시기는 합스부르크가의 오스트리아와 스페인이 프랑스 그리고 프로테스탄트 국가들을 상대로 유럽의 패권을 다투었으며, 1660년 이후 강대국정치의 가장 중요한 면은 유럽 국가들의 진정한 다변적 체제(multipolar system)가 성숙하고 각국은 범국가적, 종교적 원인보다는 '국가이익'에 기초하여 전쟁과 평화를 평가하기 시작했다는 것이다. 다만 종교적 편견이 완전히 사라진 것은 아니었고 18세기 동안 그로 인한 분규는 계속되었다. '유럽의 기적(the European Miracle)'으로 표현되는 16~17세기의 유럽 근대국가 형성과정은 Kennedy, op. cit., pp. 16~30를 참조할 것.

교 세계에 위협적인 존재가 되지 못했고, 그 이후에는 반대로 유럽이 오스만 제국의 영토보존을 위협하게 되었다. 오스만 제국의 힘과 중동문화가 서구에 주는 충격보다 외부국가들의 세력과 외부문화가 중동에 가하는 충격의 중요성이 더 중요한 의미를 갖게 되는 이러한 역할의 반전이 근대 중동역사의 가장 중요한 특징이 되었다.[6]

19세기 유럽 국제정치에서 중요한 일반적인 현상이 있었다면 그것은 18세기에 비해 특출한 위치나 지배적인 권력의 의식적인 추구라는 의미에서 패권을 위한 투쟁이 없었다는 것이다. 1815년의 유럽협조체제는 지배적 연합구조로서 프랑스 한 나라(기술적으로는 그의 한 구성원이었던 러시아 포함)를 겨냥한 방어적이고 불안정한 것이었다. 이러한 불안정성은 중동에서의 동맹들의 경우 그의 교차적인 성격으로 인해 더욱 두드러졌다. 더구나 19세기의 심각한 경쟁구조는 근본적으로 '유리한 여건(advantageous situation)'을 위한 경쟁이었다. 이들이 추구했던 것은 가장 적은 비용으로 가장 많은 이익을 얻을 수 있는 능력, 타국이 갖지 못한 선택의 자유를 향유하면서 자국이 걸머져야 되는 부담과 희생으로부터 벗어날 수 있는 능력 등이었다. 그리하여 '유럽의 조정자가 되는 것(being the arbiter)', '행동자유의 확보(having a free hand)', '균형의 보존(holding the balance)' 등이 이러한 '유리한 여건'을 위한 신조가 되었다.[7] 그 속에서 오스만 제국의 문제가 유럽의 중요한 현안의 하나가 되었던 것은 18세기나 20세기와는 달리 19세기에는 안정된 유럽의 세력균형의 협조체제가 형성되었고 주변에 대한 영향권이 확정·완결되었으나 이 점에서 그의 위계체계가 확정되지 않은 유일한 지역이 바로 오스만 제국이었다는 사실 때문이었다.[8]

---

6) William Yale, *The Near East: A Modern History* (Ann Arbor: The University of Michigan Press, 1958), p. 3.
7) Pawl W. Schroeder, "The 19th Century International System; Changes in Structure" *World Politics*, Vol. 39. No. 1.(Oct. 1986), pp. 10~11.

유럽 국가들의 이니셔티브 속에서 오스만 제국은 '유럽의 병객(the Sick Man of Europe)'[9]이었다. 그런데도 오스만 제국은 영국, 프랑스, 러시아, 오스트리아 그리고 이탈리아와 독일과 같은 신생국가들의 대외정책에서 높은 비중을 차지했다. '동방문제(the Eastern Question)'는 유럽인들이 중동지역의 전반을 장악하고 있던 오스만 제국을 중심으로 주로 17세기 후반부터 유럽 열강과 중동의 지역적 정치주체들 간에 제기된 정치·외교적인 제반 문제를 지칭할 때 사용했던 말이다. 이 말은 대개 이 시기에서 오스만 제국의 돌연하고 무질서한 해체를 방지하며, 그 해체가 어쩔 수 없는 경우에도 유럽의 세력균형을 교란시키지 않고 그 전리품을 공평히 분배하기 위한 전략을 반영한 것이다. 더 엄격히 말하면, 오스만 제국의 영토보전을 과도하게 손상시킬 국가, 특히 러시아의 행동을 저지하려는 유럽 열강의 다양한 노력과 오스만 제국의 대응을 의미했다.[10]

유럽의 많은 지도자들은 오스만 제국의 붕괴가 전반적인 유럽의 평화에 중대한 위협을 가하리라는 점을 인식했다. 따라서 그들은 오스만 제국의 영토적 보존을 원했다. 오스만 제국이 전쟁에서 패해 붕괴될 상황에 빠지면 협상 테이블에서 이를 역전시켜 오스만 제국을 유럽협조체제로 끌어들이기도 했다. 그러면서도 유럽 국가들은 오스만 제국과의 끊임없는 전쟁과 오스만 신민들의 분리주의적 목표에 지지를 보내는 등 스스로 두려워하

---

8) F. R. Bridge and Roger Bullen, *The Great Powers and the European States System 1815-1914*(London and N. Y.: Longman, 1980), pp. 1~3.
9) 2차 시리아 위기 후 터키 국내문제 해결에서 영국과의 협조(해협협정, 1841)가 오스만 영토에 대한 개입, 궁극적으로는 분할에 대한 논리적인 단계로 보았던 차르 니콜라스 1세가 처음 사용한 말로, 영국과의 협의과정에서 죽음에 직면한 병자의 자산이 더 질서 있는 방법으로 분배되어야 함을 암시하기 위해 사용했으나 그 후 오스만 제국을 지칭하는 일반적인 용어가 되었다.
10) George Lenczowski, *The Middle East in World Affairs*(Itaca and London: Cornell Univ. Press, 1980), p. 32.

고 기피하려 했던 바로 그 제국 분할에 편승하고 있었다.

19세기 동안 내내 러시아의 압력이 오스만 제국의 대외관계에서 주요한 요소로 남아 있었다. 차르의 정책은 오스만 제국을 허약하며 분산된 상태로 자신의 보호 아래 두고 싶은 생각과 오스만 영토를 병합하거나 발칸반도에 독립적인 기독교 국가들을 창설함으로써 오스만 제국을 분할하고 싶은 욕망 사이에서 갈피를 잡지 못했다. 그러나 언제나 염두에 두고 있었던 하나의 목적은 흑해와 해협에 대한 지배였다. 러시아의 발칸에 대한 팽창은 오스트리아를 불안하게 만들었고, 해협에 대한 러시아의 구상은 지중해에서 자신들의 패권을 유지하고, 동방으로 통하는 루트를 확고히 하며, 유럽에서의 세력균형을 보존하려는 영국과 프랑스의 저항에 부딪혔다. 더구나 양국은 오스만 제국의 보존에 상당한 경제적 이해를 가지고 있었다. 19세기 영국은 대외무역에 최우선 순위를 두고 있었다. 당시 영국과 프랑스의 대(對)터키 무역과 대여금이 급증하고 있었다. 그리고 러시아가 그리스정교를 빌미로 이 지역에 행사하는 영향력은 가톨릭의 보호자를 자처하던 프랑스와 다른 비무슬림, 프로테스탄트 그리고 드루즈를 방어하려던 영국을 자극하고 있었다.

따라서 동방문제의 핵심은 오스만 제국의 소유, 특히 보스포루스와 다르다넬스 해협을 독점하려는 러시아의 기도와 이를 방지하기 위한 다른 열강들의 대응에 있었다. 다른 열강들이 가끔은 러시아의 세력 확장을 받아들이고 환영한 경우가 있긴 했지만(1812~1814년, 러시아가 나폴레옹을 상대로 세력을 과시하는 경우) 그들의 통상적인 정책은 유럽 세력균형의 교란을 방지하기 위해 발칸지역이나 해협이 러시아의 수중으로 들어가는 것을 저지하는 것이었다.[11]

---

11) Arthur Goldschmidt, Jr., *A Concise History of the Middle East*(Boulder, Colorado: Westview Press, 1979), p. 146.

그러나 동방문제를 더 자세히 들여다보면 거기에는 두 가지 문제가 있었다. 하나는 '동방 고유의 문제'로 오스만 제국의 내부에서 비롯되었다. 이질적인 방대한 영토를 보유하고 있던 오스만 제국이 쇠퇴기에 접어들면서 여러 세력들의 도전에 직면하게 되었는데 그것들은 이집트 무함마드 알리의 지역 패권투쟁, 아랍의 민족적·정치적 각성 그리고 각종 분리주의 운동과 같은 내부의 정치 도전과 터키 회교도의 지배로부터 정치적 자유를 쟁취하려는 기독교 발칸 식민들의 봉기였다.

다른 하나의 문제는 술탄의 지배로부터 벗어나려는 기독교 민족들을 앞세우고 이 지역에서 경쟁을 벌인 유럽 열강의 이해가 얽힌 '지중해 문제'였다. 유럽 지역, 특히 발칸의 오스만 신민들은 터키에 흡수되지도 동화되지도 않은 상태였다. 이들은 대부분 자신들의 기독교 신앙과 문화적 정체성을 보유하고 있었을 뿐 아니라 광범위한 내부적 자치를 누리고 있었다.

전자의 당사자는 거의 독립적 국가 상태를 유지하고 있던 이집트와 오스만 제국, 오스트리아, 러시아, 영국, 발칸의 여러 민족주의 세력이었고 후자의 당사자는 이집트, 오스만 제국, 영국, 프랑스, 그리고 후에 가세한 독일과 이탈리아였다. 이 두 부분이 갖고 있던 공통점은 이러한 문제의 등장 자체가 오스만 제국이 자신의 내부영역에 대한 지배력을 상실해가는 과정이었고, 그 과정을 통해 오스만 제국의 소유가 몇몇 유럽 열강들의 침탈 대상이 되고 있었다는 것이다.

마흐무드 2세의 치세 기간 동안, 오스만 정부는 이러한 심각한 내부적 위험을 깨닫게 되었다. 그러나 이들이 취한 조치들은 너무 늦거나 열의가 없었다. 오스만 제국은 부패했고 전제주의와 불합리한 행정체계를 가지고 있었을 뿐 아니라 가장 선진적인 국가들을 상대하지 않으면 안 되었기 때문에 제국 자체의 힘만으로 자신을 지키기가 현실적으로 불가능했다. 동방문제가 대두된 이후 거의 1세기 반 동안이나 오스만 제국의 생명이 보존되었던 것은 유럽 열강이 그것을 원했기 때문에 가능했다. 유럽 열강은 오스만 제국의 어떤 부분이 경쟁 상대인 유럽 국가에게 독점될 가능성이 있는 경우 또는 제국 분할의 결과가 유럽의 세력균형에 충격을 주어 이를 파괴될 가능성이 있는 경우 그리고 오스만 제국의 존재가 유럽 열강들 간의 직접대결의 위험을 감소시켜주는 완충국(a buffer state) 역할을 할 수 있다고 믿는 경우 제국의 보존을 택했다.12)

그러나 동방문제를 통해 중동과 유럽 열강의 운명은 근대 역사를 통해 일방적이기보다는 상호작용 형태를 띠고 나타났는데 유럽 열강 간의 관계들조차 중동에서 발생한 사건들로 변화하고 조건지어졌으며 그 과정 속에서 중동과 유럽의 접촉은 양자 모두를 철저히 변화시키는 계기가 되었다.13) 1879년 베를린 조약으로 발칸 반도의 자투리 영토까지 모조리 빼앗기기 전만 해도 오스만 제국은 유럽의 군사와 정치에 깊숙이 개입한 유럽 세력이기도 했으며 당시 사람들도 그렇게 인식하고 있었다. 오스만 제국은 그 모든 역사를 통해 러시아나 프랑스 그리고 합스부르크의 경쟁국가들 못지않게 유럽 정치질서의 일부였다.

2) 동방문제의 기원과 전개

동방문제는 바로 오스만 제국의 운명에 관한 문제였다. 한때 오스만 제국은 전(全) 유럽에 위협적인 존재였다. 16세기 동안 그러한 위협은 주로 합스부르크가의 저항으로 견제되었다. 대체로 도나우 강을 경계로 이 지역은 한동안 안정 상태를 회복했고, 오스만 제국은 유럽권 내의 발칸에도 정착하게 되었다. 그러나 오스만 제국이 지배한 유럽 지역의 크기가 어떻든

---

12) Edith and E. F. Penrose, *Iraq; International Relations and National Development*(Boulder: Westview Press, 1978), p. 23; D. G. O. Ayerst, *Europe in the Nineteenth Century*(London: Cambridge Univ. Press, 1952), p. 126.

13) Don Pertz, The Middle East Today(N. Y.: Holt Rinehart and Winston, 1978), p. 76.

간에 오스만 제국의 주요 근거지는 유럽 밖이었다. 이러한 사실은 오스만 제국이 신봉하는 이슬람과 유럽의 기독교 사이의 이질성으로 더욱 뚜렷하게 되었다. 어쨌든 시간이 흐를수록 유럽 세력은 강성해졌던 반면 오스만 세력은 점차 약화되어 공격권은 오스만 제국으로부터 합스부르크가로 옮겨가게 되고 그다음으로는 러시아가 공격의 주도권을 잡게 되었다.

동방문제는 어떤 사건을 기점으로 구체화되었다고 볼 수 있는가? 동방문제는 여러 단계를 걸쳐 진행되는 동안 유럽 쪽에서는 정교하고 다변적 게임이 개발되었고, 중동 지역에서는 오스만 제국을 포함한 다양한 정치집단 즉, 사실상의 국가군(國家群) 또는 국가로의 변모가 가능했던 많은 지역 세력들이 이 같은 복잡한 국제정치에 참여함으로써 독특한 정치패턴을 창출하고 있었다. 동방문제의 '시작의 문제'는 그 단계들에서 어떤 것을 더 핵심적인 것으로 보느냐에 달라진다.

동방문제를 가장 소급해서 보는 입장은 오스만 제국이 최초의 굴욕적 조약을 체결함으로서 외부에 그의 약점을 드러내었던 1699년 오스트리아와 오스만 제국 간의 카를로비츠 조약(the Treaty of Carlowitz, 1699)에 근거하는 경우다.14)

술탄 쉴레이만 1세의 통치 시기는 제국의 영광이 극치에 달했던 때였다. 당시 유럽인들은 그를 '위대한 자(the Magnificent)'로 불렀으며, 오스만의 역사에서는 '입법자(Qanuni, lawgiver)'로 알려졌다. 그러나 그의 재위는 제국의 국제관계가 새로운 단계에 접어드는 시기였다. 그 이전에 오스만 제국이 비잔티움 제국과 유럽과 아시아의 소수민족들의 희생 위에 팽창을 계속해왔다면 그 이후는 주요 열강과의 계속된 대결의 시작으로 특징지어진다. 한편의 상대는 유럽 국가로 합스부르크 제국과 베네치아였고 다른 한편은 중앙아시아 국가였던 페르시아였다.

---

14) George Lenczowski, *The Middle East in World Affairs*, pp. 31~32.

합스부르크와의 경합은 도나우 계곡과 사바(Saba) 강(江)을 중심으로 이루어졌다. 양국 간 항쟁의 정점은 술탄 쉴레이만 1세가 감행한 제1차 빈 포위(1529)였다. 이때 오스만 군대는 많은 손실을 입은 채 철군해야 했다.

베네치아와의 경쟁은 지중해의 제해권을 둘러싼 것이었는데, 오스만 제국은 프레베사(prevesa)의 남쪽 코린트(Korinth) 만의 입구에 있는 레판토 근처의 해전(레판토 해전, the Battle of Lepanto, 1571)에서 돈 후안(Don Juan de Austria)이 지휘하는 베네치아, 에스파냐, 사보이(Savoy), 교황, 말타(Malta) 기사단 등의 기독교 연합함대에게 패배함으로써 그 기세가 꺾였다. 이것은 30여 년 전 1538년 9월, 오스만의 해군제독 바르바로스 하이렛딘(Barbaros Hayreddin)에게 지중해 해상권을 빼앗긴 지 30년 만의 일로서 최고의 전성기를 구가하던 쉴레이만 1세 사후 채 5년도 지나지 않아서였다. 이 해전으로 기독교인들은 용기를 얻었고 오스만 제국이 바다에서 결코 무적이 아니라는 사실을 알게 되었다.[15] 오스만 제국이 즉시 해군 재건에 나서 1년 동안에 230척의 함대를 건조해 2년 전에 돈 후안이 빼앗아 간 튀니지를 되찾았지만 크게 손상된 오스만 제국의 위신은 회복되지 않았다. 쉴레이만 1세의 죽음과 레판토 해전의 패전이라는 잇달아 발생한 상징적인 두 사건으로 오스만 불패의 신화가 무너졌던 것이다. 그리고 후계자들은 쉴레이만 1세의 유산을 무위도식하며 탕진할 뿐이었다. 이때부터 오스만 제국이 처한 문제는 확장과 정복이 아니라 기존의 소유를 어떻게 유지할 것인가에 있었다.

그렇지만 오스만 제국은 1574년경부터 시작된 군사적 변혁으로 제기된 많은 어려움 속에서도 아직은 국력이 크게 위축된 상태는 아니었고 오히려 전반적으로 약간의 팽창을 계속하고 있었다.[16] 수많은 장기간의 소모적인

---

15) Sydney Neyttleton Fisher & William Ochsenward, *The Middle East: A History*, Vol. 1, pp. 209~210.

전쟁으로 많은 국력 손실이 있었지만, 17세기 말까지는 제국은 대부분의 전쟁에서 승리했거나 적어도 패전하지는 않았다. 1593년부터 1606년까지 계속된 오스트리아의 전쟁에서도 오스만 제국은 전반적으로 고전하긴 했지만, 1596년 메죄 케레테츠에서는 대승을 거두었다.

그러나 이러한 소모전으로 양국이 탈진한 관계로 술탄과 신성로마제국 황제 사이에 체결된 시트바 토록 조약(the Treaty of Zsitva Török, 1606)은 하나의 중대한 이정표였다. 이 조약의 협상과 체결 내용은 합스부르크 왕가와 오스만 제국의 경계를 이루는 강에 있는 한 섬에 관한 것이었다. 이 조약은 과거처럼 정복자의 독선으로 그의 수도에서 강요된 정전협정이 아니고 동등한 입장에서 접경에 관해서 절충한 협정이었다. 오스만이 유럽으로 진출한 초기 단계에서는, 유럽의 입장에서 오스만 제국과의 조약들은 협상다운 협상도 못 해본 상태에서 이루어진 것으로, 엄밀한 의미에서 조약이라고 할 수도 없었다. 이슬람의 세력과 이교도 적들과의 전쟁 상태는 오스만에게는 영구적인 종교적 의무로 인식되었고, 전쟁들은 승리한 술탄이 패배한 적들에게 이스탄불에서 강요한 정전협정으로 종식되곤 했다. 시트바 토록 조약은 따라서 현실적 변화의 실체를 반영했으며, 그 개념과 절차에서 중요한 변화를 상징했다. 이로서 유럽 열강의 오스만 제국에 대한 두려움도 대부분 극복되었다.

쾨프륄뤼(Köprülü) 가문의 재상들이 노력한 결과, 오스만군은 1645~1669년 베네치아와의 오랜 전쟁에서 크레타 섬을, 1676년 폴란드와의 전쟁에서 포돌리엔(Podolien) 지역을 정복하고, 1683년에는 오스트리아의 수도 빈을 두 번째로 포위하는 등의 전과를 올렸다. 그러나 제국을 회생시키기

---

16) 레판토 패전 후에도, 1645년에서 1670년까지, 오스만 제국과 이집트간의 해로를 위협하는 베네치아를 상대로 한 일련의 전쟁에서 1656년 심각한 패배를 경험한 적도 있지만, 1966년에는 3년간의 포위 끝에 크레타(Crete)를 병합하기도 했다.

에는 너무 늦어버렸다.

오스만의 입장에서 제2차 빈 공략의 실패는 치명적인 것이었다. 1683년 제2차 빈 포위와 그 뒤 15년에 걸친 전쟁과 카를로비츠 조약 그리고 그로 인한 터키의 영토 상실은 오스만 제국의 한 시대를 마감하게 했다. 터키는 이미 그리스도교 세계를 위협하는 적이 아니었다. 그러한 명백한 취약성이 오스만 제국과 유럽의 역할의 교체를 가져왔다. 그리하여 이제는 유럽이 터키의 영토를 위협하게 되었다.

오스만은 동쪽에서 이집트의 기지로부터, 곧 이어서 이라크 기지로부터 걸프 해와 홍해 두 곳 모두에 해군력을 강화시키고, 잠시 예멘과 아프리카의 혼(Horn of Africa)에 오스만 총독을 두었다. 한편 유럽 기독교 적대세력에 대항하는 현지 이슬람 통치자들을 돕기 위해서 오스만 포병단을 동남아시아에 파견하기도 했다. 그러나 그것들은 별다른 소용이 없었다. 오스만 함대는 이미 포르투갈이나 다른 유럽 전함의 상대가 될 수 없었고, 이슬람 통치자들이 현지에서 지원했는데도, 오스만은 남아시아와 동남아시아를 새롭게 떠오르는 서유럽 해상세력에 넘겨주지 않을 수 없었다. 1699년까지 계속되었던 전쟁에서 불가리아와 세르비아는 일시적으로, 트란실바니아는 영원히 빼앗기게 됨으로 해서 결국 오스만 제국은 돌이킬 수 없는 쇠퇴의 과정에 접어들었다.

이제 오스만 제국은 명백하게 패배한 전쟁에 대해서 승리한 적국이 기본적으로 결정한 조건에 따라 평화협정을 강요당하게 되었다. 오스만 제국은 카를로비츠 조약에서 모레아를 베네치아에게, 케메네츠(Cemenets)는 폴란드에게, 트란실바니아와 바나트(Banat) 지역을 제외한 헝가리의 거의 대부분을 오스트리아에 양도했다. 이 조약은 많은 유럽 국가들이 오스만 문제에 당연히 관계가 있다는 것을 인정한 듯이 보였다. 특히 이것은 오스만 제국에 관한 러시아의 특별한 이해와 중요성을 인정했으며, 술탄의 기독교 신민들이 어떻게 유럽 국가들의 주요한 관심사가 될 것인지를 보여주었다. 유럽 정치체제에 대한 2세기 반에 걸친 오스만의 위협이 사라졌으며, 모슬렘의 전진에 제동이 걸렸다.17) 오스만 제국은 패배의 결과를 완화시키려는 의도로 서유럽 국가들, 특히 영국과 네덜란드의 도움을 얻어내려는 새로운 전략을 채택했는데, 그것은 오스만을 대신해서 바로 인접 국가들 사이의 힘의 평형을 그들이 조절해주도록 하는 것이었다. 새로운 군사적 관계에 근거한 이러한 새로운 정책은 다음 세기 내내 계속되었다.

17세기는 동등권에 대한 마지못한 양보로 시작되었고 패배를 분명히 받아들임으로써 끝이 났다. 이슬람과 기독교 세계 간의 정치적·군사적 힘의 균형의 변화는 느리고 점진적으로 진행되었고, 그 교훈은 머지않아 이해되고 적용되었다. 경제적인 불균형은 즉각적으로 표현되지는 않았지만 그 효과는 매우 크고 결정적이었다. 유럽의 대항해시대 이후 유럽의 교역 중심지는 지중해에서 대서양으로, 중부 및 남부 유럽에서 서부 해양국가로 서서히 옮겨갔다. 장거리 무역에 적합한 선박의 건조에서 그리고 새로운 신용거래의 가능성 등에서 서구인들은 훨씬 유리한 입장에 있었다. 16세기와 그 이후, 생산자 중심의 경제와 중상주의 정책으로 유럽 무역회사와 그 회사를 보호하고 지원하는 정부 모두가 경제 에너지를 집중해서 교역활동을 확장할 수 있었다. 이제 오스만 제국은 자신의 영역에 침투해 들어오는 서방세력을 상대로 더욱 힘겨운 싸움을 벌여야 했다.

점차적으로 중동의 이슬람 세력은 북쪽의 두 기독교 강대 세력인 오스트리아와 러시아의 새로운 위협을 받게 되었다. 연속된 전쟁을 통해 이들 국가들은 오스만 제국과 이란에게 많은 손실을 입히고 상당한 정도의 영토와 다른 이익들을 획득했다. 그들은 별 저항 없이 발칸 반도에 세력을 확장했으며, 도나우 강 입구까지 항해할 수 있는 중요한 권리를 확보해 처음으

---

17) J. A. R. Marriott, *The Eastern Question: An Historical Study in European Diplomacy*, 4th ed. p. 5, 106, 128.

로 모라바(Morava) 계곡, 즉 이스탄불로 가는 통로에 진입했다.

훨씬 더 중요한 것은 러시아 세력의 남진이었다. 러시아 제국의 남진정책은 18세기 동안에 새로운 국면을 맞았다. 러시아의 남진은 처음에는 잘 진행되지 않았다. 1711년에 러시아 군대가 프루트 강을 건너 베사라비아(Bessarabia)에 침입했지만 오스만의 강력한 저항을 받아 퇴각해 그들의 정복을 포기해야 했다. 그러나 1723년 러시아인들은 이란의 혼란을 틈타서 남하를 재개 하면서 카프카스 지역으로 진입했다. 그곳에서 그들은 데르벤트(Derbent)와 바쿠(Baku)를 점령했다. 18세기 말, 이슬람 국가와 그들의 유럽 라이벌들 사이에 힘의 균형이 냉혹하게 변하고 있었다.

동방문제의 시작에 대한 두 번째 입장은 오스만 제국에 대한 러시아의 침입으로 발발한 제1차 러시아 - 터키 전쟁(1768~1774)의 결과, 오스만이 로마노프 왕조와 체결한 쿠추크 카이나르지 조약을 기점으로 삼는 것이다.

동방문제가 시작되는 기점으로서의 카를로비츠 조약은 유럽의 측에서 보면 비문명 국가였던 오스만 제국의 군사적 횡포에 대해 문명권을 지키는 보루로서의 합스부르크가의 승리가 이후 오스만 제국을 수세의 위치로 전락시켰다는 점에 착안한 것이었다. 그러나 오스트리아는 이 조약과 파사로비츠 조약을 통해 오스만 영토의 상당 부분을 얻었지만 18세기의 남은 기간 동안 중부 유럽에서 프로이센의 위협에 몰두한 나머지 그러한 공세를 계속해서 유지해나갈 수 없었다. 오스트리아는 1848년 2월 혁명 이후에야 동방문제에 적극적인 관심을 가질 수 있었지만 유럽 열강 간의 갈등을 조정할 능력은 없었다. 오스만 제국의 입장에서 보더라도 1774년 이전에는 그래도 제국의 면모가 그런대로 지켜지고 있었다고 볼 수 있고, 대외적으로도 궁지에 몰리면 놀랄만한 힘을 발휘했다.

유럽의 대(對)오스만전(戰)의 지도자로서의 합스부르크의 역할은 차르에게 넘어갔다. 러시아의 최대 관심사는 오스만의 수도 이스탄불의 보루였던 흑해의 지배였다. 1696년 표트르 대제는 아조프에서 그의 팽창의 첫

걸음을 내디뎠다. 그러나 오스만은 1711년 프루트(Prut) 전투에서 제국에 침입한 러시아 군대를 격파했으며, 1715년 모레아를 기습공격하고, 이에 개입한 오스트리아와 싸워 파사로비츠 조약(1718)을 통해 베네치아로부터 카를로비츠 조약에서 잃었던 모레아를 회복했다. 1734년 오스트리아 황제 카를 6세(Karl Ⅵ: 1711~1740)가 차르와 오스만을 상대로 은밀하게 협력하기로 합의한 뒤 폴란드 왕위 계승을 둘러싸고 벌어진 전쟁(the Osman War with Russia and Austria, 1736~1739)에서 오스만은 파사로비츠 조약에서 포기한 영토를 회복하고 벨그라드와 니스를 재탈환하려고 진격해 온 오스트리아를 물리치고 맺은 벨그라드 조약(the Treaty of Belgrade, 1739)에서 전쟁에서 잃었던 모든 지역을 회복했다.[18] 이러한 우호적인 조약은 프랑스의 외교적 지원으로 가능했다. 이에 대한 대가는 1740년의 확대된 치외법권적 협정(Capitulation)이었다. 오스만 제국은 동맹의 도움을 받지 못하게 된 러시아에 대해서도 자국에 대한 적대감을 종식시키고 얼마 뒤 맺은 조약에서 아조프를 포기하게 했다. 그러나 보장된 장기평화기 동안 터키는 러시아 국력의 신장을 깨닫지 못해 자신들의 힘을 거의 기르지 못했다.

유럽의 7년 전쟁(the Seven Year's War, 1756~1763)[19] 후, 오스만 제국에 대해 가장 야심이 많았던 러시아의 예카테리나 2세가 표트르 대제의 남진정

---

18) J. C. Hurewitz, *Diplomacy in the Middle East*, Vol. 1(Princeton, N. J.: D. Van Nostrand Co. Inc., 1956), pp. 47~51.
19) 신성로마제국 황제 카를 6세 사후, 마리아 테레지아의 즉위를 문제 삼아 합스부르크가를 분할하려는 여러 세력들의 이해로 합스부르크가 관할 지역들에서 일련의 전쟁들(오스트리아 왕위계승전쟁, 1740~1748)이 벌어졌는데, 결국 아헨 화약(the Second Treaty of Aachen, 1748)을 통해 마리아 테레지아는 프로이센에게 슐레지엔을 양도하고 제국의 상속권을 인정받았다. 그 후, 전쟁에서 입은 손실을 만회하고 국력의 회복을 꾀하려던 마리아 테레지아의 외교공작으로 열국에 이에 개입되면서 7년 전쟁(1756~1763)이 전개되었다. 프로이센는 이 전쟁에서도 승리하여 독일 통일의 중심적 존재가 되었다.

책을 계승해 이를 본격적으로 추진하던 18세기 말, 동방문제는 새로운 국면에 접어들었다. 예카테리나와 오스만의 첫 충돌은 폴란드 문제를 둘러싸고 발생했다. 표트르 대제가 발틱 해에 서방으로 통하는 길을 개척하고자 스웨덴을 상대로 벌인 북방전쟁(1700~1721)에서 획득한 항구들은 추위에 얼어붙었으므로 남쪽에서 부동항을 구했는데 이 남하정책의 하나가 폴란드 침략으로 나타난 것이다.

1763년 10월, 폴란드에서는 국왕 아우구스투스 3세(Augustus III) 사후 등장한 애국단체의 개혁과 외세배격 움직임[20]이 있었는데, 이에 러시아가 개입하고 터키가 러시아군대의 철수를 요구함으로서 양국 간에 분쟁이 시작되었다. 프랑스 대사 베르젠느(Vergennes)의 조언에 고무된 술탄 무스타파 3세(Muṣṭafā III, Muṣṭafā-yi sālis : 1751~1774)가 현명하지 못하게도 러시아와의 전쟁(1768~1774)에 뛰어들었다. 예카테리나 군대는 부카레스트와 도나우 공국들을 점령하고, 에게 해를 작전범위에 두었으며, 모레아 반도에서는 위험한 민족봉기를 촉발시켜 이것을 세르비아 심지어 루마니아까지 확대시켰다. 러시아의 빠른 진격에 놀란 오스트리아가 1771년 터키와 비밀조약을 맺자 프러시아의 프리드리히 대왕은 러시아와 오스트리아의 전쟁을 막기 위해 이들을 폴란드 분할에 끌어들였다. 터키는 분할을 모면했지만 폴란드가 그 제물이 되어 지도상에서 사라졌다.

---

[20] 이들의 정치운동은 두 가지로 진행되었는데, 하나는 헌법 개정으로 왕위세습의 확립과 개혁을 가로막는 귀족의 거부권을 폐지하는 것이었고, 다른 하나는 연합(Confederation of Bar)을 형성하여 야심적인 이웃, 특히 러시아의 지배로부터 벗어나고 로마 가톨릭의 지상권을 회복하려는 것이었다. 오스만은 이들과 동맹을 맺고 오스트리아와 프랑스가 이들을 지원했는데, 주목적은 러시아와 프러시아가 폴란드를 분할·병합하여 발칸으로 진출하는 것을 막으려는 것이었다. 한편 러시아의 예카테리나 2세와 프러시아의 프리드리히는 폴란드 문제에 터키의 개입을 막는다는 데 합의하고 있었다.

폴란드의 저항세력을 진압한 러시아의 지휘관 알렉산드르 스보로프(Aleksandr Suvorov)는 1773년과 1774년 코즈루카 전투(the Battle of Kozluca)와 같은 터키를 상대로 한 크고 작은 산발적인 전투에서 결정적인 승리를 거두었다. 지중해에서는 알렉세이 그리고르이예비치 오르로프(Aleksey Grigoryevich Orlov)가 지휘한 러시아 발틱 함대가 더 눈부신 승리를 거두었다. 1771년에는 러시아 함대가 케스마 전투(the Battle of Chesma)에서 터키 해군을 괴멸시켰다.

결국 이러한 전투들은 쿠추크 카이나르지 조약을 통해 종결되었는데, 예카테리나 2세는 그 결과를 "러시아가 이전에 결코 가져보지 못한" 성공으로 묘사할 정도였다. 이 조약을 통해 도나우 공국들과 에게 해의 여러 섬들이 터키에 회복되었지만, 러시아는 수세기 동안 오스만 술탄의 지배하에 있던 크림 반도의 타타르 한국(The Tartar Khanate of the Krym)을 독립시켜 자신의 영향하에 두고, 그의 동서쪽 흑해 북안지대에 보호권을 설정함으로써[21] 팽창 정책을 가속화했는데, 이는 특히 1783년의 크림 합병을 위한 길을 열어주었다. 이 때 러시아에 양도된 영토는 비록 작았지만 전략적인 중요성은 매우 컸다.

그간 오스만 터키가 오스트리아와 전쟁에서 잃었던 지역은 대부분 기독교도들의 거주지였으며 정복된 지 얼마 되지 않았다. 그러나 크림은 주민 대부분이 터키어를 말하는 회교도였으며 지난 3세기 동안 터키에 예속되어 있었다. 이슬람 영토와 주민의 획득은 기독교 정복자들에게는 최초의 사건이었다. 술탄은 한(Kahn)에 대한 지배권을 보유하기로 되어 있었지만 그것은 순수한 종교적인 것이었을 뿐 정치적인 통제를 의미하는 것은 아니

---

[21] 아시아 지역의 아르메니아, 유럽 지역의 도나우 공국들(후에 루마니아)과 루메리안 지역들(후에 불가리아)로써 동방문제 위기 동안 러시아의 중동진출의 전초기지로서 핵심적 이해가 걸린 지역이었다.

었고, 그러한 관할권도 오래가지 못했다. 한의 군사력은 당시 예니체리들의 전투력 쇠퇴로 생긴 공백을 채우며 18세기 오스만 군사력의 중추를 담당하고 있었다.

러시아가 이 조약으로 획득한 또 다른 이점은 교역에 있었다. 러시아는 오스만 제국의 유럽과 아시아 쪽 영토에 속한 항구의 이용과 그곳에서의 육로무역뿐만 아니라 16세기 이래 오스만 제국의 배타적인 내해(內海)였던 흑해에서 해협을 통해 지중해까지 항해할 수 있는 자유항행권을 획득하고 처음으로 지중해에 상선을 진출시키면서 흑해의 해상 강국으로 부상했다. 그 후에도 나폴레옹의 이집트 침략으로 궁지에 몰린 터키를 종용해 동맹조약(the Russo-Turkish treaty, 1799년 1월 3일)을 체결하여 외국 군대에 봉쇄를 계속해온 보스포루스와 다르다넬스 해협을 러시아 함대에 개방시키고 터키에 군사적 종속을 강요했으나 영국의 간섭으로 무산되기도 했다.22)

또한 러시아는 오스만 제국 내 그리스 정교도의 보호권을 인정받음으로써 터키의 내정에도 간섭할 수 있는 권리도 갖게 되었고, 몰다비아, 왈라키아 등의 점령지를 반환하는 데 까다로운 여러 조건을 부여함으로써 이 지역에 대한 특권을 보유했다.23) 비록 이들 지역은 대부분 오스만 제국의 복속하에 있었지만 이제 러시아의 영향하에서 상당한 정도의 자치권을 행사하게 되었다.

러시아는 또한 오스만의 주요 도시에 마음대로 영사관을 개설할 수 있는 권리를 획득했다. 이는 서구 열강들이 오랫동안 시도했지만 실패했던

---

22) 터키는 이 해협에서 외국상선의 항행을 제한하고 군함의 통행은 완전 금지시키고 있었다. 외국함대의 통항을 인정한다는 것은 터키 국방의 파탄을 의미했다. 영국의 이러한 대응은 러시아의 무력이 지중해로 진출하는 위협을 해소하는 동시에 터키에게 해협 폐쇄의 영광을 지속시켜주었다.

23) J. A. R. Marriott, *The Eastern Question: An Historical Study in European Diplomacy*, 4th ed., p. 153.

과제였다. 이로서 러시아는 외교적 수단, 범슬라브주의(Pan Slavism), 그리스 정교 또는 무력을 통해 끓임 없이 오스만 제국에 압력을 행사하기 시작했다.

1783년 크림 반도의 합병으로 러시아의 영토 확장은 새로운 국면을 맞았다. 크림으로부터 러시아는 과거 터키와 타타르 그리고 다른 무슬림들이 거주하고 통치했던 영토인 흑해의 북쪽 연안을 따라서 양 방향으로 빠르게 전진해나갔다. 1785년 러시아는 동쪽의 카프카스에 복속국을 만들어 토착민과 그 지역 부족장들에 대한 통치를 강화했다. 이것은 터키와의 전쟁으로 이어졌고, 결국 1792년 강화조약(the Peace of Jassy)을 통해 터키는 타타르 한국의 러시아 합병을 인정하고 북(北)카프카스에 있는 쿠반(kuban) 강을 두 제국 사이의 경계로 받아들여야만 했다. 1795년 러시아는 과거 타타르 지역에 오데사(Odessa)24)라는 항구 도시를 건설했고, 1812년 터키와의 또 다른 전쟁이 끝난 후에는 오스만 지역으로 현재 몰도바(Moldava)라고 불리는 베사라비아(Bessarabia)를 합병해버렸다. 이로써 러시아는 수세기 동안 지속된 무슬림의 흑해 지배를 종식시키고, 동서 양쪽에서 오스만의 국경을 위협하게 되었다.

당시 오스트리아 외교관 프란츠 투구(Frantz Thugut: 1734~1818)는 당시의 상황을 "제국이 구조되려면 대단히 새로운 조치들이 취해져야만 할 것이며 러시아는 이미 오스만 제국을 하나의 관할구(province)로 만들려 하고 있다"고 기술하고 있다. 터키가 전체적으로 붕괴를 면했던 것은 오직 예카테리나 2세가 영국과 프랑스 그리고 오스트리아가 러시아를 견제하고 있다는 사실을 인식하고 있었기 때문이었다.25)

---

24) 우크라이나 남서부 도시.

25) William Sterns Davis, *A Short History of the Near East*(N. Y.: The Macmillan Co., 1949), p. 275. 더 자세한 내용은 Albert Sorel, *The Eastern Question in the Eighteenth Century*(N. Y.: Howard Fetig, 1969)를 볼 것.

한편 러시아가 중동을 향해 남쪽으로 세력 확장을 계속하는 동안 서양으로부터 또 다른 위협이 자라고 있었다. 15세기 후반 이후로 유럽은 양 극단, 즉 러시아 쪽에서는 육로로 서유럽 쪽에서는 해로를 통해 이슬람 세계로 계속 팽창해왔다. 동서 양 방향에서 이슬람을 재정복해 이슬람에게 빼앗겼던 것들을 회복시키는 과정이 시작되었다. 러시아가 아시아를 향해서 남과 동으로 진격해오는 동안, 아랍 무슬림과 무어인(스페인의 무슬림)의 통치로부터 반도를 회복한 스페인인과 포르투갈인들은 그들을 지배하던 아프리카와 그 너머로 진격해 갔다.

많은 면에서 소위 '지리상의 대발견'은 종교적 투쟁이었고 십자군원정의 연장이었으며 이슬람이라는 적(敵)에 대항하는 재정복이었다. 포르투갈인들이 아시아 해역에 도착했을 때 그들을 막으려고 했던 사람들은 그들의 주된 경쟁자였던 터키와 이집트, 이란 그리고 인도의 이슬람 통치자들이었다. 포르투갈인 이후에 스페인인, 프랑스인, 네덜란드인, 영국인 등 서유럽의 다른 해상민족들도 속속 이곳에 도착했다.

아시아에서 네덜란드와 영국 세력의 통합은 중동으로 하여금 양쪽에서 서유럽과 대치하도록 만들었고, 홍해와 걸프 해를 통한 향료 무역이 급격히 감소한 것은 이러한 두 세력의 통합 때문이었다. 아시아와 아프리카에서 유럽 제국의 통치가 아직 직접적으로 중동을 잠식하지는 못했지만 이 지역을 통하는 전략적 통로에 대한 서구의 관심은 증대되고 있었고 전 세계의 혁명적 경향과 나폴레옹의 전쟁은 새로운 자극을 주었다.

동방문제 시작에 대한 세 번째 입장은 프랑스가 이집트에 침입했던 1798년을 시발점으로 삼는 것이다. 오스만 제국은 프랑스 혁명의 영향으로 주적(主敵) 러시아와 오스트리아의 관심이 프랑스로 분산되는 사이에 일시적인 안정을 찾을 수 있었지만, 영국 정복에 실패한 프랑스 혁명정부가 영국과 인도 사이를 차단함으로써 영국에게 일격을 가하고 프랑스의 동방진출 교두보를 마련하기 위한 제국주의적 계획의 일환[26]으로 이집트에 침입함으로서 새로운 고비를 맞게 되었다.

 18세기에 서구의 두 강대국 영국과 프랑스는 세계 지배를 위한 경쟁에 몰두해 있었다. 당시 영국은 아프리카 남단의 희망봉을 돌아가는 무역노선을 독점하고 있었으며 식민지 확보에서도 앞서 있었다. 영국에게 주도권을 빼앗긴 프랑스로서는 영국에게 역습을 가해 상황을 반전시켜야 했다. 프랑스는 홍해와 지중해를 잇는 무역로를 장악함으로써 영국의 해상무역 독점력을 약화시키고 동시에 인도에서도 우의를 점하고자했다. 그 과정에서 이집트가 핵심지역으로 부각되었다.

 당시 이집트는 1517년 오스만 제국의 술탄 셀림 1세가 맘룩조를 정복한 후 오스만 제국 총독의 지배를 받고 있었다. 그러나 맘룩조의 붕괴에도 맘룩들은 여전히 이집트의 실질적인 지배자로 군림하고 있었으며, 정치는 무질서하고 경제는 침체 상태였다. 프랑스는 이집트에서 소규모였지만 자신의 자치 영역을 갖고 있으면서 무역 거래에서 얼마간의 특권을 누리고 있었다. 이집트 점령에 앞서 프랑스는 이집트 점령이 오랫동안 지속되어 온 오스만 제국과의 우호관계가 훼손될 것을 염려했다. 프랑스는 이집트에 대한 오스만 제국의 종주권을 확약하고, 이집트 점령이 실질적 지배세력인 맘룩의 근절을 위한 것임을 내세웠다. 1798년 7월 1일 알렉산드리아에서 서쪽으로 12km 떨어진 알 아가미(al-Agami)에 프랑스군을 상륙시킨 나폴레옹은 한 달이 채 못 되어 맘룩군의 저항을 물리치고 이집트를 완전히 장악했다. 프랑스의 점령기간은 프랑스의 국내 상황으로 나폴레옹이 극비리에 귀국해버리고, 영국에 대한 해군력의 열세를 극복하지 못해 겨

---

26) 구체적 구상은 John Marlowe, *A History of Modern Egypt and Anglo-Egyptian Relations 1800-1956*, 2nd. ed., p. 13; C. A. Leeds, *European History 1789-1914*, pp. 285~286; Hurewitz, *Diplomacy in the Middle East*, Vol. 1 pp. 61~64.; M. E. Yapp, *The Making of the Modern Near East 1792-1923* (London: Longman, 1987), pp. 50~53.

우 3년 3개월 만에 끝나버렸지만 이슬람 세계에는 심각한 충격을 던져주었다.

이집트에서 팔레스타인으로 점령지역을 팽창시키려던 프랑스의 기도는 프랑스의 이집트 점령이 자국의 동방진출에 커다란 장애가 될 것을 우려한 영국과 러시아 그리고 오스만 - 이집트군에게 효과적으로 저지되었지만 이러한 프랑스의 대담한 시도는 서구의 작은 군사원정으로 오스만의 심장부였던 이집트를 정복함으로써 이제는 모든 오스만의 영토가 쉽게 훼손될 수 있음을 보여주었다.27) 오스만 제국과 유럽의 충돌은 발칸 반도의 접경이나 중앙아시아에서 이루어져 왔었고, 오스만 제국의 중심부가 외국군에게 점령된 것은 이번이 처음이었기 때문이다. 이것은 새로운 규칙에 의한 게임이 시작되었음을 보여 주었다. 이제는 침략세력이 러시아 하나로 국한되지도 않았다. 그리고 프랑스의 철수도 오직 또 다른 서구 세력들이 있어야만 실현될 수 있다는 것이 드러났다.

당시 영국 정부가 어느 정도 프랑스를 상대로 하는 일반적 전략의 일환으로 또는 이집트에서의 자신의 지위 구축을 위해 프랑스를 견제하려는 특별한 의지를 가지고 있었는지 알 수는 없지만, 확실한 것은 나폴레옹의 이집트 침략을 자신의 제국주의의 소유였던 인도에 대한 분명하고 직접적인 위협으로 간주하게 되었다는 것이다.28) 이를 계기로 영국은 인도와 지중해 사이의 전략적·외교적 영향력 강화에 적극적인 노력을 기울이기 시작했으며29) 이를 위해 오스만에 대해서 강력한 보장을 약속해주었다.30) 이

---

27) L. Carl Brown, *International Politics and the Middle East*(Princeton, N.J.: Princeton University Press, 1984), p. 125.
28) Marlowe, *A History of Modern Egypt and Anglo-Egyptian Relations 1800~1956*, 2nd. ed., p. 15.
29) 자세한 내용은 Don Peretz, *The Middle East Today*, p. 82.
30) J. C. Hurewitz, *Diplomacy in the Middle East*, Vol. 1, pp. 65~66.

렇게 볼 때 오스만 제국에 치명적이었던 서구세력의 침략은 특히 영국의 중동에 대한 결정적인 이해의 증대는 영국과 프랑스의 세계정책의 대립 속에서 생겨났다고 볼 수 있다.31) 1774년의 조약 때만 해도 오스만 제국 주변의 열강은 중앙 통제적 정부나 효율적 군사조직을 보유한 국가체제를 구비하지 못했다. 오스트리아는 외교정책에서 야심을 가질 만한 단계가 못되었고, 프랑스는 오스만을 당연히 동맹으로 바라보는 전통적 외교정책을 고수했으며, 영국 역시 19세기 그의 외교정책의 성격을 규정짓게 되는 러시아의 남하에 대한 공포가 구체적으로 자리 잡지는 않았다.32)

프랑스의 이집트 원정이 동방문제에 던져준 또 하나의 영향은 프랑스의 개입에 대한 공포로 인해 러시아가 중동에 대한 구상의 개발을 서둘렀다는 것이다. 이는 곧바로 러시아의 그루지야의 병합으로 나타났다. 이것은 오스만의 소유에 대한 주장뿐 아니라 오스만 제국과 더불어 나폴레옹 구상의 한 축이었던 이란까지를 염두에 둔 것이었다. 그 후 러시아는 이 지역의 방어를 위해 이란과 두 차례의 전쟁(1804~1813, 1826~1828)을 통해 트랜스코카사스(Transcaucasia), 아르메니아, 아제르바이잔으로 이어지는 일련의 지대에 대한 통제력을 확대하고 동부 소아시아 진출을 놓고 터키와 일전을 벌이게 되는데(1806~1812), 부카레스트 조약으로 양국 간에 평화가 회복되긴 했지만 이는 결국 루마니아 공국들의 운명을 둘러싼 유럽에서의 더 큰 갈등으로 비화되었다.

3년간의 프랑스의 이집트 점령이 가져온 또 다른 중요한 결과는 이 지역에 자유주의를 도입함으로써 이집트인들이 오스만 제국과 맘룩의 종교적 위계질서를 무너뜨렸으며, 그 결과 오스만 제국 알바니아 여단의 사령관

---

31) Richard W. Cottam, *Foreign Policy Motivation; A General Theory and a Case Study*(Pittsburgh: Pittsburgh Univ. Press, 1977), pp. 157~158.
32) L. Carl Brown, *International Politics and the Middle East*, p. 24.

이었던 무함마드 알리(Muḥammad 'Alī)가 이집트에서 집권하는 계기가 되었다는 것이다. 알리의 알바니아 왕조는 퇴조하는 오스만 제국과 서구 열강의 경쟁체제라는 동방문제적 도식의 소산이었으나 그의 독자적인 정치행태는 동방문제에 새로운 변수가 되었다. 즉 무함마드 이전의 오스만 제국 내의 모반이나 권력탈취는 어느 정도 제국 자체 내의 해결이나 통제가 가능했으나 이후의 양상은 제국 자체의 존립을 위협하게 됨으로써 동방문제의 성격에 근본적인 변화를 가져왔다. 이는 결국 서구세력이 오스만 제국 내부에 더욱 깊숙이 침투하는 계기를 제공했다. 유럽 열강이 동방문제의 중추적 조정자임이 드러나면서 이후 중동 지역에서 정치적 변화를 기도하는 정치지도자들은 모두 서구와의 연합 또는 서구의 중립을 확보하려고 노력하게 되었다.

동방문제 시작에 대한 마지막 입장은 그리스에서 민족주의적 독립운동이 시작된 1820년대를 기점으로 삼는 것이다. 그것은 이 사건이 처음으로 빈회의에서 제1차 세계대전으로 가는 역사적 단계에서 새로운 국제정치 접근법이 동방문제를 통해 정착되는 계기를 제공했다는 점에서 동방문제의 본질적 단서가 된다고 본 것이다.

그동안 오스만 제국은 1815년 종말을 고한 유럽의 대변화에 무관하게 남아 있었다. 프랑스의 혁명사상도 이집트와 오스만 지배하의 발칸 신민들에게는 미약하게나마 영향을 주었을지 모르지만 이스탄불에까지는 미치지 못했다. 나폴레옹 패배 후 빈 회의에서 결정된 혁명 전의 영토와 주권 회복을 원칙으로 하는 정통주의로 터키는 잠시 침략의 위기로부터 벗어났지만 발칸 반도에 복잡한 민족주의를 안고 있어 빈회의의 정통주의는 정착되지 못했다.

시대적으로 볼 때 1815~1914년의 유럽은 개별국가들의 이익이 다수 그룹들의 전반적 이익에 양보되는 국제주의의 황금기라기보다는 다극체제가 세력균형을 유지하는 국제관계에서 안정된 절제의 시기였다. 동방문제에 관련된 중동의 정치주체들은 대단히 독특한 방법, 즉 저당물로써 또는 대상물(代償物)로써 유럽 국제정치 게임에 흡수되었다.33)

발칸에서 민족 독립운동이 처음 발생한 것은 1804년 세르비아에서였다. 세르비아는 그 이듬해에도 독립을 위한 노력을 기울였지만 러시아 외에 다른 열강들의 후원을 얻는 데 실패함으로써 좌절되었고, 세르비아에 자치가 허용된 1830년에 이르기까지 그러한 목표는 달성되지 못했다. 그러나 유럽인들의 헬레니즘에 대한 기억은 유럽의 여론이 유럽 각국 정부들보다 앞서 그리스 해방에 관심을 끌어 모으게 만들었다.

이집트 군대와 오스만 군대가 연합했을 때 그리스 독립은 실패할 처지에 놓였다. 그러나 열강들이 자신들의 이해를 내세우고 사태의 추이를 변화시키기 시작한 것도 바로 이 시점이었다. 영국에서 여론은 압도적으로 그리스 편이었고 러시아는 그리스정교를 내세워 이 문제에 간섭할 권리를 주장했다. 동방문제라고 불리는 미묘한 외교유형 속에서 영국과 러시아는 각각 상대방이 그리스 독립을 핑계로 오스만 영토를 가로챌 것을 우려하고 있었다. 양국은 오스만을 희생시켜 자신의 이익을 얻는 데 혈안이었다. 그러나 서로가 적대 상태에 빠져 전쟁으로까지 가는 것은 원치 않았다. 따라서 그들은 동방문제 외교의 불문법(the unwritten code)에 따라 행동했고 프랑스와 협력해 오스만과 그리스 사이에서 중재에 나섰다.34)

그러나 술탄 마흐무드 2세는 자신이 받아들일 수 있는 유일한 해결책은 그리스 전역에 오스만의 권위를 회복하는 것이라고 주장하며 유럽외교의 규칙에 따르려 하지 않았다. 결국 열강들은 연합해 오스만에 대한 압력을 가중시키고 오스만 - 이집트 군대로 향하는 모든 보급을 봉쇄할 목적으로

---

33) 같은 책, p. 29.
34) William L. Cleveland, *A History of the Modern Middle East*(Boulder: Westview Press. 1994), p. 75.

그리스에 함대를 파견했다. 1827년 10월 20일, 양측으로부터 전쟁의 선포 없이 우발적으로 일어난 충돌로 오스만 - 이집트 함대가 괴멸되었다. 주도권이 영국과 프랑스로 넘어 갈 것을 우려한 러시아가 오스만에 대한 공격을 계속해 도나우를 넘어 오스만의 두 번째 수도 에디르네를 수중에 넣음으로서 러시아가 일방적으로 오스만 영토의 상당 부분을 점유할 사태에 이르자 예의 동방문제 외교의 견제와 균형 기제가 영국과 러시아 간의 전쟁을 방지하기 위해 작동되었다. 양국은 오스만이 붕괴되지 않고 허약한 존재로 완충국의 역할을 해주는 것이 양측의 이해에 보탬이 된다는 데 합의하고 에디르네 조약에도 이를 반영시켰다. 러시아는 도나우 남쪽 하구에 접근할 수 있게 되고 그루지야에서 약간의 소유를 인정받게 된 것 말고는 아무것도 얻은 것이 없었다. 그런데도 이러한 합의에 이를 수 있었던 것은 러시아가 더는 저항할 기력이 없었고, 러시아로 인해 새로운 분규가 발생할 것을 우려한 열강들이 철저히 러시아를 견제했기 때문이었다.

그리스 사태 이후 중동으로부터의 모든 정치적 충격은 유럽에서 복잡한 외교적 분규로 나타나고 유럽 열강은 유럽국가체제가 이 지역의 최후의 조정자라는 사실은 인식하고 있었지만 결국 자신들의 이익 추구에 급급하여 이 지역의 정치적 안정을 가져오는 데 실패했다. 오스만 제국의 입장에서 보면 그리스 독립은 근대적인 외교체제의 구축을 위한 초기의 노력이 완전히 실패했음을 의미했다.

19세기 전반 중동에서 서유럽 국가들은 끊임없이 상업과 외교, 더 구체적으로는 그들 간의 알력에 관심을 쏟았다. 그들은 중동에서 때때로 상당한 수준의 내정 간섭을 일삼았고 중심부를 직접 공격하기보다는 주변부를 잠식하는 방식을 선호했다. 터키 - 러시아 전쟁으로 인해 에디르네 조약이 체결된 지 1년 후인 1830년 프랑스는 당시 오스만 치하의 자치왕조가 통치하던 알제리를 침략해서 병합했다. 이 프랑스 북아프리카 제국은 1881년에 튀니지가 병합됨으로써 더 굳건해졌고 1912년 모로코가 편입됨으로써 프랑스의 구상은 완결되어갈 것이었다.

　같은 시기에 영국은 아라비아 근처에서 세력 확장에 힘을 쏟고 있었다. 인도 항로의 연료 기지로서 유용했던 아덴은 1839년에 영국에게 점령되었다. 이와 같은 상업적·전략적 동기에서 걸프 해에서 영국 해군은 점차 주도권을 잡아갔고 영국의 전략적 구상은 지방 통치자들과의 조약들로 완결되었다. 제일 먼저 1880년에 바레인과 그리고 1891년에는 무스카트(Muscat)와 마지막으로 1899년에 쿠웨이트와 조약이 체결되었다.

　19세기 중반에 러시아가 다시 오스만 제국을 강력하게 압박했다. 복잡한 외교적 위기 상황에서 러시아는 1853년 7월에 오스만 제국의 지배하에 있던 도나우 공국을 침략했다. 영국과 프랑스, 사르디니아는 터키를 지지했고 1854년 3월에는 러시아에 대항하는 터키의 동맹국이 되었다. 일반적으로 크림 전쟁으로 불리는 이 전쟁은 2년 후 파리 조약으로 끝이 났다. 1856년의 강화조약은 러시아가 이전에 얻었던 많은 것들을 되돌려놓았다. 흑해는 중립화되었고 오스만 제국에 대한 러시아의 보호권 개념은 거부되었다. 이것은 사실상 러시아가 자신의 주장을 내세울 때 사용하곤 하던 쿠추크 카이나르지 조약과 에디르네 조약의 그러한 부분들을 무효화했다. 흑해에서의 러시아의 활동은 제한되고 영토 및 일부 권리는 포기되었다. 강대국들은 터키 문제를 유럽의 협의하에 두도록 하고, 터키 독립과 영토적 보존을 존중하기로 약속했다. 크림 전쟁은 터키 제국이 터키 영토에 주둔했던 상당수의 서유럽 동맹군과 관계를 맺은 첫 번째 사건이었다. 이러한 서구와의 직접적인 접촉은 이후 거대한 변화를 몰고 왔다.

　중동에서 제동이 걸린 러시아는 그들이 중요한 진전을 이룩했던 중앙아시아로 관심을 돌렸다. 중국 국경으로 연결되는 카스피 해 동쪽 지역은 수세기 동안 세 개의 이슬람 터키 국가가 분할·지배하고 있었다. 부하라 아미르국(Amirate of Bukhara), 코칸트 한국(Khanates of Khoquand), 키바 한국(Khanates of Khiva)이 그것이었다. 일련의 신속한 군사적 행동으로 이제 이들 국가는 러시아의 지배하에 들어가게 되었다. 영토 중에서 일부는 합병되었고 나머지는 러시아의 보호 아래서 '토착 군주'들이 통치했다.

1870년 서유럽이 프랑스와 프로이센 간의 전쟁에 몰두해 있을 때 러시아는 자국에게 부과된 제한을 타개할 기회로 삼았다. 그러한 러시아의 시도는 이번에는 발칸에 대한 세력 확장으로 나타났다. 그러나 결정적인 계기는 주로 발칸에 대한 오스트리아의 움직임과 관련이 있었다.

합스부르크 제국은 1866년 프로이센과의 전쟁에서 패배함으로써 다음 해 급격한 체제 변화를 겪었다. 그러나 오스트리아 - 헝가리 제국 내부에는 복잡한 민족문제가 얽혀 있었다. 특히 제국 내의 세르브족, 더 넓게 말하면 남슬라브인들이 중요했는데 그들의 거취는 제국의 존재가능성과도 직결되었다. 이들은 슬라브계의 보호자로서의 모국 러시아에 손을 내밀고 있었으나 오스트리아 - 헝가리 제국 안에서는 이들을 도나우 왕국으로 묶어 제국 안에 완전히 흡수해 들이려는 움직임이 있었다. 더구나 프랑스와 프로이센와의 전쟁은 중유럽에서의 오스트리아의 지위 회복에 대한 가능성을 무산시킴으로써35) 재편된 합스부르크 제국이 발칸에 대해 더 예민하고 배타적인 관심을 갖게 만들었다. 그러나 오스트리아가 보스니아와 헤르체고비나를 병합한 것은 세르비아 문제뿐 아니라 1차 삼제협상(1873)에서 러시아에게 했던 발칸을 현상유지한다는 약속을 위반하는 것이었다.

결국 발칸의 상황 — 더 좁게는 보스니아 - 헤르체고비나의 상황 — 은 분명히 터키의 문제이기도 했지만 주로 오스트리아와 러시아 간의 문제였다. 다른 열강들은 이 문제에 대해 직접적인 이해관계가 없었다. 그러나 비스마르크는 보스니아 - 헤르체고비나 분쟁 원인을 이용해 서로 경쟁관계에

---

35) 프랑스의 패배로 1867년과 1870년 사이에 프랑스와 오스트리아가 공동으로 비스마르크의 계획을 저지하고 심지어는 그의 업적마저 무산시킬 수 있다는 식의 잠재적 가능성은 무산되고 말았다. 오스트리아로서는 새로운 독일의 지위를 인정할 수밖에 없었다.

있는 두 동맹국 사이의 중재자로서의 지위를 향상시킬 기회를 엿보고 있었다. 1871년 프랑스가 프러시아와의 전쟁에서 패배하고 같은 해 친(親)프랑스적이었던 대(大)와지르 알리 파샤가 사망하면서 오스만 정부는 범슬라브주의의 목표를 실현하기 위해 끊임없이 노력하는 러시아 대사 이그나티예프(Ignatiev) 백작의 후견을 받게 되었다.

발칸의 새로운 위기는 1875년 7월 오스만 제국의 실정에서 기인한 보스니아 - 헤르체고비나의 폭동으로 시작되었다. 영국을 제외한 열강은 12월 30일 터키에 압력을 가하기 위해 터키의 최소한의 개혁을 내용으로 하는 앙드라시 각서(Andrassy Note)를 제출했다. 영국의 태도는 그 문제가 유럽 문명권 밖에서 소진되기를 희망하면서 중립적인 무관심을 보였지만 사태는 더욱 확대되었다. 이듬해에는 불가리아에서 봉기가 일어났으며, 6월 말에는 세르비아와 몬테네그로가 터키에 전쟁을 선포함으로써 발칸전쟁이 시작되었다. 영국이 우유부단한 태도를 보이는 사이에 러시아와 오스트리아는 라이히슈타트 협정(Reichstadt Agreement, 1876년 7월 8일)과 부더페슈트 협정(Budapest Agreement, 1877년 1월 15일)을 통해 터키의 분할에 합의했다.[36] 이것은 터키에 대한 러시아의 새로운 압력의 시작이었고 1877년 4월 25일 전쟁 선포로 정점에 달했다. 오스만('Osman) 파샤가 플레브나(Plevna)에서 결사적 항전을 시도했지만 결국 함락되고, 러시아는 소피아와 에디르네를 점령하고 이스탄불 외곽까지 진출했다. 지방 반란과 중앙 헌법의 위기로 분열된 터키가 수도로부터 몇 킬로미터밖에 떨어지지 않은 산 스테파노(지금의 예실코이[Yeşilköy])에 도착한 러시아 군대의 공격에 버티

---

[36] 양국은 라이히슈타트 협정을 통해 터키가 승리할 경우는 현상유지를 위해 터키에 압력을 가하고 세르비아가 승리하면 발칸에 큰 변화를 초래하도록 영향력을 행사할 것을 결정하고, 부더페슈트 협정을 통해서는 러시아 - 터키 전쟁시 오스트리아는 중립을 유지하거나 열강들의 공동조정을 반대하고 대신 보스니아 - 헤르체고비나를 차지한다고 약속했다.

지 못하자 러시아는 술탄에게 가혹한 조약을 제시했다.

오직 서구, 그중에서도 영국의 개입만이 터키를 총체적 난국으로부터 구할 수 있었다. 영국의 입장에서도 러시아가 발칸과 해협을 통제하고 아나톨리아를 통해 메소포타미아까지 진출하는 것을 막아야 했다. 영국 수상 디즈렐리(Benjamin Disraeli, Earl of Beaconfield: 1868, 1874~1880)가 전쟁의 위험을 무릅쓰고 개입에 나섰다. 러시아군이 1878년 1월 말에 차탈자(Chataldja, Catalca) 전선까지 육박해 이스탄불이 혼란에 빠지자 영국은 베시카(Besika) 만에 정박해 있던 함대를 다시 해협에 진입시켰다. 극도로 탈진한 러시아 군대는 이스탄불에 입성할 의지를 상실해 1월 31일에는 에디르네 휴전이 성립되었고, 3월 3일에는 산 스테파노 조약(Treaty of San Stefano, 1878)이 체결되었다. 영국이 배제된 채 이루어진 이 조약은 광범위한 영토 변경사항이 포함되어 있었다. 러시아가 직접 취득한 영토는 보잘 것 없었다. 그러나 문제는 대(大)불가리아 창설이었다. 창설될 대(大)불가리아가 러시아의 영향권에 들어간다는 것은 곧 발칸 전체가 러시아의 지배하에 놓이게 된다는 것을 의미했다. 이는 다른 어느 국가도 찬성하지 않았다. 특히 오스트리아에게는 러시아가 자신에게 했던 약속의 위반이었고 그대로 시행될 경우 치명적인 결과를 낳을 것이었다.

회의를 열어 전반적인 상황을 다루자는 영국의 의견이 받아들여져 1878년 6월 13일부터 7월 13일까지 베를린에서 회의가 열렸다. 1856년 동방문제를 해결하려고 개최되었던 파리 회의 이후 22년 만에 개최된 베를린 회의(The Congress of Berlin, 1878)는 동방문제에서나 전반적인 유럽 강대국 외교에서나 똑같이 중요한 하나의 이정표였다. 이 회의에서의 합의는 발칸 지역에서의 상호균형을 목표로 했는데, 이러한 균형은 러시아의 후퇴를 통해 이루어진 것이었다. 불가리아는 3등분되었고 영국은 키프로스 점령을 국제적으로 승인받았다. 바툼(Batum), 아르다한(Ardahan), 카르스(Kars)가 차르에게 양도되고 세르비아, 몬테네그로, 루마니아 등이 독립되었다. 발칸과 남부 슬라브 연합에서의 러시아의 팽창을 저지하기 위해, 세르비아와 몬테네그로 사이에 있던 노비-바자르(Novi-Bazar)의 현(縣)(sanjak)은 오스트리아의 군사점령하에 두었던 반면, 보스니아 - 헤르체고비나는 오스트리아의 행정하에 두었다. 이로써 터키의 유럽 지역 영토는 절반으로 축소되었다. 결국 베를린 조약은 또다시 오스만을 희생시키는 대가로 러시아의 팽창을 견제했던 것이다.

러시아는 이러한 좌절을 겪으면서도 흑해 해안선의 절반 정도를 통제할 수 있게 되고 터키 해협에 적어도 다른 국가들과 동등하게 접근할 수 있게 되었다. 러시아는 다시 동쪽으로 방향을 돌렸다. 오스만 제국을 둘러싸고 각축이 벌어지던 수십 년 동안 러시아는 동부 카프카스, 투르키스탄, 이란, 아프가니스탄 쪽에 진출했는데 유일한 경쟁자는 영국이었다. 이들 지역에서의 영국과 러시아의 관계는 '중앙아시아 문제(the Central Asian Question)'나 '중동문제(the Middle Eastern Question)' 또는 '거대 게임(the Great Game)'으로 불렸다. 거기에는 막대한 몫이 걸려 있었다. 러시아는 인도양 접근을 추구했고 영국은 인도로의 생명선을 보호해야 했다. 이 두 목적은 결코 양립할 수 없었다.

이러한 경쟁은 영국이 인도로부터 사절을 파견해 페르시아와 동맹을 맺었던 19세기 초에 시작되었다.37) 어쨌든 러시아는 1881년 새로운 진격을 개시했는데 그 결과는 카스피 해 건너편 지역의 공식적 합병이었다. 그 후 10년 동안 러시아 군대는 카스피 해와 아무다리아 사이의 지역을 평정했다. 1884년 메르브를 점령함으로써 러시아 제국은 이란과 아프가니스탄의 중앙아시아 접경까지 그 세력을 확장했다. 트랜스 카스피아(Trans-Caspia)에서 러시아가 남으로의 진출을 시도하자 영국과 러시아 간에는 전쟁의 위

---

37) 그간의 경과는 Alan R. Taylor, *The Superpowers and the Middle East*(N. Y.: Syracuse University Press, 1991), pp. 14~15를 볼 것.

기가 조성되었다. 1880년대와 1890년대 중반까지의 전쟁위기는 아프가니스탄 북부 국경에서 경계를 정함으로서 벗어날 수 있었는데 중앙아시아에서의 양국의 일반적 합의는 1907년 영국 - 러시아 협정(The Auglo-Russian Agreement, 1907)으로 나타났다.

이러한 러시아의 중앙아시아로의 재진군은 서유럽 국가들의 팽창과 병행 되었다. 1881년에 프랑스는 튀니지를 점령했고 뒤이어 1882년 영국이 이집트를 점령했다. 러시아의 중앙아시아처럼 이들 두 국가에서도 토착 군주와 정치제도는 다소간 원형 그대로 보존되었지만 군사점령 상태와 전반적인 정치적·경제적 지배에 종속되었다.

영국의 외교정책은 오스만 제국을 인도로 가는 길목을 위협하는 외세를 저지하는 방패로 인식하고 오스만 제국의 통합과 독립을 보존하는 원칙에 기초를 두었다. 그러나 오스만 제국에 대한 침탈은 계속되었다. 프랑스와 러시아는 오스만 제국을 상당히 잠식할 수 있었으며, 1880년 이후부터는 영국의 주된 라이벌이었던 독일도 중동 지역에 높은 관심을 나타내기 시작했다.

베를린 회의와 그 이후 분해되어 가는 오스만 제국의 어떤 부분도 빼앗지 않은 유일한 유럽 열강은 1871년 탄생한 새로운 독일제국이었다. 베를린회의 동안 '공정한 중재인(honest broker)'으로 처신했던 비스마르크는 독일에게 중동지역은 별 가치가 없다고 생각해 오스트리아의 동방정책(Drand nach Osten)을 후원하기도 했다. 그러나 독일 황제 겸 프로이센 왕이었던 빌헬름 2세(William Ⅱ: 1888~1919)는 경제적인 또는 전략적인 이유 등으로 이스탄불의 장래와 아시아 내의 오스만 제국에 대해 지대한 관심을 나타냈다. 그에 따라 오스만 제국 내에서 독일 금융업자와 생산업자들이 이권을 얻고 독일 장교들은 오스만 군대를 훈련시키고 오스만군 조직을 재정비했다. 영국이 보기에 오스만 정권은 불안하기 짝이 없는 독일의 의도를 받아들이고 있었다. 1889년에는 유명한 바그다드 철도공사가 시작되었는데 이는 궁극적으로 이스탄불, 알레포, 바그다드, 바스라를 경유해서 걸프 해를 연결하려는 의도였다. 이처럼 북쪽 독일의 위협에 대응하여 영국은 처음에는 일시적이었던 이집트 지배를 지속하기로 결정했다. 1907년 영국은 러시아와 협정을 체결하고 이란을 러시아와 영국의 영향권으로 분리했는데 이 역시 독일의 팽창정책을 막기 위한 조치였다.

1911년 이란 북부 지방에 대한 러시아의 군사침공으로 중동의 정세는 새로운 국면에 접어들었다. 이때부터 제1차 세계대전이 발발할 때까지 약간의 저항이 있긴 했지만 이란은 러시아의 실질적인 지배하에 있었다. 그러는 동안 프랑스는 모로코에 그들의 세력을 확장시켰고 1912년에는 이곳을 보호령으로 만들었다. 프랑스의 튀니지와 모로코 점령에 놀란 이탈리아는 1911년 9월 오스만 제국에 전쟁을 선포하고 트리폴리타니아와 시레나이카(Cyrenaica) 등 오스만 지방을 합병한다고 선언했다. 그 후 이 지역은 이탈리아의 식민지가 되었다. 탐욕스러운 제국주의 지배를 피할 수 있었던 곳은 오직 중부 아라비아와 예멘뿐이었다. 유럽 열강들에게 이제 동방문제는 자연스럽게 해소되었다. 그러나 동방문제의 해소로 유럽 열강이 감당해야 했던 것은 제1차 세계대전이었다. 그것은 결국 동방문제 해결의 총체적인 실패를 의미했다.

2. 개입주체들

동방문제에 개입되어 있던 행위 주체들은 기본적으로 오스만 제국 정부와 오스만 내부의 이질적인 지역적·부족적·민족적·종교적 세력들, 그리고 오스만 제국을 침탈할 목적으로 이 지역에 압박을 가하고 있던 유럽 경쟁체제로 이루어져 있었다.

동방문제가 지역 국제정치 게임으로 정착될 수 있었던 배경은 첫째, 오스만 제국이 아시아적(Asiatic)이며 동양적(Oriental)인 제국으로서 유럽의 영토를 지배했다는 것이다. 인종·신앙·사회관습에서 유럽과는 이질적이었던 오스만 제국은 유럽의 기독교세력을 완전하게 동화시킬 수 없었다. 오스만 제국은 발칸 지역에 광범위한 지역을 소유하고 있었고 1856년 공식적으로 유럽협조체제의 일원으로 인식되었지만 결코 유럽 국가로 인정받지는 못했다. 기독교 국가만이 유럽 공동사회의 일원이 될 수 있다는 일반적 가정이 존재하고 있었다.

둘째, 중동에서 유럽 열강 간의 관계 그리고 이들과 오스만 제국과의 관계가 지극히 애매했다는 것이다. 이 점은 러시아가 처음 1782년 오스트리아와 1801년에는 프랑스와 오스만 제국의 분할을 논의하면서 심각하게 드러났다. 중동문제에 대한 논의는 번번이 유럽 열강 사이의 심각한 이해의 충돌만을 불러왔다. 따라서 오스만 제국의 유럽 지역에 대해서는 1815년 평화회담에서도 논의사항에서 제외되어 있었다. 그 이유는 당시 유럽의 세력균형체제의 구조는 완벽했지만 오스만 제국에 대해서만은 세력권의 분할이 불분명한 상태로 남아 있었다는 데 있었다.

그것은 엄밀히 보아 유럽의 문제였다. 그러나 그 책임의 일부는 오스만 제국 자신에게도 있었다. 오스만 제국은 서구와의 관계를 규정하는 데 원칙상 두 가지의 문제점을 가지고 있었던 것으로 보인다. 하나는 제국법의 어떤 내용도 내부적 도전이나 반란의 경우를 취급하고 있지 않았던 것이고, 다른 하나는 이슬람지배의 어떤 지역(lands)도 전쟁의 패배로 인한 경우를 제외하고는 협상으로 양도할 수 없었다는 것이다. 이 점 때문에 오스만 제국은 내부적 분열과 관련하여 제국에 압박을 가하고 있던 서구 열강에 대해 최후수단(전쟁)에 의지할 수밖에 없었고 이는 결국 제국의 약화를 가속화시켰다.

오스만 제국은 외부적 영향, 즉 유럽의 침탈 때문이기도 했지만 내부 문제로 스스로 붕괴하고 있었다. 역설적으로 유럽 국가들의 경쟁관계가 없었다면 오스만 제국은 동방문제가 제기된 이후 1세기 반 동안이나 그렇게 오래 존속할 수 없었을 것이다. 유럽 열강은 그 과정에서 자신들의 몫을 챙기고 싶었다. 그러나 유럽 자체 문제와는 달리 동방문제에 대해서는 분할 방법에 대해 충분한 합일점을 찾지 못한 채 터키의 몰락으로 생겨날 '세력의 공백(Power Vacuum)'을 어떻게 하면 가장 안정적으로 해결할 수 있을 것인가에 골몰했다.[38] 그 결과 유럽 열강의 경쟁관계에서 견제와 균형만이 오스만 제국의 운신의 폭을 결정해주고 있었고, 몰락하지만 아직은 저력을 지닌 오스만 제국의 운명은 이집트 문제, 그리스 문제를 포함한 발칸 문제, 도나우 저지(低地) 문제 또는 아시아 지역의 터키 문제들과 각각 구분할 수 없는 모든 부문에서 밀접하게 연관되어 있었다.

1) 오스만 제국

16세기 이래 중동에서 유럽의 경제적·정치적 영향력은 엄청나게 커졌다. 그것은 대개 유럽과 중동 간에 점점 더 벌어진 세력의 격차 때문이었다. 중동의 경제력 쇠퇴는 몇 가지 사실들과 관련을 가지고 있었다. 유럽과의 관계가 더욱 복잡다단해지면서 중동은 많은 군비와 전쟁비용에 크게 영향을 받았다. 대외무역은 대서양을 가로질러 남아프리카를 횡단하여 남아시아 해역에 이르는 대서양 횡단 무역로의 발달에 영향을 받았는데, 이는 중계무역의 쇠퇴와 이로 인한 중동 지역의 중요성의 하락을 초래했다. 인구는 급속하게 감소했으며 내부 경제는 생산성의 저하와 더불어 심각한 인플레이션을 겪었다.

해양로의 개설과 발전에서 유럽이 중동을 앞질러가기 시작했다. 이는 심각한 무역의 역조로 이어졌다. 심지어 터키에게 세금 수입의 원천으로

---

38) C. A. Leeds, *European History 1789-1914*, pp. 279~280.

중요했던 페르시아 실크 무역도 대부분 서유럽 상인의 조정을 받게 되었다. 북부 해안에서의 러시아 세력의 팽창은 이 지역에서 동유럽 상업을 크게 증대시켰다. 쿠추크 카이나르지 조약에서 러시아가 획득한 상권(商權)은 러시아 상인과 선장이 오스만 국민을 직접 상대할 수 있게 했고, 해협을 통해서 지중해까지, 즉 터키 수도를 지나서 배를 보낼 수 있게 했다. 러시아가 얻은 권리는 곧바로 다른 유럽 세력들도 똑같이 차지하게 되었고 흑해 무역은 대부분 터키로부터 유럽과 특히 그리스로 넘어갔다. 일반적으로 유럽 무역에서 터키의 비중은 현저히 하락했다. 프랑스와는 16세기 후반에는 2분의 1이었던 것이 18세기에는 20분의 1로 떨어졌고, 영국과는 17세기 중반에 10분의 1이었던 것이 18세기 말에는 100분의 1로 떨어졌다.

오스만의 농산물, 특히 기독교가 우세한 발칸 지방의 상품을 위한 새로운 시장들이 유럽에서 열렸다. 이것은 오스만 주민에게 중요한 사회적 결과를 가져다주었다. 전통적인 기술이 쇠퇴하여 무슬림이 대부분인 공예가나 장인들의 가치가 떨어지고 그들의 사회적 위치는 비숙련 노동자의 수준으로 전락했다. 그러나 기독교도들에게는 농부나 상인, 선원으로서 새로운 기회가 주어졌다. 이들은 유럽 열강들의 비호를 받았고, 유럽인들과의 무역을 통해 부를 축적할 수 있었다. 이러한 부는 교육으로 이어졌고 부와 교육은 그들에게 권력과 영향력을 가져다주었다.

더구나 생산자 중심적인 서구에서 중상주의의 등장은 유럽 무역회사에게 도움이 되었고, 국가는 무역회사가 조직적 교역수준을 달성하고 경제력의 집중을 이룰 수 있도록 보호하고 육성했다. 이런 것들은 동방에서는 알려지지도 않았고 전례가 없었던 것들로서, 서구의 무역 기업들은 사업적 이해를 가진 정부의 도움으로 전적으로 새로운 세력을 대표하게 되었다. 중동에서 서구의 경제 지배는 여러 가지 방식을 통해 유지되고 보강되었다. 서구의 중동 산물 수입은 제한되고 어떤 분야에서는 보호관세 때문에 아예 제외되었던 반면에, 중동에서의 서구의 무역은 소위 치외법권적 제도(Capitulation)로 보호받았다. 이 제도는 제한 없는 자유로운 입국 권리를 부여하는 것이었다. 이는 오스만 당국과 이슬람 통치자들이 기독교 국가에 특권을 부여하기 위해 사용했는데, 비무슬림들에게 일반적으로 부과되는 재정적인 그리고 여타 불이익이 없이 이슬람 통치지역에 있는 기독교 국가 국민들에게 거주와 무역의 자유를 허용하는 것이었다.

오스만 제국의 이러한 세력약화는 어느 정도 통치권위의 상실과 준(準)독립적인 지방 통치자의 출현 그리고 토착 유목민과 수입 용병들이 지방경제에 입힌 손실의 증대 같은 정치적 요인에서도 비롯되었다. 일반적으로 지배군부와 귀족집단들은 지방경제 발전에 관심을 보이지 않았고 그나마 그들이 기울인 약간의 노력조차 유럽의 경제적 이해에 쉽게 잠식당했다.

17세기 말까지 오스만의 지도층은 이슬람 세계 밖에서 일어나는 일에 대해서 거의 아무런 관심도 가지지 않았다. 그 원인은 일부 14세기부터 16세기에 이르는 거의 300여 년 동안 오스만 제국이 기독교 세계를 공격하여 영토를 확장하면서 생긴 자만심에 있었다. 스스로 새로운 상황을 받아들이고 적응하는 것은 느리고도 고통스러운 재조정 작업이었다. 그렇지만 제국은 어쩔 수 없이 외부세계의 도전을 받아들이기로 작정했을 때조차 유럽 열강들과의 관계에서 거의 극복할 수 없는 두 가지 문제가 있었다. 하나는 이들 모든 열강들을 동시에 만족시킬 수 없었다는 것이고, 다른 하나는 어떤 국가가 가장 치명적인 공포의 대상인가에 대해 알 수 없었다는 것이다.

예를 들어 나폴레옹의 이집트 침입이후 부카레스트조약으로 동방문제가 유럽정치의 뒷면으로 갑자기 사라지던 1812년까지 유럽 열강은 프랑스 혁명의 영향으로 대체로 유럽의 문제에 몰두해 있었다. 그러나 이 시기에서조차 터키의 고민은 여전했다. 예를 들어, 프랑스는 오스만 제국과 여러 세대에 걸쳐 우방이었다. 그러나 그러한 우호적인 관계 속에도 나폴레옹의 이집트 침공이 있었고, 터키는 이에 대응하기 위해 자신에 대해서 가장 야심 많던 러시아와 동맹(the Russo-Turkish Treaty, 1799년 1월 3일)을 맺지 않을 수 없었다. 그러나 러시아는 역시 위험한 존재였으므로 이틀 후 영국과의 조약으로 자신의 안전을 도모했다. 결국 러시아와 영국의 도움으로 프랑스를 물리치는 데는 성공했으나 러시아는 다시 프랑스와 결합하여 자신에 대한 영토분할을 모색했으며(1801) 영국의 프랑스에 대한 정책을 견제하고 나섰다.

네덜란드 문제로 영국과 프랑스의 관계가 결정적으로 악화되고(1803년 5월) 발칸에서의 프랑스의 활동이 활발해지자 러시아는 다시 영국에 대해 프랑스를 견제해줄 것을 요청했다(1803년 2월, 5월). 결국 러시아가 말타(Malta)에 군대를 파견했을 때 러시아와 프랑스의 관계는 다시 악화되고 러시아와 영국의 관계는 우호적이 되었으나 러시아와 영국은 여전히 서로를 불신했다. 즉 영국은 러시아가 발칸에서의 영향력 확대와 궁극적으로는 오스만에 대한 분할을 목표로 하고 있다고 생각했고, 러시아로써는 이 지역에서 프랑스를 제거하는 데 영국은 군사적인 부담을 회피하고 있으며 결국 프랑스를 제거하는 데 동의하지 않는다는 심증을 굳히고 있었다. 러시아의 이러한 논리는 어느 정도 정당한 근거가 있었다. 그러나 양국은 프랑스에 대한 부담으로 결국 동맹을 맺는데(제3차 대프랑스동맹, 1805년 4월) 이것은 순전히 유럽 문제 때문이었다. 그러나 러시아가 프랑스와의 전쟁에서 패배하자(1805년 12월) 파트너 선정이 잘못되었다는 판단으로 영국은 러시아와의 조약에 대한 비준을 거부했다. 다시 프랑스와 터키 양국 간의 동맹이 현안으로 떠올랐으며 이 문제들은 오스만 제국의 내부 도전과 관련해 실마리를 풀 수 없는 복잡한 양상을 띠게 되었다.

1807년, 러시아와 프랑스가 틸지트 조약(the Treaties of Tilsit, 1807)[39]으

---

39) 나폴레옹은 1805년 12월 아우스테를리츠(Austerlitz)에서 러시아 - 오스트리아 연합군을 대파했다. 또한 프랑스는 10월에는 예나(jena) 전투에서 프로이센을, 프리드란트(Friedland)에서 러시아를 패배시킨 뒤 각기 틸지트 조약을 체결했다. 이 조약으로 프랑스와 러시아는 동맹국이 되어 유럽을 분할하고 오스트리아와 프로이센을

로 결합했을 때 이론적으로 영국과 러시아는 적대국이 되었다. 그러나 러시아와 프랑스는 여전히 오스만 문제에서 대립하고 있었다. 영국은 틸지트 조약으로 약화된 자신의 지위를 회복하기 위해 터키를 압박해 다르다넬스 평화조약(the Peace of Dardanelles; 1809년 1월)을 성립시킴으로써 형식상 프랑스의 공격으로부터의 보호자가 되었다. 비록 오스트리아와 터키를 묶어 프랑스와 러시아의 동맹에 대항시키려던 계획이 구체화되지는 못했지만 영국은 이 조약으로 이오니아 섬들을 별다른 저항 없이 자신의 수중에 넣을 수 있었다.

프랑스의 러시아 공격이 임박했을 때 세력의 균형상 몰다비아를 끝내 견지할 수 없다고 판단한 러시아가 타협적인 자세를 취함으로써 부카레스트 조약(1812년 5월)이 성립되어 중동문제는 당분간 일단락되었다. 그러나 베사라비아를 대부분 러시아에 분할해주고 세르비아의 자치권을 인정할 수밖에 없었던 오스만 제국은 다시 한 번 제국의 약화를 절감해야 했다.

19세기 초부터 오스만 제국은 영토 보전이라는 또 다른 위협에 직면했다. 오스만 쪽으로 전진하는 외세 이외에도 자치와 심지어 독립을 추구하는 지방 지도자들의 움직임이 여러 곳에서 나타났다. 오랫동안 지속된 이러한 경향의 일부는 이미 18세기에 분명히 나타났다. 아얀(a'yān; local notables)이나 데레베이(dere-beyis; local anatolian rulers)들이 지방자치를 이루었고 심지어는 지방 통치를 위해서 파견되었던 일부 불복종적인 총독(pāshā)들은 스스로 지방공국을 만들어 통치하고 있었다. 수도의 권위를 회복시키려는 오스만 중앙정부의 노력은 더 큰 저항을 불러일으켰다. 국수주의와 자유주의의 폭발적인 힘, 구(舊)이데올로기의 파산, 구정치구조의 붕괴 등과 같은 정치적이고 이데올로기적 요인들이 더 보태져 제국은 붕괴

고립시켰다. 틸지트는 러시아 칼리닌그라드(Kaliningrad) 주 북부의 항구도시인 소베츠크(Sovetsk)의 옛 이름이다.

위기로 접어들었다.

제국이 회생되려면 근본적인 개혁이 있어야 했다. 이스탄불에 근거한 방대한 행정조직은 부패하여 여러 피정복민들의 고통을 가중시키고 있었고, 부당하고 조야한 통치에 항거하는 반란이 잇달았으며, 기독교 민족주의 세력들은 서서히 독립을 위한 투쟁에 나서게 되었다. 터키는 이러한 문제에 대해 적절한 조치를 취하는 데 실패했다.

17~18세기를 통해 아나톨리아나 발칸에서의 농민반란 등 아래로부터의 개혁으로 보이는 경우가 몇 번 있었다. 그러나 그것들은 대부분 분권주의 운동이었지 개혁운동은 아니었다. 이슬람권의 정화를 목표로 했던 와하비(Wahabis) 운동은 한때 아라비아 반도 전역을 장악하기도 했지만 술탄과 무함마드 알리에게 제압되었다. 그 뒤 이슬람권에서 일어나는 근대화 운동은 대개 아래로부터가 아니라 지식 엘리트나 지배자 자신들이 수행했다. 그러나 이들에게 지방귀족, 군벌, 피압박민족들의 동요 등 복잡한 여러 문제에 대처하는 길은 중앙정부의 통제강화나 서구화일 수밖에 없었고 이러한 개혁은 피정복 주민들의 이익과는 모순되는 것이었다. 예를 들어 19세기 극적인 변화를 보인 지역은 이집트였다. 그러나 사실 무함마드 알리의 개혁조차 초기에는 개혁 자체에 주된 목표가 있었다기보다는 그의 권력에 대한 경쟁자였던 맘룩을 제거하는 수단으로 시도되었다.

물론 개혁 실패의 원인 중 하나가 외부적인 압력에 있었던 것은 사실이었다. 그러나 많은 경우 개혁의 어려움은 구사회의 전통과 특히 구(舊)관료제도에 기인하고 있었다. 중동에서 이슬람은 신앙이었고 생활양식이었다. 무슬림들은 그들의 군사력, 행정기능, 경제력 등의 강화를 원했지만 수세기 동안 지켜온 생활패턴이 변화되는 것은 바라지 않았다.

그러나 개혁의 딜레마는 이러한 무능과 보수성 때문만은 아니었다. 서구의 군사적 위협에 대항하는 수단은 셀림 3세(Selim III: 1789~1807) 이래로 서구적 기술의 도입, 그중에서도 서구식 군사기술의 도입이었다. 그러나 이를 관리하기 위해서는 유럽식 관료제가 필요했고 유럽 군사고문단과 이들의 기술을 전수받을 본국 장교들의 인적 문제가 제기될 수밖에 없었다. 또한 개혁을 위해 선정된 후원 유럽 국가와의 문화적 접촉이 불가피했고 물적인 문제도 제국에 위협을 가하고 있는 바로 그 국가들로부터 얻어내야 했다.

술탄 마흐무드 2세가 통치권을 많이 회복하긴 했지만 그리스가 독립하고 이브라힘이 시리아 원정으로 터키에 결정적인 위협을 가했을 때 유럽의 도움은 제국의 생존에 필수적이었다. 최선의 선택은 프랑스였지만 프랑스는 제국의 도전세력인 이집트를 지원하고 있었으므로 차선은 강력한 북방의 이웃 러시아였으나 러시아는 오스만 제국에 영토적 야심을 품고 있었다. 따라서 남은 선택은 러시아의 오스만 제국에 대한 분할 음모를 오랫동안 견제해오던 영국일 수밖에 없었고, 영국과 관계가 악화되던 19세기 말에는 다시 독일에 의지하기도 했다.

결국 효과적인 국내 개혁을 수행할 수 없었기 때문에 회생이 불가능해진 오스만 제국은 잔명을 유지하기 위해 명예롭지 못한 정책을 채택했다. 즉 오스만 제국 자신이 붕괴될 경우 그 유산의 분배와 궁극적인 자신의 운명에 대해 열강들이 내놓은 이견과 갈등을 조장하고 이를 이용하려는 정책을 취했던 것이다. 이러한 정책을 시행하는 과정에서 오스만 제국은 많은 기교를 체득했다. 오스만 제국이 이러한 여건에 처해 있는 가운데 발칸 내 기독교 지역들은 유럽 국제정치 무대에서 상당히 중요한 위치를 차지하게 되었다.

1897년 크레타 섬 문제를 둘러싸고 발생한 그리스의 도전(그리스 - 터키 전쟁, the Greco-Turkish War, 1897)은 독일이 재조직한 오스만 군대가 손쉽게 제압했지만 오스만의 발칸 지배는 매우 위태로웠다. 1908년, 젊은 터키당(the Young Turk) 혁명 후 이들이 '모든 민족의 평등'에서 '터키인에 의한 평등'으로 슬로건을 바꾸자 잠재적인 위협과 위기감을 느낀 발칸 제민족들의 이반이 시작되었다. 얼마 안 있어 불가리아가 독립을 선언했고, 오스트리아는 공식적으로 보스니아 - 헤르체고비나를 병합했으며, 크레타는 그리스와의 합병을 선언했다. 터키에 대한 마지막 타격은 지금까지 서로 적대적이던 발칸 국가들(세르비아, 불가리아, 그리스, 몬테네그로)이 동맹(발칸동맹, the Balkan League, 1912~1913)을 형성하고 전쟁을 선포해(1912년 10월) 불과 몇 주 만에 터키를 완전하게 참패시켰던 것이다. 그 결과 자치국 알바니아가 창설되고, 몬테네그로, 세르비아 그리고 루마니아는 자국의 영토를 넓혔으며 그리스는 에피루스(Epirus), 크레타, 몇몇 에게 해의 섬 등 많은 몫을 받았다. '민족과 교의의 혼성체'였던 마케도니아는 그리스, 불가리아, 세르비아로 분할되었다.

2) 지역 세력들

오스만 제국은 중동의 정복자였으나 이질적인 영토들을 통합하는 데는 실패했고 따라서 제국 내부에는 언제나 분열적 요소가 잠재했다. 당시 투르크인들은 그들 자신이 하나의 국가, 심지어는 하나의 종족에 속한다는 관념도 갖지 못했다. '터키(Turkey)'라는 유럽식 표현은 20세기가 될 때까지 지조차 사용되지 않고 있었다.[40] 하나의 왕조를 표시하는 '오스만(Osman)'과 두 개의 공동체(Millet), 즉 상층부 회교도 공동체와 정교도인, 아르메니아인, 유대인 등으로 구성되는 비(非)회교도 공동체가 있을 뿐이었다.

17세기에서 시작되어 19세기로 이어지는 쇠퇴로 오스만 제국은 완강한

---

40) 민족의 자랑스러운 지칭인 "투르크(Turk)"라는 말이 19세기에 이르기까지는 아나톨리아의 무지한 농민들을 경멸하는 뜻으로 오스만 제국의 지도자들이 사용했다. Dankwart A. Rustow, "The Politics of the Near East : Southwest Asia and Northern Africa," G. A. Almond and J. S. Coleman, *The Politics of the Developing Areas*(Princeton, New Jersey: Princeton Univ. Press, 1960), p. 416.

기독교인들의 공격뿐 아니라 내부 불만이나 중앙권력에 대항하는 강력한 세력들에게도 시달려야 했다. 이 시기에 이들 도전세력은 군벌의 형태로 발칸, 아랍지역, 심지어 아나톨리아 등지에서까지 연쇄적으로 등장했다. 또 이들 세력들은 제국에서 임명된 지방관 출신들 사이에서도 나타났는데 이들에 대해 이스탄불은 제어 기능을 잃고 있었다.

18세기에 들어서 이집트와 비옥한 초승달 지역의 대도시에는 권력을 장악하기 위해 주(州)총독, 주둔군 사령관, 세금 청부인(tex farmer)[41]들 사이에 권력다툼이 일어났다. 이러한 분쟁에서 이들은 자기들의 사병을 동원했다. 술탄의 임명을 받은 총독(pāsha)들은 유명무실한 존재가 되었고, 실권자는 군관구의 고급장교와 행정부 고위직이나 군관구외의 사령관직을 가지고 있던 맘룩 출신의 베이(Bey)들이었다.

시리아의 두르즈(Druse)의 다른 산악 부족들은 거의 독자적인 위치에 있었으며 발칸 반도의 몬테네그로인들에게는 터키의 지배권이 미치지 못했다. 그리스, 에피루스, 알바니아, 헤르체코비나에는 술탄의 명령이 효력을 잃었고 몰다비아와 왈라키아는 사실상 러시아의 보호하에 있었다.

시리아 아즘('Azm)가(家)

17~18세기 오스만 제국의 세력약화로 인해 북부 아라비아와 시리아 사막의 유목민들이 동요하기 시작했고 이를 배경으로 성장한 아즘가가 시리아 지역의 대부분을 장악했다. 그러나 이 지역이 소아시아 반도와 인접해 있고, 이집트 및 아라비아 반도의 홍해 연안과의 연결점이라는 지정학

---

[41] 1695년부터 중앙정부는 종신 세금청부 계약, 즉 말리카네(malikâne)를 제도화했는데, 이는 누군가가 국고에 현금을 지불하면 그 대가로 평생토록 한 지역의 세금을 징수할 권리를 획득하는 것이었다. 수도의 와지르와 파샤 가문들이 이 계약의 경매를 좌우했으며 이는 특히 지방에서 중앙의 군대가 사라진 후 지방 명사들을 통제하는 수단이 되기도 했다.

적 조건 때문에 세습제는 정착되지 못했고 결국 지방의 자주·자립 세력으로는 성장하지 못했다.

이집트 알리 베이('Alī Bey Al-Kabir)

18세기 중엽 이집트는 250년 간 거의 무정부적인 상태 속에서 맘룩들을 분쇄하려는 총독 또는 터키인들을 몰아내고 그의 동료 베이들을 정복하려던 많은 맘룩들의 권력투쟁의 장이 되고 있었다. 그러나 알리 베이는 1769년 다른 베이들을 압도할 수 있는 세력으로 성장하여 그 후 수년간 이집트에 단일 통치시대를 열었다. 그는 메카를 정복하고 스스로 '이집트의 술탄이며 두 바다의 군주'라고 칭했다.

1768~1774년, 터키가 러시아와 전쟁을 벌이고 있는 동안, 아크레의 세금 청부인 자히르 알 우마르(Zāhir al-'Umar)와 이집트의 알리 베이가 러시아의 지원을 받아 오스만 제국에 도전했다. 특히 알리 베이는 이집트와 시리아가 통합되어 있던 옛 맘룩 왕조의 꿈을 실현하기 위해 토호장 직위를 이용해 1770년 시리아 원정에 나섰다. 그는 이 작전에 알 우마르와 러시아의 원조를 약속받았으나 술탄의 사주를 받은 국내 맘룩들의 반란으로 꿈을 이루지 못했다. 술탄은 제국의 유지를 위해 도전 세력들을 제거하고자 했으며 그럴 수 없는 경우 이들 간의 세력 갈등을 이용했다. 터키 - 러시아 전쟁 동안 놀라운 활약을 보인 알리 베이와 자히르 알 우마르에 대한 이간책이 그러한 경우였다.

지역 왕조가 통제하는 강력하고 안정적인 체제가 관할구들 내에서 창설되는 것을 달가워하지는 않았다 하더라도 오스만 제국이 그 전성기 때조차 관구 지배자들에 대해 많은 행동의 자유를 허용하고 있었던 것은 사실이었다. 18세기 전반에 있던 오스만의 지배에 대한 노골적인 반란은 모두 성공하지 못했지만 1774년경부터 시작된 제국의 구조적 와해는 이들을 통합·유지하는 데 많은 어려움을 겪었다.[42]

레바논과 걸프 지역

대부분의 파샤들은 아랍 영토에서 활동하고 있었지만 아랍인이 아니었고 발칸 반도나 카프카스 지방 출신으로 터키어를 말하는 오스만 장군들이었다. 아랍어를 사용하는 통치자가 지역자치를 얻으려고 했던 경우는 오직 두 곳뿐이었다. 한 곳은 레바논이었는데, 일부는 기독교도이고 일부는 드루즈파인 그곳의 통치자들이 후일 대(大)레바논 공화국의 중심부가 되는 산악지대에 궁극적인 자치공국을 건설하려고 했던 경우다. 이 공국과 아직 오스만 제국의 복속하에 있던 인접 지역에서는 중세부터 아랍의 문화적·경제적 르네상스가 일어났다.

또 다른 아랍 활동의 중심지는 아라비아 반도, 특히 오스만 제국과 이란 그리고 점증하는 영국 세력 사이에 불화가 있었던 걸프 지역이었다. 18세기 후반 이후부터 부족장과 지방 토후들은 이러한 경쟁을 자신에게 유리하게 이용하여 상당한 자치를 확보했다. 그 대표적인 나라가 쿠웨이트 공국이었다. 성채라는 의미를 가진 인도어의 아랍어 축소형인 쿠웨이트(Kuwait)에서는 1756년 사바흐(Ṣabāḥ)라는 지배 가문이 권력을 잡았다.

아라비아 와하비 종파(Wahabites)

이전의 지방권력이 독립적으로 행세했다 해도 그들은 오스만 체제의 일부가 되고자 했으며 또한 그 체제의 일부였다. 오스만 제국의 정통성에 도전한 유일한 세력은 와하비(Wahhabi) 운동이었다. 이 운동의 창시자는 네즈드 지방(Nejd)의 신학자 무함마드 이븐 아브드 알 와하브(Muḥammad ibn ʻAbd al-Wahhāb)였다. 그는 순수하고 정통적인 예언자 시대의 이슬람으로 돌아갈 것을 요구하고 미신, 거짓 신앙, 사악한 의례 등과 같이 이슬람의 순

---

42) M. S. Anderson, *The Eastern Question 1774~1923*(N. Y.: ST Martin's Press, 1966), p. ⅩⅥ.

수성과 정통성을 오염시키고 왜곡시키는 부차적인 첨가와 또 그러한 것들을 조장하고 장려하는 정권에 대한 거부를 분명히 했다. 그의 추종자 중 한 사람이 나즈드의 다리야 지역 아미르였던 무함마드 이븐 사우드(Muḥammad ibn Saʿūd)였다. 18세기 중엽부터 탁월한 군사적 능력을 가진 무함마드 이븐 사우드가 지휘하고 무함마드 이븐 아브드 알 와하브의 종교적 가르침에 고무된 새 신앙의 전사들은 아라비아의 대부분을 정복하고 그 세력이 확장되면서 오스만 통치 아래 있던 홍해 연안의 히자즈와 남부 이라크를 위협했다.

이 운동은 오스만식의 군벌도 아니고 민족운동도 아니었지만 오스만 제국의 약화를 조장하는 강력한 요소가 되었다. 결국 이 운동은 오스만 제국의 권위를 추락시키고 무슬림 공동체 안의 종교적 권위가 무엇이냐 하는 문제를 제기시켰다. 전통적으로 오스만의 술탄은 가장 위대한 무슬림의 통치자이고 또한 두 성지 메카와 메디나의 보호자로서 알라의 가호를 받는 것으로 믿고 있었다. 더구나 17세기 이후 오스만의 쇠퇴기에 술탄은 이슬람의 할리파로서 전세계 무슬림을 지배한다는 점을 강조하고 있었다. 이러한 이슬람의 원칙이 1803, 1805, 1807년 일시적으로나마 메카와 메디나가 와하비 추종자들에게 점령당함으로써 근본적으로 흔들리게 되었다.

야니나의 알리 파샤(ʿAlī Pāshā of Janina)

18세기에는 오스만 제국 내의 많은 지방 명사들이 등장해 오스만 왕조와 국가의 기본적인 정통성을 인정하면서도 상당한 자치권을 행사했다. 반란자들이 오스만 제국을 파괴하거나 분리·독립하려고 시도한 적은 거의 없었다. 반란은 대개 세금 면제나 정의의 보장 등을 목표로 하고 오스만 체제 안에서 문제를 해결하고자 했다. 그러나 19세기에는 오스만 제국의 통치에서부터 특정 지역을 분리시켜 독립적이고 그 어떠한 상위의 정치적 권위도 인정하지 않는 주권국가를 세우려는 적극적인 움직임이 발칸 반도, 아나톨리아, 아랍 지역에서 나타났다.

데레베이로 알려진 임명 총독들의 경우, 오랫동안 권력을 보유하는 사이에 독자적인 군사력을 보유하여 술탄의 지배로부터 사실상 독립적이 되었다. 그중에서도 가장 유명한 것은 1790년경 발칸 반도 에피루스에서 야니나의 파샤(Pashā of Janina)가 된 알리('Alī: 1760~1822)였다. 야니나의 사자(Lion of Janina)로 불렸던 그는 이웃 종족 지도자들이 안고 있던 문제로부터 오스만 제국 자체와 관련된 더 큰 관심사 그리고 유럽 세력과의 연합의 문제에 이르기까지 전반적인 정치적 스펙트럼에 대한 조망을 가지고 있었다. 예를 들어 1798년 그는 벌써 왕의 자격으로 나폴레옹과 대(對)터키 봉기에 관해 교섭을 시도했으며, 유럽에서 이루어진 대(對)프랑스 연합과 프랑스가 자신의 요구를 수락할 의향이 없음을 알고 술탄에게 충성을 서약하는 등 터키와 유럽을 연결하는 외교적 행각을 벌였다. 그를 야니나로부터 분리시키려는 술탄의 여러 차례의 시도(1788, 1799, 1801)는 성공을 거두지 못했고, 비록 내분으로 실패하기는 했지만 그는 1821년 오스만에 대항하여 반란을 일으키며 동방문제 시기 최초의 내부 도전자가 되었다.43)

이집트: 무함마드 알리(Muḥammad 'Alī)

19세기 중동 지도자 중에서 자신의 영토적 기반을 강대국의 군사적·정치적 그리고 경제적 핵심으로 바꾸려는 가장 중요한 노력을 한 사람은 이집트의 무함마드 알리였다. 그는 오스만 술탄 주권하의 이집트의 총독(wali, governor)이었지만, 술탄보다 더 많은 군사력과 경제적 자금을 보유했다. 알리는 오스만 제국의 약화와 레반트 지역에서의 영국과 프랑스의 세력다툼을 기회로 이집트를 오스만에서 분리·독립시키고 그 세력을 레반

---

43) Andrei A. Lobanov-Rostovsky, *Russia and Europe 1789-1825*(Durham, N. C.: Duke. Press, 1947), pp. 404~405.

트 지역으로 확장하여 아랍 제국을 건설하려는 목표를 가지고 있었다.

프랑스의 이집트 점령에 대한 영국의 반응은 이 두 국가들 간의 수많은 충돌의 첫 번째 것이었으며, 이집트에서의 그들의 계속된 경쟁관계는 1904년 영국 - 프랑스 협정(Entente Cordiale)으로 겨우 누그러졌다. 그리하여 무함마드 알리는 유럽 열강들이 궁극적으로 설정한 한계 내에서 자신의 정책을 구상하고 그의 야심을 추구했다.

3) 민족주의 세력들

유럽의 오스만 지배영역에서 등장하기 시작한 민족주의는 이질적 소수 민족들의 국가적 열망의 표출로 나타났다. 이것은 제국 내 핵심부로 침투해 들어와 갈등을 불러일으키고 국가를 쇠약하게 해 마침내 오스만 제국을 파멸시키는 과정을 연출해냈다. 이것은 프랑스인들이 열정적으로 촉진했고 오스만 일부 소수 사람들이 열광적으로 받아들인 프랑스 혁명 사상으로부터 시작되었다.

시간이 흐르자 심지어 터키인이나 아랍인 그리고 제국의 다른 무슬림들조차 이전의 면역성을 잃고 자유주의·애국주의·민족주의라는 유럽 사상에 감염되었다. 합법성과 충성심이라는 전통적인 구조를 너무나 많이 침식하여 낡은 정치적 질서를 파괴했던 이 새로운 사상은 두 단계로 다가왔다. 처음에는 서유럽에서 온 애국주의라는 형태였고, 나중에는 중부와 동유럽에서 온 민족주의라는 형태였다.

기독교 세계와 마찬가지로 전통적인 이슬람 세계에서는 민족과 국가는 종종 강한 민족적·지역적 정체성을 가지고 있었다. 중동 이슬람의 주요한 세 민족인 아랍인, 페르시아인, 터키인은 그들의 민족적 유산인 언어·문학·역사·문화 그리고 공통의 기원, 독특한 생활방식과 관습 등을 자랑스럽게 여겼다. 또한 자신의 출생지에 대한 본능적인 애착인 국가에 대한 애정,

지역에 대한 자부심, 향수병 등 이 모든 요소는 서구 문학과 마찬가지로 이슬람 문학에서도 친근한 주제였다. 그러나 이러한 것들은 정치적인 메시지를 담고 있지 않았으며, 서구의 사상적 침투 이후에 비로소 국가나 민족적 향토가 정치적 동질성과 주권의 단위라는 생각이 받아들여지고 알려졌다. 그동안 무슬림들에게 그들의 동질성은 신앙이었으며 그 신앙의 이름으로 그들을 지배하는 통치자나 왕조에게 충성심을 바쳤다.

애국주의와 민족주의는 모두 이슬람 세계에서는 낯선 이념이었다. 단지 자신의 출생지에 대한 본능적인 사랑이 아닌 자신의 국가에 대한 정치적이고 필요하다면 군사적인 의무 나아가 그 정부의 요구에 기꺼이 응하는 의무로서 애국주의는 그리스와 로마에서 기원한 서구 문명에 깊은 뿌리를 두고 있었다. 이 애국주의는 다른 두 사상, 즉 그 국가의 다양한 국민 구성원이 하나의 국가적 충성심으로 결합한다는 사상과 교회나 국가보다는 인간이 진정하고 유일한 원천이라는 확신과 합쳐졌다.

세르비아의 민족주의

세르비아의 카라 조지(Kara George)는 민족주의 지도자로서 이 지역에 동방문제적 도식을 정착시키는 데 중요한 역할을 했다. 동방문제적 구조 속에서 19세기 초로부터 시작된 세르비아의 민족운동은 그의 근원을 18세기에 두고 있었지만 19세기 들어 전 발칸을 강타하는 민족주의 운동의 시발로서 이는 제국에 가장 충성스러웠던 아르메니아 지방의 봉기로까지 이어져 오스만 제국에 심각한 위협이 되었다.

그리스의 민족주의

그리스 독립은 서구의 민족주의가 중동으로 유입되어 다민족 제국인 오스만의 운명을 결정짓는 계기가 되었다.[44] 이 투쟁은 유럽 외교의 측면에서 보면 유럽의 여론이 동방문제에 적극적으로 작용하여 유럽의 민족주의·낭만주의·인민주의(Populism)와 함께 정치적 제한요소로 등장하게 했고, 이로 인해 생겨난 십자군식 개입주의가 중동에 범람하여 중동문제에 이데올로기적 요소의 비중을 한층 높이게 되었다.

외부 열강들의 피보호 민족들

한편 17세기 당시 오스만 제국과 관계를 맺게 된 유럽 국가들은 오스만 제국의 영역 내에서 그들 나름대로의 보존해야 할 이해들을 가지고 있었고 제국내의 궁정이나 제국 추밀원(Divan) 또는 지역 추밀원의 한편 또는 다른 편과 연합함으로써 그러한 이익을 보호했다. 그러나 19세기에는 상황이 달라졌다. 유럽의 세력은 오스만 제국을 압도함으로써 자신들의 이익을 추구하는 데 오스만 정부에 의지할 필요가 없게 되었다. 유럽 국가들의 입장에서 이제는 오스만 제국의 중앙정부 또는 지방정부에게 자신들의 자유스러운 활동을 구속당할 이유가 없게 된 것이다. 그들은 이제 오스만 제국이 자신들에게 필요한 종류의 정부가 되도록 오스만 제국에 압력을 가할 수 있는 위치에 있게 되었다. 그들은 이제 제국 내의 다양한 민족문제를 다루는 데 있어서도 굳이 제국정부를 거치려 하지 않았다. 또 오스만 제국과의 무역이 급증했을 때 그들은 자국 상인들의 보호라는 측면에서 직접 제국내의 인민들을 상대할 수 있어야 했다. 동시에 제국 내의 다양한 집단들도 오스만 정부의 성가신 간섭이나 부당한 과세를 피하고 수입시장을 넓히며 자유스러운 수출 품목의 수집 등 여러 가지 이유로 유럽 열강의 보호를 원했는데 유럽 열강은 그들에게 기꺼이 그것을 제공해 주었다.

17세기 프랑스가 채용한 이러한 보호정책은 18세기 이래로 러시아도

---

44) 민족주의로 인한 동방문제는 주로 발칸 기독교신민들 사이에서 제기되었다. 1821~1832년 그리스를 시작으로 루마니아(Rumania, 1856~1878), 세르비아(Serbia, 1834~1878), 몬테네그로(Montenegro, 1878), 불가리아(Bulgaria, 1878~1908) 등이 독립 운동을 치렀다.

실행했다. 그러나 자신의 분명한 피보호 집단이 없었던 영국은 팔레스타인의 유대인, 레바논의 드루즈(Druzes) 일부, 새로운 프로테스탄트교회 등과 관계를 정립하기 시작했다. 이러한 무역문제와 소수 종교인 등에 대한 보호정책의 이면에는 유럽 열강의 정치적·전략적 이해가 개재되어 있었다. 예를 들어 영국의 경우, 인도로의 교통로를 확보할 필요 때문에 그 길목에 거주하는 베드윈족과의 직접적인 우호관계가 필요했다. 유럽 열강은 이러한 목적 때문에 오스만 정부와 제국 내에서 특정형태의 어떤 지위를 필요로 했는데 그것을 얻기 위해 제국정부에 대해 기꺼이 압력을 행사했고, 그들의 군사력과 제국내의 제집단과의 관계는 이를 가능하게 해주었다. 동방문제의 시기에 형성된 이와 같은 국제관계의 형태, 즉 외국정부가 이 지역의 인민들을 직접 상대하는 관행은 오늘날에도 국내문제와 국제문제가 분리되지 않고 원용되는 점과 관련하여 중동의 국제정치체제에서 하나의 특징이 되고 있다.

오스만 정부 입장에서 보면 유럽 열강의 존재는, 특히 그들의 군사력은 유럽의 다른 국가들로부터 자신을 보호하는 데에서만 필요할 뿐이었다. 물론 유럽의 영향력이 제국의 개혁에 도움이 되는 쪽으로 작용하고 있었던 것은 사실이다. 그러나 개혁에 대한 유럽의 도움은 한 방향으로만 주어지고 있었다. 유럽 열강은 기독교인들과 유대 피보호민들의 더 향상된 지위를 원했고 또한 그들을 다룰 더 효율적이고 합리적인 정부를 원했다. 즉 그 개혁은 유럽 국가들의 이익에 반하지 않아야 하며 특히 제국내의 주민들에게 직접 그리고 자유스러운 접근을 보장하는 경우에 한했다.

이러한 관계의 결정적인 갈등이 1830년대에 이집트 총독 무함마드 알리와 영국 간에 표출되었다. 무함마드 알리의 정책목표는 유럽 열강과의 관계에 관해 유럽인들이 준수해야 할 새로운 구조를 만들어내는데 있었다. 그러나 유럽 국가들은 무함마드 알리의 개혁을 위한 노력들을 모두 견제했다. 영국은 무함마드 알리가 이집트의 정치·사회 구조를 확장하고 현대화하려는 계획을 어떻게든 막으려 했으며,45) 알리는 특히 이집트를 둘러싼 영국과 프랑스 간의 경합 때문에 유럽 열강의 이집트 정책 범위를 벗어날 수 없었다. 결국 이집트의 경제와 사회를 유럽 수준으로 끌어올리려던 노력은 영국과 프랑스의 간섭으로 그의 후계자에서 끝나고 말았다.

무함마드 알리 이후에는 오히려 유럽의 주장이 오스만 제국과 이집트의 개혁자들에게 대부분 받아들여지고 있었다. 이들은 유럽과의 분쟁보다는 유럽의 도움이 절실했던 것이다. 그 결과 제국내의 외국인들과 유럽의 피보호민들의 위치가 향상되고 상인들, 영사, 특사들의 여행과 업무수행이 전에 비해 자유스러워졌으며, 제국 내에서 더 큰 정치적 역할을 담당하게 되었다. 이러한 양상은 지역에 따라 다르게 나타났다. 이스탄불의 경우 다른 어떤 세력도 이들을 능가하지 못했다. 그곳은 수도였고 정치가 주로 궁정의 관료들에게 한정되어 있었기 때문에 주재 대사들은 그 사회의 독립된 세력의 중심으로서보다는 궁정과 정부 내에서 하나의 압력단체의 역할을 수행했다. 카이로의 경우, 1882년 영국의 군사점령 이후 외교 대표부들 중 하나가 궁정과의 불편한 제휴 속에서 사실상 이집트의 지배자가 되었다.46) 비옥한 초승달지역의 도시들의 경우는 영사들의 영향력이 또 다른 조직 속에서 수행되었다. 그들은 행정부와 함께 독자적인 권력을 보유하고 있는 것으로 인식되었고 주민들과의 접촉이 자유스러웠기 때문에 오랫동안 귀족들에게 속해 있던 중개인의 역할을 수행했다.

이러한 개입들은 귀족들의 이익에 정면으로 배치되고 기존 무역제도를 몰락시켰으며 대부분 영사들의 피보호국민이고 그들과 도덕적으로 밀착되었던 기독교계 상인 또는 유럽계 상인은 유럽과의 무역이 증대됨으로써

---

45) 무함마드 알리에 대한 영국정책의 상세한 내용은 John Marlowe, *A History of Modern Egypt and Anglo-Egyptian Relations 1800-1956*, 2nd. ed., pp. 30~61을 참조할 것.
46) 같은 책, p. 86.

부와 경제적 영향력을 독점해갔다. 이러한 상황에 대한 지역 귀족계급들의 반발은 정부의 개혁에 대한 반발로 나타나고 반(反)유럽 또는 반(反)기독교적 감정이 가세되면서 비슷한 감정을 가지고 있던 민중의 불만과 자연스럽게 결합되었다. 1850년대의 거대한 소요들(알레포[Allepo, 1850], 모술[Mosul, 1854], 나블루스[Nābulus, 1856~1857], 지다[Jid-da, 1858], 다마스쿠스[Damascus, 1860])은 대개 공통적인 형태를 띠고 있었다. 모술의 경우 예니체리의 잔존세력이 일으킨 사건으로서 자신들의 과거의 지위를 회복하려는 울라마의 동의와 쿠르드족과의 연계로 이루어졌고 반(反)그리스트교적인 감정이 대중의 지지를 이끌어내고 있었다. 지다의 경우는 외국 상업 자본에 반발하여 대상(大商)들과 울라마가 일부 제국관리들의 묵인 아래 일으킨 사건이었다. 1860년대 이후 한 세대 동안 이러한 사건은 주춤했지만 귀족 가문들과 중계인으로서의 영사들 간의 반목은 여전히 지속되었다. 결국 오스만 제국이 외부로부터의 도전에 대처하는 유일한 방법은 서구화였으나 이는 유럽의 개입을 더욱 철저하게 만들고 또한 내부로부터의 격렬한 저항을 초래하고 말았다.

4) 유럽 열강들

이러한 상황에서 오스만 제국의 장래와 관련하여 유럽 열강이 가질 수 있었던 대안은 두 가지였다. 하나는 가능한 한 이를 개혁하고 근대화시켜 그의 정치적·영토적 존재성을 보존하는 것이었으며, 다른 하나는 제국을 분할하여 새로운 군소 국가들을 만들어내고 그 과정에서 자신들의 이익을 극대화하는 것이었다. 동방문제의 시기를 통해 오스만 제국의 분할을 위한 안정적이고 모두가 수긍할 수 있는 방법에 합의할 수 없었던 유럽 열강의 기본입장은 대개 제국의 영토보존에 관련되어 있었다. 결국 오스만 제국의 영토보존은 어떤 유럽 국가에도 이상적이지는 못했지만 모든 유럽 열강의 이익을 위해 대체로 무난했다. 권력구조가 방대하지만 무기력한 오스만 체제에서 유럽 열강은 자유스러운 활동 영역을 보장받았고 적어도 제국 내의 여러 민족에 대한 영향력을 행사할 수 있었다. 오스만 제국이 독립 국가의 면모를 유지하는 한 양립할 수 없는 열강 간의 이해의 충돌은 지연되거나 일시적으로나마 해소될 수 있었다.

동방문제 초기, 프랑스와 러시아에 비해 중동에서 영향력이 비교적 열세였던 오스트리아와 영국은 '유럽의 병객'이 체제를 개혁하여 이 지역에 대한 프랑스의 영향력 확대와 러시아의 팽창을 막는 보루가 되어주기를 기대하고 있었다.

합스부르크 왕국은 유럽에서 중요한 기능을 수행했다. 당시 전 유럽 지역에서 각양각색으로 문제되고 있었던 민족자결주의의 조잡성이라든지 또는 민족 상호 간의 배타적인 탄압 등의 모든 문제가 전 유럽의 축소판으로서의 오스트리아-헝가리 제국(Austoro-Hungarian Empire)[47]에 그대로 내포되어 있었다. 그러므로 오스트리아는 자체 문제의 해결로써 전 유럽

---

[47] 오스트리아-헝가리(Austria-Hungary)는 1867년부터 1918년까지 있었던 이중 국가로 오스트리아-헝가리 제국(Austro-Hungarian Empire), 또는 이중 제국(Dual Monarchy)라고도 한다. 헝가리 왕국이 제국 내에서 자치를 누리고 오스트리아의 합스부르크 왕가의 황제(헝가리의 왕도 겸임)가 지배하는 제국의 서쪽과 북쪽 땅과의 공동 사안(외교와 국방 등)에는 비례 대표를 통해 참여했다. 이 연방의 정식 명칭은 '제국 회의에 대표된 왕국들과 영토들 및 신성 헝가리의 이슈트반 왕위의 영토들(Die im Reichsrat vertretenen Konigreiche und Lander und die Lander der heiligen ungarischen Stephanskrone)'이다. 오스트리아-헝가리는 옛 오스트리아 제국을 계속 지탱하기 위한 헝가리의 귀족들과 합스부르크 왕가와의 타협으로 세워졌다. 민족주의가 싹트는 시기에 다민족 국가였던 오스트리아-헝가리의 정치 문제는 11개 민족 간의 분쟁이 주를 이루었다. 민족들 간의 다툼이 많았지만 오스트리아-헝가리는 그 50년 역사 동안 급속도의 경제성장과 근대화 및 여러 자유화 개혁을 추진했다. 그러나 오스트리아-헝가리 제국은 제1차 세계대전으로 결국 해체되고 말았다.

의 문제까지도 해결할 수 있는 소지를 지녔다고 볼 수 있었다. 잡다한 민족의 통일을 위한 여러 구상들이 있었는데도 국내의 다양한 민족들을 하나의 민족(a nation)으로 통합할 수 없었으며, 오스만 제국 내의 신민들과 가까운 혈통을 가진 민족들로 구성되어 있던 오스트리아 - 헝가리 제국은 터키내의 어떤 민족적 요구도 결국 자국 내 그와 동일한 민족의 유사한 요구로 이어질 것이기 때문에 이에 대한 적극적 지원을 회피할 수밖에 없었다. 오스트리아 - 헝가리 제국의 입장에서 다행스러운 것은 오스만 제국이 발칸에서의 민족국가들이 공국 자신에 대해 해올지도 모르는 영토 요구와 이들이 러시아와 동맹할 가능성을 배제시켜 주고 있었다는 것이다.

한편 18세기 말 이전에 이 지역에 핵심적 이해를 갖지 못했던 영국은 동방문제에 초심자였다. 영국의 동방에 대한 지대한 관심은 인도의 획득으로부터 생긴 것으로, 이것은 두 가지 점에서 중요한 관심을 불러일으켰다. 하나는 중동을 통한 영국과 인도 간의 빠르고 안전한 육상 교통로의 확보였고, 다른 하나는 페르시아 만 지역과의 교역에 대한 안전판이었다. 오스만 제국은 영국에게 러시아의 동지중해와 인도로의 육로에 대한 세력 확장으로부터 안전을 확보해주고 있었다. 오스만 제국의 해체는 이러한 이해를 위태롭게 할 것이었다. 이것을 최초로 감지한 영국 정치가는 피트(the Younger Pitt: 1759~1806)였다.48) 이 후 오스만 제국의 보존이 영국의 동방문제에 대한 기본 입장이 되었다.

이러한 영국의 정책성향은 그리스 전쟁에서 극명하게 드러났다. 당시 영국 정부의 입장에서 오스만 제국의 해체를 의미하는 그리스의 독립은 별로 바람직스러운 것이 아니었다. 이러한 입장은 독립을 갈망하는 그리스인들을 반도(叛徒)라는 부정적인 시각에서 인식하고 있었다는 사실에서도

---

48) J. A. R. Marriott, *The Eastern Question: An Historical Study in European Diplomacy*, 4th ed., p. 7, p. 161.

드러났다. 나바리노 전투에서 돌연 영웅으로 부각된 영국의 함대 지휘자 코드링턴(Admiral Codrington)에게 어쩔 수 없이 그의 공적을 치하해야만 했던 영국 국왕의 술회에서도 잘 나타나있으며49) 캐닝(George Canning, 영국 외상[1807~1809, 1822~1827], 영국 수상[1827년의 4개월]) 사후, 1828년 수상이 된 웰링턴(Wellington, Arthur Wellesley, 1st Duke of: 1828~1830)도 이 "고약한 사건(untoward event)"에 대해 술탄에게 사과했다.50)

그리스 독립은 결국 오스만 제국을 러시아의 남하에 대한 방파제로써 인식하고 있었음에도 오스만 제국의 희생 위에서 해결할 수밖에 없었던 자가당착적인 유럽 국가들 특히 영국의 정책적 파행으로 평가될 수 있었다. 그리고 이 사건을 통해 신성동맹이 붕괴됨으로써 정통주의를 표방하며 유럽의 현상유지 외교를 주도했던 오스트리아의 메테르니히에게도 뜻밖의 재앙이 되었다. 이러한 관점이 가능하다면 오스만 제국은 구주평화의 '문제(question)'가 아니라 오히려 '갈등의 완충지대 또는 흡수장치'였다고도 볼 수 있었다.51)

그러나 1차 시리아 위기(1832) 후 운키아르 스켈레시 조약을 통해서 드러난 러시아의 해협정책과 무함마드 알리를 통해 나타난 프랑스의 이집트에서의 영향력 행사에 깊은 우려를 느낀 파머스턴은 영국의 제국주의 통행로에 대한 이들 두 국가의 도전에 대해 오스만 제국의 영토보존과 정치적 독립에 유럽 열강의 책임을 강조함으로써 동방문제를 구체화하려는 기본 입장을 정리했는데 이는 향후 40여 년간 영국의 중동에 대한 정책의 기조가 되었다.

---

49) "나는 그에게 훈장을 수여했으나 그것은 교수형 밧줄이어야 옳았었다." D.G.O. Ayerst, Europe in the Nineteenth Century, pp. 121.
50) C. A. Leeds, European History 1789~1914, p. 291.
51) Richard W. Cottam, *Foreign Policy Motivation; A General Theory and a Case Study*, p. 158.

말하자면 2차에 걸친 시리아 위기(1832~1833, 1839~1841)와 같은 사태는 사실상 술탄과 그의 신민들 간의 문제였지만, 그것이 다른 유럽 열강들의 이익에 심각한 영향을 끼치는 한 유럽의 전반적인 평안에도 위협이 된다는 의미에서 유럽 열강은 이 문제에 대해 간섭할 권리를 가진다는 것이며, 유럽의 평화를 위해 오스만 제국의 보존은 필수적이라는 것이다. 이러한 논리는 오스만 제국의 붕괴 또는 분할을 시도하는 세력이 오스만 제국 내부의 존재이든 외부적 존재이든 모두 유럽의 평화를 위협하는 것으로 간주된다는 것을 의미하고 있었다. 따라서 영국의 외교정책 목표는 현상유지를 의미하는 기존의 체제가치를 반영하고 있었고, 중동정책의 최우선순위가 분쟁의 평화적 해결에 주어져 있음을 뜻했다. 이에 따라 파머스턴은 터키에서 광범위한 개혁의 프로그램이 제국을 다시 회생시키고 근대적이며 효율적인 국가로 변모시켜 스스로의 이익을 돌볼 수 있기를 희망했다.[52] 이러한 파머스턴의 대략적인 구상은 러시아를 강하게 불신하던 디즈렐리에게도 그대로 수용되었다.

제국이 유지되거나 회생될 수 있으려면 개혁이 필요했다. 우선 오스만 제국의 역사와 전통에 깊이 뿌리 박혀 있던 술탄과 그의 막료들이 개혁들을 수행할 수 있다는 가정이 가능했다. 이는 어떤 의미에서 15세기와 16세기 전반기 오스만 정부의 영광스러웠던 시대로 복귀하는 것을 의미했다. 그렇지 않고 그들이 특별히 유럽인이 될 수 있었다거나 오스만 제국을 유럽 국가로 만들 수 있다면 개혁들은 유럽 열강들 자신 또는 그들의 관리하에 이루어졌을 것이었다. 이 각각의 가능성은 그 나름대로의 장점을 가지고 있었다.

전자의 방법은 여러 가지 점에서 개발의 속도가 늦추어지는 반면 과거

---

[52] J. A. R. Marriott, *The Eastern Question: An Historical Study in European Diplomacy*, 4th ed., pp. 13~14.

와의 강압적인 단절과 정의, 행정, 통화체계 등의 이방(異邦)적 사상들을 서구로부터 일괄적으로 도입해야 하는 부담을 피할 수 있을 것이다. 이것은 오랫동안 오스만의 조건에 적응해 진화되어 왔으며, 단점들이 있긴 하지만 한편으로는 강압적이고 자의적인 지도자들과 관리들로부터 개인들을 보호해왔던 구(構)자치제와 밀레트 제도에 대한 특별한 훈련과 응용을 의미했다. 그러나 제국의 제도들이 적절하게 개조·적용되고 근대적인 통신과 회계의 기본적인 방법들을 구사할 수 있으려면 적어도 유럽의 자유주의와 민족주의와 같은 문제들에 제국 정부 자신이 적절한 해답을 제시하지 않으면 안 되었다.

이에 반해서 후자 쪽, 즉 유럽 열강들이 직접 부과한 서구유형의 개혁들, 예를 들어 캐닝(이스탄불 주재 영국대사)이 추구했던 것이나 크로머(Evelyn Baring, 1st Earl of Cromer, 이집트 주재 영국 정부 전권대리인 겸 총영사: 1883~1907)[53]가 이집트에 적용한 것처럼 직접 유럽인이 수행할 경우도 그 나름대로 장점이 있었다. 19세기 중반, 일련의 훌륭한 개혁관리들이 인도에서

---

53) 전형적인 빅토리아 시대의 식민지 행정관으로서, 인도에서 크로머는 식민지에 자결권을 주어야 한다는 이전의 생각을 버렸다. 대신에 그는 개혁정책을 수반하는 강력한 통치만이 짓밟힌 농민들을 돕는 유일한 길이라고 생각했으며 이후 이집트에서의 경험은 원주민 지배자들의 폭정에 대한 생각과 영국에 의한 개혁의 필요성을 강화시켰다. 개혁은 그의 모든 행정적 조치들, 특히 건실한 재정체계를 수립하기 위한 일관성 있는 원칙으로 자리 잡았다. 이집트에서 크로머가 위임받은 일은 민중혁명과 외국의 점령을 통해 파산상태에 빠진 행정을 전반적으로 개혁하고, 조속히 이집트에 주둔한 영국군을 철수시키는 것이었다. 현지에 당도한 그는 개혁과 철군은 양립할 수 없는 목표로서 이집트의 대중에게는 개혁이 더 영속적인 가치가 있으며, 철군은 이집트인이 자치를 훈련받고 난 먼 훗날에나 이루어져야 한다는 결론을 내렸다. 그는 '간접적인 보호정치'라고 불리게 된 통치제도를 실시하여 인도에서 훈련을 쌓은 영국인 행정관들을 이집트 정부의 고문으로 요직에 배치하고 그들의 도움을 받아 이집트의 지배자들을 지배했다.

부분적으로 성취한 것과 같은 철저한 근대화의 이익을 오스만 제국에게 부여해 줄 수 있었을 것이다. 그러나 그것들은 불가피하게 그의 적용을 받는 사람들의 불만을 야기할 수 있었다.

어쨌든 기독교 신민들의 생활을 호전시키기 위해 술탄에게 체제개혁을 강요함으로써 또한 어떤 지역, 예를 들어 레바논이나 크레타 등의 행정에는 그들 스스로에게 책임이 있다고 가정함으로써 제국의 존립을 연장코자 했던 이러한 시도들은 대부분 모순적인 것이었다. 유럽인들의 오스만 제국에 대한 간섭은 결국 술탄의 권위를 오히려 약화시키고 기독교인들이 더 많은 특권을 요구하도록 부추김으로써 오스만 정부와 화해할 수 있는 여지를 더욱 좁혀놓고 있었다. 이러한 과정에서 제국의 분할은 더욱 현실로 대두될 수밖에 없었고 그 안에서 그들의 상충되는 이익을 보존하려던 열강들의 노력은 결국 유럽 국가체제 내에서의 위험한 경쟁만을 초래했다.

1870년대 말, 주로 1875~1878년의 동방위기를 통해서 영국과 오스트리아 양국은 어쩔 수 없이 이러한 터키의 보존을 심각하게 재고하게 되었지만 터키의 보존을 통한 중동정책이라는 영국의 구상은 심지어 제1차 세계대전 중 프랑스, 러시아와의 오스만 제국에 대한 분할논의에서도 그대로 나타났다.[54]

한편 오스만 제국의 분할에 가장 관심을 가지고 있었던 러시아도 경우에도 외국함대 특히 영국함대에게 해협을 봉쇄하기 위해서 오스만 제국의 보존이 긴요할 때가 있었다. 그리고 대외정책의 초점을 극동에 두고 있을 때라든지, 나폴레옹의 이집트 침입 직후[55]와 해협의 지배자가 약체 술탄

---

[54] John Darwin, *Britain, Egypt and the Middle East Imperial Policy in the aftermath of war 1918~1922* (London: The Macmillan Press Ltd., 1981), pp. 143~151.

[55] 1798년 7월 보나파르트가 카이로를 점령했으나 8월 영국의 넬슨은 나일 전투에서 프랑스함대를 격파함으로써 프랑스와 보나파르트 간의 교통을 차단시키고, 오스

에서 강력한 무함마드 알리로 바뀔 가능성이 있었던 제1차 시리아 위기에는 파머스턴과 제휴해 오스만의 보존을 도왔다.56) 또 터키의 보존보다는 이집트에서의 자국의 이익에 더욱 골몰했던 프랑스도 1699년 카를로비츠 조약과 1730년 베오그라드 평화조약에서 합스부르크가 너무 크게 성공해 유럽의 세력균형을 깨는 것을 방지하려고 오스만인들을 대표해 적극적인 중재에 나섰다. 그리고 1802년 3월 아미앵 조약(the Treaty of Amiens, the Anglo-French Treaty of Peace)에서 영국과, 그리고 러시아의 터키에 대한 침략의도가 분명한 크림 전쟁과 같은 경우 영국, 오스트리아 등과 제휴하여 제국의 보존을 주장했다.

그러나 실제로는 오스만 전통에 기초를 둔 점진적 개혁도 외부에서 강요된 철저한 개혁도 제대로 이루어지지 못했다. 18세기 후반 오스만 정부가 의지했던 전통과 이념들은 퇴락하고 나약한 것이었다. 결국 새로운 국민국가들의 그룹으로 오스만 제국을 분할하자는 제안이 승산이 있었다. 그러나 이것 또한 불가피하게 스스로의 어려움에 직면할 수밖에 없는 고통스러운 과정이었다. 분할계획에 참여했던 국가는 러시아, 프랑스, 영국, 독일 등이었고 기타 사르디니아(후에 이탈리아)와 그리스가 있었다.

러시아는 몇 번의 예외적인 현상유지정책 채용의 경우를 제외하고는 근

만 제국은 프랑스를 상대로 선전포고를 하게 되는데, 이듬해 1월 러시아는 영국, 오스만 제국과 함께 프랑스를 상대로 한 삼국동맹에 가담하여 프랑스를 저지했다. 그러나 1802년 5월 아미앵(Amiens)에서 전쟁이 끝났을 때 그러한 불편한 동맹관계는 이미 와해되어 있었고 러시아와 오스만 제국은 적대관계로 돌아와 있었다. M. E. Yapp, *The Making of the Modern Near East 1792-1923*, p. 51.
56) 당시 차르는 "보다 나은 것은 강대국 더 약한 이웃(터키)이다. 그리고 터키제국의 급격한 붕괴는 프랑스와 영국에게 횡재를 얻게 할 것이다. 아무튼 이것이 서서히 분해될 경우 러시아는 강자의 몫(Lion's share)을 차지하게 될 것이다"라고 말했다. Richard N. Rosecrance, *Action and Reaction in World Politics* (Boston: Little, Brown and Co. 1963), p. 94.에서 재인용.

본적으로 터키의 희생을 통한 팽창정책을 계속함으로써 오스만 제국에 가장 위협적인 존재였다. 러시아의 이러한 팽창정책은 처음에는 흑해 연안에, 후에는 발칸에 적용되기 시작했다. 오스만에 대한 러시아의 개입에는 두 가지의 주요한 요소가 있었다. 하나는 전략적인 것으로서 러시아의 흑해 진출로부터 유래한 것이었고, 다른 하나는 종교적인 요소로 발칸의 그리스 정교도들에 대한 러시아인들의 동정으로부터 유래한 것이었다.[57]

15세기 독립 소국가로 출발하여 유럽 주요하천의 상류와 이러한 수로들을 이어 주는 유라시아 중심부 육로에 접근하게 된 러시아는 이들 하천에 대한 통제와 공해로의 출구에 대한 끊임없는 요구를 가지고 있었다. 여러 대안들 중 흑해를 통해 지중해로 나아가는 길이 가장 중요했다. 따라서 역사상 보스포루스와 다르다넬스 해협이 다른 국가에 통제된다는 것은 그들에게 정치적 위협 내지 경제적 불안요인으로 인식되었다. 이점 때문에 17세기 이래 이들 하천이 오스만 제국의 영토로 둘러싸이고 흑해가 오스만의 내해(內海)로 바뀌어 버리자 표르트 대제와 그의 후계자들은 18세기를 통해 흑해로 접근하기 위해 오스만과의 몇 차례에 걸친 전쟁을 감행했다.[58] 어쨌든 터키가 지배하는 흑해와 해협들을 통과하지 않고서는 지중

---

57) M. E. Yapp, *The Making of the Modern Near East 1792-1923*, pp. 47~48.
58) 러시아의 표르트 대제는 1695년 돈 강(江)의 하구에 있는 터키의 요새 아조프를 공격하다가 실패하자, 함대를 재정비해 이듬해 다시 터키를 공격하여 아조프를 차지하면서 터키와 대결하게 되었다. 그는 또한 발트 해의 지배권을 놓고 스웨덴과 벌인 북방전쟁 중 1711년 베사라비아(Bessarabia)를 무단으로 점유함으로써 터키의 완강한 반발을 사 아조프와 인접 지역을 터키에 반환했다. 1726년에는 오스트리아와 동맹 후 1733~1739년 아조프 지역을 재탈환했다. 뒤 이어 집권한 예카테리나 2세는, 1818~1774년 폴란드 문제를 구실로 도나우 공국에 침입했으며 터키는 러시아와의 전쟁(1768~1774)의 결과 1774년의 조약으로 흑해 지역을 상실했다. 그 후 알렉산더 Ⅰ세는 1806~1812년, 발칸에서의 터키와 전쟁을 치렀고 니콜라스 Ⅰ세는 1820년대 그리스 독립전쟁에 개입하고 1853~1856에는 크림 전쟁을

해로의 접근이 불가능했기 때문에 러시아의 정책은 이 해협들에 초점이 맞추어져 있었다.

해협에 대한 지배요구는 또한 종교적인 차원에서 이스탄불에 대한 지배요구로 인해 강화되었다.59) 쿠추크 카이나르지 조약 후 러시아인들은 오스만 제국의 그리스 정교 공동체를 실질적 보호령으로 만들었다. 그리스 정교도들은 그리스와 발칸 지역 거주민의 대다수와 아나톨리아와 시리아 땅에서 소수 집단을 형성하고 있었다. 차르가 떠맡은 정교도의 보호자 지위는 러시아인들이 오스만 제국의 중요 인사들에 대해서 상당한 영향력을 행사하게 해주었다. 차르의 옛 도시로 '세 번째의 로마(the Third Rome)'라고 볼 수 있었던 모스크바는 그리스 정교파 기독교의 주요 본거지였다.60) 또한 이반 2세(Ivan Ⅱ)가 비잔티움의 마지막 황제의 조카와 결혼한 이래 비잔티움 문화의 정통적 계승자로서 기독교 형제들의 권익을 보호하고 발칸의 동족인 슬라브인들을 후견할 권리를 주장하며 해협의 관리권을 획득하려는 또는 최소한 무해통항권(無害通航權)만이라도 획득하기 위한 목적으로 이를 외교적 무기로 사용하곤 했다. 18세기 오스트리아가 발칸 지역의 일부를 점유하게 되었지만 합스부르크가는 가톨릭이었고 이 지역 정교도들에게 동정적이지 못했다. 결국 정교도의 대부(代父) 러시아가 정교도 절대우세 지역이었던 세르비아, 불가리아, 루마니아, 그리스, 알바니아 등지

일으켰다. 알렉산더 Ⅱ 세는 1877~1878년 터키와 전쟁을 치렀다.
59) 이스탄불에 대한 구체적인 논의는 1807년 틸지트 조약을 위해 나폴레옹과 알렉산더가 회동했을 때 프랑스는 러시아가 영국에 대한 지원을 거부한다는 조건으로 러시아의 이스탄불의 점유를 승인한다는 원칙의 제시로 나타났다. 그러나 러시아가 지중해의 강국으로 부상하는 것을 저지하기 위한 영국의 강력한 저항에 부딪혀 실현되지 못했다.
60) 수세기 동안 유럽은 두 개의 기독교권으로 분리되어 있었다. 서부 가톨릭(Western or Catholic church ; The Latin)과 동부 정교(Eastern or Orthodox Church; The Greeks)로 나뉘어 있었고 프로테스탄트가 후에 서부 가톨릭으로부터 분리되었다.

에서 회교 지배로부터의 자유화 운동을 더 잘 지원할 수 있었다. 예카테리나 대제가 터키와 전쟁(1769~1774)을 벌여 취득한 오스만 제국 내의 정교도 보호권은 이러한 맥락과 상통하고 있었다.

또한 러시아는 발칸 신민들과의 또 하나의 공통점에 대한 강조를 서슴지 않았다. 러시아는 러시아어와 우크라이나어가 슬라브어라는 점 때문에 18세기, 같은 슬라브어를 사용하던 불가리아, 세르비아, 크로아티아 등지에서 일어난 민족운동을 '범슬라브주의'로 결속시켜 그들의 '대형(大兄, the Big Brother)"[61)을 자처했다.

19세기의 전반부 30여 년 동안 러시아는 자신의 목표를 상당히 달성했다. 베사라비아 병합(1812) 후, 러시아는 이웃인 몰다비아와 왈라키아 문제에 깊숙이 개입했다. 그리고 에디르네 조약(1829)에서는 자신의 후견하에 이들 공국들의 자치를 확보해두었다. 1830년 비준된 동일한 조약을 통해 세르브인들에 대해서도 비슷한 지위를 부여한다는 약속을 터키 정부로부터 받아냈다. 세르브인들은 발칸에서 1804년 민족봉기를 일으킨 이래 러시아로부터 후한 지원을 받고 있었다. 1829년 차르는 또한 그루지야에 대한 자신의 권리를 인정받고 흑해의 동부 연안의 핵심지역들뿐 아니라 도나우 강 입구까지도 차지했다. 이스탄불에 대한 러시아의 영향력이 최고조에 달했던 것은 술탄이 무함마드 알리로부터 자신의 왕위를 보호하기 위해 러시아에게 러시아 함대의 보스포루스 파견과 군대의 상륙을 요청한 1833년이었다. 그 대가로 술탄 마흐무드는 휜카르 이스켈레시 (비밀)조약 (The Treaty of Hünkâr Iskelesi, 1833년 7월) 비밀조약을 통해 다른 열강들의 전함들이 다르다넬스 해협으로 진입하는 것을 봉쇄하고 러시아가 보스포루스를 통해 지중해로 병력을 이동시키는 것을 허용하겠다고 약속해주었다. 그러한 허용은 제한된 형태이긴 했지만 1799년과 1805년의 오스만-

---

61) William Yale, *The Near East: A Modern History*, p. 55.

러시아 동맹에서도 부여되었다. 이러한 러시아의 성과는 당연히 영국과 프랑스의 반발을 불러일으켰다.

국가규모나 지정학적 위치로 인해 주도적인 지중해 세력이었던 프랑스는 16세기 초 이미 술탄과의 동맹(the first Treaty of Capitulation signed between Francis I and Süleyman Ⅰ, 1536)을 통해 레반트에서의 교역특권을 보유하고 있었다. 그 후 프랑스에게 오스만 제국은 합스부르크의 관심을 서부유럽으로부터 분산시키는 편리한 존재였다. 18세기에 프랑스는 동부에서 자신의 완충지대였던 폴란드가 러시아의 야심으로 인해 소멸되었을 때 러시아가 이러한 유용한 동맹을 붕괴시킬까 우려하게 되었다. 그러나 오스만 제국의 보존을 위한 계속적인 개입이 있었지만 그 이면에서는 새로운 대안이 자리 잡아가고 있었다. 보존정책은 실효성이 없었고 결국 오스만 제국이 유럽 열강 간에 분할될 것이라면 자신도 그 몫을 차지해야 하며 그 몫 중에는 당연히 이집트가 포함되어야 할 것이라는 것이다.[62]

오스트리아는 1848년 프러시아와의 전쟁에서 패배하여 독일 문제로부터 축출되면서 자국 안보에 대한 불안이 증폭되어 오스만 제국에서 자국의 이해를 추구하는 데 적극적이지 못했다. 그것을 보상받기라도 하려는 듯이 오스트리아는 1878년 베를린 조약으로 문화적·지리적으로 세르비아에 가까웠던 두 지역, 즉 보스니아, 헤르체고비나가 합스부르크가의 통제 하에 들어오자 30년 후에는 오스만 제국의 아무런 승인도 없이 이 두 지역을 병합함으로써 러시아와 팽창주의 경쟁국이 되었으며, 이에 대해 세르비아가 반발함으로써 이는 결국 제1차 세계대전의 도화선이 되었다.

---

[62] 러시아가 오스트리아와 프러시아의 지원을 받아 크림을 병합하려 하자 프랑스가 혼자서 이를 저지하기 위해 외로운 외교전을 펴던 1780년대조차 국내 일각에서는 오스만 제국을 보존하려는 것이 얼마나 무모한 일인가 하는 회의가 일고 있었으며, 분할을 어쩔 수 없는 것으로 받아들일 경우 이집트를 그 보상으로 받는 방안이 논의되고 있었다. 이러한 논의는 결국 나폴레옹의 이집트 침공으로 나타났다.

1870년대 영국 역시 이제까지의 적극적인 보존정책을 재고하는 선에서 적대적인 터키의 지배보다는 발칸 국가들의 독립이 이 지역의 안정에 더 도움이 될 것으로 판단하게 되었다. 이러한 정책적 변화에는 당시 영국의 영향력 있던 두 정치가들의 태도와 관련이 있었다. 한 사람은 보수주의자였던 솔즈베리 경(Robert Arthur Talbot Gascoyne-Cecil, 3rd marquess of Salisbury, 수상[1885~1886, 1886~1892, 1895~1902], 외상[1878, 1885~1886, 1886~1892, 1895~1900])63)이었고 다른 사람은 진보주의자였던 글래드스턴 경(William Ewart Gladstone, 수상[1868~1874, 1880~1885, 1886, 1892~1894])64)이었다. 이들은 정치철학에서 공통점은 거의 없었으나 전혀 다른 전제를 통해 오스만 제국 보존의 재고(再考)라는 동일한 결론에 도달했다.

---

63) 총리를 세 차례, 외무장관을 네 차례 지내면서 대영제국의 식민지를 널리 확장하는 데 주력했다. 1853~1874년에 각료로 활동하다 보수당 정부가 의회개혁을 지지하는 데 반대해 곧 관직에서 물러났다. 1874년 2월 디즈레일리 내각에 입각을 종용받아 다시금 인도 담당 국무장관이 되었다. 그 뒤 7년 동안 공직에서 디즈레일리와 거취를 함께 했다. 발칸 반도에서 심각한 위기상황이 벌어지고 있던 1878년 4월 무능한 더비 경의 후임으로 외무장관이 되어 처음 영국의 대외관계를 책임지게 되었다. 그 당시는 이스탄불의 지배권을 놓고 영국과 러시아 사이에 전쟁이 일어날 분위기였다. 능숙한 외교술을 발휘한 솔즈베리는 러시아가 협상 테이블인 베를린 회의(1878년 6~7월)에 나타나도록 이끌었다. 디즈레일리가 회의의 주도권을 잡았으나 솔즈베리는 조심스럽고 참을성 있는 외교를 펴서 중요한 타협을 얻어냈다. 그의 대외 정책은 대영제국의 방어와 확대에 치중되었으며 그가 생각하기에 오스만 제국같이 부패한 억압자가 다스리는 낡은 제국은 조금도 동정하지 않았다.

64) 네 차례에 걸쳐 영국 수상을 지냈다. 제1차 글래드스턴 내각은 19세기의 가장 유능한 내각이라고 할 수 있었다. 1874년 1월 자유당이 총선에서 크게 패배함으로써 정계에서 은퇴했으나 1875~1876년 발칸 반도에서 일어난 봉기에 터키가 야만적인 보복을 했는데도 디즈레일리 내각이 무관심하자 글래드스턴은 다시 정치일선으로 돌아왔다. 그는 「불가리아 참사와 동방문제(Bulgarian Horrors and the Question of the East)」라는 소책자를 출판하고 터키군이 스스로 발칸 반도에서 떠날 것을 요구했다.

솔즈베리는 강자의 논리로 오스만 제국의 몰락을 이해했고 영국의 개혁의 요구에 대한 오스만당국의 저항에 대해 대단히 부정적인 인식을 하고 있었다. 따라서 문제가 더욱 복잡해지기 전에 이 문제를 단호히 해결해야 한다고 생각했다.

한편 기독교 도덕주의자였던 글래드스턴은 1876년의 불가리아인들에 대한 학살 등으로 오스만 제국의 부도덕성을 증오했다. 불가리아 폭동은 기독교인들이 무슬림들을 대규모로 학살한 것이 원인이었으나 그는 자결적 민족주의 감정에 편승해 유럽으로부터의 오스만 세력 일소라는 스스로의 정치운동의 방향을 강화시키고 있었다. 그러나 그는 이 문제에 신중했다. 1878년 러시아가 승리하여 오스만 제국에게 강압적인 산 스테파노 조약을 제안했을 때 예의 러시아 공포증(customary Russophobia)으로 오스만 제국에 대해 관대해진 적도 있었다. 그러나 1878년의 러시아와의 전쟁에서는 술탄 압둘 하미드 2세에게 영국이 키프로스를 점령할 수 있도록 강요하고 프랑스가 튀니지를 획득할 수 있도록 주선했다.

3. 게임의 특성

1830년대 이래 중동문제에 주요한 이해관계를 가졌던 유럽 국가는 영국과 러시아였다. 이들 국가들에게만이 19세기를 통해서 중동이 1차적 중요성을 지니고 있었으며, 이들 국가만이 1세기에 걸친 동방문제의 시기를 통해 일관되게 적극적인 행태를 보였다.

합스부르크 제국은 싫든 좋든 항상 도나우 공국들과 서부발칸에 관심이 있었다. 이 제국은 오스만 제국과 수차례의 전쟁(1529, 1683~1699, 1716~1718, 1788~1791)을 통해 발칸에서 자신의 지위를 높일 수 있었지만 이로 인해 극심한 국력의 쇠진을 경험했기 때문에 19세기 전반의 이 지역에 대한 정책은 뚜렷하게 소극성을 띠고 있었다.

한편 다른 어떤 유럽 국가들보다 이집트, 시리아, 소아시아에서 전통적인 이해를 가지고 있던 프랑스는 1870년 이래 그리고 나폴레옹 3세 때부터 어느 정도는 이미 유럽에서 자신의 지위가 약화되고 있음을 실감하고 있었다. 따라서 이 지역의 경제적 중요성에도 주도적 역할은 수행할 수 없었다. 프러시아와 1871년 이후 독일제국도 19세기 말까지는 발칸과 오스만 제국 내에서 지속적 이해를 갖지 못했다.

오스만 제국의 희생을 통한 러시아의 남하정책에 주요 견제국은 오스트리아와 영국이었다. 19세기 이전 오스트리아는 러시아의 발칸진출을 반대함으로써 오스만 제국이 러시아에게 정복되는 것을 막아준 국가였다. 영국은 오스만을 분할하자는 니콜라스의 제의를 거절함으로써(1853) 가장 지속적으로 러시아를 견제한 국가가 되었다. 영국은 러시아가 오스만 제국의 분할에 대한 보상으로 제의한 오스만의 소유를 대부분 취득하면서도 러시아의 오스만에 대한 영토적 야심을 효과적으로 저지했다.

그런데 흥미 있는 사실은 오스만 제국 자신을 제외한다면 이스탄불과 해협에 대해 정당하지는 않더라도 가장 합리적인 이유를 가지고 있었던 한 국가(러시아)에 대해 유럽의 주요열강들이 개별적으로 또는 집단적으로 반대하거나 대항하고 나섰던 점이었다. 이와 관련하여 가장 관계가 깊었던 국가는 역시 영국이었다. 분명한 점은 이 지역에서의 영국의 이해는 미국, 라틴아메리카, 인도, 호주 등에서 동시에 추구했던 이해에 비하면 사소한 것이었다. 더구나 막강한 해군력을 보유하고 있는 한 나폴레옹의 이집트 침입이나 중동에서의 야심이 영국에게 결코 실질적인 위협이 될 수 없었던 것처럼, 중동에서의 러시아의 세력 확장이 영국의 근본적인 이해를 위협할 가능성은 거의 없었다.

물론 러시아의 중동에서의 세력 확장이 프랑스보다는 훨씬 조직적이고 다양했던 것은 사실이다. 러시아가 발칸과 소아시아에서 정교도에게 행사하던 영향력은 프랑스가 상대적으로 중요치 않은 이 지역의 가톨릭 소수민족들에게서 불러 모을 수 있는 공감대보다는 훨씬 강력하고 정치적으로도 중요한 것이었다. 더구나 프랑스와는 달리 러시아는 유럽에서와 마찬가지로 아시아에서도 오스만 제국과 접경하고 있었다. 그러나 19세기의 대부분과 20세기 초 러시아의 중동에 대한 야심이 프랑스가 통령 정부 시기(1799.11~1804) 또는 나폴레옹 1세 지배 시기(1804~1814, 1815)에 가졌던 것보다 영국의 핵심적 이해에 더 위협이 되었다고 보기는 어려웠다.

발칸에서의 러시아의 세력 확장도 그것이 러시아의 세력을 해협으로 접근시키고 러시아 함대의 자유통항의 가능성을 높이거나 더 나아가 러시아가 해협의 통제권을 확보했을 경우만이 영국에게 직접적인 영향을 미칠 수 있었다. 러시아 전함의 해협 통과가 근본적인 영국의 이익을 심각하게 손상시킬 가능성은 19세기까지는 사실 영국 스스로도 고려하지 않았던 것처럼 보인다. 왜냐면 1799년과 1805년 러시아 - 터키 조약에 대해 영국은 어떤 적대감도 나타내지 않았었다. 더구나 러시아 해군의 전력으로 보아 러시아에게 해협의 자유스러운 통항이 보장된다 해도 영국에게 결코 위협적인 존재가 될 수 없었다.

영국은 1850년대 이후 심지어 이전으로 거슬러 올라가 1820년대 이후에도 러시아의 정책이 방어적이었다는 사실도 알고 있었다. 차르 체제의 무능이 점점 드러남에 따라 러시아의 현안은 흑해로부터 다른 국가들의 함대를 저지하는 것이었다. 따라서 영국의 러시아에 대한 공포는 항상 과장된 것이었으며 심지어 비현실적인 것이었다. 어쩌면 1850년대까지의 영국의 반(反)러시아 감정은 중동에 대한 고려보다는 폴란드에 대한 압제와 유럽에서의 러시아의 영향력의 확대로부터 온 것이었다. 크림 전쟁 이후 중동에서의 러시아의 팽창이 유럽에 위협이 되었던 것은 러시아가 유럽 전반의 세력균형을 교란시키고 자유주 국가들 내의 의회정부를 약화시킬 가능성 때문이었을 것이다. 그러나 크림 전쟁은 니콜라스 1세가 합스부르크가와 함께 유지시키려 했던 보수연합을 붕괴시켰다. 1859년에서 1871년 사이에 생겨난 유럽의 변화는 1815년 이후 제기되어온 이러한 가능성에 종지부를 찍었다.

러시아에 대해 고려해본다면 중동에 대한 그의 관심 역시 적어도 가끔은 과도한 것이었고 비현실적인 것이었다. 그러나 러시아의 입장은 몇 가지 다른 차원에서 그들이 가지고 있던 이해 때문에 더욱 복잡하게 되었다. 하나는 전략적인 것으로써 가상 적국의 남부 국경에 대한 공격으로부터 자신을 보호하기 위해 해협에 관심을 갖는 것이었다. 두 번째는 경제적 이해와 관련된 것으로 자유스러운 상업 활동의 보장을 위해 초점이 맞추어져 있었던 해협에 대한 관심이었다. 곡물 수출항으로써의 오데사의 중요성이 커지고 있었고 카프카스의 석유이송 때문에 경제 중심이 남하하고 있었다. 세 번째는, 종교적인 것으로서 정교도들을 위해 이들의 본거지였던 이스탄불을 회복하는 문제였다. 더구나 러시아는 영향력을 행사하는 데 여러 채널을 가지고 있었다. 하나는 공식적인 정부기구였고 다른 하나는 범(汎)슬라브 사회의 여론을 통해서였다. 따라서 러시아의 중동정책은 다른 어떤 국가보다 복잡하고 상충되는 여러 기류에 영향을 받고 있었다.

어쨌든 중동에서 현안이 되었던 진정한 이해의 실체와 그에게 열려 있던 실제가능성으로 볼 때 적어도 19세기 중엽 이후에는 러시아가 이곳에서 보여주었던 그러한 깊숙한 개입과 강한 감성적 집착은 정당화될 수 없었다. 1841년 7월의 해협체제(해협 폐쇄와 국제보장에 관한 런던조약)는 완벽한 것은 아니었지만 터키가 적국이 되지 않는 한 어떤 전쟁에서도 흑해를 통한 공격으로부터 자신의 안전을 보장받을 수 있었다. 물론 자국 군함의 자유스러운 해협통항과 해협에 대한 물리적 통제권의 확보가 전략적으로 자신에게 최상의 것이 되겠지만 그것은 달성되었다 해도 러시아가 터키에 대해 공격적인 의도를 가지고 있다고 끊임없이 문제를 제기하던 서유럽 특히 영국의 적대감이나 의구심으로 볼 때 과연 가치가 있을지 의문이었다.

실제로 중동에서의 러시아의 위치를 증진시킬 수 있었던 것은 상트페테르부르크에서 간헐적인 또는 불충분하게 관심을 불러 모으고 있었던 하나의 목표, 즉 흑해 함대를 강화하는 것이었다.

19세기와 20세기를 통해 발칸 반도에서 자신들의 존재를 부각시키려는 여러 민족들은 러시아를 이용했고 러시아 스스로가 그것을 허용하고 있었다. 러시아는 알바니아를 제외한 발칸의 제민족의 독립을 지원했다. 1878년 이후의 불가리아의 자치는 순전히 러시아의 힘에 의한 것이었다. 그러나 이 모든 노력에도 이들은 정치적 측면에서 러시아를 지원하지 않았다. 이러한 결과는 어느 정도, 특히 루마니아에서 러시아의 서투르면서도 조금 거만한 정책과 영토적 야심에서 연유하는 것이었다. 러시아는 그들에 대해 후견적인 태도를 버리지 않고 있었으나 발칸의 여러 민족들은 그 나름대로 추구해야 할 이익이 따로 있었다. 감사의 감정은 국제관계에서는 그렇게 지속적인 힘이 될 수 없다. 오히려 러시아의 발칸에 대한 이러한 태도는 다른 유럽 열강, 특히 오스트리아의 의심만을 불러일으켰다.

결국 동방문제는 '문제'로서 끝나고 말았다. 동방문제가 촉발시킨 많은 외교적 활동과 여기에 쏟아졌던 많은 정치적·감성적 에너지가 아무런 결실도 이루지 못한 채 낭비되었다. 열강들은 다른 국가들의 영향력 중화를 위해 진력했다. 그러나 그들이 이룬 것은 기껏해야 어느 정도 통제 가능한 자신들 간의 균형을 이룩하고 오스만 제국의 붕괴를 지연시켰을 뿐이었다. 19세기 이후 이 지역은 점점 유럽국가체제로 통합되어갔다. 그러나 유럽의 어느 국가도 이를 독자적으로 지배할 수 없었으며 이집트에서의 영국을 제외하고는 이곳에서 진정으로 바람직한 어떤 것도 얻지 못했다.

인도에서의 영국, 소아시아에서의 러시아는 행동의 자유를 얻었으며 이는 결과적으로 볼 때 이 두 지역에서의 행정적·경제적인 비약적 발전으로 나타났다. 그러나 중동에서는 대부분 동방문제의 구조적 특성과 그로 인한 열강들의 상호 불신으로 인해 그러한 성취가 불가능했다. 영국, 러시아,

프랑스 그리고 오스트리아 - 헝가리 제국은 중동에 다양한 이해를 가지고 있었다. 그러나 모든 경우 이것들은 국제적인 경쟁관계와 고유한 전통들로 인해 정부들의 사고와 국민들의 감성의 왜곡·과장되는 경향으로 나타났다. 중동에 만연되어 있던 위험한 역동성과 극심한 긴장으로 인해 그의 실제적 중요성이 쉽게 과장될 수 있었던 것이다. 러시아는 발칸의 여러 민족들을 위한 자유의 교의(教義)에 대한 지원에 긍지를 느끼고 있었고, 영국은 오스만 제국에 대한 개혁의 노력에서 그리고 이집트에서의 건설적인 업적에 자못 진지해 있었다. 그러나 그들 간 또는 다른 열강들 간의 경쟁은 1세기 반 동안 중동의 운명을 국제분쟁의 주요 발원지로 만들었고 너무 자주 자신들의 이해들과는 동떨어진 결과만을 산출했다.

동방문제적 구조 속에서 나타나는 중동정치의 특징적 성격은 다음과 같은 몇 가지로 요약해볼 수 있다. 첫째, 체제 내의 모든 문제가 국지적(local)인 것이든 지역적(regional)인 것이든 또는 국제적(international)인 것이든 체제 내의 모든 참여자들에게 거의 비슷한 강도로 파급되는 복합적인 구조를 가졌다는 것이다.

예를 들어, 그리스 독립이 그러했다. 더 신중했거나 더 무관심한 유럽의 정치가들은 지속적으로 중동의 정치를 자신들로부터 격리시키려 했다. 그러나 그러한 노력은 거의 모두 실패했다. 차르는 알렉산더 입실란티의 호소에는 무관심했지만 술탄과 개인적인 불화가 있었다. 그는 그 점에서 그리스 독립을 이용했다. 오스만 제국의 유지가 영국 외교의 기본적 틀이었지만 자국국민들이 친(親)헬레니즘적 감정(philhellenism)에 압도되고, 러시아에게 주도권을 빼앗기지 않으려는 캐닝(Canning)의 입장이 터키와 그리스를 타협하게 하고 이 문제에 프랑스를 끌어들였다.

크림 전쟁도 서구 열강 간, 특히 프랑스와 러시아 간의 이해관계가 동방문제를 발단으로 전쟁으로 비화되었는데 결국 이 문제와 직접적인 이해관계가 없던 다른 모든 열강을 참여시키는 유럽의 전쟁이 되었다.

둘째, 첫 번째의 특징을 강화시켜주는 요소로서 이 지역의 외교 행태에서 지역적·한정적 문제와 주요 국제관련 문제가 구별 없이 혼용되면서 사안의 중요성에 따른 위계나 지역 간의 구분이 불분명했다는 것이다.

이러한 특성은 오스만 제국이 국제적으로는 근대 국가체제에 편입되고 있었지만 그의 내부적 특성이 자신과 외부와의 관계를 안정적으로 확립하는 데 실패했고, 이점에 대해 유럽 열강이 유럽 내부관계의 조정과는 달리 어떤 합일점도 찾지 못하고 있었던 점에서 유래한다. 이는 또한 오스만 제국 자신이 외부열강과의 관계에서 생겨나는 여러 내부적인 문제를 효과적으로 처리할 수 없었던 취약성과 관련해, 이러한 오스만 제국을 불신하고 있던 외부 열강으로서는 정부차원에서 상대 오스만 제국 내의 신민들을 직접 상대하는 관행을 개발시켜나가고 있었기 때문이었다. 역으로 이 점은 국내문제와 국제문제를 구분할 수 없게 만드는 특성을 더욱 강화시켰다.

셋째, 중동에 대한 외부열강의 개입이 합리적인 국가이익보다는 상대 경쟁국과의 세력균형을 고려해 행해졌다는 것이다. 말하자면 동방문제의 각각의 행위주체들, 특히 유럽 열강들은 중동의 분쟁이 외부의 다른 간섭자로 인해 자행되고 있다는 하나의 이유만으로 이 지역에서의 자국의 이익을 자신에게 있어 사활적인 것으로 간주하고 국제관계에서의 합리적인 이유를 인정하지 않았다.

이 점은 오스만 제국 자신을 제외하면 가장 합리적인 개입의 이유를 가지고 있던 러시아가 그렇지 못한 다른 유럽 열강에게 효과적으로 견제될 수 있었던 결정적인 이유가 되었다. 이러한 특성의 진수는 절묘하게 오스만의 대규모 영토 상실을 촉발시킨 러시아 - 터키 전쟁(1877~1878) 이후의 외교에서 극명하게 드러났다.

처음 협상에서 러시아는 발칸 반도에서 에게 해에 이르는, 자국이 조종하는 국가들의 거대한 영토를 넘겨받는 산 스테파노 조약에 서명하도록 오스만 제국에 압력을 가했다. 이러한 결정은 다른 국가들에게 러시아의 영향력을 크게 증대시키고 유럽 열강의 세력 균형을 파괴할 것으로 인식되었다. 그리하여 당시 탁월한 정치가라고 할 수 있던 독일 수상 비스마르크는 평화를 추구하며 영토 확장을 추구하지 않는 '정직한 중개인'을 자처하며 베를린에서 열강의 대표단과의 회합을 주선했다. 참석자들은 러시아가 획득한 영토를 대부분 인정하지 않고 거대한 오스만 영토를 추첨하듯 분할했다. 베를린 조약은 아무런 구속을 받지 않고 지도의 경계선을 새로 만들고, 민족과 국가의 운명을 결정지으며, 전 세계를 마음대로 강제했던 19세기 말 유럽 세력의 위상을 보여주었다.

넷째, 유럽에서와는 달리 이 지역에서의 합리적인 국제관계의 부재는 문제해결을 위한 타협과 조정을 불가능하게 만들었다. 이로 인해 결국 최후까지 피해야 할 전쟁이 상시적인 대안으로 등장하게 되고, 전쟁의 양상이나 외교적 수단은 대개 기습적으로 이익을 취하고 그것을 기정사실화하는 행동 유형을 정착시키게 되었다.

결국 외부의 세력과 관련된 특정의 지역적 행위자가 적대집단으로 분류되는 경향을 낳았고 따라서 동방문제에는 보복적 조치라는 차원에서의 제한적인 이니셔티브가 강하게 나타나며 장기적 전략보다는 단기적 전술이 훨씬 유용한 경우가 많았다. 그리고 많은 지역적 또는 지역외적 세력들의 동맹이나 분열의 양태는 지속적이지 못하고 수시로 편의에 따라 변했다.

다섯째, 지역에서의 패권주의적 기도나 오스만의 분할과 같은 문제에 주도적인 노력을 기울였던 국가는 항상 철저한 좌절을 맛보았다. 그것은 군사적인 우위나 승리가 여타의 모든 정치세력들을 압도할 수 없는 한 그의 다변적인 견제체제로 인해 반드시 정치적 이익으로 환원되지는 않는 정치 역학적 속성과 관련을 가지는 것이었다.

서구 세력이 중동에 깊숙이 침투해 들어와 중동 정치행태의 독립성·자율성을 극도로 제약하면서 중동 지역 하부체제를 서구 국가체제에 편입시켜 나간 결과 중동이 가지게 된 침투된 체제(penetrated system)로서의 특성은 많은 경우에서 오스만의 성쇠 또는 승패가 지역체제들의 노력과 성취와는 관계없이 유럽이라는 변수로 결정되는 불합리성으로 더욱 드러나게 되었으며 심지어는 정반대의 결과를 낳기도 했다.

어떻게 보면 이러한 구조의 최초의 희생자는 오스만 제국 자신이었다. 전체적으로 볼 때 중동에서 영토적 팽창을 달성했던 오스만 제국은 동방문제 구조 속에서 20여 개의 많은 소체제로 분리되었다.

러시아는 유럽이 그리스 독립전쟁에 휘말리던 1828년 동(東)아나톨리아에서 대승을 거두고 흑해의 서부까지 밀고 내려와 바르나를 지나 에디르네를 점령했지만 이스탄불이 위험에 처하는 것을 우려한 열국의 간섭으로 정복한 땅의 대부분을 내주고 그저 약간의 영토를 손에 넣었을 뿐이었다.

무함마드 알리 역시 지역패권을 위한 전쟁에서 두 차례나 결정적인 승리를 거두었지만 유럽 국가들의 간섭으로 승리의 몫을 취하지 못했다. 그는 1833년과 1839년에 있었던 두 차례의 시리아 원정에서 이스탄불을 거의 손에 넣는 듯했으나 유럽 국가들이 해협의 지배자가 허약한 오스만 제국으로부터 강력한 무함마드 알리로 바뀌는 것을 꺼려해 이 문제에 간섭하면서 알리가 기도한 대(大)시리아 아랍국 창설은 물거품이 되었다.

크림 전쟁의 경우 오스만 제국은 선전(善戰)했고 러시아는 적극적인 지원을 아끼지 않았다. 그러나 양국은 그러한 노력에 비해 얻은 것은 별로 없었다. 1877~1878년의 러시아 - 터키 전쟁의 경우에도 결과는 마찬가지였다. 푸레브나(Plevna)에서 오스만 파샤(Osman Pāshā)는 영웅적인 항전으로 러시아의 공격을 세 차례나 막아냈지만 그 결과는 오스만에게 별로 도움이 되지 않았고 오히려 제국 영토의 5분의 2, 지배인구의 5분의 1에 해당하는 550만 명 ― 그중 절반은 회교도였다 ― 을 유럽 국가들에게 양도하지 않을 수 없었다.

결국 이 지역에서 주도권을 행사하려던 국가는 실제로 많은 영향력을 확보하고 있었다 해도 그것을 유지하기 위한 비용이 너무 크고 그 실행에도 고도로 정교한 계획이 필요했다. 그러나 이를 견제하는 세력들은 아주 적은 비용으로도 이를 좌절시킬 수 있었다. 그것은 이 지역의 강한 상호 의존성 때문으로 일종의 자동조절장치(homeostasis)가 형성되어 있어 단일 행위자가 이에 반하여 그의 의사를 실현하거나 독자적인 정책정향을 가지기 힘든 구조적 특성을 가지고 있었다. 따라서 이 지역에서는 개편주의(revisionism)보다는 현상유지(status quo) 정책의 성공 가능성이 훨씬 높았다.

여섯째, 지배체제(외부체제)가 종속체제(지역체제)로부터 무제한 이익을 향유할 수 없으며 오히려 지역의 불안정한 요소들로 충격을 받았다는 사실이다. 말하자면 이 지역의 위기들은 나폴레옹의 동방에 대한 구상이나 크림 전쟁 같은 경우를 제외하고는 거의 모두 열강들의 경쟁관계라기보다는 오스만 제국의 불안정으로부터 열강들에게 강요된 것이었으며, 지역적인 문제에 주로 관심을 가지고 있었던 지역 정치적 이니셔티브 때문에 발생했다. 이러한 이니셔티브들은 오스만 제국 자체에 대한 도전뿐 아니라 외부세력에 대한 반항을 목적으로 시작되었는데 그들 상호 간의 조화될 수 없는 입장들 때문에 그들의 활동은 항상 외부세력들과의 연계 속에서 이루어졌다. 이 점이 중동을 다른 어떤 체제보다도 훨씬 침투적인 것으로 만들었던 이유 중 하나였다.

외부세력의 개입은 터키 정부의 정책변화를 유도하는 방법과 유럽 열강 간의 정책조정을 위한 지대한 노력으로 나타났다. 그러나 이 경우 이 지역에서의 외교적인 노력이 성공할 수 있었던 것은 대개 지역적인 요소에 초점을 맞추었을 때이며, 강대국 논리에 의한 세계정책의 추구는 대개 비용에 비해 그의 성과가 극히 적었다.

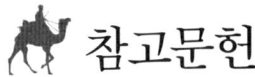# 참고문헌

김정위. 1977. 『이슬람 문화사』. 서울: 삼신문화사.

런치만, 스티븐. 2004. 『1453 콘스탄티노플 최후의 날』. 이순호 옮김. 서울: 갈라파고스.

루이스, 버나드. 1998. 『중동의 역사』. 이희수 옮김. 서울: 까치.

무타구치 요시로. 2009. 『이야기 중동의 역사』. 박시진 옮김. 서울: 삼양미디어.

아흐만, 쿠르쉬드(Khurshid Ahmad). 1993. 『이슬람: 그 의의와 메시지』. 이석훈 옮김. 서울: 우리터.

쿼터트, 도널드. 2008. 『오스만 제국사: 적응과 변화의 긴 여정, 1700-1922』, 이은정 옮김. 서울: 사계절.

후라니, 앨버트. 1991. 『아랍인의 역사』. 김정명·홍미정 옮김. 서울: 심산.

Afaf Lutfi Al-Sayyid Marsot. 1984. *Egypt in the Reign of Muhammad Ali*. Cambridge: Cambridge University Press.

Ahmed, Akbar S.1988. *Discovering Islam: Making Sense of Muslim History and Society*. London & New York: Routledge Kegan Paul.

Albrecht-Carriè, Renè. 1973. A *Diplomatic History of Europe since The Congress of Vienna*. rev. ed. N.Y.: Harper & Row, Publishers.

Anderson, M. S. 1966. *The Eastern Question 1774~1923*. N.Y.: ST Martin's Press.

Ayerst, D.G.O. 1952. *Europe in the Nineteenth Century*. Cambridge University Press.

Bacharach, Jere L.. 1984. *A Middle East Studies Handbook*. Seattle: Univ. of Washington Press.

Bridge, F. R. & Roger Bullen. 1980. *The Great Powers and the European States System 1815-1914*. London & N.Y.: Longman.

Brown, L. Carl. 1984. *International Politics and the Middle East*. Princeton, N. J.: Princeton University Press.

Cleveland, William L. 1994. *A History of the Modern Middle East*. Boulder: Westview Press.

Cottam, Richard W. 1977. *Foreign Policy Motivation: A General Theory and a Case Study*. Pittsburgh: Pittsburgh Univ. Press.

Daftary, Farhad. 1992. *The Isma'ilis: Their History and Doctrines*. Cambridge University Press.

Darwin, John. 1981. *Britain, Egypt and the Middle East Imperial Policy in the aftermath of war 1918~1922*. London: The Macmillan Press Ltd.

Davis, William Sterns. 1949. *A Short History of the Near East*. N.Y.: The Macmillan Co..

Fisher, Sydney Neyttleton & William Ochsenward. 1996. *The Middle East: A History*, Vol. 1. N.Y.: The McGraw-Hill Company, Inc.

Goldschmidt, Arthur Jr.. 1979. *A Concise History of the Middle East*. Boulder, Colorado: Westview Press.

Hitti, Philip K. 1966. *The Arabs: A Short History*. Chicago: Henry Regnery Co.

Holt, P. M., Ann K. S. Lambton & Bernard Lewis(eds). 1980. *The Cambridge History of Islam*, Vol. IA. *The Central Islamic Lands From Pre-Islamic Times To First World War*. Cambridge: Cambridge Universuty Press.

Hurewitz, J. C. 1956. *Diplomacy in the Middle East*, Vol. 1. Princeton, N.J.: D. Van Nostrand Co. Inc.

Jelavich, Barbara. 1973. *The Ottoman Empire, The Great Powers, and the Straits Question 1870-1887*. Bloomigton and London: Indiana Univ. Press.

Kennedy, Paul. 1987. *The Rise and Fall of the Great Powers*. N.Y.: Random

House.

Leeds, C. A. 1982. *European History 1789-1914*. Estover, Plymouth: Macdonald and Ltd.

Lenczowski, George. 1980. *The Middle East in World Affairs*. Itaca and London: Cornell Univ. Press.

Lobanov-Rostovsky, Andrei A. 1947. *Russia and Europe 1789-1825*. Durham, N. C.: Duke. Press.

Marlowe, John. 1965. *A History of Modern Egypt and Anglo-Egyptian Relations 1800-1956*, 2nd. ed.

Marriott, J. A. R. 1940. *The Eastern Question: An Historical Study in European Diplomacy*, 4th ed. Oxford: The Carendon Press.

Millman, Richard. 1979. *Britain and the Eastern Question 1875-1878*. Oxford: Clarendon Press.

Mosely Philip E.. 1969. *Russian Diplomacy and the Opening of the Eastern Question in 1838 and 1839*. N.Y.: Russell & Russell.

Pawl W. Schroeder. 1986. "The 19th Century International System; Changes in Structure" *World Politics*, Vol.39, No. 1.

Penrose, Edith & E. F. 1978. *Iraq: International Relations and National Development*. Boulder: Westview Press.

Peretz, Don. 1978. *The Middle East Today*. N.Y.: Holt Rinehart Winston.

Rosecrance, Richard N. 1963. *Action and Reaction in World Politics*. Boston: Little, Brown and Co.

Seton-Watson, R. W.. 1972. *Disraeli, Gladstone and the Eastern Question*. N.Y.: W. W. Norton & Company INC.

Shimoni, Yaacov and Evyatar Levine (eds.). *Political Dictionary of the Middle East in the 20th Century*. Quadrangle: The New York Times Company.

Sorel, Albert. 1969. *The Eastern Question in the Eighteenth Century*. N.Y.:

Howard Fetig.

Taylor, Alan R. 1991. *The Superpowers and the Middle East*. N.Y.: Syracuse University Press.

Temperly, Harold F.B.A.. 1964. *England and the Near East The Crimea*. N.Y.: Longman, Green and Co., Ltd.

Yale, William. 1958. *The Near East: A Modern History*. Ann Arbor: The University of Michigan Press.

Yapp, M. E. 1987. *The Making of the Modern Near East 1792-1923*. London: Longman.

찾아보기(용어)

1

15년 전쟁(장기 전쟁, The Fifteen's War; The long War) 360~362
2차 코소보 전투 330

B

BILU 421

ㄱ

가니마(ghanīma) 114
가이바(ghaybah) 26, 156
가즈나 왕조(Ghaznavid Dynasty) 194, 197~203, 232~233, 235~236
가즈와(Ghazwa) 312
가지(Ghāzī) 248, 311, 312, 313, 314, 316, 325, 351
갈라타(Galata) 276, 332
갈리폴리(Gallipoli, Gelibolu) 316, 318, 320, 326, 332
거대 게임(the Great Game) 457
경건주의자 144~145, 148
고프나(Gophna) 산 47

골든 혼(Golden Horn) 276, 332, 364
구르 한(Gur Khan, kürkhan) 280~281
구르 왕조(Ghurid Dynasty) 203
국가 89, 91~96, 98, 100, 103~104, 106, 108~109, 218, 220
권능의 밤(the Night of Power) 71
그리스 독립 399~400, 451~452, 475, 482, 497, 500
근동(近東, The Near East) 15
금식(Sawm) 31
기독교왕국(Christendom) 94~95
기독교적 통일세계(Republica Christiana) 427
까디(qadi) 351~352
까디시야 전투(the Battle of al-Qādisīyya) 106
깔루아툴 히슨(Qal'at al-Hosn, Crac des Chevaliers) 259

ㄴ

나바리노 전투(the Battle of Navarino) 401, 482
나바테아(Nabatea) 51, 54, 62

나바테아인(Nabataeans) 49, 51
나할 엘 하라미아(Nahal el-Haramiah) 47
나흐르 엘 칼브(Nahr el-Kalb, Mount Lebanon) 259~260
낙타 전쟁(the Battle of the camel) 121
네스토리아파(nestorienne) 110
네지브 전투(the Battle of Nezib) 410
니자미야(Niẓāmiyya) 241
니케아(Nicaea) 243~244, 252~267, 314~315
니코폴리스의 십자군(the romantic crusade of Nicopolis) 322
니크사르(Niksar) 245
니하반드 전투(the Nihāvand War) 107

ㄷ

다니슈멘드 왕조(Dānishmend Dynasty) 244~245
다르 알 이슬람(Dār al-Islam) 427
다르 알 하르브(Dār al-Harb) 320, 427
다르다넬스 평화조약(the Peace of Dardanelles) 465
다르다넬스 해협(the Dardanelles) 316, 322, 329, 332, 375, 432, 444, 487~489
다리의 전투(the Battle of the Bridge) 106
다마스쿠스 천도 131
다미에타 공방(siege of Damietta) 277
다울라(Dawlah) 88, 165
다이르 알 아쿨 전투(the battle of Dayr al-'Aqul) 194
단단칸 전투(the Battle of Dandānqān) 235
단성론자(monophysite) 110
유대 왕국(Kingdom of Judea) 42
대(大)와지르 333, 350, 356, 360, 362, 368~369, 372, 379, 389, 455
대(大)자브 전투(the Battle of the Great Zāb) 160
대한(大汗, Supreme Khān) 286, 293
데레베이(dere-beyis) 366, 382, 388, 465, 473
데브시르메(devşirme) 350, 366~367, 378
동방문제(the Eastern Question) 308, 375, 381, 417~419, 431~435, 440, 442, 446, 449~452, 456, 459, 461, 463, 473, 475, 477, 479, 480~482, 492, 496~497,

499~500
동서 교회 논쟁 62
두 끼사(Dhu Qissa) 101
두 후사(Dhu Hussa) 101
디벨트(Die Welt) 422
디완(dīwān) 114
디완(dīwān) 130, 145, 381
디완 알 하탐(the Dīwān al-Khatam) 130
디흐깐(dihqān) 166
딤미(ḏimmī) 148~151, 353~354

ㄹ

라마단(Ramaddan) 31, 160
라시둔(Rāshidūn) 99, 117, 132
라시둔 할리파(al-khulafa' al-rāshidūn) 129, 134
라완디야(Rāwandiyya) 171~172
라우다(Rawḍa) 285, 289
라이시테(lacité) 93
라이히슈타트 협정(Reichstadt Agreement) 455
라틴 봉건공국 260
라호르(Lahore) 202
라흠 왕국(Lakhmid Dynasty) 103
랍비(Rabbi) 354
런던 의정서(the London Protocol) 403

런던 조약(the Treaty of London) 401
런던 해협 협정(the London Strait Convention) 412
레반트(Levant) 16, 53, 103, 256, 377, 401, 407, 412~413, 428, 473, 490
레콘키스타(Reconquista) 249
레판토 해전(the Battle of Lepanto) 436
로도스 섬(Rōdos, Rhodes) 122, 339
로코코(rococo) 379
루멜리 히사리(Rumeli Hisari) 331
루멜리아(Rumelia) 320, 324~325, 330, 377, 382, 387
룸 셀주크조(Seljūks of Rūm) 245, 248, 233
릿다(al-Ridda) 100~101, 113
릿다 전쟁(the Ridda wars) 100~101

ㅁ

마그레브(Maghreb) 18, 141
마니교(Āyin e Māni, Manichaeism) 111, 114
마드라사(madrasa) 351
마디나 알 살람(Madīnat al-Sàlām) 172
마디나(Madinah) 76
마디야(al-Mahdiyah) 205

마로나이트 27
마르와(Marwa) 28, 30
마르완계 132, 138
마르즈 라히트 전투(Marj Rāhiṭ) 138
마리차(Maritza) 강 317~319
마리차 강 전투(the Battle of Maritza river) 319, 321
마사다 언덕 49
마왈리(Mawāli)) 144, 147~148, 150, 154, 159, 166~167, 177, 181~182
마울라(mawlā)) 147, 170
마즈닥(Mazdak)교 111
마카베오 또는 '마카비(Maccabee) 48
마카비 혁명 48
마크줌(Makhzum) 74
마흐디 156, 249
만지케르트 전투(the Battle of Manzikert) 234~244, 237
말라트야(Malatya, Melitene) 244~245, 254
말리카네(malikâne) 365
맘룩(Mamlūk) 183, 189, 197, 200, 224, 231, 265, 279, 284~285, 288~291, 294~296, 300~303, 309, 336, 339, 347~348, 388~394, 404, 406~407, 447, 449, 466, 469~470
메디나(Medina) 76~82, 88, 94, 100~104, 113~114, 119~121, 123, 131, 133, 136, 142, 144, 189, 225, 339, 395, 406, 420, 472
메디아(Median dynasty) 17, 44
메소포타미아 16~17, 37~41, 52~53, 56~57, 61, 103, 105~106, 110, 156, 160, 171, 174, 197~198, 203, 238~239, 261~263, 271, 275, 279, 284, 292, 295, 362, 456
메죄 케레테츠(Mezö Keresztes) 360, 437
메카(Mecca) 30~31, 61~62, 67~70, 72~83, 88, 94, 100, 114, 118~119, 122~123, 134, 136, 138, 155, 188~189, 225, 271, 339, 395, 406, 420, 470, 472
모데인(Modein) 46~48
모리아(Moriah) 28~30
모스크(mosque) 104, 116, 125, 189, 202, 333
모하치 전투(the Battle of Mohács) 342
몰다비아 360, 376, 397, 399~400, 403, 415~417, 419, 444, 465, 469, 489

무갈 제국(Mugha Empire) 304
무슬림 내전(Muslim Civil War) 138
무이즈 알 다울라(Muʿizz al-Dawla) 197
무자파르 왕조(Muzaffar Dynasty) 302
무프티(mufti) 351~352
무함마드 가계의 일원(아홀 알 바이트, Ahl al-Bayt) 134
무함마드 알 마흐디 27
뮌헨그라츠 협정(the Münchengrätz Agreement) 409
민중 십자군(the People's Crusade) 252~254
밀레트(millet) 112, 335, 352~356, 397, 484

ㅂ

바그다드(Bagdad) 32~33, 53, 172~178, 181~182, 184, 189~192, 194~195, 197~198, 201, 203~204, 210, 213, 222~224, 231, 234~236, 241~242, 262~264, 271, 282, 290, 292, 295, 299, 337, 356~358, 387, 389~390, 419, 458
바그다드 천도 172
바누 카이스(Banū Qays) 137
바누 칼브(Banū Kalb) 137
바드르 전투(the Battle of Badr) 78~79
바르나 십자군(the Crusade of Varna) 328~329
바르마크가(家) 177, 181~193
바리드(the Barid) 130
바빌로니아인 16, 50
바빌론 요새(Bābilyūn Fortress) 107
바스라(Baṣrah) 115, 118, 121, 156, 175, 192, 263, 307, 308, 388, 459
바스바르 휴전협정(the Peace of Vasvár) 369
바위 돔 사원(the Dome of the Rock) 105, 139, 165
바이야(bayʿah) 125, 129, 134~135
바이트 알 무카다스(Bayt al-Muqaddas) 140
바흐리(Baḥrīs) 285, 288~290, 295
발로아 왕조(Valois) 340
배교전쟁(the wars of Apostasy) 100
범(汎)이슬람론 20
범(汎)아랍주의 32
범슬라브주의(Pan Slavism) 445~455, 489
베로나 회의(Congress of Verona) 400
베를린 회의(The Congress of Berlin)

456, 458
베이(bey) 256, 314, 320, 325, 327, 349, 388, 390~394, 404, 469~470
베크타쉬(Bektashi) 366
벨그라드 조약(the Treaty of Belgrade) 441
벳세 즈가리야 전투(the Battle of Beth Zechariah) 48
벳호론(Beth-horon) 47
보스포루스 해협 52, 331, 364, 375, 416
부더페슈트 협정(Budapest Agreement) 455
부르사(Bursa, Brusa) 315, 325~326, 331, 387
부리 왕조(Būrids) 264~265
부와이흐 왕조 193, 197, 231
부와이흐(Buwaih, Būyid) 가문 196, 223
부자카(Buzakha) 101
부카레스트 조약(the Treaty of Bucharest) 398, 449, 465
부타(Butah) 101
북방전쟁(the Great Northern War) 380, 442
비라(al-Bira) 298
비잔티움(도시, Byzantium) 40

비잔티움 제국(Byzantine Empire) 32, 55, 57, 61, 67, 91, 100, 102~104, 107~110, 112, 122, 144, 155, 179, 198, 206~207, 231, 236, 245, 249~250, 252, 255, 258~259, 261, 276, 310, 313~316, 319, 322, 331, 336, 347, 350, 428, 435
빈 각서(Wien Note) 416
빈 평화조약(the Peace of Wien) 361
빈 합의의 4개 항목(Wien Four Points) 417
빌베이스(Bilbays) 269

ㅅ

사르디니아(Sardinia) 418, 453, 486
사마라(Sāmarrā) 184, 189, 191
사만 왕조 193~195, 199~201, 232~233, 235
사바흐(Ṣabāḥ) 471
사산 왕조 56, 67, 109, 112, 174, 231
사산(Sāsān) 56
사산조 페르시아 32, 41, 52, 57, 61, 67, 91, 102, 174, 300
사와드(sawād) 105
사파르 왕조 192, 193, 195
사파위 왕조(Ṣafawi Dynasty) 17, 107, 301, 336~338, 358, 362, 387,

429

산 스테파노 조약(the Treaty of San Stefano) 456, 492, 498

상트페테르부르크 의정서(the St. Petersburg Protocol) 401

살라트(Salāt) 31

새로운(또는 젊은) 오스만 사회(The New [or Young] Osman Society) 383

샤나메(Shah-Name) 202

샤리아(Sharī'a) 214~221, 313, 351~352

샤리프(sharīf) 188, 189, 362, 429

샤반 협정(the Capitulation of Sha'bān) 346

샤이바니 왕조(Shaybanid) 357

성직권(sacerdotium) 93, 95

세바스토폴 포위공격(the Siege of Sevastopol) 418

세인트 고타르드 전쟁(the Battle of St. Gotthard) 369

셀레우코스 왕조(The Seleucid Empire) 39~41, 44, 48

셀주크 투르크(Seljuk Turks) 198, 203, 222, 250

셈(Sēm) 16

셈족(Semites) 16, 108, 141

셰이흐 알 발라드(shaykh al-balad) 392

셰이흐 알 이슬람(Sheikh al-Islam) 351~352, 354

솜나트(Somnāth) 202

수나(Sunna, Sunnah) 22~23

수니(Sunni) 17, 22~24, 117, 129, 135~136, 156, 165, 175, 180, 188~189, 193, 197, 199, 205, 208, 210, 215~216, 224, 231, 233, 235~236, 238, 241, 249, 251, 256, 270, 275, 278, 282, 291, 301, 302, 337~338, 351, 357

수프얀계 132, 137

수피(Sūfi) 241

순례 집행관(amir al-hajj, command of the pilgrimage) 391

숨은 이맘 25~26

쉬르크(shirk) 97

쉬합가(Shihāb) 390, 409, 412

스페인 우마이야 188

스페인 정복 142

시리아 16~18, 23, 25, 31~33, 38, 39, 44~48, 50, 51, 53~57, 62, 67~68, 78, 83, 102~105, 107~112, 118, 120, 122~125, 130~133, 136, 138, 145, 148, 152, 155, 159~160, 168~169, 173,

175~176, 190~191, 198, 203~207, 209, 234, 236~238, 243, 247~248, 250~251, 254, 256, 258~264, 266, 268~272, 275, 278, 279, 284, 289~295, 297~298, 300, 302~303, 324, 336, 339, 354, 388, 390, 392, 393, 406, 408~412, 420, 467, 469~470, 482~483, 486, 488, 493, 500

시리아 셀주크조(Seljūks of Syria) 233

시리아 팔레스티나(Syria Palestina) 50

시바스(Sivas) 244, 246, 325

시아(Shi'a) 23~27, 96, 99, 121, 129, 134~136, 153~156, 158~159, 165, 167, 171, 176, 178~179, 184, 189, 192, 196, 198, 203~205, 208, 210, 219, 223~224, 235, 240, 249, 262, 270, 282, 290, 296, 301~302, 304, 336~338, 357, 395

시아투 알리(shīatu 'Alī) 23, 121

시오니즘(Zionism) 420~423

시파히(sipahi) 364, 388

시핀(Siffin) 123~124

신성동맹(Holy League) 368, 378, 482

신성동맹전쟁(The War of the Holy League) 374

신의 육신화(the Incarnation) 90, 97

신정정치 20

실리시아 아르메니아 왕국(The Armenian Kingdom of Cilicia) 292

ㅇ

아글라브 왕조(Aghlabid Dynasty) 189, 204

아까바 계곡(al-'Aqaba) 75

아나돌루 히사리(Anadolu hisari) 331

아나톨리아(Anatolia) 37, 39, 53, 56, 122, 234, 237~238, 243~248, 250, 254, 284, 303, 309~316, 318~321, 323~325, 327, 330, 334, 336~339, 348, 355, 357, 360, 366, 382, 387, 390, 403, 428, 456, 466, 469, 473, 488, 500

아랍 민족주의 31

아랍 알 야움(Arab al-yawm) 59

아르메니아(Armenia) 17, 54, 56, 103, 105, 113, 119, 147, 176, 208, 237, 244~248, 254, 259, 264, 266, 284, 292, 296, 298, 309, 313, 354, 396, 449, 468, 475

아르투크조(Artukid dynasty) 246
아마스야평화협정(the Peace of Amasya) 356, 358
아미앵 조약(the Treaty of Amiens) 486
아무르인(Amur) 16
아슈라('Ashura) 135
아시리아 제국(The Assyrian empire) 37
아야르('ayyār) 194
아얀(a'yān) 365, 366, 382, 388, 465
아엘리아 카피톨리나(Aelia capitolina) 50
아유브 왕조(Ayyūb dynasty) 271, 275~279, 285, 287~289, 291
아인 잘루트(Ain Jalut) 294
아인 잘루트 전투(the Battle of Ain Jalut) 294~297
아제르바이잔(Azerbaijan) 105~156, 176, 249, 298, 302, 310, 337, 338, 356~358, 449
아즘가('Azm) 389, 469
아카드(Akkadian Empire) 16, 52
아케메니드(The Achaemenids) 37~38, 43
아크레(Acre, Akka) 273~275, 294, 299~390, 408, 470
아크리타이(akritai) 237, 313
아타벡(Atabeg) 242, 246, 258, 262~263, 265, 292

아켈만 협정(the Convention of Akkerman) 401
아흘 알 딤마(Ahl al-Dhimma) 149
악슘 왕국(The Kingdom of Aksum) 60
안바르(Anbār) 170
안사르(Ansar) 77, 99
알 까히라(al-Qahira) 205
알 꾸즈(al-Quds) 140
알 마디나(al-Madīnah) 76
알 마스지드 알 하람 사원(Al-Masjid al-Haram) 134, 136
알 바바인(al-Babain) 269
알 사파(al-Saffāḥ) 160
알 아끄사 모스크(al-Aqṣā Mosque) 139
알 아민(al-Amin) 68
알 아즈하르(Al-Azhar) 241
알 안달루스(al-Andalus) 143, 188
알 자지라(Al-Zazira) 53
알 쿨라파 알 라시둔(al-khulafa' al-rāshidūn) 99, 213
알 하람 알 샤리프(al-Haram al-Sharif) 139, 278
알 히라(Hira, al-Hrah) 103
알라(Allāh) 19, 68, 70, 79, 81~83, 86~87, 89, 91, 97, 123~124, 217, 333, 363, 472
알라무트(Alamūt) 240, 242, 289

알렉산드로스 대왕 39, 44~45, 102, 107, 116
알바니아 왕조 406, 450
암사르(amṣār) 115~116, 145
압둘 메지드 헌장(Gülkhāne of Khaṭṭ-i Sherīf) 383
압바시야 혁명 157, 165, 166
압바시야조 23, 25, 169, 172, 174, 180~182, 187~189, 192, 198, 204~205, 208, 210, 213, 220~223, 231~232, 234, 263, 279, 284, 291, 295, 296, 309, 339, 347, 419
앗(알) 살람(Al-salam) 82
앗(알) 살람 알라이쿰(ad[al] salam alaikum) 82
앙드라시 각서(Andrassy Note) 455
야스리브(Yathrib) 75~76, 83
에데사 백국 267
에디르네(Edirne) 316, 331~332, 403
에디르네 조약(the Treaty of Edirne) 403~404, 452~453, 489
에디르네 사건(Edirne Vakasi) 376
에메사(Emessa, 오늘날의 Hims 또는 Homs) 103
에크베리예트(ekberiyet) 364
에페소스(Ephesus) 314
열국의 아버지(the father of a multitude) 27
열두 이맘파(Twelve Imām Shiism) 25~27, 135, 167, 196~197, 210, 249
예니체리(yeniçeri, Janissary) 282, 323, 329, 333, 338, 348~350, 366~367, 379, 381~382, 391, 397, 428, 444, 479
예멘(야만, al-Yaman, Yemen) 24~25, 33, 54, 57, 60~61, 67~68, 83, 101, 153, 176, 187, 204, 207, 239, 271, 275, 339, 376, 387, 438, 459
예언자들의 봉인(Seal of the Prophets) 89
오구즈 투르크(Oghuz Turks) 232
오라데아(Oradea, Vatat) 328
오리엔트(Orient) 53
오스만 통일·진보 위원회(Osmanli İttihat ve Terakki Cemiyeti) 384
오스트리아-헝가리 제국 454, 480~481, 497
옥서스 강(Amu Darya) 37, 131, 199, 201, 231, 337
올테니차 전투(the Battle of Oltenitza) 416
와지르(wazīr, vizier) 168, 170, 177~178, 181, 184, 190, 207~209,

221, 240, 259, 268~270, 301, 349~350, 376~377, 381
와하비파(Wahabites) 394~395
왈라키아(Walachia) 318, 320, 323, 327, 329~330, 339, 360, 376, 397, 401, 403, 415~417, 419, 444, 469
우마이야(Umayyads) 74, 78, 118~120, 122~124
우마이야 왕조 23~24, 93, 129, 131~133, 135, 140, 143~144, 150~151, 153, 155~159, 161, 169, 171, 174, 180, 187, 213, 220~221, 419
우마이야드(Ummayyads) 99
우므라('Umra, 소순례) 81
우사마 이븐 자이드 101
우스크다르(Üsküdar) 243
우즈베크(O'zbek) 358
우후드 전투(the Battle of Uḥud) 79
운키아르 스켈레시 조약(the Treaty of Unkiar-Skelessi) 409, 412, 482
울라마(ulamā, ulema) 96, 214, 219, 222, 236, 351~352, 379, 381~383, 405, 479
움마('umma, ummah) 22, 31, 76, 84, 88~90, 94, 100, 157, 171, 217, 223~224, 347

워털루 전쟁(the Battle of Waterloo) 398
위구르 제국(Uyghur Empire) 199
유대교 열성자들(Zealots) 49
유대국가(책, The Jewish State) 422
유대민족 27, 42
유대인(Jewish) 16, 18, 30~31, 41~46, 48~50, 57, 75, 77~78, 81, 92, 109, 112, 114, 149, 260, 352, 354, 420, 422~423, 468, 477
유럽의 병객(the Sick Man of Europe) 431, 480
유럽협조체제(the Concert of Europe) 408, 419, 430~431, 460
이끄라(Iqra') 70
이드리스 왕조(Idrīsid Dynasty) 188
이라크 셀주크조(Seljūks of Iraq) 233
이맘(Imām) 23~26, 89, 96~97, 99, 121, 134, 136, 156, 159~160, 167, 178, 205, 207, 236, 240, 394
이븐 물잠(Ibn Muljam) 125
이산(離散, the Diaspora) 50
이스라엘 왕국(Kingdom of Israel, Samaria) 42~43
이스마일파(al-Ismaīliyya) 24~26, 196, 203~205, 207~208, 210,

236, 240~241, 248, 251, 262, 289
이스탄불 조약(the Treaty of Istanbul) 357
이즈라디 전투(the Battle of Izladi) 328
이집트 맘룩조(Mamlūk Dynasty in Egypt) 284
이프리끼야(Ifrīqiya) 141
익시드 왕조(Ikhshīd Dynasty) 191
익타(Iqtā') 242
일 한국(Il kahn) 291, 297, 299~301~302
일디즈 궁(Yıldız Sarayı) 384
일레그 한(Ilig Khan) 200

ㅈ

자마아(jamā'ah) 88, 218
자발 알 누르(Jabal al-Nu) 69
자이드파(al-Zaidiyyah) 24, 26, 133, 153, 178, 195
자지라(Jazīra) 105, 107, 263, 272
자힐리야(Jāhiliyya) 19, 59, 88
작은 분쟁(a little war) 360
잔즈(Zanj) 192
잔즈 반란(the Zanj rebellion) 190, 192
잘라이르 왕조(Jalāyir Dynasty) 302, 324
잠잠(Zamzam) 28
장기 왕조(Zangid Dynasty) 262, 271
젊은 터키당(the Young Turk) 467
정통 할리파 22, 99, 144, 213
제1 아까바 서약(the first Pledge of al-'Aqaba) 76
제1차 러시아-터키 전쟁(the Russo-Turkish War) 380~381, 440
제1차 빈 포위(the Siege of Wien) 344
제2차 빈 포위 370
제2차 포에니 전쟁(Poeni war) 44
제리고르돈(Xerigordon) 요새 253
젠타 회전(the Battle of Zenta) 373
조라우노 평화조약(the Peace of Zorawno) 369
조로아스터(Zoroaster) 37, 41, 57, 62, 67, 106, 111, 114, 196, 202
종교전쟁 96
주 후사(Zhu Hussa) 101
중동 보급센터(The middle East Supply Center) 15
중앙아시아 문제(the Central Asian Question) 457
지브롤터(Gibraltar, Gibr Tariq) 116, 141, 307
지브릴(Jibril) 71, 86, 90

지즈야(Jizya) 149, 353

ㅊ

찰디란 전투(the Battle of Chāldirān) 338~339, 356
청년 터키당(Jön Türkler) 384
초승달 지역 16, 31, 53, 60, 88, 113, 242, 295, 389, 413, 469
초틴 전투(the Battle of Chotin) 369
추종자들(무하지룬, Muhājirūn) 76~77, 79, 122
치외법권적 협정(Capitulation, Ahidnâme) 355

ㅋ

카나우지(Kannauj) 202
카누드 에사스(Qānūn-i Esāsī) 384
카라 히타이 왕조(Kara Khitai) 280~281, 283
카라(Qara, Kara) 200
카라미타 국(Qarmathian) 25
카라미타(Qarāmiṭah, Karmatians) 203, 207
카라한 왕조(Qarakhanid Dynasty) 199~201, 233, 236, 238
카르발라(Karbala) 134~136, 337, 395
카를로비츠 조약(the Treaty of Karlowitz) 373, 377~378, 435, 438, 440~441, 486
카를룩(Qarluk) 199
카바(Ka'ba) 30, 70, 77, 136
카사이트인들(Kassites) 17
카스르 에쉬린 조약(The Treaty of Qaṣr-i Shīrīn) 358
카스타모누(Kastamonu) 244~245, 247
카심야(Qāsimiyya) 391
카이라완(Qairawān) 115, 152
카이로(Cairo) 108, 131, 205~207, 209, 224, 241, 259, 269, 272, 275, 277, 287~289, 291, 293~296, 339, 347, 388, 391, 394, 405, 478
카이로우안(Qairowān, al- Qayrawān) 189
카이바르(Khaibar) 81
카이스(Qais) 187
카즈두글리 레짐(the Qazdağli Regime) 392
카즈두글리 일가(the Qazdağli household) 393
카즈두글리야(Qāzdughliyya) 391
카트반 스텝 전투(the Battle of Katvan Steppe) 281
카티아(Qati'a) 241

카페스(Kafes) 364, 372
칼케돈 공의회(the Council of Chalcedon) 112
케르노멘 전투(the Battle of Chernomen) 319
케르카포르타(Kerkaporta) 333
케사레아(Caesarea) 104
코삭(Cossacks) 360, 367, 369
코소보 전투(the Battle of Kosovo) 321
코윤 히사르(Koyun hisari) 314
콘스탄티노플 55~57, 109, 112, 144~145, 152, 169, 176, 208, 224~225, 243, 245, 247~248, 250~251, 254, 259, 267, 276, 312, 314, 316~317, 319, 322~324, 326~327, 329, 331~334, 348, 350, 377, 415, 428
콘스탄티노플 포위공격(670) 130
콘스탄티노플 포위공격(717~718) 144
콘스탄티누스 대제 40
콘야(Konya) 244~248, 310, 408
콘야의 전투(the Battle of Konya) 408
쿰(Qum) 115
쾨세다그 전투(the Battle of Köse Dag) 284, 311

쿠라이시(Quraysh) 68~69, 72, 76, 81~82, 118, 120, 124, 155
쿠르드족(kurds) 17~18, 270, 302, 309, 376, 479
쿠만족(Cumans) 282, 285
쿠추크 카이나르지 조약(the Treaty of Kutchuk Kaynardji) 225, 380, 414~415, 440, 443, 453, 462, 488
쿠트바(khuṭba) 89, 129, 191, 197, 207, 223, 270, 387
쿠파(Kūfah) 115, 118, 123, 125, 131, 134, 155~157, 160~161, 167~168, 170, 172
퀴타히아 협약(the Convention of Kütahya) 409
크라소스 전투(the Battle of Krasos) 183
크테시폰(Ctesiphon) 41, 53~106, 172
키르만 셀주크조(Seljūks of Kirmān) 233
키블라(Qiblah) 77
키질바시(Kizilbash, Kizilbaş) 338
키프로스(Kypros, Cyprus) 122, 198, 206, 275, 287, 422, 456, 492
킵차크(Kipchaks) 232, 282, 285, 297, 299

찾아보기 519

킵차크 한국(Kipchak Khante, Golden Horde) 285, 293, 297, 303

ㅌ

타밈족(Tamim) 101
타바리스탄(Tabaristan) 24, 195~197
타우루스 산맥(Taurus Mts.) 53, 239, 322
타이파(taifa) 188
타이프(al-Ṭā'if) 75
타타르 한국(The Tatar Khanate) 380, 443, 445
타히르 왕조 193, 194
탄지마트(Tanẓīmāt) 382, 383
테무진 징기즈 한 285
테오도시우스 성벽(the Theodosian Walls) 130
테오도시우스 황제(Theodosius Ⅰ) 55
토꺼이 전투(the Battle of Tokay) 343
톱카프 궁(Topkapi Sarayi) 364
통곡의 벽 49
툴룬 왕조(Tūlūn Dynasty) 191
튤립의 시대(Lale Devri) 379
티무르 제국(Timūr Dynasty) 337
틸지트 조약(the Treaties of Tilsit, 1807) 464~465

ㅍ

파나리오트(Phanariot) 377
파라오(Pharaoh) 16, 37
파란의 광야(Wilderness of Paran) 30
파르시(Parsi) 114
파르티아(Parthia) 40~41, 44, 49, 51, 54, 56, 67, 109
파리 조약(The Treaty of Paris)
파리스쿠르의 전투(the Battle of Fariskur) 288
파비아 전투(the Battle of Pavia) 342
파사로비츠 조약(the Treaty of Passarowitz) 378, 440~441
파샤(pāshā) 320, 357, 360, 369, 377, 379, 381, 384, 388, 389, 391, 394, 402, 404, 405, 408, 416, 455, 471, 473, 500
파이(fai') 114
파카리야(Faqāriyya) 391
파트와(fatwa) 352~352
파티(Fatiḥ) 334
파티마 왕조(Fāṭimah Dynasty) 25, 189, 191, 198, 204~205, 207~210, 223, 231, 234, 236~239, 242, 249, 251, 256, 258~259, 261, 268, 270
팔레스타인(Palestine) 16, 32~33, 38~39, 41, 48~51, 55~57, 91,

103~104, 107~108, 112, 125, 152, 205, 207, 209, 242, 251, 256, 257, 259, 260, 261, 271, 272, 275, 277, 294, 296, 339, 408~409, 419, 421, 423, 448, 477

팔미라(Palmyra) 51

펀자브(Punjāb) 37, 201

페니키아인(Phoenicians) 16, 38

페라(Pera) 276

페트라(Petra) 51, 54~55, 62

포그롬(Pogrom) 421, 423

푸스타트(Fusṭāṭ) 107, 115, 179, 205

푸투와(Futūwah)) 282

프랑스 혁명 396, 413, 446, 463, 474

프랑스의 이집트 침입 446

프랑크 왕국(Frankish Kingdom) 93, 143, 268

프로테스탄트(Protestant) 95~96, 361, 368, 432, 477

프루트(Prut, Pruth) 강 377, 440

프톨레마이오스 왕국(The Ptolemaic Kingdom) 40

피다이스(fidā'is) 240

필리스틴(Philistines) 17, 41, 50, 294

ㅎ

하기아 소피아(Hagīa Sophīa, Aya Sofya)

333

하니프(hanif) 29

하라즈(Kharāz) 149, 151

하사신(Ḥashashin) 25, 240, 242

하스몬 왕조(Hasmonean Dynasty) 48~49

하시딤(Hasidim) 46~47

하시미야(Hāshimīyah) 158, 160, 167, 170, 171

하심(Hāshim) 51, 68, 74~75, 101, 176

하와리즈파(Khawārij) 124, 133, 155, 157, 204

하즈(Hajj) 31, 75

하틴 전투(the Battle of Ḥaṭṭīn) 272, 274

할리파(Khalīfa) 22~25, 56, 76, 88~89, 93, 95, 97~101, 103~106, 113~114, 117~119, 121, 123, 125, 129~133

할리파 라술 알라(Khalīfa rasūl Allāh) 98

함족(Hamites) 16, 108, 141

헤타이리아 필리케(Hetaeria Philice) 399

헬레노폴리스(Helenopolis) 252~254

헬레니즘화 45~47

헬레스폰트(Hellespont) 316, 329, 380

찾아보기 521

형제 살해 363~364

황제권(imperium) 93, 95

후기 우마이야(스페인 우마이야) 187, 151

후다이비야 조약(Pact of al-Ḥudaybiyah) 81

후라산(Khurāsān, Khorāsān) 119, 131, 155, 159~160, 165, 167, 170~172, 175, 177~179, 182~184, 193~195, 199~200, 232, 234~235, 238, 281, 337, 357

후라산의 셀주크조(Seljuk Sultans of Khorasan) 233

후바르(Khubar) 70

흉노 54

히라(Hira) 69~70

히샴 157

히자즈(Ḥijāz) 68, 91, 100, 107, 123~124, 143, 207, 271, 390, 395, 472

히즈라(Hijrah) 또는 헤지라(Hegira) 76

히타이트인(Hittites) 17

힉소스인들(Hyksos) 17

힘야르 왕국(Kingdom of Ḥimyar) 60

찾아보기(인명)

ㄱ

가잔 한(Ghāzān) 300~301
고드프루아(Godfrey of Bouillon) 254, 257
구유크(Güyük, Kuyuk) 285~286
글래드스턴 경(William Ewart Gladstone) 491~492
기(Guy) 272

ㄴ

나스르(al-Malik al-Nāṣir) 289~291
네부카드네자르 2세(Nebuchadnezzar Ⅱ) 43
네브셰히를리 다마드 이브라힘(Nevşehirl Damat Ibrāhīm) 379
누르 알 딘(Nūr ad-Dīn Zangi) 247, 266~271
니잠 알 물크(Niẓām al-Mulk) 240~242
니케포루스 2세 포카스(Nicephorus Ⅱ Phocas) 206
니케포루스 3세 보타니아테스(Nicephorus Ⅲ. Botaniates) 243
니콜라스 1세(Nicholas Ⅰ) 400, 415~418, 495

ㄷ

다니슈멘드 가지(Gümüştekin Dānishmend Ahmed Gazi) 244, 254~256
다리우스 3세(Dareios Ⅲ) 38
다윗 왕(King David) 42~43, 84~86, 294
돈 후안(Don Juan de Austria) 436
두라지 브란코비치(Đurađ Branković) 328
두카크(Duqaq) 233, 257
드레퓌스(Dreyfus) 422
디즈렐리(Benjamin Disraeli, Earl of Beaconfield) 456, 483

ㄹ

라디스라우스 5세(Ladislaus Ⅴ) 329
라시드 웃 딘 파둘라(Rashīd u'd-Dīn Fadu'llāh) 301
라이날드(Rainald) 253
라자르 흐레벨리아노비치(Lazar Hrebeljanović) 320

러요시 2세(Lajos II) 341~343
레몽 4세(Raymond IV of Toulouse) 254, 257, 265~266
레오 3세(Leo III the Isaurian) 144
레오폴트 1세(Leopold I) 369
로마누스 4세 디오게네스(Romanus IV Diogenes) 237
로스탐 파로흐저드(Rostam Farrokh-zād) 106
루돌프 2세(Rudolf II) 360~361
루이 7세(Louis VII) 247, 267~268
루이 9세(Louis IX) 286~298
루이 12세(Louis XII) 340
르노 드 샤티옹(Renaud de Chatillon) 272
리드완(Fakhr al-Mulk Riḍwān) 233, 257~258
리드완 베이(Ridwan Bey al-Faqāriyya) 391
리처드 1세(Richard the Lionhearted) 274

■▶

마누엘 1세 콤네누스(Manuel I Comnenus) 246
마누엘 2세 팔라이올로구스(Manuel II Palaiologos) 323
마니(Manes) 114

마르다위즈(Mardāvij) 196
마르완 1세(Marwān ibn al-Ḥakam)
마르완 2세(Marwan II) 159, 160
마르코 폴로(Marco Polo) 300
마수드 1세(Rukn al-Dīn Masʻūd I) 232, 235, 244~247
마수드(Ghiyath al-Din Masʻud) 265
마타시아스(Mattathias) 47~48
마흐무드 2세(Maḥmūd II) 381~382, 399, 406, 408, 410, 433, 451, 467
마흐무드 이븐 세뷔크티진(Yamin al-Dawla Abd al-Qāṣim Maḥmūd ibn Sebüktigin) 201
막시밀리안 1세(Maximilian I) 340
말리크 샤 1세(Jalāl al-Dawlah Malikshāh I) 209, 238~240, 242~244, 249~250, 257
말리크 이븐 누와이라(Malik ibn Nuwaira) 101
메테르니히(Klemens Wenzel Lothar von Metternich) 399, 482
메흐메트 1세(Meḥmet I) 325, 327, 363
메흐메트 2세(Meḥmet II) 325~326, 329~330, 333~335, 348~350, 353, 429
메흐메트 3세(Meḥmet III) 362~363

메흐메트 4세(Mehmet Ⅳ) 369, 371~372, 391
멘쉬코프 공(A. S. Menshikov) 415
모로시니(Morosini) 371~372
몽케(Möngke) 286, 289, 291~293, 297
무라드 1세(Murād Ⅰ) 316, 318, 320
무라드 2세(Murād Ⅱ) 326~329, 350
무라드 4세(Murād Ⅳ) 358, 362, 389
무라드 베이(Murad Bey) 394
무사 알 하디(Mūsa al-Hādī) 176
무사 이븐 누사이르(Mūsā Ibn Nuṣayr) 141~143
무사일리마(Musailima) 101
무스타파 2세(Muṣtfā Ⅱ) 373
무스타파 3세(Muṣtafā Ⅲ) 442
무스타파 케말 아타투르크(Mustafa Kemal Ataturk) 227
무아위야(Muʻāwīyah ibn Abī Sufyān) 118, 120, 122~126
무인 알 딘 우누르(Muʻin al-Din Unur) 265~268
무일푼의 발터(Walter Sans Avoir) 253
무함마드 1세(Muḥammad Ⅰ) 242, 244, 262
무함마드 베이 아불 다합(Muhammad Bey Abūʻl-Dhahab) 392~394

무함마드 아브드 알 와하브(Muḥammad ibn ʻAbd al-Wahhāb) 394~395
무함마드 알 마흐디(Muḥammad al-Mahdī) 26
무함마드 알 바킬(Muḥammad al-Baqir) 24, 26
무함마드 이븐 사우드(Muḥammad ibn Saʻud) 394, 472
무함마드 이븐 알 하나피야(Muḥammad ibn al-Ḥanafīyah) 156, 158
무함마드 이븐 알리 이븐 아브드 알라(Muḥammad ibn ʻAlī ibn ʻAbd Allaāh) 158~159
무함마드 이븐 이스마일(Muḥammad ibn Ismaīl) 25
무함마드 이븐 투그즈(Muḥammad ibn Tughj) 191
미드하트 파샤(Midḥat Pāshā) 384
미카엘 7세(Michael Ⅶ) 250
미트리다테스 1세(Mithridates Ⅰ) 41
밀로시 오브레노비치(Milosh Obrenobich) 398

ㅂ

바드르 알 자말리(Badr al-Zamali) 208~209
바르 코크바(Bar Kochba) 49
바실리우스 2세(Basilius Ⅱ) 207

바예지드 1세(Bāyezid Ⅰ) 303, 321~322, 363
바예지드 2세(Bāyezid Ⅱ) 337, 363
바이바르스(al-Malik al-Ẓāhir Rukn al-Dīn Baybars al-Bunduqdari) 285, 288~291, 293~299
바투(Bātū) 283, 285~297
발리앙(Balian of Ibelin) 273
베르케(Berke) 285, 293, 297~298
베이락다르 무스타파(Bayrakdar Muṣṭfā) 381
베이주(Bayju Noyon) 284
보에몽 1세(Bohemund of Taranto) 254
부카신(Vukašin Mrnjavčević) 318~319
브와디스와프 3세(Władysław Ⅲ) 328
빌헬름 2세(William Ⅱ) 458

ㅅ

사담 후세인(Saddam Hussein) 27
사라(Sarah) 28
사만 쿠다(Sāmān Khuda) 194
사아드 이븐 아비 와카스(Saʻd Ibn Abī Waqqāṣ) 106
사울 왕(King Saul) 42, 294
사자흐(Sajjah) 101
사투크 부그라 한(Satuk Bughra Khan) 200
살라흐 알 딘 유수프 이븐 아유브(살라딘, Ṣalāh al-Din Yūsub ibn Ayyūb) 269~275, 277~278, 287
살로메 알렉산드라(Salome Alexandra) 49
샤 이스마일 1세(Shāh Ismāil Ⅰ) 337
샤를르 5세(Charles V) 371
샤를르 마르텔(Charles Martel) 143
샤와르(Shāwar) 268~269
샤이반(Shaybān) 285
샤자르 알 두르(Shajar al-Durr) 287~288
샤한샤(Shāhānshāh) 247
서포여이 야노시(Szapolyai János, John Zápolyai) 343~346
세뷔크티진(ibn Sebŭktigin) 200~201
셀림 1세(Selīm Ⅰ Yavuz) 337, 363, 388, 420, 447
셀림 2세(Selīm Ⅱ) 362, 367
셀림 3세(Selīm Ⅲ) 381, 466
솔로몬 왕(King Solomon) 30, 42, 44, 104
솔즈베리 경(Robert Arthur Talbot

Gascoyne-Cecil, 3rd marquess of Salisbury) 491~492

술레이만(Sulaymān ibn Quṭlumush) 239~240, 243, 252

술레이만(Sulaymān) 142, 144, 152, 154

술탄 샤(Sultan Shah) 233

쉬르쿠(Shirkūh) 268, 269

쉴레이만 1세(Süleymān Ⅰ) 316, 339~341, 348~349, 355~356, 362~363, 435~436

쉴레이만 2세(Süleymān Ⅱ) 372

슈라빌 이븐 하사나(Shurahbil ibn Hasanah) 103

스타렘버그(Graf Ernst Rüdiger von Starhemberg) 370

스트래트포드 캐닝(Stratford Canning) 382, 415, 484

시루스(Cyrus) 108

ㅇ

아데마르(Adhemar of Le Puy) 256

아두드 알 다울라('Aḍud al-Dawla Fanā-Khusraw) 197

아르다시르 1세(Ardashir Ⅰ) 41, 56

아르사케스 1세(Arsaces Ⅰ) 40

아르타바누스 1세(Artabanus Ⅰ) 41

아릭 뵈케(Ariq Böke) 293

아마데우스 2세(Amadeus Ⅱ) 318

아말릭(Amalric, Amaury) 268~269, 271

아므르 이븐 알 아스(Amr ibn al-'As) 82, 103, 107

아미나(Amina) 68

아부 무슬림(Abū Muslim) 160, 168, 170~171

아부 바크르(Abū Bakr) 72, 99~102, 104~105, 111, 120

아부 사이드(Abū Sa'īd) 302

아부 수프얀(Abū Sufyān) 78~79

아부 알 아스(Abū al-'As ibn Umayyah) 132

아부 알 압바스(Abū al-'Abbās) 160~161, 167~169

아부 알 하이자 아브드 알라(Abū al-Hayjā 'Abd Allāh) 198

아부 우바이다(Abū 'Ubaidah) 103

아부 자파르(알 만수르, Abū Jafar) 170~172, 176, 181

아부드 알라 이븐 알리('Abd Allāh ibn 'Alī) 171

아브 탈리브('Abū Ṭalib) 68, 74~75

아브드 알 라흐만 1세('Abd al-Rahman Ⅰ) 143, 187

아브드 알 말리크 1세('Abd al-Malik Ⅰ) 200

찾아보기 527

아브드 알 무탈리브('Abd al-Muttal-ib) 68
아브드 알 와하브(Muḥammad ibn 'Abd al-Wahhāb) 471~472
아브드 알라 120, 123
아브드 알라 이븐 알 주바이르('Abd Allāh ibn al-Zubair ibn al-Awwam) 134~135
아브드 알라 이븐 우마르('Abd Allāh ibn 'Umar) 134
아브드 알라('Abd Allāh) 68
아브라함(Abraham) 27~28, 30, 41, 107
아우구스투스 황제(Augustus Caesar) 51
아이박(Aybak, 알 말리크 알 무이즈, al-Malik al-Muizz) 288~290
아이샤(Ā'isha bint Abū Bakr) 115, 121~122
아크 송쿠르(Aq Sonqur) 262
아크 콘윤루(Aq Qoyunlu) 302
아트시즈(Atsiz ibn Uvak) 209
아펠레스(Apelles) 46
아폴로니우스(Apollonius) 46~47
아흐마드 산자르(Ahmad Sanjar) 233, 262
아흐마드 아비 두아드(Aḥmad ibn Abī Du'ād) 180

아흐마드 알 자자르(Aḥmad al-Jazzār) 393
아흐마드 이븐 부이아(Aḥmad ibn Būyah) 197
아흐마드 이븐 한발(Aḥmad ibn Ḥanbal) 180
아흐메드 2세(Aḥmed Ⅱ) 372
안드레아 도리아(Andrea Doria) 345
안드로니쿠스 3세 팔라이올로구스 (Andronikus Ⅲ Palaiologos) 314~315
안티오쿠스 2세(Antiochus II) 40
안티오쿠스 3세(Antiochus Ⅲ Megas) 44
안티오쿠스 4세 에피파네스(Antiochos Ⅳ Epiphanes) 44~48
알 가잘리(Al-Ghazali) 241
알 나시르(Al-Nāṣir) 282, 284
알 마문(al-Ma'mūn) 174, 177~180, 183, 195
알 마흐디 26, 160, 181, 205
알 마흐디(al-Mahdi) 176
알 말리크 알 살리흐(al-Malik al-Ṣāliḥ) 278
알 말리크 알 아딜(al-Malik al-'Ādil) 275, 277~278
알 말리크 알 카밀(al-Malik al-Kāmil) 277~278

알 무사나(al-Muthanna) 105~106
알 무스타시드(al-Mustarshid 263
알 무스타심(al-Musta'ṣim) 284, 290
알 무스탄시르(al-Mustanṣir) 207~209
알 무와파끄(al-Muwaffaq) 184, 190~192
알 무이즈(Al-Mu'izz) 205
알 무타심(al-Mu'taṣim) 183~184, 232
알 무타와킬(al-Matawakkil) 184, 210
알 무타와킬 3세(al-Mutawakkil Ⅲ) 224
알 무흐타르 이븐 아브 우바이드(al-Mukhtār ibn Abū Ubayd) 156
알 살리흐(al-Ṣāliḥ) 271~272, 285, 287
알 아디드(al-'Ādid) 269~270
알 아민(al-Amīn) 177~179, 183, 193
알 아샤리(Al-Ash'ari) 241
알 아스워드(Al-Aswad) 101
알 아프달 샤한샤(al-Afdal Shahanshah) 259~260
알 하이주란(al-Khayzurān) 176
알 하자즈(Al-Ḥajjāj ibn Yusuf) 138, 146, 153
알 하킴(al-Ḥakim) 207
알라 알 딘 무함마드('Alā al-Dīn Muḥammad) 200, 281
알라 알 딘 아트시즈('Alā al-dīn Atsīz) 280~281
알라 알 딘 카이 쿠바드 1세(Ala al-Din Kay-Qubādh Ⅰ) 311
알렉산더 2세 421
알렉산더 7세(Alexander Ⅶ) 368
알렉산더 야나이(Alexander Jannaeus) 49
알렉산더 입실란티(Alexander Ypsilanti) 399
알렉산드로스 대왕(Alexander Ⅲ of Macedon, Alexander the Great) 38~39
알렉시오스 1세 콤네누스(Alexius Ⅰ Comnenus) 250
알리 베이('Alī Bey al-Kabīr) 392~393, 470
알리 이븐 아부 탈리브('Alī ibn Abū Tālib) 23, 26, 72, 99, 120~121, 123~124, 129~131, 133~136, 155~158, 167, 171, 176, 178, 188, 204, 210, 282
알리 줌블라트('Alī Jumblatt) 388
알리 파샤('Alī Pāshā of Janina) 382, 472
알프 아르슬란(Alp Arslan) 233, 236~240, 310
알프 티긴(Alp TIgin) 200
알프레드 마한(Alfred T. Mahan) 15

찾아보기 529

압둘 메시드 1세('Abdülmecīd I) 382, 410
압둘 아지즈(Abdülaziz, 'Abdülezīz) 226, 382
압둘 하미드 2세('Abdülḥmīd II) 226, 384, 492
압바스 1세('Abbās I) 357~358
앨버트 후라니(Albert Hourani) 32
야기 시안(Yaghi Siyan) 257
야즈데게르드 3세(Yazdegerd III) 105~107
야지드 1세(Yazīd I) 133, 137
야지드 이븐 아부 수프얀(Yazid ibn Abū Sufyān) 103
야쿠브 이븐 라이스 알 사파르(Ya'qūb ibn Layth al-Ṣaffār) 194
얀 3세 소비에스키(Jan III Sobieski) 370
에데사 백국(County of Edessa) 266
에미르 가지 귀무쉬테킨(Emir Gazi Gümüştekin) 244~245
예카테리나 2세(Yekaterina II Velikaya, Catherine II) 380, 441, 443, 445
오고타이 한(Ogotai Khān, Ögödei Khān, Ugedei Khān) 283, 285~286, 299
오르한(Orhan) 314~316, 324
오마르 파샤(Omar Pāshā) 416

오스만(Osmān I) 312~314
오스만 2세(Osmān II) 358, 367
오이겐 공(Prince Eugene of Savoy) 373, 375, 377
요한 루트비히 부르크하르트(Johann Ludwig Burckhardt) 51
요하네스 2세 콤네누스(Johannes II. Comnenus) 245
요하네스 6세 칸타쿠제누스(Joannes VI. Cantacuzenus) 315
요하네스 8세 팔라이올로고스(Joannes VIII Palaiologos) 327
우르바누스 2세(Urbanus II) 250
우르반 5세(Urban V) 317
우마르 76, 105~106, 111~115, 117~118, 120, 134, 144, 419
우마르 이븐 아브드 알 아지즈('Umar Ibn 'Abd al-Aziz, 'Umar II) 144~145, 150, 154, 158
우마르 이븐 알 카타브('Umar ibn al-Khaṭṭāb) 99, 104
우바이드 알라(Ubayd Allah al-Mahdi Billah) 25, 204
우사마 이븐 자이드(Usama ibn Zaid) 100
우스만 118~124, 132, 135, 137
우스만 이븐 아판(Úthman ibn Affān) 99

우스만의 젖형제 아브드 알라 118
울라슬로 1세(Ulászló Ⅰ) 328
웰링턴(Wellington) 482
유다 마카베오 47~48
유스티누스 1세(Justinus Ⅰ) 60
유스티니아누스(Justinianus) 56, 61, 93
율리오 2세(Julius Ⅱ) 340
은자 피에르(Pierre l'Ermite) 252~254
이노첸시오 3세(Innocentius Ⅲ) 276
이드리스 이븐 아브드 알라 이븐 하산(Idris ibn 'Abd Allāh ibn Ḥasan) 188
이마드 알 딘 장기('Imād al-Din Zangi) 262~267, 270, 272
이반 시슈만(Ivan Shisman) 318, 321
이브라힘(Ibrāhīm) 28~31, 59, 69~70, 77
이브라힘(무함마드 알리의 아들, Ibrāhīm) 400~402, 406, 409~412, 467
이브라힘 베이(Ibrāhīm Bey) 394
이브라힘 이븐 알 아글라브(Ibrāhīm Ibn al-Aghlab) 177, 189
이브라힘 파샤(Ibrāhīm Pāshā) 356
이삭(Issac) 28~31
이샤끄(Ishag) 29~31
이스마엘(Ishmael) 28
이스마일(Ismaīl) 29~31

이스마일 이븐 아흐마드(Ismā'īl ibn Aḥmad) 195
인노첸시오 11세(Innocent XI) 371~372
일 아르슬란(Il Arslān) 281

ㅈ

자말 알 딘 알 아프가니(Jamāl al-Dīn al-Afghān) 224
자브라 I. 자브라(Jabra I. Jabra) 32
자이드(Zaid) 72
자인 알 아비딘(Zayn al-Abidin) 24, 26
자파르 알 무와피드(al-Mufaffid) 190
자파르 알 사디크(Ja'far aṣ-Ṣādiq) 24, 26
자히르 알 우마르(Ẓāhir al-'Umar) 390, 393, 470
잘랄 알 딘(Jalal al-Din) 284
장 드 브리엔(Jean de Brienne) 277
제노비아(Zenobia) 51
존 후냐디(John Hunyadi, Hunyadi János) 328, 329, 330, 335, 339
죄르지 라코치 2세(György Rákóczi Ⅱ) 368
주바이다(Zubayda) 177
주치(Juchi) 283, 285, 286, 297, 299
지기스문트(Sigismund) 322, 328

ㅊ

차그릴 벡(Chaghril Beg) 234

ㅋ

카디자(Khadijah bint Khuwaylid) 68~69, 72, 75
카라 무스타파(Kara Mustafa) 369
카라 콘윤루(Qara Qoyunlu) 302
카라 조지(Karageorge Petrovitch, Karađorđe Petrović) 397~398
카를5세(Karl V, Carlos Ⅰ) 340, 344~346, 356
카브르(Camillo Cavour) 418
카우르드(Qāwurd, Kavurd) 238
카이두(Qaidu) 285, 297
카포 디스트리아(Capo d'Istria) 399
캄비세스(Cambyses) 56, 107
캐슬레이(Robert Stewart, Viscount Castlereagh) 399
케이후스라브 2세(Kay-khusraw Ⅱ) 284
코드링턴(Sir Edward Codrinton) 401, 482
코자 시난(Koja Sinān) 360
콘라트 3세(Conrad Ⅲ) 267
콘스탄티노스 6세 팔라이올로구스 (Constantinus Ⅺ Palaeologus) 331

콘스탄티누스 대제(Constantinus Ⅰ) 55, 59
콸라운(Qalāwun) 299
쾨프륄뤼 메흐메트(Köprülü Meḥmet) 368
쿠빌라이(Kublai) 293, 297, 298
쿠투즈(al-Muẓaffar Sayf al-Dīn Quṭuz) 290~291, 293~296
쿠트브 알 딘 무함마드(Quṭb al-dīn Muḥammad) 280
크로머(Evelyn Baring, 1st Earl of Cromer) 484
키루스 대왕(Cyrus the great, Cyrus Ⅱ) 43
키트부카(Kitbuqa Noyan) 293, 294, 295
킬리지 아르슬란(Kilij Arslan Ⅰ) 243~244, 251, 254, 256
킬리지 아르슬란 2세(Kilij Arslān Ⅱ) 247

ㅌ

타릭 이븐 지야드(Ṭāriq ibn Ziyād) 141~142
타마스프 1세(Ṭahmāsp Ⅰ) 356
타히르(Ṭahir ibn al-Ḥusayn) 178~179, 193
탈하(Talha ibn Ubaidullah) 101, 121~

122

탕크레드(Tancred) 254

테무진 징기즈 한 281, 283, 289, 297, 299~300, 304

테오도르 헤르즐(Theodor Herzl) 422

투그릴 벡(Tughril Beg) 233, 238

투라이하(Tulayha) 101

투란 샤(al-Malik al-Mucaẓẓam Tūrān Shāh) 288

투투시 1세(Abu Saʻid Taj ad-Dawla Tutush Ⅰ) 209, 233~243, 257

툴룬(Aḥmad Ibn Ṭūlūn) 179, 189~191, 205

트라야누스(Traianus) 54

티무르(Tīmūr) 303~304, 324~326, 331, 336

티에르(Thiers) 411

티투스(Titus Flavius Vespasianus) 49

ㅍ

파머스턴(Henry John Temple Palmerston) 411~412, 482~483, 486

파스반 오그루(Pasvan-oglu) 382

파질 무스타파(Köprülü Fazil Mustafa) 372

파티마(Fāṭimah al-Zahraā) 98~99, 120, 134, 156, 167, 204

파흐르 알 딘(Fakhr al-Dīn) 388~390

페르디난트 1세(Ferdinand Ⅰ) 343

펠라기우스(Pelagius) 277

폰티오르 필라토스(Pontior Pilatos) 49

폼페이우스(Pompeius) 39, 49, 51

표트르 1세(Pyotr Ⅰ the Great) 373, 376, 380, 440~442

풀크 5세(Foulque V le Jeune d'Anjou) 264

프랑수아 1세(François Ⅰ) 340~342, 344, 355

프리드리히 1세(Frederick Ⅰ Barbarossa) 274

프리드리히 2세(Friedrich Ⅱ) 277~278, 285

프톨레마이오스 5세 에피파네스 (Ptolemaios V Epiphanes) 44~45

피트(the Younger Pitt) 481

필립 2세(Philip Augustus) 274, 276

ㅎ

하갈(Hagar) 28, 30

하드리안 황제(Hadrian, Publius Aelius Hadrianus) 50

하룬 알 라시드(Hārūn al-Rashīd) 174, 176~178, 181, 183, 187,

189, 193
하룬(또는 하산) 부그라 한(Hārūn Bughra Khān) 199
하산 나시르 알 다울라(Ḥasan Nāṣir al-Dawla) 198
하산 베이(Ḥasan Bey) 256
하산 이븐 알 사바흐(Ḥasan ibn al-Sabath) 240
하산 이븐 알리(al-Ḥasan ibn 'Alī) 125~126, 134, 168, 178, 188
하산 이븐 후세인(al-Husayn ibn 'Alī) 23, 125, 133~136, 153, 155, 167~168
하산 파샤(Ḥasan Pāshā) 389, 394
하이르 알 딘 바르바로사(Khair al-din Barbarossa) 345~346
할리드 이븐 바르마크(Khālid ibn Barmak) 177, 181

할리드 이븐 알 왈리드(Khalid ibn al-Walid) 82, 101, 103
할릴(Chandarli Khalil) 333
함단 이븐 함둔(Ḥamdān ibn Hamdun) 198
함단 카르마트(Hamdan Qarmat) 25
헤라클리우스 황제(Flavius Heraclius Augustus) 57, 83, 103, 108, 206
헤툼 1세 292, 298
헨리 8세(Henry Ⅷ) 340~342
호세아 왕(Hoshea) 43
호스로우 1세(Khosrow Ⅰ, Khosrau Ⅰ) 56
호스로우 2세(Khosrow Ⅱ) 56
훌라구(Hūlāgū, Hülegü) 289~295, 297~299, 301
히발(Hibal) 101
히샴(Hisham) 24, 150, 152, 187

┃지은이_ **최 성 권**

- 전북대학교 정치학 박사
- 미국 홈볼트 주립대학교 객원교수
- 현(現) 전북대학교 정치학과 교수
- 「걸프戰 이후의 새로운 중동국제질서」, 「국제관계 연구에 있어서의 인지심리적 관점에 관한 소고」, 「정치적 행동에 대한 합리적 설명과 심리적 설명의 비교」, 「중동국제정치의 설명적 대안의 모색」, 「새로운 중동 국제질서를 위한 시론」, 「反테러 전쟁에 따른 중동국가들의 정책 현황」 외 다수의 논문과 『중동의 재조명: 국제정치』를 썼고, 『비교외교정책론』 등의 책을 번역했다.

한울아카데미 1343

중동의 재조명: 역사

ⓒ 최성권, 2012

지은이 _ 최성권
펴낸이 _ 김종수
펴낸곳 _ 도서출판 한울

편집책임 _ 김경아
편집 _ 이소현

초판 1쇄 인쇄 _ 2012년 3월 30일
초판 1쇄 발행 _ 2012년 4월 20일

주소 _ 413-756 경기도 파주시 문발동 535-7 302(본사)
     121-801 서울시 마포구 공덕동 105-90 서울빌딩 1층(서울사무소)
전화 _ 영업 02-326-0095, 편집 031-955-0606(본사)/02-336-6183(서울)
팩스 _ 02-333-7543
홈페이지 _ www.hanulbooks.co.kr
등록 _ 제406-2003-000051호

Printed in Korea.
ISBN 978-89-460-5343-4 93910(양장)
     978-89-460-4418-0 93910(학생판)

* 책값은 겉표지에 표시되어 있습니다.
* 이 도서는 강의를 위한 학생판 교재를 따로 준비했습니다.
  강의 교재로 사용하실 때에는 본사로 연락해주십시오.